금강경 강의

金剛經說甚麼, 南懷瑾 著
Copyright ⓒ Nan Huai Jin, 1992
All rights reserved.

Korean translation copyright ⓒ Bookie Publishing House Inc., 2008
This Korean edition is published by arrangement with The Lao Ku
Culture Foundation Inc., Taipei, Taiwan, Republic of China.

이 책의 한국어판 저작권은 대만 노고문화공사와의 독점 계약으로 부키(주)에 있습니다.
저작권법에 의해 한국 내에서 보호를 받는 저작물이므로 무단전재와 복제를 금합니다.

금강경 강의

2008년 11월 14일 초판 1쇄 펴냄
2025년 7월 1일 초판 10쇄 펴냄

지은이 남회근
옮긴이 신원봉

펴낸곳 부키 (주)
펴낸이 박윤우
등록일 2012년 9월 27일
등록번호 제312-2012-000045호
주소 서울시 마포구 양화로 125 경남관광빌딩 7층
전화 02. 325. 0846 팩스 02. 325. 0841
홈페이지 www.bookie.co.kr
이메일 webmaster@bookie.co.kr
제작대행 올인피앤비 bobys1@nate.com
ISBN CODE 978-89-6051-040-1 04220 978-89-6051-039-5 (세트)

책값은 뒤표지에 있습니다.
잘못된 책은 구입하신 서점에서 바꿔 드립니다.

금강경 강의

남회근 지음 신원봉 옮김

일러두기

1. 중국 고유명사 표기와 관련하여 현행 맞춤법은 신해혁명 이전은 한자 발음대로, 그 이후는 중국어 원음대로 표기하도록 규정하고 있지만, 이 책에서는 시대에 관계없이 인명, 지명 모두 한자음대로 표기하였다.
2. 원서에는 없었더라도 부처님과 수보리의 대화나 그 외 대화 형식은 모두 따옴표로 묶었다.
3. 본문 안에〔 〕로 묶어 설명을 덧붙인 것은 모두 옮긴이 주이다.
4. '아누다라삼막삼보리(阿耨多羅三藐三菩提)'는 흔히 '아뇩다라삼먁삼보리'라 표기하나 여기서는 산스크리트 어 발음에 가깝게 읽어 아누다라삼막삼보리로 통일하였다.

옮긴이 말

　남회근 선생의『금강경 강의』를 번역 출간한 지 벌써 십 년의 세월이 지났다. 그동안 독자 분들의 사랑을 얻어 비록 큰 부수는 아니지만 그래도 10여 쇄를 거듭 찍었으며, 세월이 흐를수록 더 많은 분들이 찾고 있다. 발간 초기, 이미 금강경 해설서가 여러 권 나와 있었기에 과연 남 선생의『금강경 강의』가 독자들에게 얼마나 반향을 일으킬 수 있을지 생각했던 기억이 새롭다.

　그동안 남회근 선생의 저작은 '문예출판사'와 '씨앗을 뿌리는 사람'에서 출간되었다.『정좌수도 강의』가 문예출판사의 출판 경향과 맞지 않다고 해서 '씨앗을 뿌리는 사람'으로 옮겨 출간되었고, 이후 '씨앗을 뿌리는 사람'에서 여러 저작들이 발간되었다. 하지만 처음 의도와 달리 남 선생 저작의 번역 출간이 이어지지 못했다.

　그러던 차에 '문예출판사'와 계약 기간이 다 되어 이번에 부키에서 기존의 저작을 모아 남회근 선생 선집을 발간하기로 했다. 아울러 아직 우리나라에서 발간되지 않은 선생의 다른 저서들도 번역 출간할 예정이다. 이미 출간된 저술을 모아 선집으로 만든다는 것이 출판사 측에서는 다소 부담스러운 면도 없지 않았을 텐데, 그럼에도 흔쾌히 출간을 결정해 주신 부키 사장님께 감사드린다. 이번에는 잘 추진되어 남회근 선생의 많은 저작들이 한국 독자들께 제대로 소개될 수 있었으면 한다.

『금강경』은 읽기에 쉽지 않은 경전이다. 옮긴이도 구마라집의 빼어난 번역 덕분에 글자 뜻은 쫓아갈 수 있었지만, 수보리와 석가모니부처님 간의 한 장면 한 장면의 대화가 구체적으로 어떤 의미에서, 어떤 단계에서 논의되고 있는 것인지에 대해서는 아득한 느낌이 들었다. 원문을 몇 차례 정독한 결과 옮긴이의 느낌은 『금강경』은 재해석될 수밖에 없는 책이라는 것이었다. 그리고 해석하는 사람에 따라 그 깊이나 폭이 무척 다양할 수 있으리라는 점도 절실히 느꼈다. 이런 점에서 옮긴이는 남회근 선생의 이 강의 기록이 『금강경』을 이해하는 훌륭한 지침서가 될 수 있으리라 생각한다. 선생은 석가모니부처님과 수보리의 대화를 마치 연극 대본처럼 실감나게 설명하고, 광범위한 역사적 사실이나 인물들의 실제 사례를 들어 이해를 심화시켜 주기 때문이다.

이 책의 내용은 선생이 대만에서 여러 차례 행했던 『금강경』 강의 중 1980년의 강의를 기록한 것이다. 강의 대상은 시방서원(十方書院)의 학생과 대학의 철학과 학생 및 대학원생들이었는데, 강의가 시작되자 이 외에도 많은 수행자들과 불교 관계자들이 몰려들어 강의 장소인 복청(復靑) 빌딩 12층이 발디딜 틈 없이 꽉 찼다고 한다. 그곳에 모인 청중은 이미 불교에 대해 상당한 기초가 있는 사람들이기에 남회근 선생의 강의도 『금강경』의 정수를 찔러 들어가는 방법을 택했다. 말하자면 이전의 몇 차례 강의와는 달리 이 강의는 불교 전문가를 위한 것이라 할 수 있다.

남회근 선생의 저술은 대만에서는 말할 것 없고 중국 대륙에서도 널리 애독되고 있다. 중국 대륙의 서점을 관심 있게 둘러 본 분이라면 느끼겠지만 수도 없이 많은 서점에 남회근 선생의 저술이 진열되어 있지 않은 곳이 거의 없을 정도이다. 남회근 선생에 대해서는 한국에서도, 적어도 옮긴이 주변에서는 이미 꽤 알려져 있다. 남회근 선생을 잘 아는 분들이 선생을 높이 치는 것은 방대하고 깊은 학문적 바탕과 오랜 수련의 체험이 융화되어 있다는 점 때문이리라.

 옮긴이의 나이도 어느덧 오십대 중반에 들어섰다. 주위에서는 이제 번역 그만하고 자기 소리 할 때가 되지 않았냐고 한다. 맞는 말이다. 그래서 옮긴이도 뭔가 내 소리를 내려고 애쓰고 있다. 하지만 남회근 선생 책을 번역하는 일은 짬을 내어 계속할 생각이다. 돈도 되지 않는 번역을 할 분을 찾기도 쉽지 않거니와 어쭙잖은 내 소리보다 사회적 반향이 훨씬 더 크리라 확신하기 때문이다.
 과일도 맛이 나려면 여러 요소를 두루 갖추어야 한다. 씨앗도 좋아야 하고, 환경도 맞아야 하며, 좋은 거름으로 충분한 영양분을 공급 받아야 한다. 거기에다 맛깔스럽게 썰어 내놓기까지 한다면 이보다 더 좋을 수는 없을 것이다. 남회근 선생은 보기 드물게 이 요소를 두루 갖추었다. 대대로 보시를 행하고 불심이 돈독한(매 세대마다 출가인이 이어져 고승 대덕을 이미 여럿 배출했다) 집안에서 태어나, 어려운 나라 상황으로 인해 여러 곳을 전전하며 큰 서원을 세웠고, 지금은 접하기 힘든 여러 대덕들로부터 전통문화의 핵심을 전수 받아 자기 것으로 체득하였다. 거기에다 유머스러운 화법으로 심오한 내용을 재미있는 이야기로 들려주니, 이런 경우가 어디 쉽겠는가?

『금강경 강의』가 문예출판사에서 처음 나왔을 때 한 독자가 편지를 보내 잘못된 부분이나 이상하다고 생각하는 점들을 하나하나 지적해 주셨다. 옮긴이로서는 참으로 고마운 지적이었다. 하지만 사정이 허락지 않아 여태껏 바로잡지 못했다. 이번에 다시 출간하며 이전에 놓쳤던 부분을 확인해 바로잡으니 이제야 마음이 홀가분하다. 거기에다가 십 년간 별 문제없이 읽힌 책인데도 부키 출판사 편집부가 미세한 부분까지 빈틈없이 바로잡아 주셨다. 옮긴이로서도 그렇게 많은 부분에서 문제가 있을 줄은 몰랐을 정도이다. 번역의 완성도를 높여 준 출판사 편집부 여러분께 깊은 감사를 드린다.

2008년 11월
신원봉

차례

옮긴이 말 5

강의에 들어가며 ──────────────── ● 15
종교를 초월한 대지혜 15 | 실상반야 17 | 경계반야 18 | 문자반야 21 | 방편반야 24 | 권속반야 25 | 깨뜨리지 못하는 것이 없다 26 | 구마라집과 측천무후 27

제1품 법회가 열리게 된 원인 [法會因由分] ──────── ● 33
부처님은 이렇게 말씀하셨다 36 | 그때 37 | 사위국의 강당 39 | 천이백오십 명 41 | 세간과 대천세계 42 | 밥 먹고 옷 입는 것 45 | 걸사 생활의 위의 47

제2품 수보리가 일어나 법을 청하다 [善現啓請分] ─────── ● 51
선현수보리 54 | 여래와 보살 57 | 육조와 『금강경』 62 | 선호념 63 | 아무 이유도 없이 근심스럽고 원망스럽다 65 | 금강의 눈과 발심 66 | 권위를 갖지도 않고 주재하지도 않는다 68 | 어떻게 해야 마음을 머물러 있게 할 수 있을까요 69 | 그쳐 머물게 하는 지명 염불 73 | 온갖 삼매의 정경 75 | 세 박자 78 | 어떻게 머물며, 어떻게 머무는 바가 없도록 하는가 79

제3품 대승의 바른 종지 [大乘正宗分] ─────────── ● 83
일체 중생 85 | 담자의 『화서』 87 | 유색 무색의 중생 89 | 유상 무상의 중생 91 | 홍복과 청복 93 | 나한의 열반 96 | 부처님의 열반 99 | 사상과 아(我)의 관념 101 | 삼륜체공의

보시 104 | 쾌락과 고통 어디에도 머물지 않는다 105 | 열두 종류 생명의 전화 106 | 32품 게송에 대한 설명 108 | 제1품 게송 110 | 제2품 게송 111 | 제3품 게송 114

제4품 불법의 수행은 머무름이 없는 것이다[妙行無住分] ────● 117
1등과 2등 119 | 머무는 바가 없다 121 | 색에 머물지 않다 122 | 소리와 향기에 머물지 않다 124 | 내적으로 오묘한 쾌감에 접하는 보살 125 | 기러기가 긴 허공을 가르다 126 | 공덕과 복덕 128 | 동방의 부처님과 서방의 부처님 131 | 아육왕의 모래 135 | 주리반타가의 빗자루 137 | 제4품 게송 140

제5품 여래를 보다[如理實見分] ────● 143
비상(非相)과 공 145 | 법신, 보신, 화신과 체, 상, 용 149 | 연화생 152 | 신상에 대한 집착 153 | 제5품 게송 156

제6품 바른 믿음이 드물다[正信希有分] ────● 161
문희와 문수 163 | 부처님을 태우는 스님 167 | 오백 년 후 168 | 선행, 공덕, 지혜 169 | 참되구나 하는 믿음과 머무는 바가 없음 172 | 참됨과 참되지 못함 178 | 어느 곳이 피안인가 181 | 제6품 게송 183

제7품 얻은 것도 없고 말한 것도 없다[無得無說分] ────● 187
얻을 것이 무엇이며 말할 것이 무엇인가 189 | 정도의 차이 192 | 입세와 출세는 평등하다 194 | 성현의 구별 195 | 제7품 게송 197

제8품 일체의 부처가 이 법으로부터 나온다[依法出生分] ────● 201
일체의 부처와 『금강경』 205 | 불법은 불법이 아니다 206 | 제8품 게송 208

제9품 어떤 깨달음도 깨달음의 상이 없다[一相無相分] ── ● 211
견혹과 사혹 213 | 누가 성내지 않는가, 누가 어리석지 않고 오만하지 않으며 의심하지 않는가 217 | 다시 오는 사람 219 | 오지 않아도 되는가 220 | 삼계의 천인 221 | 혹(惑)을 해결하여 제거하다 224 | 초과나한 225 | 가섭이 춤을 추고, 필릉이 자만하다 228 | 이과와 삼과는 어떻게 나타나는가 231 | 나한의 앞길 234 | 세상에서 제일 뛰어난 사람 236 | 제9품 게송 240 | 좀도둑과 탈옥수 242

제10품 장엄한 정토[莊嚴淨土分] ── ● 245
마음을 비워 급제해서 돌아가다 247 | 장엄한 불토는 어디에 있는가 250 | 라이터 252 | 스승 때문에 멀어 버린 눈 254 | 제10품 게송 256

제11품 무위의 복이 더 낫다[無爲福勝分] ── ● 259
헤아릴 수 없이 많은 복 261 | 사구게를 수지하라 264 | 자량 267 | 제11품 게송 269

제12품 바른 가르침을 존중하다[尊重正敎分] ── ● 271
『금강경』이 놓인 곳 273 | 『금강경』을 어디에 놓아 둘 것인가 275 | 제12품 게송 278

제13품 법대로 수지하다[如法受持分] ── ● 281
다시 대지혜를 말하다 283 | 황산곡과 회당선사 286 | 황산곡과 황룡사심오신선사 289 | 미진, 외색진, 내색진 292 | 그대와 나의 삼십이상 295 | 협산대사 298 | 협산이 선자를 만나다 301 | 큰 공덕 303 | 제13품 게송 305

제14품 상을 떠난 적멸[離相寂滅分] ── ● 307
깨친 후 기쁨이 극에 이르러 눈물이 흐르다 310 | 신심의 청정 313 | 세상에 드문 공덕 315 | 오백 년 후 세상의 드문 사람은 누구인가 318 | 나는 왜 내가 아닌가 320 | 어떻게

하면 부처님을 볼 것인가 322 | 얻기 힘든 사람 323 | 무엇이 인욕인가 325 | 인욕의 표본 329 | 달마와 소크라테스 331 | 인욕의 공부 334 | 머무름이 없는 마음 337 | 어떻게 보시할 것인가 339 | 부처님은 어떻게 말하는가 342 | 아무것도 얻은 것이 없지만 공허한 것은 아니다 344 | 무량무변의 공덕 347 | 제14품 게송 348

제15품 경을 지니는 공덕[持經功德分] ● 351
제일 어려운 보시 353 | 노인의 구명 튜브 356 | 신심을 거스르지 않는 복보 358 | 여래는 누구에게 말해 주는가 359 | 여러분은 작은 법을 좋아하십니까 361 | 제15품 게송 364

제16품 업장을 깨끗이 할 수 있다[能淨業障分] ● 367
경시당하고 천시당하는 원인과 결과 369 | 성실하고 공경하며 노력하는 사람 373 | 불가사의한 과보 375 | 제16품 게송 376

제17품 궁극의 경지엔 내가 없다[究竟無我分] ● 381
무슨 원을 발하는가 383 | 연등불에게서 얻은 것이 무엇인가 387 | 연등불이 왜 수기했을까 391 | 일체가 모두 불법이다 394 | 어떤 것도 없는 보살 396 | 무아의 보살 400 | 제17품 게송 402

제18품 일체를 똑같이 보다[一體同觀分] ● 405
눈은 마음의 기미 407 | 천안이란 무엇인가 409 | 혜안, 법안, 불안 412 | 헤아릴 수 없이 많은 우주 세계 414 | 헤아릴 수 없이 많은 마음 418 | 너의 마음 421 | 영원히 얻을 수 없는 마음 423 | 제18품 게송 427

제19품 법계를 두루 교화하다[法界通化分] ● 429
복덕은 얻을 수 없다 431 | 아무도 소중히 여기지 않는 복 433 | 제19품 게송 435

제20품 형체를 떠나고 상을 떠나다[離色離相分] ─────── ● 439
대장부 상(相) 441 | 세상의 육신보살 444 | 제20품 게송 448

제21품 어떤 법도 말로써 설명할 수 없다[非說所說分] ─────── ● 451
아무것도 말하지 않았다 453 | 가섭이 웃다 456 | 수보리와 부처님의 대답 459 | 왜 바위가 고개를 끄덕거렸을까 461 | 중생과 부처님 463 | 제21품 게송 465

제22품 아무 법도 얻을 것이 없다[無法可得分] ─────── ● 471
일지선 473 | 제22품 게송 476

제23품 깨끗한 마음으로 선을 행하다[淨心行善分] ─────── ● 479
일체의 선법을 닦다 481 | 남쪽 산은 높고 북쪽 산은 낮다 483 | 제22품 게송 484

제24품 복과 지혜는 비교할 수 없다[福智無比分] ─────── ● 487
자량을 닦다 490 | 수지 독송 492 | 진정한 교화의 공덕 493 | 제24품 게송 495

제25품 교화함이 없는 교화[化無所化分] ─────── ● 499
가르침은 대상을 가리지 않는다 501 | 자기의 해탈 505 | 무아 이후 508 | 제25품 게송 513

제26품 법신은 상이 아니다[法身非相分] ─────── ● 517
견불과 관불 519 | 성색과 사도 521 | 전륜성왕 530 | 십지보살과 전륜성왕 533 | 제26품 게송 537 | 낭떠러지에서 손을 놓아 버리다 539

제27품 끊음도 없고 멸함도 없다[無斷無滅分] ———————— • 543
삼계 육도의 바깥 545 | 단멸견 548 | 단멸상을 말하지 않다 549 | 제27품 게송 552

제28품 받지도 않고 탐하지도 않는다[不受不貪分] ———————— • 555
일체의 법은 무아 560 | 정(定)과 인(忍) 564 | 장졸의 고사 568 | 구하는 것은 곧 머무는 것인가 571 | 제28품 게송 573

제29품 위의가 고요하다[威儀寂靜分] ———————— • 577
오지도 않고 가지도 않다 579 | 여래의 경계 583 | 제29품 게송 588

제30품 이치와 현상의 일합상[一合理相分] ———————— • 591
작은 먼지로 분쇄된 이후 593 | 무엇이 합상인가 596 | 제팔식과 종성 599 | 심넘과 폭류 602 | 진공이 어떻게 묘유를 낳는가 603 | 제30품 게송 605

제31품 지견이 생기지 않는다[知見不生分] ———————— • 609
견(見)은 견(見)이 아니다 611 | 아는 것은 무명의 근본이다 614 | 이렇게 알고 이렇게 본다 616 | 우리 자신의 법상 618 | 내가 지나갈 테니 자네가 이리 오게 622 | 제31품 게송 627

제32품 모든 교화는 참된 것이 아니다[應化非眞分] ———————— • 631
모든 교화는 참된 것이 아니다 633 | 내성외왕의 보리심 635 | 불법을 배우는 게으른 사람 638 | 경전을 떠난 사구게 640 | 몽환 중의 여여부동 643 | 제32품 게송 646

총결론 649 | 후기 659

강의에 들어가며

종교를 초월한 대지혜

오늘 강의하려는 것은 『금강경(金剛經)』입니다. 『금강경』은 동양 문화에 지대한 영향을 끼친 경전입니다. 천여 년 이래 얼마나 많은 사람이 이 경전을 연구했는지, 얼마나 많은 사람이 이 경전을 암송했는지, 얼마나 많은 사람이 이 경전으로부터 감응을 얻었는지, 얼마나 많은 사람이 이 경전을 통해 도를 깨닫고 이루었는지 모릅니다. 『금강경』은 불경 중에서도 아주 특수한 경전입니다. 『금강경』의 제일 위대한 점은 그것이 일체의 종교성을 초월해 있으면서도, 일체의 종교성을 그 속에 포함하고 있다는 것입니다. 따라서 우리가 『금강경』을 연구할 때도 그것을 불교의 테두리 속에 국한시켜서는 안 됩니다. 『금강경』은 말합니다. "일체의 성현은 모두 무위로써 법을 삼으나 차별이 있다〔一切聖賢, 皆以無爲法, 而有差別〕"고요. 이 말은 대략 이런 뜻입니다. 고금의 모든 성현이나 종교적 성취를 이룬 교주는 모두 도를 얻었지만, 각자의 깊이에 따라 그리고 시대나 지역의 차이에 따라 조금씩 달라져 그것을 전하는 방식도 변했다는 것입니다.

『금강경』은 일체의 종교적 테두리를 철저히 파괴해 버립니다. 『금강경』은, 역시 불교의 대경전인 『화엄경(華嚴經)』의 종지와 마찬가지로 하나의 진리, 하나의 지극한 도를 승인합니다. 그러면서도 일체 종교의 교화가 단지 사람으로 하여금 선을 행하게 하는 데 있다고 생각하지는 않습니다. 여기에 자리하신 여러분들은 아마도 서로 다른 종교를 믿고 계실 겁니다. 그렇지만 오늘 『금강경』을 공부할 때는 먼저 자기 의식 속에 있는 종교적 틀을 한쪽으로 제쳐 놓으십시오. 그렇게 한 뒤 『금강경』의 요점과 정신을 배워야만 비로소 얻는 바가 있을 겁니다.

『금강경』은 학술적으로 분류하자면 반야부(般若部)에 속합니다. 모든 불경이나 후세의 보살 및 고승 대덕들의 저작에서 『금강경』을 『금강반야바라밀경』이라 부른 것도 이 때문입니다. 무엇을 '반야'라 할까요? 대략적으로 말하자면 대지혜를 반야라 합니다. 과거 불경을 번역할 때는 일정한 원칙이 있었습니다. 즉 본래의 의미를 그대로 살릴 수 없을 경우 번역을 하지 않고 원음을 그대로 쓴다는 것입니다. 물론 원음 밑에 각주를 답니다. 반야도 이렇게 해서 나온 것입니다. 마치 최근에 동서 문화가 교류하면서 기(氣)에 대한 번역 문제가 제기되고 있는 것과 같습니다. '기(氣)' 자는 번역이 불가능합니다. 가스라 옮기기도 그렇고, 공기라 할 수도 없습니다. 영어는 한자와 달리 특정 개념에는 각기 상이한 전문 술어가 있습니다. 한자에서 기(氣) 자 앞에 다른 수식어를 붙여 공기니 전기니 하는 여러 개념을 표현하는 것과는 다릅니다. 기(氣) 자를 제대로 번역하는 방법은 발음 그대로 음역한 후 주석을 붙이는 것입니다. 당시 반야를 대지혜라 번역하지 않았던 이유도 바로 여기에 있었습니다.

소위 반야라는 것은 보통의 지혜가 아니라 도(道)를 이해하고 깨닫고 닦아서 증험할 수 있으며, 생사를 초월하여 초범입성(超凡入聖)할 수 있는 지혜를 말합니다. 이것은 보통의 총명함이 아니라 도체(道體)상의 근본적 지혜에 속합니다. 여기서 말하는 '근본적 지혜'를 더 현대적으로 표현해 본다면, '형이상적인 생명의 본원(本源)이나 본성을 파악해 낼 수 있는 지혜'를 말합니다. 이것은 사변적인 것이 아니라 몸과 마음을 모두 던져 증험하는 지혜입니다. 이것이 바로 반야입니다. 이 때문에 단순히 지혜라는 말로는 반야의 뜻을 제대로 전달할 수 없습니다.

반야라고 하는 이 지혜에는 다섯 종류의 각기 다른 의미가 포함되어 있는데, 이를 일러 '다섯 반야'라 합니다. 첫째는 실상반야(實相般若)요, 둘째는 경계반야(境界般若), 셋째는 문자반야(文字般若), 넷째는 방편반야(方便般若), 다섯째는 권속반야(眷屬般若)입니다. 이 다섯 가지 의미를 모두 포괄한 개념이 바로 금강반야입니다.

실상반야

실상반야란 형이상의 도체(道體)입니다. 이것은 우주 만유(萬有)의 뿌리로서, 명심견성(明心見性)하여 깨닫는 바로 그 도체입니다. 불교에서 말하는 오도(悟道), 즉 도를 깨닫는다는 것은 이 도체가 공(空)이라는 사실을 보아 내는 것입니다. 우리가 '총명하다'고 하는 것은 단지 의식의 영역으로서, 현재의 지식이나 경험 및 감각으로써 상상할 수 있는 범위에 국한됩니다. 진정한 도체는 불가사의한 것입니다. 이것은 보통의 지식이나 의식 및 생각으로써 토론하거나 연구할 수 있는 것이 아닙니다. 그러나 불가사의하다고 해서 생각하거나 논의조차 할 수 없다는 의미는 아닙니다. 이 점을 주의해야 합니다.

'불가(不可)'란 은폐하는 것입니다. 보통의 지식이나 의식으로 도(道)를 추측하거나 생각하는 것을 막기 위해 가리고 보지 못하게 한 것입니다. 만약 도체인 실상반야가 생각으로 알 수 있는 것이라면, 그것은 망상의 범위에 속할 것입니다. 따라서 '불가사의'란 생각하거나 논의하는 것 자체가 불가능하다는 의미는 아닙니다. 그것은 수행을 통해 증험되는 경계이지, 사고로 도달할 수 있는 경계가 아니라는 말입니다.

후세 선종에 이르면 도(道)라는 글자를 설명하면서, "존재하는 곳도 존재하지 않는 곳도 없다〔無所在, 無所不在〕"라고 난해하게 표현합니다. 만약 불(佛)이라는 글자라면, 부처라는 하나의 관념이 떠오를 것입니다. 비록 불법 속에서 어떤 때는 '불(佛)' 자가 도체를 나타내기도 하지만, 일반인들이 '불(佛)'이라는 말을 들으면 머릿속엔 당장 불당 안에 앉아 있는 번쩍번쩍 빛나는 불상이 떠오를 것입니다. 이는 상(相)에 집착해 버리고 마는 것입니다. 이 때문에 당송(唐宋) 이후의 선종에서는 '도(道)'니 '불(佛)'이니 하는 말을 아예 쓰지 않고 '이것'이니 '저것'이니 하면서 대명사만 쓴 것입니다. 『화엄경』에서는 그것을 도(道)라 해도 좋고 천지(天地)라 해도 좋으며, 상제(上帝)든 신(神)이든 주(主)든 불(佛)이든 진여(眞如)든 열반(涅槃)이든 뭐라 해도 좋다고 말합니다. 이렇게 수없이 많은 이름으로 불러봐야 그것은 모두 도체인 실상반야를 가리키는 간접 기호에 지나지 않습니다. 세상의 많은 사람들이 모두 이것을 추구합니다. 이것을 찾고 나서야 비로소 자기 생명의 뿌리를 알게 됩니다. 다시 말하면 실상반야는 반야 중에서도 가장 근본적인 것입니다.

경계반야

최근 몇 년간 많은 외국 친구들이 '경계(境界)'라는 두 글자를 어떻게 번역할 것인가를 연구했습니다. 저는 구태여 외국어로 번역하자면 '현상(現

象)' 정도가 아니겠느냐고 했습니다. 그러나 이것 역시 자연계에 속하는 개념이라는 점에서 다소 무리가 있습니다. 경계는 곧 경계일 뿐입니다. 주석을 단다면 모를까, 번역하기는 무척 어렵습니다. 수도를 통해 도를 보는 경계를 약산선사(藥山禪師)는, "구름이 푸른 하늘에 떠 있고 물은 병 속에 있다〔雲在靑天水在甁〕"라고 묘사했습니다. 아주 자연스럽습니다. 하늘에는 구름이 둥둥 떠다니고 물은 병 속에 담겨 탁자 위에 놓여 있습니다. 하나는 그처럼 높고 멀며 하나는 그처럼 낮고 가깝습니다. 이것이 바로 경계입니다. 예를 들면 당시(唐詩)의, "천 줄기 강엔 천 개의 달이 뜨고, 만 리엔 구름 없어 만 리가 하늘이다〔千江有水千江月, 萬里無雲萬里天〕"라는 구절이나 같습니다.

우리는 오도(悟道)나 반야를 말할 때 늘 이 두 구절을 인용합니다. 하늘의 달은 오직 하나이지만 지상의 천만 줄기 강을 비추면 어디에도 모두 달의 영상이 생깁니다. "천 줄기 강에 천 개의 달이 뜨는" 겁니다. 만 리 푸른 하늘에 구름 한 점 없다면 어디든 끝없이 무한한 하늘입니다. "만 리에 구름 없어 만 리가 하늘"입니다. 아주 훌륭한 경계입니다. 많은 선사들이 이 경계에서 도를 깨달았습니다.

어떤 스님은 띠집에 살면서, 아주 멋진 대련(對聯)〔청대의 운문 형식. 서로 대구가 되는 두 구절로 구성됨〕 한 수를 남겼습니다. 그 대련은 이렇습니다. "만 리 푸른 하늘이 입 벌려 웃고, 세 칸 텅 빈 집이 주먹을 세운다〔萬里靑天開笑口, 三間白屋豎拳頭〕." 마치 미륵보살처럼 껄껄거리며 웃습니다. 우리가 즐겨 그리는, 배가 튀어나오고 입이 찢어져라 웃는 화상처럼, 도를 깨닫고 보니 모든 것이 공(空)이요 어느 하나 즐겁지 않은 것이 없습니다. 그리고 세 칸 텅 빈 집은 끝없이 넓습니다. 이런 종류의 글은 일종의 경계를 묘사하고 있습니다.

우리 인생에도 수시로 경계가 있습니다. 고통스러울 때는 고통에 대해 생각하고, 고통이 아직 오지 않았을 때는 머릿속에 고통의 위협이 수시로 떠오릅니다. 이것은 고뇌의 경계입니다. 기쁠 때는 생각할수록 더욱 득의만만해집니다. 나이가 많은 사람은 미래를 생각하는 것이 즐겁지 않습니다. 앞으로의 노정이 너무도 길어서 걸어갈 기력이 없기 때문입니다. 그러니 아예 지나간 일만 회상하게 됩니다. 어떤 때는 혼자 앉아 생각하다가 고개를 젖히고 웃으며 과거의 경계로 되돌아가 즐깁니다. 이것들이 모두 경계입니다. 경계는 마음으로 체험하는 것이지 말로 전할 수 있는 것이 아닙니다.

이 밖에 수도를 하거나 독서를 할 경우에도 한 걸음 나아갈 때마다 다른 경계가 나타납니다. 예술가라면 나날이 새로운 영감을 떠올릴 겁니다. 그림을 그리다가도 보통 때와 다른 어떤 것이 느껴졌다면, 그것이 곧 경계입니다. 미장이가 벽돌을 쌓아 가다가 문득 어떤 생각이 떠올라 벽돌 사이에 시멘트를 발라 보니 아주 평평하게 됩니다. '아하! 원래 이렇게 하는 것이구나!' 이것이 곧 미장이의 경계입니다. 수도하는 사람이 한 푼의 성취를 얻었다면 경계가 한 푼만큼 달라지고, 두 푼의 성취를 얻었다면 두 푼만큼 달라집니다. 말을 바꾸면, 수행이 어떤 경계에 이르면 인생의 경계도 그만큼 트이고 밝아집니다.

수도를 하지 않는 사람에게도 경계가 있을까요? 역시 있습니다. 바로 일체 중생이 가지고 있는 고뇌의 경계입니다. 옛사람의 시에서도 나옵니다. "백 년 삼만 육천 날, 근심 없으면 아프다〔百年三萬六千日, 不在愁中卽病中〕." 보통 사람의 경계는 번뇌 아니면 질병입니다. 나이 들면 눈이 침침하고 머리가 희어집니다. 이것이 살면서 겪는 고뇌의 경계입니다. 옛사람들은, "불법 공부는 대장부의 일로서, 제왕이나 장상(將相)이 할 수 있는 일이 아니다"라고 했습니다. 무릇 대장부란 그 기백과 흉금이 보통 사람과는 다른 경계에 있기 때문입니다. 이 다른 경계는 어디서 온 것일까요? 실상반야로부터 온 것입니다. 도체(道體)에서 나온 것으로 자연스럽게 옵니다. 그래서 진정으로 도를 깨달은 사람은 지혜가 무궁무진하게 계발됩니다. 불교에서는 이것을 무사지(無師智) 또는 자연지(自然智)라 합니다. 자기 본래의 지혜 창고가 열려 다른 사람에게 배운 적이 없는 자기 고유의 지혜가 폭발합니다. 이렇게 되면 세상에 모르는 것이 없습니다. 이것이 바로 경계반야입니다.

문자반야

우리는 문자 자체가 이미 지혜를 구비하고 있다는 것을 알고 있습니다. 문자 역시 언어입니다. 언어를 기록한 것이 문자이기 때문입니다. 중국인의 언어나 사상을 표현하는 부호가 중문(中文)이며, 영어권 사람들의 언어나 사상을 표현하는 부호가 영문(英文)입니다. 기타 불문(佛文), 독문(獨文) 등도 모두 그들의 사상이나 언어를 표현하는 기호입니다. 문자에는 문자의 경계가 있습니다. 우리는 모두 글을 알고 책을 읽지만 진정한 문인이 되는 사람은 아주 적습니다. 문자반야가 없어 아름다운 구절들을 쏟아 낼 수 없기 때문입니다. 어떤 사람은 말을 했다 하면 문장이 되며, 그것이 또 아름답기 그지없습니다. 이것은 그가 문학의 경계를 갖고 있고, 또 문자반야가 있기 때문입니다.

『금강경』이 왜 그토록 사랑을 받아 왔을까요? 구마라집(鳩摩羅什)의 문자반야 때문입니다. 그는 많은 경전을 번역했는데, 그 중 『금강경』과 『법화경(法華經)』이 동양 문화에 끼친 영향은 지대합니다. 특히 그가 구사하는 격조 있는 언어는 중국 문학사에서 아름답고 감동적인 불교 문학이라는 독특한 장르를 정초시켰습니다. 이 외에 『유마경(維摩經)』의 문장도 아주 독특해서 하나의 새로운 문자 경계를 열어 놓았습니다. 『금강경』은 후에 현장법사(玄奘法師) 등도 번역했으나 문학 경계로는 한 번도 구마라집을 뛰어넘지 못했습니다. 문자반야가 구마라집만 못했기 때문입니다.

똑같이 글자를 배우고 글을 읽어도 누구나 다 문인이 되는 것은 아닙니다. 마찬가지로 똑같이 수행해도 어떤 이는 수행자에 그칠 뿐 성불하지 못합니다. 이것은 문자반야와 절대적으로 상관이 있습니다. 청조 때의 시인이자 역사가이며 동시에 대문호이기도 했던 조익(趙翼)은 만년에 세 수의 유명한 시를 남겼는데, 아래 시가 그 중 하나입니다.

어려서 논어를 배울 때는 힘들고 원만하기 어려워
그저 공부가 반에도 이르지 못했다고만 했는데
나이가 들어 노력만으로 되지 않음을 알았으니
삼 할이 사람의 몫이라면 칠 할이 하늘의 몫이로다

少時學語苦難圓　只道功夫半未全
소 시 학 어 고 난 원　지 도 공 부 반 미 전
到老方知非力取　三分人事七分天
도 로 방 지 비 력 취　삼 분 인 사 칠 분 천

그는 말합니다. 어려서 공부를 할 때는 공부가 제대로 되지 않아 스스로 학문이 아직 경지에 이르지 못했다고 생각했습니다. 그러나 나이가 들어서야 비로소 알았습니다. 죽어라 공부해 봐야 소용없다는 걸 말입니다. 노력의 몫은 삼십 퍼센트이고, 칠십 퍼센트는 천재성에 달려 있습니다. 그러나 이것은 보통 사람에게 해당되는 것입니다. 제가 아는 스님 중에는 책을 읽은 적이 없을뿐더러 하루도 공부한 적이 없는데도 도를 깨달은 후 시도 잘 짓고 문장도 잘 쓰는, 참으로 상상하기 힘든 경우도 있었습니다.

저의 선생님께서도 팔십 년 전 이런 스님을 본 적이 있었다고 합니다.

그 스님은 원래 떠돌이 이발사로, 도구를 짊어지고 시골 여기저기를 돌아다녔다고 합니다. 청나라 때는 이발사가 과거에 응시할 수 없도록 아주 엄격히 제한하고 있었습니다. 그렇지만 이 이발사 대선사는 도를 깨친 후 무엇이든 이해할 수 있었고 무엇이든 모르는 것이 없었다고 합니다. 그는 조그만 사당을 하나 갖고 있었는데, 주지가 입적하자 신자 한 사람이 그에게 준 것이었습니다. 어떤 사람은 그를 양(楊) 화상이라 부르고, 어떤 사람은 양 이발사라 부르기도 했습니다. 책깨나 읽은 사람들은 그를 찾아가 시험해 보곤 했습니다. "이봐요, 양 화상! 내 깜빡 잊었는데, 이 구절이 어떤 책에 나오는지 알아요?" 이렇게 물으면 그는 어떤 책 몇 페이지에 나온다고 일러 주었습니다. 저의 선생님도 어렸을 때 몹시 까불어 댔다고 합니다. 일부러 『홍루몽』에 나오는 구절을 물어보곤 했는데, 그때마다 그는 정확히 대답해 주었다고 합니다. 참으로 이상하지 않습니까? 예전에 아주 돈 많은 아편 중독자 한 사람이 있었는데, 그는 아무리 아편을 끊으려 해도 번번이 실패하던 터였습니다. 하루는 "양 선생! 내 머리 좀 깎아 주시겠소?"라고 하며 양 화상을 찾아갔습니다. 그런데 아편 중독으로 인해 머리를 깎다가 발작이 일어났습니다. 눈물 콧물이 줄줄 흐르고 아주 고통스러웠습니다. 그때 양 이발사가 그의 등을 두드리며 "벗어나라!"라고 한마디 하자 곧 말끔히 나았습니다. 이 일이 있은 후 그 사람은 다시는 아편을 피우지 않았습니다.

 이 사례들은 문자반야를 말해 주고 있습니다. 도를 깨친 후 자연스럽게 나타나는 능력은 그 사람이 총명해서 그런 게 아닙니다. 총명함이란 사고로부터 오는 것으로, 사고에서 비롯되는 것은 아무 소용없습니다. 도를 깨달은 사람은 기억력이 아주 좋습니다. 어릴 적 일뿐 아니라 전생에서 읽었던 책까지 모두 기억합니다. 이상하다고 생각할지 모르지만 이것은 확실히 실재했던 일입니다. 이 때문에 소동파(蘇東坡)는 어떤 시에서, "금생에 와서 읽은 책은 이미 늦다〔書到今生讀已遲〕"라고 했습니다. 책을 읽으려면 일찍 읽어야 합니다. 이 생애에서 읽은 책은 다음 생애를 위한 것입니다. 도를 깨치면 과거 천만 생애를 걸쳐 읽은 책을 모두 기억해 낼 수 있습니다. 반야의 지혜가 모두 드러나기 때문입니다. 학문이 뛰어난 사람은 기억력이 좋습니다. 한눈에 열 줄을 읽기도 합니다. 그러나 서툰 사람은 한 자 한 자를 파고듭니다. 어떤 사람은 눈으로 한 번 죽 훑어보고는 한 페이지가 끝납니다. 한눈에 열 줄을 읽고 하루에 천 개의 단어를 기억하는데, 나이가 들어도 이 능력은 줄지 않고 어떤 경우는 더 왕성해지기까지 합니다. 당연한 일입니다만 이렇게 되려면 정력(定力)이 있어야 하고, 또 반야의 지혜가 있어야 합니다. 이것이 바로 문자반야입니다.

방편반야

방편이란 말은 불경에서 자주 쓰입니다. 그러나 불경에서 말하는 방편은, 가령 우리가 수중에 종이가 없어 다른 사람에게 "아무거나 하나 주세요"라고 할 때의 '아무거나'하고는 다릅니다. 서한(西漢)의 곽광(霍光) 대장군은 대원수요 대재상으로서, 서한을 혼자 힘으로 떠받치고 있었는데도 역사는 그를 "학문도 없고 재주도 없다〔不學無術〕"라고 비평했습니다. 읽은 책이 너무 적은 데다 국가 대사를 처리하는 데 식견이 부족했다는 것입니다.

'술(術)'은 수단이란 뜻이 아닙니다. 학문과 도덕이 깊은 사람이라면 다른 사람을 교화하고자 할 때 스승이 없더라도 스스로 깨칠 수 있는 방법을 사용합니다. 사람을 교화하거나 일을 처리하는 자기 나름의 고도의 테크닉을 갖고 있을 겁니다. 불경 읽는 것을 예로 든다면 그는 독특한 방법으로 난해한 부분을 즉각 이해시킬 겁니다. 표현하기 매우 어려운 부분도 절묘한 방법을 사용하여 다른 사람을 금방 깨우칠 겁니다. 이것은 방편반야에 속합니다.

여러분은 천 개의 손과 천 개의 눈을 가진 관세음보살을 본 적이 있을 겁니다. 천 개의 손에는 하나하나마다 눈이 붙어 있고, 머리 위에도 세 개의 눈이 있습니다. 이 보살은 무엇을 나타내고 있을까요? 천 개의 손과 천 개의 눈을 가진 사람이 있다면, 이 사람에게는 방법이 많겠습니까 적겠습니까? 당연히 아주 많을 겁니다. 따라서 진정한 대자대비(大慈大悲)를 위해서는 천 개의 손과 천 개의 눈 정도는 가져야 합니다. 많은 방편을 가져야만 비로소 가능합니다. 마술을 하듯 손으로 슬쩍 만져서 전혀 다른 것으로 변화시킬 수 있어야 합니다. 이것이 바로 방편반야입니다.

권속반야

권속반야는 깨달음의 지혜에 수반되는 것입니다. 불교에서는 이것을 행원(行願)이라 합니다. 말하자면 행위의 측면인 셈입니다. 이렇게도 말할 수 있습니다. 저절로 나타난 도덕심으로 인해 자연스럽게 지극히 선한 사람이 되는 것입니다. 소위 권속이라는 것은 친척이나 친구, 배우자 등을 말합니다.

반야의 권속이란 또 무엇일까요? 여러분은 불교에서 말하는 육도(六度), 즉 보시(布施) 지계(持戒) 인욕(忍辱) 정진(精進) 선정(禪定) 반야(般若)를 알고 있을 것입니다. 수행하는 사람이라면 보시하고, 계율을 지키며, 인욕하고, 정진하며, 선정에 도달한 뒤에야 비로소 대철대오(大徹大悟)에 이르러 부처가 될 수 있습니다. 반야의 앞 단계에는 이렇듯 다섯 가지 서로 연계된 권속이 있는데, 이것이 다섯 행원으로서 곧 권속반야입니다.

여기에 대해서는 자세한 설명을 생략합니다. 『금강경』에서 다루고 있기 때문입니다.

이제 여러분은 반야에 포함된 내용이 이처럼 많다는 것을 알았을 겁니다. 따라서 반야라는 말은 단지 음역만 가능할 뿐, 다른 용어로 번역할 수 없습니다. 반야에는 도를 깨닫고자 하는 염원〔願〕까지 포함됩니다. 말을 바꾸면, 수도하고자 하는 염원 자체에 이렇게 많은 내용이 구비되어 있다는 것입니다.

깨뜨리지 못하는 것이 없다

현재 우리 손에 있는 『금강반야바라밀경』이라는 책의 제목에서, 반야 앞에 왜 '금강(金剛)'이라는 말이 붙었을까요? 금강석은 금속 중에서 가장 단단한 것으로서, 금강은 마치 이런 금강석처럼 일체의 법을 타파할 수 있다는 의미입니다. 또는 어떤 것도 깨뜨리지 못할 것이 없는 일체의 법을 세운다는 뜻이기도 합니다. 『금강경』에는 대여섯 종의 상이한 번역본이 있는데, 우리가 흔히 사용하는 것은 구마라집의 번역본입니다. 어떤 번역본에서는 제목 위에다 '능단(能斷)'이라는 두 글자를 덧붙여 놓은 것도 있습니다. 세상의 일체 고통과 번뇌를 끊어야 성인이 되고 부처가 될 수 있다는 뜻입니다. 구마라집이 이 두 글자를 생략한 것은, 아마도 이 정신이 경전의 제목 속에 이미 들어 있다고 생각했기 때문일 겁니다.

'바라밀(波羅蜜)'이란 일반적으로 '피안에 도달하는 것'이라 새깁니다. 현재 우리가 살펴보고 있는 이 경전의 내용을 제목만으로 유추해 본다면 이렇습니다. 즉 일체의 법을 끊을 수 있고, 일체의 번뇌를 타파할 수 있으며, 반야의 대지혜를 성취할 수 있고, 고해에서 벗어나 피안에 도달할 수 있다는 것입니다. 만약 우리가 옛날 절에서 행하던 구식을 따른다면 이 경전의 제목만 강의하는 데에도 하루 두 시간씩 한 달로도 모자랄 것입니다. 사실 이런 방법은 해석이 상세하기 때문에 아주 좋습니다. 문자 교육에서 출발하기 때문에 무엇이 경(經)인가부터 시작해서, 이 '경' 자를 해설하는 데에만 꼬박 일주일은 걸릴 겁니다. 그다음은 무엇이 금강인가 해서 일주일이 걸릴 테고, 이렇게 하다 보면 제목만 강의하는 데에도 몇 달이 걸립니다. 하지만 우리는 이런 방법을 취하지 않습니다. 저의 개성도 이런 강의에 적합하지 못합니다. 그래서 이 강의에서는 간단명료한 해석 방법을 택해 볼까 합니다.

구마라집과 측천무후

이제 이야기가 이 경전을 번역한 구마라집 법사에 이르렀습니다. 구마라집의 부친은 인도의 재상으로서 출가하여 승려가 되었습니다. 모친은 공주였는데, 출가한 재상을 압박하여 환속시켜 놓고는 그와 결혼해서 구마라집을 낳았습니다. 이후 공주는 이번에는 자신이 출가하고자 했습니다. 재상인 남편은 아무 대답이 없었습니다. 어렵게 출가하여 승려가 된 나를 핍박해서 환속시켜 놓고 이제 도리어 본인이 출가하겠다니 말이 되는가라는 뜻이었습니다. 이 이야기는 정말 한 편의 소설감으로도 부족함이 없습니다.

구마라집은 열두 살에 이미 도를 깨달았고, 서른 살이 넘어 중국 대륙에 도착했습니다. 당시 중국은 남북조 시대로 이 학자를 초빙하려다가 세 국가가 소멸되기도 했습니다. 세계 역사상 유례가 없었던 사건입니다. 당시의 역사를 연구해 보면 아주 재미있습니다. 구마라집과 같은 대법사, 학문이 높은 한 개인을 각국이 앞 다투어 모시는 데 힘을 쏟다 보니 경제나 정치는 전혀 돌보지 못했습니다. 구마라집을 초청하기 위해 한 나라가 다른 나라를 소멸시켰고, 제삼국이 다시 그 나라를 소멸시켰습니다. 이 이야기는 말하려면 아주 깁니다. 한두 주 정도는 족히 걸릴 겁니다. 여기서는 간단히 이쯤에서 그치겠습니다.

『금강경』의 앞부분에 있는 발원문 등은 소개하지 않겠습니다. 그렇지만 이 자리에 여성 도우(道友) 분들이 많은 관계로 특별히 다음 게송을 소개해 볼까 합니다.

무상의 깊고도 깊은 미묘한 법이어라
백천만 겁이 지나도 만나기 어려워라
이제 듣고 본 것을 수지하려 하오니
원컨대 여래의 진실한 뜻을 깨닫게 하소서

無上甚深微妙法　百千萬劫難遭遇
무상심심미묘법　백천만겁난조우
我今聞見得受持　願解如來眞實義
아금문견득수지　원해여래진실의

이것은 측천무후(則天武后)의 작품입니다. 측천무후 역시 『금강경』을 연구했던 사람입니다. 어떤 사람은 아래의 「운하범(云何梵)」 게송 역시 그의 작품이라 주장합니다.

어떻게 하면 장수를 해
금강불괴의 몸이 될까요
다시 어떤 인연으로 인해
크고 견고한 힘을 얻을까요
어떻게 이 경전을 이해해

마침내 피안에 도달할까요

원컨대 부처님께서 미묘하고 은밀한 곳을 열어

널리 중생을 위해 말씀해 주소서

云何得長壽　金剛不壞身　復以何因緣　得大堅固力
운하득장수　금강불괴신　부이하인연　득대견고력
云何於此經　究竟到彼岸　願佛開微密　廣爲衆生說
운하어차경　구경도피안　원불개미밀　광위중생설

이 게송은 불교 문학 방면에서 대작이라고 평가 받고 있습니다. 이런 대작을 써 내려면 너무 가벼워도, 너무 무거워도 안 됩니다. 아주 신중해야 합니다.

"어떻게 하면 장수를 해 금강불괴의 몸이 될까요〔云何得長壽 金剛不壞身〕." 어떻게 해야 청정(淸淨)과 장수를 얻어 영원히 죽지 않을 수 있을까요? 여러분은 모두 오래 살고 싶을 겁니다. 어떻게 해야 진정으로 오래 살았다고 할 수 있을까요? 어느 정도여야 할까요? 여기서 문제가 제기됩니다. 말을 바꾸면, 이 경전 자체가 우리에게 어떻게 해야 영원불멸하는 생명의 본원을 얻을 수 있는지를 알려 주고 있는 것입니다.

"다시 어떤 인연으로 인해 크고 견고한 힘을 얻을까요〔復以何因緣 得大堅固力〕." '크고 견고한 힘' 역시 사람들이 얻고자 원합니다. 그렇지만 과연 어떤 방법으로, 어떤 인연으로 얻을 수 있을까요? 인간 세상 모든 것은 불확실하고 견고하지 못합니다. 수명 역시 견고하지 못합니다. 길어야 일이백 년이면 끝납니다. 가정과 부모, 자녀나 부부 간의 관계도 견고하지 못해 마침내는 헤어져야 합니다. 불경에서는 모이면 반드시 흩어진다고 말합니다. 인연이 다하면 곧 흩어집니다. 돈을 벌 때는 지폐가 쏟아져 들어오지만, 돈을 벌지 못할 즈음에는 쌓였던 돈 역시 흩어지고 맙니다. 권력을 손에 잡으면 언젠가 놓아야 할 날이 있습니다. 건물을 세우면 반드시 부숴야 할 날이 오게 마련입니다. 이 세상에 견고해서 파괴되지 않는 것이 과연 존재할까요? 이런 견고한 힘이 과연 있을까요? 여러분 스스로 한번 찾아보기 바랍니다.

"어떻게 이 경전을 이해해 마침내 피안에 도달할까요〔云何於此經 究竟到彼岸〕." 우리가 『금강경』을 어떻게 연구해야 그 속의 구체적 방법을 이해할 수 있는가, 어떻게 삼계(三界)의 고해에서 벗어나 항시 즐겁고 맑은 극락세계에 이를 수 있는가 등의 문제에 대해 부처님께서 제일 미묘하고 비밀스런 법문을 활짝 열어 우리들에게 남김없이 말해 달라는 것입니다.

현재의 『금강경』은 32품으로 되어 있습니다. 그러나 『금강경』이 처음 번역될 때에는 품의 구분이 없었습니다. 불경은 원래 한 편의 죽 이어진 문장이었습니다. 품을 나누고 단락을 구분한 것은 후세의 일입니다. 『금강경』이 32품으로 나누어진 것은 양무제(梁武帝) 때입니다. 당시 편집인은 누구였을까요? 바로 양무제의 아들 소명태자(昭明太子)였습니다. 우리가 중국 문학을 연구할 때 빠뜨릴 수 없는 필독서가 하나 있는데, 바로 『소명문선(昭明文選)』입니다. 이것은 양(梁)의 소명태자가 편집한 각종 명문들입니다.

『금강경』 32품의 분류 방법과 표제는 소명태자의 걸작으로 표제가 아주 정확하고 멋들어지게 붙었습니다. 각 품의 중점이 표제에서 명시됩니다. 예를 들면 제1품의 법회인유(法會因由)는 부처님이 왜 『금강경』을 설하게 되었는가 하는 원인을 말하고 있습니다. 오늘 우리가 이 경전을 연구하게 된 데에도 역시 하나의 '인유(因由)'〔원인〕가 있습니다. 소 선생과 최 선생 등 대여섯 분이 제기하는 바람에 제가 수용하지 않을 수 없었습니다. 이것이 우리 제1차 법회의 '인유'입니다.

『금강경』의 감응력은 대단합니다. 제 비밀 하나를 말씀드리겠습니다. 제가 중학교에 다닐 때는 매일 네 시면 일어나 권술을 연습한 다음 『금강경』

을 염송했습니다. 왜 염송했냐고요? 내용은 전혀 이해하지 못했지만 그럼에도 사람들은 저더러 『금강경』을 잘 염송한다고 했습니다. 저는 아무 생각 없이 그저 염송만 했습니다. 학교에서는 감히 목탁을 두드릴 수 없었습니다. 정신 나간 놈이라 놀릴까 봐 두려웠던 것입니다. 그래서 몰래 『금강경』을 지니고 접대실로 가서 읽곤 했습니다. 우선 늑대가 두렵고 다음은 호랑이가 두려워서 삽시간에 염송을 끝내곤 했습니다. 한번은 염송을 하는데, 아상(我相)·인상(人相)·중생상(衆生相)·수자상(壽者相)이 없어지고 홀연 자신이 사라지는 겁니다. 내가 도대체 어디로 가 버렸을까. 정말 모를 일이었습니다. 그 후로는 염송하지 않았는데, 세월이 더 지나서야 그 이치를 깨닫게 되었습니다.

　제 경험에 비추어 볼 때 이 경전은 기묘한 데가 있습니다. 역사의 기록에도 이 경전의 감응력에 대해 언급한 것이 적지 않습니다. 전쟁이 계속되던 팔 년 동안 저는 부모와 헤어져서 객지 생활을 하고 있었습니다. 서로 생사도 알 수 없었습니다. 그때 저는 매일 밤 잠들기 전에 거르지 않고 부모님을 위해 『금강경』과 『심경(心經)』을 읽었습니다. 경험을 통해 느낄 수 있었던 바는 이 경전의 감응력이 대단히 크다는 것입니다. 정말 굉장합니다. 제가 여러분께 말씀드릴 수 있는 것은 이 정도입니다. 감응의 과학적 근거를 알고자 한다면 밝히지 못할 것도 없지만, 오늘은 과학 강의가 아니라 불교 강의이므로 그것에 대해서는 생략합니다.

제1품
법회가 열리게 된 원인

第1품 • 法會因由分
如是我聞. 一時佛在舍衛國, 祇樹給孤獨園, 與大比丘衆, 千二百五十人俱. 爾時, 世尊, 食時, 著衣持鉢, 入舍衛大城乞食. 於其城中, 次第乞已, 還至本處. 飯食訖, 收衣鉢, 洗足已, 敷座而坐.

이와 같이 나는 들었다. 그때 부처님께서는 사위국의 기수급고독원에서 비구 천이백오십 명과 함께 계셨다. 이때 세존께서는 식사 시간이 되어, 옷 입고 바리때 들고서 사위성 안으로 들어가 걸식하셨다. 성안에서 한 집 한 집 걸식을 하시고는 원래의 곳으로 돌아오셨다. 식사를 끝내고 의발을 수습하신 뒤 발 씻고 자리 깔고 앉으셨다.

불경을 읽을 때는 목어(木魚)를 똑, 똑 두드려 가며 죽 내리읽습니다. 왜 목어를 두드릴까요? 물고기는 밤낮 눈을 뜨고 있습니다. 물고기는 잠잘 때는 꼼짝하지 않는데, 잠시 휴식을 취하는 듯 보이는 이것이 바로 물고기의 수면 방식입니다. 목어를 두드리는 것은 물고기의 정신, 밤낮을 쉬지 않고 노력하는 정신을 본받아 수행에 정진하기 위함입니다.

  이 경전의 제1품은 일체의 것이 각기 인연이 다름을 설명합니다. 부처님이 『능엄경(楞嚴經)』을 설할 때와는 시작부터 다릅니다. 『능엄경』의 시작은 이렇습니다. 하루는 부처님이 막 식사를 마쳤는데, 성안에 있던 동생 아난(阿難)에게 문제가 생겼습니다. 그러자 부처님은 지체 없이 신통력을 드러냅니다. 머리에서 빛을 뿜는데 광채가 대단합니다. 빛 속에서 화신(化身)이 출현하자 주문 하나를 전수해 문수보살로 하여금 빨리 가서 아난을 구하도록 합니다. 경전의 시작은 이처럼 모두 다릅니다. 특히 『금강경』은 아주 색다릅니다. 이 경전에서 부처님은 머리뿐 아니라 눈썹이나 가슴의 만(卍) 자에서도 아무 빛을 발하지 않습니다. 『금강경(金剛經)』은 단지 밥 먹는 것에서부터 시작할 뿐입니다. 그렇지만 밥 먹는 것이 그리 쉬운 일만은 아닙니다. 북평(北平) 백운관에는 명나라 때부터 내려온 유명한 대련(對聯) 한 수가 소장되어 있습니다. 거기엔, "세상에 수행보다 더 좋은 것이 없고, 천하에 밥 먹기보다 더 어려운 일은 없다〔世間莫若修行好, 天下無如吃飯難〕"라고 적혀 있습니다.

우리는 흔히, 부처님이 길을 갈 때는 땅에서 세 치쯤 떨어져 연꽃을 밟고 가리라 생각합니다. 그러나 이 경전에 그려진 부처님의 모습은 우리와 다르지 않습니다. 똑같이 밥을 먹고, 똑같이 걸식을 하며, 똑같이 맨발로 길을 걷고, 똑같이 발바닥에 묻은 흙을 씻어 냅니다. 그리고 나서 밥을 먹고는 타좌(打坐)〔가부좌를 틀고 앉아 입정(入定)에 드는 것으로 참선을 가리킴. '타(打)'는 동작이나 행위를 나타내는 것으로, 승려 또는 도인(道人)이 마음을 수습하고 정신을 집중시켜 단정히 앉아 사유하는 방법임. 혹은 천태종이나 밀종에서 수행 시 취하는 좌법을 가리키기도 함〕를 합니다. 평범하고 일상적입니다. 평범한 것이 도(道)입니다. 제일 평범한 것이 제일 높습니다. 진정한 진리는 제일 평범한 것에 있습니다. 진정한 선불(仙佛)의 경계는 제일 평범한 것에 있습니다. 이 때문에 진정한 인도(人道)의 완성이 곧바로 출세(出世)의 도나 성인의 성취와 통하는 것입니다. 『금강경』첫머리에 보이는 부처님의 이런 모습과 정신을 특히 젊은 분들은 유념하기 바랍니다.

부처님은 이렇게 말씀하셨다

이와 같이 나는 들었다. 그때 부처님께서는 사위국의 기수급고독원에서

如是我聞. 一時佛在舍衛國, 祇樹給孤獨園,
여 시 아 문   일 시 불 재 사 위 국   기 수 급 고 독 원

불경은 모두 "이와 같이 나는 들었다〔如是我聞〕"라고 시작합니다. 『열반경(涅槃經)』에 다음과 같은 이야기가 나옵니다. 부처님이 열반에 들려고 할 때 아난이 물었습니다. "이제 떠나시면 제가 그동안 말씀했던 것을 기록하려 하는데, 다른 사람이 과연 믿겠습니까? 제가 임의로 지어 낸 것이라 생각할지도 모르겠습니다." 그러자 부처님은 아난에게 한 경전을 시작할 때마다 서두에 "이와 같이〔如是〕"를 붙이라고 했습니다. "나는 들었다"에서 '나'란 아난을 가리킵니다. 즉 부처님께서 이렇게 말하는 것을 내가 들었다는 것입니다.

아난의 머리는 녹음기 같아서 부처님의 말씀을 한 자도 빠뜨리지 않고 기억했습니다. 그는 책임을 분명히 하기 위해 "내가 들었다"라고 밝혔습니다. "여시(如是)"로 시작하는 것은 고어의 표현으로, 만약 일반적인 문장이라면 응당 "여시아문(如是我聞)"이 아니라 '아문여시(我聞如是)'라고 할 겁니다. 불경을 한문으로 번역하면서 이렇게 말을 바꾸어 쓰는 용법이 생겼습니다. "여시아문(如是我聞)"이란 표현은 불교 문학의 새로운 양식으로 정착되었는데, 아름답고 문학성이 돋보이는 언어 구사입니다.

전통적인 방법을 따른다면 "여시아문(如是我聞)" 네 글자를 설명하는 데에만 두 달은 걸릴 겁니다. 어떤 것을 여(如)라 하는가? 여(如)란 여여부동(如如不動)의 여입니다. 여여부동이란 어떤 것인가? 여여부동이란 불법의 경계입니다. 이런 식입니다. 이렇게 끝없이 계속됩니다. 우리는 여기서 주제에서 멀리 벗어나지 않기로 합니다.

그때

"일시(一時)"라는 두 글자에는 적지 않은 문제가 내재되어 있습니다. 시간이나 나이가 기록되어 있는 불경은 없습니다. 불경에는 모두 "일시(一時)"로만 되어 있습니다. 요즘 말로 '그때'라는 뜻인데, 묘한 데가 있습니다.

인도의 문화나 역사를 연구해 보면 인도인이 시간을 중시하지 않는다는 것을 알 수 있습니다. 이 때문에 인도인은 역사 관념이 없습니다. 17세기 이후에야 영국 및 동서양 학자들에 의해 정리됨으로써 비로소 인도사가 생겼습니다. 오천 년을 줄곧 내려온 중국의 역사와는 다릅니다. 어떤 사람은 산스크리트 어를 배워 불교를 연구하고자 하는데, 이건 잘못된 생각입니다. 현재의 산스크리트 어는 17세기 이후에 체계화된 것으로, 당송(唐宋) 이전의 산스크리트 고어(古語)로 된 경전은 한 권도 찾을 수 없습니다. 게다가 당송 이후의 산스크리트 어는 남부, 북부, 동부, 서부, 중부 다섯 지방의 언어가 각기 다릅니다. 당시 번역의 대본으로 삼았던 산스크리트 어 역시 같지 않았고, 주문의 발음 역시 차이가 났습니다. 이런 예전의 산스크리트 어는 지금은 그림자조차 찾기 힘듭니다. 이렇게 볼 때 17세기 이후 서구인이 산스크리트 어로 정리한, 드물게 남아 있는 남전(南傳) 불교 경전을 연구하여 완전한 불법을 재현해 보겠다는 것은 불가능한 일입니다. 이는 맹자의 말대로 "나무에 올라 물고기를 구하는[緣木而求魚]" 격입니다.

이런 사실은 저도 거의 언급한 적이 없습니다만, 엄격히 말한다면 진정한 불법은 전부 한문으로 된 대장경(大藏經) 속에 있습니다. 최근 일이백 년 사이 서양인은 의도적으로 동양의 불학(佛學)을 부정했습니다. 일본인들도 여기에 기여했고요. 불학을 연구하기 위해 산스크리트 어를 공부하는 것은 참으로 세월을 낭비하는 일일 뿐 아니라 막대한 정신력을 소모하는 것입니다. 산스크리트 어 역시 하나의 언어로서 얼마든지 배울 수는 있지만, 이것이 진정한 불법과는 전혀 상관없다는 것을 알아야 합니다.

인도인들은 시간 관념과 역사 관념이 뚜렷하지 않을 뿐 아니라 수에 대한 관념 역시 치밀하지 못합니다. 불경 여기저기서 팔만 사천이란 숫자를 흔히 접할 수 있는데, 이것은 셀 수 없이 많다는 뜻입니다.

"그때〔一時〕"의 의미는 탁월합니다. 진정으로 도를 깨달으면 시간 관념이 없어집니다. 『금강경』에서는, "과거의 마음은 얻을 수 없고, 현재의 마음도 얻을 수 없으며, 미래의 마음도 얻을 수 없다〔過去心不可得, 現在心不可得, 未來心不可得〕"라고 했습니다. 시간은 상대적인 것으로, 진정한 시간은 만 년이 한 생각이요 한 생각이 만 년입니다. 고금도 없고, 과거와 미래도 없습니다. 옛 시에서 읊은, "바람과 달은 예와 지금이 없건만, 감회는 절로 얕고 깊음이 있다〔風月無古今, 情懷自淺深〕"라는 구절과 같습니다.

달이나 태양, 바람이나 산하야 영원히 그대로일 겁니다. 옛사람들이 보았던 하늘이나 구름은 지금 우리가 보는 하늘이나 구름과 다를 바 없습니다. 미래 사람이 보더라도 마찬가지일 겁니다. 바람이나 달은 같은 것이지만 정감에는 차이가 있습니다. 어떤 사람은 달을 바라보며 기뻐할 수 있지만, 고통에 시달리는 사람이라면 똑같은 달을 보고서 죽어 버리고 싶을 만큼 비애를 느낄지도 모릅니다. 이것들은 모두 자기 마음이 만들어 낸 것입니다.

과학적으로도 시간이 상대적이라는 사실을 알고 있습니다. 불교에서 말하는 시간은 유심적인 것으로, 절대적인 것이 아닙니다. 고통스러울 때는 일 분 일 초가 일만 년인 듯 느껴지고, 행복에 젖어 있을 때는 일만 년 일백 년이 찰나처럼 지나가 버립니다. 이 때문에 "그때"라 표현한 것입니다. 여기에는 고금도 미래도 없습니다.

사위국의 강당

"그때 부처님께서는 사위국의 기수급고독원에서〔一時佛在舍衛國, 祇樹給

孤獨園〕." 부처님은 서른한 살에 설법을 시작하여 여든 살까지 사십구 년간을 계속했는데, 그의 교화 사업은 대부분 사위국에서 행해졌습니다. 사위국은 중인도 지역에 자리 잡은 경제와 문화가 발달한 나라입니다. 국왕은 바로 『능엄경』에 등장하는 바사닉(波斯匿) 왕으로서 부처님의 제자입니다. 이 나라에 나이 많고 덕이 높은 사람이 하나 있었는데, 이 사람은 요즘 말로 하면 사위국의 재벌이었습니다. 이 사람의 이름은 '급고독(給孤獨)'으로, 그는 배화교 교주였습니다. 하루는 그가 아이들을 보러 바사닉 성에 가다가 우연히 부처님을 만나 믿고 따르게 되었습니다. 그는 부처님께 바사닉 성으로 가서 설법해 주실 것을 청했습니다. 바사닉 성에는 부처님을 위해 강당 하나를 짓기로 했습니다. 부처님은, 인연이 있으니 강당이 다 지어지면 곧 가겠다고 했습니다. 왕은 바사닉 성으로 돌아와서 가장 좋은 장소를 하나 찾았습니다. 그런데 공교롭게도 그곳은 기타태자(祇陀太子)의 땅이었습니다. 태자는 한 가지 조건을 내걸었습니다. 만약 황금으로 만든 나뭇잎을 깔아 팔십 경(頃) 대지를 덮을 수 있다면 그에게 땅을 팔겠다는 것이었습니다.

급고독은 보시를 잘 하는 사람이었습니다. 어려운 사람이 찾아오면 언제나 도와주며 좋은 일만 하는 사람이었습니다. 이 때문에 '고독한 자에게 나누어 준다(給孤獨)'는 뜻의 이름이 붙게 된 것입니다. 그는 금으로 만든 잎을 팔십 경 대지 위에 깔기 시작했습니다. 이렇게 반쯤 깔았을 무렵 어떤 사람이 태자에게 상황을 보고했습니다. 태자는 급고독에게 왜 그렇게 하느냐고 물었습니다. 급고독이 말하기를, "그분은 진짜 부처님입니다! 진정한 성인이십니다"라고 했습니다. 그러자 태자가 말했습니다. "저는 선생의 말을 믿습니다. 황금을 깔 필요 없습니다. 우리 두 사람이 함께 강당을 건립합시다!" 이렇게 해서 강당은 두 사람의 이름을 따서 '기수급고독원(祇樹給孤獨園)'이라 명명된 것입니다. 『능엄경』 또한 이곳에서 행해진 설법입니다. 이후 이 원림(園林)은 대강당으로 쓰여, 부처님의 설법은 대부분 여기서 이루어집니다.

천이백오십 명

> 비구 천이백오십 명과 함께 계셨다.
>
> 與大比丘衆, 千二百五十人俱.
> 여 대 비 구 중   천 이 백 오 십 인 구

불경마다 이 두 구절이 따라다닙니다. 부처님이 설법할 때 청중은 과연 모두 출가한 승려들뿐이었을까요? 이 구절에서는 단지 승려만 말할 뿐 거사가 몇 명이고 남자가 몇 명이며 여자가 몇 명인지는 말하지 않았습니다. 어떤 불경에는 부처님이 설법할 때는 천룡팔부(天龍八部)〔8부 중 1부, 2부가 각각 '천' '용'이라서 이들을 대표로 든 것임. 이 외에 3부는 야차(夜叉), 4부는 건달바(乾闥婆), 5부는 아수라(阿修羅), 6부는 가루라(迦樓羅), 7부는 긴나라(緊那羅), 8부는 마후라가(摩睺羅迦)임〕가 억만이라 하여, 헤아릴 수 없이 많았다고 기록하고 있습니다. 대부분의 설법에는 언제나 이 천이백오십 명이 고정 청중으로 등장합니다. 이들은 모두 부처님의 제자로서 부처님이 어디로 가든 따라다닙니다. 말하자면 부처님의 제자요 기본적인 대오로서 모두 출가인입니다.

왜 단지 천이백오십 명만 언급했을까요? 이들은 부처님이 법을 전하기 시작한 후 첫 번째로 초청된 학생들, 쉽게 말해 항복을 얻어 내기 제일 힘든 제자들이었습니다. 이 중 사리자(舍利子)는 이미 대스승으로서 부처님이 설법을 시작하기 전 그 밑에 백 명의 학생이 따르고 있었습니다. 그리고 가섭(迦葉)〔염화미소의 가섭이 아님〕 삼형제 중 두 사람은 각각 이백오십 명의 학생이 있었고 나머지 한 사람은 오백 명의 학생이 있어서 다 합하면 천 명으로, 이들 형제는 모두 당시 사회에 큰 영향을 끼치던 대학자였습니다. 이 밖에 신통력으로 유명한 목련존자(目蓮尊者)가 있었는데, 나이는 부처님보다 몇 살 더 많았으며 백 명의 학생을 거느리고 있었습니다. 또 야사장자(耶舍長子)가 있었는데 그를 따르는 무리는 오십 명이었습니다. 이 여섯 제자가 부처님께 귀의하자 그들의 학생도 모두 귀의하여 천이백오십 명의 고정 청중이 된 것입니다.

그 중 어떤 사람의 나이는 부처님보다 수십 세가 많았습니다. 부처님이 서른 남짓해서 설법을 시작했을 때 사리자의 나이는 부처님보다 이삼십 세 많았고, 목련 또한 부처님보다 나이가 많았습니다. '비구(比丘)'란 출가인으로서, 번역하자면 '걸사(乞士)'라 할 수 있습니다. '걸사'란 참 듣기 좋은 말입니다. 뜻은 밥을 얻어먹는다는 것인데, 어떤 밥일까요? 먹어 치울 한 끼 밥이 아니라 영원히 불생불멸하는 정신적 식량입니다. 이 때문에 위로는 부처님께 법을 구걸하고, 아래로는 일체 중생에게 밥을 구걸하는 사람을 '성불(成佛) 비구'라 합니다. 또 '비구'의 의미 속에는 일체의 번뇌를 깨뜨려 없애고, 일체의 생사를 초월하며, 능히 성취를 이루고 열매를 증득한다는 것도 포함되어 있습니다.

세간과 대천세계

이때 세존께서는 식사 시간이 되어, 옷 입고 바리때 들고서

爾時, 世尊, 食時, 著衣持鉢,
이 시 세 존 식 시 착 의 지 발

'세존(世尊)'이란 부처님의 또 다른 명칭입니다. 불경에서 말하는 '세존'은 세상에서 가장 존경할 만한 사람이라는 뜻입니다. 그러나 주의할 것은, 여기서 말하는 세상이 단지 인간 세상만을 의미하지는 않는다는 점입니다. 불교에서 말하는 세간(世間)에는 3세간과 4세간 두 종류가 있습니다. 소위 3세간이란 기(器)세간, 국토(國土)세간, 유정(有情)세간입니다.

기세간이란 곧 국토세간을 말합니다. 현대적 관점에서 보자면 물질세계라 할 수 있는데, 이 지구처럼 인류와 생물이 존재하는 세계입니다. 그리고 국토세간은 지구상에서 각기 나누어진 국토입니다. 즉 미국이니 중국이니 유럽이니 하는 것으로, 이것 역시 세간 개념의 하나입니다. 마지막으로 유정세간의 유정이란 일체의 중생으로서 생명과 지각을 지닌 존재입니다. 이것 역시 세간 개념의 하나인데, 우리가 현재 사용하는 사회니 인류니 하는 개념과 별 차이 없습니다.

4세간이란 앞의 3세간 외에 성현세간을 포함시킨 것입니다. 성현세간은 도를 성취한 성현들로 구성된 또 다른 세간입니다. 예를 들면 아미타불의 서방 극락세계가 바로 성현세간입니다. 다른 종교에서 천당이라 말하는 것도 성현 또는 착한 사람들이 거주하는 또 다른 세간이라 할 수 있습니다.

불교에서는 또 정토(淨土)와 예토(穢土) 개념이 있습니다. 우리 이 사바세계가 곧 예토요, 아미타불의 서방 극락세계가 곧 정토입니다. 이처럼 '토(土)'에는 두 가지 상이한 개념이 있는데, 하나는 항시 고요하고 빛나는 토로서 이 토는 더 이상 토지나 물질이 아닙니다. 이 경계에서는 영원히 즐겁고 청정하며 적멸(寂滅)합니다. 다른 하나는 우리 이 세간으로서 범인과 성인이 동거하는 곳입니다. 불경에서 말하는 세계란 우리 이 세계뿐 아니라 지구를 초월한 모든 범위의 세간을 포함한 것입니다.

또 하나 알아야 할 것은 석가모니불이 삼천대천세계의 부처님이라는 사실입니다. 초학자 여러분을 위해 설명을 좀 해 볼까 합니다.

제가 어렸을 때 어떤 이가, 세상에서 제일 허풍 센 사람이 누구냐고 물었던 적이 있습니다. 제가 모른다고 하니까, 그 사람은 바로 석가모니불이라고 했습니다. 석가모니불이 말하는 삼천대천세계는 너무도 엄청나고 황당해 아무도 그의 허풍을 당할 자가 없다는 겁니다. 삼천대천세계는 정말로 엄청난 세계입니다. 당시 저는 어렸던 탓에 그 사람의 말을 듣고 그냥 웃어넘겼습니다. 그렇지만 오늘에 와서 석가모니불의 주장은 훨씬 설득력을 더해 가고 있습니다. 그의 신통력은 정말 대단합니다. 그는 태양계를 하나의 보통 세계라 생각했는데, 하나의 세계에는 태양과 달과 아홉 개의 행성이 있습니다.

과거에 물리학이나 천문학에서는 태양을 항성이라 생각했지만 지금은 달라졌습니다. 아직 과학적으로 정론은 없는 상태이나 적어도 더 이상 태양을 항성이라 단정 짓지는 않습니다. 태양계에서 지구는 크기도 아주 작고 수명 역시 매우 짧은 편입니다.

부처님은 지구상에 사는 사람의 수명은 육십 세에서 백 세 정도라 말합니다. 이 세계에서는 한 번의 밤낮이 하루이지만 달의 표면에서는 반 달이 낮이고 반 달이 밤이라고 합니다. 현대에 이르러 사람들이 우주 공간에 직접 발을 디뎌 보고 나서야 부처님이 이천여 년 전에 말한 내용이 사실임을 알 수 있었습니다. 부처님은 제자들에게 말했습니다. 이 허공 중에 태양계와 같이 많은 행성을 거느린 세계가 마치 갠지스 강의 모래만큼이나 무수히 많다고요.

천 개의 태양계를 합쳐 하나의 소천세계라 하고, 천 개의 소천세계를 중천세계라 하며, 다시 천 개의 중천세계를 합쳐 대천세계라 합니다. 부처님은 이 허공 중에 삼천 개의 대천세계가 있다고 했습니다. 그러나 실제로는 삼천 개에 그치지 않으며, 알 수도 없고 셀 수도 없이 무한하다고 했습니다. 이런 설법을 예전에는 그대로 믿는 사람이 없었습니다.

밥 먹고 옷 입는 것

부처님의 계율에 이런 것이 있습니다. 즉 물을 한 잔 마실 때에도 반드시 베에다 거른 뒤에 마셔야 한다는 것입니다. 왜 그렇게 했을까요? 부처님은 물 한 잔에 팔만 사천 마리의 벌레가 있다고 했습니다. 물 한 잔에 팔만 사천이나 되는 생명체가 있다고 본 겁니다. 이천여 년 전에 이런 말을 했으니, 그 말을 액면 그대로 믿은 사람은 아마 없었을 겁니다. 속으로는 꽤나 자질구레하고 번거롭다고 했을지 모릅니다. 그러나 과학이 발달하면서 누구든 이 말을 믿게 되었습니다.

또 계율 중에는 제자들이 식사 후 반드시 양치질을 하도록 되어 있습니다. 칫솔이 없을 경우에는 버드나무 가지를 사용했습니다. 관세음보살이 정병(淨瓶)에다 버드나무 가지를 담가 놓았던 것도, 한편으로는 물을 뿌리기 위해서였지만 더 중요하게는 양치질을 하기 위해서였던 것입니다. 버드나무 가지를 잘라 물속에 담가 놓았다가 돌로 한쪽 끝을 두들기면 끝이 잘게 갈라지면서 칫솔로 사용할 수 있습니다. 이런 규율은 모두 부처님의 계율로서 엄격히 지켜졌습니다. 현대적인 관점에서 본다면 당시에 이미 각종 위생에 대한 상식이 있었던 셈입니다. 불경에서는 성불하거나 크게 성취한 사람은 한 불국(佛國)에서 최고의 스승으로서 중생을 교화한다고 합니다. 부처님을 세존이라 부른 것도 이 때문입니다.

"이때 세존께서는 식사 시간이 되어〔爾時, 世尊, 食時〕." 식사 시간이 되었습니다. 밥 먹는 일에 대해 한번 살펴보기로 합시다. 부처님의 계율에는 하루에 한 차례, 매일 정오에 한 번만 식사를 하도록 되어 있습니다. 불교에서는 우리 보통 사람들의 식사를 '단식(段食)'이라 합니다. 하루에 세 번씩 나누어 먹기 때문입니다. 그러나 새벽은 천인(天人)이 식사하는 시간이며, 정오는 사람이, 저녁은 귀신이 식사하는 시간입니다. 부처님은 인도

(人道)를 취하여 하루 중 한 번만 식사하도록 했습니다. 후세의 제자들은 오후 한 시가 지나면 식사를 하지 않았는데, 이것 역시 부처님이 제도화한 것입니다.

밥 먹는 문제에 대해서는 세계 각지의 습관이 저마다 다릅니다. 어떤 민족은 아침을 잘 차려 먹고, 어떤 민족은 점심 혹은 저녁을 잘 차려 먹습니다. 이것은 개인의 습관에 따라서도 달라집니다. 식사 외에 사고의 양식〔思食〕도 있습니다. 정신의 식량인 셈입니다. 고민이나 절망이 극한에 이르렀을 때, 만약 정신적인 양식이 없다면 죽음에 이르고 맙니다. 이 외에도 촉식(觸食)이 있습니다. 예를 들면 우리가 방 안에 있을 때 옷을 잘못 입고 있으면 아주 답답합니다. 혹은 흙 속에 묻혀 있거나 하면 기가 통하지 않는 듯한 느낌이 듭니다. 마치 먹어야 할 기가 없어진 것 같습니다. 또 식식(識食)이 있습니다. 아뢰야식(阿賴耶識)의 작용은 생명을 유지해 줍니다. 이런 까닭에 단식 외에도 촉식, 사식, 식식 또한 인간의 식량이라 할 수 있습니다.

식사는 부처님이 정한 하루 한 끼를 합니다. 부처님은 비록 이전에 태자였지만 스스로 이 계율을 실천했습니다. 식사 시간이 되자 옷을 차려 입었습니다. 여기서 말하는 옷이란 법의(法衣)로, 곧 가사를 이릅니다. 현재 출가인들이 입는 가사는 명나라 때 일반 백성들이 입던 평상복입니다. 다른 점은 출가인들의 옷 색깔이 수수하다는 것뿐입니다. 속인과 구분될 수 있었던 것은 머리 모양이었습니다. 출가인들은 머리를 빡빡 깎았습니다. 부처님의 옷은 곧 가사로서 이를 복전의(福田衣)라고도 합니다. 가사에 수평과 수직의 띠 같은 무늬가 있었는데, 이 무늬는 수계(受戒)의 정도에 따라 정해졌습니다. 이 띠 같은 무늬는 마치 한 뙈기 밭처럼 중생의 복을 증진시킨다는 상징이었습니다. 이 때문에 복전의라 합니다.

본문에서 알 수 있듯이 부처님 역시 평소에는 평상복을 입었습니다. 특히 인도 사람들은 날씨가 더울 때는 어깨를 모두 드러내 놓고 있습니다. 『예기(禮記)』에 "중니한거(仲尼閑居)"라는 구절이 나옵니다. 중니는 바로 공자로서, 공자가 평소 한가롭게 있는 상태를 묘사한 것입니다. 우리는 지금 석가모니불의 한가한 모습을 보고 있습니다. 비교적 자유로운 상태입니다. 그러나 식사 시간이 되자 가사를 걸쳐 입고 "지발(持鉢)", 밥그릇을 집어 들었습니다. 중국에 전해진 발(鉢)로는 와발(瓦鉢)이나 동발(銅鉢)도 있었는데, 어떤 것이든 모두 밥을 먹기 위한 도구였으며 국이든 밥이든 모두 같이 섞어서 한 그릇에 담았습니다. 말하자면 이미 이천여 년 전에 부처님은 자기 밥그릇에 자기 음식을 담아 먹는 소위 뷔페 식 식사법을 도입한 셈입니다.

옷을 입고 밥그릇을 들고서 수도에 도착해 걸식을 합니다[入舍衛大城乞食]. 걸식을 다른 말로 화연(化緣)이라 하는데, 부처님의 계율에 따르면 제자들은 밥을 지어서는 안 될 뿐 아니라 밭을 갈아 채소를 기를 수도 없었습니다. 밭을 갈다 보면 자신도 모르게 흙 속에 있는 생명을 해치기 마련입니다. 여름이 되면 여름 결사[結夏]가 있습니다. 제자들이 한곳에 모여 수행하고 타좌하며 거기서 벗어나지 못하게 합니다. 인도는 열대 지방이기 때문에 여름에는 특히 벌레들이 많습니다. 길을 걷다 보면 많은 생명을 밟아 죽이게 됩니다. 이 때문에 여름이 되기 전에 식량을 비축해 두었다가 사용하며, 찬바람이 이는 가을이 되어서야 다시 화연을 시작합니다. 이것이 당시 제도였으나 시대를 거듭하면서 조금씩 달라졌습니다.

걸사 생활의 위의

화연에 임할 때는 분별심을 갖지 않도록 규정합니다. 가난한 집이나 부잣집이나 똑같이 돌아가며 화연해야지 그 중 어느 하나만을 골라 화연하지 못하도록 하고 있습니다. 예를 들면 인도의 대부호 출신인 가섭존자(迦葉尊者)는 특히 빈곤한 하층민을 동정하여 빈민 지역만을 돌며 화연했고, 자신의 제자로 받아들인 사람도 모두 빈민 출신이었습니다. 또 다른 제자인 수보리존자(須菩提尊者)는 이와는 정반대로 부귀한 집만 돌며 화연을 했습니다. 부처님은 이 두 제자에게 타일렀습니다. "너희들 마음은 공평하지 못하다. 돈이 있건 없건, 지위가 높건 낮건 화연할 때는 똑같이 해야 한다. 분별심이 있어서는 안 된다. 사람들이 얼마를 주어도 그것으로 좋으며, 한 집에서 얻은 양이 부족하면 다시 다른 집으로 가면 된다." 지금도 출가인들이 대문 밖에서 목탁을 똑 똑 두드리는 것은 석가모니불로부터 이어져 내려온 풍습입니다.

태국에서는 아직도 걸식 제도를 보존하고 있습니다. 태국의 불교도 가정에서는 점심밥이 다 되어도 출가인들이 화연하기 전에는 감히 밥솥 뚜껑을 열지 않습니다. 출가인이 오면 얼른 뚜껑을 열어 밥주걱으로 솥 가운데 밥을 뜨고 여기에다 아주 좋은 반찬을 곁들여 내줍니다. 출가인들이 떠나야 비로소 밥을 먹기 시작하는데, 이것은 불교의 유습입니다.

사위성 안으로 들어가 걸식하셨다. 성안에서 한 집 한 집 걸식을 하시고는 원래의 곳으로 돌아오셨다. 식사를 끝내고 의발을 수습하신 뒤 발 씻고 자리 깔고 앉으셨다.

入舍衛大城乞食. 於其城中, 次第乞已, 還至本處. 飯食訖, 收衣鉢,
입사위대성걸식   어기성중   차제걸이   환지본처   반사흘   수의발
洗足已, 敷座而坐.
세족이   부좌이좌

이 단락은 화연을 해서 점심을 먹는 장면에 대해 말하고 있습니다. 불경

을 연구해 보면 부처님은 밤부터 낮까지 줄곧 선정(禪定)에 들어 있다는 것을 알 수 있습니다. 단지 점심 때 식사를 하고서야 한 차례 휴식을 취합니다. 대개는 오후 한두 시부터 대여섯 시까지 설법을 하고, 날이 어두워지면 모두 눈을 감고 입정에 들어갑니다.

사위국 수도의 큰 성〔大城〕에서 그들은 집집마다 돌아다니며 화연을 합니다. 화연이 끝나면 다시 돌아옵니다〔還至本處〕. 이는 우리가 길거리에서 바나나를 베어 먹고 다니는 것과는 다릅니다. 길거리 아무 데서나 밥을 먹는 것이 아니라 밥그릇을 들고 그들의 강당으로 돌아와서 정해진 장소에서 식사를 합니다. 식사가 끝나면〔飯食訖〕 의복과 밥그릇을 수습한 뒤〔收衣鉢〕 발을 씻습니다〔洗足已〕.

이 경전이 경전 중에서 제일 소박하다고 하는 것도 바로 이 때문입니다. 부처님은 보통의 인도 사람들처럼 맨발로 다니고, 흙이 묻은 발을 씻습니다. 지극히 평범하고 진솔한 한 인간의 모습입니다.

발을 씻고는 앉을 자리를 털어 내고 다듬어서 단정하게 합니다〔敷座而坐〕. 학생에게 시키거나 사람을 시켜 청소하지 않고 모두 스스로 행합니다. 생활이 이처럼 빈틈없고 평범하며 또 절도가 있습니다. 이 단락을 보면, 불학을 배우기 위해서는 부처님의 이런 생활 방식을 그대로 행하는 외에 다른 방법이 없다고 『금강경』이 말하는 것 같습니다. 다른 경전에서처럼 부처님을 감히 근접할 수 없는 그런 모습으로 묘사하지 않습니다.

『금강경』을 보면 부처님은 보통 사람처럼 평범합니다. 비록 출가 전에는 태자 신분이었으나 지금의 생활은 평민과 다름없습니다. 당시와 같이 삼엄한 계급 제도하에서, 부처님은 최하층 빈민 출신 제자인 우파리존자(優波離尊者)에게 기율을 맡겨 누가 어기더라도 공평하게 처리하도록 했습니다. 부처님은 이처럼 가장 평범한 생활 속에서 비범한 신성(神聖)의 경계를 세웠습니다. 이것이 바로 부처님의 경계입니다.

제2품
수보리가 일어나 법을 청하다

第2品・善現啓請分

時長老須菩提, 在大衆中, 卽從座起, 偏袒右肩, 右膝著地, 合掌恭敬, 而白佛言, "希有世尊! 如來善護念諸菩薩, 善付囑諸菩薩! 世尊! 善男子, 善女人, 發阿耨多羅三藐三菩提心, 云何應住? 云何降伏其心?"

佛言, "善哉 善哉! 須菩提! 如汝所說, 如來善護念諸菩薩, 善付囑諸菩薩. 汝今諦聽, 當爲汝說. 善男子, 善女人, 發阿耨多羅三藐三菩提心, 應如是住, 如是降伏其心."

"唯然, 世尊! 願樂欲聞!"

당시 장로 수보리가 대중 속에 있다가 일어서 오른쪽 어깨를 드러내고 오른쪽 무릎을 꿇고 합장 공경하며 부처님께 말했다. "세상에 드문 세존이시여! 여래께서는 여러 보살들을 잘 호호해 주시고, 여러 보살들에게 잘 일러 주십니다. 세존이시여! 선남자 선여인이 아누다라삼먁삼보리의 마음을 발하려면 어떻게 머물러야 할까요? 어떻게 그 마음을 항복시켜야 할까요?"

부처님께서 말씀하셨다. "훌륭하도다, 훌륭해! 수보리여! 그대의 말은 여래가 여러 보살들을 잘 호호하고, 여러 보살들에게 잘 일러 준다는 것이었지. 그대는 이제 잘 듣게. 그대를 위해 말하리라. 선남자 선여인이 아누다라삼먁삼보리의 마음을 발하려면 마땅히 이렇게 머물고, 이렇게 그 마음을 항복시켜야 하느니라."

"알겠습니다, 세존이시여! 즐거이 듣고자 합니다!"

'선현(善現)'은 수보리를 이르는 말로, 그의 삶의 경계가 도덕적 지선(至善)에 도달했다는 뜻으로 의역한 것입니다. 수보리는 또 장수(長壽)를 대표하기도 합니다. 수보리 외에 사리자도 부처님보다 나이가 많았습니다. 이 때문에 어떤 경전에서는 '수보리'를 '구수(具壽)'라고도 번역하는데, 바로 장수의 뜻입니다. 중국에서 흔히 말하는 학발동안(鶴髮童顔)이니 남극선옹(南極仙翁)이니 노수성(老壽星)이니 하는 것과 같습니다. 그러나 수보리는 단지 '노수성'에 그치지 않고, 도덕성이나 지혜 그리고 삶의 태도 등에서 당시의 모든 부처님 제자들을 영도할 수 있었습니다. 그는 나이가 많고 덕이 높아, 그 위의(威儀)와 기백이 부처님의 십대 제자 중에서도 아주 유명했습니다.

　불교에서는 일반적으로 수보리를 공론(空論)의 제일인자라고 말합니다. 후세 불교에서는 수보리를 존자(尊者)라 칭하는데, 그는 민간에서도 잘 알려진 인물입니다. 여러분은 『서유기(西遊記)』를 본 적이 있을 겁니다. 『서유기』에서는 천궁(天宮)에서 온갖 소란을 피우는 손오공의 일흔두 가지 둔갑술이 모두 수보리로부터 배운 것이라 묘사합니다. 그리고 손오공이 수보리를 찾은 것을 마치 육조(六祖)가 오조(五祖)를 찾은 것처럼 각색하고 있습니다. 『서유기』에서 이 대목은 아주 재미있게 묘사되어 있는데, 이로 인해 수보리존자의 명성은 중국의 민간에까지 널리 퍼졌습니다.

선현수보리

> 당시 장로수보리가 대중 속에 있다가 일어서 오른쪽 어깨를 드러내고 오른쪽 무릎을 꿇고 합장 공경하며 부처님께 말했다. "세상에 드문 세존이시여! 여래께서는 여러 보살들을 잘 보호해 주시고, 여러 보살들에게 잘 일러 주십니다."
>
> 時長老須菩提, 在大衆中, 即從座起, 偏袒右肩, 右膝著地, 合掌恭敬,
> 시장로수보리   재대중중   즉종좌기   편단우견   우슬착지   합장공경
> 而白佛言, "希有世尊! 如來善護念諸菩薩, 善付囑諸菩薩!"
> 이백불언   희유세존   여래선호념제보살   선부촉제보살

이 부분은 마치 당시의 현장을 생생하게 묘사한 한 편의 극본과 같습니다. "시(時)"란 당시입니다. 즉 부처님께서 식사를 마치고 발을 씻고 앉을 자리를 정돈한 후 다리를 틀고 앉아 휴식을 취하려 하던 때입니다. 바로 이때 나이 많은 학생 대표 수보리가 부처님을 그대로 내버려 두지 않았습니다. 자기에게 아직 문제가 남아 있어서 여러 학생들을 대표하여 질문하오니 선생님께서는 조금 더 있다가 쉬시라는 겁니다. '장로(長老)'란 불교에서 여러 의미로 새기는데, 한마디로 나이가 많고 덕이 높다는 뜻입니다. 앞에서 이백육십 자로 된 『심경(心經)』에 대해 언급한 적이 있는데, 거기서는 문제를 제기하는 주인공이 십대 제자 중 하나인 사리자였습니다. 『금강경』의 주인공은 수보리이며 『능엄경(楞嚴經)』의 주인공은 아난인데, 각 주인공에 따라 문제 제기가 달라지고 부처님의 대답 방식 또한 달라집니다.

이 경전은 수보리가 제기하는 문제에서 시작됩니다. 그는 공론(空論)의 일인자로서 학생들을 대표하여 문제를 제기합니다. 지금은 학생이 발언하고 싶을 때 손을 들면 되지만 당시에는 그 자리에서 일어서야 했습니다. 여러 제자들이 앉아 있는 가운데 오른쪽 어깻죽지를 드러낸 수보리가 일어섰습니다. 이것 역시 당시 인도의 예법으로서, 가사를 입을 때면 한쪽 어깨를 드러냈습니다.

오른쪽 어깨를 드러내는 습관에 대해서는 여러 가지 설명이 있습니다. 그 중 하나는 오른손을 좋은 일을 하기 위해서 비워 둔다는 것으로, 부처님과 함께 길을 걸을 때 오른손으로 나이 많은 사람을 부축하고 걷는다는 것입니다. 다른 하나는 오른손은 길한 손이요 왼손은 불길한 손이기 때문에 가사로 왼손을 가린다는 것입니다. 또 다른 설명으로 살인 등 나쁜 일은 모두 오른손으로 하기 때문에 부처님께 향을 올릴 때는 왼손으로 하며, 부처님께 오른손이 닿게 해서는 안 된다는 것입니다. 그리고 향을 꽂을 때는 오른손을 사용하는데, 이렇게 하는 이유도 오른손이 길한 손이기 때문이라는 설명도 있습니다. 이들은 모두 후세의 해석입니다. 오랜 옛날의 수많은 예법들은 모두 그 속에 시대적, 지역적 의미가 들어 있습니다. 후세의 갖가지 상이한 해석은 문제를 더욱 혼란스럽게 만들 뿐입니다. 따라서 여기서는 이 문제에 대해서는 언급하지 않겠습니다.

지금 수보리는 가사를 가다듬어 오른쪽 어깨를 드러낸 뒤 오른쪽 무릎을 땅에다 대어 무릎을 꿇은 채 합장하고 있습니다. 합장은 당시 인도의 예법이었습니다. 물론 중국에서도 합장을 하며, 그것에 더해 읍(揖)이라는 예법도 있습니다. 인도에서는 합장할 때 손가락을 폈는데, 손바닥 사이를 비워 두는 합장법과 양 손바닥을 밀착시키는 합장법이 있었습니다. 마침 생각난 김에 젊은 분들께 한마디 하겠습니다. 많은 학생들이 저에게 편지를 보내왔는데, 그 중 어떤 학생은 저더러 '남 법사(南法師)'라고 했습니다. 저는 법사가 아닙니다. 출가하지 않았습니다. 또 많은 사람들이 편지를 쓸 때 불교의 '합십(合十)'이라는 용어를 사용하는데, '합십'은 두 손을 합친다는 뜻입니다. 합장을 하고 인사하는 것도 일종의 예를 갖추는 일입니다. 또 어떤 학생은 '화남(和南)'이 무슨 뜻인지 묻기도 했습니다. '화남'이란 음역으로서, 땅에 엎드려 절한다는 오체투지(五體投地)를 말합니다. 제 답변을 듣고서 어떤 학생이 이렇게 말했습니다. 선생님 성이 '남(南)' 씨이고, 나무아미타불(南無阿彌陀佛)의 성도 남 씨이며, 엎드려 절하는 것도 '화남'이라 하니, 선생님이 투태(投胎)할 때 일부러 '남' 자를 택한 것 아니냐고요. 저는 거기에 대해서는 잘 모르겠으나, 만약 제가 그렇게 한 것이라면 잘못된 선택을 한 것 같다고 했습니다. 이건 젊은 분들과 농담 삼아 한 이야기인데, 합장에 대해 말하다 보니 언급하게 되었습니다.

이제 수보리는 합장하고서 선생님께 먼저 예를 갖춥니다. "이백불언(而白佛言)", '백(白)'이란 '말하다'라는 뜻으로 고문에서는 '도백(道白)'이라고도 했습니다. 이것은 남북조 시대의 용법으로서 후에 창극에도 등장했습니다. 즉 노래를 부를 때는 창(唱)이라 하고, 노래 부르지 않고 몇 마디 하는 것을 도백이라 했습니다. "희유세존(希有世尊)", 불경에는 인도의 예법이 기재되어 있습니다. 즉 나이 많은 사람에게 가르침을 청하기 전에 먼저 찬탄사를 늘어놓아야 합니다. 『금강경』에서는 이 찬탄사를 네 글자로 압축시켰습니다. 다른 경전에서는 제자들이 부처님께 질문할 때는 먼저 한바탕 찬탄사를 늘어놓습니다. 그러면 부처님은 참을성 있게 다 듣고 있다가 눈을 뜨고 말합니다. "어서 말해 보게!" 이 경전에서 찬탄사를 네 글자로 줄여 놓은 것은 구마라집의 솜씨입니다. "희유세존(希有世尊)", 세상에서 참으로 드물게 만나 볼 수 있는 세존이시여! 대략 이런 뜻입니다. 앞에서 언급했던 현장법사의 번역본이나 그 외 여러 번역본에 비해 구마라집의 번역은 간결하지만 참으로 오묘합니다.

고대에는 번역의 잣대로 신(信), 달(達), 아(雅)의 세 규정이 있었습니다. 우리가 접할 수 있는 많은 불경 번역본에는 원전에 충실한 신(信)이 있고, 표현이 뚜렷한 달(達)이 있습니다. 그렇지만 문장으로 말하자면 그다지 아름답지〔雅〕 못합니다. 구마라집의 번역처럼 이 삼박자를 모두 갖춘 번역본은 거의 없습니다. 제가 구마라집의 번역본을 특별히 좋아하는 이유도 바로 이 때문입니다. 수보리는 이어서 말합니다. "여래께서는 여러 보살들을 잘 보호해 주시고, 여러 보살들에게 잘 일러 주십니다〔如來善護念諸菩薩, 善付囑諸菩薩〕." 먼저 우리는 불교의 두 개념에 대해 좀 더 구체적으로 살펴보기로 합시다. 하나는 여래요, 다른 하나는 보살입니다.

여래와 보살

우리는 '여래' 역시 부처님의 또 다른 명칭이라 알고 있습니다. 사실 부처님을 일컫는 말은 열 종류가 있는데, '여래'니 '불(佛)'이니 '세존'이니 하는 것들이 모두 여기에 속합니다. 또 습관적으로 여래와 불(佛)을 하나로 합쳐 '여래불'이라고도 합니다. '여래'라는 말은 일반적으로 도를 얻었거나 성불한 사람을 통칭하는 의미입니다. 석가모니를 흔히 석가여래 또는 석가여래불이라 부르며, 아미타불도 아미타여래라 칭합니다.

아미타와 석가모니는 개인의 이름입니다. 즉 고유 명사입니다. 이에 반해 여래나 불(佛)은 통칭입니다. 일반 명사인 겁니다. 여래나 불은 말하자면 유학의 성인과 같습니다. 공자도 성인이요, 문왕도 성인이며, 주공도 성인이요, 요순도 성인입니다. 성인이 통칭이라면 공자나 주공은 고유 명사입니다. '여래'라고 번역한 것은 참으로 잘된 번역입니다. 저는 다른 종교인들에게 자주 말하곤 합니다. 당신네 경전을 다시 번역할 생각이 없냐고요. 당신네 종교를 널리 펼치고자 한다면 반드시 문학성이 있어야 한다고요. 문학적 경계가 훌륭하지 못한 경전은 잘 읽히지 않는 법입니다.

불경의 번역은 문학적 경계가 아주 높습니다. 예를 들면 '여래(如來)'라는 이 번역은 아주 고명합니다. 한번 봅시다. '래(來)'에 상대되는 말은 '거(去)'인데, '여거(如去)'라고 번역하지 않았습니다. 만약 이렇게 번역했다면 여러분도 아마 배우려 하지 않았을 겁니다. 배우다가도 곧 중도하차하고 말았을 겁니다. '여래'라 번역해 놓으니 영원히 다가올 것 같습니다. 좋은 결말도 맺을 것 같습니다. 부처님은 이미 도를 이루었기 때문에 여래라 했습니다.『금강경』에서는 다음과 같은 부처님 자신의 해석이 있습니다. 즉 "오는 곳도 없고 가는 곳도 없기에 여래라 한다〔無所從來, 亦無所去, 故名如來〕"라는 것입니다. 오지도 않고 가지도 않으며, 생기지도 않고 없어지지도 않으며, 움직이지도 않고 정지해 있지도 않으며, 기쁘지도 슬프지도 않고, 높지도 낮지도 않아, 일체가 평등하고 영원히 존재합니다. 이것이 바로 여래입니다. 좀 더 쉽게 풀어 보면, 여래란 영원히 당신 앞에 있어 일념으로 믿기만 하면 바로 드러나는 것입니다. 그래서 후세에 다음과 같은 시를 지었습니다. 묘사가 아주 뛰어난 시입니다.

> 부처는 마음에 있으니 어지럽게 구하지 마라
> 영산은 단지 그대의 마음속에 있을 뿐
> 사람에겐 누구나 영산탑이 있으니
> 그저 영산탑을 향해 수행할 따름이다
>
> 佛在心中莫浪求　靈山只在汝心頭
> 불 재 심 중 막 랑 구　영 산 지 재 여 심 두
> 人人有個靈山塔　只向靈山塔下修
> 인 인 유 개 영 산 탑　지 향 영 산 탑 하 수

'낭(浪)'은 고전적 표현으로 혼란하다는 뜻입니다. 따라서 '낭구(浪求)'란 곧 '난구(亂求)'입니다. 불법을 구하러 영취산(靈鷲山)까지 갈 필요 없습니다. 영산(靈山)은 멀리 있지 않고 자신의 마음속에 있습니다. 어떤 사람이든 자신의 몸에는 영산탑이 있습니다. 그 영산탑을 향해 수행하기만 하면 됩니다. 또 다른 설명도 있습니다. 즉 "영산탑을 향해 구하려 하지 않는다〔不向靈山塔下求〕"는 것입니다. 한마디로 이들은 모두 불(佛)이나 도(道)가 각자의 마음속에 있다는 말입니다. 후세 선종의 표현에 따르면, "마음이 곧 부처요, 부처가 곧 마음〔心卽佛, 佛卽心〕"입니다. 불경에서는 마음 바깥에서 법을 구하는 것은 모두 외도(外道)에 속한다고 말합니다.

또 하나의 명사는 '보살(菩薩)'입니다. 이것 역시 산스크리트 어를 번역한 것으로서 '보리살타(菩提薩埵)'를 줄인 말입니다. '보리'란 깨닫다는 뜻이요, '살타'는 유정(有情)이라는 뜻입니다. 만약 당시에 이를 '각오유정(覺悟有情)'이라 번역했다면 정말 멋없었을 겁니다. 산스크리트 어의 음을 빌려 간단히 보살이라고 했지만 현재 우리는 모두 보살에 대해 알고 있습니다. 만약 번역을 '각오유정'이라 했다면 젊은 친구들은 무슨 연애 소설이겠거니 생각할지 모릅니다. 이 때문에 그 뜻대로 번역할 수가 없었던 것입니다.

그렇다면 깨달음이란 무엇일까요? 바로 부처님의 경계입니다. 소위 스스로를 이롭게 함으로써 다른 사람을 이롭게 하는〔自利利他〕, 스스로 깨달아 다른 사람을 깨닫게 하는〔自覺覺他〕 바로 그 깨달음입니다. 맹자의 표현을 빌리면, "먼저 아는 사람이 뒤에 오는 사람을 깨우쳐 알게 만드는〔以先知覺後知〕" 것입니다. 만약 도를 깨친 후 일체의 부귀와 공명을 돌보지 않고 만사를 제쳐 둔 채 발바닥에 기름 바른 듯 쪼르르 빠져 버리는 사람이 있다면, 이런 사람을 나한(羅漢)이라 합니다. 보살의 경계는 이렇지 않습니다. 깨닫고 나서는 세간의 일체를 고통에서 해탈시키려 합니다. 중생들이 아직 고난 가운데 있는 것을 보고 다시 내려가 제도하려 합니다. 이처럼 자신을 희생하여 일체 중생을 이롭게 하는 것이 바로 '유정'으로서, 소위 대승보살도입니다.

유정에는 또 다른 뜻도 있습니다. 즉 일체 중생은 본래 영지(靈智)와 정감을 가진 생명인데, 이런 생명이 유정이라는 것입니다. 옛사람은 다음과 같은 명언을 남겼습니다. "속되지 않은 것은 신선의 풍모요, 정이 많은 것은 부처의 마음이다[不俗即仙骨, 多情乃佛心]." 속기(俗氣)가 없기는 어렵습니다. 능히 속기를 벗을 수 있다면 신선이 될 수 있습니다. 보살은 자신을 희생하여 일체 중생을 이롭게 합니다. 그러므로 세상에서 가장 정이 많은 사람이 바로 부처요 보살입니다. 이들이 곧 '각오유정'입니다. '보살'이란 부처님의 제자 중 대승불교 노선을 따르는 사람의 총칭입니다.

부처님의 출가 제자들은 처자와 부모, 가정을 모두 버린 사람들로서 이들을 대비구중(大比丘衆)이라 합니다. 불교 경전에 나오는 출가중(出家衆)에는 소승에 속하는 사람들도 있습니다. 이들은 세속의 일체를 떠나 자신의 수행에 전념하며, 일체의 것을 내버린 채 도를 성취하고자 합니다. 이것이 바로 소승 나한의 경계입니다. 선종에서는 이들을 '담판한(擔板漢)'이라고도 부릅니다. 판자 하나만 짊어지고 길을 가는데, 한쪽 면만 볼 뿐 다른 면은 보지 못한다는 겁니다. 다시 말해 청정이나 공(空)만 붙들고 늘어져, 반대편에 있는 번뇌와 고통은 보지 못한다는 겁니다.

불교에서는 실상(實相)을 표현하는 것을 시현(示現)이라 말합니다. 어떤 것의 형상을 드러낸다는 말입니다. 그런데 큰 보살들의 시현은 모두 재가인의 모습입니다. 예를 들면 대자대비의 관세음보살, 큰 지혜의 문수보살, 대행(大行)의 보현보살 등 큰 보살들은 모두 재가인의 옷차림으로 시현합니다. 예외가 있다면 대원(大願)의 지장보살 정도입니다. 출가인들은 절대로 화려한 옷을 입을 수 없고, 몸에다 각종 치장을 할 수도 없습니다. 그러나 여러분! 이 보살들을 한번 보십시오. 모두가 몸을 장식하고 있습니다! 귀걸이, 목걸이를 하고 반지를 끼고 있습니다. 전신을 온갖 것으로 치렁치렁 장식하고 있습니다. 입술을 붉게 칠하고 화장도 했습니다. 보살의 상은 모두 이런 모습입니다. 무슨 이치일까요? 보살들이 세속으로 들어왔다는 것을 말합니다. 하지만 외형은 비록 세속적이지만 마음은 세속을 넘어서 있습니다. 이 때문에 보살의 경계를 대승이라 합니다. 나한의 경계는 공(空)에 머무르는 것입니다. 이들은 감히 세속으로 들어오려 하지 않으며, 일체의 것과 마주치려 하지 않습니다. 눈으로 보지 않기에 마음도 어지러워지지 않습니다. 이들은 이렇게 자신만을 돌봅니다.

보살도를 행하기는 아주 어렵습니다. 여기에 대해서는 일반적으로 몇 개 노선이 제시되고 있습니다. 『능엄경』에서는 말합니다. "스스로 제도하지 못하고서 먼저 다른 사람을 제도하고자 하는 것은 보살의 발심이요, 스스로 원만히 깨닫고서 다른 사람을 깨닫게 하는 것은 여래의 처세이다〔自未得度, 先度人者, 菩薩發心. 自覺已圓, 能覺他者, 如來應世〕."

어떤 사람은 자신도 아직 도를 이루지 못했지만 종교적 열정으로 먼저 다른 사람을 구하고 도우며 교화하고자 합니다. 어떤 종교든 이런 사람이 있습니다. 자신은 깨닫지 못했지만 그럼에도 먼저 다른 사람을 구하고자 하는 것, 이것이 바로 보살의 마음입니다. 이미 스스로 원만히 깨닫고서 다른 사람을 깨닫게 하는 것이 바로 현존하는 현생의 부처님입니다.

보살은 여래의 앞 단계로서, 여래나 불(佛)은 보살의 열매입니다. 성취의 결과인 셈입니다. 여래와 보살에 대해서는 이쯤에서 줄이고 다시 본문으로 돌아가기로 합시다. 현재 수보리는 우리를 대신하여 무릎을 꿇고 부처님께 묻고 있습니다. 이 사실을 잊어서는 안 됩니다. 우리가 딴 이야기를 하는 동안 그는 계속 꿇어앉아 있어야 합니다.(청중 웃음)

육조와『금강경』

수보리는 무릎을 꿇고 있습니다. 바로 우리를 위해서, 그리고 당시의 동문수학을 위해서, 세속에 뛰어든 보살들을 위해서, 세상 사람들을 구제할 목적으로 출가한 보살들을 위해서 무릎을 꿇고 있습니다.

여러분도 잘 알겠지만 보살에는 재가(在家)뿐 아니라 출가(出家)보살도 있습니다. 외양은 출가인이지만 그의 발심(發心), 원행(願行), 심성이나 행하는 일이 모두 보살도입니다. 이런 사람을 일러 출가보살이라 합니다.

이제 수보리는 여러 사람을 대신하여 간청합니다. 부처님! 좀 더 있다 눈을 감으십시오. 조금만 더 있다 타좌하십시오. 한번 보십시오! 부처님께 배우고자 하는 대승보살들이 저토록 많습니다. 부처님께서는 마땅히 저들을 보살펴 주셔야 합니다. 저들에게 어떻게 공부해야 하는지, 어떻게 수행해야 하는지 가르쳐 주셔야 합니다.

사실 후에 선종의 오조(五祖)가 말했듯이 도를 깨쳐 부처가 되려고 한다면 전심으로 『금강경』을 읽기만 해도 가능합니다. 심지어 글을 몰라 읽을 수 없다면 한 구절, 즉 '마하반야바라밀다'만 외워도 됩니다. 이 구절은 곧 경전의 요점으로서 큰 지혜를 이루어 피안에 도달한다는 뜻입니다. 육조(六祖)가 바로『금강경』으로 인해 깨달은 사람입니다. 그래서 후세 사람들은 중국 선종을 반야종이라고도 합니다. 외국에도 달마종이라 부르는 것이 있습니다. 이들은 모두 오조, 육조가『금강경』으로부터 직접 전승 받았기 때문에 사람들로 하여금『금강경』을 읽도록 고무시키기 위한 것입니다.

"선호념(善護念)", 이 세 글자는 구마라집으로서도 상당히 신경을 써서 번역했을 겁니다. 후에 선종이 홍성한 뒤, 학문이 뛰어난 한 재가 거사가 『사익경(思益經)』을 주해할 뜻이 있어 남양충(南陽忠) 국사를 만나러 갔습니다. 남양충 국사는, "좋지요! 학문도 뛰어나니 경전을 주해할 수 있을 겁니다!", 이렇게 말하고 나서 제자를 시켜 맑은 물 한 사발을 떠 오게 하여 그 속에다 쌀 일곱 톨을 집어넣고는 사발 위에 젓가락을 걸쳐 놓았습니다. 그런 다음 거사에게, "내가 지금 무얼 하려고 하는지 알겠습니까?" 하고 물었습니다. 거사가 모르겠다고 하니까 이렇게 말했습니다. "내 뜻도 알지 못하면서 부처님 뜻을 어찌 알겠습니까? 아무렇게나 자기 생각대로 번역하고 주해할 겁니까?"

많은 사람들은 자신이 불학에 대해 웬만큼 소양을 갖췄다고 생각하면 곧 글을 쓰기 시작합니다. 그러나 구마라집의 전기를 연구해 보면, 그는 이미 도를 깨달아 큰 보살의 경지에 이른 사람이라는 것을 알 수 있습니다. 그가 당시 번역한 "선호념"이라는 구절은 참으로 뛰어난 번역입니다.

선호념

유가든 불가든 도가든, 그 밖의 어떤 종교든 수양 방법은 모두 "선호념(善護念)" 이 세 글자입니다. 이는 자신의 마음을 잘 살피는 것입니다. 시시각각으로 일어났다 사라지는 자신의 생각을 가만히 살피는 것입니다. 만약 자신의 생각이 바르지 않다면 어떨까요? 수련에 성공해 신통력이라도 생기면, 한 손을 죽 뻗어 은행에 쌓여 있는 돈다발을 챙기려 들 겁니다. 좀 더 젊은 사람이라면 신통력을 얻어 바로 부처님을 만나려고 하거나 한 걸음에 성큼 달나라까지 닿으려 생각할 수도 있습니다. 이런 생각으로 불법을 배우려 하거나 타좌를 하는 것은 잘못되었습니다. 부처님을 한번 보십시오. 얼마나 평범합니까. 옷을 입고, 몸을 씻으며, 타좌를 합니다. 환상적이거나 종교적인 색채는 조금도 없습니다. 너무도 일상적입니다. 이런 태도로 우리에게 수양의 중점이 "선호념"에 있다고 가르칩니다.

'선(善)'이란 자신의 사상이나 생각 또는 의지를 잘 살피는 것입니다. 예를 들어 만약 우리가 '나무아미타불'을 염불하면서 마음이 조금도 흐트러지지 않는다면, 이것 역시 "선호념"의 한 법문입니다. 타좌할 때도 스스로만 살피면 됩니다. 쓸데없이 다른 생각을 할 필요 없습니다. 이것 역시 "선호념"입니다. 모든 종교의 수양 방법은 모두 이 세 글자입니다. 『금강경』의 중점도 바로 여기에 있습니다. 이 점을 특히 유의하기 바랍니다!

이야기가 "선호념"에 이르렀으니 하는 말입니다만, 불교 교리 중에는 삼십칠도품 보리도차제(三十七道品 菩提道次第)라는 것이 있습니다. 큰 깨달음에 이르는 방법 중 네 가지 염처(念處)가 있는데, 바로 염신(念身), 염수(念受), 염심(念心), 염법(念法)입니다. 이 중 염심은 네 염처 중에서도 특히 중요합니다. 수시로 이 마음을 '염(念)'하면 그것을 알 수 있습니다. 바로 "선호념"입니다. 우리 이 몸과 마음은 아주 중요합니다. 이 몸을 '염'하면 그것이 무상함을 알고, 마음을 '염'하면 우리 생각은 생멸하는 것으로 거기에 의존할 수 없음을 압니다. 한 생각이 일어나면 곧 사라집니다. 시시각각으로 일어났다 사라지는 이 생각이 바로 우리 마음이라 여긴다면 이것은 착각입니다.

무엇을 '염'이라 할까요? 호흡 한 번 하는 사이를 '일념(一念)'이라 합니다. 불교에서는 사람의 일념에는 팔만 사천의 번뇌가 있다고 합니다. 번뇌가 반드시 고통인 것은 아니지만, 괴로운 것은 사실입니다. 가령 어떤 사람이 여기 앉아 있다고 합시다. 비록 손에는 『금강경』을 들고 '호념'을 하고 있지만, 어떤 '염'을 '호'하고 있을까요? 바로 번뇌의 '염'입니다. 즐거울 리 없습니다. 자기도 왜 자신이 즐겁지 않은지 말하지 못합니다. 자신도 모르는데 의사라고 어찌 알겠습니까? 이것이 바로 인생의 경계입니다. 인생은 항시 번뇌 속에 있습니다.

아무 이유도 없이 근심스럽고 원망스럽다

무얼 번뇌할까요? 그저 "아무 이유도 없이 근심스럽고 원망스러울〔無故尋愁覓恨〕" 따름입니다. 『홍루몽(紅樓夢)』의 한 구절입니다. 어떤 사람의 심정을 묘사하고 있습니다. 사실 모든 사람이 다 이렇습니다! 아무런 원인도 없는데〔無故〕, 마음이 뭐라 말할 수 없이 근심스럽고 원망스럽습니다〔尋愁覓恨〕. "어떤 때는 바보 같기도 하고, 미치광이 같기도 합니다〔有時似傻如狂〕." 이것은 본래 가보옥(賈寶玉)의 얼떨떨한 경계를 묘사한 것입니다. 배불리 먹고, 꽃구경하면서 한 바퀴 산보도 하고, 하는 일 없이 자리에 앉아 있습니다. 그래도 걱정스럽습니다. 왜 그럴까요? 아무 이유도 없습니다. 그저 바보같이 걱정스러울 뿐입니다. 바로 인생을 묘사한 것입니다. 아주 잘 묘사하고 있습니다. 이 때문에 『홍루몽』의 문학성을 그렇게 높이 치는 것입니다.

『서상기(西廂記)』에도 인간의 심리에 대한 묘사가 나옵니다. "꽃잎이 떨어져 물은 붉게 흐르는데, 일없이 근심만 쌓이니 말없이 동풍을 탓해 본다〔花落水流紅, 閑愁萬種, 無語怨東風〕." 아무것도 탓할 것이 없어 동풍이라도 붙들고 원망해 봅니다. 제기랄! 저놈의 동풍 때문에 꽃잎이 다 떨어지는구나! 그러고는 바람을 탓하는 한 편의 글을 짓는 겁니다. 자기 정신이 이상하다는 것을 스스로는 모르고 있습니다. 이것이 바로 인간의 경계입니다. 꽃잎이 떨어져 물은 붉게 흐르는데, 일없이 근심만 쌓입니다. 무슨 근심일까요? 아무것도 하는 일 없이 한가로운데도 근심합니다. 한가로운 근심이 몇 가지나 될까요? 만 가지입니다. 꼭 집어 말할 수 없는 한가로운 걱정거리만도 만 가지입니다. 결과는요? 하루 내내 하늘을 원망하고 사람을 탓합니다. 원망할 게 없으면 속으로 동풍이라도 탓해 봅니다. 세상 인정에 대한 묘사도 이만하면 극치에 이르렀다고 할 수 있습니다.

이것이 바로 우리가 살피고자 하는 인간의 마음입니다. 일념 사이에 팔만 사천 가지 번뇌가 들어 있습니다. 우리 인생이란 이렇습니다. 번뇌에서 해탈하고자 한다면 일념을 떨쳐 버리기만 하면 됩니다. 그러면 곧 성불합니다. 이처럼 간단합니다. 그러기 위해서는 '호념'을 구체적으로 실천해야 합니다. 수시로 이 마음을 살펴야 합니다. 우리가 『금강경』을 연구하고 나면 부처님의 설법이 무척 고명하며, 또 수보리의 문제 제기 또한 아주 고명하다는 것을 알게 됩니다.

금강의 눈과 발심

수보리가 문제를 제기했을 때, 사실 답은 이미 문제 속에 있었습니다. 이것이 본 경전의 정신으로서 여타 경전과 다른 점입니다. 부처님이 이 문제에 대해 두 마디로 답한 것은 바로 화룡점정(畵龍點睛)입니다. 선종의 조사(祖師)들이 『금강경』을 그렇게 높이 받드는 것도 이 경전의 정신이 특별하기 때문입니다. "선호념" "선부촉(善付囑)", 이 두 마디로 이미 모든 설명이 끝났습니다. 이 두 마디 속에는 문제 제기뿐 아니라 답까지 동시에 들어 있습니다. 선생님! 어떻게 공부해야 합니까? 저는 지금 기공을 연마하는 중인데, 들이쉬고 내쉬는 숨소리를 들으며 염불하고 있습니다. 부디 자세히 가르쳐 주시기 바랍니다! 많은 사람들이 법을 구합니다. 엄청난 돈과 시간을 허비하며 법을 구하고자 합니다. 법은 구할 수 있는 것일까요? 망상입니다! 번뇌일 뿐입니다. 법은 어디에 있을까요? 바로 자신의 마음속에 있습니다. 바로 "선호념"입니다. "선호념"은 모든 수행의 출발점이자 일체 불(佛)의 원만한 성취입니다. 이 핵심적 문제가 바로 『금강경』의 두 쌍의 눈, 즉 금강의 눈입니다. 이것이 바로 『금강경』의 바른 눈[正眼]으로서 소위 정법안장(正法眼藏)입니다.

"세존이시여! 선남자 선여인이 아누다라삼먁삼보리의 마음을 발하려면 어떻게 머물러야 할까요? 어떻게 그 마음을 항복시켜야 할까요?"

"世尊! 善男子, 善女人, 發阿耨多羅三藐三菩提心, 云何應住?
세존 선남자 선여인 발아누다라삼먁삼보리심 운하응주
云何降伏其心?"
운하항복기심

'발심(發心)'의 '발'은 동기를 말합니다. 어떤 마음을 발하게 할까요? "아누다라삼먁삼보리(阿耨多羅三藐三菩提)"의 마음입니다. '아누다라'는 산스크리트 어로서 구태여 번역하자면 '무상(無上)'으로 지고무상하다는 뜻입니다. '삼'은 정(正)이며, '먁'은 등(等) 즉 평등을 의미합니다. 그리고 '보리'는 깨달음입니다. 합쳐 보면 '무상정등정각(無上正等正覺)'의 마음입니다.

그렇지만 이 '무상정등정각'의 마음은 "아누다라삼먁삼보리"의 내용을 전부 포괄하지는 못합니다. 의역하면 선종에서 말하는 '대철대오(大徹大悟)'라 할 수 있는데, 이것 역시 그 의미를 완전히 포괄하지는 못합니다. "아누다라삼먁삼보리"는 심지법문(心地法門), 명심견성(明心見性), 그리고 세속을 초월하여 성불의 경계에 도달하는 것을 모두 포괄하고 있습니다. 행위의 측면에서는 대자대비한 보살심 또는 보리심(菩提心)으로서 세속에 들어가 일체 중생을 구하는 것이요, 이론의 측면에서는 대철대오로서 초월적인 형이상의 본성입니다. 이처럼 '삼먁삼보리심'의 의미는 대단히 포괄적이어서 음역으로 처리하여 후세 사람들이 스스로 해석하도록 했습니다.

"아누다라삼먁삼보리의 마음을 발한다〔發阿耨多羅三藐三菩提心〕"라는 것은, 말하자면 보통 사람이 불법을 배우고자 마음먹는 것입니다. 불법이 여타 종교와 다른 점은 일체 중생이 모두 성불할 수 있다고 보는 것입니다. 여타 종교에서는 단지 '그'만 가능하며, 우리는 '그'의 도움을 기다려야 합니다. 모든 것은 '그'를 따라야 하며, '그' 외에는 모두 옳지 않습니다.

불교에서는 일체 중생이 모두 부처이며 평등하다고 봅니다. 그렇다면 왜 중생이 모두 성불하지 못할까요? 자기의 마음을 찾지 못하기 때문입니다. 만약 스스로 깨달아 잃어버리지 않는다면 곧 성불합니다.

권위를 갖지도 않고 주재하지도 않는다

부처님은 권위를 갖지도 않고 주재하지도 않습니다. 부처님의 주재와 권위는 모두 개개인의 마음속에 있습니다. 이런 까닭에 불법 공부를 잘못된 믿음이 아니라 바른 믿음이라고 합니다. 바른 믿음이란 스스로 깨달아 스스로 성불하는 것입니다. 이것이 바로 불교의 진정한 정신입니다. 부처님께 절하고 기도해야 한다는 것은 잘못된 생각입니다. 부처님이나 보살이 자기를 굽어 살피리라 생각하지만, 사실 부처님은 그런 일에는 관여하지 않습니다. 부처님이 말해 줄 수 있는 것은 스스로를 보호하는 방법입니다. 이런 점은 전통적 사고방식과도 일맥상통합니다. 복이란 스스로 구하는 것이니, 스스로 도운 후 하늘도 돕습니다. 말하자면 자신이 스스로를 도운 후에야 부처님도 그를 도울 수 있습니다. 나쁜 일을 저지르고 부처님 앞에 쫓아가 아무리 사죄해도 부처님이 죄를 사해 줄 수는 없습니다. 그건 불가능한 일입니다.

티베트는 불교 나라이지만 역시 토비가 있습니다. 사람을 죽이고 나서 보살 앞에 가서 무릎을 꿇고 다시는 그런 일을 하지 않겠노라 참회합니다. 그러나 돈이 떨어지면 또 총질을 하고 참회하기를 거듭합니다. 스스로 마음을 깨끗이 할 수 없으니 부처님도 그를 감응시킬 수 없습니다. 일체의 것은 스스로 하기에 달려 있습니다. 불법의 이치도 그렇습니다.

이 때문에 성불하고자 한다면 자기 마음속에 있는 자성(自性)의 부처를 찾아야 합니다. 이것이 바로 "아누다라삼먁삼보리의 마음을 발하는" 것입니다. 저는 젊은 사람들에게 자주 경고합니다. 자네들은 다리를 틀고 앉아 있어야 불법을 닦는 것처럼 생각하는데, 사실 다리를 틀고 있는 것은 다리를 닦는 것이지 불법을 닦는 것과는 무관하다네! 타좌는 정을 닦는 것(修定)에 불과합니다. 말하자면 몸과 마음을 본격적인 궤도에 올려놓기 위한 준비 작업일 뿐입니다. 이 점을 잘 알아야 합니다.

그렇다면 불법 공부에서 진정한 어려움은 어디에 있을까요? 바로 "선호념"입니다. 이 세 글자는 금강의 눈입니다. 수보리가 말합니다. "부처님! 선남자 선여인(나쁜 사람을 가리키지 않습니다. 나쁜 사람은 불법을 배우지 않습니다), 이들 일체의 좋은 사람들이 명심견성하여 자기 생명의 본래 모습을 알고자 하고 또 무상의 대도(大道)가 발한 이 마음을 찾고자 하나 아주 큰 어려움이 가로막고 있습니다. 생각이 정지되지 않고 타좌를 해도 망상이 끊어지지 않습니다." 어떤 사람은 자리에 앉으면 남편이나 아내, 애인 생각이 나고, 거기다 아버지와 어머니, 자식 생각에 돈 생각까지 납니다. 타좌를 하지 않으면 괜찮다가도 일단 자리에 앉아 눈을 내리깔기 시작하면 온갖 상념이 끊임없이 이어집니다. 바로 이 몸의 번뇌를 끊을 수 없기 때문입니다. 이것이 수행의 첫 단계에서 부딪히는 어려움입니다.

어떻게 해야 마음을 머물러 있게 할 수 있을까요

수보리는 여러 사람을 대신해 아주 담담하게 묻습니다. "어떻게 해야 이 마음을 청정하고 지극히 선한 그 경계에 머물러 있게 할 수 있을까요?〔云何應住〕 온갖 번뇌와 망상으로 어지러운 이 마음을 어떻게 해야만 항복시킬 수 있을까요?〔云何降伏其心〕" 어느 때 어느 곳을 막론하고, 수양을 하거나 성인이나 부처님을 배우고자 한다면 반드시 이 문제에 부딪히게 됩니다. 어떻게 머물러 있게 할 수 있을까요? 이 마음이 머물러 있지 않습니다. 아미타불을 아무리 외워 봐야 소용없습니다. 마음을 이 '염불'에다 머물게 할 수가 없습니다. 입으로 아미타불을 외면서도 마음속으로는, '내일 어떡하지? 왕 영감, 그 영감태기, 아직 돈을 안 갚아? 아미타불, 아미타불! 어떡하지? 아미타불!', 도대체 마음이 머물러 있지 않습니다. 하느님께 기도해 봐야 하느님도 어쩔 방법이 없습니다. 이 마음을 어떻게 머물게 하는가, 온갖 번뇌와 망상으로 어지러운 마음을 어떻게 항복시키는가 하는 것은 참으로 큰 문제입니다.

『금강경』은 시작부터 마치 사진을 찍듯 조그만 것까지 남김없이 그대로 드러냅니다. 신비한 구석이라곤 조금도 없습니다. 어느 종(宗), 어떤 파(派)든 제일 먼저 부딪히는 문제가 바로 어떤 방법으로 이 마음을 머물게 하는가 하는 것입니다. 번뇌와 망상으로 어지러운 이 마음을 어떤 방법으로 항복시킬 것인가 하는 것은 아주 어려운 문제입니다.

천하를 정복할 수 있는 영웅이라도 자신의 마음을 정복할 방법은 없습니다. 전 세계를 통치할 수 있는 영웅이라도 그 마음을 항복시킬 방법이 없습니다. 자신의 마음을 항복시키는 것은 성인조차 어려워하는 일이니, 도(道)란 이처럼 얻기 어려운 것입니다. 여러분이 아무리 온갖 법을 배운다 해도, 설사 천법(天法)을 배운다 해도 소용없습니다. 법은 법이요, 번뇌는 번뇌일 뿐입니다. 주문을 왼다고요? 그러나 번뇌는 주문보다 더 강력합니다. 어떻게 머물러야 할까요? 어떻게 이 마음을 항복시켜야 할까요? 이 질문은 정말 훌륭합니다.

부처님께서 말씀하셨다. "훌륭하도다, 훌륭해! 수보리여! 그대의 말은 여래가 여러 보살들을 잘 보호하고, 여러 보살들에게 잘 일러 준다는 것이었지. 그대는 이제 잘 듣게. 그대를 위해 말하리라."

佛言, "善哉 善哉! 須菩提! 如汝所說, 如來善護念諸菩薩, 善付囑諸菩薩.
불언   선재 선재 수보리 여여소설 여래선호념제보살 선부촉제보살
汝今諦聽, 當爲汝說."
여금체청   당위여설

부처님은 수보리의 질문을 듣고서 다시 눈을 뜹니다. 문제 제기가 너무 좋아 일격에 바로 중심을 쳐 옵니다. "훌륭하도다, 훌륭해! 참으로 훌륭한 문제 제기로다!" 불경을 읽을 때는 마땅히 시나리오를 읽듯 해야 합니다. 그래야만 경전이 묘사하고 있는 실제 상황 속으로 들어가서 무언가를 마음으로 얻을 수 있습니다. 시나리오 읽듯 하라는 것이 경전을 공경하지 말라는 의미는 아닙니다. 그렇지만 경전 속 실제 상황으로 뛰어들지 못하면 경전과 자신이 따로 놀아 아무 소용없습니다.

지금 우리가 수보리와 같이 자리하고 있다고 생각합시다. 부처님이 말합니다. "훌륭하도다, 훌륭해! 수보리여! 여래는 여러 보살을 선호념(善護念) 하고 선부촉(善付囑) 한다는 질문이지, 그렇지 않은가?" 수보리가 대답합니다. "그렇습니다." 부처님이 다시 말합니다. "이제 주의해서 잘 듣게.〔汝今諦聽〕" '체(諦)'는 '자세히' 또는 '주의해서'라는 뜻입니다. "그대가 제기한 문제가 너무도 훌륭하니 응당 거기에 대해 답해야겠다〔當爲汝說〕." 이때까지 수보리는 여전히 무릎을 꿇고 앉아 있습니다.

"선남자 선여인이 아누다라삼먁삼보리의 마음을 발하려면 마땅히 이렇게 머물고, 이렇게 그 마음을 항복시켜야 하느니라."

"알겠습니다, 세존이시여! 즐거이 듣고자 합니다!"

"善男子, 善女人, 發阿耨多羅三藐三菩提心, 應如是住, 如是降伏其心."
　선남자　선여인　발아누다라삼막삼보리심　응여시주　여시항복기심
"唯然, 世尊! 願樂欲聞."
　유연　세존　원락욕문

부처님이 말합니다. "선남자 선여인들이여! 만약 무상대도(無上大道)의 마음을 얻고자 한다면 마땅히 이렇게 마음을 머물게 해야 하며, 마땅히 이렇게 마음을 항복시켜야 할 것이다."

이렇게 한마디 말하고서 부처님은 다시 눈을 감아 버립니다. 수보리가 한참을 기다렸다가 머리를 들어 부처님을 쳐다보며, "알겠습니다, 세존이시여!〔唯然, 世尊〕" 하고 말합니다. 경문 중의 '유(唯)'란 대답하는 말이며, '연(然)'은 좋다는 뜻입니다. "세존이시여! 저는 준비가 다 되었습니다. 저는 아주 기꺼이 말씀을 기다리고 있습니다!〔願樂欲聞〕" 수보리가 거기 꿇어앉아 무작정 기다리고 있지만 부처님은 다음 말을 하지 않습니다. 여러분이 보기에 이 시나리오는 어떤가요? 경전은 아주 훌륭한 시나리오입니다. 이 자리에도 시나리오 작가 분이 있겠지만, 이 시나리오를 쓴 사람은 참으로 달인입니다. 문장의 의미가 뚜렷합니다. 그렇지 않습니까?

이제 다시 부처님의 대답으로 돌아가 봅시다. "훌륭하도다, 훌륭해! 수보리여! 여래는 여러 보살들을 '선호념'하고 '선부촉'한다는 질문이었지, 그렇지 않은가?" 수보리가 대답합니다. "그렇습니다! 바로 그것을 물었습니다." 그러자 부처님은 이렇게 말합니다. "이제 말해 주려고 하니 자세히 듣게! 그대에게 구도심이 있어 일념으로 도를 구할 때, 바로 그렇게 마음을 머물게 한다네! 그렇게 하면 망념이 사라져 버릴 것이네. 바로 그렇게 하는 것이라네!"

만약 제가 부처님이라면 이렇게 말하지 않을 겁니다. 제가 부처님 역을

말아 이 상황을 연기한다면 이렇게 말했을 겁니다. "그대는 주의해서 듣게! 그대가 제기한 문제는 바로 그대의 구도심이 일어날 때…"라고 말하면서 한편으로 수보리를 계속 바라봤을 겁니다.

한참이 지나도 수보리가 이해하지 못해 바보처럼, "부처님, 듣고 있습니다!"라고 말합니다. 말을 바꾸면 부처님이 아직 자기 말에 답하지 않았다는 겁니다. 실제로 이때 마음은 이미 머무르고 또 항복했습니다.

그쳐 머물게 하는 지명 염불

'주(住)'란 머무는 것입니다. 방 안에 머무는 것이나, 어떤 곳에 정지해 있는 것과 같습니다. 어떻게 해야만 번뇌와 망상을 머물러 있게 할 수 있을까요? 부처님은 바로 그렇게 머문다고 말합니다.

우리는 불법을 공부하면서 제일 어려운 것이 마음속의 사려, 정서, 망상을 머물게 하는 것임을 알고 있습니다. 세상의 어떤 종교든 어떤 수행 방법이든 추구하는 바는 모두 마음의 안정, 즉 마음을 그쳐 머물게 하는 것〔止住〕입니다. 불교의 수행 방법이 비록 많지만 총괄하면 단지 하나의 법문, 즉 지(止)와 관(觀)입니다. 즉 생각을 집중시켜 한곳에 그쳐 머물게 하는 것입니다.

예를 들면 정토종의 염불은 나무아미타불을 외움으로써 바로 거기에 마음이 그쳐 머물게 하는 것입니다. '나무(南無)'란 귀의요 '아미타(阿彌陀)'는 이름으로, 나무아미타불은 아미타라는 부처님께 귀의하겠다는 뜻입니다. 염불 이야기가 나오니까 우스갯소리 하나가 생각납니다. 젊은 분들은 한번 귀담아 들어 보십시오. 어떤 할머니 한 분이 온종일 아주 간절히 나무아미타불을 외웠습니다. 그런데 아들은 어머니 염불이 무척 귀찮았습니다. 하루는 할머니가 아미타불을 외고 있을 때 아들이 "어머니!" 하고 소리쳐 불렀습니다. 할머니가 무슨 일이냐고 묻자 아들은 아무 대답이 없었습니다. 할머니는 다시 아미타불, 아미타불 하며 염불을 계속했습니다. 한참 지나서 아들이 또 "어머니, 어머니!" 하며 소리쳐 불렀습니다. 할머니가 다시 무슨 일이냐고 물었으나 아들은 아무 대답이 없었습니다. 할머니는 불쾌해하면서도 계속 아미타불을 외웠습니다. 아들이 또 소리쳤습니다. "어머니, 어머니, 어머니!" 그러자 할머니는 화를 내며 말했습니다. "염불하고 있는 걸 뻔히 알면서 왜 그리 시끄럽게 불러 대?" 아들이 대답했습니다. "어머니, 그것 보세요! 제가 아들 아닌가요? 아들이 세 번 불러도 화가 나지요? 그런데 그렇게 계속 아미타불을 불러 대니 아미타불인들 어찌 귀찮지 않겠어요?" 이 이야기는 언뜻 듣기엔 우스갯소리 같지만 곰곰이 되씹어 보면 그 속에 심상치 않은 의미가 포함되어 있습니다.

아미타불을 외는 것은 이름을 부르는〔持名〕 것으로 어머니를 부르는 것과 다름없습니다. 지명 염불 역시 그 나름의 의의가 있지만, 우리가 여기서 보고자 하는 것은 그런 게 아니라 일종의 수행 방법으로서의 측면입니다. 염불은 마음이 조금도 흐트러지지 않을 때는 그쳐 머무는〔止住〕 경계에 도달합니다. 그러나 우리가 보통 염불을 할 때는 한편으로 아미타불을 외면서 한편으로 온갖 생각 때문에 머리가 어지럽습니다. 바위가 누르고 있어도 그 틈새를 비집고 잡초가 자라나는 것과 같습니다. 염불을 통해 진정으로 마음이 흐트러지지 않는 경지에 도달하려면 신체도 잊고 자신도 잊고 주위의 일체 상황도 잊어야 합니다. 이렇게 마음이 전일(專一)하여 흐트러지지 않을 때가 바로 생각이 정지하는 소위 '그침〔止〕'의 단계요, 이 그침으로부터 정(定)을 얻을 수 있습니다.

온갖 삼매의 정경

　노스님이 입정(入定)에 들었다는 말은 여러분도 많이 들어 보았을 겁니다. 입정이 어느 경계에 도달하면 시간관념이 없어집니다. 한곳에 칠팔 일 혹은 한 달을 앉아 있으면서도 스스로 손가락 한 번 튕길 정도의 시간으로 느끼기도 합니다. 그러나 여러분이 알아야 할 것은 이것이 정(定)의 경계 중 한 종류에 불과하다는 사실입니다. 달리 말하면 모든 정의 경계가 동일하지 않다는 것입니다. 이 점을 특히 주의해야 합니다.
　불법에서는 온갖 삼매의 정(定)의 경계가 모두 같지 않다고 합니다. 어떤 정의 경계는, 하루 종일 눈코 뜰 새 없이 바빠도 심경은 영원히 입정 상태에 있어서 바깥으로부터 어떤 영향도 받지 않습니다. 마음이 입정에 들기는 무척 어렵습니다. 나이가 많은 사람은 잠을 잘 이루지 못하는데, 마음이 정(定)에 들 수 없기 때문입니다. 나이가 많아질수록 생각이 복잡해지고, 그것이 뇌신경에까지 영향을 미쳐 휴식을 취할 수 없기 때문입니다.
　우리의 뇌나 심장은 하나의 기계입니다. 그렇지만 스위치는 기계 속에 있는 것이 아니라 배후의 어떤 것, 즉 우리의 생각이나 감정 또는 심리 작용 속에 있습니다. 따라서 불법이나 도에 들어서는 일체의 관문은, 어떻게 하면 마음이 입정 상태에 들 수 있는가 하는 데 있습니다. 어떤 사람은 수십 년을 타좌해도 마음이 산란하기만 합니다. 약간의 청정감이나 편안함은 우연히 느끼는 것일 뿐입니다. 이것은 생리적 반응 또는 심리적 안정감에 불과합니다. 진정한 정(定)의 경계에 도달하기는 참으로 어렵습니다.
　불교에서는 흔히 인간의 심경을 바닷물에 비유합니다. 우리의 생각이나 감정은 귀납해 본다면 단지 감각이나 지각에 불과합니다. 이들은 흐르는 물처럼 잠시도 중단하지 않고 흐릅니다. 마치 강물이 하늘로부터 와서 바다로 흘러간 뒤 다시 돌아오지 않는 것과 같습니다. 불경에서는 "큰 코끼리가 강을 건너는 것처럼 흐름을 자르면서 간다〔如香象渡河, 截流而過〕"라고 표현하는데, 이것이 바로 진정한 정(定)입니다. 큰 지혜와 기백을 갖춘 사람은 자신의 생각이나 망념을 즉시 끊어 버리고 코끼리가 강을 건너듯 얕은 곳이 있어도 돌아가지 않고 급류 속을 가로질러 갑니다. 가령 우리에게 이런 기백이 있어서 자신의 생각과 감각을 코끼리가 강을 건너듯 가로질러 가면서 끊어 버릴 수 있다면, 바로 정(定)의 초보적 현상인 그침〔止〕의 경계에 이를 수 있습니다. 이 그침의 단계에서 다시 수행을 계속하면 생리적, 심리적 변화를 거듭하면서 비로소 정(定)의 경계에 도달할 수 있습니다. 이처럼 초보적 수양에는 기초가 있어야 합니다. 지금 『금강경』에서는 '정(定)'을 언급하지 않고 먼저 머무름〔住〕을 말합니다.

머무름〔住〕이란 그침〔止〕이나 정(定)과는 전혀 다릅니다. 먼저 그침〔止〕부터 살펴보기로 합시다. 그침이란 심리적 수행입니다. 생각이나 지각, 감각을 정지시켜 그것을 애써 한곳에 그쳐 있게 하는 것입니다. 마치 압정으로 어떤 곳에다 고정시켜 놓는 것과 같습니다. 이것이 바로 그침의 경계입니다.

정(定)이란 아이들이 갖고 노는 팽이와 같습니다. 팽이를 힘껏 돌리면 꼿꼿이 서서 어느 쪽으로도 기울어지지 않는데, 이런 상태가 곧 정입니다.

그렇다면 머무름〔住〕이란 어떤 것일까요? 그침이나 정과는 다릅니다. 머무름이란 편안하게 그곳에 있는 것입니다. 이런 설명은 불교 이론에 따른 것이 아니라 한문의 '지(止)' '정(定)' '주(住)'의 의미에다 불교의 이치를 덧붙여 설명해 본 것입니다.

불법을 배우든 배우지 않든, 생각을 수시로 편안히 머물게 하기는 지극히 어렵습니다. 우리가 잘 쓰는 말 중에 "현실에 안주하다〔隨遇而安〕"라는 말이 있습니다. 여기서 안주한다〔安〕는 것은 '주(住)'를 뜻합니다. 사람은 현실에 안주하기 어렵습니다. 자신에 대해 만족하지 못하고, 현실에 대해 만족하지 못하며, 뭔지도 모르는 어떤 궁극적인 것을 추구하면서 영원히 만족하지 못합니다. 이유야 많습니다. 영원히 남을 일을 추구한다거나, 심지어 어떤 사람은 인생이란 곧 추구하는 것이라고도 하며, 철학 하는 사람은 진리를 추구한다고도 합니다. 만약 진리가 한 근에 얼마냐고 묻는다면 그것은 가격으로 따질 수 없는 것이라 대답할 겁니다. 진리란 공허한 명사에 불과합니다. 인생이란 얼마나 가치가 있는 것일까요? 인생을 가치라는 잣대로 말하는 것은 사실 인위적인 평계에 불과합니다. 어쨌든 이런 것들로 해서 인생에서 현실에 안주하기는 참으로 어렵습니다.

예를 들어 봅시다. 불법을 공부하는 사람은 흔히 집에서는 전심으로 수행하기가 불편하다고 합니다. 그러나 수행하는 사람끼리 같이 모여 생활하면 이번에는 습관이 안 되어 불편하다고 합니다. 이들은 '현실에 안주'하지 못하는 것입니다. 이들은 "마땅히 이렇게 머물〔應如是住〕" 수 없습니다. 침대 하나를 바꿔도 견디지 못하는데 다른 것들이야 오죽하겠습니까? 침대나 환경이 중요한 것이 아니라 마음이 안정되지 못해서 그런 것입니다. 주위 환경이나 사물이 갑자기 바뀔 때 거기에 적응하기 어려운 것은, 마음이 편안히 머무르지 못하기 때문입니다.

수보리가 제기한 문제가 바로 이것입니다. 불법을 처음 배우기 시작하면서 부딪히는 가장 곤란한 문제로, 바로 마음을 편안히 머물게 할 수 없다는 것입니다. 이제 부처님은 수보리에게 대답합니다. "그대가 그렇게 물었을 때, 마음은 이미 머무름의 상태에 있다. 바로 그렇게 물었을 때, 번뇌와 망상은 이미 없어졌다." 하나의 비유를 들어 보겠습니다. 우리는 길을 걷다가 신기한 것을 보면 거기에 마음을 빼앗깁니다. 거기에 마음이 머무는 것입니다. 이 머무름이 비록 불법에서 말하는 진정한 머무름은 아니지만, 이런 심리적 현상으로부터 우리는 마음의 머무름에는 확실히 정(定)의 상태가 수반된다는 사실을 이해할 수 있습니다.

세 박자

여러분은 아마 불교의 이런 속담을 들어 본 적이 있을 겁니다. 불법을 배운 지 일 년이면 부처님이 눈앞에 있고, 이 년이면 대웅전에 있으며, 삼 년이면 서천(西天)에 있다는 속담입니다. 배울수록 더욱 멀어진다는 겁니다. 이전에 어떤 사람은, 자기는 이제 응당 부모님께 돌아가 효도를 다해야 할 것 같다고 했습니다. 그렇게 말할 때는 정말 효심이 있었습니다. 마치 부처님이 눈앞에 있는 것처럼요. 그러나 집으로 돌아가서 "너, 이렇게 늦게 뭣 하러 돌아왔어?"라고 하는 부친을 대하자 그만 머쓱해졌습니다. 효도를 다하겠다던 이전 생각과 비교하면 부처님이 대웅전으로 물러앉아 버린 격입니다. 그런 데다 부친의 잔소리가 날마다 끊이지 않자 효심을 다하겠다던 애초의 마음은 마침내 방바닥에 드러누워 버리고 말았습니다. 부처님이 서천으로 가 버린 겁니다. 불법의 이치는 이처럼 우리 보통의 심리와 다를 바 없습니다.

어떻게 번뇌를 항복시킬 수 있느냐는 물음에 대해 부처님은, "바로 그렇게 머무르며, 바로 그렇게 그 마음을 항복시키라〔如是住, 如是降伏其心〕"고 대답합니다. 말을 바꾸면, 그가 문제를 제기했을 때 이미 마음속 번뇌는 없어졌다는 것입니다. 이것이 바로 선종에서 말하는 "바로 그것, 바로 그 생각〔當下卽是, 當念卽是〕"입니다. 다른 방법을 생각할 필요 없습니다.

비유컨대 불법을 신봉하는 사람들이, 다른 종교도 마찬가지지만, 일념 간에 참회를 하는 것과 같습니다. 이 한순간의 고요함이 바로 부처님의 경계입니다. 이미 번뇌는 없기에 다른 방법이 필요 없습니다. 그래도 기어이 방법을 생각해서 번뇌를 항복시키려 한다면, 도리어 심리적 동요를 가중시켜 편안히 머물지 못하게 할 것입니다. 이것이 한 걸음 더 나아간 이치입니다.

여기서 다시 한 걸음 더 나아간 이치는, 『금강경』의 내용이 대승불법의 대지혜를 성취하기 위한 것이라는 점입니다. 불교가 여타 종교와 다른 점은 공부의 성취가 아니라 지혜의 성취를 추구한다는 것입니다. 이 지혜의 성취란 일체의 공덕과 지선(至善)의 성취를 포괄하는 것입니다. 그런 까닭에 반야는 지혜의 성취입니다.

어떻게 머물며, 어떻게 머무는 바가 없도록 하는가

이제 대승의 지혜를 설합니다. 문제를 제기하는 바로 그때 이미 편안히 머무르고 있습니다〔應如是住, 如是降伏其心〕. 단지 찰나의 일이라 스스로 알지 못할 뿐입니다. 만약 이 찰나의 머무름을 파악할 수 있다면 이미 목적지에 도달한 겁니다.『금강경』강의를 전부 듣고 나면, 이 경전이 우리에게 어떻게 머무는가 하는 것과 머무는 바가 없음, 즉 머무를 필요가 없다는 것을 가르치고 있음을 알게 될 겁니다. 앞에서 언급한 바 있지만 진정한 수행자라면 며칠 혹은 몇 달 동안이라도 입정할 수 있습니다. 이들의 공부는 서서히 누적된 것입니다. 즉 이 마음을 편안히 머무르게 하는 것입니다.

그렇지만 마음은 본래 머물지 않습니다. 뭐라 표현할까요? 예를 들면 현재 이 강의는 여덟 시부터 시작해서 지금까지 이십 분이 소요되었는데, 한마디 한마디가 모두 제 마음속에서 나와 구름처럼 물처럼 지나가 버려 머무는 바가 없습니다. 만약 저에게 머무는 바가 있다면, 예를 들어 강의를 몇 분쯤 했나 주의를 기울이다 보면 더 이상 강의를 계속할 수가 없습니다. 마음이 시간에 머물기 때문입니다. 만약 여러분에게 머무는 바가 있다면, 예를 들어 한마디 듣고는 마음속으로 이 부분은 괜찮은데, 저 부분은 영 아닌데 하고 비판하고 있으면 다음 구절을 계속 들을 수가 없습니다.

그래서 대승불법에서는 어떻게 해야 비로소 편안히 머물 수 있느냐에 대해 머무는 바가 없는 것이 머무름이라고 하는 것입니다. 선종의 표현을 빌리면, "머무는 것은 머물지 않는 것이요, 머물지 않는 것이 머무는 것〔住卽不住, 不住卽住〕"입니다. 또는 "머무름이 없는 것이 곧 머무름〔無所住, 卽是住〕"입니다. 수양이 이 경계에 이르면 이것이 바로 여래로서, 마음이 거울처럼 맑고 깨끗합니다. 주관도 없고 선입견도 없어서 사물이 오면 응합니다. 어떤 일이 있으면 이 거울이 바로 반응합니다. 희로애락이 있으면 희로애락에 젖지만, 지나가면 일체 남지 않습니다. 모든 일이 지나가고 나면 아무것도 남지 않습니다. 송나라의 대시인 소동파(蘇東坡)는 선(禪)을 배운 사람이었습니다. 그의 시문(詩文) 경계는 아주 높았는데, 불법과 선의 경계가 융합되어 있었습니다. 그는, "사람은 가을 기러기같이 신의 있게 오지만, 일이란 봄날 꿈처럼 아무 흔적이 없다〔人似秋鴻來有信, 事如春夢了無痕〕"라는 유명한 구절을 남겼습니다.

 이것은 천고의 명구입니다. 불법을 배웠기 때문에 이 이치를 이해한 것입니다. "사람은 가을 기러기같이 신의 있게 오지만", 소동파는 이따금 시골로 내려가 술을 마시곤 했습니다. 지난해 한 곳에 들러 내년에도 다시 찾겠다고 약속했는데 과연 올해도 나타났습니다. "일이란 봄날 꿈처럼 아무 흔적이 없다", 그러나 모든 일이 봄날의 꿈처럼 지나가 버립니다. 봄이 되면 사람이 잠이 많아집니다. 잠이 많으면 꿈도 많으나, 꿈에서 깨고 나면 그 꿈은 머물지 않습니다. 아무것도 남기지 않습니다. 인생은 원래 한바탕의 꿈입니다. 모든 일은 한 번 지나가면 그만입니다. 강물이 흘러가면 다시 돌아오지 못하는 것과 같습니다. 노인들이 언제나 옛 생각만 하는 것도 단지 번뇌를 자초하는 것일 뿐입니다. 모든 것이 봄날의 꿈처럼 다시 돌아올 수 없습니다.

 인생에서 모든 일이 봄날의 꿈처럼 흔적 없는 것임을 체득한다면 다시

『금강경』을 연구할 필요 없습니다. 그렇게 머물고, 그렇게 마음을 항복시키는 것입니다. 번뇌란 본래 공(空)입니다. 모든 희로애락과 번뇌는 바로 여기에 자리를 잡는 그 순간에 모두 없어져 버립니다. 그리고 영원히 다시 돌아올 수 없습니다.

제3품
대승의 바른 종지

第3品 • 大乘正宗分

佛告須菩提, "諸菩薩摩訶薩, 應如是降伏其心. 所有一切衆生之類, 若卵生, 若胎生, 若濕生, 若化生, 若有色, 若無色, 若有想, 若無想, 若非有想, 非無想, 我皆令入無餘涅槃而滅度之. 如是滅度無量無數無邊衆生, 實無衆生得滅度者. 何以故? 須菩提! 若菩薩有我相, 人相, 衆生相, 壽者相, 卽非菩薩."

부처님께서 수보리에게 말씀하셨다. "모든 보살마하살은 마땅히 이렇게 그 마음을 항복시켜야 한다. 존재하는 모든 중생의 종류, 즉 난생·태생·습생·화생·유색·무색·유상·무상·비유상·비무상 들을 내가 모두 무여열반에 들게 하여 제도시키리라. 이렇게 헤아릴 수 없이 많은 중생을 제도시키더라도 실로 제도를 받은 중생은 하나도 없다. 왜 그런가? 수보리여! 만약 보살이 아상, 인상, 중생상, 수자상을 갖는다면 보살이 아니기 때문이다."

일체 중생

부처님께서 수보리에게 말씀하셨다. "모든 보살마하살은 마땅히 이렇게 그 마음을 항복시켜야 한다."

佛告須菩提, "諸菩薩摩訶薩, 應如是降伏其心."
불고수보리 　제보살마하살　응여시항복기심

부처님은 수보리가 어떻게 해야 마음을 편안히 할 수 있느냐고 물었을 때, 바로 그때 그대 마음은 이미 편안해졌다고 말해 줍니다. 그러나 한참이 지나도 수보리가 이해하지 못하자 어쩔 도리 없이 다시 한 번 설명합니다. 그 기(機)가 이미 지나가 버렸기 때문입니다. 선종에서 말하는 소위 선기(禪機)를 수보리가 이해하지 못한 채 보내 버렸기 때문입니다. 지금은 두 번째 설명입니다. 부처님이 말합니다. "일체의 보살마하살[諸菩薩摩訶薩]", 여기서 '마하(摩訶)'란 크다는 뜻입니다. 따라서 보살마하살은 대보살을 말합니다. "제보살마하살(諸菩薩摩訶薩)"은 도치된 문구로서 모든 대보살을 가리킵니다.

"마땅히 이렇게 그 마음을 항복시켜야 한다〔應如是降伏其心〕"라는 것은, 자신의 마음을 항복시키는 방법이 당연히 있다는 말입니다. 어떤 방법일까요? 부처님은 "일체 중생의 종류〔所有一切衆生之類〕"라고 말합니다. 이제부터 먼저 무엇을 중생이라 하는지 해석해 보기로 합시다. 불경에서 말하는 중생이라는 용어는 장자가 이미 사용한 것으로, 비단 인간뿐 아니라 생명이 있는 일체 존재를 말합니다. 사람은 중생의 한 종류일 뿐입니다. 일체의 동물과 생물 및 세균에 이르기까지 무릇 생명이 있는 것이라면 모두 중생입니다. 부처님은 일체 중생을 교화하고자 하며, 일체 중생에게 자애를 베풉니다. 좋은 것에 대해서뿐만 아니라 나쁜 것에 대해서도 자비를 베풉니다. 좋은 사람도 제도하고 교화하며, 나쁜 사람은 더욱 교화하려 합니다. 천당에 있는 사람도 제도해야 하지만 지옥에 있는 사람은 더 불쌍하기에 더더욱 제도해야 합니다. 이것이 불법의 정신입니다. 그래서 일체 중생을 말한 것입니다.

'일체'란 특정한 범위가 있는 것이 아니어서 어떤 것도 그 속에 다 포함됩니다. 그런데 중생이란 말을 설명하다 보니 몇십 년 전 일이 문득 생각납니다. 그때 저는 성도(成都)의 사천대학에서 중국 철학을 강의하고 있었는데, 강의 중 중생에 대한 설명이 나오자 한 학생이 식물과 광물도 중생에 포함되느냐고 물었습니다. 저는 그것은 중생에 부속되는 것이지 중생 자체는 아니라고 했습니다. 그랬더니 그 학생은, 가령 미모사 같은 식물이라면 영성(靈性)이 있다고 보아야 하지 않겠느냐고 했습니다. 제가 전공이 뭐냐고 물었더니 농학이라 했습니다. 저는 그에게 농학을 전공하는 학생이 어떻게 그런 질문을 할 수 있느냐고 반문했습니다.

그때만 해도 나이가 많지 않았던 저는 어려운 이야기 하기를 즐겼습니다. 저는 이렇게 말했습니다. "농학을 전공하는 학생이라면 마땅히 알아야 할 것이네! 미모사 줄기 속에는 수포가 있어서 사람 손의 열기가 닿기만 하면 물이 아래로 내려가서, 마치 잎이 수줍은 듯 처지는 것이라네. 그건 감정이나 지각에 의한 것이 아니라 기계적 작용일 뿐이지." 사실 이 내용은 제가 그 전날 밤 농학 교수 한 명과 같이 토론하는 과정에서 들었던 것입니다. 부처님께서 영험하셔서 다음 날 학생이 이런 질문을 하리라는 걸 미리 알고 있었나 봅니다.

담자의 『화서』

"존재하는 모든 중생의 종류, 즉 난생·태생·습생·화생·유색·무색·유상·무상·비유상·비무상 들을 내가 모두 무여열반에 들게 하여 제도시키리라."

"所有一切衆生之類, 若卵生, 若胎生, 若濕生, 若化生, 若有色, 若無色,
 소유일체중생지류 약난생   약태생   약습생   약화생   약유색 약무색
 若有想, 若無想, 若非有想, 非無想, 我皆令入無餘涅槃而滅度之."
 약유상 약무상   약비유상 비무상 아개영입무여열 반이 멸도지

부처님은 일체 중생, 즉 일체 생명의 종류를 열두 가지로 나누고 있습니다. 첫째가 난생입니다. 새나 닭, 거위 등이 모두 난생에 속합니다. 태생은 사람이나 말 등 태반 속에서 태어나는 각종 동물들입니다. 습생은 물고기나 모기, 파리 등이며 화생은 변화하는 것들입니다. 예를 들면 매미나 잠자리, 나비 등이 이에 속합니다. 사실인지 아닌지는 모르지만 중국의 오랜 전설에 따르면, 바다 속의 상어는 몇백 년 이상 살면 백사장으로 뛰쳐나와 큰 뿔을 가진 사슴으로 변한다고 합니다. 이 역시 화생입니다.

중국의 화생에 관한 서적은 아무도 연구하려 하지 않습니다. 『도장(道藏)』 속에는 『화서(化書)』라는 책이 수록되어 있는데, 지은이는 담자(譚子)

로서 이름은 담초(譚峭)입니다. 그는 도(道)와 불(佛)을 동시에 배운 유명한 신선입니다. 담초 아버지는 당나라에 하나밖에 없는 대학의 총장으로서 지위가 아주 높았는데, 자식은 담초뿐이었습니다. 그런데 담초는 열 몇 살 때 집을 나갔습니다. 아버지는 하나밖에 없는 아들을 잃고서 몹시 상심했습니다. 그 뒤 몇십 년이 지나서 담초가 돌아왔습니다. 몸에는 도사 옷을 걸치고 해진 신발에 해진 모자를 쓰고, 몇 년 전부터 그래 온 듯 야릇하게 히죽히죽 웃어 댔습니다. 그는 돌아와서 아버지께 같이 도를 닦으러 가자고 했습니다. 담자는 도가에서 유명한 인물로서 학문 역시 아주 뛰어났습니다. 그는 『화서』에서 우주 생명의 변화를 자신이 제어할 수 있으며, 사람은 영원히 살 수 있다고 주장합니다. 그렇다면 그도 영원히 살고 있을까요? 그가 우리 있는 데로 쫓아오더라도 우리가 그를 알아보지 못할지도 모릅니다. 후에 사람들이 도를 어떻게 닦느냐고 묻자 그는 다음과 같은 시 한 수로 답했습니다. 이 시는 마치 『금강경』의 구절처럼 간단하며, 선종의 경계에 들어서 있습니다.

> 양자강이 실 같고 하늘이 부채 같으니
> 끌던 신발을 동쪽 바닷가에 던져 버린다
> 봉래로 가는 길이 멀지 않으니
> 단지 담초의 지팡이 앞에 있을 뿐이다

線作長江扇作天　靸鞋抛向海東邊
선작장강선작천　삽혜포향해동변
蓬萊此去無多路　只在譚生拄杖前
봉래차거무다로　지재담생주장전

그는 말합니다. 전 우주가 이렇게 작습니다. 양자강이 실과 같고 하늘이 부채만 합니다. 삽혜(靸鞋)는 옛날에 신던 일종의 슬리퍼로서, 뒤가 트여

질질 끌고 다녔던 신발입니다. 삽혜는 이제 더 이상 필요가 없어 동해 바닷가에 버려 버립니다. '봉래(蓬萊)'는 도가의 신선 경계를 나타냅니다. 이 신선 경계는 멀리 있는 것이 아니라 바로 여기에 있습니다. 바로 담초가 짚고 선 지팡이 앞에 있습니다. 이것은 부처님이 수보리에게 말한, "마땅히 이렇게 머물며, 이렇게 그 마음을 항복시킨다〔應如是住, 如是降伏其心〕"라는 말과도 같습니다.

담자의 『화서』는 무척 기묘합니다. 화생의 이치를 말한 후 과학에서부터 다시 철학으로 돌아가며, 철학으로부터 다시 정치학으로 돌아가서 인생의 경계나 다른 사람을 교화하는 법 등을 논합니다. 담자는 바르지 않은 시대, 바르지 않은 세계를 변화시킬 수 있다고 생각합니다. 그의 이론이나 철학 경계는 대단히 높습니다.

유색 무색의 중생

태생, 난생, 습생, 화생 외에도 또 다른 생명이 있는데, 그것이 유색(有色)입니다. 유색은 형상이 있으며 물질적인 것으로서, 눈으로 볼 수도 있습니다. 이 외에 무색(無色)이란 것도 있습니다. 무색은 우리가 알 수도 없고 볼 수도 없지만 확실히 존재하는 일종의 생명입니다. 예를 들면 귀신〔鬼〕 같은 것이 그것인데, 귀신은 분명히 존재하지만 그렇게 무서운 것은 아닙니다.

잠시 귀신 이야기를 해 볼까 합니다. 여러분은 아마 본 적이 없겠지만, 귀주(貴州)나 운남(雲南) 등지에 가면 살아 있는 귀신에 대한 이야기를 들을 수 있습니다. 이 살아 있는 귀신을 산소(山魈)라 하는데, 산소는 불경의 용어로 표현하자면 간단히 "약유색(若有色)" "약무색(若無色)"의 중생이라 할 수 있습니다. 이들은 어떤 때는 눈으로 볼 수 있지만, 어떤 때는 볼 수 없습니다. 기뻐서 자신의 모습을 보여 주고 싶어 할 때는 볼 수 있지만, 그렇지 않을 때는 볼 수 없습니다. 산속을 걸을 때에 길을 걷는 발자국이 우리와 반대로 발가락 쪽이 뒤로, 발꿈치 쪽이 앞으로 생기면 근처에 산소가 있다는 것을 알 수 있습니다. 이들은 예의를 아주 중시합니다. 여러분이 이때, "야, 저기 산귀신이 있네!"라고 해서는 안 됩니다. 이럴 경우 봉변을 당하기 십상입니다. 반드시, "아, 저기 산선생이 계시는구나!", 이렇게 이야기해야 합니다. 그러면 그는 이 사람이 예의를 아는구나 생각하고 귀찮게 굴지 않습니다.

산속에 사는 이 산소는 아주 재미있습니다. 그들은 무슨 일이 있으면 냄비와 밥그릇 등을 빌리러 사람 집으로 쫓아갑니다. 키도 작고 아주 못생겼는데 발은 앞뒤가 뒤바뀌어 있습니다. 그들의 말은 우리가 알아들을 수 없지만 손짓으로 자기가 필요한 것을 알려 줍니다. 그곳의 산사람들은 이들을 모두 압니다. 마음씨가 고약한 사람들은 미리 준비해 두었다가 이들을 골려 주기도 합니다. 어떤 것을 준비하느냐고요? 종이 냄비와 종이 그릇입니다. 그들은 몹시 기뻐하며 이것을 빌려 갔다가 불에 올려 놓으면 웬걸 대번에 다 타 버립니다. 그렇지만 산소는 대단히 신의가 있습니다. 왜 냄비가 없어져 버렸는지 알지 못한 채 부잣집에서 몰래 그릇을 들고 와서는 빌린 집에 갖다 줍니다. 그렇지만 그들은 백 마일 이내에서는 도둑질을 하지 않으며, 외지로 나가 그릇을 훔쳐 옵니다. 산속에 사는 가난한 사람들이 이렇게 귀신을 속여 먹습니다. 이것을 보면 정말 나쁜 것은 사람입니다. 귀신조차 속여 먹습니다.

유상 무상의 중생

또 다른 종류의 중생이 바로 생각과 감각을 지닌 "약유상(若有想)"입니다. 또 생각도 없고 감각도 없는 "약무상(若無想)"이라는 중생도 있습니다. 어떤 생명은 생각도 없고 지각도 없지만 감각만은 갖고 있습니다.

또 다른 중생으로서 신의 경계에 있는 것도 있습니다. 불교의 분류에 따르면 신의 종류도 무척 많습니다. 적게는 삼십여 종, 많게는 육십여 종으로 나누어지며, 세분하면 수백여 종으로 나누어집니다. 신에도 여러 등급이 있는데, 그 중 하나가 "비유상(非有想)"입니다. 이것은 생각이 없는 것은 아니지만 보기에는 없는 것 같습니다. 가령 어떤 사람이 타좌를 하고 있다면, 다른 사람이 보기에는 마치 아무것도 모르고 있는 것 같지만 그는 알고 있습니다. 정말 알고 있을까요? 글쎄요. 사실 세상에는 이보다 더 많은 종류의 생명이 있지만 불교에서는 이를 열두 종류로 귀납시키고 있습니다.

세상의 생명은 이처럼 많지만 사람이 가장 나쁩니다. 그렇지만 사람만큼 일체를 다 갖춘 생명도 드뭅니다. 우리는 인간이 태생이라 생각해서는 안 됩니다. 제가 볼 때 인류는 열두 종류의 특성을 모두 갖추고 있습니다. 인류는 태반 속에서 정자와 난자가 결합하여 생겨나는데, 이런 점에서 본다면 태생이자 난생입니다. 어머니 배 속은 습생이고요. 채소나 무, 쇠고기, 양파 등을 먹어야만 자랄 수 있는데, 이런 점에서는 화생입니다. 사람은 또 "유색(有色)"입니다. 신체의 기능은 모두 물질적입니다. 그렇지만 인간의 생명은 물질적인 것이 아닙니다. 이것은 눈으로 볼 수도 없는 것이기에 "무색(無色)"입니다. 우리에게는 당연히 생각이 있기에 "유상(有想)"이며, 어떤 때는 바보처럼 멍하니 아무 생각도 없기 때문에 "무상(無想)"입니다. 그리고 적지 않은 사람이 수행을 통해 "비유상(非有想)" "비무상(非無想)"의 경계에 들어서기도 합니다.

비유상, 비무상을 말하다 보니까 옛날 대륙의 몇몇 지방에서 들었던 이야기가 생각납니다. 절강(浙江) 소흥(紹興)의 한 작은 사원에서 도사 한 명이 타좌를 하고 있는데, 전하는 바에 따르면 이백 년도 넘게 거기에 앉아 있었다고 합니다. 매년 연말이면 마을 사람들이 와서 그를 대신해 손톱을 깎아 주곤 하는데, 그렇게 죽지도 않고 앉아 있어서 만져 보면 아직도 온기가 조금 남아 있다고 합니다. 흔히 이것을 입정에 들었다고 하는데, 어떤 수도자들은 이런 상태를 두고 입정에 든 것이 아니라 정(定)의 경계에서 신(神)이 빠져나오지 못한 것이라 말합니다. 몸으로 하는 수행에 성공하였으나 그 속에 빠져 결국 신체를 벗어나지 못한 것입니다.

이 외에도 저는 불교 공부를 하는 사람 한 명을 본 적이 있는데, 그는 타좌 시 정력(定力)이 아주 깊고 공부 또한 훌륭하여 이미 그곳에 칠팔십 년이나 앉아 있었다고 합니다. 죽지도 않고 정(定)에서 깨어나지도 않습니다. 그 역시 어떤 것도 생각할 수 없어 죽은 것이나 다름없습니다. 그의 등에는 덩어리진 것이 솟아 있는데, 만져 보면 맥박이 뛰는 것처럼 팔딱거렸습니다. 그래서 사람들은 그를 두고 입정에 들었다고들 했습니다. 그러나 수행이 깊은 사람들이 볼 때 이것은 그의 신(神)이 빠져나오지 못하는 현상입니다. 젊은 사람들은 타좌할 때 주화입마(走火入魔)에 들까 봐 두려워하곤 하는데, 적어도 이 정도는 되어야 주화입마라고 할 수 있습니다. 한번 생각해 보십시오. 과연 자신이 주화입마에 들 자격이나 있는지 말입니다.

그러니 안심해도 됩니다. 주화입마에 들기도 참으로 어렵습니다. 어쨌든 이런 상태가 바로 "비유상(非有想)" "비무상(非無想)"의 경계라 할 수 있습니다. 이 때문에 인류에게는 모든 생물의 생명 현상이 구비되어 있다고 하는 겁니다. 담자의 『화서』가 말한 이치에 따르면 인간은 신선이나 부처, 신이나 귀신, 그 밖의 어떤 것으로도 변화할 수 있습니다. 일체는 자신의 지혜에 달려 있습니다.

홍복과 청복

 이제 부처님은 수보리에게 말합니다. "존재하는 모든 중생의 종류〔所有一切衆生之類〕", 여기서 '종류'에 주의해야 합니다. 부처님은 이것을 열두 가지 종류의 생명으로 요약합니다. 이어서 말합니다. "내가 모두 무여열반에 들게 하여 제도시키리라〔我皆令入無餘涅槃而滅度之〕."

 불법을 공부하는 사람은 먼저 발원(發願)을 해야 합니다. 세상의 일체 중생을 구하겠다는 염원을 세워야 합니다. 중생은 모두 고통과 번뇌 속에 있습니다. 부귀공명을 누리는 사람에게는 부귀공명의 번뇌와 고통이 있습니다. 빈곤과 생로병사 등도 역시 모두 번뇌입니다. 연애할 때는 연애의 번뇌가 따르며, 결혼에는 결혼의 번뇌가, 출생에는 출생의 번뇌가 따릅니다. 한마디로 인생은 어느 때든 수시로 고통과 번뇌 속에 있습니다. 여기서 번뇌란 고통보다 조금 가벼운 것을 말합니다. 대승불법을 공부하는 사람은 자신을 생각하기에 앞서 먼저 불법을 성취하여 중생을 돕고 구제하고자 합니다. 이렇게 함으로써 그들은 번뇌도 고통도 없는 절대적 쾌락과 청정의 경계로 접어듭니다. 이 경계가 바로 무여열반(無餘涅槃)입니다.

 '열반(涅槃)'이란 말은 산스크리트 음으로서, 음역한 것입니다. 어떤 사람은 이것을 적멸(寂滅)이라 번역하기도 하는데, 이 번역은 적절하지 못합니다. 적멸이라 하면 어째 아주 처량하게 느껴지지 않습니까? 이것은 오직 하나 청정한 것 외에는 일체의 것을 내던져 버린다는 말입니다. '적(寂)'이란 청정하고도 청정하여 어떤 소리도 들리지 않는 것입니다. 불법 공부가 마침내 적멸을 공부하는 것으로 변해 버렸으니 정말 이상하지 않습니까? 인생은 본래 고통으로 가득 차 있습니다. 여기에다가 다시 적멸을 공부하는 고통까지 덧붙여 놓은 겁니다. 왜 이래야만 합니까? 후에 또 어떤 사람은 이 적멸을 원만한 청정이라는 뜻으로 원적(圓寂)이라고도 번역했습니다.

제가 항시 하는 말이지만 불법에는 두 가지가 있습니다. 하나는 세속을 벗어난 청정이요, 다른 하나는 세간으로 들어선 홍진(紅塵)입니다. 이 세상은, 특히 도시는 모두 홍진투성이입니다. 인간 세상을 왜 홍진이라 했을까요? 당나라의 수도는 서안(西安)이었는데 교통수단이 마차였습니다. 비포장도로에 마차가 한 번 지나가면 붉은 흙먼지가 날려 사방으로 흩어졌는데 이것이 바로 홍진입니다. 지금이야 자동차가 시커먼 연기를 내뿜으니 홍진이라기보다 흑진(黑塵)이라고 해야겠지요.

홍진 속의 인생은 부귀공명을 위한 삶입니다. 보통 이를 일러 홍복(洪福)을 누린다고 합니다. 그런데 황제에게 사용했던 '지고무상의 복'이란 뜻의 '홍복제천(洪福齊天)'에서 '홍(洪)'자를 이미 세속의 부귀공명을 다 갖춘 황제에게 쓰기가 걸맞지 않아 같은 발음의 '홍(鴻)'자로 바꾸었는데, 사실 '홍복(鴻福)'이란 말도 그리 좋은 뜻은 아닙니다. 이 말은 문학적으로야 훌륭할지 모르지만 사람을 욕하는 듯한 의미가 내포되어 있습니다. 홍복이란 말하자면 '기러기 같은 복'인데, 기러기처럼 날아가 버리고 나면 무슨 놈의 복이 남아 있겠습니까? 그렇지만 사람들은 이런 것에 개의치 않고 그대로 사용하고 있습니다.

청정한 복은 청복(淸福)이라 합니다. 인생의 홍복은 쉽게 누릴 수 있지만, 청복은 그렇지 않습니다. 지혜가 없는 사람은 청복을 누릴 수 없습니다. 사람은 만년에 이르러 이 청복을 누릴 수 있는 때를 만나지만 대다수의 사람은 반대로 그것을 고통이라 느낍니다. 아무것도 할 일이 없으면 더 이상 살아갈 수가 없다고 생각하기 때문입니다. 청복의 시기에 도달한 많은 노인들이 정말 죽고 싶다고 말합니다. 그들은 적막을 두려워합니다. 아무 할 일이 없는데 어떻게 살아갈 수 있느냐는 겁니다. 그래서 저는 항시 젊은이들한테 당부하곤 합니다. 먼저 적막함을 즐길 줄 알아야 한다고요. 그렇게 할 수 있다면 가히 인생을 이해할 수 있고, 또 인생의 더 높은 경계를 체험할 수 있다고요. 이렇게 해야만 비로소 홍복이 번거로운 것임을 간파할 수 있습니다. 불경에서는 불법을 배우려는 사람은 먼저 세간의 홍복을 싫어해서 그것을 벗어나고 싶어 해야 한다고 말합니다. 그것이 곧 불법을 공부하는 길이라는 겁니다.

고사 한 토막을 소개할까 합니다. 명나라 때 어떤 사람이 있었는데, 그는 날마다 심야에 정원에서 무릎을 꿇고 향을 피우며 하늘을 섬겼습니다. 이것이 바로 옛날의 종교이기도 합니다. 부처든 신이든 관세음보살이든 예수든 마호메트든 모두 천상에 있고, 그들이 관할하는 곳이 서천이든 동천이든 남천이든 북천이든 어쨌든 모두 하늘입니다. 그래서 그는 하늘을 섬겼는데, 향 한 개로 이들 신을 모두 받들며 이렇게 삼십여 년을 빠짐없이 계속했습니다. 그러던 어느 날 밤 그 정성에 감동한 천신 한 분이 그 사람 앞에 모습을 드러냈습니다. 천신의 온몸에서 빛이 발산되었습니다. 그가 별로 놀란 기색이 없자 천신은 이렇게 말했습니다. "자네가 밤마다 그렇게 간절히 하늘을 섬겼는데, 원하는 것이 무엇인가? 난 시간이 없어 얼른 가야 하니 빨리 말해 보게." 그는 잠시 생각하다가 이렇게 말했습니다. "저는 별로 요구할 것이 없습니다. 단지 한평생 헐벗거나 굶주리지 않으며, 그다지 궁색하지 않아 산수를 즐길 수 있고, 병 없이 죽을 수 있다면 좋겠습니다." 이 말을 들은 천신이 말했습니다. "자네가 요구하는 그것이 바로 상계(上界) 신선의 복이라네! 자네가 만약 인간 세상의 부귀공명을 바란다면 아무리 높은 지위라도, 아무리 많은 재산을 원하더라도 내가 들어줄 수 있다네. 그렇지만 상계 신선의 청복만큼은 자네에게 줄 방법이 없다네!"

일생 동안 먹고 입을 걱정 없이 세상을 마음껏 유람할 수 있는 사람이 과연 있을까요? 지위가 높으면 너무 바빠서 『금강경』을 볼 시간이 없습니다. 그러니 어디에서 청복을 찾을 수 있겠습니까? 이 때문에 청복을 누리기가 제일 어렵다고 하는 겁니다. 이렇게 볼 때 열반을 적멸로 번역하는 것은, 비록 그것이 청복의 도리를 포함하고 있기는 하지만 그 의미로 볼 때 일반인들이 선뜻 받아들이기는 어렵습니다. 실제로 열반의 경계는 『열반경』에서 설명하고 있듯, "상락아정(常樂我淨)"의 경계입니다. 다시 말해 여러분이 이곳을 찾아내기만 하면 불생불멸하고 영원히 즐겁습니다. 바로 하나의 극락세계입니다. 그리고 이때에야 비로소 진정한 '나'의 존재가 드러납니다. 우리 생명의 진정한 '나'는 수십 년 된 우리의 육체도 아니요 난생, 태생, 습생, 화생 등으로 변화해 가는 것도 아닙니다. 바로 이 진정한 '나'의 존재가 드러날 때 비로소 정토의 경계, 열반의 경계에 들어설 수 있습니다.

나한의 열반

열반은 "유여의열반(有餘依涅槃)"과 "무여의열반(無餘依涅槃)"으로 나눕니다.

나한이 득도하여 증득하는 것이 "유여의열반"으로, 믿기 어렵겠지만 대아라한(大阿羅漢)은 팔만 사천 겁 동안이나 입정에 들 수 있습니다. 여기에 대해서는 전해 오는 이야기가 하나 있습니다. 이 이야기는 당나라 현장법사가 인도로 유학 가는 길에 생긴 일입니다. 그렇지만 이 일에 대해 현장법사 자신이 남긴 글은 없으며, 『대당서역기(大唐西域記)』에도 기록되어 있지 않습니다.

현장법사가 신강(新疆)의 천산(天山) 남쪽을 지나 인도 북쪽 히말라야 근처에 있는 눈 덮인 어떤 산에 이르렀을 때, 날씨는 몹시 춥고 사방이 온통 눈으로 뒤덮여 있었습니다. 그런데 산 정상의 한 곳만은 눈이 쌓여 있지 않았습니다. 현장법사가 기이하게 여겨 올라가 보니 아주 거칠고 기다란 머리카락이 있었습니다. 한참을 살펴보니 그곳에 사람이 묻혀 있는데, 이 사람은 이 겁의 사람이 아니라 아마도 전전 빙하기 사람일 것이라는 생각이 들었습니다. 실제로 파 보니 아주 장대하게 생긴 사람이 나왔는데, 현장법사가 보건대 그 사람은 타좌를 하는 중이었습니다. 그래서 현장법사는 목탁을 그의 귀에다 가까이 대고 천천히 똑 똑 똑 하고 두드렸습니다. 마침내 이 사람이 입정 상태에서 깨어났습니다. 이 사람은 자신이 석가모니불 이전의 불인 가섭불 말법 시대의 비구였다고 했습니다. 그는 출가 후 수도해서 정(定)을 얻기에 이르렀으며, 그때부터 이곳에서 입정에 들어 석가모니불이 세상에 오기를 기다려 가르침을 받고자 했다는 겁니다. 현장법사가 석가모니불은 이미 열반에 들었다고 일러 주자, 그는 그렇다면 다음에는 미륵보살이 올 테니 그때까지 다시 기다리겠다고 했습니다. 현장법사는 그의 귀에다 대고 말했습니다. "노형! 잠시 기다려 보시구려. 그 방법은 별로 좋아 보이지 않는구려. 노형은 미륵불이 나타나면 입정에서 깨어나 그를 찾겠다고 하지만, 누가 와서 그것을 알려 주겠습니까?" 그랬더니 그는, "그것도 일리가 있는 말이군요!" 했습니다. 현장법사는 그에게 출신(出神)해서 육체를 떠날 수 있겠느냐고 물었습니다.

출신이란 그렇게 용이한 것이 아닙니다. 앞에서 이야기했던 수도자 역시 몇십 년 동안이나 타좌하면서도 출신하지 못했습니다. 현장법사는 그에게 자기가 인도에 경전을 가지러 가니까 중국으로 가서 투태(投胎)해 장래 자신의 제자가 되라고 했습니다. 그리고 당나라에 이르거든 제일 큰 궁전으로 가서 태자로 다시 태어나서 자기가 돌아오기를 기다리라고 덧붙였습니다. 그는 마침내 출신을 해서 떠났습니다. 현장법사는 이십 년 후에 돌아와서 그 일을 당태종에게 말하고는 그에게 이 투태한 태자를 찾아서 출가시켜 줄 것을 요청했습니다. 그러나 후궁을 모두 찾아봐도 그날 태어난 태자는 없었고, 결국 무장인 위지공(尉遲恭)의 집안에 그날 태어난 조카아이 하나가 있다는 것을 알게 되었습니다. 원래 그 나한이 당나라에 와서 위지공의 왕부(王府)를 황궁으로 착각했던 것입니다. 당태종은 위지공을 불러서 그에게, 자기가 출가하고 싶지만 황제 자리를 맡고 있어 여의치 않으니 위지공 집안의 그 아이를 자기 대신 출가시켜 달라고 청했습니다.

현장법사가 생각하기로는, 그 나한이 정력(定力)이 그렇게 뛰어났으니 얼굴을 보면 자기를 금방 알아볼 거라고 생각했습니다. 그는 나한이나 보살조차도 일단 투태하면 이전의 기억이 모두 흐려진다는 사실을 미처 생각하지 못했던 것입니다. 다시 태어난 그 나한은 현장법사를 보고도 뚜렷이 기억해 내지 못했습니다. 그러나 황제가 명령했으니 출가하지 않을 도리가 없었지요. 다만 세 가지 조건이 있었습니다. 한 수레의 미녀가 그를 시중들도록 하고, 한 수레의 술과 고기, 또 한 수레의 책을 가지고 출가하겠다는 것이었습니다. 이것이 바로 훗날 현장법사의 유식(唯識) 전인(傳人)이었던 규기법사(窺基法師) 또는 삼거법사(三車法師)라 불리던 사람에 관한 전설입니다.

왜 이 이야기를 하고 있을까요? 이 이야기로부터 우리는 다음과 같은 사실을 알 수 있기 때문입니다. 즉 이토록 청정하고 마음이 비어 있을 때에야 비로소 입정에 이를 수 있으며, 또 입정 상태에서는 신체를 완전히 잊어버릴 수 있을 뿐 아니라 기후의 변화나 심지어 지구의 각종 물리적 변화까지도 견뎌 낼 수 있다는 것입니다. 이 나한은 공력(功力)이 있는 사람입니다. 일념을 비워 곧 입정에 이를 수 있기 때문입니다.

그렇지만 생각을 비운다고 해서 그것이 곧 머무름〔住〕인 것은 아닙니다. 여러분은 각별히 주의해야 합니다. 마음을 비우는 것이 곧 머무르는 것은 아닙니다. 이것은 진정한 머무름이 아닙니다. 공(空)에 머무는 것은 궁극적인 것이 아닙니다. 현장법사가 파낸 나한은 바로 이 공에 머물러 있었습니다. 그래서 "유여의열반"이라 하는 것입니다. '남아 있다(餘)'는 것은 무엇일까요? 습기(習氣)입니다. 나한의 습기가 변하지 않았기 때문에 다시 태어났을 때도 부귀와 공명, 미인과 향기로운 수레 등 무엇이든 다 원했습니다. 이것이 그 나한에게 남아 있던 습기입니다. 『유마경(維摩經)』에서는 이를 일러, "굳어진 습기를 제거하지 못한(結習未除)" 것이라 말합니다.

도를 배우고 불법을 배우는 친구들은 말합니다. "선생님! 타좌를 하고 불법을 배우니 무척 기쁩니다. 그렇지만 한 가지는 버릴 수가 없습니다." 저는 말합니다. "두 가지겠지! 카드 놀음과 타좌, 이들이 모두 방편이겠지." 이 친구의 경우도 굳어진 습기를 제거하지 못했기 때문에 남은 것이 많은 열반입니다. 사실 여기 있는 많은 분들이 타좌를 하지만, 모두 이런 열반에 듭니다. 이곳에 있을 때는 법사가 목어를 두드리면 타좌가 아주 잘 되어 생각이 온통 공(空)이 됩니다. 그러나 신발을 신고 이 건물을 나서는 순간 다른 곳을 찾아 마작을 하고 술을 마십니다. 바로 "남은 것이 많은 열반(有多餘涅槃)"입니다.

부처님의 열반

"유여의열반"은 나한의 경계로서 철저하지 못한 것이며, "무여의열반"은 부처님의 경계로서 아주 철저한 것입니다. 부처님은 불법을 배우는 사람의 제일 큰 발원은 일체 중생이 모두 성불할 수 있도록 하는 것으로, 모두 '내'가 성취한 "무여의열반(無餘依涅槃)"에 들 수 있도록 염원해야 한다고 했습니다. 대승불법에서는 만약 이런 발원이 없다면 불법을 배워도 성취하는 바가 없을 것이라 합니다. 자신이 아주 고통스럽고 번뇌에 시달리면서도 대승적 발원이 없다면 이것은 진정한 불법의 정신이 아닙니다.

이런 소극적이고 도피적인 태도라면 나한의 경계조차도 말할 자격이 없습니다. 부처님의 원력(願力)은, 불법을 배우는 것이 자신을 위함이 아니라 일체 중생을 위함입니다.

> "이렇게 헤아릴 수 없이 많은 중생을 제도시키더라도 실로 제도를 받은 중생은 하나도 없다. 왜 그런가?"
>
> "如是滅度無量無數無邊衆生, 實無衆生得滅度者. 何以故?"
> 여 시 멸 도 무 량 무 수 무 변 중 생   실 무 중 생 득 멸 도 자   하 이 고

불법을 공부하는 사람은, 일체 중생을 모두 구제하여 그들이 번뇌와 고통으로부터 해탈할 수 있도록 한다는 큰 원력을 가져야 합니다. 번뇌와 고통으로부터 해탈하기는 무척이나 어렵습니다. 부처님은 단지 우리에게 번뇌와 고통으로부터 해탈하는 방법만을 말해 줍니다. 해탈은 스스로에 달린 것이지 외부의 힘에 의지할 수 있는 것이 아닙니다. 부처님은 그것을 성취하는 방법을 우리에게 일러 주고 있는 것에 불과하니, 스스로 수행해야 비로소 해탈에 이를 수 있습니다.

부처님은 무수히 많은 중생〔無量無數無邊衆生〕을 교화하고 구제했지만, 마음속으로 자신이 중생을 구제했다는 생각이 전혀 없습니다. 이것이 부처님의 원력이요 흉금입니다. 불법을 배우는 사람은 먼저 이 흉금을 배워야 합니다. 수도 없이 많은 사람을 돕지만 마음속으로 그것이 자신의 공로라는 생각이 조금도 없어야 합니다. 부처님의 경계는 겸허함의 극치입니다. 그는 일체의 중생을 제도하고자 하면서도, 마음속으로 자신이 다른 사람을 교화하고 제도한다는 생각은 털끝만치도 하지 않습니다. 이 때문에 부처님은 다른 종교의 교주와는 차이가 있습니다. 부처님은 권위 의식이 없고 지극히 평범합니다. 단지 여러분의 성취는 여러분 자신의 노력 때문

이라고 말할 뿐입니다. 왜 그럴까요?

사상과 아(我)의 관념

"수보리여! 만약 보살이 아상, 인상, 중생상, 수자상을 갖는다면 보살이 아니기 때문이다."

"須菩提! 若菩薩有我相, 人相, 衆生相, 壽者相, 卽非菩薩."
　수보리　약보살유아상　인상　중생상　수자상　즉비보살

부처님은 말합니다. "수보리여! 대승보살도를 공부하는 사람이 마음속에 아직 나와 너 그리고 그 사람에 대한 구별이 남아 있고, 심지어 다른 사람에게 도움을 베풀면서 그 사람이 고맙게 받아들여야 마땅하다고 생각한다면, 이것은 세속의 법이다. 불법은 그렇지 않다. 한번 베풀고 나면 그것으로 그만이다. 마치 봄날의 꿈이 아무 흔적도 남기지 않는 것처럼〔事如春夢了無痕〕 깨끗이 잊어버린다. 만약 일부러 그것을 잊고자 한다면 보살이 아니다〔卽非菩薩〕. 아직 작위적인 마음이 남아 있기 때문이다." 천지는 만물을 만들어 내지만 그것을 사적으로 소유하지 않습니다. 도(道)란 천하의 것으로, 공적인 것입니다. 누구에게도 속해 있지 않습니다. 그러니 여러분이 그것을 가지십시오!

부처님은 우리에게 모든 것을 다 말해 줍니다. 그런데도 우리는 왜 부처님의 경계에 도달하지 못할까요?

『금강경』은 사상(四相)을 말합니다. '상(相)'이란 현상으로서 심리적인 측면에서는 '관념'이라 할 수 있습니다. 우리 사람들은 일종의 관념을 갖고 있습니다. 인상(人相)은 한마디로 너와 나에 대한 관념입니다. 아상(我

相)은 '나'에 대한 관념으로서 두 종류가 있습니다. 하나는 생명을 지닌 개체로서의 인간입니다. 나는 나요, 너는 너이며, 그는 그입니다. 사람은 모두 각기 다른 개체입니다. 다른 하나는 정신적 측면입니다. 보통 학문이 뛰어나고 지위가 높거나 나이가 많으면 다른 사람을 모두 어린애처럼 얕보는 경향이 있습니다. 저도 자주 이런 잘못을 범하곤 합니다. '너희 젊은 사람들이 이해를 하면 얼마나 하겠어?'라고 생각하지요. 이것이 바로 아상입니다. 나이를 내세우며 '나'를 주장하려 들기 때문입니다.

그렇습니다. 나이를 내세워 자신을 주장하는 것은 틀림없이 아상입니다. 그런데 많은 젊은이들은 또 젊다는 것을 내세워 자신을 주장합니다. 이것 역시 아상입니다. 젊은 여자들은 여자라는 것을 내세워 자신을 주장하며, 남자 아이들은 남자라는 것을 내세워 자신을 주장합니다. 이들은 모두 주관적인 선입견으로서, 관념 속에 존재하는 '나'입니다. 또 문장은 자신이 최고라 생각해서 다른 사람이 손대는 걸 질색하는 경우도 있습니다. 이런 것 역시 모두 아상입니다.

중생상(衆生相)에는 우리가 흔히 사회니 인류니 하는 것들이 모두 포함됩니다. 이 자리를 예로 들어 보겠습니다. 앞줄에 앉은 사람과 뒷줄에 앉은 사람은 일단 자리에 앉기만 하면 아상과 인상이 동시에 나타납니다. 키가 작은 사람은 자기 앞에 키가 큰 사람이 앉아 있어서 앞을 가리면 앞사람이 원망스럽습니다. 이렇게 아상과 인상이 나타나면 곧 중생상이 뒤따릅니다. '좌석을 이렇게 앞뒤 똑같은 높이로 배열해 놓으면 어떡해? 좌석이 이 모양이면 관리하는 사람이라도 있어서 키를 좀 고려해서 앉혀야 될 것 아니야?' 곧이어 수자상(壽者相)이 나타납니다. '어휴! 공기는 또 이게 뭐람? 전염병이 돌기라도 하면 어떡하려고 그래?'

이처럼 사상(四相)은 한 뿌리에서 나옵니다. 사람의 번뇌는 모두 이 사상으로부터 일어납니다. 구마라집은 이를 사상으로 귀납시켰는데, 현장법사가 번역하면서 여기에 다시 세 개를 추가하여 일곱 상으로 정리했습니다. 구마라집은 이 세 가지 상을 모두 수자상으로 묶었습니다. 수자상은 무척 엄중합니다. 사람은 누구나 오래 살고 싶어 하지 않습니까? 당신 올해 얼마나 됐소? 겨우 쉰여덟이라고? 나는 올해 예순이라오! 나보다 두 살이 적군! 몇 살이라고요? 여든둘? 나보다 몇 살 많군요. 이런 것들이 모두 수자상입니다. '내'가 오래 살기를, '내'가 무병장수하기를 희망합니다. 타좌나 참선을 공부하는 사람이라 해도 아마 십중팔구는 수자상을 가지고 있을 겁니다. 어쩌면 전부 그럴지도 모릅니다. 그렇지만 유의해야 할 것은, 『금강경』에서도 말하지만 이 사상을 완전히 벗어나지 않는 한 진정한 불법의 경계에 이를 수 없다는 사실입니다. 이들 사상은 말하자면 인류나 중생에 공통된 것으로 여간해서는 깨뜨리기 힘든 완고한 주관적 관념이라 할 수 있습니다. 이 관념만 벗어던질 수 있다면 불법을 배우기는 문제없을 겁니다.

부처님은 지금 수보리에게 말합니다. "불법을 공부하는 사람이라면 먼저 자신을 위해서가 아니라 중생을 위해서 노력하겠다는 발원을 가져야 한다. 그러나 중생을 제도하고 싶어도 제도할 능력이 없기 때문에 노력해야 한다." 또 말합니다. "불법을 공부하는 목적, 즉 중생을 제도하겠다는 발원을 세웠을 때라도 자신이 중생을 제도한다고 생각하지 않아야 한다."

● 사상(四相)은 우리가 흔히 갖게 되는 '나'라는 생각을 네 가지 양상으로 나누어 설명한 것이다. 아상(我相)은 인간의 본질로서 아(我) 즉 아트만을 의미하는데 불변의 실체가 존재한다는 그릇된 믿음이며, 인상(人相)은 푸드갈라의 번역어로 자기 동일성을 가진 개체로서 자아가 있다는 잘못된 믿음이다. 중생상(衆生相)은 육근(六根)의 활동에 따라 전개되는 경험의 상속(相續)을 영속하는 자아가 실재하는 것으로 확신하는 것이며, 수자상(壽者相)은 지와의 번역어로 우리의 생명을 유지시키는 일종의 기(氣) 혹은 영(靈) 같은 것으로 이에 대한 잘못된 믿음이다. 사상(四相)은 자아를 네 가지 유형으로 나눈 것인데, 한역 과정에서 채택된 한문 번역어에 기준하여 그 의미를 해설하다 보니 잘못된 해석이 나온 것으로 보인다.(편집자 주)

삼륜체공의 보시

　불교에서는 이 구절을 '삼륜체공(三輪體空)'이라 부르기도 합니다. 여기서 '륜(輪)'은 차바퀴라는 뜻이 아니라 베푸는 자〔施者〕, 받는 자〔受者〕, 베푸는 일〔施事〕의 세 부분을 가리킵니다. 『금강경』은 이제 반야를 말하기 시작했는데, 반야의 제1권속이 바로 보시입니다. 먼저 삼륜체공의 이치부터 살펴보기로 합시다.

　보시에는 세 종류가 있습니다. 첫째는 재시(財施)로서 외형적이며 물질적인 것입니다. 돈이나 재물로써 보시하는 것으로 외보시(外布施)라고 합니다. 둘째는 법시(法施)로서 정신적인 것입니다. 지식을 전수하거나 지혜를 계발시키는 것 등이 모두 정신적 보시로서 내보시(內布施)라고 합니다. 셋째는 무외시(無畏施)입니다. 고통이나 어려움으로부터 구해 내는 보시입니다. 어떤 보시이든 베푸는 자는 베푼다는 의식이 없어야 하며, 인상, 중생상, 수자상 또한 없어야 합니다. 받는 자도 공(空)이요, 베푸는 일도 공(空)이어야 합니다. 불쌍한 모습을 보면 동정이 가는 것은 당연합니다. 그렇지만 동정하는 마음은 보시를 행하고 나면 사라집니다. 누가 나에게 보시를 받았는지조차도 잊어버립니다. 보시를 행한 후 마치 한바탕의 꿈이 흔적을 남기지 않듯 베푸는 자와 받는 자, 베푸는 일이 모두 다 없어져 버리는 것이 보시의 이치입니다.

　부처님이 이 세상에서 천인(天人)의 사표가 되는 것도 바로 이 때문입니다. 그는 일체 중생을 교화하고 구제하며, 구제가 끝난 뒤에는 안녕! 하고는 떠나 버립니다. 단지 네 제자만은 잠시 떠나지 말고 세상에 남아〔留形住世〕 미륵보살이 오기까지 기다리라고 분부합니다. 부처님의 이런 정신이 바로 '삼륜체공'의 보시입니다.

쾌락과 고통 어디에도 머물지 않는다

여기서 중점은 방금 언급한 법보시에 있습니다. 수보리의 물음은 어떻게 하면 번뇌와 망상을 항복시켜 낼 수 있을까 하는 것이었습니다. 어떻게 하면 자신의 마음이 평정해지고 영원히 그 속에 편안히 머물 수 있느냐라는 것입니다. 부처님은 먼저 그에게 바로 그렇게 하라고 했습니다. 수보리가 그 말을 이해하지 못하자 부처님은 다시 설명합니다. 대승보살도의 수행 방법 역시 정신을 포괄한 생명이 아무 데도 머무는 바 없이 보시를 행해야 한다는 것입니다. 어떤 것도 한 번 행하고 나면 그만이며, 거기에 머물지 않는다는 것입니다. 머무는 바 없이 보시를 행하는 것, 그것을 수행이라 합니다. 생각나는 것은 수시로 행하되 어디에도 머물지 않고, 모든 것을 보시하며, 모든 것을 떨쳐 버리는 것입니다. 선종에서는 '놓아 버린다(放下)'는 표현을 사용하는데, 바로 떨쳐 버리는 것입니다. 좋은 일을 행하고 나서도 곧 떨쳐 버리는 것이 바로 보살도입니다. 반대로 고통스러운 사정이 있을 때에도 마찬가지로 곧 떨쳐 버리는 것입니다. 혹자는 좋은 일은 쉽게 떨쳐 버릴 수 있지만, 고통스러운 일은 그럴 수 없다고 합니다.

유가에서는 자만하여 자신의 처지를 잊는 것(得意忘形)을 늘 경계해야 한다고 말합니다. 이건 아주 어려운 일입니다. 돈도 벌고 지위도 높아지며, 나이도 많고 여기에다 학문까지 있으면 자연 기세가 등등해 자신의 처지를 잊고 맙니다. 그런데 제 경험에 비추어 보면 다른 측면도 있습니다. 즉 많은 사람들이 실의에 빠져 자신의 처지를 잊고 마는 것입니다. 이런 사람들은 부귀와 공명을 누릴 때는 수양도 아주 훌륭하지만, 그것을 잃고 나면 모든 것이 변해 버립니다. 자신이 너무 왜소하게 느껴져서 실의에 빠진 채 자신의 처지를 잊고 마는 것입니다.

이렇게 본다면 자만해서 처지를 잊는 것이나 실의에 빠져 처지를 잊는 것은 모두 수양이 부족한 것입니다. 말을 바꾸면 마음이 머무는 바가 있는 것입니다. 머무는 바가 있으면 어떤 것에 얽매이게 되고, 그렇게 되면 불법을 배울 수 없습니다. 진정한 불법은 우상 숭배도 미신도 아닙니다. 머무는 바 없이 보시를 행하는 것입니다. 이것이 해탈입니다. 어떤 일이든 다가오면 응하고, 지나가면 흔적을 남기지 않습니다.

열두 종류 생명의 전화

어떤 학생이 이런 말을 했습니다. 아주 오래전에 이 부분에 대한 저의 강의를 들은 적이 있는데, 제가 지금까지 말한 것 외에 그보다 진일보한 내용이 있었던 것 같다고 했습니다. 진일보한 내용이란 사실 다른 게 아닙니다. 이 경계는 대승보살의 발원과 보살행이 있어서 천하의 창생을 구하면서도 구한다는 의식이 전혀 없다는 것입니다. 사람을 구하고 이롭게 하는 것은 마땅히 해야 할 도리입니다. 만약 마음속에 사람을 이롭게 한다거나, 세상을 구한다거나, 사람을 제도한다는 생각이 남아 있다면 이미 보살도가 아닙니다. 이것은 외적인 행원에 대해 말한 것이지만 내적 수양은 더더욱 이런 마음으로 해야 합니다. 우리가 불법을 공부하는 목적은 계정혜(戒定慧)를 얻는 데 있음에도 많은 사람들이 수행이나 타좌를 할 때에도 모두 상(相)에 집착하는 것 같습니다.

예를 들면 많은 사람들이 건강을 위해 타좌나 수규(守竅)〔도가 용어로서, 에너지가 집중하는 인체의 중요 부위인 규(竅) 중 어느 하나를 중점적으로 지키는 것을 말함. 도가에서 흔히 하단전을 지키는 것도 그 중 한 방법임〕, 기맥 돌리기 등 각종 방법을 배우고 있는데, 이것은 이미 수자상에 빠진 것입니다. 이어서 아상, 인상, 중생상이 따라 나옵니다. 그러니 불법의 성취가 클 수 없습니다.

정토종의 염불을 수련하는 사람이라면 아미타불 한마디를 외는 사이에도 머릿속이나 무의식 속에는 아상, 인상, 중생상, 수자상이 따라다닐 겁니다. 이때에도 역시 궁극적인 성취를 얻을 수 없습니다.

난생, 태생, 화생, 습생 등에 대해서는 앞에서 이미 언급한 바 있지만, 인간의 생명에는 이런 열두 종류의 생명을 모두 다 갖추고 있습니다. 사람은 이 세상에서 몇십 년, 기껏해야 백 년 남짓 살지만 그 대부분의 시간은 자신의 삶을 위한 것이 아닙니다. 우리 삶을 자세히 들여다보면 그 대부분은 체면이나 외모 등 다른 사람들에게 보이기 위한 것임을 알 수 있습니다.

어떤 학생은 이런 말을 했습니다. 자기가 외아들이다 보니 부모의 간섭이 너무 심하다는 겁니다. 그래서 한번은 화를 내면서, 만약 계속 그렇게 간섭하면 공부를 하지 않겠다고 했다는 겁니다. 요즘 젊은 사람들은 시험까지도 모두 부모와 사회, 그리고 가정을 위해서 보는 것이라 생각합니다. 사람이란 참으로 불쌍한 존재여서 한평생 하루 세 끼를 먹어도 겨우 삼십 퍼센트 정도만 자기 생명을 유지하는 데 쓰일 뿐, 나머지 대부분은 창자 속의 회충이나 몸 안의 각종 세균 등 신체 중의 난생, 습생, 화생을 위해 사용됩니다. 우주 중의 일체의 중생 및 각종 현상이 우리 인체 속에 모두 다 들어 있는 셈입니다. 이 때문에 인체를 소우주라 합니다. 왼쪽 눈은 태양으로서 양(陽)이며, 오른쪽 눈은 달로서 음(陰)입니다. 우리 몸의 대장과 소장은 신체 중의 강이요, 바다입니다. 『서유기』에서는 이것을 밑 빠진 동굴〔無底洞〕이라 표현했습니다. 먹으면 배설해 버려서 영원히 채울 수 없는 밑 빠진 동굴입니다. 인체 내부에는 각종 생명이 있습니다. 정충이나 난자를 포함하여 매 세포가 모두 하나의 생명인데, 이들은 모두 선정(禪定)과 관계가 있습니다.

진정한 수행 과정은 이렇습니다. 정(定)을 얻은 자는 초선(初禪)에서 염(念)이 머뭅니다. 잡념과 망상이 없어집니다. 이선(二禪)에서는 기(氣)가 머뭅니다. 소위 기맥이 통하게 되며 외부 호흡이 정지됩니다. 삼선(三禪)에서는 맥(脈)이 머뭅니다. 맥박이 뛰지 않고 심장의 고동마저도 아주 완만해집니다. 사선(四禪)에서야 비로소 염(念)을 버리고 청정해집니다. 몸과 마음을 모두 떨쳐 버려 어떤 감각도 느끼지 못합니다. 그렇지만 기가 머무르고 맥박이 정지하는 정(定)의 경계에 도달하기 위해서는 먼저 자기 신체에서 난생, 습생, 태생, 화생 등 열두 종류의 생명이 모두 변화해야만 비로소 가능합니다. 바로 유가에서 말하는 기질 변화입니다. 우리의 이 색신(色身)을 전화(轉化)시키지 않고 정(定)을 얻으려 한다면 그것은 절대로 불가능합니다.

아까 그 학생은 바로 이 부분을 듣고자 한 겁니다. 제가 아직 한 가지를 남겨 두고 있다고 생각한 겁니다. 이 부분은 실제 공부를 말하는 것이지만, 믿는 사람은 거의 없습니다. 보통은 『금강경』의 이 대목을 말하면 그것으로 끝입니다만, 지금은 이미 지적한 사람이 있기 때문에 나머지 한 가지도 남기지 않고 모두 말했습니다. 대략 이런 내용입니다. 이것이 제3품에 대한 보충입니다.

32품 게송에 대한 설명

또 다른 사람이 문제를 제기했습니다. 제가 이전에 써 놓은, 『금강경』에 대한 32품의 게송이 있다는 겁니다. 본래 저는 그것을 말할 생각이 없었습니다. 그것이 사십 년 전에 쓴 것이기 때문입니다. 당시 저는 아미산(峨眉山)에서 폐관(閉關)〔문을 닫아걸고 아무도 만나지 않으며 수행에 전념하는 것을 말함. 특히 선승(禪僧)이 세속의 일을 일체 중단하고 전심전력으로 좌선하여 수행하는 것을 가리킴〕을 하고 있었는데, 그곳은 사람은커녕 귀신 그림자조차 볼 수 없는 높은 산이었습니다. 더욱이 겨울로 접어들어 큰 눈으로 산길이 막혀 버리면 원숭이마저 산 위로 올라오지 못합니다. 그렇지만 산을 내려가기는 아주 쉽습니다. 서양 사람들이 타는 스키처럼 나무 막대기 두 개를 대고 나무껍질로 엉덩이를 쌉니다. 그러고는 내키는 대로 눈을 타고 내려가면 그야말로 일사천리입니다. 산 위로 올라가려면요? 다음 해 봄을 기다릴 수밖에 없습니다.

하루 저녁은 다른 일도 없고 해서 대장경 중 『금강경』 부분을 뽑아서 보고는, 딱히 무얼 쓰고자 하는 생각도 없이 그저 흥이 나고 감동해서 나도 모르게 하룻밤 새에 『금강경』 32품의 게송을 지어 그 이치를 설명했습니다. 후에 하산하고 나서 어떤 사람이 그것을 전해 주었는데, 대만에 도착하고 나서는 그 원고마저 없어져 버렸습니다. 제가 원래 글 쓴 걸 잘 챙기지 못하기 때문인데, 좋은 습관은 아닙니다만 장점도 있긴 합니다. 이런 습관 덕분에 수도를 하면서도 지나간 일들을 곧바로 잊어버릴 수 있으니 말입니다. 말하자면 무여의열반에 들어 멸도(滅度)하는 것입니다. 일체를 모두 비워 버리는 것입니다. 이 밖에 제가 지난 일을 잘 기억하지 못하기 때문이기도 하고, 또 게으른 탓이기도 합니다. 예를 들어 제가 대학에서 강의할 때면 많은 학생들이 저서가 어떤 게 있느냐고 묻곤 합니다만 사실 어떤 저작이 있는지 저 자신도 뚜렷이 알지 못합니다! 그리고 그것을 팔려는 생각도 없습니다. 지금 여러분이 그 게송을 이야기하니까 지나가는 길에 한번 말해 보겠습니다. 그렇지만 이 서른두 수의 게송은 여러분들이 연합고사를 보는 것보다 더 빨리 쓴 것입니다. 32품의 의미를 하룻밤 새에 선(禪)과 불법의 이치로써 다 설명한 것입니다. 첫 게송 법회인유분(法會因由分)은 대략 이렇습니다.

제1품 게송

승복을 입으니 면류관 안 써 가볍고
천 집을 탁발하니 땀투성이 길이로다
아무리 고달파도 결국은 대충인 것을
자리 깔고 여행길 회포를 말끔히 씻어 낸다

緇衣換卻冕旒輕　托鉢千家汗漫行
치 의 환 각 면 류 경　탁 발 천 가 한 만 행
何事勞生終草草　蒲團洗盡旅途情
하 사 노 생 종 초 초　포 단 세 진 여 도 정

"승복을 입으니 면류관 안 써 가볍고〔緇衣換卻冕旒輕〕." 치의(緇衣)란 승려들이 입는 옷입니다. 인도의 법도에 따르면 출가인은 염색한 옷을 입고, 고상(高尙)한 평민은 흰옷을 입습니다. 그래서 지금도 우리가 출가인에게 편지를 쓸 때면 제일 끝에다 자칭 백의(白衣) 모모라 해서 자신이 백의거사(白衣居士)임을 표시합니다. 출가인의 옷은 염색을 하는데, 이것을 치의라 합니다. 바로 석가모니불이 출가하여 승복을 걸쳤다는 것을 말합니다. 황제가 쓰고 있는 관이 면류(冕旒)입니다. 중국에서는 이것을 천관(天冠)이라고 했는데, 앞에 구슬 같은 것이 매달려 있었습니다. 이 구절의 의미는 황제가 되기를 그만두었다는 것입니다. 달리 말하면, 제왕의 부귀를 버릴 수 있고 일체를 놓아 버릴 수 있을 때에야 비로소 불법을 배울 자격이 있다는 것입니다. 석가모니불도 이처럼 황제의 관을 대수롭지 않게 내던졌습니다.

"천 집을 탁발하니 땀투성이 길이로다〔托鉢千家汗漫行〕." 그런 후 석가모니불의 신분으로서 바깥으로 나가 화연(化緣)을 하지 않습니까! 가난한 집이든 어떤 집이든 가리지 않고 모두 찾아가서 화연합니다.

"아무리 고달파도 결국은 대충인 것을[何事勞生終草草]." 우리 인생은 왜 이렇게 고달플까요? 불교에서는 이것을 노생(勞生)이라 하는데, 한평생 고생스럽다는 겁니다. 이처럼 고달프게 평생을 지내고 나면, 최후는 영문도 모르게 와서 영문도 모르게 갑니다. 바로 "아무리 고달파도 결국은 대충인 것"입니다.

"자리 깔고 여행길 회포를 말끔히 씻어 낸다[蒲團洗盡旅途情]." 여행길[旅途]이란 사람의 일생입니다. 보아하니 인생에는 별다른 좋은 일이 없는 것 같습니다. 단지 자리 깔고 두 다리 틀고 앉아서 온갖 생각을 다 공(空)으로 돌려 버리는 것이 가장 좋습니다.

이것이 당시에 지었던 첫 게송입니다. 당연한 일이지만 이 문장은 제가 보아도 별로 마음에 들지 않습니다. 그러나 때론 이런 상상도 해 봅니다. 지금 다시 쓰라고 한다면 하룻밤 새에 써 낼 수 없을 것 같다고요. 인생은 이처럼 이상합니다.

제2품 게송

두 번째는 선현계청분(善現啓請分)입니다. 선현(善現)이란 곧 수보리입니다. 수보리가 일어나서 질문하자 부처님은 그에게 "선호념(善護念)"이라 대답합니다. 이 "선호념"이 요점입니다. 바로 이렇게 정(定)에 들고, 바로 이렇게 번뇌를 항복시킵니다[如是住, 如是降伏其心].

> 만상은 모두 한 생각으로 일어나니
> 마음 지킴에 불경이 무슨 소용이랴

바위 속 연좌가 이미 번잡한데
나머지 많은 것들 물어서 무엇 하리

萬象都緣一念波　護心那用修多羅
만상도연일념파　호심나용수다라
岩中宴坐已多事　況起多餘問什麼
암중연좌이다사　황기다여문십마

"만상은 모두 한 생각으로 일어나니〔萬象都緣一念波〕." 인생의 번뇌와 일체의 고통은 바로 이 한 생각〔一念〕에서 비롯됩니다. 두 번째 생각〔二念〕은 없습니다. 천만 가지의 온갖 다른 현상은 바로 이 한 생각의 움직임입니다. 마치 고요하던 대양에 홀연 물결이 일듯, 한 점이 움직이면 천만 점의 번뇌가 뒤따라 나타나는 것과 같습니다. 그러므로 "만상은 모두 한 생각으로 일어난다"라고 한 것입니다.

"마음 지킴에 불경이 무슨 소용이랴〔護心那用修多羅〕." 부처님이 수보리에게 선호념(善護念)을 말하지 않았습니까? 진정한 선호념에 굳이 불경을 사용할 필요가 있겠습니까? 수다라(修多羅)는 곧 불경입니다. 산스크리트어로는 소달람(素怛覽)이라 합니다. 진정으로 도를 깨친 사람은 불경을 보지 않더라도 마음이 평정합니다. 그러므로 "마음 지킴에 불경이 무슨 소용이랴"라고 했습니다.

세 번째 구절을 말하기 전에 먼저 전고(典故) 하나를 설명할 필요가 있습니다. 수보리는 부처님의 십대 제자 중 한 사람으로서, 불경의 기록에 따르면 하루는 그가 절벽의 동굴 속으로 들어가 연좌(宴坐)를 했다고 합니다. 연좌가 무엇일까요? 주의해야 합니다! 타좌를 배우려는 사람은 주의해야 합니다! 나이 든 분이라면 더욱 조심해야 합니다! 몸에도 의지하지 않고 마음에도 의지하지 않습니다. 이 몸과 마음을 관(觀)하지 않으며, 의지하지 않는다는 것에도 의지하지 않습니다. 이것을 연좌라 합니다. 바로 타좌입니다. 한번 보십시오. 여러분은 자리에 앉아 호흡을 듣거나, 다리를 단련하거나, 기공을 연마합니다. 모두 몸을 벗어나지 않습니다. 그렇지 않으면 마음을 단련합니다. 마치 물 위에 띄워 놓은 표주박처럼 이쪽에 있는 이것을 눌러 물속에 집어넣으면 저쪽에 있는 저것이 떠오릅니다. 이쪽의 한 생각이 떠오르면 저쪽에서 또 한 생각이 떠오릅니다. 진정한 입정은 몸에 의존하지 않고 마음에도 의존하지 않습니다. 그러나 '의존하지 않는 것'은 공(空)의 경계로서, 역시 옳지 않습니다. 그러므로 '의존하지 않는 것'에도 마찬가지로 의존하지 않습니다. 이렇게 되어야만 비로소 연좌라 할 수 있습니다.

수보리가 하루는 바위 속에서 연좌에 들었습니다. 주위에는 아무것도 없었습니다. 홀연 공중에서 천녀(天女)가 꽃을 뿌리며 공양하니 하늘의 꽃이 아래로 쏟아졌습니다. 아마도 그때 막 수보리의 심안(心眼)이 열렸을 겁니다. 그렇지 않으면 그가 어떻게 하늘의 꽃이 떨어지는 것을 알았겠습니까? "누가 산화공양(散花供養)을 하시는가?" 공중에서 음성이 들려왔습니다. "바로 접니다. 저는 천인(天人), 천신(天神)이랍니다." 수보리가 말했습니다. "나는 설법을 하지도 않았는데!" 그 천인이 말했습니다. "훌륭합니다! 훌륭해요! 존자(尊者)께서는 말없이 말씀하셨고, 우리는 들리는 것 없이 들었습니다. 그래서 우리가 공양하는 것입니다." 이것이 수보리에 대한 고사입니다.

"바위 속 연좌가 이미 번잡한데〔岩中宴坐已多事〕." 타좌하거나 입정에 드는 것도 이미 번거롭습니다. 도(道)가 바로 여기에 있고, 보리(菩提)가 바로 여기에 있습니다. 타좌를 하든 하지 않든 모두 보리 속에 있습니다. 그런데도 거기서 타좌를 한다고 허세를 부리고 있으니 이미 번거롭습니다.

"나머지 많은 것들 물어서 무엇 하리〔況起多餘問什麼〕." 여기서 다시 『금강경』의 이치에 대해 묻습니다. "부처님! 어떻게 고요한 상태에 머물 수 있습니까? 어떻게 마음을 항복시킬 수 있습니까?" 이것은 바로 선(禪)의 이치입니다. 당장 이해할 수 있어서 여러분은 모두 무여열반(無餘涅槃)에 들어서 멸도(滅度)할 수 있을 겁니다.

제3품 게송

　제3품은 대승정종분(大乘正宗分)입니다. 바로 방금 말한 태생, 난생, 습생, 화생을 무여의열반에 들어 멸도하는 것입니다.

　　사상(四相)이 처음 생길 때 사상(四象)과는 다르니
　　복희 이상은 오직 하나 무일 뿐
　　가련하도다 수행길에 나선 무리들
　　수아상에 미혹되고도 어리석음을 꺼리네

　　四相初生四象殊　羲皇以上一無無
　　사 상 초 생 사 상 수　희 황 이 상 일 무 무
　　劇憐多少脩途客　壽我迷人猶諱愚
　　극 련 다 소 수 도 객　수 아 미 인 유 휘 우

"사상(四相)이 처음 생길 때 사상(四象)과는 다르니〔四相初生四象殊〕." 우리는 불교에 아상·인상·중생상·수자상이라는 사상(四相)이 있는 것처럼, 『역경(易經)』에도 노음·노양·소음·소양이라는 사상(四象)이 있다는 것을 알고 있습니다. 공간으로 말하자면 동서남북도 사상(四象)입니다. 인생은 온통 현상에 얽매여 있습니다. 사상(四相)이 처음으로 생길 때의 이 사상은 『역경』의 사상(四象)과는 차이가 있습니다. 한 생각이 한 번 움직임으로써 외부의 경계가 달라집니다.

"복희 이상은 오직 하나 무일 뿐〔羲皇以上一無無〕." 중국의 문화가 시작될 때 복희(伏羲)가 팔괘를 그렸습니다. 그가 괘를 한 번 그리자 곧 천지가 열렸습니다. 그것을 그리기 전에는 천지는 존재하지 않았으며, 우주도 여전히 공(空)이었습니다. 복희가 괘를 그린 후 천지가 개벽했습니다. 복희 황제 이상은 형이상의 도(道)로서, 온갖 법은 본래 공(空)입니다. 이미 공이니 애써 구할 필요 없습니다. 지금의 우리는 아주 가련합니다. 여러분이 불법을 배워 필사적으로 공을 구하려 하는 이것이 어찌 도(道)에 어긋나는 것이 아니겠습니까? 이미 공인데 구한다고 얻을 수 있겠습니까? 구할 수 있는 것이라면 공이 아닙니다. 그래서 "복희 이상은 오직 하나 무일 뿐"이라고 했습니다. 아무것도 없습니다.

"가련하도다 수행길에 나선 무리들〔劇憐多少脩途客〕." 극련(劇憐)이란 제일 가련하다는 뜻입니다. 수행의 길을 걷고 있는 적지 않은 사람들이 모두 수자상(壽者相)을 구합니다. 몇 년을 더 살아 과위(果位)를 닦겠다는 겁니다. 온통 사상 속에 뒹굴면서도 스스로 수도하고 있다고 생각합니다.

"수아상(壽我相)에 미혹되고도 어리석음을 꺼리네〔壽我迷人猶諱愚〕." 스스로 사상(四相) 속을 뒹굴며 자신을 속이고 다른 사람을 속이면서도 자기가 아주 고명하다고 생각합니다. 다른 사람은 모두 시원찮고 보아도 통하지 못한다고 여기며, 단지 자신만 보고 통할 수 있다고 생각합니다. 사실 자신이 이렇게 어리석으면서도 도리어 스스로의 어리석음을 외면합니다. 그러고는 불법을 배우고 수행함에 있어 자기가 가장 총명하다고 생각합니다!

제4품
불법의 수행은
머무름이 없는 것이다

第4品・妙行無住分

"復次, 須菩提! 菩薩於法, 應無所住, 行於布施. 所謂不住色布施, 不住聲香味觸法布施. 須菩提! 菩薩應如是布施, 不住於相. 何以故? 若菩薩不住相布施, 其福德不可思量."

"須菩提! 於意云何? 東方虛空, 可思量不?"

"不也, 世尊!"

"須菩提! 南西北方, 四維上下, 虛空可思量不?"

"不也, 世尊!"

"須菩提! 菩薩無住相布施, 福德亦復如是, 不可思量. 須菩提! 菩薩但應如所敎住."

"다음으로는, 수보리여! 보살은 법에 대해 마땅히 머무는 바 없이 보시를 행한다. 이른바 형체에 머물지 않고 보시를 행하며, 소리·향기·맛·감촉·법에 머물지 않고 보시를 행한다. 수보리여! 보살은 마땅히 이렇게 보시하며 상에 머물지 않는다. 왜 그런가? 만약 보살이 상에 머물지 않고 보시하면 그 복덕은 헤아릴 수 없기 때문이다."

"수보리여! 그대 생각은 어떤가? 동쪽 허공을 다 헤아려볼 수 있겠는가?"

"불가능합니다, 세존이시여!"

"수보리여! 남쪽 서쪽 북쪽, 사방과 위아래의 허공을 다 헤아려볼 수 있겠는가?"

"불가능합니다, 세존이시여!"

"수보리여! 보살은 상에 머물지 않고 보시를 행하여 그 복덕도 이처럼 이루 다 헤아릴 수 없다. 수보리여! 보살은 마땅히 가르침을 받은 대로 머물러야 한다."

1등과 2등

소명태자는 이 품의 제목을 묘행무주분(妙行無住分)이라고 했습니다. '묘행무주(妙行無住)'의 '행(行)'은 길을 간다는 뜻이 아니라 수행을 말합니다. 따라서 '묘행'이란 불법을 수행한다는 의미입니다.

"다음으로는, 수보리여! 보살은 법에 대해 마땅히 머무는 바 없이 보시를 행한다. 이른바 형체에 머물지 않고 보시를 행하며, 소리·향기·맛·감촉·법에 머물지 않고 보시를 행한다."

"復次, 須菩提! 菩薩於法, 應無所住, 行於布施.
부차 수보리 보살어법 응무소주 행어보시
所謂不住色布施, 不住聲香味觸法布施."
소위부주색보시 부주성향미촉법보시

여기서 다시 보시에 관해 말합니다. 보시는 내재적 수련이라 할 수 있는데, 대체로 내보시와 외보시로 나뉩니다. 후에 중국의 선종에서는 '놓아 버리다[放下]'는 말이 유행하게 되는데, 이것이 바로 보시입니다. 인생에서 제일 어려운 일이 놓아 버리는 것입니다. 진정으로 놓아 버리는 것, 이것이 바로 내보시입니다. 내보시에 이르러야만 도를 이룰 수 있습니다. 여기서 부처님은 수보리에게 내보시의 법문을 말하고 있습니다. "부차(復次)"란 현대어로 '그다음'이라는 뜻입니다. 그다음 것을 그대에게 말하겠다는 것입니다. 첫 번째 것은 무엇이었을까요? 아직 기억하고 있습니까? 수보리가 어떻게 머무르며 또 어떻게 그 마음을 항복시킬 수 있느냐고 물으니까, 부처님은 바로 그렇게 머무르고 바로 그렇게 그 마음을 항복시키라고 했습니다. 아무것도 말하지 않은 것과 다름없는데, 바로 이것이 제일의(第一義)입니다.

제일의는 이해하기가 매우 어렵습니다. 여러분은 『서유기』를 보셨을 겁니다. 당나라 승려가 마침내 서천(西天)에 도착해서 부처님을 만났습니다. 부처님은 수제자인 가섭존자를 불러서 말했지요. "이들이 저 멀리 동방의 중국에서부터 온갖 고생을 무릅쓰고 왔으며 또 공덕도 원만하니 자네가 서고 문을 열어 최상승의 불경을 가지고 가게 하라." 당나라 승려가 세 제자를 데리고 도서관 문 앞을 들어서려 하자 문지기가 돈봉투[紅包]를 내놓으라고 했습니다. 그러자 손오공이 화를 벌컥 내며 여의봉으로 그를 치려 했지요. 그때 당나라 승려가 말했습니다. "경거망동하지 말게! 이제 이것이 마지막이라네. 여기서 참지 못하면 그동안 고생했던 것이 모두 허사가 되네. 돈은 다 떨어졌지만 아직 가사가 한 벌 남아 있으니 전당포에 가서 저당 잡혀서 그에게 돈봉투를 줘 버리게." 손오공이 화가 나서 욕을 해 대니 가섭존자는 아주 거북했습니다. 그래서 절간 벽에 부조되어 있는 가섭존자의 상을 보면 모두 목을 비뚜름히 기울인 채 머리를 수그리고 있습니다.

사실 『서유기』는 소설일 뿐입니다. 어쨌든 최후에는 경전을 가지고 산문 입구까지 나왔습니다. 그때 손오공과 그의 사부인 당나라 승려 간에 말다

툼이 오갔습니다. 손오공의 말인즉, 저 늙은 화상이 돈봉투까지 요구하는 것을 보면 그자를 믿을 수가 없으니 그 자리에서 불경을 한번 펴 보고 확인하자는 것이었습니다. 결국 확인해 보니 그 불경은 글자 한 자 없는 백지였습니다. 손오공이 이것을 보고 고함을 치며 소란을 부리자 그 소리가 부처님에게까지 들렸습니다. 부처님이 가섭존자를 불러서 이유를 물으니 가섭존자는, "스승님께서 그들에게 최상승 경전을 주라고 하시지 않았습니까? 그래서 저는 그들에게 최상승 경전을 주었을 뿐입니다"라고 대답했습니다. 그랬더니 부처님이 말했습니다. "저들 중생이 그걸 이해하지 못하는구나! 문자 없는 경전을 이해할 수 없으니 어쩔 수 없지. 자네가 그보다 한 단계 낮은 경전으로 바꿔 주게나." '부차(復次)'란 이처럼 한 단계 떨어진, 글자로 된 경전입니다. 진정한 경전은 한 글자도 필요치 않습니다. 본래 공(空)일 뿐입니다. 바로 그렇게 머무르고 그렇게 그 마음을 항복시키라는 것이 제일의 즉 최상승의 백지 경전입니다. 그러나 최상승의 경전을 이해하지 못하니 차선의 것을 말해 줄 수밖에 없습니다.

머무는 바가 없다

부처님은 수보리에게 말합니다. "진정한 수행은 어떻게 하는 것인가? 보살은 법에 대해 머무는 바가 없다〔菩薩於法, 應無所住〕는 이 한마디라네."
이 마음은 어느 때 어느 곳이든 머무는 바가 없어야 합니다. 만약 마음이 항시 공(空)의 경계에 있다면, 그것은 이미 잘못된 겁니다. 공에 머물고 있기 때문입니다. 이 마음이 빛이나 혹은 기맥에 머물러 있는 것도 역시 잘못된 겁니다.
"마땅히 머무는 바 없이 보시를 행한다〔應無所住, 行於布施〕", 무엇을 수행이라 할까요? 한 생각 한 생각이 모두 공(空)이요 항시 던져 버려서, 사물이 다가오면 응하고 지나가면 남기지 않는 것입니다. 좋은 일이라 하더라도 행하고 나면 잊어버려 마음에 남아 있지 않습니다. 좋은 일도 남아 있지 않으니 나쁜 일이야 당연히 남아 있지 않지요. 곳곳에 보시를 행하고 어느 때 어느 곳이든 머물지 않습니다.

예를 들어 어떤 사람이 여러분을 비난하고 욕했다고 합시다. 이 때문에 며칠 동안 잠을 이루지 못할 정도라면, 여러분은 바로 이 기분에 머물러 있는 겁니다. 또 어떤 사람이 노려보는 바람에 밤잠을 설쳤다면, 여러분의 마음은 바로 그 눈초리에 머물러 있는 겁니다. 어떤 경계에도 머물지 않으면, 이쪽을 보나 저쪽을 보나 모두 꿈처럼 지나가 버려 아무것도 남지 않습니다. 머리를 돌려 다른 쪽을 쳐다보아도 역시 꿈꾸듯 지나가 버립니다. 그렇지만 우리가 머무는 바가 있으면 영원히 내던져 버릴 수 없습니다. 아직 강아지 밥을 주지 않았구나! 남편이 아직도 돌아오지 않았구나! 이런 일체의 것을 내던져야 합니다. 머무는 바 없이 보시를 행해야 합니다. 보시란 모두 내던지는 것입니다. 그다음에는 소위 색(色)에 머물지 않는 보시에 대해 말합니다.

색에 머물지 않다

무엇을 '색(色)'이라 할까요? 색은 불교 이론에서 '유표색(有表色)' '무표색(無表色)' '극미색(極微色)' '극형색(極逈色)'으로 나닙니다.

'유표색'은 빨강, 파랑, 노랑 등 세상의 온갖 색깔과, 길거나 짧고 크거나 작아 바깥으로 드러날 수 있는 모든 것입니다. 우리 육체를 비롯해 지(地), 수(水), 화(火), 풍(風)의 물질세계에서 바깥으로 드러날 수 있는 모든 것이 여기에 포함됩니다.

'무표색'은 추상적인 것으로 바깥으로 드러낼 방법이 없는 것입니다. 예를 들면 원자력 같은 것입니다. 원자력에 대해서는 사실 일반인들은 잘 알지 못합니다. 원자 에너지 자체는 원래 비어(空) 있습니다. 비어 있기 때문에 그 힘은 비할 데 없이 큽니다. 이처럼 원자력이 존재한다는 것은 알고 있지만 이것을 바깥으로 드러내 보여 줄 수는 없습니다. 심지어 이것은 정밀한 기계로도 포착할 수 없습니다. 이런 것을 무표색이라 합니다.

'극미색'이란 원자 또는 원자핵과 같습니다. 이것은 너무 작아서 눈으로는 볼 수 없습니다. 그렇지만 과학적 도구를 사용하면 볼 수 있습니다.

'극형색'에는 아주 먼 것, 은하계 저편의 것뿐 아니라 전 우주 속에 있는 어떤 것도 모두 포함됩니다.

이들이 바로 색(色)인데, 간단히 말하자면 색이란 지·수·화·풍의 사대(四大)이며 우리의 신체이기도 합니다. "보살은 법에 대해 마땅히 머무는 바 없이 보시를 행한다(菩薩於法, 應無所住, 行於布施)"라는 것은 색에 머무른 상태에서, 또는 대상을 의식하는 상태에서 보시를 행해서는 안 된다는 것입니다. 공덕을 쌓기 위해 돈을 내거나 어떤 사람을 구하고서 그를 구했다고 내세우는 것은 모두 상(相)에 머문 보시입니다. 불법을 공부하는 사람은 남을 돕거나 구한 뒤 마땅히 그 대상을 마음속에서 떨어 버려야 합니다.

보시로 얻은 복덕을 인천복덕(人天福德)이라 하는데, 이것은 조그만 과보(果報)로서 불법을 공부하는 대복보(大福報)와는 비길 수가 없습니다. 복덕(福德)과 공덕(功德)은 서로 큰 차이가 있습니다. 『금강경』에서는 복덕만을 말합니다. 중점이 복덕에 있지 공덕에 있지 않습니다. 인생에서 최대의 복덕은 무엇일까요? 도를 깨닫고, 도를 이루는 것입니다. 바로 지혜의 성취가 인생의 가장 큰 복보(福報)입니다. 이때 지혜란 물론 보통의 지식을 말하는 것은 아닙니다.

우리는 육체상에서 공부합니다. 눈을 감고 앉아 염불을 하든 참선을 하든 주문을 외든 모두 색에 머물러 보시를 행합니다. 입으로야 놓아 버린다, 놓아 버린다 하지만 결과적으로 아무것도 놓아 버리지 못합니다. 그러다 보니 틀고 앉은 다리가 저려 와서 견딜 수가 없지요. 왜 그렇게 견딜 수 없을 정도로 괴로울까요? 색법(色法)에 머물러 있기 때문입니다. 의식이 색신(色身)에 머물러 있기 때문입니다. 만약 의식이 색신에 머물러 있지 않다면 아무런 감각을 느끼지 못할 겁니다. 다리가 저린 걸 느낄 수가 없겠지요. 일체 중생은 이처럼 모두 색신상에서 수행을 하지만, 보살은 색신에 머물지 않고 색신을 포함한 일체의 것을 모두 놓아 버립니다.

소리와 향기에 머물지 않다

"소리·향기·맛·감촉·법에 머물지 않고 보시를 행한다〔不住聲香味觸法布施〕", 수련에 열중하다 보면 염불 소리가 들리는 경우도 있습니다. 그럴 때 어떤 사람은 자신이 마침내 득도했구나 느끼지만 사실 그가 얻은 것은 도가 아니라 정신병입니다. 정말 적지 않은 사람들이 이런 이유로 음국(陰國)으로 가 버리곤 합니다. 소리에 머물지 않아야 한다는 이치를 이해하지 못했기 때문입니다. 여기 앉아 있는 많은 분들도 경험했겠지만 어떤 때 타좌를 하고 있으면 갑자기 향기로운 냄새가 날 때가 있습니다. 실제로 향기가 나는 것은 아니지만 자신은 뚜렷이 그것을 느낍니다. 향기는 어디에서 왔을까요? 정경(定境)이 극에 이르면 인체 내부가 깨끗해지고 빛나며 또 향기가 납니다. 사실 어떤 사람도 냄새가 나지는 않습니다. 진정으로 건강한 사람이라면 침에서 냄새가 나지 않습니다. 그러나 종류가 다른 사람이라면 예외입니다. 예를 들어 『서유기』에 나오는 요괴 같으면 사람 냄새를 단박에 압니다. 우리가 돼지우리나 개집 근처에 가면 돼지 냄새나 개 냄새를 맡을 수 있는 것처럼 말입니다. 만약 신선이 우리가 있는 이곳으로 온다면 아마도 사람 냄새 때문에 견디기 힘들 겁니다.

저도 이런 경험을 해 본 적이 있습니다. 한때 저는 높은 산꼭대기에서 삼 년을 살았는데, 한번은 산을 내려와 도시에서 오륙 리가량 떨어진 곳에 이르렀습니다. 그때 사람 냄새가 코를 찔러서 정말 견디기 어려웠습니다. 사실 저도 사람 아니겠습니까? 단지 산꼭대기에서, 사람 그림자조차 구경할 수 없는 곳에서 살다 보니 그렇게 된 것입니다. 그 후 사람 냄새에 익숙해지기까지는 꽤 오랜 시간이 걸렸던 것 같습니다. 의학을 배운 사람이라면 알고 있겠지만 사실 인체 내부는 더럽지 않습니다. 단지 인체 내부의 것이 외부 공기나 세균과 접촉하면서 냄새가 나는 것일 뿐입니다. 타좌를 시작하여 인체 내부에서 향기가 뿜어져 나올 때, 만약 자신의 공덕이 무량해서 보살의 향기를 맡게 된 것이라 생각한다면 이는 향기에 머무른 것입니다. 이건 잘못된 것입니다! 머무는 바가 없어야 합니다. 즉시 내려 놓아야 합니다.

내적으로 오묘한 쾌감에 접하는 보살

여기 앉아 있는 많은 분들도 경험한 적이 있겠지만 타좌를 하다 보면 그만두고 싶지 않을 때가 있습니다. 타좌를 처음 배우는 사람이야 두 다리가 저려서 참으로 고통스럽겠지만, 공부를 오래 한 사람은 두 다리가 편안할 뿐 아니라 그만두고 싶지 않을 정도로 쾌감을 느끼기도 합니다. 바로 보살이 내적으로 접하는 오묘한 쾌감인데, 신체 내적으로 아직까지 한 번도 겪어 보지 못한 기묘한 쾌감을 접하게 됩니다. 그러나 보살의 계율에서는 이런 정(定)의 경계에 드는 것을 허락하지 않습니다. 이런 선정(禪定)에 빠지다 보면 중생을 제도하려 하지 않기 때문입니다. 누구든 모두 이 내적 쾌감을 향수하려 합니다. 누가 그것을 포기하고 여기까지 쫓아와 서서 강의하고 싶겠습니까? 보살의 경계에서는 내적으로 오묘한 쾌감에 접합니다. 접한다는 것은 신체로 느끼는 것을 말합니다. 그렇지만 진정으로 대승불법을 공부하는 사람이라면 이런 내적 쾌감에 머물지 않을 겁니다. 마땅히 머무는 바 없이 보시를 행할 겁니다.

'법(法)'이란 의식의 경계로서 관념이나 생각 또는 정신적 측면의 것입니다. 만약 마음속이 텅 비어 깨끗하다는 의식이 있다면 이미 법(法)에 떨어진 것입니다. 외적인 신체를 일체 떨쳐 버려서 완전히 비워야 할 뿐 아니라 의식의 방면까지도 완전히 떨쳐 버려야 비로소 불법을 배울 수 있습니다. 바로 색(色)에 머물지 않는 보시요, 소리와 향기, 쾌감과 법에 머물지 않는 보시입니다. 부처님은 이렇게 되어야만 비로소 옳다고 말합니다.

여기까지 말하고 나서 부처님은 다시, "수보리여!" 하고 불러 또 다른 것을 말해 주고자 합니다. 부처님은 제자에 대해 이처럼 친절합니다.

기러기가 긴 허공을 가르다

"수보리여! 보살은 마땅히 이렇게 보시하며 상에 머물지 않는다. 왜 그런가? 만약 보살이 상에 머물지 않고 보시하면 그 복덕은 헤아릴 수 없기 때문이다."

"須菩提! 菩薩應如是布施, 不住於相. 何以故?
 수보리 보살응여시보시 부주어상 하이고
若菩薩不住相布施, 其福德不可思量."
 약보살부주상보시 기복덕불가사량

대승보살도를 공부하는 사람이라면 마땅히 이렇게 보시하고 또 수행해야 합니다. 상(相)에 머물지 않아야 하고〔不住於相〕, 일체의 현상을 마음에 남기지 않아야 합니다. 마음속에 어떤 것이 조금이라도 남아 있다면 그것은 이미 불법을 공부하는 경계가 아닙니다. 이런 경계를 표현한 시가 있습니다. "바람이 대나무 잎을 스치고, 기러기가 긴 허공을 가른다〔風來竹面, 雁過長空〕." 바람이 불어오면 대나무 숲이 쏴 하고 소리를 냅니다. 그러나 지나가고 나면 대나무 이파리에 어떤 흔적도 남기지 않습니다. 한 번 지나가 버리면 그만입니다. 수행자의 흉금도 바로 이래야 합니다. 하늘을 나는 새는 하늘에 어떤 흔적도 남기지 않습니다. 기러기는 허공을 길게 가르며 날지만 지나가고 나면 그것으로 그만입니다. 수행자의 흉금은 바로 이래야만 합니다. 이래야만 비로소 내보시라 할 수 있습니다. 소동파는 다음과 같은 명시를 남겼는데, 이것 역시 불학으로부터 온 것입니다.

> 인생은 도처에서 무엇과 같다고 아는가
> 마땅히 나는 기러기 눈 밟듯 해야 하리
> 눈 위에 우연히 발자국 남더라도
> 기러기 날아가면 다시 어찌 동서를 알리
>
> 人生到處知何似　應似飛鴻踏雪泥
> 인 생 도 처 지 하 사　응 사 비 홍 답 설 니
> 雪上偶然留指爪　鴻飛那復計東西
> 설 상 우 연 류 지 조　홍 비 나 부 계 동 서

소동파는 말합니다. 한평생은 무엇과 같은가? 눈 오는 날의 새와 같습니다. 설사 잠시 땅에 발자국을 남기더라도, 날아가고 나면 다시 눈이 내려 발자국을 덮어 버립니다. 눈 위에 우연히 남아 있는 발자국은, 그 새가 날아간 후 동서남북조차도 함께 사라져 아무것도 남지 않습니다.

한평생 집안을 이루고 가업을 세워 자자손손 이어 내려가게 해야 한다고 말합니다. 그러나 눈을 감고 손을 축 늘어뜨릴 그날이 오면, 기러기 날아가고 난 뒤 다시 동서를 따지겠습니까? 소동파의 이 시는 명구입니다. 바람이 대나무 잎을 스치고, 기러기가 허공을 가르는 이치이기도 합니다. 보살은 응당 상에 머물지 않아야 한다는 것을 말합니다.

젊은 분들은 특히 유의하시기 바랍니다! 최근에는 젊은 사람들이 불법을 배우거나 수도하는 것을 아주 좋아하는 것 같습니다. 그렇지만 저는 걱정이 앞서기도 합니다. 그래서 젊은 사람들한테 종종 묻곤 합니다. "그렇게 젊은 나이에 그걸 배워서 뭐 하게?" 제가 이렇게 말했다고 해서 이상하게 생각할 필요는 없습니다. 이렇게 말하는 데는 두 가지 의미가 있습니다. 먼저, 세상 그 어떤 것도 배우기 그렇게 어렵지 않지만 오로지 불법만은 배우기가 참으로 어렵고도 어렵다는 의미입니다. 다음으로는 인생이란 호랑이를 그리다 실패하면 반대로 개가 되어 버리는 그런 것이라는 의미입니다. 불법을 배우다 실패하면 무엇이 될까요? 요컨대 제 얘기는 먼저 사람의 도리를 다하고 난 뒤 불법을 배워 보라는 말입니다. 그렇지만 이미 불법을 배우고자 마음먹었다면 "상에 머물지 않아야 한다"는 것을 반드시 염두에 두어야 합니다. 상에 머무르면 어떤 것을 배워도 결코 이룰 수 없기 때문입니다.

공덕과 복덕

방금 상에 머물지 않아야 한다는 것을 살펴보았습니다. 이어서 부처님은 다시 말합니다. "왜 그런가? 만약 보살이 상에 머물지 않고 보시하면 그 복덕은 헤아릴 수 없기 때문이다(何以故? 若菩薩不住相布施, 其福德不可

思量)." 이제 부처님은 '복덕'에 관해 말합니다. 가령 대승보살도를 닦는 사람이 상에 머물지 않고 보시할 수 있다면 그의 복덕은 헤아릴 수 없이 크다는 것입니다. 복덕이란 공덕과는 다릅니다. 공덕은 공(功)을 쌓고 덕(德)을 누적시키는 것입니다. 마치 어떤 공정을 하루에 조금씩 쌓아 가듯 공부를 통해 조금씩 조금씩 쌓아 가는 것이 공(功)이며, 이 공력(功力)이 어떤 구체적인 결과로 나타난 것이 덕(德)입니다.

복덕은 이와는 다른 것으로, 앞에서 살펴보았듯 대략 두 종류로 대별됩니다. 하나는 세상의 복덕으로서 흔히 이것을 홍복(鴻福)이라 합니다. 다른 하나는 청복(淸福)으로서 세간을 초월한 복덕입니다. 청복은 홍복에 비해 얻기 어렵고, 그것을 누리기는 더욱 어렵습니다. 그렇지만 세상 사람들은 만년에 이르러 청복을 누릴 수 있는 기회가 오더라도 도리어 적막함과 처량함을 두려워합니다. 정말 가련하지 않습니까? 상에 집착하기 때문에, 아상(我相)과 인상(人相)에 집착하기 때문에 그런 것입니다. 아이들이 커서 외국이라도 가면 날마다 자식 걱정에 눈물 흘리며 애간장을 태웁니다. 사실 이때야말로 가장 좋은 청정의 시기인데도 말입니다. 상에 머물기 때문에 세상의 온갖 변화무쌍한 현상을 마치 절대적인 것인 양 붙들고 늘어지는 것입니다. 그러다 보니 현상이 변화할 때는 모든 것이 옳지 않다고 생각합니다. 저와 같이 일하는 사람들은 자주 저더러, 자기들이 볼 때는 제가 제일 불쌍하다고 말합니다. 그렇습니다. 저는 단지 몇 초간의 청정이라도 얻고 싶지만 그럴 수 없으니 참으로 불쌍합니다. 저에게는 일 분간의 청복도 없습니다. 그렇지만 사람들은 진정으로 청복을 누릴 수 있는 때가 찾아와도 왕왕 진정한 복이 도래했다는 것을 알지 못합니다. 평안 무사하고 청정한 것이야말로 더할 나위 없는 복보(福報)입니다.

세상에서 어떤 복이 가장 큰 복일까요? 당연한 얘기이지만 그것은 바로 부처가 되는 것입니다. 즉 성인의 경계로 들어서는 것입니다. 그렇다면 무엇에 의지해서 초범입성(超凡入聖)할 수 있을까요? 지혜의 성취란 단지 공덕을 쌓는다고 얻을 수 있는 것이 아니며, 미신은 더더욱 아닙니다. 모든 것을 놓아 버릴 때에야 비로소 지혜의 성취에 이를 수 있습니다. 이 때문에 부처님은 수보리에게, 상에 머물지 않고 보시를 행할 수 있다면 이런 사람의 복덕은 상상할 수 없이 크다고 한 것입니다.

"수보리여! 그대 생각은 어떤가? 동쪽 허공을 다 헤아려볼 수 있겠는가?"
"불가능합니다, 세존이시여!"

須菩提! 於意云何? 東方虛空, 可思量不? " "不也, 世尊!"
수보리 어의운하 동방허공 가사량부 불야 세존

"수보리여, 그대 생각은 어떤가? 동쪽으로 나 있는 허공은 그 크기가 얼마나 되는지 측량할 수 있겠는가?" 수보리는 불가능하다고 대답합니다. 동방으로 나 있는 전체 허공은 너무도 커서 측량할 방법이 없다는 겁니다.

"수보리여! 남쪽 서쪽 북쪽, 사방과 위아래의 허공을 다 헤아려볼 수 있겠는가?"
"불가능합니다, 세존이시여!"

須菩提! 南西北方, 四維上下, 虛空可思量不? " "不也, 世尊!"
수보리 남서북방 사유상하 허공가사량부 불야 세존

남방, 서방, 북방의 세 방향을 앞의 동방에 덧붙입니다. 동남서북을 사유(四維)라 하는데, 사유 외에도 상하가 있습니다. 부처님은 수보리에게 남방 서방 북방, 사유 상하 허공의 크기가 어느 정도인지 측량할 수 있느냐고 묻습니다. 수보리는 불가능하다고 대답합니다. 가령 중국의 경전이라면 이렇게 묻지 않을 겁니다. "상하와 사방의 허공을 측량할 수 있는가?〔六合虛空, 可思量不〕"라고 한마디로 물을 겁니다. 그러면 "불가능합니다, 세존이시여!〔不也, 世尊〕"라고 대답하고는 그것으로 끝낼 겁니다. 그렇지만 여기서는 두 번으로 나누어 묻고 대답하는데, 이것도 사실은 구마라집이 번역하면서 간단히 한 것입니다. 이전의 번역은 이랬습니다. "그대 생각은 어떤가? 동방의 허공은 측량할 수 있는가? 불가능합니다, 세존이시여! 그대 생각은 어떤가? 남방의 허공은 측량할 수 있는가? 불가능합니다, 세존이시여! 그대 생각은 어떤가? 서방의 허공은 측량할 수 있는가? 불가능합니다, 세존이시여!…." 육백 권의 『대반야경(大般若經)』은 모두 이런 식입니다. 그렇지만 『금강경』은 구마라집에 의해 농축되었기 때문에 또 다른 문학적 맛이 있습니다. 우리가 잊어서는 안 될 것은 여기서 왜 동방의 허공을 제일 먼저 지적했느냐 하는 것입니다. 왜 『아미타경(阿彌陀經)』처럼 서쪽을 먼저 말하지 않았느냐 하는 것입니다. 『약사경(藥師經)』과 『금강경』이 모두 동쪽을 앞세우는 것과는 달리 밀종(密宗)의 즉신성취법(卽身成就法)에서는 북쪽을 먼저 언급하며, 대광명법(大光明法)에서는 북방은 전혀 언급하지 않고 단지 남방만을 언급합니다. 불법을 배우거나 연구할 때는 이것들이 모두 문제가 될 수 있습니다.

동방의 부처님과 서방의 부처님

동방은 소위 생기가 일어나는 방향입니다. 그러므로 장생(長生)을 원한다면 동방 유리광명세계의 약사여래를 찾아야 합니다. 약사불은 동방 세계의 불국입니다. 서방 세계는 되돌아가는 곳이며, 동방 세계는 "끊임없이 태어나는〔生生不已〕" 삶의 법〔生法〕을 말하는 곳입니다. 그렇기에 동방의 문화는 "생생불이"합니다. 현교(顯敎)의 경전에는 많은 비밀이 내재되어 있는데, 여러분 스스로 한번 연구해 보시기 바랍니다. 만약 여러분이 선종의 화두를 들고 공부하고 싶다면 이것들이 모두 화두가 될 수 있습니다. 화두는 모두 경전 속에 있습니다. 만약 여러분이 이것을 이해한다면 왜 '남동북서'라 하지 않고 '동남서북'이라 했는가, 왜 동방을 먼저 말한 뒤 다시 남방 서방 북방을 말했는가, 그리고 상하는 왜 제일 나중에 말했는가 등 온갖 문제가 화두가 될 수 있으며, 이것들은 모두 우리가 수행하는 이치와도 관계가 있습니다.

우리 불법을 닦는 사람들은 먼저 동방의 생기, 즉 생명의 기미를 알아채야 합니다. 기맥이 발동하고 색신(色身)이 변화해야만 비로소 정(定)을 얻을 수 있고, 그래야만 오묘한 즐거움을 얻을 수 있습니다. 동방은 생기의 방향입니다. 태양이 동쪽으로부터 떠오르는 것도 이 때문입니다.

왜 『아미타경』에서는 서방을 욀까요? 해는 서산을 향해 지며, 석양은 너무도 아름답습니다. 그러나 황혼이 가까우니 곧 집으로 돌아가야 합니다. 그래서 집으로 돌아가자는 뜻에서 서방을 외는 것입니다. 이들은 모두 우연하게 하는 말이 아닙니다. 불학에서는 이런 것들 하나하나가 다 그 나름의 이치를 갖고 있다고 봅니다.

"수보리여! 보살은 상에 머물지 않고 보시를 행하여 그 복덕도 이처럼 이루 다 헤아릴 수 없다. 수보리여! 보살은 마땅히 가르침을 받은 대로 머물러야 한다."

"須菩提! 菩薩無住相布施, 福德亦復如是, 不可思量.
수 보 리   보 살 무 주 상 보 시   복 덕 역 부 여 시   불 가 사 량
須菩提! 菩薩但應如所教住."
수 보 리   보 살 단 응 여 소 교 주

부처님의 엄중한 분부입니다. 부처님은 수보리에게 불법을 공부하는 사람은 반드시 무상(無相) 보시에 이르러 일체의 상에 머물지 않아야 한다고 당부합니다. 왜 사람은 보시를 행해야 하며 자비로워야 할까요? 한문의 표현을 빌리면 "당연한 이치〔義所當爲〕"라고 할 수 있습니다. 우리 삶은 마땅히 이래야만 합니다. 사람을 이롭게 하고 도우며 자비를 베푼다면, 이렇듯 상에 머물지 않는 보시를 행한다면 그 복덕과 과보(果報)는 마치 허공과도 같이 무궁무진합니다. "수보리여, 기억해 두게나! 대승보살도를 공부하는 사람이라면 마땅히 내가 지금 말하는 것처럼 머무는 바가 없도록 수행해야 한다네. 그래야만 비로소 진정한 수행이라 할 수 있네!" 어떤 사람은 하루 종일 온통 수심에 잠긴 얼굴을 하고 있는데, 수심에 머무는 것은 당연히 잘못된 것입니다. 그렇지만 하루 종일 아무 생각 없이 멍하니 있는 것도 역시 잘못된 것입니다. 일체의 것에 머무는 바 없이, 사물이 다 가오면 응하고 가고 나면 남기지 않는 것이 대승보살 반야도의 수행법입니다.

　선종의 오조(五祖)는 육조(六祖)에게 먼저 『금강경』을 읽도록 했습니다. 바로 이 법문을 좇아가도록 한 것입니다. 일체에 머무는 바 없는 것, 이것이 바로 대승불법의 기초적인 수행법으로서 궁극적인 성취에 이르는 길입니다. 그러나 한 가지 주의해야 할 점은, 『금강경』의 반야를 말할 때 우리는 흔히 『금강경』이 공(空)을 설하고 있다고 생각하는 것입니다. 이건 아주 엄중한 문제입니다. 『금강경』에는 공을 언급한 구절은 한 군데도 없습니다. 단지 허공을 들어 공에 비유하고 있을 따름입니다. 그럼에도 불구하고 이를 공법(空法)을 말하는 것이라 생각한다면 중대한 잘못을 범하는 것입니다. 『금강경』은 단지 우리에게 머무는 바 없어야 한다는 것을 강조할 뿐입니다. 머무는 바 없는 것이 곧 공인 것은 아닙니다. 머무는 바 없는 것이란 흐르는 구름이나 물과 같다는 것입니다. 흐르는 물은 영원히 멈추지 않고 흘러갑니다. 그러나 다시 오는 것이 있으니 일체가 머무는 바 없는 것입니다. 이것을 공이라고 해서는 안 됩니다. 젊은 분들은 이 점을 각별히 주의하시기 바랍니다.

제4품에서 부처님은 우리에게 하나의 수행법을 말해 주고 있습니다. 그것은, 진정한 불법을 얻기 위해서는 머무는 바 없으면서도 모든 것을 놓아 버리지 않는, "보살은 마땅히 배운 바대로 머무는〔菩薩但應如所教住〕" 그런 방법에 따라 수행해야 한다는 것입니다. 두 번째의 요점은, 수행이 진정으로 머무는 바가 없는 단계에 이르면 비로소 복덕을 성취하게 된다는 것입니다.

우리는 장사를 하려면 세 종류의 자본금이 필요하다는 것을 알고 있습니다. 첫째는 출자금입니다. 처음 장사를 시작할 때 필요한 자금입니다. 둘째는 운영 자금입니다. 그리고 셋째는 비상 자금입니다. 그러나 불법을 공부하는 데에는 단 두 가지 자본만 있으면 가능합니다. 어떤 자본일까요? 바로 지혜 자량(資糧)과 복덕 자량입니다. 자량이란 곧 자본입니다. 이전에 중국에서는 친구에게 '복혜쌍수(福慧雙修)'라는 편액을 곧잘 써 주곤 했습니다. 혜(慧)란 지혜로서 '복혜쌍수'란 바로 부처님의 경계입니다. 어떤 삶은 복보가 있어서 재물에다 부귀공명까지 갖추고 있으나 안타깝게도 지혜가 없습니다. 어떤 사람은 지혜는 아주 뛰어나지만 지독히 가난합니다. 세간의 복보가 없어서 그런 것이니 어쩔 도리가 없지요. 부처님의 경계는 지혜와 복덕이 모두 원만합니다. 이것을 '복혜쌍수'라 합니다. 지혜 자량이 원만하고 복덕 자량 또한 원만하다면 곧 성불할 수 있습니다. 『금강경』에서는 어떻게 말합니까? 진정한 복덕은 어떻게 닦을 수 있다고 합니까? 바로 상에 머물지 않는 보시입니다.

아육왕의 모래

불경에 이런 이야기가 있습니다. 부처님이 세상을 떠난 지 백 년 뒤, 인도에는 아육왕(阿育王)이란 유명한 왕이 있었습니다. 그는 중년에 접어들면서 불교를 믿기 시작하여 일생 동안 팔만 사천 개의 불탑을 세웠습니다. 그 불탑 중 하나가 당나라 이후 중국으로 날아왔는데, 지진 때문인지 아니면 다른 원인이 있어서 그랬던 것인지는 모르겠습니다만 어쨌든 그 탑은 공중으로 날아와서 절강(浙江)의 영파(寧波)에 있는 아육왕사에 내려앉았습니다. 그 탑 속에는 부처님의 진신사리가 들어 있었는데, 이런 까닭으로 해서 절의 이름도 아육왕사라 불리게 되었습니다. 알렉산더 대왕이 동쪽으로 인도를 정벌할 때 아육왕을 만나서 후퇴하고 만 것은 유명한 역사적 사실입니다.

아육왕 시대에 우파국다(優婆鞠多)라는 존자 한 분이 있었는데, 그는 대아라한으로서 아육왕과는 친구 사이였습니다. 『아육왕전(阿育王傳)』에는 이런 이야기가 나옵니다. 부처님이 바리때를 들고 화연을 하러 나서던 중 길가에서 흙장난을 하고 있던 두 아이와 우연히 마주쳤습니다. 그 아이들은 부처님을 보자 아주 공손해졌습니다. 그런데 부처님의 손에 그릇이 들려 있는 것을 보고 한 아이가 손에 쥐고 있던 모래 한 줌을 내밀면서, "이것을 부처님께 공양합니다!"라고 했습니다. 부처님이 "훌륭하도다! 훌륭하도다!"라고 하니 옆에 있던 아이도 덩달아 공손히 손을 내밀었습니다. 이것을 보고 부처님이 예언했습니다. 백 년 후 이 공덕으로 인해 한 아이는 세상을 다스리는 군주가 되고, 다른 한 아이는 그 군주를 돕는 재상이 될 것이라고요. 아육왕이 바로 모래 한 줌을 공양한 그 아이였습니다. 아육왕은 이처럼 부처님께 공양하는 인연을 맺었지만, 그가 공양한 것이 모래였기 때문에 평생을 피부병에 시달려야 했습니다. 피부가 못 견디게 가렵곤

했던 겁니다.

　역사상 이런 사람은 적지 않습니다. 청조 말기의 명장이었던 증국번(曾國藩)은 그 공이 한 시대를 덮었지만, 역시 평생을 피부병에 시달렸습니다. 전하는 말에 따르면 증국번은 큰 구렁이가 변한 이로 몹시 가려울 때는 피부가 한 조각 한 조각씩 떨어져 내렸다고도 합니다. 아육왕 또한 평생을 피부병 때문에 애를 먹었습니다. 인도의 이 유명한 왕은 보시하기를 너무 좋아해서 사찰을 짓고 가난한 사람을 구하느라 국고를 거의 탕진하다시피 했습니다. 최후에 그는 병상에 누워서까지 보시를 하려고 했습니다. 그러자 주위에 있던 대신들이 태자에게 아육왕이 더 이상 보시하지 못하게 하라고 권유했습니다. 그렇게 계속 보시를 하도록 내버려 둔다면 태자가 왕위를 이을 즈음에는 국고에 동전 한 닢 남아 있지 않으리라는 것이었습니다. 결국 그들은 국왕의 보시 명령을 봉쇄시켜 그 명령이 아래로 전달되지 못하도록 했습니다. 아육왕은 그 사실을 알고 무척이나 마음 아파했지만 병상에 누워 있는 그로서는 달리 어찌할 방도가 없었습니다.

　하루는 그가 배 하나를 먹으면서 아들과 대신들을 불러 놓고 말했습니다. "내 그대들에게 묻노니, 지금 세상에서 가장 권세 있는 사람은 누구인가?" 그러자 아들과 수상이 무릎을 꿇고서, "지금 세상에는 당연히 대왕의 권세가 가장 크십니다"라고 대답했습니다. 그러자 아육왕이 말했습니다. "나를 속일 필요 없네. 그대들은 내가 권세를 쥐고 있다 말하지만 지금 나에게 남아 있는 권세라고는 기껏해야 이 배 반쪽 정도일걸세. 내가 그대들에게 보시를 행하라 명하더라도 그대들이 따르지 않을 터이니, 이제 이 배 반쪽이라도 남겨 보시를 하고 싶네. 어서 이 배를 가지고 사찰로 가서 공양하게나!" 아육왕의 말에 대신들은 달리 어쩔 도리가 없어 결국 금으로 된 접시에 배 반쪽을 담아 사찰로 향했습니다. 이때 아육왕과 친구였던 그 존자가 사찰에서 이 사실을 알고는 종을 쳐서 모두 모은 후에 가사를 입고 산문 입구에 서서 아육왕 최후의 보시를 환영했습니다.

그 존자는 배 반쪽을 전해 받고서 여러 사람들에게 그것이 아육왕 최후의 보시임을 알렸습니다. 그러나 모든 사람에게 다 나눠 줄 방법이 없자 큰 가마솥에 넣고 죽을 끓여 모두 먹을 수 있도록 했습니다. 이후 아육왕이 세상을 떠나자 그 존자는 나도 이제 가겠노라 하고는 곧 원적(圓寂)했습니다.

역사상 이런 예는 적지 않습니다. 도가 북파의 구장춘(丘長春)은 칭기즈칸이 죽자 제자들에게 몸을 좀 씻어야겠다 하고는 작은 못에 뛰어들어 몸을 씻은 후, 내 친구가 갔으니 나도 따라 가겠노라고 했습니다. 칭기즈 칸이 죽었으니 자신도 그를 따라 죽겠다는 것이었습니다.

이런 이야기들이 무엇을 말하고 있을까요? 아육왕의 보시, 즉 어린아이가 한 줌의 모래를 내민 것은 상에 머물지 않는 보시로서 분명 무심한 것이었습니다. 우리가 아육왕 이야기를 듣고서 내일 부처님 앞에 가서 공양하며 내생에 대왕으로 태어나게 해 주십사 빈다고 그렇게 될 수 있겠습니까? 그건 불가능합니다. 이미 무심한 마음이 아니며, 상에 머물고 있기 때문입니다. 어린아이가 모래 한 줌을 내밀었을 때 부처님은 그것을 황금과 같은 것이라 보았습니다. 일념으로 성의를 다한 공양이기 때문입니다. 이것이 바로 상에 머물지 않는 보시입니다.

주리반타가의 빗자루

불경에는 또 주리반타가(周利盤陀伽)의 이야기도 실려 있습니다. 그는 부처님이 생존할 당시 부처님으로부터 직접 불법을 배운 사람으로서 말할 수 없이 머리가 나빴습니다. 『금강경』을 읽지 못하는 것은 두말할 필요도 없고, '아미타불'이라는 말조차 외지 못했습니다. 그러자 부처님은 마지막으로 그에게 '빗자루'라는 말을 외도록 가르쳤습니다. 그런데 그는 '빗' 자를 외면 '자루'를 까먹고, '자루'를 외면 '빗'을 까먹었습니다. 결국 몇 년이 걸려서야 겨우 이 말을 욀 수 있었습니다. 그렇지만 후에 그는 뛰어난 신통력을 지니게 되어 몇 차례나 부처님의 목숨을 구하기도 했습니다. 한번은 외도의 무리가 부처님을 공격해 온 적이 있었는데, 그때 마왕이 산으로 부처님을 덮어 누르려 하자 주리반타가가 뒤에서 손가락 하나로 그 산을 밀쳐 내서 부처님을 구했습니다. 이런 신통력이 바로 '빗자루'를 욈으로써 생겨난 것입니다.

불경에는 그가 부처님과 인연이 있었다고 말합니다. 그가 부처님을 찾아와서 출가하겠다고 했을 때는 이미 나이가 아주 많았습니다. 그의 사형이었던 아난과 수보리, 사리자 등은 모두 갖가지 이유를 들며 그의 출가를 말렸습니다. 그러자 그는 산문 바깥에서 큰 소란을 피웠습니다. 부처님이 타좌를 하고 있다가 그 소리를 듣고 나와서는 왜 출가하겠다는 그를 만류하려 하느냐고 물었습니다. 이 대제자들은 모두 신통력을 갖추고 있었는데, 그들이 관찰해 본즉 그는 오백 생 이래 부처님과 아무런 연을 맺은 바 없으니 출가할 인연이 없다는 것이었습니다. 부처님은 제자들을 나무랐습니다. "그대들은 나한에 머물러 신통이 단지 오백 생애밖에 미치지 못하는구나. 오백 생 이전에 그가 무엇을 했는지 알 수 있는가? 오백 생 이전의 한 생애에서 그는 한 마리 개로서 나와 연을 맺었노라!" 한번은 개 한 마리가 어떤 곳에 이르러 대변을 먹고 있었는데, 그곳은 조족루(弔足樓)라 부르는 변소였습니다. 여기서야 거의 볼 수 없는 광경이지만, 대륙의 고산 지대에서는 화장실에서 변을 보면 한참 있다가 변이 바닥에 떨어집니다. 그래서 옛사람은 이런 시를 남기기도 했습니다. "판자가 좁으면 오줌이 급하게 흐르고, 구덩이가 깊으면 똥이 늦게 떨어진다[板狹尿流急, 坑深糞落遲]." 고대에 전문적으로 독서하고 시를 짓는 사람은 대변이 한참 지나서야 바닥에 떨어진다는 사실까지도 빠뜨리지 않고 시로 남긴 겁니다. 그 개는 바로 그런 곳에서 대변을 먹고 있었는데, 그 순간 위에서 갑자기 똥 한 덩이가 꼬리에 정통으로 떨어졌습니다. 그러자 그 개는 깜짝 놀라서 고개를 돌려 달아났습니다. 그렇게 한참을 달아나다 보니 오래된 탑 하나가 있었습니다. 그 탑은 어떤 나한의 무덤이었습니다. 개는 그 탑 앞에서 오줌을 누려고 꼬리를 들어올렸는데, 바로 그 순간 꼬리에 묻어 있던 똥이 날아가 탑 위로 떨어졌습니다. 부처님은 말했습니다. "그는 당시 그 똥으로 나를 공양해 나와 연을 맺었다! 나는 그 생애에서 수행하여 독각불(獨覺佛)에 이르렀는데, 그 탑은 바로 내 뼛가루를 묻은 탑이었다!"

한번 생각해 보십시오. 정말 우연한 일이지 않습니까? 똥은 개에게는 요리와 다를 바 없이 향기롭습니다. 개의 양식인 겁니다. 그 개는 바로 그런 좋은 양식으로, 꼬리를 한번 처들면서 무심히 상에 머물지 않고 보시를 행한 것입니다. 이 때문에 그 복덕은 무한합니다. 부처님은 그가 이런 인연으로 인해 출가할 수 있다고 했습니다.

그 노인은 출가한 이후 열심히 노력했고 부처님 또한 그를 직접 가르쳤지만 워낙 머리가 나빠서 도저히 가르칠 방도가 없었습니다. 그는 아무리 짤막한 구절이라도 기억하지 못했습니다. 더 이상 어쩔 도리가 없자 부처님은 그에게 청소를 하게 하면서 '빗자루'란 말을 외도록 했습니다. 그렇게 몇 년이 지나자 마침내 그는 '빗자루'란 말을 욀 수 있었고, 그럼으로써 후에 도를 깨달았습니다.

수행이란 빗자루와 같습니다. 마음속에 있는 잡념을 모두 쓸어 버리고 상에 머물지 않고 보시를 행해야 합니다. 상에 머물지 않는다는 이 구절이 바로 빗자루인 겁니다. 마음속에 망념이 있을 때 그것을 몽땅 쓸어 버린다는 겁니다. 이렇게 수행하는 것이 바로 배운 바대로 머무는〔如所教住〕것으로, 마음이 수시로 공(空)에 이를 수 있어 상에 머물지 않으면서 머무는〔不

住相而住〕것입니다. 수행이 이런 경계에 이르렀을 때 비로소 진정으로 불법을 배웠다고 할 수 있습니다. 이것이 제4품 묘행무주분(妙行無住分)입니다. 다음 게송을 결론으로 삼고자 합니다.

【제4품】 게송

몸이 마음을 부리고 번뇌가 사람을 부리니
부생에 허둥댐은 한 마음과 몸을 위해서라네
번화함이 눈앞을 지나가면 봄바람도 멎으나
오고 가는 두 탄환은 머무름 없이 회전하도다

形役心勞塵役人　浮生碌碌一心身
형 역 심 로 진 역 인　부 생 록 록 일 심 신
繁華過眼春風歇　來往雙丸無住輪
번 화 과 안 춘 풍 헐　내 왕 쌍 환 무 주 륜

이 게송 역시 수행의 원리, 진정한 대승 수행의 묘법을 설명합니다.

"몸이 마음을 부리고 번뇌가 사람을 부리니〔形役心勞塵役人〕." 우리의 이 신체가 바로 형(形)입니다. 우리의 신체가 살아가는 것은 참으로 가련합니다. 여러분은 도연명(陶淵明)의 「귀거래사(歸去來辭)」를 읽어 보셨을 겁니다. 신체〔形〕가 마음을 부린다는 것을 말하는데, 우리 인간은 모두 신체의 노예입니다. 추우면 옷을 입어야 하고, 더우면 벗어야 합니다. 배고프면 먹어야 하고, 과식하면 소화제가 필요합니다. 그러니 하루 종일 신체를 돌보느라 바쁩니다. 바깥 경계의 번뇌가 우리를 지휘하여, 우리는 바깥 물질세계의 노예가 됩니다.

"부생에 허둥댐은 한 마음과 몸을 위해서라네〔浮生碌碌一心身〕." 문학에서는 우리의 이런 인생을 부생(浮生)이라 표현했습니다. 수면에 떠 있는 기름방울과 같습니다. 그러다 흩어지면 나는 없어지지만 물은 그대로 물입니다. 그러므로 인생이란 부평초처럼 물 위에 떠 있습니다. 하루 종일 허둥대는 것은 이 신체를 위해서입니다. 하나의 사상 혹은 한 점의 생각을 위해서입니다. 그러니 스스로 자신을 속이고 있습니다.

"번화함이 눈앞을 지나가면 봄바람도 멎으나〔繁華過眼春風歇〕." 부귀와 공명을 누리고, 자손이 집안에 가득 차며, 다섯 대가 한 집안에서 사는 것은 아주 떠들썩하여, 마치 봄이 되어 뜰에 온갖 꽃이 만발한 것과 같습니다. 젊었을 때부터 중년에 이르기까지의 이 시기는 참으로 앞길이 창창하고 뒷길도 다함이 없어, '천상천하 유아독존'이라 느낍니다. 이런 몇십 년간의 화려한 시기는 눈 한 번 깜빡하는 사이에 지나가 버립니다. 봄날이 가고 나면 만개했던 꽃조차 모두 지고 맙니다. 어떤 것도 더 이상 나에게 속하지 않습니다. 이제 더 무엇이 남아 있겠습니까?

"오고 가는 두 탄환은 머무름 없이 회전하도다〔來往雙丸無住輪〕." 두 개의 총알, 즉 태양과 달만이 영원히 회전합니다. 우리가 죽은 뒤에도 태양과 달은 여전히 회전합니다. 이 우주는 여전히 끝없는 허공입니다. 결코 우리가 죽었다고 없어지지 않습니다. 많은 노인들이 한탄합니다. "이런! 큰일 났구먼! 요즘 젊은 애들은 형편이 없어!" 그러면 저는 말합니다. "나도 전에는 같은 생각이었소. 그러나 지금은 다르다오. 젊은 애들을 보고 엉망진창이라 생각할 필요 없소. 당신이나 내가 죽은 뒤에도 태양은 여전히 동쪽에서 떠서 서쪽으로 질 것이고, 엉망진창인 것 같은 그들의 역사도 여전히 번창해 갈 것이오. 결코 당신이나 내가 죽었다고 해서 바뀔 역사가 아니오." 인생의 이 이치를 꿰뚫어 보아야 합니다. 태양이나 달은 영원히 쉬지 않고 회전합니다. 그들은 머무름이 없기 때문에 영원히 정지하지 않습니다! 만약 태양이나 달이 일 초간이라도 정지한다면 이 세계는 온통 없어져 버리고 말 겁니다.

그러므로 우리는 이 마음, 이 생각이 어떻게 해야 머물지 않을 수 있는지 알아야 합니다. 결코 공(空)을 구하라는 것이 아닙니다. 만약 하나의 공에 고정된다면, 이미 머무는 바가 있습니다. 『금강경』은 절대로 공을 말한 것이 아닙니다. 만약 『금강경』이 우리에게 공을 말한 것이라 해석한다면, 그건 완전히 틀렸습니다. 제4품의 게송은 이상과 같습니다. 저의 이 말 역시 기분 내키는 대로 농담 삼아 한 것입니다! 여러분은 이것을 참된 것이라 생각해서는 안 됩니다. 만약 참된 것이라 생각한다면, 머무는 바가 있는 것입니다.

제5품
여래를 보다

第5品 • 如理實見分

"須菩提! 於意云何? 可以身相見如來不?"
"不也, 世尊! 不可以身相得見如來. 何以故? 如來所說身相, 卽非身相."
佛告須菩提, "凡所有相, 皆是虛妄, 若見諸相非相, 卽見如來."

"수보리여! 그대 생각은 어떤가! 신상으로써 여래를 볼 수 있는가?"
"아닙니다, 세존이시여! 신상으로써 여래를 볼 수 없습니다. 왜냐하면 여래에서 신상이라 하신 것은 신상이 아니기 때문입니다."
부처님께서 수보리에게 말씀하셨다. "무릇 모든 상은 다 허망하니, 만약 모든 상이 상이 아님을 본다면 여래를 보리라."

비상(非相)과 공

"수보리여! 그대 생각은 어떤가! 신상으로써 여래를 볼 수 있는가?"
"아닙니다, 세존이시여! 신상으로써 여래를 볼 수 없습니다."

"須菩提! 於意云何? 可以身相見如來不?"
수보리 어의운하 가이신상견여래부
"不也, 世尊! 不可以身相得見如來."
불야 세존 불가이신상득견여래

조금 전에 부처님은 불법을 공부하는 사람이라면 상에 머물지 않고 보시를 행해야 한다고 하고서, 먼저 상에 머물지 않는 복덕을 설명했습니다. 이 공덕을 통해 지혜는 비할 바 없이 커진다는 것입니다. 여기서는 한 걸음 더 나아가 어떻게 부처를 보아야 하는가라는 문제를 제기합니다. 아주 엄중한 문제입니다. 우리가 불법을 공부하는 것도 사실 부처님을 보기 위함이 아니겠습니까? 부처님은 수보리에게, "수보리여! 그대 생각은 어떤가? 신상(身相)으로써 부처를 보는 것이 가능하다고 생각하는가?"라고 물었습니다.

불경에서는 부처님이 삼십이상(三十二相)이 있어서 우리 보통 사람과 다르며, 또 팔십종호(八十種好)를 지니고 있다고 합니다. 예를 들면 부처님은 빛을 뿜어낼 수 있는데, 우리 같으면 도저히 그럴 수 없지요. 또 부처님이 손을 펴면 손가락과 손가락이 마치 문에다 거는 발처럼 서로 이어져 있으며, 부처님이 혀를 내밀면 혀가 머리 모근에까지 닿는다고 합니다. 또 한 가지 상(相)마다 한 가지 공덕이 있는데, 이 공덕은 여러 겁에 걸친 수많은 생애를 통해 닦아 쌓아 온 것입니다. 예를 들어 향기로운 꽃으로 부처님께 공양하면 내생에서 아름다운 사람으로 변하며, 옷이나 모자로 공양하면 내생에서는 입을 옷을 걱정하지 않고 신체도 건강합니다. 많은 의약품을 보시하면 내생에서 평생 동안 병에 걸리지 않습니다. 만약 전생에서 의약의 보시에 인색했다면, 이 생애에서는 평생 재난도 많고 병도 많습니다. 이 모든 것이 인과응보입니다. 부처님이 삼십이 종의 상과 팔십 종의 좋은 모습을 갖춘 것도 역시 과보입니다. 몇 겁에 걸친 생애를 모두 지극히 선하게 수행에 전념하면서 보냈기 때문에 이 복덕이 상(相)으로 나타난 것입니다. 부처님의 동생인 아난은 부처님보다 좀 못해, 삼십 종의 상이 좋았습니다. 경전을 번역한 구마라집 역시 삼십 종의 상이 좋았습니다.

여기서 부처님이 묻습니다. 유형의 형상으로써 부처를 보는 것이 가능하냐고요. 이것이 석가모니불이 수보리에게 제시한 문제입니다. 수보리는 불가능하다고 대답합니다. 여러분, 주의하십시오! 부처님은 형상으로써 볼 수 있는 존재가 아닙니다. 형상으로 부처님을 보는 것은 잘못된 것입니다. 그렇다면 이렇게 물을지 모르겠습니다. 그럼 절에서는 왜 우상을 숭배하느냐고요. 그러나 그렇게 생각한다면 잘못된 겁니다. 진정한 불법은 다른 종교와 마찬가지로 우상 숭배를 반대합니다. 그런데도 왜 그려 놓은 부처님이나 새겨 놓은 보살상에 절을 할까요? 그것은 부처님이나 보살의 모습을 통해 자신의 공경심을 끌어내기 위함입니다. 절을 하는 것은 그림이나 조각에 하는 게 아니라 자신에게 하는 것입니다. 어떤 종교든 최고의 이치는 마찬가지입니다. 다른 사람이 자신을 구하는 것이 아니라 자신이 스스로를 구합니다. 일념으로 공경심을 다했다면, 그림이 진짜 부처니 아니니 말할 필요 없습니다. 나무토막을 보고 절을 했든 흙덩어리를 보고 절을 했든 오직 일념으로 성심성의를 다했다면 성공한 겁니다. 구원을 받은 겁니다. 부처님은 말합니다. 그것은 "나로 인해 그대들이 공경스럽게 되는 것〔因我禮汝〕"입니다. 즉 부처님께 절하는 것이 아니라 자신에게 절하는 것입니다. 자신의 어디일까요? 자신의 마음 즉 자신의 성(誠)과 경(敬)입니다.

비단 이런 우상을 부처님이라 생각해서는 안 될 뿐 아니라, 부처님과 동시대를 산다 하더라도 부처님의 육신을 스승으로 삼아서는 안 됩니다. 그렇게 되면 상(相)에 사로잡힙니다. 『능엄경』에서 아난이 바로 이런 잘못을 범합니다. 부처님이 아난에게 왜 나와 함께 출가했느냐고 묻자 아난은, 부처님의 생긴 모습이 하도 훌륭하고 또 빛까지 뿜어내기에 그랬다고 대답합니다. 그러자 부처님은 아난이 상에 사로잡혀 훌륭한 모습만을 보고 출가했다며 나무랍니다. 아난이 마등가녀(摩登伽女)를 만나게 되는 것도 바로 이 때문입니다. 이런 까닭에 부처님은 신상(身相)으로써 여래를 볼 수 없다고 말합니다.

"왜냐하면 여래께서 신상이라 하신 것은 신상이 아니기 때문입니다."

"何以故？ 如來所說身相, 卽非身相."
하 이 고   여 래 소 설 신 상   즉 비 신 상

무엇 때문일까요? 진정으로 불생불멸하는 몸은 이 육신이 아닙니다. 육신에는 생사가 있습니다. 수행을 통해 설사 천 년을 살 수 있다 하더라도

마지막에는 역시 죽어야 합니다. 예를 들어 보장(寶掌)이라 불리는 선사는 천 년을 살았는데, 인도에서 오백 년을 살았으나 도를 깨닫지 못하자 장래 대승불법이 중국에 이를 것을 알고 그곳으로 가서 기다리고 있었습니다. 그렇게 달마조사가 오기를 기다리면서 중국에서 다시 오백 년을 살았는데, 대륙의 많은 곳에 그의 사원이 남아 있습니다. 구태여 가섭존자가 형체를 남겨 세상에 머물렀던 것을 들지 않더라도 장수하는 사람은 존재하나, 이들은 모두 육신의 상(相)으로서 불생불멸의 것이 아닙니다. 육신은 아무리 장수한다 하더라도 불생불멸할 수 없습니다. 오백 년이든 천 년이든 불생불멸하는 것은 이 육신이 아니라 법신입니다. 법신은 형상이 없습니다. 이런 까닭에 부처님은 이어서 우리에게 중요한 것을 분부합니다.

> 부처님께서 수보리에게 말씀하셨다. "무릇 모든 상은 다 허망하니, 만약 모든 상이 상이 아님을 본다면 여래를 보리라."
>
> 佛告須菩提, "凡所有相, 皆是虛妄, 若見諸相非相, 卽見如來."
> 불고수보리   범소유상   개시허망   약견제상비상   즉견여래

여기에 이르러 구마라집의 어조가 특히 무거워집니다. 부처님은 수보리에게 특별히, "무릇 모든 상은 다 허망하니, 만약 모든 상이 상이 아님을 본다면 여래를 볼 것이다〔凡所有相, 皆是虛妄, 若見諸相非相, 卽見如來〕"라고 말해 줍니다. 이 네 구절은 아주 중요한 것으로 각별히 유의해야 할 대목입니다. 무릇 어떤 경계에 있든 모두 가짜입니다. 수행을 통해 얻은 경계라면, 수행하지 않으면 그 경계는 없어집니다. 타좌를 통해 어떤 경계에 이르렀다면, 타좌하지 않으면 그 경계는 사라집니다. 경계란 바로 상(相)으로서, 모든 상은 실제로 존재하는 것이 아닙니다.

어떻게 해야 진정한 부처님을 볼 수 있을까요? 법신을 볼 때 비로소 진

정한 부처님을 보았다고 할 수 있습니다. 만약 모든 상이 상이 아니라면, 바로 공(空)을 말한 것이 아니겠습니까? 흔히들 이렇게 해석합니다. 그러나 이 해석은 잘못된 것입니다. 혼란만 가중시키고 있을 뿐입니다. 그것이 공이라면 왜 공이라 번역하지 않았겠습니까? 그렇지만 구마라집은 단지 "만약 모든 상이 상이 아님을 본다면〔若見諸相非相〕"이라고 표현할 뿐입니다. '상이 아닌〔非相〕' 것이란 무엇일까요? 한마디로 딱 잘라 말할 수 없습니다. 일반인들은 『금강경』을 읽다가 이 부분에 이르면, 이것이 공을 말하는 것이라 단정 짓습니다. 그러나 이는 자신의 생각일 뿐, 부처님은 그렇게 말하지 않습니다. 부처님은 단지, 만약 모든 상이 상이 아님을 본다면 부처를, 즉 부처님의 법신을 볼 수 있다고 말할 뿐입니다.

이 구절의 중점은 이렇습니다. 부처님은 우리에게 단지 모든 상은 상이 아님을 말할 뿐 결코 공을 말하지는 않습니다! 그 이치가 어디에 있을까요? 바로 머무는 바가 없는〔無所住〕 것에 있습니다.

법신, 보신, 화신과 체, 상, 용

『금강경』 제5품의 핵심은 바로 "무릇 모든 상은 다 허망하니, 만약 모든 상이 상이 아님을 본다면 여래를 보리라"라는 네 구절입니다. 『금강경』에서 언급한 '사구게(四句偈)'는 도대체 어떤 구절일까요? 천 년 동안이나 내려온 큰 문제입니다. 경문 중에는 이 외에도 "일체 유위법은 꿈, 환상, 물거품, 그림자와 같고, 이슬과 같고 번개와 같으니, 마땅히 이렇게 보아야 한다〔一切有爲法, 如夢幻泡影, 如露亦如電, 應作如是觀〕"라는 유명한 네 구절도 있기 때문입니다. 지금 제5품에서 먼저 이 사구게와 만나게 되었는데, 여러분은 이 부분을 특히 주의하시기 바랍니다. 이제 다시 제5품으로 돌아갑시다. 부처님은 신상(身相)으로써 여래를 보아서는 안 된다고 했습니다.

우리는 불교 이론 중에서 성불하면 법신(法身), 보신(報身), 화신(化身)의 세 몸을 얻을 수 있다는 사실을 알고 있습니다. 이 때문에 어떤 사원에서는 똑같은 불상 셋을 함께 모시기도 합니다. 삼신(三身)을 나타낸 겁니다. 당대 이후 도교가 흥성하면서 불교에서처럼 삼청(三淸) 즉 상청(上淸), 태청(太淸), 옥청(玉淸)을 배열했는데 이것 역시 삼신을 나타냅니다. 사실 동양이든 서양이든 모든 종교는 어느 정도 서로 모방을 하는 것이 보통입니다.

성불하면 이처럼 삼신을 얻게 되는데 법신은 청정한 것이요, 보신은 원만한 것이며, 화신은 각기 다른 수없이 많은 형상입니다. 이 중 법신은 본체로서 우주 만유의 본체입니다. 현대적 개념으로 표현해 본다면, 일체의 에너지원이라 할 수 있습니다. 법신이 본체라면 보신은 소위 말하는 현상입니다. 따라서 현상인 신상(身相)으로써 본체인 여래를 보는 것은 불가능합니다. 화신은 본체가 변화하는 작용입니다. 말을 바꾸면 법신, 보신, 화신은 곧 체(體), 상(相), 용(用)에 해당한다고 할 수 있습니다. 우주 간의 일체의 사물에는 모두 체, 상, 용이 있습니다. 물을 예로 든다면, 물이 곧 체(體)이고 물로 끓인 차가 상(相)입니다. 술을 빚었다면 이 술이 곧 상입니다. 술이든 차든 아이스크림이든 물의 본래적 성질이 법신이자 체이며, 각기 다른 다양한 변화 현상이 모두 그 용(用)입니다. 이것이 우리가 반드시 먼저 알아 두어야 할 법신, 보신, 화신의 이론입니다.

수행에 성공한 사람을 선종에서는 '대철대오(大徹大悟)' 했다고 하는데, 『금강경』에서는 이를 '아누다라삼먁삼보리' 즉 '무상정등정각(無上正等正覺)'이라 합니다. 여기서 '오(悟)'란 구체적으로 무엇을 깨달았다는 것일까요? 바로 우주 만유의 생명의 본체인 법신입니다. 소위 『심경』에서 말하는 "나지도 않고 사라지지도 않으며, 더럽지도 깨끗하지도 않으며, 늘지도 줄지도 않는〔不生不滅, 不垢不淨, 不增不減〕"것입니다. 『금강경』 머리글에는, "어떻게 하면 장수를 해 금강불괴의 몸이 될까요?〔云何得長壽, 金剛不壞身〕"라는 구절이 있는데, 이것 역시 법신을 말합니다. 일념도 일어나지 않으면 전체가 드러난다는 것 역시 법신을 가리킵니다. 법신은 상(相)이 없습니다.

보신이 원만하다는 것은 수행의 방면에서 말한 것입니다. 앞에서 우리는 부처님에게 서른두 가지의 특수한 상(相)이 있고, 또 이 상에 따르는 팔십 종의 아름다운 모습이 있다는 것을 살펴보았습니다. 무릇 도를 얻은 사람이라면 부모로부터 받은 색신(色身) 즉 육신이 바뀝니다. 일체 중생의 모든 육체는 보신입니다. 일생을 아주 편하고 행복하게 보내는 것은 그의 선한 업보의 결과로 얻은 보신 때문입니다. 어떤 사람은 일생을 견디기 힘든 고통 속에서 살아가는데, 그것은 과거의 생애에서 그가 심은 악의 씨앗 때문입니다. 그 악의 씨앗으로 말미암아 지금의 보신을 갖게 된 것입니다. 도를 성취한 수도자는 보신이 바뀝니다. 도가에서 말하는 '병을 제거하여 생명을 연장하는〔卻病延年〕' 것이나 '장생불로'라는 것도 바로 보신이 바뀐 것을 말합니다. 보신의 수련이 완벽히 원만한 경지에 이르면 전신이 '환골탈태(換骨脫胎)'하고 일체의 신통을 갖추게 됩니다. 그렇지만 이것은 어렵고도 어려운 일입니다. 보신을 원만히 하기가 지극히 어렵다고 하는 것도 이 때문입니다.

도가에서 흔히 말하는 수기(修氣)니 수맥(修脈)이니, 기경팔맥을 통하게 하느니 하는 것이나 밀교에서 말하는 삼맥칠륜(三脈七輪)을 닦아 통하게 하는 것은 모두 보신의 수련에 치우친 것입니다. 이에 반해 지관(止觀)이니 염불, 참선과 같은 것은 법신의 수련에 치우친 것입니다. 보신의 수련에 성취가 있으면 자신의 육체 이외에 또 다른 육체가 생기게 되는데, 이것이 바로 화신의 작용입니다. 이상에서 말한 것이 법신, 보신, 화신의 개

략적인 내용입니다.

불법을 배우는 사람은 보통 이론에 입각한 법신의 노선을 좇습니다만, 밀교에서는 삼신(三身)의 성취를 주창합니다. 삼신의 성취를 이루어야만 비로소 진정한 불법을 얻을 수 있기 때문입니다. 이 삼신의 성취를 일러 '즉신성취(卽身成就)'라고도 합니다. 이 외에 '즉생성취(卽生成就)'라는 것도 있는데, 이는 이 생애에서 성취를 얻어 생사를 초월하는 것을 말합니다. '즉신성취'는 이론적으로 볼 때 '즉생성취'에 비해 더 어렵습니다. 부모로부터 받은 이 사대(四大)의 색신이 바뀌기 위해서는 계정혜(戒定慧)뿐 아니라 온갖 수행의 방법이 모두 필요하기 때문입니다. 이런 수행을 통해 색신이 완전히 바뀌게 되면 그때에야 비로소 '즉신성취'가 원만함에 이르렀다고 할 수 있습니다.

연화생

티베트의 밀교에서는 석가모니불 이외에도 연화생대사(蓮花生大士)를 받들어 모십니다. 전하는 바에 따르면 연화생대사는 석가모니불이 떠난 지 팔 년 뒤에 다시 세상에 왔는데, 그가 다시 오게 된 것은 석가모니불이 현교 교주였을 때 중요한 수행법을 다 말하지 못했기 때문이라고 합니다. 그래서 다시 올 때는 연꽃(蓮花)으로부터 태어나서 밀교의 교주가 되었다고 합니다.

당시 남인도에 한 국왕 부부가 있었는데 자식이 없었습니다. 하루는 부부가 정원에서 연꽃을 바라보고 있는데 홀연 한 연꽃의 가운데 부분이 점점 커지더니 그 속에서 어린애 한 명이 생겨났습니다. 피와 살을 가진 아이였는데, 이 아이가 바로 연화생대사입니다. 후에 이 아이는 왕위를 계승

할 태자가 되었고, 열여덟 살에 이르러 성취를 얻었으나 육체는 계속 보존하고 있었습니다. 과거 티베트에서는 매년 한 차례씩 전국 호마(護摩) 법회가 개최되었습니다. '호마(護摩)'란 배화교의 경우처럼 어떤 것이든 모두 갖고 와서 태워 버리는 일종의 종교 의식입니다. 여자들 중에는 자신의 머리를 몽땅 잘라서 태우는 이도 있었습니다. 이렇게 일곱 밤을 계속 태우는데, 그 사이 사람들은 불을 둘러싸고서 연화생대사의 주문을 외웁니다. 그러면 어떤 때는 불꽃 위로 그가 백마를 타고 지나가는 모습이 잠깐 동안 나타났다가 사라지기도 한다고 합니다.

밀교에서 전해지는 이야기에 따르면, 연화생대사는 밀교의 교주였기에 전생에서처럼 열반에 들지 않고 백마를 타고 허공으로 사라졌다고 합니다. 그는 스스로 모습을 드러낼 때 언제나 열여덟 살 소년의 모습으로 나타났습니다. 우연히 약간의 수염이 드러나기도 했지만 모습은 영원히 변하지 않았지요 이것은 보신을 성취해 완성하면 영원히 존재할 수 있음을 설명합니다. 바로 도가에서 말하는 장생불로의 관념입니다. 이른바 일월과 같은 몸이 되고 천지와 수명을 같이하는[日月同體, 天地同壽] 것, 즉 보신의 원만함입니다. 당연한 이야기지만 보신을 닦아 완성하면 자연히 화신의 능력도 생겨 일체의 신통을 구족하게 됩니다. 그러므로 즉신성취를 닦아 이루고자 하는 것만이 진정으로 원만한 불법을 배울 수 있는 길입니다.

이런 이야기들을 종합해 보면 우리는 『금강경』이 대체로 법신의 성취에 치우쳐 있음을 알 수 있습니다. 어떻게 하면 법신을 볼 수 있을까요? 도를 보거나 깨달아야 합니다. 『금강경』은 반야의 부분으로, 소위 반야란 실상반야 즉 온갖 생명이 시작되기 전의 본체를 증득하는 데 중점을 둔 것입니다. 보신과 화신은 경계반야에 속합니다. 따라서 부처님은 신상(身相)으로써 여래를 보아서는 안 된다고 문제를 제기합니다. 『금강경』이 부분에서 말하는 여래란 바로 일체 중생이 공유하는 생명의 본체입니다. 여기서 우리는 신앙을 가지고 경건하고 성실하게 그 가르침을 행하되 과도하게 상에 집착해서는 안 된다는 것을 알 수 있습니다. 이는 비단 불교뿐 아니라 다른 어떤 종교에서도 마찬가지입니다.

신상에 대한 집착

제 경험으로 볼 때 신상(身相)에 집착하는 사람은 대단히 많습니다. 과도하게 상에 집착하는 것을 의학에서는 종교 심리적 질환으로 보는데, 이 경우 마땅히 치료할 방법이 없습니다. 불교뿐 아니라 다른 모든 종교에서도 마찬가지이지만, 과도하게 상에 집착하여 맹목적인 믿음을 갖는다면 뒤에 가서는 정신병으로 이어지기도 합니다.『금강경』이 "능단금강반야바라밀다(能斷金剛般若波羅蜜多)"라 불리는 것도 이 때문입니다. 이는 지혜의 성취를 의미하는 것으로, 상에 집착하지 않고 신상(身相)으로써 여래를 보지 않는다는 뜻을 담고 있습니다.

많은 사람들이 선(禪)을 공부하거나 각종 공부를 하면서 이 경계는 어떤지, 저 현상은 어떤지 묻곤 합니다. 그러나 반드시 염두에 두어야 할 것은 "무릇 모든 상은 다 허망하다〔凡所有相, 皆是虛妄〕"라는 사실입니다. 설사 오늘의 경계가 좋더라도 만약 계속 수련하지 않으면 그 경계는 다시 나빠진다는 것을 알아야 합니다. 그것이 도(道)가 아님은 이곳에서도 알 수 있습니다. 가령 다리를 틀고 앉아 있을 때는 도가 나타나지만 가부좌를 풀고 난 뒤에는 그것이 사라진다면, 이는 도를 얻은 게 아니라 다리 트는 걸 얻은 것입니다. 이 때문에『중용(中庸)』에서는, "도란 잠시도 떨어질 수 없는 것으로, 떨어질 수 있는 것은 도가 아니다〔道也者, 不可須臾離也, 可離, 非道也〕"라고 했습니다. 또한『심경』에서도 "나지도 않고 사라지지도 않으며,

더럽지도 깨끗하지도 않으며, 늘지도 줄지도 않는다〔不生不滅, 不垢不淨, 不增不減〕"라고 했습니다. 조금 수련했다고 해서 늘지도 않으며, 수련하지 않았다고 해서 줄어들지도 않는다는 것입니다. 만약 수련 좀 했다고 많아지고 수련하지 않았다고 적어진다면, 그것은 도의 본체가 아닙니다. 도의 본체는 신상(身相)으로써 볼 수 있는 것이 아닙니다. 그러므로 모든 상은 다 허망합니다.

모든 상이 허망하다면, 여러분 앞에 부처님이 나타날 때에도 마찬가지일까요? 여러분은 어떻게 생각합니까? 『금강경』의 이치로 보자면, 만약 여러분 앞에 부처님이 나타났다면 반드시 안과로 가서 검사를 받아 봐야 합니다. 틀림없이 눈에 이상이 생겼을 테니 말입니다. 사람들은 보통 기이한 소리를 듣거나 혹은 특이한 영감을 얻거나 하면 거기에 탐닉합니다. 그렇지만 참으로 주의해야 할 것은, 모든 상이 허망하다는 사실입니다. 무상의 보리(菩提)는 지극히 평범한 것일 뿐입니다.

옛 성인들은 말합니다. 도란 일상 속에 있다고요. 진정한 도, 진정한 진리는 절대적으로 일상적이고 평범합니다. 제일 고명한 것은 제일 평범합니다. 진정으로 평범한 것이라야만 참으로 고명한 것일 수 있습니다. 사람됨 역시 마찬가지입니다. 제일 고명한 사람은 제일 평범합니다. 지극히 평범한 사람이야말로 제일 고명한 사람입니다. 노자는 "대지약우(大智若愚)"라고 했습니다. 지혜가 극에 이르면 대단히 평범해집니다.

사람들은 흔히 자신이 범상하지 않다고 생각합니다. 그러나 이것은 스스로 비범하다고 생각하는 것일 뿐입니다. 제일 평범한 곳에 도달할 수 있을 때에야 비로소 최고의 것을 체험할 수 있습니다. 저는 자주 이런 말을 하곤 합니다. 인류의 문화가 생겨난 것은 두 개의 사과 때문이라고요. 하나는 아담과 이브의 사과입니다. 이 때문에 인류의 역사가 시작되었습니다. 다른 하나는 뉴턴의 사과입니다. 이로 인해 세계 문명이 다시 한 번 변했습니다.

　사실 우리의 사과가 미국이나 일본의 것보다 훨씬 맛있긴 합니다만 어쨌거나 오랜 옛날부터 사과를 먹어 왔으면서도 우리는 만유인력을 발견하지는 못했습니다. 그러나 뉴턴은 바로 이 사과가 떨어지는 것을 보고 만유인력을 발견했습니다. 사과가 해마다 땅에 떨어지는 것은 지극히 평범한 현상이지만, 뉴턴은 바로 이 평범한 사실 속에서 평범하지 않은 원리를 발견해 낸 것입니다. 물을 끓이거나 밥을 지을 때 수증기가 생기는 것은 지극히 일상적인 현상이지만, 제임스 와트는 이것을 보고 증기 기관을 발명해 냈습니다. 마찬가지로 일체의 사물은 가장 평범한 것 속에 평범하지 않은 것이 있습니다.

　우리가 불법이나 도를 공부할 때는 신기한 것이나 비범한 것에 대한 어떤 기대를 해서는 절대로 안 됩니다. 인생의 가장 평범한 곳에 도달할 수 있을 때에야 비로소 불법을 안다고 할 수 있습니다. 모든 상은 다 허망합니다. 비단 부처님뿐 아니라 인간 세상 일체의 상에 집착하지 않아야 합니다. 어떤 때에도 상에 집착하지 않아야 비로소 여래를 볼 수 있으며, 자성(自性)의 법신을 볼 수 있습니다.

　이것이 제5품의 결론입니다. 대단히 중요합니다. 더욱이 우리처럼 평소에 수지(修持)하는 사람들에게는 특별히 중요합니다. 이제 여러분께 제5품 여리실견분(如理實見分)에 대한 당시의 게송을 소개하겠습니다. 소위 '이(理)'라는 것은 법신으로서 형이상의 도(道)가 곧 이(理)입니다. 이에 반해 보신과 화신은 모두 '사(事)'입니다. 이(理)가 철학적인 것이라면, 사(事)는 공부하는 것이요 닦아서 얻는 것이며 과학적인 것입니다. 그러므로 '여리실견(如理實見)'은 곧 법신을 보는 것입니다.

【제5품】

게송

반복해서 상, 형을 갖지 말라 일러 주어도
깨어서는 꿈을, 꿈에서는 깨어나길 그리워한다
자비가 헛되이 뿌려져 상제보살이 눈물 흘려도
깊이 취한 마음의 문은 예전처럼 잠겨만 있구나

反覆叮嚀無相形　覺時戀夢夢戀醒
반 복 정 녕 무 상 형　각 시 연 몽 몽 연 성
慈悲空灑常啼淚　沈醉心扉依舊扃
자 비 공 쇄 상 제 루　심 취 심 비 의 구 경

"반복해서 상(相), 형(形)을 갖지 말라 일러 주어도〔反覆叮嚀無相形〕." 부처님은 간곡히 재삼 반복해서 우리에게 말합니다. 불법을 배우면서 상(相)에 집착해서는 안 된다고요. 수도를 해서 도를 이루려면 상(相)이 없어야 하며, 또 형(形)이 없어야 합니다. 그렇지만 우리는 어떤가요? 가련할 뿐입니다. 그래서 다음 구절이 이어집니다.

"깨어서는 꿈을, 꿈에서는 깨어나길 그리워한다〔覺時戀夢夢戀醒〕." 이것이 바로 인생입니다. 문학 작품에서도 자주 등장하며, 여러분도 모두 쓸 수 있는 구절입니다. "아, 인생은 꿈 같도다!" 이런 말을 하는 사람이라고 해서 그가 과연 깨어 있는 것이겠습니까? 여전히 깨어나지 못했습니다! "그래, 인생이란 꿈과 같지!" 이렇게 말하면서도 그는 다시 꿈 이야기를 합니다. 사람이 꿈에서 깨어날 때는 자기가 아주 어리석게 생각됩니다. '어, 방금 한바탕 꿈을 꾸었구나.' 그렇지만 그가 깨어난 것일까요? 눈을 뜨고도 여전히 꿈을 꾸고 있습니다. 더욱 재미있는 것은, 어떤 사람은 어젯밤 꾸었던 좋은 꿈을 오늘 여기 앉아서도 계속 생각한다는 겁니다. 그 꿈이 못내 아쉬운 까닭입니다. 인생이란 아주 묘한 데가 있습니다. 깨어난 뒤에도 꿈을 그리워합니다. 꿈을 꾸고 있을 때는요? 다시 조금이라도 빨리 깨어났으면 좋겠다고 생각합니다. 궁극적으로 어떤 게 좋은 것일까요? 스스로도 뚜렷이 알지 못합니다.

예를 들면 여러분은 모두 이상은(李商隱)의 다음 시를 읽었을 겁니다. "이 감정은 추억으로 남으리, 당시로서는 실망스러웠지만〔此情可待成追憶, 只是當時已惘然〕." 이것이 바로 깨어 있을 때 꿈을 그리워하고, 꿈에서는 깨어 있을 때를 그리워하는 것입니다. 이 외에도 옛사람의 유명한 두 구절이 있습니다. "당시로서야 일상적인 일이었지만, 지난 뒤 생각하니 정감이 두 배로다〔當時只是平常事, 過後思量倍有情〕." 우리는 인생에서 모두 이런 경험을 합니다. 젊었을 때를 회상하는 경우라면 애틋함이 더하겠지요. 남자 친구나 여자 친구를 사귀거나 혹은 다른 어떤 사정이든, 당시로서는 아주 평범한 일이었지만 지나고 나면 느낌이 다릅니다. 우리가 오늘 저녁 여기에 앉아 있는 것도 아주 예사로운 일로 보이지만, 만약 삼십 년 후에 지금 이 순간을 돌이켜 본다면 다를 것입니다. 옛날 삼십 년 전, 복청(復靑) 빌딩 꼭대기에서 같이 강의 듣던 사람들, 아! 이제 다 지나가 버렸구나! 절로 감탄사가 나올 겁니다. 바로 "당시로서야 일상적인 일이었지만, 지난 뒤 생각하니 정감이 두 배로다!"입니다. 더욱이 우리 같은 노인네들은 옛일을 생각하면 어떤 것도 다 좋기만 합니다. 예전에 시골에서는 위생 시설이 형편없어 파리가 밥상에 날아 앉곤 했어도, 지금 생각하면 그때의 맛이 더 좋았던 것 같습니다. 파리를 쫓느라 손을 휘둘러야 했지만, 지금에 와서 돌이켜 보면 그때의 맛은 다시없을 것 같습니다. 당시로서야 파리 쫓는 게 일이었지만, 지나고 나서 생각하니 정감이 두 배입니다. 이것이 바로 인생입니다. 우리 인생은 쉽게 스스로를 속입니다. 깨어 있을 때는 꿈을 그리워하고, 꿈에서는 깨어 있을 때를 그리워합니다.

"자비가 헛되이 뿌려져 상제보살이 눈물 흘려도〔慈悲空灑常啼淚〕." 중생의 어리석음에 대해 언급하면서 『법화경(法華經)』에서는 보살 한 분을 등장시킵니다. 상제보살(常啼菩薩)이라 불리는 이 보살은 항시 울며, 영원히 웁니다. 그는 아마도 울기를 좋아했나 봅니다. 바로 울기 좋아하는 보살입니다. 그는 중생이 너무도 어리석고 가련해 보여 원하지는 않지만 울음을 그칠 수가 없습니다. 이 때문에 상제보살이라 합니다. 부처님은 『금강경』에서 우리에게 상에 집착해서는 안 된다고 거듭 말하지만, 중생이 이를 이해하지 못하니 자비가 헛되이 뿌려집니다. 그래서 상제보살은 눈물을 흘립니다. 일체 중생이 깨닫지 못하는 것을 비통해합니다. 그렇지만 우리는 어떤가요?

"깊이 취한 마음의 문은 예전처럼 잠겨만 있구나〔沈醉心扉依舊扃〕." 마음 속 지혜의 문은 영원히 열지 못합니다. 지혜의 문을 열지 못하는 것은, 자신을 열지 못하고 영원히 밀폐시켜 자물쇠로 잠가 두는 것입니다. 이것이 제5품에 대한 우리의 결론입니다.

제6품
바른 믿음이 드물다

第6品・正信希有分
須菩提白佛言, "世尊! 頗有衆生, 得聞如是言說章句, 生實信不?"
佛告須菩提, "莫作是說! 如來滅後, 後五百歲, 有持戒修福者, 於此章句, 能生信心, 以此爲實. 當知是人, 不於一佛二佛三四五佛而種善根, 已於無量千萬佛所, 種諸善根, 聞是章句, 乃至一念生淨信者. 須菩提! 如來悉知悉見, 是諸衆生, 得如是無量福德. 何以故? 是諸衆生, 無復我相人相衆生相壽者相, 無法相, 亦無非法相. 何以故? 是諸衆生, 若心取相, 卽爲著我人衆生壽者. 若取法相, 卽著我人衆生壽者. 何以故? 若取非法相, 卽著我人衆生壽者. 是故, 不應取法, 不應取非法. 以是義故, 如來常說, '汝等比丘! 知我說法, 如筏喩者. 法尙應捨, 何況非法?'"

수보리가 부처님께 말했다. "세존이시여! 중생들이 이렇게 말씀하시는 것을 듣고서 참다운 믿음이 생길까요?"
부처님께서 수보리에게 말씀하셨다. "그런 말 마라. 여래가 멸한 뒤 오백 년 후 지계(持戒)해서 복을 닦는 자가 있어서 이 구절을 진실한 것으로 생각해 신심이 생길 것이다. 마땅히 알아야 한다. 이 사람은 한 부처, 두 부처, 세 부처, 네 부처, 다섯 부처에서 선의 뿌리를 심은 것이 아니라, 이미 헤아릴 수 없이 많은 부처에서 선의 뿌리를 심어, 이 구절을 듣거나 한 생각만으로도 참되구나 하는 믿음이 생길 것이다. 수보리여! 여래는 모두 알고 모두 본다. 이 모든 중생이 이렇게 한없는 복덕을 받을 것이다. 왜 그런가? 이 모든 중생은 다시 아상·인상·중생상·수자상을 갖지 않으며, 법상을 갖지 않고, 비법상도 갖지 않기 때문이다. 왜 그런가? 이 모든 중생이 만약 마음에 상을 갖는다면 아상·인상·중생상·수자상에 집착할 것이며, 만약 법상을 갖는다면 아·인·중생·수자에 집착할 것이기 때문이다. 왜 그런가? 만약 비법상을 갖는다면 아·인·중생·수자에 집착할 것이기 때문이다. 그러므로 마땅히 법을 취하지도 말고, 법이 아닌 것을 취하지도 말아야 한다. 이런 뜻에서 여래는 항상 말한다. '그대들 비구는 내 설법이 뗏목의 비유와 같다는 것을 알라. 법도 버려야 하거늘, 하물며 법이 아닌 것이랴?'"

문희와 문수

수보리가 부처님께 말했다. "세존이시여! 중생들이 이렇게 말씀하시는 것을 듣고서 참다운 믿음이 생길까요?"
부처님께서 수보리에게 말씀하셨다. "그런 말 마라."

須菩提白佛言, "世尊! 頗有衆生, 得聞如是言說章句, 生實信不?"
수 보 리 백 불 언   세 존   파 유 중 생   득 문 여 시 언 설 장 구   생 실 신 부
佛告須菩提, "莫作是說!"
불 고 수 보 리   막 작 시 설

한 걸음 더 나아가 문제를 제기합니다. 우리는 『금강경』에 대해 좀 더 가벼운 마음으로 접근할 필요가 있습니다. 『금강경』은 말하자면 스승과 제자 간의 문답을 기록한 것으로, 하나의 극본과도 같습니다. 그러니 마음의 문을 좀 더 활짝 열고 이해할 필요가 있습니다. 이제 부처님은 수보리에게, 무릇 모든 상(相)은 허망한 것일 뿐이라 말합니다. 그러니 혹시 꿈속에서라도 부처님을 보았거나 혹은 진짜로 부처님이 구름 위에 서 있는 것을 보았다면 여러분은 마경에 빠져 있는 겁니다. 그건 진정한 부처님이 아닙니

다. 쫓아가서 돌멩이로 치거나 『금강경』으로 후려쳐도 괜찮습니다. "일체의 상(相)은 모두 허망한 것이라고 네가 직접 말하지 않았느냐? 만약 모든 상(相)이 상(相)이 아니라는 것을 안다면 여래를 볼 수 있다고 하지 않았느냐? 그래 놓고 이제 여기 와서 무얼 하겠다는 건가?" 이렇게 한번 크게 나무라 보아도 좋겠지요.

전해 오는 이야기가 하나 있습니다. 문희선사(文喜禪師)라는 유명한 분이 있었는데, 이분은 어릴 때 출가해서 서른 살이 넘어서야 참선을 시작했으나 도무지 깨달음을 얻을 수가 없었습니다. 그래서 남방에서부터 시작해 세 걸음에 한 번씩 큰절을 하면서 산서(山西) 오대산(五臺山)에 있는 문수보살의 도량으로 향했습니다. 문수보살은 일곱 부처의 스승으로서 지혜로는 제일인자였습니다. 석가모니를 비롯해 많은 보살들이 여러 겁을 거치면서 그를 스승으로 모셨습니다. 이 때문에 지혜를 얻거나 깨달음에 이르고자 하는 사람은 모두 세 걸음에 한 번씩 큰절을 해 가며 오대산의 문수 도량으로 향했습니다. 어떤 사람은 이 년이나 삼 년이 걸려서야 겨우 도착하기도 했는데, 모두 문수보살을 한번 만나 보기 위한 것이었습니다.

문희화상이 이렇게 절을 해 가며 오대산 금강굴에 도착했을 때, 소를 끌고 지나가는 한 노인을 만났습니다. 머리도 수염도 온통 하얗게 센 그 노인은 문희선사에게 자기 집에 가서 차나 한 잔 하고 가라고 청했습니다. 차를 권하면서 노인이 물었습니다. "스님, 참 대단하십니다그려. 그래, 어디서부터 그렇게 절을 해 가며 오셨소?" 문희선사는 남방에서부터 문수보살을 뵙기 위해서 왔다고 대답했습니다. 그러자 노인은 요즘 남방 불교는 어떠냐고 물었습니다. 문희선사가 대답했습니다. "남방 불교는 그저 그렇다오. 그러니 여기까지 와 성인을 보려고 하는 것이 아니겠소?" 이렇게 말하고 다시 물었습니다. "당신네 북방 오대산의 불법은 어떤가요?" 그러자 노인이 대답했습니다. "용과 뱀이 뒤섞여 있고, 성인과 범인이 함께 살고 있다오!"

사실 사람이 사는 곳이라면 어디든 모두 이렇습니다. 성(聖)이 있으면 마(魔)도 함께 있으며, 용과 뱀이 뒤섞여 있습니다. 문희가 물었습니다. "오대산에 출가인이 얼마나 되는가요?" 그러나 노인은, "앞에도 셋 셋이요, 뒤에도 셋 셋〔前三三與後三三〕"이라고 대답했습니다. 이 구절이 무엇을 의미하는지는 천여 년이 지난 지금까지도 아는 사람이 없습니다. 수도자들은 흔히 이것을 기맥을 닦는 것으로 새기기도 합니다. 뒤쪽에 삼관(三關)이 있으니 미려관, 협척관, 옥침관이 그것이요, 앞쪽에는 인당, 무슨 관 무슨 관 하는 식입니다. 화두 같기도 한 이 구절은 실제로 선종의 화두 중 하나입니다.

두 사람의 대화가 여기에 이르렀을 때, 노인이 문희에게 불법을 물었습니다. 그런데 문희가 채 말을 꺼내기도 전에 노인이 미간을 찌푸리더니, "균제(均提)야! 손님 가신다!"라고 소리쳤습니다. 그러자 오두막집 뒤에서 동자 한 명이 나오더니, "법사님, 가시지요!" 하면서 문희를 오두막 밖으로 안내했습니다. 문희화상이 감사 인사를 하려고 고개를 돌리자 문수보살이 사자를 타고 공중에 떠 있는 것이 보였습니다.

문희는 탄식했습니다. 천 리를 멀다 않고 세 걸음에 한 번씩 절하며 여기까지 왔는데 문수보살과 만나 대화를 나누면서도 그를 못 알아봤다니! 정말 후회막급인지라 절로 눈물이 났습니다. 그 후 문희는 발분의 노력을 하여 마침내 깨달음을 얻게 되었습니다. 그때부터 총림(叢林)에 들어가서 아주 힘든 일을 맡아 했는데 바로 군대에서 말하는 화부(伙夫), 즉 취사부입니다. 대륙의 선림(禪林)에서는 이를 반두(飯頭)라 했는데, 그 일은 무척 힘듭니다. 한 절에서 보통 천 명가량이 식사를 하는데, 이런 큰 총림의 밥솥은 가령 저만한 키의 사람이 속에 들어가 서 있어도 바깥에서 보이지 않을 정도로 엄청나게 큽니다. 게다가 천여 명의 사람이 먹을 음식을 만들려면 거기에 사용하는 도구만 해도 무공을 연마한 사람이 아니라면 들어 올리지도 못할 만큼 그렇게 무겁습니다. 그러니 소림사에서 무술을 배울 때 단지 삼 년만이라도 주방 일을 해낼 수 있다면 그 무공은 대단합니다! 쌀은 포대째 솥 속에 쏟아 부어야 하며, 음식을 휘저으려면 무공이 있어야만 프라이팬 뒤집개를 움직일 수 있습니다. 문희선사는 도를 깨친 후 다른 사람을 위해 어렵고 구차한 일을 하리라 발심했습니다. 그래서 사람들이 차마 행하지 못할 일을 행하고, 차마 참아 낼 수 없는 일을 참아 냈습니다. 이것이 바로 보살도입니다.

하루는 문희가 밥을 짓고 있을 때 문수보살이 밥솥 위로 현신(現身)했습니다. 문수보살은 여전히 사자를 타고서 솥 위를 돌고 있었습니다. 문희가 보니 그는 바로 예전에 오대산 금강굴에서 만났던 그 노인이었습니다. 문희는 뒤집개를 들어 문수를 때리면서 입속으로 중얼거렸습니다. '문수는 문수요, 문희는 문희로다! 그대가 여기 와서 무얼 하겠다는 건가? 그대는 그대요, 나는 나다.' 문수보살의 화신(化身)은 공중으로 올라가더니 웃으면서 말했습니다. "고과(苦瓜)는 뿌리까지 쓰고 첨과(甛瓜)는 줄기까지 달다. 삼대겁(三大劫)을 수행했건만 도리어 노승이 싫어하는구나." 고과(苦瓜)는 당연히 뿌리까지 쓰며, 첨과(甛瓜)는 당연히 줄기까지 모두 단맛이 납니다. 삼대겁수(三大劫數)를 수행하여 석가모니불까지도 자신의 학생이었던 적이 있는데, 재수 없게도 늙은 중에게 박대를 당합니다. 이 이야기는 모든 상(相)이 다 허망하다는 것을 재삼 반복해서 설명한 것입니다. 후에 선종의 조사들이 말하는, 부처가 오면 부처를 죽이고 마귀가 오면 마귀를 죽인다는 바로 그 이치입니다. 이것 역시 수행의 무상 비결입니다.

부처님을 태우는 스님

그러므로 여러분은 절대로 상(相)에 사로잡혀서는 안 됩니다. 일단 상에 사로잡히게 되면 뒤에 가서는 정신병으로 이어질 수도 있습니다. 여러분께 재삼 말씀드리고 또 경고합니다만 절대로 상에 사로잡혀서는 안 됩니다. 선종이 이어져 내려오면서 후에 이와 관련하여 "단하가 나무 불상을 태우다〔丹霞燒木佛〕"라는 고사도 생겨났습니다.

단하선사(丹霞禪師)는 마조도일(馬祖道一)의 대제자로서 이미 방장(方丈)을 맡고 있었습니다. 겨울이 되어 날씨는 추운데 땔감이 없자 대전에 있던 목불(木佛)을 끄집어 내려서는 쪼개서 불을 지폈습니다. 절 살림을 맡아보던 스님이 나와서 그것을 보고는 깜짝 놀라 말했습니다. "부처님을 태우다니! 그 죄가 얼마나 큰지 모르는가? 인과(因果)가 있을 것이야!" 그런데 이상하게도, 이렇게 말한 순간 그 스님의 수염과 눈썹이 그 자리에서 떨어져 버리는 일이 생겼습니다. 피부 한 층이 벗겨져 나간 것입니다. 부처님의 상은 단하가 태웠건만 인과는 도리어 그 일을 나무란 사람에게 떨어졌습니다. 선종의 묘한 공안(公案)입니다. 이것 역시 진정한 불법은 상에 집착하지 않는 것임을 설명합니다. 그러므로 여러분이 공부할 때는 결코 상에 사로잡혀서는 안 됩니다. 일단 상에 사로잡히면 아주 엄중합니다.

부처님의 이런 설법에 대해 이 품에서 수보리는 회의를 표합니다. 수보리가 말합니다. "부처님께서 이렇게 말씀하신 후 중생이 그 말씀을 듣고서〔衆生得聞如是言說章句〕, 특히 『금강경』과 같은 이론이 후세에 전해졌을 때 참다운 믿음이 생겨날 수 있을까요〔生實信不〕? 그들이 과연 믿을 수 있을까요? 중생들은 부처님을 믿으면서 모두 상을 붙들고자 하는데, 완전히 상에 사로잡히지 않는 것이 과연 가능하겠습니까?" 부처님이 수보리에게 말합니다. "그렇게 말하지 말게!〔莫作是說〕" 이어서 부처님은 예언을 합니다.

오백 년 후

"여래가 멸한 뒤 오백 년 후 지계(持戒)해서 복을 닦는 자가 있어서 이 구절을 진실한 것으로 생각해 신심이 생길 것이다. 마땅히 알아야 한다. 이 사람은 한 부처, 두 부처, 세 부처, 네 부처, 다섯 부처에서 선의 뿌리를 심은 것이 아니라, 이미 헤아릴 수 없이 많은 부처에서 선의 뿌리를 심어,"

"如來滅後, 後五百歲, 有持戒修福者, 於此章句, 能生信心, 以此爲實.
여래멸후 후오백세 유지계수복자 어차장구 능생신심 이차위실
當知是人, 不於一佛二佛三四五佛而種善根, 已於無量千萬佛所, 種諸善根,"
당지시인 불어일불이불삼사오불이종선근 이어무량천만불소 종제선근

이는 아주 엄중한 말입니다. 일체의 상(相)이 없으며, 일체의 상에 집착하지 않아야만 비로소 부처라 말하기 때문입니다. 만약 귀신의 상에 떨어져 하루 종일 그 경계에서 소란을 피워 댄다면, 스스로 상에 집착하는 길로 접어든 겁니다. 사소한 일로 번거로움을 자초하여 이미 마도(魔道)로 떨어져 버린 겁니다. 이 때문에 수보리는 부처님께 묻습니다. 부처님께서 이렇게 말씀하신 것을 후세 사람들이 제대로 이해하고 또 진정으로 믿을 수 있겠느냐는 겁니다. 부처님은 그렇게 생각해서는 안 된다고 말합니다. "여래가 멸한 뒤 오백 년 후〔如來滅後, 後五百歲〕", 그런데 여기서 왜 오백 년이라 했을까요? 부처님이 세상에 있던 시기를 정법 시대(正法時代)라 하며, 부처님이 세상을 떠난 이후를 상법 시대(像法時代)라 합니다. 바로 불상과 불경이 있는 시기입니다. 불경이 모두 없어지고 단지 미신만이 있는 시기를 말법 시대(末法時代)라 합니다. 그러므로 부처님은 말합니다. "내가 세상을 떠난 뒤 오백 년 후에는 진정으로 지계(持戒)하고 수복(修福)하며 많은 선을 행하고 공덕을 쌓는 사람이 있어서 그의 지혜가 열리면 이 말을 믿을 수 있을 것이니라."

부처님이 말한 "오백 년 후"라는 구절은 주로 후세를 가리킵니다. 이 밖에도 이 구절에 대해 많은 설명이 있습니다. 여러 방면에서 연구하고 추측하여 내린 결론이 있지만 여기서는 더 이상 언급하지 않겠습니다.

선행, 공덕, 지혜

방금 석가모니불은 이렇게 말했습니다. 어떤 사람이 지계(持戒)하고 수계(守戒)하며 복보(福報)를 닦아, 복보를 성취한 후 비로소 무상의 지혜를 얻을 수 있다고요. 지혜란 한 개인이 얻을 수 있는 것이 아닙니다. 조금 총명하게 태어나는 것도 모두 한 생애 한 세대의 일이 아닙니다. 무상의 지혜를 얻고자 하나, 이것은 구해서 얻을 수 있는 것이 아니라 닦아서 얻는 것입니다. 일체의 선행과 공덕을 닦아야만 비로소 무상의 지혜를 성취할 수 있습니다. 지혜는 깨달아 얻는 것입니다. 지계(持戒)와 수복(修福)으로부터 오는 것입니다. 계율을 지키는 것이 누적되고 거기에다 악을 행하지 않고 선을 받들어 행하는 수복이 더해질 때에야 비로소 진정한 대복보인 대지혜를 얻을 수 있습니다. 부처님은 여기서 특별히 제시합니다. 여래가 멸한 뒤 오백 년 후 지계와 수복을 행하는 자가 있어서 비로소 여래의 말을 믿을 수 있을 것이라고요.

오백 년 후의 문화는 더욱더 변할 텐데, 이것이 큰 문제입니다. 저는 자주 젊은 사람들과 이 문제를 토론하곤 합니다. 물질문명으로 말하자면 시대가 흐를수록 더욱 발전합니다. 그러나 인문이나 도덕, 정신의 측면은 시대가 갈수록 오히려 타락하고 퇴보합니다. 그러므로 현재 우리가 시대의 진보를 말하는 것은 물질문명의 측면입니다. 불법은 인문적 관점에서 시대를 보고 있습니다. 오백 년이 지나면 사람의 지혜가 더욱더 흐려져, 말법 시대에 이르면 사람의 경우 열두 살이 되면 아이를 낳을 수 있고 또 두뇌가 비상하게 발달한 반면, 사지나 손발은 갈수록 작아질 겁니다. 지극히 총명하나 지혜가 없어서 초목조차 사람을 죽일 수 있을 겁니다. 말을 바꾸면 재난과 질병, 전쟁이 수시로 존재하는 때가 말법의 시기입니다. 우리는 아직 여기에 이르지는 않았습니다.

오백 년 후 선을 행하고 복을 닦은 자가 있어서 불경의 "무릇 모든 상은 다 허망하니, 만약 모든 상이 상이 아님을 본다면 곧 여래를 보리라〔凡所有相, 皆是虛妄, 若見諸相非相, 卽見如來〕"라는 설법에 대해 능히 믿음을 가질 수 있고 또 능히 주해(註解)할 수 있다면, 비로소 진정한 반야의 지혜가 드러날 겁니다. 그렇지만 이것은 대단히 어려운 일입니다. 사람들이 종교를 믿을 때에는 모두 형식적인 것을 중시하며, 그들 중 태반은 무얼 바라는 마음으로 얻을 수 없는 것을 구하고자 합니다.

사원에 가면 절하는 사람들이 많습니다. 이전 같으면 천 원 정도로 족하던 것을 지금은 적어도 만 원쯤은 들여야 할 겁니다. 큼직한 바나나 송이와 떡을 사고, 향을 한 뭉치 사 가지고 와서는 음식을 올리고 향을 피우고 절합니다. 그러면서 신명께 빕니다. 남편을 잘 보우해 주시고, 건강하도록 해 주시고, 복권이 당첨되도록 해 주시고, 사업이 번창하도록 해 주시고, 모두 모두 잘되도록 해 주십시오. 그런 뒤 바나나를 도로 가져가 야금야금 먹습니다. 보십시오! 쥐꼬리만 한 돈을 내놓고서 요구하는 것은 이렇게 많습니다! 제가 만약 부처님이나 신이라면 이런 짓들을 도무지 이해하지 못할 겁니다. 흥! 이 친구, 문제 많은 친구군! 겨우 돈 몇 푼 내놓고 일체를 모두 원만하게 해 달라고? 그렇게 안 되면 이 보살더러 영험하지 못하다고 할 테지? 보살 노릇도 못해 먹을 짓이군. 바로 옛사람의 다음과 같은 시와 같습니다. 하늘 노릇도 참으로 하기 어렵다는 겁니다.

하늘 해 먹기도 어려운 사월이어라
누에는 온기를, 보리는 냉기를 바라고
길손은 맑기를, 농부는 비 오기를 바라며
뽕잎 따는 아가씨는 흐리길 바라도다

做天難做四月天　蠶要溫和麥要寒
주천난주사월천　잠요온화맥요한
出門望晴農望雨　採桑娘子望陰天
출문망청농망우　채상낭자망음천

하느님은 결국 어떻게 해야 할까요? 사람도 하늘과 마찬가지로 어렵습니다. 보살이라면 더더욱 어려울 겁니다. 두 사람이 소송을 벌이는데, 둘 다 향을 피워 놓고 도와 달라 빕니다. 소송에서 이길 수 있게 해 달라는 겁니다. 보살은 결국 어느 쪽을 도와야 할까요? 보살이 어느 쪽 바나나가 더 많은지, 어느 쪽 돼지 머리가 더 큰지를 보고 결정하겠습니까? 이런 것들은 모두 종교 의식을 위한 것일 뿐입니다. 심리학적 측면에서 본다면 참으로 웃기는 이야기입니다. 우리는 자주 사람들이 종교 의식에 대해 말하는 것을 듣습니다. 그들의 견해를 요약하면 이치로는 따질 수 없다는 겁니다. 말로는 설명할 도리가 없다는 겁니다. 그러니 어쩌겠습니까? 그렇지요, 그렇지요 할 수밖에요. 이런 식입니다. 여기에 대해서는 다시 천천히 이야기하도록 합시다. 장래에 다시 이야기하지요. 아마도 삼대겁(三大劫) 이후에나 다시 이야기하게 될지 모르겠습니다. 지금은 들어 봐야 이해가 안 될 테니 삼대겁 이후에나 다시 말해 보자는 겁니다.

지금 부처님은 이 진리를 말합니다. 아주 평범하지만 믿기 어렵습니다. 부처님은 말합니다. 후세에 어떤 사람이 있어서 이 평범한 이치를 대도(大道)라 생각해 그것을 믿는다는 것입니다. 그러기 위해서는 대복보가 있어야 비로소 가능하다는 것입니다. 이 복보란 세간의 홍복(鴻福)이 아닙니다! 소위 믿음이 생긴다고 할 때의 믿음이란 미신이 아니라 이성으로 믿는 바른 믿음입니다. 이것을 실재의 진리라 생각한다는 겁니다〔以此爲實〕. 부처님은 말합니다. "그대는 알아야 한다. 장래 세상의 이런 사람은 단지 한 명의 부처, 두 명의 부처, 세 명의 부처, 네 명의 부처, 다섯 명의 부처와 같이 지내면서 선(善)의 뿌리를 내린 것이 아니다. 이런 사람은 한 생애나 한 세대에 지혜를 닦아서 된 것이 아니다! 그는 이미 얼마나 많은 생애 동안, 얼마나 많은 성취자들〔無量千萬佛所〕 밑에서 배웠는지 모른다! 그는 이미 무수히 많은 선행을 하였으며, 이렇게 큰 선의 뿌리를 심어 놓았기 때문에〔種諸善根〕 그토록 큰 지혜를 타고나는 것이다."

참되구나 하는 믿음과 머무는 바가 없음

"이 구절을 듣거나 한 생각만으로도 참되구나 하는 믿음이 생길 것이다. 수보리여! 여래는 모두 알고 모두 본다. 이 모든 중생이 이렇게 한없는 복덕을 받을 것이다."

"聞是章句, 乃至一念生淨信者. 須菩提!
문 시 장 구   내 지 일 념 생 정 신 자   수 보 리
如來悉知悉見, 是諸衆生, 得如是無量福德."
여 래 실 지 실 견   시 제 중 생   득 여 시 무 량 복 덕

"이런 사람은 방금 내가 말한, '모든 상은 다 허망하니, 만약 모든 상이 상이 아님을 본다면 곧 여래를 볼 것이다'라는 말을 믿을 수 있을 뿐 아니라, 심지어 한순간에 참되구나 하는 믿음〔淨信〕이 나타날 수 있다."

이 점을 특별히 주의해야 합니다! 참되구나 하는 믿음을 갖기는 아주 어렵습니다! 바른 믿음〔正信〕이 아니라 참되구나 하는 믿음〔淨信〕입니다. 깨

끗하고 변화무쌍하며 어떤 망념도 없는, 심경이 극도로 청정한 심지(心地) 상의 정토(淨土)에 이르러야만 비로소 참되구나 하는 믿음이 생겨날 수 있습니다. 만약 이런 사람이라면, 한 생애를 참되구나 하는 믿음으로 일관할 수 있는 사람이라면, 그는 이미 깨달은 사람이요 이미 진정으로 아무것에도 머물지 않는 경계에 이른 사람이며, 한 생각도 일지 않아 전체가 드러나는 경지에 이른 사람입니다.『금강경』은 처음부터 머무는 바가 없어야 한다고 말합니다. 머무름이 없는 것이 바로 한 생각도 일지 않아 전체가 드러나는 경지로서, 여기에 이르러야만 비로소 참되구나 하는 믿음이 생겨날 수 있습니다. 참되구나 하는 믿음이란 증득하는 것이지 이론적으로 이해하여 생겨나는 것이 아닙니다.

부처님은 말합니다. "수보리여! 나는 모두 알고 있다. 나 역시 직접 이런 사람을 보았다. 그 자리에서 이미 무상의 복덕을 얻어 버린 사람을 보았다." 요즘 말로 하자면 진정으로 구원을 얻어서 대복보와 대공덕을 성취한 것입니다. 부처님은 단지 이 한 구절만을 말합니다. 그렇지만 우리는 이 진리를 증득하기가 지극히 어렵다는 것을 알고 있습니다. 이 지혜의 성취에 이르기는 더욱 어렵습니다.

> "왜 그런가? 이 모든 중생은 다시 아상·인상·중생상·수자상을 갖지 않으며, 법상을 갖지 않고, 비법상도 갖지 않기 때문이다."
>
> "何以故? 是諸衆生, 無復我相人相衆生相壽者相, 無法相, 亦無非法相."
> 하 이 고   시 제 중 생   무 부 아 상 인 상 중 생 상 수 자 상   무 법 상   역 무 비 법 상

참되구나 하는 믿음에 이른 사람이라면 무릇 형체를 갖춘 것은 모두 올바른 것이 아니며, 일체가 상(相)이 없고, 심지어 상이 없다는 것조차도 없음을 알 수 있습니다. 이런 깨달음에 이른 사람이라면 대복보를 얻은 겁니

다. 왜 그럴까요? 이 사람은 현생에서 이미 부처의 경계에 도달했기 때문입니다. 그는 육체를 지닌 부처인 것입니다. 왜 그를 두고 부처의 경계에 도달했다고 말하는 것일까요? 이 사람은 이미 무인상(無人相), 무아상(無我相)에 이르러 진정으로 참되구나 하는 믿음을 지니고 있기 때문입니다. 한 생각을 놓아 버리니 당연히 인상(人相)도, 중생상(衆生相)도, 수자상(壽者相)도 없습니다.

사상(四相)은 대단히 엄중한 것입니다! 인생의 일체 고통과 번뇌는 모두 사상으로부터 생겨납니다. 심리학적으로 말하자면 사상이란 네 가지 관념으로서, 인류에게 공통적으로 나타나는 네 가지 현상입니다. 사람마다 아상(我相)은 매우 무겁습니다. 특히 지식인은 '나'라는 의식이 아주 강합니다. 지식인은 무엇이든 참고 또 양보할 수 있습니다. 가령 학문과 수양이 깊은 사람을 만났다면 내가 앉고 싶으니 자리 좀 비켜 달라고 해 보십시오. 그는 여러분을 보면서 '흥! 못난 사람 같으니. 좋아! 불쌍하니 양보해 주지', 이렇게 생각할 겁니다. 바로 아상(我相)입니다. '내'가 너를 보니 불쌍해서 양보해 준다는 겁니다. 말해 봐야 이해를 못할 테니 너하고 말하기 싫다는 겁니다. 그러므로 지식인의 이 아견(我見)은, 당연히 지금의 저처럼 아주 고질적입니다.

사람은 곳곳에서 아상(我相)에 떨어집니다. 이 아상을 떨쳐 버릴 수 있다면 거의 다 이룬 겁니다. 아상을 떨쳐 버리면 당연히 무상(無相)으로서 일체가 평등합니다. 일체 중생이 모두 부처이며, 천하 남녀가 모두 내 부모이며, 천하 자녀가 모두 내 아들이요 딸입니다. 이것이 가능한 것은 아상이 없기 때문입니다. 아상이 없으니 자연 인상(人相)이 없고, 또 인상이 없으니 자연 중생상(衆生相)도 없어 평등합니다. 그리고 소위 수자상(壽者相)이란 것도 없으니 오래 사나 짧게 사나 매한가지입니다. 그러므로 삶과 죽음이 서로 통하고, 장수(長壽)와 요절(夭折)이 다르지 않으며, 삶과 죽음이 한 줄기가 됩니다. 바로 장자의 관점입니다. 삶과 죽음은 하나의 이치입니다. 아침과 저녁과도 같습니다. 저녁이 되면 휴식을 취해야 합니다. 깨어 있을 때 꿈에 대해 미련을 가질 필요가 없으며, 꿈을 꾸면서 깨어 있을 때를 그리워할 필요도 없습니다. 상(相)이란 그것이 바깥에 있을 때는 현상이며, 심리상에 있을 때는 관념 즉 주관적 관념입니다.

다음 두 가지는 더 중요합니다. "법상이 없는 것〔無法相〕", 일체의 불법 및 불법이라 불리는 모든 것을 놓아 버려야 합니다. 무릇 모든 상은 허망한 것이므로, 일체의 상에 집착하지 않고 모두 놓아 버려야 합니다. 이렇게 모두 놓아 버리는 것, 이것이 바로 "법상이 없는 것"입니다. 그렇지만 이건 알아야 합니다. 어떤 것도 아니며, 일체가 모두 아니며, 부처도 아니요, 아니라고 하는 것 역시 아니라고 한다면 다시 '~이다〔是〕'에 떨어지고 맙니다. 어떤 것이 '~이다〔是〕'일까요? "법이 아닌 것〔非法是〕"입니다. 일체를 부정하더라도 미안하지만 다시 '긍정'에 떨어지고 맙니다. 이 긍정이 바로 "법이 아닌 것도 없는 것〔無非法相〕"입니다. 달리 말하자면 일체가 모두 '불시(不是)'이며 일체가 또한 '시(是)'입니다.

어떤 사람은 『금강경』을 연구하면서 이것은 분명 공(空)을 말한 것이라 생각합니다. 그러나 그건 틀린 생각입니다. 『금강경』은 "무법상(無法相)"을 말하면서도 동시에 "무비법상(無非法相)"을 말합니다. 일체가 모두 공(空)이라 생각하는 것은 틀린 겁니다. 일체가 유(有)라고 하는 것도 일체가 공(空)이라는 생각이 변화된 것이기 때문입니다. 『능엄경』에서 부처님은, "일체의 상을 떠나되 일체의 법에 즉한다〔離一切相, 卽一切法〕"라는 유명한 말을 합니다. 여기서 "일체의 상을 떠난다"는 것은 바로 "무법상(無法相)"을, 그리고 "일체의 법에 즉한다"는 것은 "역무비법상(亦無非法相)"을 뜻하는 것입니다. 즉 "일체의 상을 떠나되 일체의 법에 즉한다"는 것은, 일체를 떠나는 것 역시 떠나는 것입니다. 그러므로 『금강경』은 절대로 공(空)을 말한 것이 아닙니다. 『금강경』이 말하는 바는 도(道)를 볼 때, 즉 법신(法身)을 볼 때, "무릇 모든 상이 허망하다〔凡所有相, 皆是虛妄〕"는 것입니다. 그러나 우리가 실천하고 수행할 때는 다릅니다. 부지런히 선을 행하고, 한 생각 한 생각이 모두 선해야 합니다. 이것이 공(空)일 수는 없습니다.

선종의 대철대오한 대사들은 불법을 배우는 기본 이치를 이렇게 말합니다. "실제적인 이치의 견지에서는 티끌 하나에도 집착하지 않으며, 온갖 행위를 할 때에는 어느 법 하나도 버리지 않는다〔實際理地, 不著一塵, 萬行門中, 不捨一法〕." 여기서 "실제적인 이치의 견지에서는 티끌 하나에도 집착하지 않는다"는 것은 본체를 말한 것이고, "온갖 행위를 할 때에는 어느 법 하나도 버리지 않는다"는 것은 행위에서는 공(空)일 수 없다는 것을 말합니다. 한 생각 한 생각이 모두 유(有)입니다. 악을 행하지 않고, 뭇 선을 받들어 행합니다. 그러므로 실천 중에는 하나의 법도 버리지 않습니다. 어느 것이든 모두 유(有)입니다. 공(空)이 아닙니다. 우리 불법을 배우는 사람들은 이 이치를 먼저 뚜렷이 알아야 합니다. 아래에서 다시 삼중(三重)의 이유를 말합니다. 부처님은 모든 품에서 정면(正面)과 반면(反面)을 반복해서 설명한 뒤 최후로 종합하여 하나의 결론을 내립니다.

"왜 그런가? 이 모든 중생이 만약 마음에 상을 갖는다면 아상·인상·중생상·수자상에 집착할 것이며, 만약 법상을 갖는다면 아·인·중생·수자에 집착할 것이기 때문이다."

"何以故? 是諸衆生, 若心取相, 卽爲著我人衆生壽者.
하 이 고   시 제 중 생   약 심 취 상   즉 위 착 아 인 중 생 수 자
若取法相, 卽著我人衆生壽者."
약 취 법 상   즉 착 아 인 중 생 수 자

부처님은 말합니다. "왜 그런가?〔何以故〕" 가령 어떤 사람이 심리적으로

상에 집착해 불법을 배운다면, 예를 들면 오늘은 향을 피우지 않으면 안 된다, 오늘은 절을 하지 않으면 안 된다 하는 것들이 바로 상에 집착한 것입니다. 우리가 학생이었을 때는 미신을 타파하던 시기였습니다. 옛 문화를 뒤엎는 시대였죠. 절에 가서 보살께 절하고 싶은 마음이 간절했지만 그렇게 하기가 쉽지 않았습니다. 미신을 믿는다고 조롱당할까 봐 두려웠던 겁니다. 주위를 둘러보고 아무도 없을 때 재빨리 무릎을 꿇고 절하고는 얼른 일어서서 미신을 믿지 않는 것처럼 해야 했습니다.

한번은 스님에게 들킨 적이 있는데, 스님이 재빨리 경쇠를 당겨 땡! 하고 치는 게 아닙니까! 저는 깜짝 놀랐습니다. 친구들에게 웃음거리가 될까 봐 두려웠기 때문입니다. 조금 지나서 그 스님에게 물었습니다. 왜 그렇게 경쇠 소리를 크게 내었냐고요. 스님 대답은 이랬습니다. "자네가 아직 젊어서 잘 모르나 본데, '향을 피울 때 경쇠를 치지 않으면 보살이 믿지를 않고, 부처님께 절할 때 폭죽을 터뜨리지 않으면 보살이 모른다'는 말이 있네." 듣고 보니 정말 웃지도 울지도 못할 일이었습니다. 이것 역시 하나의 규칙인 셈입니다. 그러나 사실은 이렇지요. 항주(杭州)에는 절이 무척 많은데, 절할 때마다 이렇게 경쇠를 한번 두드리면 주머니에서 돈이 바로 나옵니다. 한 푼이라도 내지 않고는 못 배깁니다. 하다못해 향 값이나 기름 값이라도 내놓아야 합니다. 그러니 "향을 피울 때 경쇠를 치지 않으면 보살이 믿지를 않는다"라는 말은 일리가 있습니다.

또 물었지요. 절할 때 왜 폭죽을 터뜨려야 하느냐고요. 혹 보살이 귀머거리라도 된 걸까요? 시끄럽게 해야 비로소 누군가 절하고 있다는 사실을 아는 것 같으니 말입니다. 바로 상에 집착하는 것을 말합니다. 일체 중생의 마음속에 있는 부처님에 대한 신앙은 모두 상에 집착해 있습니다. 바로 아상, 인상, 중생상, 수자상에 집착해 있습니다. 그러나 상에 집착하는 것은 불법이 아닙니다. 간혹 한 종교가 다른 종교에 대해 우상이나 미신을 숭배한다고 매도할 때가 있습니다. 그렇다면 그 종교에서 말하는 바른 믿음이란 어떤 것일까요? 우상을 숭배하지 않는 것입니다. 그러나 이것은 사실상 숭배하는 것이나 다름없습니다. 바로 상에 집착한 것, 즉 법상(法相)을 취한 것입니다. 여전히 "바른 믿음이 아니다"라는 관념에 떨어져 있는 겁니다.

> "왜 그런가? 만약 비법상을 갖는다면 아·인·중생·수자에 집착할 것이기 때문이다. 그러므로 마땅히 법을 취하지도 말고, 법이 아닌 것을 취하지도 말아야 한다."
>
> "何以故? 若取非法相, 卽著我人衆生壽者. 是故, 不應取法, 不應取非法."
> 하이고 약취비법상 즉착아인중생수자 시고 불응취법 불응취비법

여기서 반복해서 설명하고 있는 것은 이렇습니다. "공(空)이라 말하는 것은 옳지 않다. 그건 불법이 아니다. 유(有)에 집착하는 것도 불법이 아니다. '비공비유(非空非有)' 또한 옳지 않다. '즉공즉유(卽空卽有)' 또한 불법이 아니다." 아주 어렵습니다. 그러므로 진정한 불법은 '능단금강반야바라밀(能斷金剛般若波羅蜜)'입니다. 도를 깨치기 위해서는 진정한 지혜가 필요합니다.

참됨과 참되지 못함

부처님은 또 아주 거리낌 없이 이것이 무슨 이치인지를 말해 줍니다. "그러므로 법을 취해서도 안 되고, 법이 아닌 것을 취해서도 안 된다[是故, 不應取法, 不應取非法]"라는 겁니다. 진정으로 불법을 배우기 위해서는 상

에 집착해서는 안 되며, 상에 집착하지 않아도 안 됩니다. 이건 정말 어려운 일입니다. 여기서 고사 두 가지를 이야기해 볼까 합니다. 비록 우스갯소리이긴 하지만 그 속에 진리가 있습니다.

공자가 진(陳)나라에 머무를 때, 하루는 양식이 떨어졌습니다. 그러자 학생들이 선생께 건의했습니다. 저기 건너편에 있는 돈 많은 사람에게 쌀을 좀 빌리자는 겁니다. 공자는 안쓰러웠습니다. "그래! 자네들 생각이 꼭 그렇다면 가서 빌려 보게!" 누가 갔을까요? 자로(子路)가 본래 가장 충동적인지라 그가 곧 달려갔습니다. 문을 두드리니 그 사람이 나와서 물었습니다. "그대가 저 건너편에서 어려움에 처해 있다는 사람인가? 그대가 공자 학생이라 하니 틀림없이 글자는 알겠구면. 내가 글을 써 줄 테니 한번 맞혀 보게. 제대로 맞힌다면 빌려 줄 것도 없이 무상으로 쌀을 주겠네. 하지만 맞히지 못한다면 빌려 주지 않겠네. 설령 사겠다고 해도 팔지 않겠네." 그러고는 그는 '진(眞)' 자를 썼습니다. 자로가 말했습니다. "이 글자로 나를 시험하겠다고요? 이거 '진' 자 아닙니까!" 그 사람은 문을 닫으며 말했습니다. "자네는 알아맞히지 못했네. 빌려 주지 않겠네." 자로가 문전 박대를 당하고 돌아와 선생께 보고했습니다. 공자가 말했습니다. "우리가 여기에 발을 딛자마자 밥 한술 못 먹게 생겼는데, 자네는 아직도 '참〔眞〕'이라 생각하는가? 참이라 생각해서는 안 되네."

공자가 말을 마치자 자공(子貢)이 말했습니다. "선생님! 제가 가서 빌려 보겠습니다." 자공은 당연히 자로보다 훨씬 고명했습니다. 다시 문을 두드리니 노인이 나와서 또 '진(眞)' 자를 썼습니다. 자공은 방금 자로가 '진'이라 했다가 퇴짜를 맞은 것이 생각났습니다. 그래서 그건 '가(假)' 자라 했습니다. 노인은 더욱 화를 내더니 꽝! 하고 문을 닫아 버렸습니다. 자공이 뛰어와 선생께 보고했습니다. 공자가 말했습니다. "저런! 어떨 때는 여전히 '참〔眞〕'이라 해야 할 게 아닌가!" 그 노인은 다루기가 아주 힘든 사람이었습니다. 참이라 인정하는가 인정하지 않는가 사이에서 정확하게 불기운〔火候〕을 맞추기가 무척 어려웠지요. 그러므로 법을 취해서도 안 되고〔不應取法〕, 법이 아닌 것을 취해서도 안 됩니다〔不應取非法〕. 바로 이 이치입니다. 처세의 방도를 말한 것입니다.

또 하나는 선종의 고사입니다. 사형 사제 간인 두 선사는 모두 깨달음을 얻은 사람으로서 같이 행각에 나섰습니다. 예전에 출가인들은 나무 막대기 하나를 어깨에 메고 다녔는데, 한쪽 끝에 쇠로 만든 네모난 판이 붙어 있어서 삽이라고 했습니다. 스님들은 이 휴대용 삽으로 수시로 농사를 지을 수 있었습니다. 감자 한 덩이를 가지고 다니다가 적당한 곳에 네 조각을 내어 심으면 오래지 않아 감자가 자라나서 먹을 수 있습니다. 이렇게 되면 화연(化緣)을 할 필요가 없겠지요. 스님들의 삽은 또 노상에서 죽은 것을 만나면 묻어 주는 용도로도 쓰였습니다. 이들 사형 사제는 길을 가던 중 홀연 시체 하나를 발견했습니다. 그런데 한 사람은 "아미타불! 아미타불!" 하며 땅을 파서 그 시체를 묻어 주었지만, 또 한 사람은 시체를 전혀 거들떠보지도 않은 채 아무렇지도 않게 지나갔습니다.

어떤 사람이 그들의 사부에게 가서 물었습니다. "당신의 두 제자는 모두 깨달음을 얻었는데, 길에서 만나 보니 두 사람의 태도가 전혀 딴판이었습니다. 과연 어느 쪽이 옳은가요?" 사부가 말했습니다. "묻은 것은 자비요, 묻지 않은 것은 해탈이라오. 사람이 죽으면 마침내 흙이 된다오. 그러니 위에서 흙이 되나 아래에서 흙이 되나 뭐 다를 게 있겠소?"

이 두 고사를 통해 우리는 『금강경』에서 말한, "머무는 바가 없어야 한다〔應無所住〕" "법을 취해서는 안 된다〔不應取法〕"라는 것의 의미를 이해했습니다. 하나의 불법을 붙들고 수행하려 해서는 안 됩니다. 그럴 경우 어떤 하나의 것에 떨어지고 맙니다. 이것은 상에 집착한 것으로, 잘못된 것입니다. 어떤 것도 붙들지 않는다고요? 그건 더 잘못된 것입니다. 어떨 때는 참(眞)이라 생각해야 합니다! 그러므로 "법이 아닌 것을 취해서도 안 된다(不應取非法)"라고 하는 것입니다.

어느 곳이 피안인가

"이런 뜻에서 여래는 항상 말한다. '그대들 비구는 내 설법이 뗏목의 비유와 같다는 것을 알라. 법도 버려야 하거늘, 하물며 법이 아닌 것이랴?'"

"以是義故, 如來常說, '汝等比丘!
 이 시 의 고　 여 래 상 설　　 여 등 비 구
知我說法, 如筏喩者. 法尙應捨, 何況非法?'"
 지 아 설 법　 여 벌 유 자　 법 상 응 사　 하 황 비 법

이 단락은 아주 중요합니다. 부처님은 제자들에게 분부합니다. "그렇기에 평시에 그대들에게 가르쳐 왔지만(以是義故, 如來常說), 그대들 나와 함께 출가한 천이백 사람(汝等比丘)은 내 설법이 강을 건너는 배와 같다는 것을 알아야 한다(知我說法, 如筏喩者)." '벌(筏)'이란 나무를 묶어 강을 건너는 데 사용하는 뗏목입니다. 이미 강을 건너 땅 위로 올라갔다면, 강을 건너고서도 배를 등에 지고 가야 하겠습니까? 이런 바보 같은 사람은 없을 겁니다. 부처님이 말합니다. 내 설법은 모두 방편적인 것이다. 모두 강을 건너는 배이다. 이미 해안에 닿았다면 배는 필요 없다. 그러므로 내가 말한 법은 뗏목과 같다. 하나의 비유입니다. "일체의 진정한 불법도 최후에는 강을 건너고 난 배처럼 버려야 하거늘(法尙應捨), 하물며 법이 아닌 일체의 것이겠는가!(何況非法)" 바른 법(正法)조차도 최후에 이르러서는 깨끗이 버리지 않으면 도를 이룰 수 없습니다. 하물며 바른 법이 아닌 경우는 어떻겠습니까? 더욱 상에 집착해서는 안 됩니다. 부처님은 여기서 이

점을 아주 철저하게 말합니다.

불법이 중국에 전해지고 난 뒤 사람들은 항시, "고해는 끝이 없으나, 고개를 돌리면 곧 피안이다〔苦海無邊, 回頭是岸〕"라고 말합니다. 피안은 어디에 있을까요? 고개를 돌릴 필요도 없습니다! 현재가 곧 피안입니다. 일체를 그 자리에서 놓아 버리면, 피안이 바로 거기에 있습니다.

선종의 공안(公案)에 이런 것이 있습니다. 용호보문선사(龍湖普聞禪師)라는 분이 있었습니다. 보문(普聞)은 그의 이름입니다. 그는 당나라 희종태자(僖宗太子)로서 인생을 꿰뚫어 안 후 출가해 석상경제선사(石霜慶諸禪師)를 찾아가서 불법을 물었습니다. 그가 말했습니다. "사부님! 저에게 간단한 방법을 하나 가르쳐 주십시오. 어떻게 해야 도를 깨칠 수 있습니까?" 사부가 "좋아!" 하고 말하자, 그는 즉각 무릎을 꿇고는 빨리 가르쳐 달라고 했습니다. 사부는 손가락으로 절 앞에 있는 산을 가리켰습니다. 이런 산을 안산(案山)이라 하지요. 풍수설에 따르면 앞에 아주 좋은 산이 있어야 풍수가 좋다고 합니다. 마치 사무실에 앉아 있는데 의자 앞에 좋은 책상이 놓여 있는 것과 같습니다. 그 절 앞에 있는 안산은 대단히 훌륭했습니다. 안산에도 여러 종류가 있습니다. 어떤 안산은 붓걸이같이 생긴 것도 있습니다. 이런 붓걸이산〔筆架山〕이 있으면 집안에 반드시 문인이 나옵니다. 어떤 것은 상자 같기도 한데, 이 경우는 반드시 돈을 많이 법니다. 석상선사가 말했습니다. "저 앞에 있는 안산이 고개를 끄덕일 때까지 기다렸다가 다시 말해 주마." 그는 이 한마디 말을 듣고 그 자리에서 깨달았습니다. 달리 말하면, 앞에 있는 저 산이 고개를 끄덕일 때까지 기다리면 내가 너에게 불법을 말해 줄 수 있다는 겁니다. 이게 무슨 뜻일까요? "끄덕인다고 할 때는 이미 끄덕이고 난 뒤이니, 안산이 어찌 끄덕일 때가 있는가!〔才說點頭頭已點, 案山那有點頭時〕"라는 말입니다. 고개를 돌리면 곧 피안이라 말하지만, 돌릴 필요도 없습니다. 피안은 바로 여기에 있습니다. 고개를 돌릴 때까지 기다리면 이미 피안이 아닙니다.

어떤 선사가 말했습니다. "도살하던 칼을 놓으면 그 자리에서 성불한다〔放下屠刀, 立地成佛〕"라고요. 어떤 학생도 이것을 물었습니다. 저는 말했습니다. "좋은 말이지! 그러나 자네들은 아니네! 자네들은 작은 칼도 감히 못 들지 않는가? 설령 칼을 든다 해도 손이나 베이지 않을까 두려워하겠지. 도살 칼을 든 사람은 진짜로 죽인다네. 그야말로 살인에 조예가 있는 사람이지. 대마왕의 능력을 갖춘 아주 나쁜 사람이란 말일세. 그렇지만 선을 향한 일념으로 도살 칼을 놓으니 당연히 그 자리에서 성불할 수밖에! 자네들 손에는 작은 칼조차도 없는데 놓기는 무얼 놓는단 말인가?" 우리가 이 이치를 이해한다면 『금강경』에서 언급한, "법조차도 버려야 하거늘, 하물며 법이 아닌 것이랴?〔法尙應捨, 何況非法〕"의 의미를 명백하게 이해할 수 있을 겁니다.

아마도 어떤 사람은 『금강경』 일체가 공(空)을 말한 것이라 할지도 모르겠습니다. 어차피 공(空)이라면 어떤 나쁜 일도 모두 행할 수 있습니다. 그러나 그렇지 않습니다! 선한 일을 행하더라도 상에 집착해서는 안 되는데, 하물며 나쁜 일이라면 어떻겠습니까? 나쁜 일은 더더욱 행할 수 없습니다. 다음은 당시 제가 지었던 이 품의 게송입니다.

【제6품】

게송

금계가 한밤중에 벽력처럼 울어
단꿈을 깨어 보니 어둠이 밝음 같고
삶과 죽음이 아침저녁임을 깨달으니
만상이 깃털처럼 가벼움을 믿겠도다

金鷄夜半作雷鳴　好夢驚回暗猶明
금 계 야 반 작 뢰 명　호 몽 경 회 암 유 명
悟到死生如旦暮　信知萬象一毛輕
오 도 사 생 여 단 모　신 지 만 상 일 모 경

"금계가 한밤중에 벽력처럼 울어〔金鷄夜半作雷鳴〕." 이 품에서 부처님은 우리에게 생사(生死)의 이치를 말해 줍니다. 이 구절의 의미는 이렇습니다. 우리가 잠을 자는 것이나 마찬가지로 일체 중생이 모두 잠에 떨어져 있습니다. 그러다 한밤중에 닭 우는 소리를 듣고 깨어납니다. 인생을 깨달을 때도 바로 이렇습니다. 마치 미몽 중에서 깨어나는 것 같습니다. 비록 야반삼경의 미몽 중에라도 닭 우는 소리에 놀라 깨어납니다. 여러 부처님과 보살들의 설법은 닭 우는 소리처럼 우리를 깨어나게 합니다.

"단꿈을 깨어 보니 어둠이 밝음 같고〔好夢驚回暗猶明〕." 자신이 깨달았다고 생각하면 안 됩니다. 어떤 깨달음의 경계가 있다면 아직 대혼돈 속에 있는 겁니다. 진정으로 깨달은 사람에게는 깨달음의 경계조차도 존재하지 않습니다. 어떤 깨달음의 경계가 있다면 이미 상에 집착한 겁니다. 그러므로 "단꿈을 깨어 보니 어둠이 밝음 같다"고 한 겁니다.

"삶과 죽음이 아침저녁임을 깨달으니〔悟到死生如旦暮〕." 진정으로 이해해 깨달았다면, 진정으로 삶과 죽음이 아침과 저녁 같다는 것을 깨달았다면, 인생의 시작은 날이 밝아 오는 것과 같습니다. 잠에서 깨어난 것이 삶이라면, 죽음은요? 저녁이 되면 마땅히 자러 가야 합니다. 삶과 죽음은 하나입니다. 무슨 특별한 것이라곤 없습니다. 그래서 중국에서는 예로부터, "삶이란 묵어 가는 것이요, 죽음이란 되돌아가는 것〔生者寄也, 死者歸也〕"이라고 했습니다. 삶과 죽음이 아침과 저녁 같다는 것을 깨달을 수 있다면 비로소 바른 믿음을 얻을 수 있습니다. 진정으로 믿을 수 있습니다. 무엇을 믿는 것일까요?

"만상이 깃털처럼 가벼움을 믿겠도다〔信知萬象一毛輕〕." 장자는 우주의 만유를 이렇게 보았습니다. 즉 "천지는 한 손가락이요, 만물은 한 마리 말〔天地一指, 萬物一馬〕"이라고요. 천지란 바로 이 손가락 하나입니다. 우주 만유가 바로 이 손가락 하나입니다. 바로 이런 점(點) 하나입니다. 만상(萬象)과 만물은 바로 이런 한 마리 말입니다. 전 우주의 만유는 한 필의 말과 같습니다. 말의 머리가 있고, 꼬리가 있으며, 털이 있습니다. 그러므로 우주 만유가 기러기의 깃털과 같이 가볍다고 했습니다. 이제 우리는 이 이치를 이해했습니다. 만약 우리가 진정으로 이 품을 이해한다면, "법도 버려야 하거늘, 하물며 법이 아닌 것이랴?〔法尙應捨, 何況非法〕"의 의미를 이해할 수 있습니다. 달리 표현해 봅시다. 불법을 배우는 사람은 모두 생사의 의미를 생각합니다. 어떻게 해야 진정으로 생사를 초월할 수 있을까요? 저는 여러분께 한마디만 말씀드리겠습니다. 본래 생사는 초월할 것이 없습니다. 이것을 알면 비로소 생사를 초월할 수 있습니다.

제7품
얻은 것도 없고 말한 것도 없다

第7品 · 無得無說分

"須菩提! 於意云何? 如來得阿耨多羅三藐三菩提耶? 如來有所說法耶?"
須菩提言, "如我解佛所說義, 無有定法, 名阿耨多羅三藐三菩提, 亦無有定法, 如來可說. 何以故? 如來所說法, 皆不可取, 不可說, 非法, 非非法. 所以者何? 一切賢聖, 皆以無爲法, 而有差別."

"수보리여! 그대 생각은 어떤가? 여래는 아누다라삼먁삼보리를 얻었는가? 여래가 설법한 것이 있는가?"
수보리가 말했다. "제가 부처님의 말씀을 이해하기로는, 아누다라삼먁삼보리라 이를 만한 정해진 법이 없으며, 여래에서 말씀하실 만한 정해진 법도 없습니다. 왜냐하면 여래에서 설법하신 것은 모두 취할 수 없고, 말할 수 없으며, 법이 아니요, 법이 아닌 것도 아니기 때문입니다. 왜 그런가 하면, 일체의 성현은 모두 무위(無爲)로 법을 삼으나 차별이 있기 때문입니다."

얻을 것이 무엇이며 말할 것이 무엇인가

"수보리여! 그대 생각은 어떤가? 여래는 아누다라삼먁삼보리를 얻었는가? 여래가 설법한 것이 있는가?"

"須菩提! 於意云何? 如來得阿耨多羅三藐三菩提耶? 如來有所說法耶?"
수보리 어의운하 여래득아누다라삼먁삼보리야 여래유소설법야

여기까지 말하고 나서 부처님은 다시 수보리에게 묻습니다. "그대 생각은 어떤가? 그대는 내가 성불한 사람, 무상정등정각(無上正等正覺)을 얻은 사람이라 생각하는가?" 아누다라삼먁삼보리란 말하자면 대철대오(大徹大悟)입니다. 그대는 성불해서 도를 얻는 것이 진정으로 어떤 것을 얻는 것이라 생각하는가? 이것이 첫 번째 문제입니다. 그대는 내가 평소 경전을 강연하고 법을 설했다고 생각하는가? 이것이 두 번째 문제입니다. 부처님은 수보리에게 이 두 문제를 반문합니다.

수보리가 말했다. "제가 부처님의 말씀을 이해하기로는, 아누다라삼먁삼보리라 이를 만한 정해진 법이 없으며, 여래께서 말씀하실 만한 정해진 법도 없습니다."

須菩提言, "如我解佛所說義, 無有定法, 名阿耨多羅三藐三菩提,
수 보 리 언   여 아 해 불 소 설 의   무 유 정 법   명 아 누 다 라 삼 먁 삼 보 리
亦無有定法, 如來可說."
역 무 유 정 법   여 래 가 설

수보리가 대답합니다. "부처님이시여! 대단히 죄송한 말씀이지만, 제가 이해한 불법의 이치에 근거한다면 어떤 정법(定法)도 불법이라 부를 만한 것이 없습니다." 주의해야 합니다! 아누다라삼먁삼보리라 이를 만한 정해진 법이 없습니다[無有定法, 名阿耨多羅三藐三菩提]. 염불이 불법이라 생각한다면 틀린 생각입니다. 참선이 불법이라 생각해도 틀립니다. 주문을 외는 것이 불법이라 생각하는 것은 더욱 틀립니다. 그렇다고 부처님을 예배하는 것이 불법이라 생각한다면 더더욱 틀립니다.

무엇을 정해진 법[定法]이라 할까요? 부처님의 설법은 대교육자의 교육 방법과도 같습니다. 판에 박힌 방법이 아니라 자질에 따라 가르침을 행합니다. 어떤 때는 나무라는 것이 교육이요, 어떤 때는 장려하는 것이 교육입니다. 공손하게 대하는 것도 교육이요, 난감하게 만드는 것도 교육입니다. 결국 교육 방법이란 학생을 자극하여 스스로 지혜의 문을 열도록 하는 것입니다. 그러므로 정해진 법[定法]이 없습니다. 수보리가 말합니다. "제가 생각하기로는 개오(開悟)나 대철대오(大徹大悟), 어떤 정해진 법도 아누다라삼먁삼보리라 부를 만한 것이 없습니다." 만약 성불할 수 있는 어떤 정해진 방법이 있다고 한다면, 그 불법은 사람을 속이는 겁니다. 머무는 바 없이 그 마음이 생겨야 합니다[應無所住而生其心]. 어디에 정해진 법이

있을 수 있겠습니까?

두 번째 문제에 대해 수보리가 답합니다. "여래께서 말씀하실 만한 정해진 법 또한 없습니다[亦無有定法, 如來可說]." 부처님은 불경 삼장(三藏) 십이부(十二部)에서 말합니다. 『금강경』에서는 이렇게 말하고, 『원각경(圓覺經)』에서는 저렇게 말하며, 『법화경』에서는 또 다른 설법을 행하고, 『능엄경』에서도 역시 독특한 설법을 행합니다. 어떤 사람은 말합니다. "너희들 불교 공부하는 자들은 주둥이는 정말 잘 놀린다!" 맞는 말입니다. 비가 올 때 외출하면서는 자운법우(慈雲法雨)라 하여 행운이 있을 것이라 합니다. 해가 뜰 때는 혜일당공(慧日當空)이라 하여 역시 좋다고 합니다. 맑지도 않고 비도 오지 않으면 자운보부(慈雲普覆)라 하여 역시나 좋다고 합니다.

이것은 무엇을 말하는 것일까요? "여래가 말할 수 있는 정해진 법 또한 없다"는 것을 말합니다. 불법은 어디에 있을까요? 반드시 불경에만 있는 것이 아닙니다! 세간법(世間法)이 모두 불법입니다. 이것이 바로 『금강경』이 말하는 바입니다. 그러므로 여러분은 불법을 배우는 정신과 실제 생활이나 인생을 따로 떼서 생각해서는 안 됩니다. 본래 출세(出世)라 할 것도 없고, 입세(入世)라 할 것도 없습니다. 이전에 어떤 대선배께서 저에게 물었던 적이 있습니다. 그 정도라면 왜 출가(出家)하지 않느냐고요. 저는 이렇게 말했습니다. "선배님께서 잘못 알고 계시는 것 같은데요, 저는 종래 입가(入家)한 적이 없습니다." 이 세상 어디에 입(入)이 있고, 어디에 출(出)이 있습니까? 이들은 모두 외형적인 것으로서 단지 상(相)일 뿐입니다.

"왜냐하면 여래께서 설법하신 것은 모두 취할 수 없고, 말할 수 없으며, 법이 아니요, 법이 아닌 것도 아니기 때문입니다."

"何以故？ 如來所說法, 皆不可取, 不可說, 非法, 非非法."
하 이 고　여 래 소 설 법　개 불 가 취　불 가 설　비 법　비 비 법 여러분은 특별히 주의해야 합니다. 부처님이 설법한 것일지라도 그것을 붙들고자 해서는 안 됩니다! 그 어른의 말을 듣고서 그렇게 해야만 옳다고 생각한다면, 그건 스스로 속임수에 걸려드는 것입니다. 취할 것도 없고, 말할 것도 없습니다. 말해 봐야 모두 이차적인 것이요, 그림자일 뿐입니다. 진정한 그것은 말로 표현할 수 없는 것입니다. 가령 여러분이 어디 가서 맛있는 것을 먹고 와서는 그 맛에 대해 한참 이야기했다고 합시다. 그러면 저도 그것이 맛있겠구나 느낄 수는 있겠지요. 하지만 직접 먹어 보지는 못했으니 맛있다고 아무리 실감 나게 이야기해 봐야 어디까지나 이차적인 것으로, 원래의 그 맛이 아닙니다. 그렇지 않습니까? 불법 역시 이와 마찬가지입니다. 진정한 그것은 말로 표현할 수 없는 것입니다. 표현된 것은 이미 그것이 아닙니다. 그러므로 여래의 설법은 모두 취할 수 없는 것이며, 말할 수 없는 것입니다. 하나의 고정된 설법이란 없으며〔非法〕, 고정된 설법이 없는 것도 아닙니다〔非非法〕.

정도의 차이

"왜 그런가 하면, 일체의 성현은 모두 무위(無爲)로 법을 삼으나 차별이 있기 때문입니다."

"所以者何? 一切賢聖, 皆以無爲法, 而有差別."
소이자하 일체현성 개이무위법 이유차별

"무슨 이유인가? 일체의 성현은 모두 무위로 법을 삼으나 차별이 있기 때문이다〔所以者何? 一切賢聖, 皆以無爲法, 而有差別〕." 불법은 이처럼 위대합니다! 이것이 불법의 정신입니다. 불법은 다른 종교처럼 자기 이외의 종교를 부정하지 않습니다. 불법은 일체의 종교, 일체의 대사(大師)를 승인합니다. 화엄의 경계에 이르면 일체의 마왕이나 사왕(邪王)까지도 어느 면에서는 옳습니다. 다른 사람에게 좋은 일을 하도록 가르치기만 한다면 결국 옳은 겁니다. 그러므로 일체의 성현은 나한이라도 좋고, 보살이라도 좋으며, 너라도 좋고, 그라도 좋습니다. 도(道)를 이해하는 데에는 단지 정도의 차이가 있을 뿐입니다.

예수의 도, 부처의 도, 마호메트의 도, 공자의 도, 노자의 도 중에서 어느 것이 진정한 도일까요? 어떤 도가 더 크며, 어떤 도가 더 작을까요? 진리는 단 하나입니다. 그럼에도 불구하고 불경에서 비유하듯, 뭇 장님이 코끼리를 더듬는 것처럼 각기 한 면만을 고집합니다. 장님이 코끼리를 더듬다 보면, 귀를 만진 사람은 코끼리가 둥글다고 할 겁니다. 그러나 꼬리를 만진 사람은 코끼리가 기다랗게 생겼다고 할 겁니다. 이렇듯 한 면에만 집착하는 것은 모두 개인의 주관적인 인식일 뿐입니다. 이것을 도라 말하지만, 이건 도가 아닙니다.

불법을 배우는 사람은 이런 착오를 범해서는 안 됩니다. 말할 만한 정해진 법이 없기 때문입니다. 진정한 불법은 일체를 포함할 수 있으며, 일체의 성현은 모두 무위를 법으로 삼되 약간의 차이가 있을 따름입니다. 진리는 단 하나입니다. 둘이 아닙니다. 진리의 한 측면만을 보고 그것만이 옳고 다른 것은 틀렸다고 한다면, 사실 이것은 틀린 겁니다. 진정으로 부처님의 경계에 도달했다면 만상을 포용하고, 부정하기도 하며, 건립하기도 합니다. 이것이 바로 부처님의 경계입니다.

입세와 출세는 평등하다

앞에서 우리는 이 품에 대해 살펴보았는데, 이제 다시 그 중점을 토론해 보기로 하겠습니다. 부처님은 성불하고 오도(悟道)했다고 해도 소위 깨달음(悟)이라 할 만한 것은 없다고 말합니다. 가령 무상대도(無上大道)의 경계가 있다면, 무상대도의 관념이 있는 겁니다. 마음속에 도를 깨달았다는 의식이 있다면, 그것은 이미 도라 할 수 없습니다. 먼저 이것을 이해해야 합니다. 그다음 알아야 할 것은 "여래가 말할 수 있는 정해진 법이 없다(無有定法, 如來可說)"라는 부처님의 설법입니다. 불법에 어떤 고정된 방법이란 없습니다. 후세 불교에서는 현교니 밀종이니 하여 각 종파마다 설법이 있어 이를 진정한 불법이라 고집하지만, 이것들은 모두 옳지 않습니다. "여래가 말할 수 있는 정해진 법이 없기" 때문입니다.

『법화경』에서도 말합니다. "일체의 세간법이 모두 불법이다(一切世間法, 皆是佛法)." 세간의 일체가 모두 불법입니다. 『법화경』은 말합니다. "일체의 생산 업무도 모두 실상과 위배되지 않는다(一切治生産業, 皆與實相不相違背)." 불법이란 인간 세계를 떠나, 가정을 떠나, 깊은 산속 적막한 절간에 틀어박혀 전문적으로 수행해야만 하는 그런 것이 결코 아닙니다. '치생산업(治生産業)'이란 사업을 한다든가 하여 삶을 도모하는 것으로서 갖가지 생활 방식을 말합니다. 이것은 실상(實相)에 위배되지 않습니다. 형이상의 도(道)에 결코 위배되지 않으며, 그것과 다르지 않습니다. 이것이 『법화경』의 요점입니다. 명언이지요. 이 때문에 『법화경』이 불법의 일승법문(一乘法門)이 된 겁니다. 입세법(入世法)이든 출세법(出世法)이든 모두 평등하며, 그 성취도 동일합니다. 성취의 과정 중에 수지(修持) 방면에서 쉽고 어려움의 차이가 있을 뿐입니다. 이것 역시 "여래가 말할 수 있는 정해진 법이 없다"라는 설법의 중점입니다.

부처님은 이 관점을 확대시킵니다. "여래가 행한 설법은 모두 취할 수 없는 것이고, 말할 수 없는 것이다〔如來所說法, 皆不可取, 不可說〕." 부처님 스스로 사십구 년간 행한 자신의 설법을 부정한 셈입니다. 실제로 이것은 부정이 아니라 긍정입니다. 부처님이 말한 각종 법과 이치에 집착해서는 안 됩니다. 그것에 집착한다면 부처님이 말한 어떤 구절도 옳지 않습니다. 이 때문에 취할 수 없고, 말할 수 없다고 한 겁니다. 이렇게 말한다면 우리가 지금 『금강경』을 해석하는 것 또한 이미 부처님의 기본 대계(大戒), 즉 취할 수 없고 말할 수 없다는 계율을 범하는 일이 되겠지요. 이 점은 자신의 마음으로 이해하면 됩니다. 부처님의 설법 속에서 어떤 것을 얻을 수 있다거나 취할 수 있다고 생각한다면 이건 잘못된 겁니다. 만약 부처님의 설법이 모두 공(空)이라 취할 방법이 없다고 생각한다면 이건 더욱 잘못된 겁니다. 그러므로 "법이 아니요, 법이 아닌 것도 아니다〔非法, 非非法〕"라고 했습니다.

성현의 구별

앞에서 우리는, "일체의 성현은 모두 무위로 법을 삼으나 차별이 있다〔一切賢聖, 皆以無爲法, 而有差別〕"라는 것을 살펴보았습니다. 우리는 습관적으로 '현성(賢聖)'을 성현(聖賢)으로 바꾸어 사용합니다. '현성'이란 무얼 말하는 것일까요? 우리는 부지불식간에 성인과 현인을 구분 짓습니다. 수양과 학식, 도덕이 최고에 이른 사람을 성인이라 하며, 그보다 좀 못해 여전히 수행 중에 있는 사람을 현인이라 합니다.

불법에서는 이런 구분이 더욱 뚜렷합니다. 소위 삼현십성(三賢十聖)이라 합니다. 대승보살도를 수행하는 단계로는 십지(十地)가 있는데, 열 개의 층차로 구분하여서 이를 십성(十聖)이라 합니다. 십지보살(十地菩薩)의 제일 위는 부처님입니다. 초지(初地) 앞 단계의 수양에도 삼십 개의 층차가 있는데, 소위 십주(十住), 십행(十行), 십회향(十廻向)이 그것입니다. 수양이 이 정도에 이른, 아직 십지의 과위(果位)에 도달하지 못한 사람이 삼현(三賢)에 속합니다. 그리고 십성(十聖)으로는 관음(觀音), 문수(文殊), 보현(普賢), 지장(地藏) 등을 들 수 있는데, 이 정도의 대보살이라야 비로소 성(聖)의 과위에 속합니다.

이들은 모두 수행에 대한 후세의 해석에 따른 분류법입니다. 넓은 의미로 예를 들어 가며 설명한 것이 "일체의 성현은 모두 무위로 법을 삼으나 차별이 있다"라는 구절입니다. 오래 가르쳤거나 오래 배워 본 사람이라면 모두 이런 경험이 있을 겁니다. 예를 들어 지금 우리가 한마디를 했을 때, 교단 위에서 한마디를 했을 때 아래에 있는 백여 명의 청중들이 그것을 느끼는 정도는 모두 다르며, 또 이해하는 수준 역시 제각각입니다. 아무리 자세히 설명을 하고 심지어 꼼꼼히 적기까지 했더라도 그 의미가 다양한 형태로 변질되기도 합니다. 이것은 지혜와 이해의 정도가 사람마다 모두 달라서인데, 이 때문에 여러 종교, 여러 층차의 지혜가 서로 다른 것입니다.

이제 이 품에 대한 저의 게송을 소개해 보겠습니다.

【제7품】

게송

소공조 흔적이나 물 위 파문은
우연히 생긴 새털구름 같아서
얻고 잃음도 오고 감도 모두 아니니
유무를 다 버려 분분함을 쉬게 한다

巢空鳥跡水波紋　偶爾成文似錦雲
소 공 조 적 수 파 문　우 이 성 문 사 금 운
得失往來都不是　有無俱遣息紛紛
득 실 왕 래 도 불 시　유 무 구 견 식 분 분

이 게송 역시 선종의 방식으로 『금강경』이 품을 해석한 것인데, 이것으로 결론을 삼고자 합니다.

"소공조 흔적이나 물 위 파문은〔巢空鳥跡水波紋〕." 불경에 이런 비유가 있습니다. 소공조(巢空鳥)라 부르는 새가 있는데, 이 새는 나무 위에 둥지를 틀지 않습니다. 소공조의 둥지는 허공이며, 허공에서 알을 낳고, 허공에서 부화시킵니다. 돌아가는 곳도 역시 허공의 집입니다. 이 새는 영원히 붙들 수 없고, 오고 간 흔적도 없습니다. 그래서 소공조라 합니다. 본래 새는 허공을 날아가도 흔적이 남지 않습니다. 바로 앞에서 인용했던 소동파의 시와 같습니다. "날아가는 기러기 쌓인 눈 밟듯〔應似飛鴻踏雪泥〕" 합니다. 소공조는 영원히 발자국을 남기지 않습니다. 물 위의 파문은 곧 사라집니다. 파문을 그릴 때는 볼 수 있기에 없다고 말할 수는 없지만, 그것은 잠깐 사이에 사라지고 맙니다. 그러므로 이들은 모두 우연히 생긴 새털구름과 같습니다.

"우연히 생긴 새털구름 같아서〔偶爾成文似錦雲〕." 모두 우연히 구성된 문장이며, 우연히 그려진 한 폭의 아름다운 그림입니다. 선종의 조사는 말합니다. "나무에 벌레 먹듯, 우연히 무늬를 이룬다〔如蟲禦木, 偶爾成文〕." 좀이 나무껍질을 파먹다 보면 그 자국이 우연히 무늬를 만들기도 합니다. 마치 귀신이라도 있어서 나무 위에다 부적을 그려 놓은 것 같지만, 사실 우연히 생긴 것입니다. "우연히 생긴 새털구름 같아서", 어떤 때는 아주 볼 만합니다. 이것은 일체의 성현이나 부처님의 설법이 모두 어떤 기미를 포착하여 행해진 것으로, 우연히 구성된 문장임을 말하고 있습니다. 이들 설법은 얼마 지나고 나면 일체 흔적이 남지 않습니다.

이 이치를 이해하고서 다시 용수보살(龍樹菩薩)의 반야에 대한 관점을 좇아가 봅시다. 『금강경』의 이치는 바로 이렇습니다.

"얻고 잃음도 오고 감도 모두 아니니〔得失往來都不是〕." 오늘 어떤 경계가 나타납니다. 가령 빛을 보거나 보살을 보거나, 혹은 무슨 좋은 꿈을 꾸거나 합니다. 어떤 때는 꿈속에서 보살이 며칠 동안 어떤 지시를 하기도 해서 기뻐 어쩔 줄 모릅니다. 또 어떤 때는 꿈속에서 자지러지게 놀라기도 합니다. 그렇지만 일체가 모두 우연임을 알아야 합니다. 연기(緣起)를 일으키는 본성이 공이니〔緣起性空〕, 인연이 일어남은 본래 모두 없는 것입니다.

"유무를 다 버려 분분함을 쉽게 한다〔有無俱遣息紛紛〕." 그러므로 일체를 놓아 버려야 합니다. 놓아 버릴 수 있다면 불법에 어느 정도 다가선 겁니다. 그러나 일체를 놓아 버린다고 해서 그것이 공(空)인 것은 아닙니다! 없는 것이 아닙니다! 단지 일체를 놓아 버린다고 말할 뿐입니다.

『금강경』의 제1품에서 7품까지는 하나의 문제가 이어지고 있습니다. 바로 수보리의 질문, 즉 불법을 배우는 사람이 어떻게 자신의 마음을 평온하게 할 수 있는가라는 문제입니다. 마음속의 수많은 감정과 견해, 번뇌를 어떻게 항복시킬 수 있느냐 하는 것입니다. 부처님은 수보리에게 대답합니다. "바로 이렇게 하라. 바로 이렇게 마음을 항복시켜라." 수보리가 이해하지 못하자 다시 말합니다. "마땅히 머무는 바가 없도록 하라〔應無所住〕." 바로 "선호념(善護念)"을 말합니다.

 여기에 이르러 부처님은 더 이상 말하지 않습니다. "마땅히 머무는 바 없이 그 마음이 생기도록 하라〔應無所住, 而生其心〕!" 단지 머무는 바가 없도록 하여, 일체에 머물지 말라고만 합니다. 그러므로 불법 역시 머무는 바가 없고, 말할 만한 정해진 법도 없습니다. 만약 『금강경』이나 『아미타경』이 불법이 곧 반야라고 했다면, 그것은 틀린 겁니다. 그렇게 하면 거기에 머물게 될 테니까요. 이는 머무는 바가 있는 것입니다. 부처님은 단지 마땅히 머무는 바가 없도록 하라〔應無所住〕, 머물 수 없다〔不可住〕, 말할 수 없다〔不可說〕라고만 합니다. 그러므로 여러 가지 서로 다른 법문에 대해서는 거기에 머물 필요가 없습니다. 마음속에 머무는 바가 있거나 걸리는 바가 있다면 그건 불법이 아닙니다. 하나의 큰 문제가 여기서 마무리됩니다.

제8품
일체의 부처가 이 법으로부터 나온다

第8品・依法出生分

"須菩提! 於意云何? 若人滿三千大千世界七寶, 以用布施, 是人所得福德, 寧爲多不?"
須菩提言, "甚多, 世尊! 何以故? 是福德, 卽非福德性, 是故如來說福德多."
"若復有人, 於此經中, 受持乃至四句偈等, 爲他人說, 其福勝彼. 何以故? 須菩提! 一切諸佛, 及諸佛阿耨多羅三藐三菩提法, 皆從此經出. 須菩提! 所謂佛法者, 卽非佛法."

"수보리여! 그대 생각은 어떤가? 만약 어떤 사람이 삼천대천세계를 가득 채운 칠보로써 보시한다면, 이 사람이 얻는 복덕이 많지 않겠는가?"
수보리가 말했다. "아주 많습니다, 세존이시여! 왜냐하면 이 복덕은 복덕의 자성이 없기 때문입니다. 그러므로 여래께서 복덕이 많다고 말씀하셨습니다."
"만약 어떤 사람이 있어 이 경전 중의 내용을 수지하거나 혹 사구게를 다른 사람을 위해 말해 준다면 그 복은 앞의 복덕보다 나을 것이다. 왜냐하면 수보리여! 일체의 부처와 모든 부처의 아누다라삼먁삼보리 법이 모두 이 경전으로부터 나오기 때문이다. 수보리여! 이른바 불법이란 불법이 아니다."

"수보리여! 그대 생각은 어떤가? 만약 어떤 사람이 삼천대천세계를 가득 채운 칠보로써 보시한다면, 이 사람이 얻는 복덕이 많지 않겠는가?"
수보리가 말했다. "아주 많습니다, 세존이시여! 왜냐하면 이 복덕은 복덕의 자성이 없기 때문입니다. 그러므로 여래께서 복덕이 많다고 말씀하셨습니다."

"須菩提! 於意云何? 若人滿三千大千世界七寶, 以用布施,
　수 보 리　어 의 운 하　　약 인 만 삼 천 대 천 세 계 칠 보　이 용 보 시
是人所得福德, 寧爲多不?"
　시 인 소 득 복 덕　영 위 다 부
須菩提言, "甚多, 世尊! 何以故? 是福德, 卽非福德性, 是故如來說福德多."
　수 보 리 언　심 다　세 존　하 이 고　시 복 덕　즉 비 복 덕 성　시 고 여 래 설 복 덕 다

이것은 부처님 스스로 수보리에게 제시한 문제입니다. "그대 생각은 어떤가? 가령 어떤 사람이 있어서 삼천대천세계를 가득 채울 수 있는 그렇게 많은 칠보(七寶)로써 보시한다면, 금이나 은, 거거(硨磲), 마노(瑪瑙) 같은 칠보로써 다른 사람에게 나누어 준다면, 그대 생각에는 이 사람의 복덕이 크겠는가 크지 않겠는가?" 수보리가 대답합니다. "그 복보는 아주 클 것입니다."

우리 보통 사람은 단돈 만 원을 보시하고서도 복보를 바랍니다. 바나나 몇 개를 놓고 향 몇 자루를 태우며 절하고는 무얼 바랍니다. 지금 이 사람은 삼천대천세계의 칠보로써 보시하니, 바나나니 돼지 머리니 하는 것보다 많아도 한참 많습니다. 당연히 얻는 복보도 아주 많을 겁니다. 부처님이 이어 말합니다(이 부분은 수보리의 말로 보는 것이 일반적 관점임). "왜 그런가?" 부처님은 말합니다. "그대는 잘 알아야 한다! 사람들이 복보를 바란다고 하지만, 복보란 본래 자성(自性)이 없는 것이다. 말하자면 어떤 정해진 본성이 없다는 것이다(是福德, 卽非福德性)."

예를 들어 봅시다. 오늘 날씨가 갑자기 추워졌는데 어떤 사람이 와이셔츠 차림으로 나왔다가 마침 여러분을 만났습니다. 여러분은 그 사람이 추울까 봐 털옷이나 외투를 벗어 입혔습니다. 그 사람은 정말로 복이 있어 여러분을 만났습니다. 만약 오늘이 아주 더운 날이라면, 그래도 그 사람에게 털옷이나 외투를 입히겠습니까? 그랬다간 그 사람이 때려죽이려 할 겁니다. 그러므로 소위 복보란 어떤 경우는 복보이지만, 다른 경우에는 고통일 수 있습니다. 복보라는 것이 본래 어떤 정해진 본성이 없기 때문입니다. 그리고 어떤 복덕이나 복보라도 어느 시기가 지나면, 즉 어느 정도 향수(享受)하고 나면 역시 공(空)입니다. 본래 자성이 없기 때문입니다.

소위 자성이 없다는 것은, 고정되어 있지 않으며 영원히 존재하지도 않는다는 말입니다. 부처님이 말한 복은 바로 이런 복입니다. 바꾸어 말하면 부처님은 하나의 비밀을 말하지 않았습니다. 그것은, 진정한 복보는 오도(悟道), 즉 대지혜의 성취라는 겁니다. 이것은 현실 세계를 초탈해서 얻는 대성취로서, 이 성취는 세간에서 얻은 일체의 복보로써 판단할 수 있는 것이 아닙니다. 그러므로 여래는 복덕이 많다고 합니다. 부처님은 말합니다. "이렇게 보시하면 그 결과 복덕은 아주 클 것이다." 사실 부처님이 복덕이 크다고 말한 것은 교육을 하기 위한 하나의 격려입니다.

"만약 어떤 사람이 있어 이 경전 중의 내용을 수지하거나 혹 사구게를 다른 사람을 위해 말해 준다면 그 복은 앞의 복덕보다 나을 것이다."

"若復有人, 於此經中, 受持乃至四句偈等, 爲他人說, 其福勝彼."
약 부 유 인   어 차 경 중   수 지 내 지 사 구 계 등   위 타 인 설   기 복 승 피

부처님은 지혜와 교화, 교육의 중요성을 강조합니다. 앞에서 언급했듯이, 어떤 사람이 불세계(佛世界)에 가득 찬 칠보로써 보시한다면 이 사람의 복보는 아주 클 겁니다. 그렇지만 가령 어떤 사람이 『금강경』을 이해하거나 사구게(四句偈)를 이해한 후 사람들을 인도하여 번뇌로부터 해탈하게 한다면, 이 사람의 복보는 삼천대천세계의 칠보로써 보시한 사람보다 훨씬 더 클 겁니다.

일체의 부처와 『금강경』

"왜냐하면 수보리여! 일체의 부처와 모든 부처의 아뇩다라삼먁삼보리 법이 모두 이 경전으로부터 나오기 때문이다."

"何以故? 須菩提! 一切諸佛, 及諸佛阿耨多羅三藐三菩提法, 皆從此經出."
하 이 고   수 보 리   일 체 제 불   급 제 불 아 누 다 라 삼 막 삼 보 리 법   개 종 차 경 출

"왜 그런가?" 부처님이 말합니다. "내 그대에게 말하노니, 일체의 부처, 즉 과거 현재 미래를 통틀어 성취를 이룬 사람, 대철대오의 지혜를 성취한 일체의 부처가 모두 이 경전으로부터 나온다." 이 시대에 석가모니불이 왔던 것처럼 이 겁수(劫數)에는, 우리는 이 겁을 현겁(賢劫)이라 하는데, 이

현겁에는 모두 천 명의 부처님이 나타납니다. 석가모니불은 네 번째 부처님입니다. 다섯 번째 올 부처님은 미륵불인데, 당연히 아직 오지 않았습니다! 이후 계속해서 천 명의 부처님이 나타납니다. 이 겁수는 성현이 가장 많이 나타나는 시기입니다. 당연한 말이지만, 이것은 지구가 형성된 때부터 빙하기까지를 말하는 것이 아닙니다. 이는 하나의 우주관으로서, 이 겁수의 시간은 대단히 깁니다. 거의 무한정의 시간이나 다름없습니다.

부처님은 말합니다. 일체의 성불한 사람, 대철대오했거나 석가모니처럼 도를 깨친 사람, 이때의 도(道)란 아누다라삼먁삼보리로서 최후의 대철대오를 말하는데, 이런 사람은 모두 『금강경』으로부터 나온다는 겁니다. 다시 말해 반야, 즉 자신의 진정한 지혜로부터 나온다는 것입니다. 『금강경』은 지혜를 꿰뚫어 본 뒤 그것을 보고한 것입니다. 진정한 불법은 모두 자신의 지혜로부터 드러납니다. 그러므로 『금강경』을 들어 말할 수 있는 겁니다. 일체의 부처님과 부처님의 지혜는 모두 『금강경』으로부터 나옵니다.

불법은 불법이 아니다

> "수보리여! 이른바 불법이란 불법이 아니다."
>
> "須菩提! 所謂佛法者, 卽非佛法."
> 수보리   소위불법자   즉비불법

『금강경』을 보면 부처님이 무슨 말을 하려는 것인지 도무지 알 수가 없습니다! 부처님은 앞에서 아주 좋다고 말합니다. 복보가 말할 수 없이 크다고 말합니다. 그렇지만 복보는 불법만큼 그렇게 훌륭하지는 못합니다. 부처님은 최후에는 불법 또한 부정해 버립니다. "소위 불법이란 불법이 아니다〔所謂佛法者, 卽非佛法〕"라는 겁니다.

　무엇을 불법이라 할까요? 도를 깨닫는 것입니다. 도를 깨달았다고 해도 아무것도 없습니다. 여기서 아무것도 없다는 것은 단견(斷見)을 말하는 것이 아닙니다. 없다는 것은 곧 없는 것입니다. 달리 말해 봅시다. 성불한 사람이 자기가 살아 있는 부처라고 말한다면 여러분이 두들겨 패도 괜찮습니다. 그건 요괴지 부처가 아닙니다. 부처란 얻을 방법이 없는 것입니다. 무상(無相) 중에 존재합니다. 진정으로 큰 성취를 얻은 사람은 지극히 겸손하고 온화합니다. 그리고 대단히 평범하여 아무것도 없습니다. 진정한 부처는 자신을 부처라 생각하지 않으며, 진정한 성인은 자신을 성인이라 생각하지 않습니다. 그러므로 진정한 불법은 불법이 아닙니다. 만약 불법에 대한 하나의 관념이 존재한다면 이미 상에 집착한 것입니다. 좋게 말하면 상에 집착한 것이요, 나쁘게 말하면 마(魔)에 집착한 것입니다.

　이것이 바로 『금강경』의 특징입니다. 소위 『대반야경』은 지혜가 극에 이르러 한 점의 흔적도 남기지 않습니다. 말하고 난 뒤 곧 뒤집어 버립니다. 마치 교육자와 같습니다. 많은 사람을 가르쳐서 모두 성공시켰다고 스스로 대스승이라 확신한다면, 그는 이미 스승이 아닙니다. 그는 단지 교사일 뿐입니다. 진정으로 훌륭한 사람은 마음속에 그런 생각이 없습니다. 일체 중생을 제도하고 교화하는 것은 사람으로서 마땅히 해야 할 일이라 생각합니다. 행하고 나면 그만입니다. 마음속에 어떤 것도 남아 있지 않습니다.

　『금강경』의 이런 구성 방식에 대해 후세의 많은 유가(儒家)들은 제대로 이해하지 못했습니다. 청나라의 대유학자인 고정림(顧亭林)도 마찬가지였습니다. 그는 『일지록(日知錄)』에서 이렇게 말합니다. "학생들은 불경을 볼 필요가 없다. 불경에는 볼 만한 것이 없다. 바로 한 통의 물이다. 하나는 차 있고 하나는 비어 있는데, 차 있는 것을 들어 빈 통에 붓고, 다시 찬 통을 빈 통에 붓는 것이다. 이렇게 이리 붓고 저리 붓고 해 봐야 한 통의 물일 뿐이다." 고정림은 소위 불법이라 하는 것은 불법이 아니라고 생각했습니다. 이리 붓고 저리 붓고 하니, 말하지 않은 것이나 같다는 겁니다!

이 품에서는 불법의 중요성을 말하고 있습니다. 진정한 대복덕은 지혜의 성취입니다. 이 품의 제목으로 붙여진 "의법출생(依法出生)"이란 불법에 의거하여 일체의 성현이 도를 깨친다는 이치입니다. 이야기가 여기에 이르고 나면 이어서 다음 품에서 큰 문제가 제기되지만, 우리는 먼저 이 품의 결론부터 내려 보기로 합시다. 결론은 다음 게송과 같습니다.

【제8품】

게송

금수강산도 바둑 몇 판 두듯 짧으며
인천의 복덕도 어리석음으로 변해 가니
원래 불법이란 그리 많은 것이 아닌데
속박과 끈적거림을 벗어나 누굴 향해 말하는가

錦繡乾坤似奕棋　人天福德枉成痴
금 수 건 곤 사 혁 기　인 천 복 덕 왕 성 치
原來佛法無多子　脫縛離黏說向誰
원 래 불 법 무 다 자　탈 박 리 점 설 향 수

"금수강산도 바둑 몇 판 두듯 짧으며〔錦繡乾坤似奕棋〕." 인간 세상에서 가장 큰 복은 황제가 되는 것입니다. 누구든 한 번은 이런 생각을 해 봤을 겁니다. 고대의 황제는 아주 복이 많은 사람이었습니다. 그러나 역사를 한

번 들춰 보면 세상에서 제일 고통스러운 이가 황제라는 것을 알 수 있습니다. 강희황제(康熙皇帝) 스스로도 이런 말을 했습니다. 자신은 극도로 고통을 느낀다고요. 역사상 얼마나 많은 황제가 있었을까요? 젊은 사람들에게 한번 말해 보라 하면 스물네 명도 채 말하지 못합니다! 그 이름이 뭔지도 모르고, 그저 황제라 불렀거니 하는 정도입니다. 금수강산도 역사적 관점에서 보면 마치 바둑 몇 판 두듯, 한 번 이기고 한 번 지고 하는 사이에 모두 흘러가 버립니다.

"인천의 복덕도 어리석음으로 변해 가니〔人天福德枉成痴〕." 양무제(梁武帝)가 달마조사에게 물었습니다. "제가 절을 짓고 승려에게 보시한 것이 그렇게 많으니, 장래 복덕이 어떨까요?" 달마조사가 비웃었습니다. "기껏해야 인천의 작은 열매로, 곧 새어 나갈 인(因)입니다〔此乃人天小果, 有漏之因〕." 그는 양무제를 나무랍니다. 그게 뭐 대단한 겁니까? 인천의 작은 열매일 뿐입니다. 죽어서 하늘로 올라갈 따름입니다. 천인(天人)의 복을 다 누리고 나면 추락할 겁니다. 기껏해야 인천의 작은 열매로, 곧 새어 나갈 인(因)에 불과합니다. 한도가 있는 복보로서, 새어 나가지 않는 열매가 아닙니다. 새어 나가지 않는 것은 영원히 결함이 없는 것입니다. 그러므로 이렇게 말할 수 있습니다. 사람이 좋은 일을 하면 내생에 제왕이나 장상(將相)이 되고, 관직에도 오르고 재물도 모으며, 그 이름도 떨치니 세속의 복보는 아주 많습니다. 그렇지만 지혜를 상실하게 됩니다.

선종에 이런 고사가 있습니다. 위산선사(潙山禪師)라는 분이 있었는데, 이분은 선종 5대 종파의 개산조사(開山祖師) 중 한 사람으로 위앙종(潙仰宗)을 창시했습니다. 위앙종은 위산(潙山)과 앙산(仰山)을 합쳐서 지은 이름입니다. 위산선사는 세 생애 동안 황제로 살았으나 신통력을 대부분 상실하게 되어, 즉 지혜를 상실하여 흐리멍덩해지자 황제를 그만두었습니다. 여기서 말하는 신통력이란 천리안을 가졌다느니 하늘을 난다느니 하는 그런 것이 아니라 지혜를 말합니다. 지혜가 가장 큰 신통력인데, 그는 깨달음의 지혜를 거의 잃어버리고 말았습니다. 만약 복을 구하기 위해 불법을 배운다면, 즉 내생에 어떻게 되기 위해 불법을 배운다면, 그것도 좋습니다. 그렇게 될 수 있습니다. 그러나 그것은 철저하지 못합니다. 그래서 "인천(人天)의 복덕도 어리석음으로 변해 가니"라고 했습니다.

"원래 불법이란 그리 많은 것이 아닌데〔原來佛法無多子〕." 이것은 선종에서 하는 말입니다. 임제선사(臨濟禪師)는 도를 깨닫고 난 뒤 말했습니다. "원래 불법이란 이런 것이구나. 이렇게 적은 것〔無多子〕이구나." 여기서 '무다자(無多子)'란 당시의 속어입니다. 요즘 말로 하자면 '이렇게 적은 것'으로, 그리 많지 않다는 뜻입니다.

"속박과 끈적거림을 벗어나 누굴 향해 말하는가〔脫縛離黏說向誰〕." 불법의 목적이 무엇이겠습니까? 우리는 인세간(人世間) 일체의 번뇌와 감정에 묶여 있습니다. 삼계(三界)의 정욕과 번뇌, 망상으로부터 해탈하려면 일체의 끈적끈적한 속박을 벗어던지고 자기 본래의 면모로 돌아가야 합니다. 이것이 바로 불법이 궁극적으로 추구하는 바입니다. 삼장 십이부의 번쇄한 불법도 모두 이것을 위한 것입니다. 끈적끈적한 속박으로부터 철저히 해탈하기 위한 것입니다. 이것이 바로 불법의 핵심입니다.

제9품
어떤 깨달음도 깨달음의 상이 없다

第9品・一相無相分

"須菩提! 於意云何? 須陀洹, 能作是念, 我得須陀洹果不?"

須菩提言, "不也, 世尊! 何以故? 須陀洹名爲入流, 而無所入. 不入色聲香味觸法, 是名須陀洹."

"須菩提! 於意云何? 斯陀含, 能作是念, 我得斯陀含果不?"

須菩提言, "不也, 世尊! 何以故? 斯陀含, 名一往來, 而實無往來, 是名斯陀含."

"須菩提, 於意云何? 阿那含, 能作是念, 我得阿那含果不?"

須菩提言, "不也, 世尊! 何以故? 阿那含, 名爲不來, 而實無不來, 是故名阿那含."

"須菩提! 於意云何? 阿羅漢, 能作是念, 我得阿羅漢道不?"

須菩提言, "不也, 世尊! 何以故? 實無有法, 名阿羅漢. 世尊! 若阿羅漢作是念, 我得阿羅漢道, 卽爲著我人衆生壽者. 世尊! 佛說我得無諍三昧, 人中最爲第一, 是第一離欲阿羅漢. 世尊! 我不作是念, 我是離欲阿羅漢. 世尊! 我若作是念, 我得阿羅漢道, 世尊則不說須菩提, 是樂阿蘭那行者. 以須菩提實無所行, 而名須菩提, 是樂阿蘭那行."

"수보리여! 그대 생각은 어떤가? 수다원이 스스로 수다원과를 얻었다고 생각하겠는가?"

수보리가 말했다. "아닙니다, 세존이시여! 왜냐하면 수다원을 일러 입류라 하나, 들어간 곳이 없기 때문입니다. 형체, 소리, 맛, 냄새, 촉감, 법에 들지 않은 것을 일러 수다원이라 합니다."

"수보리여! 그대 생각은 어떤가? 사다함이 스스로 사다함과를 얻었다고 생각하겠는가?"

수보리가 말했다. "아닙니다, 세존이시여! 왜냐하면 사다함을 일러 일왕래라 하나, 실로 왕래가 없기 때문입니다. 이를 일러 사다함이라 합니다."

"수보리여! 그대 생각은 어떤가? 아나함이 스스로 아나함과를 얻었다고 생각하겠는가?"

수보리가 말했다. "아닙니다, 세존이시여! 왜냐하면 아나함을 일러 불래라 하나, 실로 오지 않음이 없기 때문입니다. 그러므로 아나함이라 합니다."

"수보리여! 그대 생각은 어떤가? 아라한이 스스로 아라한 도를 얻었다고 생각하겠는가?"

수보리가 말했다. "아닙니다, 세존이시여! 왜냐하면 실로 법이 있지 않은 것을 아라한이라 하기 때문입니다. 세존이시여! 만약 아라한이 스스로 아라한 도를 얻었다고 생각한다면, 아·인·중생·수자에 집착한 것입니다. 세존이시여! 부처님께서는 제가 무쟁 삼매를 얻었으며, 사람 중 제일 뛰어나고, 제1의 욕구를 떠난 아라한이라 하셨습니다. 세존이시여! 저는 스스로 욕구를 떠난 아라한이라 생각하지 않습니다. 세존이시여! 제가 만약 아라한 도를 얻었다 생각했다면, 세존에서는 수보리가 아란나행을 즐기는 자라 말씀하시지 않았을 겁니다. 수보리가 실로 행하는 바가 없기에 수보리를 아란나행을 즐기는 자라 하신 겁니다."

제9품을 시작하기 전에 먼저 몇 가지 문제를 해결해 보기로 합시다.

견혹과 사혹

우리는 불학(佛學)이 대승과 소승으로 나누어진다는 것을 알고 있습니다. 엄격하게 말하면 소승도 다시 두 갈래로 나누어집니다. 하나는 소승이요, 다른 하나는 소승보다 조금 높은 단계로 보통 중승이라 합니다. 소승을 성문(聲聞)이라 하고, 성문보다 조금 높은 단계를 독각(獨覺) 또는 연각(緣覺)이라 합니다.

아난이나 수보리 등 부처님 제자들은 성문에 해당하며, 이보다 좀 더 높은 단계가 바로 독각불(獨覺佛)입니다. 독각불은 벽지불(辟支佛)이라고도 하는데, 벽지(辟支)는 산스크리트 어의 음역입니다.

독각은 부처님이 없거나 문화가 없는 시대, 심지어 불교가 없는 세계에 태어나더라도 스스로 깨달음을 얻을 수 있습니다. 비록 대철대오의 경지에까지 이르지는 못하더라도 적어도 현실을 초탈할 수 있는 훌륭한 성인이 될 수 있습니다. 이런 사람이 바로 독각 혹은 연각으로서 소승에 속합니다.

소위 소승이란 먼저 자신을 구제하는 데 목적이 있습니다. 먼저 세계를 벗어나려 하며, 세속에 들어가는 것을 피합니다. 소승은 다시 사과나한(四果羅漢)으로 나누어집니다. 여기서 과(果)란 과위(果位)를 말합니다. 초과나한(初果羅漢)을 수다원(須陀洹), 이과나한(二果羅漢)을 사다함(斯陀含)이라 하는데, 이들은 모두 산스크리트 어의 음역입니다. 삼과나한(三果羅漢)은 아나함(阿那含)이며, 사과나한은 아라한(阿羅漢)입니다. 나한이라고 반드시 출가인인 것은 아닙니다. 재가든 출가든 수행이 일정한 정도에 이르면 모두 나한이 될 수 있습니다. 그렇지만 부처님이 세상에 있던 시기에 나한과(羅漢果)를 증득한 사람 중에는 출가인이 비교적 많았습니다.

어떻게 수행하면 사과(四果)에 이를 수 있을까요? 반드시 견혹(見惑)과 사혹(思惑)을 끊어 없애야 합니다.

견혹은 다섯 가지가 있는데 이것은 견해와 학문, 관념과 관련된 문제입니다. 바로 신견(身見), 변견(邊見), 견취견(見取見), 사견(邪見), 계금취견(戒禁取見)입니다. 많은 종교인이나 철학자, 대학자는 모두 견혹의 범위를 벗어나지 못합니다. 혹자는 신견에 떨어지기도 하고, 혹자는 변견에 떨어지기도 합니다. 견해와 학문이 깊을수록 이 오견(五見)은 더욱 심해집니다. 사견과 계금취견은 주로 종교나 신앙의 측면과 관계가 있습니다. 이렇게 하지 않으면 안 된다는 겁니다. 초하루와 보름에는 예배하지 않으면 안 된다는 식으로 말입니다. 만약 이런 금기를 어기면 계율을 범하는 것이 되지요. 어떤 종교에서는 반드시 무엇을 먹어야 한다고도 하는데, 이런 것들은 모두 계금취견에 속합니다. 견취견은 자신이 마음으로 얻은 수양을 말합니다. 예를 들면 타좌 수행을 할 때 경계가 나타나거나 빛이 보이기도 하는데, 이 빛이야말로 도(道)라고 생각해 이것이 나타나지 않으면 도를 얻지 못한 것이라 여기는 겁니다. 바로 견취견에 빠진 것입니다. 이들은 모두 견해와 관념상의 문제입니다.

사혹에도 다섯 가지가 있습니다. 바로 탐(貪), 진(瞋), 치(癡), 만(慢), 의(疑)입니다. 이것 역시 인간의 본성으로서 태어날 때부터 지니고 나옵니다. 무엇이 탐(貪)일까요? 이름을 탐내거나, 이익을 탐내거나, 감정을 탐내어 놓아 버리지 못하는 것입니다. 세상 일체의 것에 대한 탐냄은 모두 탐에 속합니다.

불교에서 흔히 말하는 예를 하나 들어 설명해 보겠습니다. 어떤 법사가 있었는데, 이 사람은 한평생 좋은 일로 공덕을 쌓았습니다. 절을 짓고 경전을 강연하고 설법을 하여, 비록 타좌 수행은 하지 않았지만 그 공덕은 아주 컸습니다. 나이가 들자 저승사자 두 명이 염라대왕의 체포 영장과 수갑을 가지고 그를 데리러 왔습니다. 그러자 그 법사가 말했습니다. "우리 의논 좀 해 보세! 나는 출가해서 한평생 공덕을 쌓았으나 수지(修持)를 하지 못했다네. 나에게 이레의 말미를 준다면 그동안 타좌해서 수행에 성공할 수 있을걸세. 그러면 먼저 너희 둘을 제도하고 다시 너희 대장을 제도해 주겠네. 염라대왕도 내가 가서 제도해 줄 것이야." 두 저승사자는 법사의 말에 설득당해 그렇게 하도록 허락했습니다. 법사는 평소 쌓아 온 덕행이 있어 자리를 틀고 앉자마자 온갖 상념을 놓아 버렸습니다. 절 관리도 그만두고 어떤 것에도 간여하지 않았습니다. 사흘이 지나자 아상·인상·중생상·수자상이 없어졌으며, 모든 것이 다 사라져 단지 한 덩이 빛만 남았습니다. 이레째 되던 날 두 저승사자가 다시 그를 데리러 왔습니다. 그런데 와서 보니 한 덩이 빛만 있을 뿐 법사의 모습은 온데간데없었습니다. 속았다고 느낀 두 저승사자는 애원했습니다. "대법사님, 부디 자비를 베푸소서! 말을 했으면 지켜야 될 게 아닙니까? 저희들을 제도해 주십시오. 그렇지 않으면 저희들은 지옥 감방에 갇히게 됩니다!" 그러나 이미 입정에

든 법사는 듣지도 못하고 또 개의치도 않았습니다. 두 저승사자는 이 사태를 어찌해야 할지 의논했습니다. 그러다가 빛 속에서 한 줄기 검은 그림자를 발견했습니다. '방법이 있다! 이 양반이 아직 완전히 도를 깨치지 못했다. 한 줄기 검은 그림자가 바로 깨치지 못한 부분이다.'

그 법사는 공덕이 컸기 때문에 황제가 국사로 초빙하여 자마금(紫磨金)으로 만든 바리때와 금실로 짠 가사를 하사했었습니다. 그는 어떤 것에도 개의치 않았으나 황제에게 받은 이 자마금 바리때만은 너무 좋아해서 타좌할 때에도 손에 얹어 두고 있었습니다. 온갖 인연을 놓아 버렸지만 이 바리때만은 끝내 놓지 못하고 있었던 겁니다. 바로 이 사실을 저승사자가 알아챘습니다. 모든 것이 다 사라졌지만 아직 한 점의 탐심(貪心)이 남아 있었던 겁니다. 결국 두 저승사자는 쥐로 변해 그 바리때를 사각사각 갉기 시작했습니다. 그러자 법사의 마음이 움직였습니다. 일단 마음이 움직이자 곧 빛이 없어지고 법사의 몸이 드러났습니다. 두 저승사자는 그 즉시 법사의 손목에 수갑을 채웠습니다. 법사는 처음에 자신이 득도하지 못한 것을 아주 이상하게 여겼으나, 이들 저승사자로부터 그 까닭을 듣고서는 곧바로 바리때를 땅바닥에 내동댕이쳐 버렸습니다. 그러고는 말했습니다. "좋다! 같이 가서 염라대왕을 만나 보자!" 그 순간 두 저승사자는 개오(開悟)했습니다. 이는 탐심을 제거하기가 얼마나 어려운지를 말해 주는 고사입니다.

언젠가 친구가 저를 찾아왔습니다. 그는 어떤 것도 원하지 않는다고 했습니다. 자기는 지금 산꼭대기의 오두막에 살고 있는데, 그 오두막의 청풍명월이 제일 좋다는 겁니다. 저는 이렇게 말했습니다. "정말 훌륭하네그려! 이제 곧 도를 증득하겠구먼. 그러나 조심하게! 아직도 쥐가 갉으려 할 걸세." 오두막을 좋아하는 것 역시 탐(貪)입니다. 진정으로 수행해야 할 것은 바로 이 탐입니다. 타좌해서 기맥이 통했다느니 눈에서 빛을 발한다느니 하는 것들을 도라 생각해서는 안 됩니다. 이건 도가 아닙니다! 도는 마음속에 있습니다! 이 '사'념('思'念) 속에 있는 것을 사혹(思惑)이라 합니다. 즉 견해나 관념 속에 있는 것이 사혹으로, 이것을 떨쳐 버리지 않으면 안 됩니다. 지식인은 책 보기를 좋아합니다. 언제나 이 생각입니다. 책을 탐내는 것도 역시 탐심입니다. 이걸 탐냄이 아니라 생각해서는 안 됩니다. 어떤 것도 탐냄이 아닌 것이 없습니다. 탐냄은 인성(人性)의 근본으로서, 그 범위는 대단히 넓습니다.

어떤 사람은 자기에게는 탐내는 마음이 없다고 생각합니다. 어떤 것도 필요 없다고 합니다. 나이도 들어 부귀공명을 이미 꿰뚫어 보았다는 겁니다. 과연 그럴까요? 부귀와 공명이 정말로 눈앞에 펼쳐져 있다면 그는 언제든 달려갈 겁니다.

누가 성내지 않는가, 누가 어리석지 않고 오만하지 않으며 의심하지 않는가

다시 진(瞋)에 대해 살펴봅시다. 여러분은 성내는 마음이 자기에게는 없으리라 생각합니다. 화를 잘 내는 것은 당연히 진이요, 다른 사람을 증오하거나 죽이거나 하늘을 원망하고 다른 사람에게 탓을 돌리는 것들도 모두 진이며, 시비가 분명한 것도 역시 진입니다. 혹자는 어떤 말을 해도 화를 내지 않는데, 이 사람은 깨끗한 것을 좋아하는 사람입니다. 그러나 깨끗하지 않은 것을 보면 참지 못합니다. 이것 역시 진입니다. 한순간의 진으로서, 바로 혐오입니다. 염불을 하건 타좌를 하건 좋습니다. 염불을 아무리 잘해도 만약 이 사혹(思惑), 즉 심리적 측면에서 조금의 변화도 없다면 불법을 배웠다고 말할 자격이 없습니다. 이것이 진정한 불법입니다! 염불을 하든 참선을 하든 밀종이든, 기타 어떤 종파든 마찬가지입니다. 천종

(天宗)이라도 소용없습니다. 반드시 이 사혹을 끊어 버려야 합니다.

　치(癡)에 대해서는 더 말할 것도 없습니다. 여러분은 모두 어리석고도 어리석습니다. 어떤 사람도 다 그렇습니다. 저에겐 이십 년 넘게 사귀어 온 친구가 있습니다. 저와 함께 불교 공부를 한 사람입니다. 그에게 말했습니다. "자네도 이젠 다 끝났네그려. 자식들이 외국에서 박사 학위를 따고 결혼까지 했으니 말일세." 그러고는 그 친구의 부인에게 말했습니다. "장래 손자가 생기면 또 바빠지겠군요." 부인이 말했습니다. "그럴 리가 있나요? 그때쯤이면 선생님과 함께 불교 공부에 전념하고 있을 텐데요." 결과는요? 두 노인네는 집에 아무 일이 없으면 외손(外孫)을 미국에서 데려와 놀곤 합니다! 이전이나 마찬가지로 어리석음이 생겨난 겁니다. 이건 아주 보편적인 현상입니다. 어리석은 마음도 종류가 다양합니다. 『홍루몽』에서 임대옥(林黛玉)이 꽃을 묻는 장면은 어리석음의 극치입니다. 그러므로 탐진치(貪瞋癡)를 불경에서는 보통 삼독(三毒)이라 합니다. 바로 우리로 하여금 도를 깨치지 못하게 하고, 초범입성(超凡入聖)의 경지에 이르지 못하게 하는 세 가지 독입니다.

　만(慢)은 자만으로서 자기를 숭배하는 것, 자신을 높이는 것입니다. 우리 한번 스스로 반성해 봅시다. 사람이 가장 감탄하는 것은 바로 자기 자신입니다. 어떤 사람도 다 자신에 대해 감탄합니다. 아큐 정신〔루쉰의 소설 『아큐정전(阿Q正傳)』에서 비롯된 말임. 자기만족에 빠져 살아가는 삶의 태도를 뜻함〕에 이르러서는 어떤 방법으로도 무너뜨릴 수 없습니다. 어떤 경우든 자신을 '귀한 몸'이라 여깁니다. 사람이 가장 숭배하는 것이 바로 자기 자신입니다. 이것을 만(慢)이라 합니다.

　의(疑)는 더욱 어렵습니다. 불교를 연구해 보면 인성(人性)을 이해할 수 있습니다. 사람은 근본적으로 다른 사람을 믿지 않습니다. '내'가 있기 때문입니다. 자만하기 때문입니다. 그래서 사람은 일체의 진리를 모두 믿지 않습니다. 예를 들어 봅시다. 많은 종교인들은, 불교든 기독교든 어떤 종교든 마찬가지입니다만, 무릎을 꿇고 기도합니다. 부처님, 저를 보살펴 주십시오! 하느님, 저를 보살펴 주십시오! 그가 과연 믿고 있을까요? 절하고 나서 마음속으로 생각합니다. 에이, 정말 영험한지 모르겠다! 하며 모두 의심합니다. 진정 절대적으로 믿을 수 있는 사람은 아무도 없습니다. 그러므로 탐, 진, 치, 만, 의, 이 다섯 가지를 사혹(思惑)이라 합니다. 사고의 측면에서 근본적으로 길을 막아 해탈하지 못하게 하는 것이 바로 사혹입니다. 불법을 배우는 목적은 해탈하기 위함입니다. 이 사혹 중 하나라도 능히 해탈할 수 있다면 이미 훌륭한 경지입니다. 다만 여기서 더 나아가 다섯 가지를 모두 해탈할 수 있어야 비로소 사과나한을 증득할 수 있습니다.

앞에서 사과(四果)의 증득을 말했는데, 바로 불법 공부의 중점입니다. 불법을 배우면서 대승부터 말하려 해서는 안 됩니다. 대승은 소승이 그 기초가 됩니다. 소승도 이루지 못한다면 대승은 불가능합니다.

다시 오는 사람

초과나한을 수다원(須陀洹)이라 하는데, 그 뜻은 '흐름에 참여하는 과〔預流果〕'입니다. 다섯 견혹(見惑)을 끊었으나 사혹(思惑)은 아직 근본적으로 해탈하지 못했습니다. 남아 있는 습〔餘習〕을 아직 끊어 버리지 못했기 때문입니다. 그러므로 일곱 번 인간 세계로 다시 와야 합니다. 아직도 남아 있는 감정은 일곱 번 인간으로 와야 비로소 끊을 수 있습니다. 일곱 번 인간으로 왔을 때에도 다시 수행을 해 나갈 것인지 아니면 도리어 후퇴할 것인지는 알 수 없습니다.

수다원에 이른 사람은 죽어서 이 지구상에 오지 않고 하늘로 올라갑니다. 천상에서의 일생은 지상에 비해서 아주 깁니다. 천상에서 생명이 다하면 다시 사람으로 태어나는데, 이런 사람을 '다시 오는 사람[再來人]'이라 합니다. 당연한 일이지만 다시 오는 사람이 남자인지 여자인지, 아름다운지 아름답지 못한지 알 수 없습니다. 부귀를 갖출 사람인지, 혹은 가난하고 고통을 당할 사람인지도 모두 일정하지 않습니다. 이 장부는 아주 계산이 어렵습니다. 컴퓨터로도 분명하게 계산이 안 될 겁니다. 그들은 세상에 와서 업보를 받습니다. 어떤 빚은 아직 상환하지 못했기 때문입니다. 이렇게 일곱 번 인간으로 오면서 삶과 죽음을 되풀이합니다.

제가 보기에 세상의 많은 사람들이 다시 오는 사람입니다. 당연히 여기 앉아 있는 분들 중에도 이런 사람이 많이 있을 겁니다. 그렇지만 자신은 알지 못합니다. 수다원이 다시 인간으로 오는 것은 빚을 갚기 위해서이지만, 자신은 모릅니다. 만약 그것을 안다면 이미 초과나한이 아닙니다. 그 순간 초과나한을 초월해 버립니다.

오지 않아도 되는가

이과(二果) 사다함(斯陀含)에 이르면, 한 번만 오면 됩니다. 즉 일환과(一還果)입니다. 사혹(思惑)의 뿌리가 일부 뽑혀, 죽은 뒤 다시 한 번 세상에 와서 모든 채무를 청산하면 됩니다. 그렇게 하면 또 다른 청정한 곳으로 가게 됩니다. 그렇지만 잠시의 휴가일 뿐 궁극적인 것이 아닙니다.

삼과(三果) 아나함(阿那含)을 불환과(不還果)라 합니다. 다시 인간 세상에 오지 않고 바로 천상으로부터 사과(四果)를 증득하여 열반에 듭니다. 불경에는 이들의 열반에 관해 이런 말이 있습니다. "아생이진(我生已盡), 범행이립(梵行已立), 소작이판(所作已辦), 불수후유(不受後有)." 즉 내 생명이 다하도록〔我生已盡〕청정하게 수행했지만 반드시 도를 얻은 것은 아니다. 그러나 천인(天人) 청정 경계의 수행은 이미 건립되었다〔梵行已立〕. 부채를 상환하여 이제 아무런 채무가 없으므로〔所作已辦〕, 다시 오지 않는다〔不受後有〕라는 뜻입니다. 어떤 경전에서는 "장읍세간(長揖世間)"이란 표현을 사용하기도 합니다. 인간 세상을 향해 읍하면서 '여러분, 안녕!' 하고는 다시 오지 않는다는 겁니다. 이것을 불환과, 즉 삼과나한이라 합니다. 불교 공부를 하는 많은 사람이 말합니다. "인생이 이렇게 고통스러우니 이 생애에서 수행에 성공하여 다시는 오지 않으리라!" 그렇게 되는 게 용이한 일일까요? 다시 오지 않으려면 삼과나한에 이르러야만 가능합니다. 그때에야 비로소 세간을 향해 마지막 인사를 할 수 있습니다. 사과(四果) 아라한의 과위(果位)에 이르러야만 이 세간에서 성취를 이루었다고 할 수 있습니다.

아라한(阿羅漢)은 음역입니다. '아'는 '무(無)'라는 뜻입니다. 아라한은 태어나지 않고, 영원히 번뇌가 없으며, 마(魔)의 장애가 없고, 마음속의 적(賊)이 뿌리 뽑혀 영원히 청정하고 빛납니다. 이것이 아라한과입니다. 이 네 개의 나한 과위는 삼계(三界)의 천인을 포괄합니다.

삼계의 천인

초과나한, 이과나한은 죽은 뒤 다시 오지 않지만, 이건 잠시 하늘로 올라간 겁니다. 올라가는 하늘도 색계천(色界天)이 아니라 욕계천(欲界天)입니다. 우리는 예로부터 삼십삼천(三十三天)을 말해 왔지만, 이것은 욕계천의 하나의 중심일 뿐입니다. 이 층은 결코 해와 달 계통을 벗어나지 않습니다. 소위 욕계(欲界)란 남녀의 결합을 통해 생명이 연속되는 것을 가리킵니다. 비단 사람만 그런 것이 아니라 어떤 생물도 모두 암수의 관계를 통해 태어납니다. 사랑이 있고 욕구가 있기 때문에 욕계라 말합니다. 욕계 속 천인(天人)의 지위는 우리보다 높습니다. 예를 들어 민간에서는 신이나 신선을 모시는데, 이렇게 받들어 모시는 신이나 신선을 보살이라고들 합니다만, 이들은 모두 욕계천의 천신(天神)의 경계입니다. 초과나한이 사후에 왕생하는 곳은 색계천이 아니라 욕계천일 뿐입니다. 그들은 단지 정(情)의 일부분만을 끊고, 또 이 정(情)도 억눌려 있는 것이기 때문에 욕구의 뿌리까지 다 없애지는 못했습니다. 그러므로 아직 욕계천에 머무는 겁니다.

어떤 사람은 천인(天人)이었던 사람을 구별해 낼 수 있다고 합니다. 천인이었던 사람의 정서는 일반인과 다릅니다. 이 사람은 좋아하는 바가 거의 없습니다. 단지 꽃을 심거나 등산하는 것을 좋아할 뿐, 인간 세상 일체에 대해 아주 담담합니다. 인간 세상에 대해서는 담박하나 아직 산수나 꽃, 새들에 대해 미련이 있어 욕계에 머물고 있습니다. 그렇지만 이미 많이 승화되어 있습니다.

삼과(三果)에 이르면 비로소 색계천에 오를 수 있습니다. 색계천의 제일 높은 곳은 '대자재천(大自在天)'입니다. 불경에서는 이를 '유정천(有頂天)'이라고도 합니다. 마치 꼭대기에 지붕이 있는 것과 같습니다. 불경에서는 이렇게 말합니다. 유정천에서 바위 하나를 굴리면 십이만억 년 후에야 우리가 살고 있는 곳으로 떨어진다고요. 달리 말하면, 욕계천이 아직 이 은하계 속에 있다면 색계천은 이미 은하계를 초월해 있다는 겁니다.

최상승은 무색계천(無色界天)입니다. 여기에 오르기는 어렵습니다. 대아라한에 이른 사람만이 오를 수 있습니다. 대아라한이라 해도 그 차이는 아주 큽니다. 예를 들어 수보리나 아난, 가섭존자도 어떤 때는 대아라한이라 부릅니다. 엄격히 말하면 석가모니불 역시 대아라한입니다. 그러나 이때의 대아라한은 아주 큽니다. 아주 크기 때문에 여래라 부릅니다. 그러므로 대아라한의 경계에 이르기는 너무도 어렵습니다. 저는 글쓰기 좋아하는 젊은이들에게 자주 이런 말을 합니다. "삼계(三界)의 결혼 이야기를 한번 써 볼 수도 있겠지. 반드시 잘 팔릴 것이네." 예를 들면 욕계의 인간은 출생 시 여자의 아래쪽으로 태어납니다. 그러나 욕계천 이상에서는 어떤 경우는 남자의 어깨에서 태어나기도 하고, 앉아 있는 무릎이 갈라지며 태어나기도 합니다. 색계의 천인(天人)은 단지 빛만 있을 뿐이며, 무색계의 천인은 형상조차 없습니다.

　우리 인간의 조상은 사과를 먹고 변한 것도 아니요, 무슨 세균이 변한 것도 아니며, 색계 '광음천(光音天)'의 천인이 내려온 겁니다. 그들은 과학이 무척 발달하여 우주를 탐험하고 있었을 겁니다. 그들의 몸은 빛으로서, 음식도 필요 없이 이리저리 날아다녔습니다. 그러다가 어느 때 지상의 것을 한번 맛보았습니다. 아마도 소금이었을 겁니다. 지상의 것을 먹은 뒤 몸이 점차 무거워져서 더 이상 날아다닐 수 없게 되자 여기에 머물게 된 겁니다. 이것이 바로 이 지구상의 인종의 시작입니다. 광음천의 인간은 무색계로부터 내려왔습니다. 그렇다면 무색계의 인종은 어디서 왔을까요? 부처님은 말할 수 없다고 합니다. 이렇게 되면 원인론(原人論)에까지 이른 겁니다. 모두 엄중한 문제들입니다. 불경 속에는 이런 문제들이 많고도 많습니다. 이쯤에서 그치고 다시 돌아가 현재 우리 인간의 수행에 대해 살펴보도록 합시다. 우리는 마음속의 탐진치만의(貪瞋癡慢疑)를 깨끗이 씻어 내고, 평등하고 자비롭게 일체 세상 사람을 사랑해야 합니다. 방법을 찾아 견혹(見惑)과 사혹(思惑)을 제거해야 합니다.

혹(惑)을 해결하여 제거하다

　삼계(三界)의 견혹과 사혹을 일러 팔십팔결사(八十八結使)라 합니다. 이것은 욕계 속에 가장 많은데, 마치 여든여덟 개의 매듭이 한 덩이로 묶여 있는 것과 같습니다. 수행을 통해 이 중 한두 개만 풀어 낼 수 있더라도 이미 훌륭합니다. 얼굴에서 빛이 납니다. 네댓 개를 풀어 낼 수 있다면 머리카락까지도 빛날 겁니다! 진정한 수행은 결사를 풀어 내어 자신의 심리적 행위를 변화시키는 것입니다. 심리적 행위가 변화되면 한 걸음 더 나아가 지혜를 계발할 수 있습니다. 사상이나 견해상의 편견을 끊어 내는 것이야말로 비로소 해탈이라 할 수 있습니다. 불법의 수행은 대승, 소승을 막론하고 모두 다섯 개 과정, 즉 계(戒) 정(定) 혜(慧) 해탈(解脫) 해탈지견(解脫知見)입니다.

　왜 지계(持戒)가 필요할까요? 자기 마음속의 결사가 다시 바깥 세계와 연계되어 매듭이 생기지 않도록 하기 위함입니다. 외부의 것이 들어오지 못하도록 하며, 스스로도 나갈 생각을 하지 않는 겁니다. 그렇지만 지계를 위해서는 정력(定力)이 필요합니다. 정(定)을 닦아야 합니다. 타좌는 정을 닦는 일종의 방법일 뿐입니다! 진정한 수정(修定)은 어느 때든 정에 머물러 있는 것입니다. 마음속 한 점에 응결되어 지선(至善)에 머무릅니다. 선(善)의 한 점에 고정되는 것입니다. 이때에도 팔십팔결사는 아직 움직이지 않습니다. 지혜가 일어나기 시작할 때에야 결사가 조금씩 움직이기 시작합니다. 몇 개의 결사가 풀리고 난 뒤에야 비로소 사혹(思惑)으로부터 해탈할 수 있습니다.

　지견(知見)은 또 다릅니다. 견(見)이란 보는 것인데, 지혜[慧]를 보는 것입니다. 성공연기(性空緣起)의 진정한 공성(空性)의 일면을 보는 것입니다. 성공연기를 바꾸어 말하면 연기성공(緣起性空)입니다. 그러므로 불법의 온갖 종파, 중관(中觀)을 닦아야만 옳다거나 혹은 무엇을 닦아야만 옳다거나 하는 것은, 미안하지만 모두 오견(五見) 속의 견취견(見取見)입니다. 오직 이것이라야만 옳다고 주관적으로 생각한다면 이미 그것에 속박된 겁니다. 그러므로 이런 일체로부터 해탈해야만 비로소 불법을 배운다고 할 수 있습니다.

상당히 많은 시간을 들여 여기까지 말씀드렸습니다만, 이쯤 해 두고 다시 돌아가서 『금강경』을 살펴보기로 합시다. 이 품은 바로 이런 문제를 말하고 있습니다.

초과나한

"수보리여! 그대 생각은 어떤가? 수다원이 스스로 수다원과를 얻었다고 생각하겠는가?"

수보리가 말했다. "아닙니다, 세존이시여!"

"須菩提! 於意云何? 須陀洹, 能作是念, 我得須陀洹果不?"
　수보리　어의운하　수다원　능작시념　아득수다원과부
須菩提言, "不也, 世尊!"
　수보리언　　　불야　세존

부처님은 다시 수보리에게 묻습니다. "그대 생각은 어떤가? 초과나한은 마음속으로 이미 자신이 수다원과를 얻었다고 생각하겠는가?(於意云何? 須陀洹, 能作是念, 我得須陀洹果不?)" 그 뜻은 이렇습니다. 도를 깨친 사람이 만나는 사람마다 붙잡고 자기가 이미 도를 깨쳤다고 말할 수 있겠는가라는 겁니다. 만약 진짜 이런 사람이 있다면 여러분이 정신 병원으로 데려가야 할 겁니다. 성인(聖人)이나 학문이 높은 사람이 도처에 간판을 내걸고 스스로 학문이 높다고 말한다면 어찌 미친 사람이 아니겠습니까? "학문이 깊어지면 생각이 평온하다〔學問深時意氣平〕"라는 속담이 있습니다. 학문에 일가견을 이루면 생각이 온통 평화롭다는 것입니다. 하물며 과위(果位)를 얻은 나한은 어떻겠습니까? 그러므로 수보리는 부처님의 질문을 듣고 곧 불가능하다고 대답합니다.

왜냐하면 수다원을 일러 입류라 하나, 들어간 곳이 없기 때문입니다. 형체, 소리, 냄새, 맛, 촉감, 법에 들지 않은 것을 일러 수다원이라 합니다."

"何以故? 須陀洹名爲入流, 而無所入. 不入色聲香味觸法, 是名須陀洹."
하이고　수다원명위입류　이무소입　불입색성향미촉법　시명수다원

수다원은 바로 예류과(預流果)로서, 예류란 곧 입류(入流)입니다. 그렇다면 어떤 흐름〔流〕으로 들어간다〔入〕는 것일까요? 성인(聖人)의 흐름으로 들어가는 것입니다. 이미 성인의 대오에 들어서 있습니다. 이렇게도 말할 수 있습니다. 그가 깨달은 도는 이미 법성(法性)의 흐름에 들어섰다고요. 법성은 인성이 아닙니다. 인성이란 추하고 더러운 일면으로, 우리의 인성이 이쪽 면이라면 법성은 저쪽 면입니다. 그는 이미 보통의 욕망이나 감정, 애욕으로부터 벗어나 청정한 법성의 면으로 진입했습니다.

부처님은 말합니다. "어떻게 하면 초과나한에 도달할 수 있는가?" 부처님은 여기서 이미 공부 방법을 말하고 있습니다. 조금 전에 말했던 것은 원칙입니다. 소위 흐름으로 들어간다는 것은 도리어 들어가는 바가 없다고 합니다. 말을 바꾸면 그는 공(空)의 경계, 바로 연기(緣起)가 일어나지 않는 경계를 증득했다는 것입니다. 연기성공(緣起性空), 곧 성공(性空)을 증득하여 온갖 생각이 모두 공(空)인 경계에 들어섰다는 것입니다.

그러므로 부처님은 그가 색에 들지 않는다〔不入色〕고 말합니다. 눈에 보

여도 보지 않습니다. 일체의 사람이나 형상, 청산녹수(靑山綠水)가 보기에 좋을지라도 전혀 개의치 않습니다. 보통 사람은 좋은 것을 보면 곧 결사(結使)가 나타나서 거기에 사로잡히고 맙니다. 초과나한은 좋은 경계에 사로잡히지 않습니다. 마음이 평온하고 담담하여 아무 일도 없습니다. 형체, 소리, 냄새, 맛, 촉감, 법이 들어오지 않습니다. 어떤 경계일까요? 바로 머무는 바가 없는 경계입니다. 진정 머무는 바가 없습니다. 인간 세상의 처세나 처사에서 사람에게 이익이 되도록 하며, 일체의 것에 머물지 않는 경지에 이른 겁니다. 마음속에 어떤 것도 남아 있지 않습니다. 무한한 공덕을 행하면서도 지나가면 그만입니다. 언제든 이럴 수 있습니다. 타좌를 하든 하지 않든 언제나 이 경계가 지속됩니다. 이렇게 되어야만 비로소 초과나한에 들어섰다고 할 수 있습니다.

어떤 학생이 이전에 이렇게 물었던 적이 있습니다. "선생님! 이제 타좌를 해 보니 자주 초월하곤 합니다. 어떻게 초월하냐고요? 볼 때나 보지 않을 때나 모두 아무 상관이 없는 것 같습니다. 바로 예류과로 들어간 게 아닌가요?" 저는 말했습니다. "망과(芒果)로 들어간 것 같네! 초월했다는 게 망망한 것이겠지. 그건 결코 형체, 소리, 맛, 냄새, 촉감, 법이 들어오지 않는 것이 아니라네."

이런 것을 초월이라 생각해서는 안 됩니다. 물론 거기에도 그 나름의 도리가 없진 않지만, 그건 단지 공부하는 과정에서 나타난 현상에 지나지 않습니다! 만약 이것을 예류과로 들어간 것이라 생각한다면 잘못입니다. 어떤 사람은 수행 공부를 할 때, 입에 음식을 넣어도 맛을 모르는 경우가 있습니다. 정말로 맛을 모를까요? 역시 아닙니다. 맛은 압니다. 그렇지만 느낌이 강렬하지 않고 비교적 담담한 것일 뿐입니다. 진정한 불법 공부는 이런 경계에 이르러야 합니다. 그러나 애석하게도 이 경계가 오래 지속되지는 않습니다! 모두 눈 먼 고양이 쥐 잡듯 우연히 나타났다가 한 이틀 지나고 나면 없어져 버립니다. 단지 우리만 이런 것이 아닙니다. 대아라한들도 마찬가지입니다!『유마경』에 다 나와 있습니다. 가섭존자 같은 사람은 부처님이 세상에 있을 때의 대아라한이지만, 형체, 소리, 맛, 냄새, 촉감, 법이 들어오지 않는 경지에 완전히 이르지는 못했습니다.

가섭이 춤을 추고, 필릉이 자만하다

가섭존자는 정력(定力)이 높기로 유명합니다. 출가하기 전 부인과 같이 수행했는데, 미리 약속한 가짜 결혼이었습니다. 방 안 기둥 하나를 경계로 각기 따로 거처했으니 이름만 부부였던 겁니다. 그러다가 후에 부인과 같이 출가했습니다. 이렇게 정력이 높았음에도 하늘의 음악(天樂)이 허공에 울려 퍼지자 깊은 곳에 숨어 있던 욕구가 일어났습니다. 눈을 감고 타좌하고 있으면서도 한편으로는 자신도 모르게 박자를 맞춰 앉은 채로 춤을 추었습니다. 무슨 이치일까요? 바로『유마경』에서 말하는, 습관의 잔재〔餘習〕가 완전히 끊어지지 않은 겁니다.『유마경』에서는 천녀(天女)가 꽃을 뿌리는 광경을 묘사합니다. 천녀가 꽃을 뿌리자 대아라한의 몸에 떨어진 꽃은 들러붙지만, 대보살의 몸에 떨어진 꽃은 들러붙지 못하고 떨어집니다. 유마거사는 말합니다. 일체의 대아라한은 팔십팔결사를 끊었지만 아직 습관의 잔재까지 끊지는 못했다고요. 뿌리 깊이 남아 있는 습관의 잔재를 여전히 끊지 못한 겁니다. "남은 습관을 끊지 못했다〔餘習未斷〕"라는 것은 바로 이것을 말합니다. 대아라한조차 이러한데 하물며 우리 같은 보통 사람은 어떻겠습니까!

또 다른 예가 있습니다. 부처님의 제자 중 필릉가파차(畢陵伽婆蹉)가 있었는데, 그는 당시 이미 나한이었습니다. 경지도 높고 신통력도 갖추었습니다. 불경에 따르면, 하루는 그가 강을 건너려 했습니다. 그 강은 어떤 여자 하신(河神)이 관할하고 있었습니다. 필릉가파차는 강변에서 두 손을 휘저으며 큰 소리로 외쳤습니다. "계집애야! 강물 좀 끊어 줘! 건너가야겠어!" 여자 하신은 어쩔 도리가 없었습니다. 공력이 그에 미치지 못해 물길을 끊어 건너게 해 줄 수밖에 없었지요. 그런 뒤에 하신은 부처님을 찾아가서 고해바쳤습니다. "부처님 대제자가 욕을 다 해요! 성미가 그렇게 고약해 가지고, 저보고 계집애라 그랬어요." 부처님은 웃으면서 하신으로 하여금 필릉가파차를 데려오게 했습니다. 그러고는 말했습니다. "강을 건너면서 신통력을 사용한 것은 계율을 범한 것이다! 계율을 범한 것은 그렇다 치고, 그대가 공공연히 하신을 욕했다며?" 필릉가파차가 말했습니다. "부처님! 억울합니다. 이 계집애야, 네가 한번 말해 봐. 내가 너보고 욕했다고?" 여자 하신이 말했습니다. "부처님! 보세요, 부처님 면전에서도 저를 욕하고 있지 않습니까?" 필릉가파차가 말했습니다. "무슨 소리를 하는 게야, 계집애야! 욕하지 않았다니까!" 부처님이 여자 하신에게 말했습니다. "너무 나쁘게 생각하지 말게. 그는 오백 생애나 바라문 집안에서 살았다네. 사람을 욕하는 게 버릇이 돼 버렸지. 그런 습관을 끊어 버리지 못한 거라네. 그래서 이 생애 동안 천식을 앓고 있다네. 그만하면 과보를 다 받은 것이 아니겠는가? 그대는 그가 욕을 했다고 생각하지만, 그는 욕한 것이 아니라네." 그러자 필릉가파차가 말했습니다. "정말 욕 안 했어, 계집애야! 그렇게 화낼 필요 없다니까!" 이처럼 그는 다른 사람을 욕하는 것이 습관이 되어 버린 겁니다. 이런 사람한테 사과하라 한다면 사과는 하겠지요. 그렇지만 사과를 하면서도 욕이 튀어나올 겁니다.

초과나한에 이른 사람이라도 육근(六根)이나 육진(六塵)에 대해 마음이 전혀 움직이지 않는 것은 아닙니다. 단지 흐름에 들어섰을[入流] 뿐 아직 마음의 흐름이 공(空)에 이르지는 못했습니다. 이것은 마치 바위가 풀을 누르고 있는 것과 같습니다. 적당한 환경이 갖추어지면 여전히 뛰쳐나올 수 있습니다. 이 점에 대해서는 기록된 자료가 아주 많습니다. 예를 들면 소동파나 그 외 많은 사람이 모두 대수행자였다가 다시 태어난 이들입니다. 그렇지만 다시 태어나면서 기억을 잃어버린 것입니다.

명나라 때 유명했던 왕양명(王陽明)만 해도 그렇습니다. 어떤 기록에 따르면, 그 역시 늙은 스님이었는데 다시 태어난 것이라 합니다. 한때 왕양명은 강서(江西)의 한 절에 이르게 되었습니다. 어떤 방 하나를 보니까 문이 잠겨 있는 데다 바깥에는 먼지가 두껍게 앉아 있었습니다. 그 절의 스님이 그 방은 문을 열 수 없다고 했습니다. 왕양명은 지위도 높고 권력도 막강했습니다. 그는 절의 스님들이 혹 나쁜 짓을 하지 않나 의심이 들어 문을 열라고 지시했습니다. 문을 열고 들어가 보니 단지 열반에 든 노스님의 시신밖에 없었습니다. 시신은 이미 앉은 채로 바싹 말라 있었습니다. 그 앞에는 베 한 조각이 걸려 있었는데, 거기에는 이런 글자가 적혀 있었습니다. "오십 년 전의 왕수인이니, 문을 연 자가 문을 닫은 자이다〔五十年前王守仁, 開門即是閉門人〕." 왕양명이 보고는 넋이 빠졌습니다. 그러나 그는 일생 동안 다시 이 이야기를 꺼내지 않았습니다.

이런 것들이 모두 무슨 이치일까요? 바로 결사(結使)의 문제를 설명합니다. 앞에서 언급했지만, 나한과를 얻은 사람은 일곱 번 인간으로 다시 태어납니다. 어떤 인간으로 변할지는 정해져 있지 않습니다. 제가 사천(四川)에 있을 때 어떤 대선배가 있었는데, 아주 유명한 분이었습니다. 대선배 부부는 둘 다 사람이 무척이나 좋아서 젊었을 때 저는 그분들을 대단히 흠모했습니다. 저는, 인간 세상에 신선 권속이 있다면 바로 두 분일 것이라 말했습니다. 그들 부부는 산 위에 별장을 짓고 살았는데 금슬도 좋고 자손도 많았습니다. 두 사람은 모두 화엄관(華嚴觀)을 배워, 부인은 안통(眼通)까지 얻었습니다. 부인이 말하기를, 자신은 전생에 라마승이었는데 지금의 남편으로부터 공양을 받았다는 겁니다. 그러나 결국 수행도 제대로 못 하고 사람을 속여 먹고 마시고 했다는 겁니다. 그래서 이 생애 동안 그의 아내가 되어 그를 위해 봉사하게 되었다는 겁니다. 그 부인은 유수원(劉洙源) 선생의 불법 요령을 닦았기에 자신의 전인후과(前因後果)를 뚜렷이 알고 있었습니다. 이들은 모두 다시 온 사람들입니다. 바로 예류과의 이치를 말하고 있습니다.

많은 고사(古事)를 말했는데, 여러분은 엉뚱한 이야기를 했다고 생각하지 마십시오! 소위 고사라는 것은 그저 고사로만 그치는 것이 아닙니다. 이제 다시 『금강경』으로 돌아가겠습니다.

이과와 삼과는 어떻게 나타나는가

"수보리여! 그대 생각은 어떤가? 사다함이 스스로 사다함과를 얻었다고 생각하겠는가?"
수보리가 말했다. "아닙니다, 세존이시여!"

"須菩提! 於意云何? 斯陀含, 能作是念, 我得斯陀含果不?"
수보리 어의운하 사다함 능작시념 아득사다함과부
須菩提言, "不也, 世尊!"
수보리언 불야 세존

부처님이 다시 수보리에게 이과나한에 관해 똑같이 묻습니다.

"왜냐하면 사다함을 일러 일왕래(一往來)라 하나, 실로 왕래가 없기 때문입니다. 이를 일러 사다함이라 합니다."

"何以故? 斯陀含, 名一往來, 而實無往來, 是名斯陀含."
하 이 고   사 다 함   명 일 왕 래   이 실 무 왕 래   시 명 사 다 함

이과나한은 단지 한 차례만 인간으로 옵니다. 명의상으로는 한 차례 다시 온다고 하지만, 오지 않는 것이나 마찬가지입니다. 무슨 이치일까요? 많은 사람은 죽음에 이르러 과거의 빚이 청산됩니다. 어떤 때는 한 번 입태(入胎)하여 태아 단계에서 유산됨으로써 끝납니다. 그 일생으로 빚을 다 갚은 겁니다. 이건 진짭니다! 진정으로 하는 말입니다. 듣기엔 아무 근거도 없는 것 같을 겁니다. 많은 경우 부모와 인연은 좋지만 짧은 시간에 그 연(緣)을 끊습니다. 그는 다시 올 필요가 없습니다. 마땅히 자식을 위해 기뻐해야 합니다. 그는 이미 성취를 얻은 사람으로, 단지 부모에게 골육의 정이라는 약간의 부채를 짊어지웠을 뿐입니다. 그렇지만 부모 역시 그에게 눈물의 빚을 짊어지웠습니다! 부모가 상심하여 눈물을 흘림으로써 장부가 청산된 겁니다. 이것이 이과(二果) 사다함입니다.

"수보리여! 그대 생각은 어떤가? 아나함이 스스로 아나함과를 얻었다고 생각하겠는가?"

"須菩提, 於意云何? 阿那含, 能作是念, 我得阿那含果不?"
수 보 리   어 의 운 하   아 나 함   능 작 시 념   아 득 아 나 함 과 부

아나함은 불환과(不還果)입니다. 이 생애로써 모든 것이 결산됩니다. 이것이 삼과(三果)입니다.

수보리가 말했다. "아닙니다, 세존이시여! 왜냐하면 아나함을 일러 불래라 하나, 실로 오지 않음이 없기 때문입니다. 그러므로 아나함이라 합니다."

須菩提言, "不也, 世尊! 何以故? 阿那含, 名爲不來, 而實無不來,
수보리언 불야 세존 하이고   아나함   명위불래   이실무불래
是故名阿那含."
시고명아나함

    삼과나한은 이과나한보다 높아, 인간으로 오지 않는다고 말합니다. 그러나 역시 일정하지 않습니다. 다시 올 수도 있습니다. 그에겐 이미 생사가 없어 오는 것도 두려워하지 않습니다. 단지 나한은 음(陰)에 막혀 미혹되기〔隔陰之迷〕때문에 한 번 투태하면 미혹될 뿐입니다. 삼과(三果) 이상에 이르면, 정력(定力)이 높은 사람은 미혹되지 않을 수도 있습니다.

    지금은 제가 이 나이에 쫓아다닐 수도 없어 얻어듣지 못하지만, 젊어서 대륙에 있을 때는 도처를 쫓아다니면서 이상한 일도 많이 들었습니다. 예를 들면 제 친구 중에 사천(四川)에 살던 사람이 있었는데, 그는 저에게 자기의 세 생애를 다 기억하고 있다고 했습니다. 그는 아주 이름난 사람으로서 학문도 뛰어나고 문장도 훌륭해 경솔하게 그런 이야기를 할 사람이 아니었습니다. 삼과에 이르러 다시 온 사람은, 어떤 때는 뚜렷이 알면서도 말하지 않습니다. 그는 삶과 죽음을 자유롭게 왕래할 수 있기 때문입니다. 어떤 사람은 입태(入胎) 시에는 미혹되지 않으나 태 속에 머물면서 기억을 잃어버리기도 하고, 어떤 사람은 입태 시나 태 속에서는 미혹되지 않으나 출태하는 순간에 미혹되기도 합니다. 이처럼 사람에 따라 상황은 다릅니다. 이것은 삼과나한의 정력(定力)의 차이에서 기인된 결과입니다. 이 품에서는 삼과나한에 대해 "이를 일러 불래(不來)라 하나, 실제로 오지 않음이 없다〔名爲不來, 而實無不來〕"라고 말하고 있습니다. 삼과나한은 생사의 왕래가 비교적 자유롭기 때문입니다.

나한의 앞길

"수보리여! 그대 생각은 어떤가? 아라한이 스스로 아라한 도를 얻었다고 생각하겠는가?"
수보리가 말했다. "아닙니다, 세존이시여! 왜냐하면 실로 법이 있지 않은 것을 아라한이라 하기 때문입니다.

"須菩提! 於意云何? 阿羅漢, 能作是念, 我得阿羅漢道不?"
수 보 리 어 의 운 하   아 라 한 능 작 시 념 아 득 아 라 한 도 부
須菩提言, "不也, 世尊! 何以故? 實無有法, 名阿羅漢."
수 보 리 언   불 야 세 존 하 이 고 실 무 유 법 명 아 라 한

이야기가 아나함 과위(果位)에 이르렀습니다. 아나함은 인세간(人世間)인 이 욕계에 다시 오지 않는다고 하는데, 실제로 오지 않을까요? 여전히 오려고 합니다. 절대 오지 않는 것은 아닙니다. 바로 사과(四果) 아라한에 이르기 위해서입니다. 대아라한은 한 번 입정(入定)에 들면 팔만 사천 대겁이나 지속됩니다. 지구가 생겼다 없어지고, 없어졌다가 다시 생기기를 반복할 동안에도 그는 입정 상태에서 깨어나지 않습니다. 일단 깨어난다면 어떻게 할까요? 역시 대승으로 방향을 돌릴 수밖에 없습니다. 반야의 지혜를 통해 해탈해야 비로소 성불할 수 있기 때문입니다. 그러므로 소승의 앞길은 대승으로 방향을 돌리는 것입니다. 소승의 성문(聲聞)으로부터 대승으로 향해야만 진정한 성취가 가능합니다. 진정한 사과(四果) 아라한에게는 실로 법이라 할 만한 것이 없습니다. 어떤 하나의 구체적인 법도 그것이 공(空)이라 증득한 것이 없습니다. 아직도 공의 경계가 있다면, 그것은 변견(邊見)에 떨어진 것입니다. 스스로 변(邊)이 없다고 말한다면, 다시 견취견(見取見)에 떨어집니다. 이들은 모두 견지(見地)가 참되지 못한 것입니다.

그러므로 진정한 공은 공의 경계가 없어야 얻을 수 있습니다. 여기 있는 분들 중 타좌를 아주 잘해 스스로 공의 경계에 들어섰다고 느끼는 사람도 있을 겁니다. 그렇지만 공의 경계를 신체보다 조금 더 범위가 큰 것이라 생각해서는 결코 안 됩니다. 그건 공이 아니라 하나의 구멍입니다. 이런 공이라면 변견 중에서도 작은 변견입니다.

왜 사람들이 공의 범위를 정해 변견으로 떨어질까요? 지혜에 한계가 있기 때문입니다. 사람의 지력(智力)과 심력(心力)에는 한계가 있어서 이런 견해를 갖게 됩니다. 소위 『금강반야바라밀경』은 한도가 없습니다. 범위도 없이 무한합니다. 최후로 우리는 결론에 이릅니다. 이것은 수보리가 한 말입니다.

> "세존이시여! 만약 아라한이 스스로 아라한 도를 얻었다고 생각한다면, 아·인·중생·수자에 집착한 것입니다."
>
> "世尊! 若阿羅漢作是念, 我得阿羅漢道, 卽爲著我人衆生壽者."
> 세 존   약 아 라 한 작 시 념   아 득 아 라 한 도   즉 위 착 아 인 중 생 수 자

수보리의 생각에는, 아라한의 경계에 도달했더라도 그 사람에게는 아라한의 과위를 증득했다는 생각이 조금도 없으리라는 겁니다. 만약 이런 생각이 있다면, 이 생각으로부터 온갖 생각이 파생되어 도리 없이 그 생각에 말려들고 말 겁니다. 이 때문에 『화엄경(華嚴經)』에서는 "제망중중(帝網重重)"이라 했습니다. 제(帝)란 크다는 뜻입니다. 우리의 사상이나 감각, 정감 등은 마치 비할 데 없이 큰 그물과 같아서, 하나의 그물 구멍이 움직이면 다른 구멍들도 모두 따라서 움직입니다. 바로 "제망중중"입니다. 한 생각이 움직임으로써 백 천 만 억의 생각들이 모두 우리 수지(修持)나 심성(心性)의 업력 속에서 끌려 움직입니다. 유(有)라 말하면 일체가 유(有)요,

공(空)이라 말하면 일체가 공(空)입니다. 바로 이 이치입니다.

그러므로 말합니다. 대아라한이 스스로 아라한의 경계를 증득했다고 생각한다면, 그에게는 아상·인상·중생상·수자상의 사상(四相)이 모두 있는 것이 되므로, 단지 진정한 의미의 범부에 지나지 않을 것입니다. 근본적으로 도를 얻지 못한 것입니다. 선종 식으로 표현하자면, 어떤 사람이 스스로 이미 깨쳤다(悟)고 말한다면 그건 바로 말씀 언(言) 변에 입(口)과 하늘(天)을 합친 '착오(誤)'입니다. 그래도 스스로 대철대오(大徹大悟)했다 생각한다면 그건 바로 대착대오(大錯大誤)입니다! 이것은 마치 사람이 수중에 천만 원을 지니고 있을 때와 이치가 같습니다. 그는 절대로 길거리에서 사람들을 향해 자기가 돈을 가졌다고 떠들어 대지 않을 겁니다. 이것이 세상의 이치인데, 하물며 도를 깨친 사람은 어떻겠습니까? 도를 깨친 사람이라면 절대로 스스로 도가 있다고 생각하지 않을 겁니다. 수보리는 이어서 스스로 마음으로 얻은 바를 보고합니다.

세상에서 제일 뛰어난 사람

"세존이시여! 부처님께서는 제가 무쟁 삼매를 얻었으며, 사람 중 제일 뛰어나고, 제1의 욕구를 떠난 아라한이라 하셨습니다."

"世尊! 佛說我得無諍三昧, 人中最爲第一, 是第一離欲阿羅漢."
　세존　불설아득무쟁삼매　인중최위제일　시제일이욕아라한

수보리가 말합니다. 부처님이 그(수보리)에게 이르기를, 그가 이미 무쟁 삼매(無諍三昧)를 증득하여 일체의 것에 대해 다투지 않는다고 했다는 겁니다. 그에게 욕을 하든 아첨을 하든 하느님 아버지라 큰 소리로 부르든 전혀 개의치 않습니다. 듣지 못한 것이 아닙니다! 듣고서도 마음이 움직이지 않는 것입니다. 이미 환희도 없고 슬픔도 없습니다. 옳고 그름이 하나로서 일체 다툼이 없습니다.

이야기가 여기에 이르니 『노잔유기(老殘遊記)』의 작자 유악(劉鶚)이 생각납니다. 이 사람의 재능은 『노잔유기』보다는 그 속에 나오는 도화림(桃花林)에서 만난 신선이 지은 여섯 수의 시에서 잘 나타납니다. 이 시들은 실제로 유악 자신이 지은 것입니다. 후에 어떤 사람이 벽에 시가 쓰여 있는 것을 보았는데, 그 중 한 구절이 "고개 돌리니 상전이 벽해 되어 오백 년이 흘렀도다〔回首滄桑五百年〕"입니다. 너무도 이상한 것은, 그 집에서 사람이 나오기를 기다렸다가 어떤 사람이 얼른 무릎을 꿇고 절을 하는 겁니다. 나오는 사람이 신선이라 생각한 것이지요. 그러나 이것은 유악이 지은 시에 불과합니다. 시를 짓다 보면 아무래도 터무니없는 소리를 해 대기 마련입니다. 제가 지은 시도 마찬가지입니다. 그렇지만 유악의 시는 어떤 때는 경계가 아주 훌륭합니다. 이야기가 무쟁 삼매에 이르렀으니, 유악의 시를 인용해 보기로 하겠습니다.

일찍이 요지의 9품 연꽃에 절했더니
희이에서 나에게 지현편을 주셨도다
세월을 끌기란 참으로 용이하여
고개 돌리니 상전이 벽해 되어 오백 년이 흘렀도다

曾拜瑤池九品蓮　希夷授我指玄篇
증 배 요 지 구 품 련　희 이 수 아 지 현 편
光陰荏苒眞容易　回首滄桑五百年
광 음 임 염 진 용 이　회 수 창 상 오 백 년

요즘은 일반인들도 불교 이론에 통달했습니다! 그렇지만 불교 이론에만 통달했을 뿐 수지(修持) 공부는 볼 만한 것이 없습니다.

『유마경』의 경계를 인용한다면, 바로 하늘의 천녀가 뿌린 꽃이 몸에 들러붙는 것입니다. 부처님은 수보리를 평가하면서 그가 이미 무쟁 삼매를 얻었다고 했습니다. 그렇지만 그 아래 나오는 한 구절을 조심해야 합니다! "사람 중 제일인자〔人中最爲第一〕", 여전히 인간입니다! 인류 중에서 학문과 도덕이 제일 높다는 겁니다. 불법을 수행하는 사가행(四加行)으로 말하자면, 사람 중에서 최고는 바로 세제일법(世第一法)입니다. 사람됨이 최고의 경지에 이르고, 도덕과 수양이 모두 제일 뛰어난 사람 중의 제일인자입니다. 그다음에 내린 부처님의 평가는 "제1의 이욕아라한〔是第一離欲阿羅漢〕"입니다. 이것은 수보리가 살아 있을 때 부처님이 내린 평가입니다. 아직 욕계만을 벗어날 수 있을 뿐입니다. 그래서 "이욕아라한"이라 했습니다. 그 후 완전히 삼계(三界)를 벗어날 수 있었는지는 확실치 않습니다. 후에 『서유기』에서 수보리가 손오공을 받아들일 때는 이미 상당한 경지에 이르렀습니다.(모두 웃음) 그렇지만 부처님이 『금강경』을 말할 당시까지 수보리는 단지 이욕아라한 정도였습니다. 절대 욕구가 없을 뿐이었습니다.

여기서 말하는 욕구는 광의의 것입니다. 남녀 간의 애욕이 아니라 일체의 욕구를 가리킵니다. 심지어 수도하면서 타좌에 탐닉하거나 혹은 청정에 탐닉하는 것까지도 모두 욕구입니다. 수보리는 이미 일체의 욕구가 없어졌습니다. 그러므로 제1의 이욕아라한입니다.

"세존이시여! 저는 스스로 욕구를 떠난 아라한이라 생각하지 않습니다. 세존이시여! 제가 만약 아라한 도를 얻었다 생각했다면,"

"世尊! 我不作是念, 我是離欲阿羅漢. 世尊! 我若作是念, 我得阿羅漢道."
　　　　세존　아부작시념　아시이욕아라한　세존　아약작시념　아득아라한도 수보리가 말합니다. "비록 세존께서 제가 이미 그런 경계에 이르렀다고 평가하시더라도, 저로서는 절대 그런 관념을 갖고 있지 않습니다. 제가 이미 사람 중의 제일인자에 도달했다고 생각하지 않습니다. 제가 이미 아라한 도를 얻었다고는 더욱 생각할 수 없습니다."

"세존께서는 수보리가 아란나행을 즐기는 자라 말씀하시지 않았을 겁니다. 수보리가 실로 행하는 바가 없기에 수보리를 아란나행을 즐기는 자라 하신 겁니다."

"世尊則不說須菩提, 是樂阿蘭那行者. 以須菩提實無所行, 而名須菩提,
세 존 즉 불 설 수 보 리   시 락 아 란 나 행 자   이 수 보 리 실 무 소 행   이 명 수 보 리
是樂阿蘭那行."
시 락 아 란 나 행

어떻게 말할까요? "가령 부처님께서 제가 이미 이욕아라한을 증득했다고 평가하신다면, 즉 사람 중의 제일인자요 학생들 중 최고라 하신다면, 저 자신으로서는 생각지도 못할 일입니다. 조금도 그런 생각을 갖고 있지 않습니다. 만약 제 마음속에 그런 생각이 조금이라도 있다면, 부처님께서는 제가 적정(寂靜)을 즐기는 행자(行者)라 말씀하시지 않았을 겁니다." 적정이란 지극히 청정한 것입니다. 산에서 살기를 좋아하니 자연 하나의 적정한 절이 생겨납니다. 절은 어디에 있을까요? 바로 자신의 마음속에 있습니다. 우리가 늘 언급하는 옛사람의 시와 같습니다. "사람마다 영산의 탑이 있으니, 영산의 탑을 향해 닦음이 좋으리〔人人自有靈山塔, 好向靈山塔下修〕."〔『능엄경』에 나오는 고덕(高德)의 게송으로 원래는 "人人有箇靈山塔, 須向靈山塔下修"이나 기억에 의존한 강의다 보니 한두 글자가 바뀌기도 함. 이 게송은 2품과 12품에도 나옴.〕

이 품은 바로 사과나한의 수행법을 설명합니다. 『금강경』에서 토론하고 있는 중점은 어디에 있을까요? 머무는 바가 없는〔無所住〕 것입니다. 이 최

고의 경지에 이르러서도 마음속에 도를 얻었다는 생각이 있다면, 그것은 이미 머무는 바가 있는 것으로 잘못된 겁니다. 그러므로 우리는 다음과 같은 게송으로 결론을 삼고자 합니다.

【제9품】

게송

사과의 단계는 의지로부터 일어나니
이 한 생각이 가장 다스리기 어렵다
아이가 우니 노란 잎이 표연히 떨어지고
빈주먹을 속여 크고 작은 것을 들어 올린다

四果階梯著意成　由來一念最難平
사 과 계 제 저 의 성　유 래 일 념 최 난 평
兒啼黃葉飄然落　誑捏空拳大小擎
아 제 황 엽 표 연 락　광 날 공 권 대 소 경

"사과의 단계는 의지로부터 일어나니〔四果階梯著意成〕." 나한에는 네 개 과위(果位)가 있고, 대승보살도에는 십지(十地)가 있는데, 이들은 어떻게 구분될까요? 사실은 모두 견지(見地)의 문제입니다. 관점의 범위나 정도, 또 일념(一念)과도 관계가 있습니다. 사과(四果)의 단계는 어떻게 해서 오는 것일까요? 의지가 일어남으로써 생깁니다.

"이 한 생각이 가장 다스리기 어렵다〔由來一念最難平〕." 불법을 배우고 수도하면서 이 일념이 평정할 수 있다면 온갖 법이 모두 공(空)입니다. 그렇지만 제일 어려운 것이 일념의 평정입니다. 이 일념은 바로 지금의 일념으로서, 탐진치만의(貪瞋癡慢疑)의 감수(感受)와 집착으로부터 나옵니다. 지금의 이 일념을 평정하게 할 수 없다면, 이로 인해 모든 수지(修持)가 헛수고가 됩니다.

"아이가 우니 노란 잎이 표연히 떨어지고〔兒啼黃葉飄然落〕." 이것은 『법화경』의 전고(典故)입니다. 『금강경』에서는 부처님의 법에 집착해서는 안 된다고 가르칩니다. 불법에 집착한다면 진정으로 불법을 배우는 사람이 아닙니다. 『법화경』에서 부처님은 또 다른 방법으로 표현합니다. 부처님은 자신의 설법이, 노란 잎을 가리키며 황금이라고 말해 아이 울음을 그치게 하는 것일 뿐이라 말합니다. 아이가 우는데 어떡하겠습니까? 울음을 그치도록 하기 위해 손 가는 대로 노란 잎을 하나 따서 아이를 달랩니다. "이거 재밌지! 이게 금이란다" 하면서요. 단지 아이를 달래기만 하면 됩니다. 그것이 닭 털이든 나뭇잎이든 아이가 울지만 않으면 됩니다. 부처님은 우리에게 말합니다. 그가 말한 불법도 바로 이와 같다는 겁니다. 노란 잎을 가리켜 황금이라 하더라도 아이 울음만 그치게 하면 됩니다! 사실 어떤 법도 모두 노란 잎입니다. 모두 아이를 달래기 위한 것일 뿐입니다. 만약 일념이 정지하면, 노란 잎은 필요치 않습니다.

선종의 조사는 이런 말을 했습니다. "부처님이 말한 일체법은 일체의 마음을 제도하기 위함인데, 나에겐 일체의 마음이 없으니 일체법이 무슨 소용 있으리!〔佛說一切法, 爲度一切心, 我無一切心, 何用一切法〕" 이 경계에 이른 이가 곧 부처님입니다. 참선이니, 타좌니, 염불이니, 주문이니, 관상(觀想)이니 하는 것들이 다 뭡니까! 그것이 백골(白骨)이든 홍분(紅粉)〔연지와 분. 곧 미인의 얼굴〕이든 모두 관(觀)할 수 있습니다〔백골관(白骨觀)은 망상을 그치게 하는 다섯 수행법, 즉 부정관(不淨觀) 자비관(慈悲觀) 인연관(因緣觀) 계분별관(界分別觀) 수식관(數息觀) 중 부정관에 속함. 부정관에는 구상(九相)이 있는데, 시체가 썩어 가는 아홉 과정을 하나하나 마음의 눈으로 보는 것으로 이 중 뼈를 보는 것이 백골관임]. 백골을 관할 수 없다면 홍분을 관하고, 홍분을 관할 수 없다면 백골을 관하면 됩니다. 부처님이 말한 일체의 법은 일체의 마음을 제도하기 위한 것으로, 나에게 일체의 마음이 없는데 일체의 법이 무슨 소용 있겠습니까? 이것이 『금강경』의 철저한 의의입니다. 부처님은 모두 말했습니다. 그렇지만 아직도 이 법을 구하려 하고 저 법을 구하려 하며 천 리 멀리 외국에서 내닫듯 돌아와 여기가 아니면 배울 수 없다고 합니다. 당연하지요! 일체의 마음을 갖고 있기 때문입니다! 그러니 반드시 돌아와 일체의 법을 구해야 합니다.

"빈주먹을 속여 크고 작은 것을 들어 올린다〔誑捏空拳大小擎〕." 부처님은 자신의 설법이 빈주먹으로 어린아이를 달래는 것이라 말합니다. 아이가 울면 단지 아이 울음을 그치게 하기 위해, 사탕 줄까 돈 줄까 합니다. 실제로 아무것도 없습니다. 모두 어린아이를 달래기 위한 것입니다. 선종의 조사 오조연(五祖演)은 불법 수행의 이치를 설명하기 위해 다음과 같은 두 편의 이야기를 지었습니다.

좀도둑과 탈옥수

하나는 좀도둑 이야기입니다. 아마 많은 사람이 이미 들은 적이 있겠지만 다시 한 번 반복하겠습니다. 어떤 좀도둑이 있었는데, 실력이 아주 뛰어났습니다. 좀도둑에게는 아들이 하나 있었는데 아버지에게 의발(衣鉢)을 전수해 달라고 졸라 댔습니다. 하루는 자식의 성화에 못 이겨, 오늘 밤 나하고 같이 도둑질하러 가자고 했습니다. 아버지와 아들이 몰래 한 집을 더듬어 들어가니 방 안에 큰 궤짝이 하나 놓여 있었습니다. 아버지는 요리

조리 만지작거리다가 자물쇠를 열더니 아들한테 들어가서 물건을 꺼내 오라고 했습니다. 아들이 궤짝 안으로 들어가자 아버지는 곧바로 궤짝의 자물쇠를 잠가 버리고는 큰 소리로 "도둑놈이야!" 하고 외치고는 자기는 도망쳐 버렸습니다. 집안 사람들이 고함 소리에 모두 깨어나 등불을 켜고 사방을 살폈습니다. 어떤 여자 아이가 촛불을 들고 방 안으로 들어왔습니다. 궤짝 안의 아들은 상황이 다급해지자 꾀를 내어, 입으로 찍, 찍, 찍 하고 쥐들이 싸우는 소리를 계속 내었습니다. 여자 아이가 소리를 질렀습니다. "마님! 야단났어요! 도둑은 보이지 않는데, 궤짝 안에 쥐가 들어갔어요." 그러고는 궤짝 문을 열었는데, 바로 그때 좀도둑의 아들은 재빨리 그 안에서 튀어나와 한숨에 촛불을 불어 끄고는 도망쳤습니다. 집으로 달려와서 보니 아버지는 드러누워 자고 있었습니다. 아들은 아버지를 흔들어 깨운 다음 왜 자식을 곤경에 몰아넣느냐고 따졌습니다. 아버지가 말했습니다. "넌 나오지 않았느냐? 성공했어! 너에게 의발을 전하마!" 도둑질하는 데는 정해진 법이 없으니 도망쳐 나오기만 하면 성공이라는 겁니다. 오조연은 이 이야기를 들어 제자들에게 말합니다. "성불하는 데에는 정해진 법이 없다. 아무것이나 어느 한 가지를 닦으면서 스스로 방법을 찾아야 한다."

한번은 오조연이 제자들에게 말했습니다. "불법의 대승이니 소승이니, 거기다 금강경이니 뭐니, 어휴! 그렇게 복잡하게 떠들 필요 없다! 내 너희들에게 이야기 하나 해 주마."

한 범인이 옥에 갇혔는데, 무기 징역을 선고받았습니다. 그는 탈옥할 생각을 하고 같은 방에 있던 좀도둑 친구들과 의논했습니다. 좀도둑들은 처음엔 모두 미적거렸지만 얼마 지나지 않아 힘을 모아 조금씩 땅굴을 파기 시작했습니다. 그들은 하루에 얼마씩 파 들어가다 마침내 성공했습니다. 그 범인은 친구들이 다 도망하기를 기다렸다가 땅굴을 덮어 버렸습니다. 그럼 자기는요? 도망칠 생각은 않고 도리어 간수들과 친한 친구가 되었습니다. 집에서 맛있는 것을 보내오면 같이 먹고, 재미있는 게 있으면 같이 놀고 하여, 나중에는 간수들과 못하는 말이 없을 정도가 되었습니다. 그에게 도망칠 마음이 없다고 생각한 간수들은 모두 그에 대해 방심했습니다. 그러던 중 하루는 그의 집에서 아주 푸짐하게 음식을 보내왔습니다. 새우니 생선이니 고기니, 거기다 브랜디며 금문고량주며 맥주며 온갖 것들이 다 있었습니다. 그는 감옥의 간수들을 모두 불러 모아서 잔치를 벌였습니다. 그러고는 간수들이 취하기를 기다렸다가 간수 몸에서 열쇠를 꺼내 손발을 풀고는 간수 제복을 입고 감방 문을 열고서 유유히 사라졌습니다.

오조연은 말합니다. "소승을 배우는 사람은 바로 좀도둑들을 배우는 것이다! 많은 힘을 들여 땅굴을 파고 도망치며, 도망치고 나서도 전전긍긍한다. 동쪽에 숨거나 서쪽에 숨는다. 대승을 배우는 사람은 이 세계라는 우리를 벗어나려 하지만 그러기 위해서는 죄인과도, 염라대왕과도, 간수와도 친구가 되어야만 비로소 가능하다는 것을 알고 있다. 대승을 배우는 것은 바로 이런 것이다. 불법은 삼계(三界)를 감옥과 같다고 말한다. 어떤 방법으로 벗어날지에 대해서는 염불을 하든, 예불을 하든, 주문을 외든, 또는 밀교든 현교든 상관없다. 어떤 방법으로든 벗어나기만 하면 된다. 이것이 바로 부처님이 말하는, 정해진 법이 없다는 이치이다."

제10품
장엄한 정토

第10品・莊嚴淨土分

佛告須菩提, "於意云何? 如來昔在然燈佛所, 於法有所得不?"
"不也, 世尊! 如來在然燈佛所, 於法實無所得."
"須菩提! 於意云何? 菩薩莊嚴佛土不?"
"不也, 世尊! 何以故? 莊嚴佛土者, 卽非莊嚴, 是名莊嚴."
"是故, 須菩提! 諸菩薩摩訶薩, 應如是生淸淨心, 不應住色生心, 不應住聲香味觸法生心, 應無所住, 而生其心! 須菩提, 譬如有人, 身如須彌山王, 於意云何? 是身爲大不?"
須菩提言, "甚大, 世尊! 何以故? 佛說非身, 是名大身."

부처님께서 수보리에게 말씀하셨다. "그대 생각은 어떤가? 여래가 옛적 연등불 계시던 곳에서 법에 대해 얻은 바가 있었겠는가?"

"아닙니다, 세존이시여! 여래께서는 연등불 계시던 곳에서 법에 대해 실로 얻은 바가 없었습니다."

"수보리여! 그대 생각은 어떤가? 보살에게 장엄한 불토가 있는가?"

"없습니다, 세존이시여! 왜냐하면 장엄한 불토라는 것은 장엄하지 않으며, 그것을 일러 장엄하다고 하기 때문입니다."

"그러므로 수보리여! 모든 보살마하살은 마땅히 이렇게 청정심이 생기며, 마땅히 색에 머물러 마음이 생기지 않으며, 마땅히 소리・냄새・맛・촉감・법에 머물러 마음이 생기지 않으며, 마땅히 머무는 바 없이 그 마음이 생긴다. 수보리여! 비유컨대 어떤 사람의 신체가 수미산 같다면, 그대 생각은 어떤가? 몸이 크지 않은가?"

수보리가 말했다. "아주 큽니다, 세존이시여! 왜냐하면 부처님께서 몸이 아닌 것을 일러 큰 몸이라 했기 때문입니다."

마음을 비워 급제해서 돌아가다

이제 제10품 경문을 강연하기 전에, 먼저 "장엄정토(莊嚴淨土)"에 대해 살펴보기로 합시다. 이것은 대반야의 정토이자 부처님의 정토로서 단지 서방 극락정토를 가리키는 것만은 아닙니다. 소위 장엄정토란 일념도 일지 않는 상태에서 전체가 드러나는 것으로, 마음이 청정하고 공(空)에 이르렀을 때가 진정한 정토입니다.

이야기가 여기에 이르니 선종 단하조사(丹霞祖師)의 대련 한 수가 생각납니다. 단하조사는 여순양(呂純陽)과 마찬가지로 당나라 사람으로서, 이들은 모두 과거 시험을 보러 가다가 중도에서 그만두고 도를 닦은 사람들입니다. 단하조사는 과거를 보러 가던 중 우연히 한 사람과 한담을 나누게 되었는데, 그 사람이 말하기를 "당신 기상이나 재주를 보건대 왜 하필 과거 시험을 보려는지 모르겠소. 강서(江西)의 시험장에 도착하거든 마조(馬祖)나 찾아보시구려. 성불할 수 있다면 과거를 보는 것보다 나을 것이오"라고 했습니다. 그 후 단하는 곧장 마조를 찾아 나섰는데, 이것이 단하선사의 공안(公案)입니다.

단하의 선당(禪堂)에는 다음과 같은 대련 한 수가 적혀 있습니다.

여기는 부처를 뽑는 시험장
마음이 공에 이르면 급제해 돌아가리

此是選佛場　心空及第歸
차 시 선 불 장　심 공 급 제 귀

우리 선당 역시 과거 시험장으로 부처를 뽑는 시험장이니, 마음이 공(空)에 이르면 곧 정토로서 시험에 합격하리라는 겁니다. 진정으로 이 일념이 공에 이를 수 있다면 시험에 합격할 수 있으니, 마음이 공에 이르면 급제해서 돌아갈 수 있다는 겁니다.

불교 공부의 귀결점도 바로 이 일념이 공에 이르는 것으로, 우리는 이것을 흔히 현재의 현실정토라 부릅니다. 이 때문에 부처님도 불경에서 이르기를, "마음이 깨끗하면 국토도 깨끗하다[心淨則國土淨]"라고 했습니다. 도처가 모두 정토요 도처가 모두 극락세계이니, 마음이 깨끗하기만 하다면 국토가 깨끗합니다.

『금강경』의 이 품에 양(梁)나라 소명태자는 "장엄정토"라는 제목을 붙였습니다.

부처님께서 수보리에게 말씀하셨다. "그대 생각은 어떤가? 여래가 옛적 연등불 계시던 곳에서 법에 대해 얻은 바가 있었겠는가?"

佛告須菩提, "於意云何？ 如來昔在然燈佛所, 於法有所得不？"
불 고 수 보 리　어 의 운 하　여 래 석 재 연 등 불 소　어 법 유 소 득 부

앞의 제9품은 부처님과 수보리의 대화로서 소승 사과나한의 경계를 토론한 것입니다. 토론은 여기에 이르러 끝납니다. 이제 부처님은 자신의 경험을 이야기합니다. 그는 말합니다. "오래전 연등불과 같이 지낼 때, 그때 내가 법에 대해 얻은 바가 있었겠느냐?"

여기서 '오래전'이란 아주 오래전의 일을 말합니다. 전생의 일이 아니라 아주 많은 생 이전의 일로서 부처님의 깨달음을 처음으로 인정해 준 스승이 바로 연등불(然燈佛)인데, 후에 『봉신방(封神榜)』이라는 소설에서는 연등도인이라 묘사되고 있습니다. 연등불은 아주 오래전의 부처님으로서, 아직 지구가 생기기도 전의 부처님입니다. 부처님은 말합니다. 자신은 이전에 연등불 밑에서 수행할 때 연등불로부터 전수 받아 깨달음에 이르렀는데, 그때 자신이 얻은 바가 있었겠느냐는 겁니다.

"아닙니다, 세존이시여! 여래께서는 연등불 계시던 곳에서 법에 대해 실로 얻은 바가 없었습니다."

"不也, 世尊! 如來在然燈佛所, 於法實無所得."
불야   세존 여래재연등불소 어법실무소득

수보리가 말합니다. "아닙니다. 제가 알기로는 당시 연등불 밑에서 부처님께서는 진정한 경계에 이르렀기에 아무것도 얻은 바 없이 일체가 모두 공(空)이었으며, 공 또한 최고도에 이르러서 얻거나 얻지 못한 것뿐 아니라 공의 경계 또한 없었을 겁니다." 수보리의 대답이 여기에 이르자 부처님은 더 이상 말하지 않고 다른 문제로 넘어갑니다.

장엄한 불토는 어디에 있는가

"수보리여! 그대 생각은 어떤가? 보살에게 장엄한 불토가 있는가?"

"須菩提! 於意云何? 菩薩莊嚴佛土不?"
수보리 어의운하 보살장엄불토부

부처님은 말합니다. "내 그대에게 묻노니, 그대는 일체의 보살들이 또 다른 세계, 예를 들어 천당이라든지 천당 외의 또 다른 어떤 장엄하고 아름다운 불토(佛土)를 갖고 있다고 생각하는가?"

저는 『금강경』의 이 구절을 들어 자주 학생들에게 말하곤 합니다. 여러분도 각 종교에서 묘사하고 있는 천당이나 불국에 관한 기록을 비교하여 비교 종교학에 관한 책을 쓸 수 있다고요. 이런 자료는 도처에 널려 있습니다. 서양인이 말하는 천당은 배치부터가 모두 서양식입니다. 그리고 주의해서 보면 모두 유럽 식이라는 것을 알 수 있습니다. 신(神)이라든지 공중의 천사들 역시 유럽 식입니다. 또 인도인들이 말하는 천당은 모두 인도식이고, 중국인들이 말하는 천당은 입은 옷까지도 중국식입니다.

그렇다면 천당이나 불토의 궁극적 형상이란 과연 어떤 것일까요? 이렇게 말할 수 있습니다. 여러분이 좋아하는 어떤 것을 그리더라도 그 형상이 될 수 있다고요. 어차피 여러분 모두가 가 보지 못한 곳이니까요.

일반인이 생각하는 불국세계나 장엄불토란 사람마다 모두 다를 수밖에 없습니다. 황금을 좋아하는 사람이라면 황금이 지천에 널려 있는 곳을 생각할 테고, 산수를 좋아하는 사람이라면 부처님이 높은 산의 정상에 서 있는 모습을 꿈속에서 만날 겁니다. 얼마나 청정하고 아름다운 모습이겠습니까! 결국 장엄불토란 자기가 좋아하는 바라 할 수 있으니, 바로『능엄경』에서 말하는 "중생의 마음에 따라, 자신이 아는 바에 응해 업에 따라 발

현될 것이니, 어찌 일정함이 있겠는가?〔隨衆生心, 應所知量, 循業發現, 寧有方所〕"입니다.

이 세상의 일체 지식의 범위, 종교 철학의 경계는 모두 자신의 마음이 만들어 낸 것입니다. 마음의 폭에 따라 천당이니 불토니 하는 것들도 크기가 달라질 것이고, 지식의 범위나 양에 따라서도 불국의 크기는 달라질 겁니다.

업에 따라서도 다르게 나타납니다. 똑같이 불법을 배우고 타좌를 행하면서도 각자가 본 부처님의 모습은 다릅니다. 그대가 본 부처님은 코가 좀 높지만 내가 본 부처님은 코가 약간 내려앉았다는 등 뭔가 다를 겁니다. 왜 그럴까요? 개인의 심경에 나타나는 업력이 다르기 때문입니다. 그러니 어찌 일정함이 있겠습니까? 어떤 고정된 방향도 없고, 어떤 고정된 마음의 작용도 없습니다. 오직 절대적 유심(唯心)이요, 순수한 유심일 뿐입니다.

그래서 부처님은 묻습니다. "보살에게 장엄한 불토가 있겠느냐?" 수보리는 없다고 말합니다. 그는 소위 말하는 장엄한 불토의 세계를 부인합니다.

"없습니다, 세존이시여! 왜냐하면 장엄한 불토라는 것은 장엄하지 않으며, 그것을 일러 장엄하다고 하기 때문입니다."

"不也, 世尊! 何以故? 莊嚴佛土者, 卽非莊嚴, 是名莊嚴."
불야 세존   하이고   장엄불토자   즉비장엄   시명장엄

『금강경』에서는 늘 이런 변론 방법을 사용합니다. 소위 말하는 장엄불토란 단지 하나의 형용하는 말에 불과한 것으로, 그것은 "장엄한 것이 아니다〔卽非莊嚴〕"라는 겁니다. 실제로 우리가 상상하는 종류의 그런 장엄이 아니라는 겁니다. 우리가 상상하는 장엄은 반드시 청정한 곳입니다. 여러분, 눈을 감고 한번 상상해 보십시오. 아무것도 없는 어떤 것, 텅 비어 버

린 경계 같은 것이 반드시 생각날 겁니다. 그렇지만 이것들은 단지 우리의 상상에 불과한 것으로, 경계에 대한 상(相)은 이미 장엄이 아닙니다. 절대의 청정, 절대의 공(空)은 결코 우리가 상상하는 장엄이 아닙니다. 이것을 일러 장엄하다고 합니다. 이 때문에 불가사의하다고 하는 겁니다.

정(正)과 반(反), 그리고 최후로 종합되는 이 세 구절은 우리에게 궁극적인 공(空)을 말해 주고 있습니다. 우리가 말하는 공, 상상 속의 공은 이미 공이 아닙니다. 진정한 불토의 장엄은 스스로 증험해 보지 않고 공연히 상상만 하려 해서는 안 됩니다. 이것이 바로 수보리가 대답한 이치입니다.

라이터

"그러므로 수보리여! 모든 보살마하살은 마땅히 이렇게 청정심이 생기며, 마땅히 색에 머물러 마음이 생기지 않으며, 마땅히 소리·냄새·맛·촉감·법에 머물러 마음이 생기지 않으며, 마땅히 머무는 바 없이 그 마음이 생긴다."

"是故, 須菩提! 諸菩薩摩訶薩, 應如是生淸淨心, 不應住色生心,
시고   수보리   제보살마하살   응여시생청정심   불응주색생심
不應住聲香味觸法生心, 應無所住, 而生其心!"
불응주성향미촉법생심   응무소주   이생기심

우리에게 수행 방법을 일러 주고 있습니다. 주의하십시오! 『금강경』은 여기에 이르러 하나의 수행 방법을 말합니다. 이것은 차선의 방법입니다. 최선의 방법은 우리가 이해할 수도 없고 표현할 수도 없기 때문입니다. 차선의 방법은 표현할 수 있는 것으로, 머무는 바가 없는[應無所住] 것입니다. 머무는 바가 없다는 것은 무엇을 말하는 것일까요? 수시로 청정심이 생겨나는 것입니다. 예를 들어 어떤 사람이, "선생님, 요 이틀 동안은 수행

이 아주 잘 됩니다! 청정심이 생겼습니다"라고 했다 칩시다. 여러분은 『금강경』을 이미 들었기에 잘 알겠지만, 그가 단지 청정심만을 가지려 한다는 것은 이미 앎의 양이나 범위가 상당히 제한되어 있는 겁니다.

현재 부처님은 무엇을 청정심이라 하는가에 대해 해석하면서, "색에 머물러 마음이 생기지 않으며 소리나 냄새, 맛이나 촉감, 법에 머물러 마음이 생기지 않아, 머무름이 없이 그 마음이 생기는 것〔不應住色生心, 不應住聲香味觸法生心, 應無所住, 而生其心〕"이라고 말합니다. 선종의 육조가 처음 깨달음을 얻은 것도 바로 이 구절입니다. "머무름이 없이 그 마음이 생긴다"라는 말을 듣고서 깨달았습니다. 이 마음은 본래 머무는 바가 없지 않은가요! 이 마음이 본래 머무는 바가 없다는 것을 모른다면, 머무는 바가 없다는 것이 필경 공(空)이 되고 말 겁니다. 이런 공의 경계는 옳지 않은 것으로 바로 머무는 것이 됩니다. 즉 공에 머문 것으로, 법에 머물러 마음이 생긴 것입니다. 말하자면 공의 법에 머문 것입니다.

따라서 진정한 청정심은 빛이 있는 것도 경계가 있는 것도 아니요, 색(色)이나 소리·냄새·맛·촉감·법에 머물지 않습니다. 부처님은 진정한 수행은 아무것에도 머무는 바 없이 그 마음이 생기는〔應無所住, 而生其心〕 것이라 했습니다. 마땅히 어느 때 어느 곳에서든 머무름이 없고 걸림이 없어야 하며, 사물이 다가오면 응하고 지나가면 미련을 두지 말아야 합니다. 우리가 흔히 말하곤 하는 이 두 구절의 뜻을 억지로 풀어 본다면 이렇게 말할 수 있습니다. 마음은 아무런 일도 없이 거울처럼 맑아, 경계가 다가오면 비추고 사라지면 없어집니다. 이전에 제 친구 한 명이 있었는데, 그는 불교 공부를 해서 어느 정도 마음에 얻은 바가 있었습니다. 마침 그때 막 라이터가 유행하고 있었는데, 사람들이 그에게 부처님이 무엇이냐고 물으면 그는 이렇게 대답했습니다. 마치 라이터처럼 찰칵! 하면 켜지고 사용하지 않으면 사라져 버리는 것이라고요.

스승 때문에 멀어 버린 눈

"수보리여! 비유컨대 어떤 사람의 신체가 수미산 같다면, 그대 생각은 어떤 가? 몸이 크지 않은가?"
수보리가 말했다. "아주 큽니다, 세존이시여! 왜냐하면 부처님께서 몸이 아닌 것을 일러 큰 몸이라 했기 때문입니다."

"須菩提, 譬如有人, 身如須彌山王, 於意云何? 是身爲大不?"
_{수보리 비여유인 신여수미산왕 어의운하 시신위대부}
須菩提言, "甚大, 世尊! 何以故? 佛說非身, 是名大身."
_{수보리언 심대 세존 하이고 불설비신 시명대신}

"비유컨대 어떤 사람의 신체가 수미산 같다면〔譬如有人, 身如須彌山王〕", 이 구절에 주의해야 합니다! 수미산이란 바로 법신(法身)을 말합니다. 머무는 바 없이 마음이 생길 수 있다면 초보적이나마 어느 정도 법신을 증험할 수 있습니다. 법신은 생겨나지도 없어지지도 않으며, 더럽혀지지도 깨끗해지지도 않으며, 늘어나지도 줄어들지도 않습니다. 그러므로 법신은 큰 몸〔大身〕이자 한량 없는 몸〔無邊身〕이라 할 수 있습니다. 부처님은 말합니다. "그대가 머무는 바 없이 마음이 생기는 경지에 도달하려면 부처의 법신과 장엄정토에 대해 모두 알아야 한다. 부처의 세계와 부처의 정토는 바로 이런 것이다!" 그는 말합니다. "내가 다시 그대에게 묻노니, 만약 어떤 사람의 몸이 수미산처럼 크다면, 마치 히말라야 산처럼 그렇게 크고 곤륜산보다도 더 우람하다면, 그대 생각은 어떤가? 그 몸이 크지 않겠는가?" 이는 하나의 비유로서 법신은 무량무변하고, 또 영원히 태어나지도 죽지도 않는다는 것을 말합니다. 그러고는 마침내 "몸이 아닌 것을 일러 큰 몸이라 한다〔佛說非身, 是名大身〕"라는 최후의 결론에 이릅니다. 우리 육체의 신견(身見), 신견이란 바로 팔십팔결사(八十八結使) 중에서도 제일

벗어나기 힘든 응어리인데, 이것을 벗어던질 수 있다면 불생불사의 법신을 증득할 수 있습니다.

사실 불생불사의 법신이라는 것도 추상적인 말에 불과합니다. 불법은 오직 실제로 증득해야만 하며, 그런 뒤에야 비로소 알 수 있습니다. 이 법은 말로 표현할 수 없습니다. 표현이 불가능합니다. 말로 표현한 것은 모두 옳지 않습니다. 이것이 바로 법신입니다. 이 때문에 선종에서 말하는 깨달음의 첫걸음도 바로 공(空)의 법신을 증득하는 데에서 시작합니다. 그래야만 비로소 신견을 벗어날 수 있으며, 또 선(禪)을 배웠다고 할 수 있습니다.

요 이틀 동안 여러분의 시험 문제는 '선(禪)이란 무엇인가'였는데, 여러분의 답은 모두 엉뚱했습니다. 선은 부처님의 심법(心法)으로서 『능가경(楞伽經)』이나 『금강경』에서 부처님은 아주 뚜렷이 말하고 있습니다. 여기에 대해 여러분은 별로 유의하지 않은 것 같습니다. 그러고서는 기분 내키는 대로 선을 배우겠다고 하는데, 관념상으로나 견지상으로나 모두 뚜렷하지 못합니다. 이처럼 견지가 뚜렷하지 못하면 착오에 착오를 거듭함으로써 모든 수행 공부가 그릇된 길로 들어서게 됩니다. 첫 시작이 잘못되었기 때문입니다. 이 공부는 맹목적으로 해서도 안 되고, 아무렇게나 함부로 해서도 안 됩니다. 이 때문에 선종의 한 조사는 이런 말을 했습니다. "내 눈이 본래 밝았는데, 스승 때문에 어둡게 되었다〔我眼本明, 因師故瞎〕." 이것은 어느 대선사가 도를 깨닫고 나서 한 말입니다. 스승의 지도가 잘못되어 본래 밝았던 눈이 가려져서 뚜렷이 볼 수 없게 되었다는 겁니다. 그렇기 때문에 온갖 난삽한 저작들, 저처럼 아무렇게나 갈겨쓴 글들은 수시로 사람들의 눈을 어지럽혀 눈멀게 합니다. 이 점을 주의할 필요가 있습니다. 아니, 각별한 주의를 요합니다!

이 품에 대한 우리의 결론은 다음과 같은 게송입니다.

【제10품】

게송

내 바깥의 형체 없는 몸이 큰 몸이며
정토에 머물고자 하면 진토에 머무니
연등불께서 장엄정토를 분부하셨건만
나무에 걸려 있는 영양을 어디서 찾으리

外我無身是大身　若留淨土卽留塵
외 아 무 신 시 대 신　약 유 정 토 즉 유 진
然燈吩咐莊嚴地　掛角羚羊何處尋
연 등 분 부 장 엄 지　괘 각 영 양 하 처 심

"내 바깥의 형체 없는 몸이 큰 몸이며〔外我無身是大身〕." 여기서 "내 바깥의 형체 없는 몸"이란 노자가 말한, "몸을 도외시한 뒤에야 몸을 이룬다〔外其身而身存〕"라는 구절을 인용한 것입니다. 우리가 불법을 배우고 도를 닦기 위해서는 먼저 신견(身見)으로부터 벗어날 수 있어야 합니다. "내 바깥의 형체 없는 몸"은 신견이 없어진 경계입니다. 이것은 불법을 배우는 첫 단계를 이미 증득했다는 말입니다. 큰 몸〔大身〕이란 곧 법신입니다.

"정토에 머물고자 하면 진토에 머무니〔若留淨土卽留塵〕." 우리 마음속에 아직 하나의 정토가 있어 그것을 부처님의 경계라 생각한다면, 이 청정함은 바로 진흙이요, 진토에 머무는 것은 곧 장애를 말합니다.

"연등불께서 장엄정토를 분부하셨건만〔然燈吩咐莊嚴地〕." 부처님이 말하지 않았던가요? 그가 연등불 밑에서 도를 깨치자 연등불이 수기(授記)를 내리면서 말하기를, "이제 깨달음에 이르렀으니, 거듭 태어나서 수행을 계속하면 장래 성불하여 교주가 될 것이다"라고 했다고요. 그리고 이런 도의 증득을 장엄정토라 했다고요. 명의상으로는 정토(淨土)니 심정(心淨)이니 심인(心印)이니 하지만 결코 실제 경계가 있는 것은 아닙니다! 만약 실제 경계가 있다고 생각하여 거기에 머물고자 한다면, 그것은 곧 진토에 머무는 것입니다. 이 때문에 연등불이 장엄정토를 분부했지만 찾을 수 없는 겁니다. 이것은 선종의 어느 조사가 말한, "나무에 걸려 있는 영양을 어디서 찾으리〔掛角羚羊何處尋〕"라는 말과 같습니다. 전하는 바에 따르면, 영양은 잠을 잘 때는 몸을 훌쩍 날려 뿔을 나뭇가지에 걸어 놓는다고 합니다. 사냥하는 사람이 이 사실을 알지 못하고 지상에서 아무리 찾아봐야 찾을 길이 없습니다. 이 때문에 우리가 일체의 것에 대해 머무름이 없이 마음을 일으켜야 한다고 말하는 것입니다. 이 마음은 본래 나무에 걸려 있는 영양의 뿔과도 같습니다. 사실 이것은 하나의 비유입니다.

  비유컨대 우리는 두 시간 동안 줄곧 『금강경』을 연구해 왔는데 이 백이십 분 동안 말하고 들은 것들이 모두 "나무에 걸려 있는 영양을 어디서 찾으리"라는 말과 같습니다. 깨달음을 찾아 사방으로 돌아다니는 바로 그 순간에도 우리는 이미 깨달음 속에 있습니다.

제11품
무위의 복이 더 낫다

第11品 • 無爲福勝分

"須菩提! 如恒河中所有沙數, 如是沙等恒河, 於意云何? 是諸恒河沙, 寧爲多不?"

須菩提言, "甚多, 世尊! 但諸恒河, 尙多無數, 何況其沙?"

"須菩提! 我今實言告汝. 若有善男子善女人, 以七寶滿爾所恒河沙數三千大千世界, 以用布施, 得福多不?"

須菩提言, "甚多, 世尊!"

佛告須菩提, "若善男子善女人, 於此經中, 乃至受持四句偈等, 爲他人說, 而此福德, 勝前福德."

"수보리여! 만약 갠지스 강의 모든 모래 수만큼이나 많은 갠지스 강이 있다면, 그대 생각은 어떤가? 이 모든 갠지스 강의 모래는 많지 않겠는가?"

수보리가 말했다. "아주 많습니다, 세존이시여! 모든 갠지스 강만 해도 무수히 많은데, 하물며 그 모래겠습니까?"

"수보리여! 내가 지금 진실하게 말하지만, 만약 선남자 선여인이 갠지스 강의 모래 수만큼이나 많은 삼천대천세계를 가득 채운 칠보로써 보시한다면, 그 얻는 복이 많지 않겠는가?"

수보리가 말했다. "아주 많습니다, 세존이시여!"

부처님께서 수보리에게 말씀하셨다. "선남자 선여인이 이 경전 중 사구게라도 수지하여 다른 사람을 위해 말해 준다면, 그 복덕은 앞의 복덕보다 클 것이다."

헤아릴 수 없이 많은 복

오늘은 『금강경』 제11품을 설명하겠는데, 이 품은 무위복승분(無爲福勝分)입니다. 이 제목은 비록 후세에 붙여진 것이지만 핵심이 모두 드러나 있습니다.

'무위복(無爲福)'은 청복(淸福)에 속합니다. '무위복승(無爲福勝)'이란 청정한 복이 세간의 일체 부귀와 공명보다 훨씬 더 낫다는 말입니다. '승(勝)'이란 '초과' 또는 '초월'의 뜻입니다.

앞의 제10품에서 대신의 문제를 언급했습니다. 대신(大身)이란 일체 중생의 생명이나 육체 후면에 존재하는 형이상적인 육체의 근본을 가리키는 것으로 법신이라고도 하는데, 태어나지도 죽지도 않는 것입니다.

이제 화제가 복(福)의 문제로 바뀌었습니다. 사람은 자기 생명의 본래 모습을 찾아야 하지만, 태어나지도 죽지도 않는 대신을 얻기 위해서는 참으로 많은 복이 있어야 합니다. 이 복은 무위의 복으로, 제11품에서는 바로 이 문제를 토론하고 있습니다.

"수보리여! 만약 갠지스 강의 모든 모래 수만큼이나 많은 갠지스 강이 있다면, 그대 생각은 어떤가? 이 모든 갠지스 강의 모래는 많지 않겠는가?"
수보리가 말했다. "아주 많습니다, 세존이시여! 모든 갠지스 강만 해도 무수히 많은데, 하물며 그 모래겠습니까?"

"須菩提! 如恒河中所有沙數, 如是沙等恒河, 於意云何? 是諸恒河沙,
수보리 여항하중소유사수 여시사등항하 어의운하 시제항하사
寧爲多不?"
영위다부
須菩提言, "甚多, 世尊! 但諸恒河, 尙多無數, 何況其沙?"
수보리언 심다 세존 단제항하 상다무수 하황기사

갠지스 강(恒河)은 인도의 주요 강 중의 하나로서, 중국의 황하와도 같은 그런 강입니다. 지금 부처님은 갠지스 강의 모래 수는 얼마나 될까 하는 문제를 제기합니다. 수없이 많아 계산할 방법이 없겠지요. 이것이 첫 구절의 주제입니다.

두 번째 주제는 갠지스 강의 모래 수와도 같이 수없이 많은 갠지스 강입니다. "그대 생각은 어떤가? 이렇게 많은 갠지스 강 속의 모든 모래 수는 아주 많지 않겠는가?" 수보리가 대답합니다. "세존이시여! 당연히 아주 많습니다."

부처님이 다시 말합니다(이 부분은 수보리가 말한 것으로 보는 게 일반적인 견해이지만 내용상 큰 차이가 없어 그대로 옮김). "이 세계, 우리가 살고 있는 이 우주 속에는, 인도에 갠지스 강이 있다면 중국에는 황하가 있고, 유럽과 기타 지역에도 이렇게 큰 강이 있을 것이니, 그 수가 얼마나 많겠는가?"

여기서 우리는 두 가지 관점을 볼 수 있습니다. 하나는 부처님이 말한 삼천대천세계로서 부처님의 세계관, 우주관입니다. 매 하나의 우주에는 얼마나 많은 강이 있을까요? 불경에서는 항시 이렇게 말합니다. "나는 그

대들에게 말해 줄 방법이 없다. 그대들의 지식이 부족해서 아무리 해도 이해하지 못하리라 생각되기 때문이다." 이전에는 부처님의 이 말이 공허하게 들렸으나 지금은 그렇지 않습니다. 과학적으로 증명되어 그것이 공허한 말이 아니라는 것이 드러났습니다.

다음은 두 번째 관점입니다. 부처님은 수보리에게 말합니다. "갠지스 강과 같은 강이 모두 얼마나 될지도 알 수 없을진대, 하물며 그 많은 강의 모래 수는 어떻겠는가? 더 헤아리기 힘들 것이다."

"수보리여! 내가 지금 진실하게 말하지만,"

"須菩提! 我今實言告汝."
　수 보 리　 아 금 실 언 고 여

여기까지 말하고 나서 부처님은 또 수보리를 부릅니다. 좀 더 실제적으로 일러 주겠다는 겁니다.

"만약 선남자 선여인이 갠지스 강의 모래 수만큼이나 많은 삼천대천세계를 가득 채운 칠보로써 보시한다면, 그 얻는 복이 많지 않겠는가?"

"若有善男子善女人, 以七寶滿爾所恒河沙數三千大千世界,
　약 유 선 남 자 선 여 인　 이 칠 보 만 이 소 항 하 사 수 삼 천 대 천 세 계
以用布施, 得福多不?"
이 용 보 시　 득 복 다 부

위 내용에 이어서 다시 문제를 제기합니다. "내가 이제 좀 더 구체적으로 말해 주겠는데, 가령 지금 세상에 남녀를 불문하고 인간 사회에서 가장 귀중한 칠보(七寶)로써, 갠지스 강의 모래 수만큼이나 많은 삼천대천세계를 가득 채울 그런 칠보로써 남김없이 보시하여 중생을 구제한다면, 그대

생각에는 그가 얻는 복이 많겠는가 많지 않겠는가? 그가 얻을 수 있는 선의 응보가 많겠는가 많지 않겠는가?"

수보리가 말했다. "아주 많습니다, 세존이시여!"

須菩提言, "甚多, 世尊!"
수 보 리 언   심 다   세 존

물론 아주 많을 겁니다. 그렇게 선한 일을 행한다면 그 복보는 대단히 클 겁니다.

사구게를 수지하라

부처님께서 수보리에에 말씀하셨다. "선남자 선여인이 이 경전 중 사구게라도 수지하여 다른 사람을 위해 말해 준다면, 그 복덕은 앞의 복덕보다 클 것이다."

佛告須菩提, "若善男子善女人, 於此經中, 乃至受持四句偈等,
불 고 수 보 리   약 선 남 자 선 여 인   어 차 경 중   내 지 수 지 사 구 게 등
爲他人說, 而此福德, 勝前福德."
위 타 인 설   이 차 복 덕   승 전 복 덕

이 구절의 내용은 아주 엄중합니다. 부처님은 말합니다. "가령 이 세상에 어떤 선한 사람이 있어서 『금강경』의 내용을 숙지하고 더 나아가 '수지(受持)'할 수 있다면", 여기서 '수지'라는 말에 특별히 주의해야 합니다! 그 의미는 내용을 받아들일 뿐 아니라 그에 의거해 지속적으로 수양한다는 것입니다.

한 걸음 더 나아가 말한다면, 『금강경』의 이치를 숙지하고 그것을 증험할 수 있는 단계에 이르렀을 때에야 받아들이는 바가 있다는 것입니다. 이치상으로만 받아들이는 것은 아무 소용없습니다. 불법을 진정으로 이해하고 몸과 마음으로 받아들여서 변화가 생겼을 때에야 비로소 받아들였다〔受〕고 할 수 있습니다. 그러나 단지 받아들이는 것만으로는 불충분합니다. 영원히 그 상태, 그 경계를 유지해야 합니다. 이렇게 해야만 '수지'라 할 수 있습니다.

'수지(受持)'라는 두 글자를 대충 보아 넘겨서는 안 됩니다. 어떤 사람은 날마다 『금강경』을 염송하는 것을 '수지'라고 하지만, 이건 그냥 읽고 지나가는 것에 불과합니다. 『금강경』을 다 읽고 나서는 그만이기 때문입니다.

만약 경전의 핵심을 이해했다면, 식사할 때에도 마찬가지이지만, 가장 요긴한 영양분을 흡수했다면 나머지 찌꺼기에 대해서는 고려할 필요가 없습니다. 『금강경』에서도 말하고 있지만, 부처님이 말한 법(法)은 강을 건너는 배처럼 이미 강을 건넜다면 더 이상 필요 없습니다. 『금강경』을 다 외거나 외지 않는 것과는 무관합니다. 진정으로 이해했을 때에야 비로소 '수지'라 할 수 있습니다.

가령 그런 사람이라면 『금강경』의 전체 내용을 다 수지할 필요는 없습니다. 중간의 사구게(四句偈)만이라도 진정으로 깨쳐 받아들이고, 또 그 경계를 지속적으로 유지하면 됩니다. 그런 뒤에 다른 사람을 이끌고 다른 사람을 위해 해설한다면, 이 사람의 복은 전 우주에 가득 찬 재화로 보시하는 것보다 훨씬 크다는 것입니다.

이 사실은 아주 엄중합니다! 이렇게 말한다면 『금강경』을 설법하는 사람의 복은 너무도 커서 그것을 갈무리할 방법이 없을 겁니다. 전 우주로도 그것을 다 갈무리할 수 없습니다. 이 복은 무위의 복이자 청정한 복으로서, 바로 세간에서 말하는 홍복(鴻福)입니다.

『금강경』중의 사구게가 무엇인지에 대해서는 앞에서 이미 언급한 바 있지만, 이것은 천고 이래 이 경전을 연구하면서 항시 논의되던 문제입니다. 『금강경』의 사구게가 단지 하나에 그치지 않으며, 경전 속에서 좋은 구절은 모두 사구(四句)로 이어져 있기 때문입니다. 그러니 무엇이 진정한 사구게인지 말할 도리가 없습니다. 이는 아주 중대한 문제입니다.

젊은 사람들이 참고로 할 수 있도록 이렇게 말할 수는 있겠지요. 내 말이 반드시 옳지는 않으니 여러분 각자 스스로의 지혜로써 풀라고요. 부처님이 말한 바 있습니다. 그가 말한 것은 헤아릴 수 없이 많지만, 그의 말은 환자의 병을 고치기 위해 쓴 의사의 처방전과 같다고요. 만약 병이 다 나은 후에도 처방전을 붙들고 놓지 않는다면 그 사람은 어리석은 사람이겠지요. 이것은 『금강경』속에서 부처님 자신이 말한 것입니다.

선종의 각 종파에서는 항시, "사구를 벗어나고, 온갖 그릇된 것을 끊는다〔離四句, 絶百非〕"라고 말합니다. 이렇게 해야만 비로소 불법을 연구할 수 있다는 것입니다. 사구(四句)에서 벗어나고, 온갖 잘못된 것을 모두 떨쳐 버린다는 것입니다. 일체의 것은 모두 그릇된 것입니다. 그러므로 이들 모두를 떨쳐 버려야 합니다.

"사구를 벗어나고, 온갖 그릇된 것을 끊는다"라는 것은 일체에 대한 부정입니다. 이 사구게는 『금강경』의 것이기도 하고, 『금강경』의 것이 아니기도 합니다. 바로 '공(空)' '유(有)' '역공역유(亦空亦有)' '비공비유(非空非有)'의 사구(四句)입니다. 세상의 모든 사정과 이치는 상대적입니다. 정(正)이 있으면 반(反)이 있고, 부정불반(不正不反)이 있으며 즉정즉반(卽正卽反)도 있습니다.

이런 점에서 볼 때 "사구를 벗어나고, 온갖 그릇된 것을 끊어야만" 비로소 진정으로 『금강경』의 핵심을 '수지'하는 것이라 할 수 있습니다. 사구게의 핵심도 바로 이것입니다.

이 품은 무위의 복이 중요함을 설명하고 있습니다. 불법을 배우고 닦은 결과가 바로 무위의 열매라는 것입니다. 무위(無爲)는 한문 번역으로서 산스크리트 어로는 열반(涅槃)이라 하는데, 열반이란 곧 무위의 뜻입니다. 무위의 도가 바로 최상승의 성취입니다.

이렇게 본다면 여러분이 타좌해서 공부하는 것도 어찌 무위가 아니겠습니까? 그러나 그렇지 않습니다. 그것은 지극히 유위(有爲)적인 것입니다! 타좌하여 공부를 하면서도 마음속 깊이 공부가 사라져 버릴까 봐 두려워합니다. 경계가 도망가 버릴까 봐 깊이 두려워합니다. 우연히 조그만 청정심이라도 나타나면 그것을 칠보(七寶)보다 더 소중히 붙들어 두려고 합니다. 청정심이 달아날까 두려운 것입니다.

어떤 사람은 타좌 시 두 눈을 지면에 고정시켜 응시하기도 합니다. 제가 젊었을 때 그 사람에게 이렇게 물어보았던 적이 있습니다. 당신 뭐 잃어버린 게 있느냐고요. 그랬더니 그 사람은 아무것도 잃어버린 게 없다고 했습니다. 그래서 이렇게 말했습니다. 그렇다면 왜 그리 뭔가 잃어버린 사람처럼 바닥만 쳐다보고 있느냐고요.

이렇듯 많은 사람들이 타좌를 하고 공부하지만 모두 유위(有爲) 중에 있으며, 무위(無爲)에 도달하지는 못하고 있음을 알 수 있습니다. 진정으로 무위에 도달할 수 있다면, 그것이 바로 도를 이룬 경계입니다.

자량

그렇다면 어떻게 해야 도를 이룰 수 있을까요? 선행을 닦고 복덕을 성취하면 자연 도를 이룰 수 있습니다. 불법을 배우는 데에는 두 가지가 중요합니다. 하나는 지혜의 자량(資糧)이요, 다른 하나는 복덕의 자량입니다.

예를 들어 지금 우리가 『금강경』을 연구하는 것이나, 기타 모든 불경을 연구하는 것은 모두 지혜를 찾기 위해서입니다. 바로 지혜의 자량을 갖추기 위한 것입니다. 일체의 악을 행하지 않고 뭇 선을 받들어 행하는 것[諸惡莫作, 衆善奉行]은 복덕의 자량을 위한 것입니다. 지혜가 부족하면 도를 이룰 수 없고, 비록 지혜가 있더라도 복덕이 부족하면 역시 도를 이룰 수 없습니다.

이렇듯 결함이 많은 세상에서는 어떤 사람의 인생도 원만하지 못합니다. 가령 원만히 살아가는 사람이 있더라도 그는 일찍 죽어 버리고 말 겁니다. 부처님이 사바세계라 칭한 이 세상은 결함의 세계입니다. 이렇게 본다면 약간의 결함이 있어야만 좋다고 할 수 있습니다. 증국번(曾國藩) 역시 이 이치를 잘 알고 있었습니다. 그는 만년에 이르러 자기의 서방(書房)을 구결재(求缺齋)라 했습니다. 일체가 모두 만족스러운 것은 대단히 두려운 일입니다. 약간의 결함이 있기를 희망해야 합니다.

그렇기 때문에 이 결함의 세계에서는 복덕이 있는 사람은 지혜가 없고, 지혜가 있는 사람은 복덕이 없습니다. 책을 많이 읽는 사람은 대부분 복덕이 부족한 반면, 운이 비교적 좋은 사람은 거의가 지식에서 약간 뒤떨어집니다. 어느 한 면이 좋으면 다른 한 면이 부족하게 마련입니다. 모두 다 갖추려면 오직 성불하는 방법밖에 없습니다.

그렇지만 성불해서 구하는 것은 이런 복이 아니라 무위의 복입니다. 이 무위의 복을 성취하기는 아주 어렵습니다.

이제 무위의 복에 대한 게송을 보기로 합시다.

【제11품】

게송

만곡의 보석을 가진 대부호라 하나
강산엔 주인 없고 달만 높이 떴어라
사바 삼천 세계는 눈물의 바다이니
부처의 깜빡거림 속으로 다투어 들어가도다

萬斛珠量斗富豪　江山無主月輪高
만곡주량두부호　강산무주월륜고
娑婆淚海三千界　爭入空王眼睫毛
사바루해삼천계　쟁입공왕안첩모

이것이 이 품에 대한 저의 결론입니다. 게송의 의미는 이렇습니다. 고대에 돈 많은 사람들은 보석을 말〔斗〕로 재는 그런 부호였습니다. 예를 들어 위진(魏晉) 시대의 유명한 대부호 석숭(石崇)은 집안에 재산이 얼마나 되는지도 몰랐습니다. 다이아몬드와 진주를 모두 말로 재어 셈했습니다. 돈 많은 사람들은 다른 사람과 재산을 비교할 때 말을 즐겨 사용했습니다. 바로 "만곡의 보석을 가진 대부호〔萬斛珠量斗富豪〕"입니다. 보통 사람의 눈으로 볼 때, 이처럼 재산이 많으니 이런 사람의 복은 대단하리라 생각할 겁니다. 그렇지만 이보다 훨씬 더 대단한 사람이 있습니다. 바로 황제입니다. 만약 황제가 화라도 내어 일거에 재산을 몰수해 버리면 그는 알거지가 되고 맙니다. 그러니 황제의 복이 이 사람보다는 훨씬 더 크지요.

"강산엔 주인 없고 달만 높이 떴어라〔江山無主月輪高〕." 하지만 이렇게 큰 복을 지닌 황제들도 이미 다 사라져 버리고 말았습니다. 어느 누가 이 강산의 주인이 될 수 있겠습니까! 한 세대 한 세대, 한 사람 한 사람 모두 바뀌어 버립니다. 그러나 몇천 년 전의 저 달은 오늘도 떠오르고 내일도 떠오를 겁니다. 한나라 때도 떠올랐고, 당나라 때도 떠올랐습니다. 세상 사람들이 아무리 뭐라 떠들어 대도 말입니다! 제왕의 부귀라는 것도 일장춘몽에 불과합니다.

"사바 삼천 세계는 눈물의 바다이니〔娑婆淚海三千界〕." 그럼에도 세상 중생들은 부귀의 복을 귀중히 여겨, 태어나서 죽을 때까지 추구하다 죽음에 이르러서도 놓지 않으려 합니다. 이 때문에 상제보살(常啼菩薩)은 영원히 눈물을 흘립니다. 중생의 어리석음을 슬퍼합니다. 이 세계는 사바세계입니다. 눈물의 바다입니다! 누구 하나 불쌍하지 않은 사람이 없습니다.

"부처의 깜빡거림 속으로 다투어 들어가도다〔爭入空王眼睫毛〕." 공왕(空王)이란 석가모니불로서, 성불한 사람을 공왕이라 합니다. 공왕이 된 사람은 눈을 한 번 깜빡이는 순간에도 일체가 모두 공(空)으로 보입니다. 그러므로 일만 년의 역사도 손가락 한 번 튕기는 사이에 지나가 버리며, 일체의 부귀 또한 한 줌의 재처럼 사라져 버립니다. 이런 도의 열매를 증득하기 위해서는 세간의 복덕을 초월해야만 합니다. 진정으로 큰 복이 있는 사람만이 『금강경』을 이해할 수 있고, 지혜를 성취한 사람만이 성불할 수 있습니다.

여기서 우리는, 이 품에서 말하는 복덕이 진정한 복덕이자 지혜의 복덕임을 알 수 있습니다. 대지혜가 바로 대복덕입니다. 지혜의 복덕은 돈으로 살 수 있는 것이 아닙니다.

세상에서 가장 가치 있는 것은 가장 가치가 없는 것이나 마찬가지입니다. 제일 가치 있는 것은 가격이 없습니다. 지혜는 절대적 가치가 있는 것이지만 이것을 얻는 데에는 한 푼의 돈도 필요치 않습니다. 그렇기에 중생이 전도되었다고 부처님이 늘 말하는 겁니다. 공왕의 깜빡거림 속으로 다투어 들어간다는 것은, 앞 다투어 성불하기를 바라야 한다는 것입니다.

제12품
바른 가르침을 존중하다

第12品・尊重正敎分
"復次, 須菩提! 隨說是經, 乃至四句偈等, 當知此處, 一切世間, 天人阿修羅, 皆應供養, 如佛塔廟, 何況有人盡能受持讀誦. 須菩提! 當知是人, 成就最上第一希有之法! 若是經典所在之處, 卽爲有佛, 若尊重弟子."

"다음으로 수보리여! 이 경전 내지는 사구게를 아무렇게나 말하더라도, 일체 세간의 천·인·아수라가 모두 그것을 부처의 탑묘처럼 공양해야 함을 알아야 한다. 하물며 어떤 사람이 있어 전부를 수지 독송할 수 있는 경우이겠는가!? 수보리여! 마땅히 알아야 한다. 이 사람은 최상의, 제일 드문 법을 성취한 사람이다. 만약 이 경전이 있는 곳이라면 부처가 있고 또 존경 받는 제자들이 있다."

『금강경』이 놓인 곳

"다음으로 수보리여! 이 경전 내지는 사구게를 아무렇게나 말하더라도, 일체 세간의 천·인·아수라가 모두 그것을 부처의 탑묘처럼 공양해야 함을 알아야 한다."

"復次, 須菩提! 隨說是經, 乃至四句偈等, 當知此處, 一切世間,
　부차　수보리　수설시경　내지사구게등　당지차처　일체세간
天人阿修羅, 皆應供養, 如佛塔廟,"
천인아수라　개응공양　여불탑묘

이것은 부처님이 분부한 것으로, 우리는 특히 주의해야 합니다. 부처님이 말합니다. "수보리여! 다시 그대에게 말하지만, 이『금강경』내지『금강경』속의 사구게(四句偈)는 아주 큰 감화력이 있다. 이 경전을 여기에 놓아두었다고 한다면, 그대는 마땅히 이 경전이 놓인 곳을 알아야만 한다! 단지 이 경전이 놓여 있기만 해도, 혹은 경전 속의 사구게가 놓여 있기만 해도, 천(天)이나 귀(鬼)·신(神)·아수라 등을 막론하고 모두 엎드려 절하고 공양해야 한다."

부처님은 이 경전, 혹은 그 핵심인 사구게가 곧 불탑을 대표한다고 말하고 있으니, 이 얼마나 엄중합니까! 그렇지만 수십 년 이래 『금강경』을 빵이나 과자 싸는 데 사용해 왔으니, 『금강경』이 불탑이 아니라 빵 봉지나 과자 봉지가 되어 버렸습니다.

"하물며 어떤 사람이 있어 전부를 수지 독송할 수 있는 경우이겠는가? 수보리여! 마땅히 알아야 한다. 이 사람은 최상의, 제일 드문 법을 성취한 사람이다. 만약 이 경전이 있는 곳이라면 부처가 있고 또 존경 받는 제자들이 있다."

"何況有人盡能受持讀誦. 須菩提! 當知是人,
하 황 유 인 진 능 수 지 독 송   수 보 리   당 지 시 인
成就最上第一希有之法! 若是經典所在之處, 卽爲有佛, 若尊重弟子."
성 취 최 상 제 일 희 유 지 법   약 시 경 전 소 재 지 처   즉 위 유 불   약 존 중 제 자

이 경전 내지 사구게가 여기에 놓여 있기만 해도 석가모니부처님 자신이 있는 것과 같다고 하니 얼마나 엄중합니까! 그러니 일체의 천(天), 인(人), 신(神), 귀(鬼)가 최상의 경의를 표하지 않을 수 없습니다. 하물며 이 경전을 연구해 이해하고 수행을 계속한다면, 그래서 마음으로 받아들이고 부처님의 경계를 유지해 나간다면, 그 공덕은 헤아릴 수 없이 클 겁니다. 혹은 하루에 한 권이나 한 절씩만 지속해서 외더라도 그 위력은 역시 대단할 겁니다.

고대에는 경전을 손으로 베껴 썼습니다. 어떤 출가인은 손을 베어 피로써 경전을 쓰기도 했는데, 대륙에는 이렇게 경전을 쓰는 사람이 드물지 않았습니다. 그렇지만 이것은 공양을 위한 것에 지나지 않습니다. 피로 글을 써 놓으면 연한 커피색같이 되어 뚜렷하지 않기 때문입니다.

저는 젊었을 때 보흠대법사(普欽大法師)께 귀의했는데, 그분은 『화엄경』 팔십 권과 『금강경』 한 권을 모두 피로 썼습니다. 그렇게 하는 데 꼬박 삼

년이 걸렸습니다. 그는 손가락이 여덟 개밖에 없는 두타승이었는데, 두 손가락은 태워서 공양했습니다. 손가락을 태워 공양을 드릴 때는 솜으로 손가락을 싸서 기름에 담갔다가 불을 붙이는데, 이때 목소리나 안색이 변해서는 안 되며 얼굴이 붉어져서도 안 됩니다. 그러니 보는 사람이 숙연해지지 않을 수 없고, 공경심이 일지 않을 수 없습니다. 후에 같이 한담을 나누다가 말해 주었는데, 피가 나올 때 곧장 붓으로 찍어 써서는 안 된다고 했습니다. 혈액이 응고되어 덩어리가 된다는 겁니다. 그래서 피를 받아 놓고는 약방에서 산 백급(白芨)과 함께 개어, 마치 먹을 갈듯 그렇게 간 뒤에야 비로소 사용할 수 있다는 겁니다. 옛사람들은 경전을 일일이 손으로 썼기 때문에 베껴 쓰는 공덕이 대단했지요. 그러나 지금이야 인쇄만 하면 그만입니다.

『금강경』을 어디에 놓아 둘 것인가

부처님은 수보리에게 말합니다. 만약 『금강경』을 아끼고 연구하며 또 유통시킬 수 있는 사람이 있다면, 이 사람은 이미 성공한 사람이며 세상의 제일류 인물로서 가장 얻기 어려운 법[希有之法]을 성취했다는 겁니다. 이런 사람은 아주 드문 사람으로서 최고의 법을 성취한 훌륭한 사람입니다. 사천(四川)이나 호북(湖北) 지방에서 잘 쓰는 토속어 중에 희객(希客)이라는 말이 있습니다. 아주 오랜만에 우연히 찾아온 친구를 일컫는 말입니다. 이 '희(希)' 자는 '희소(稀少)하다'는 '희(稀)' 자와도 같습니다. 두 글자는 통용됩니다.

방금 말했듯이 이 경전이 있는 곳은 부처님이 있는 것과 마찬가지입니다. 심지어 부처님의 제자들, 수보리, 사리불(舍利佛), 목련(目連), 가섭(迦

葉) 등을 대표하기도 하니, 이 경전이 얼마나 엄중합니까! 그렇지만 조금 전에 말씀드렸던 것처럼 『금강경』이 빵이나 과자 봉지로 사용되기도 했습니다. 이전에 제가 선종의 『지월록(指月錄)』을 발간했을 때도 이런 일이 있었습니다. 아직도 기억이 생생한데, 소(蕭) 선생과 많은 사람의 도움으로 『지월록』을 발간했지만 잘 팔리지 않았습니다. 그러던 중 어떤 친구가 도살 조합에다 배포하여 모두 이삼십 부를 팔면서 재고가 다 떨어지고 말았습니다. 저는 그 친구한테 책을 회수할 수 없겠느냐고 했더니, 그 친구가 부리나케 쫓아갔습니다. 그러나 책은 겨우 서너 부밖에 남아 있지 않았습니다. 돼지고기를 싸는 종이로 다 써 버렸던 겁니다. 세상에 이런 일도 다 있습니다! 불경으로 돼지고기를 싸다니! 이는 현대의 공안(公案)입니다.

앞에서 언급했듯 『금강경』이 그토록 엄중하고 위대하지만, 현재 우리는 모두가 한 권씩을 갖고 있으니 불탑이 얼마나 많겠습니까! 그러나 여러분은 천만 주의해야 합니다! 『금강경』을 읽거나 불경을 읽을 때 절대로 문자에 속아 넘어가서는 안 됩니다! 여기 있는 이 경전이 그렇게 대단한 위력을 가진 것일까요?

옛이야기를 하나 할까 합니다. 이전에 책을 읽던 사람들이 곧잘 하던 이야기입니다만, 『역경』에는 팔괘가 있어 능히 귀신을 쫓아낼 수 있다고 했습니다. 이 때문에 젊은 사람들이 깊은 산속에 들어가 독서할 때는 읽고자 하는 책 이외에 『역경』 한 권을 더 갖고 갔습니다. 머리맡에 두고 귀신을 쫓기 위해서였습니다. 그런데 진짜 한밤중에 귀신이 부르짖는 소리가 들렸습니다. 그 사람은 『역경』을 들고 필사적으로 휘둘러 댔지만 그럴수록 귀신은 더 크게 부르짖었습니다. 그렇게 하룻밤을 거의 죽다시피 보낸 다음, 날이 밝기를 기다려 뛰쳐나가 보니 창밖에 밧줄 하나가 나무에 매달려 있었습니다. 간밤에 바람이 심하게 불어서 난 소리를 귀신으로 착각했던 것입니다.

이처럼 『역경』은 밧줄 하나도 어쩌지 못하는데, 『금강경』 역시 마찬가지일까요? 당연히 마찬가지입니다!

그렇다면 이걸 어떻게 해석해야 할까요? 이것은 여러분 자신이 바뀌어야 한다는 것을 말합니다. 경전의 뜻이 자신의 마음속에 들어 있을 때에야 비로소 가능합니다. 부처님은 경전이 있는 곳이 불탑과도 같다고 했지, 이렇게 인쇄된 책이라 말하지는 않았습니다! 또 부처님은 그곳이 어떤 곳이라고도 말하지 않았습니다! 그래서 우리는 옛사람의 게송을 다시 음미할 필요가 있습니다. 이 게송은 지극히 이치에 닿습니다.

> 부처는 영산에 있으니 멀리서 구하지 마라
> 영산은 단지 그대의 마음속에 있을 뿐
> 사람마다 영산의 탑을 가졌으니
> 영산의 탑을 향해 닦음이 좋으리

> 佛在靈山莫遠求　靈山只在汝心頭
> 불 재 영 산 막 원 구　영 산 지 재 여 심 두
> 人人有個靈山塔　好向靈山塔下修
> 인 인 유 개 영 산 탑　호 향 영 산 탑 하 수

부처님이 영산에 있으니 쫓아가서 찾을 필요 없습니다. 영산은 단지 마음속에 있을 뿐이니까요. 바로 이런 이치입니다. 이 때문에 경전의 앞부분에서 수지(受持)를 말한 것입니다. 여기 있는 경전은 부처와도 같습니다. 마음이 곧 부처입니다. 금강반야바라밀다가 바로 지혜의 성취라는 것을 진정으로 깨닫는다면 곧 도를 깨친 겁니다. 우리의 본래 마음자리가 곧 부처요, 불탑입니다. 그러니 일체의 천(天), 인(人) 아수라가 귀의해서 공양하지 않음이 없지요. 바로 이런 이치입니다.

이제 이 품의 게송을 보기로 합시다.

【제12품】 게송

　　천인에 한마디 침 놓은 스승이여
　　존경하다 알게 되니 의문이 없어라
　　은혜에 감격해 울다 절도 채 못했으나
　　온갖 인연 내던지고 눈만 아래로 깔도다

　　天人針砭一言師　尊敬方知無可疑
　　천 인 침 폄 일 언 사　존 경 방 지 무 가 의
　　涕淚感恩拜未了　萬緣放卻只低眉
　　체 루 감 은 배 미 료　만 연 방 각 지 저 미

　이 게송을 부처님의 결론으로 제시합니다. 아무 내용도 없습니다. 일종의 예배이자 감개(感慨)일 뿐입니다. 진정한 불법을 말하자면 바로 이 몇 마디입니다. 깨닫고자 한다면 바로 이 품에 모든 것이 있습니다.

　여기서 말하는 것은 이런 이치입니다. 자신을 닦든 어떤 일을 하든 중요한 것은 바로 공경(恭敬)의 '경(敬)'이라는 겁니다. 바로 유가에서 말하는 경(敬)입니다. 자신을 공경할 수 있는 사람이라야 비로소 다른 사람을 공경할 수 있으며, 다른 사람을 공경하는 것이 곧 자기를 공경하는 것입니다. 일념으로 성(誠)과 경(敬)에 이르면 부처님의 경계를 증득할 수 있습니다. 이 몇 단락의 이치는 우리에게 바른 믿음이 있어야 한다는 것입니다.

　불교든 회교든 기독교든 천주교든 어떤 종교라도 좋습니다. 불탑을 보고 진정으로 간절한 마음에서 아무 요구 없이 절할 수 있다면, 이 일념(一念)의 존경이 바로 부처님의 경계입니다. 그러나 이념(二念)은 아닙니다. 절하고 나서 생각하기를, '저 바나나 그대로 두고 가기가 아까운데. 그대로 두면 상할 텐데. 스님들도 다 드시지도 못할 텐데. 안 되겠다. 가면서 반쯤 싸 가지고 가야지', 이런 생각은 부처님의 경계가 아닙니다.

"천인에 한마디 침 놓은 스승이여〔天人針砭一言師〕." 천인(天人)에 놓은 일침은 생명을 구하는 침입니다. 한의학에서는 본래 1폄2침3구4탕약(一砭二針三灸四湯藥)이라 했습니다. 요즘 사용하고 있는 진흙 마사지나 부항 같은 것들은 모두 이전의 폄법(砭法)에서 유래한 것인데, 원래는 돌멩이로 문지르는 것이었습니다. 병이 좀 더 깊이 침투하면 침을 사용할 수밖에 없었고, 세 번째 단계에서 사용하는 것이 바로 뜸이었습니다. 불로 태우는 것입니다. 병이 더욱 깊어져 내장까지 침투하게 되면 탕약을 먹었습니다.

침(針) 자와 폄(砭) 자를 항시 붙여서 사용한 것도 바로 이런 이유 때문입니다. 한의학에서도 침은 침, 구는 구, 폄은 폄으로 나뉘었습니다. 탕약을 짓는 사람은 그냥 탕약만 짓지만, 실제로 한의학은 이들 모두가 연관된 하나의 체계입니다. 부처님의 한마디는 바로 인천(人天)을 향해 한 방 침을 놓은 것입니다. 침폄(針砭)은 곧 이 일념입니다. 이 때문에 우리는 부처님을 천인(天人)의 스승이라 부릅니다. 그렇다면 이 한마디는 무엇일까요?

"존경하다 알게 되니 의문이 없어라〔尊敬方知無可疑〕." 바로 존중하는 것입니다. 존중은 곧 공경입니다. 존중할 수 있다면 도를 깨달을 수 있습니다. 이 때문에 이 한마디에 감사할 뿐입니다.

"은혜에 감격해 울다 절도 채 못했으나〔涕淚感恩拜未了〕." 이 한마디를 깨닫고서 온갖 인연을 내던집니다. 불탑이 바로 여기에 있습니다. 불당(佛堂)은 어디에 있을까요? 바로 여기입니다. 불법은 어디에 있을까요? 바로 여기입니다.

"온갖 인연 내던지고 눈만 아래로 깔도다〔萬緣放卻只低眉〕." 보살은 자비로운 눈을 내리깝니다. 눈 한 번 깜빡거림에, 한 번의 타좌에 온갖 인연을 던져 버립니다.

제13품
법대로 수지하다

第13品・如法受持分

爾時須菩提白佛言, "世尊! 當何名此經, 我等云何奉持?"
佛告須菩提, "是經名爲金剛般若波羅蜜, 以是名字, 汝當奉持! 所以者何? 須菩提! 佛說般若波羅蜜, 卽非般若波羅蜜, 是名般若波羅蜜. 須菩提! 於意云何? 如來有所說法不?"
須菩提白佛言, "世尊! 如來無所說."
"須菩提! 於意云何? 三千大千世界, 所有微塵, 是爲多不?"
須菩提言, "甚多, 世尊!"
"須菩提! 諸微塵, 如來說非微塵, 是名微塵. 如來說世界, 非世界, 是名世界. 須菩提! 於意云何? 可以三十二相見如來不?"
"不也, 世尊! 不可以三十二相得見如來. 何以故? 如來說三十二相, 卽是非相, 是名三十二相."
"須菩提! 若有善男子善女人, 以恒河沙等身命布施. 若復有人, 於此經中, 乃至受持四句偈等, 爲他人說, 其福甚多!"

그때 수보리가 부처님께 아뢰었다. "세존이시여! 이 경전의 이름을 무어라 해야 할까요? 저희들이 어떻게 받들어 지녀야 할까요?"
부처님께서 수보리에게 말씀하셨다. "이 경전의 이름은 금강반야바라밀이니, 이 이름으로 그대들은 받들어 지녀야 한다. 왜냐하면 수보리여! 부처가 반야바라밀이라 한 것은 반야바라밀이 아니라 이름이 반야바라밀이기 때문이다. 수보리여! 그대 생

각은 어떤가? 여래가 법을 말한 바가 있는가?"
수보리가 부처님께 아뢰었다. "세존이시여! 여래께서는 말씀하신 바가 없습니다."
"수보리여! 그대 생각은 어떤가? 삼천대천세계의 모든 티끌이 많지 않은가?"
수보리가 말했다. "아주 많습니다, 세존이시여!"
"수보리여! 모든 티끌은 여래가 티끌이 아니라 말하니, 그것의 이름이 티끌이다. 여래는 세계를 세계가 아니라 말하니, 그것의 이름이 세계이다. 수보리여! 그대 생각은 어떤가? 삼십이상으로써 여래를 볼 수 있는가?"
"아닙니다, 세존이시여! 삼십이상으로써 여래를 볼 수 없습니다. 왜냐하면 여래께서 말씀하신 삼십이상은 상이 아니라 그것의 이름이 삼십이상이기 때문입니다."
"수보리여! 만약 선남자 선여인이 갠지스 강의 모래 수만큼이나 많은 목숨을 바쳐 보시하더라도, 만약 어떤 사람이 있어 이 경전의 사구게라도 수지하여 다른 사람을 위해 말해 준다면, 이 복이 훨씬 더 많다."

다시 대지혜를 말하다

지금부터 『금강경』의 수행법이 시작됩니다. 여러분은 앞에서 언급한 내용을 잊어서는 안 됩니다. 제1품에서 10품까지가 한 단락으로서, 거기서 부처님은 우리에게 하나의 수도(修道) 방법을 말해 주었습니다. 바로 일체의 것에 머물지 않는다(應無所住)는 것입니다. 만약 일체의 것에 머물지 않는 경지에 도달했다면, 바로 반야바라밀을 이해한 것입니다. 13품에서 수행법을 말하기 전에 11품과 12품을 도입하여 수행의 중요성과, 또 수행을 어떻게 존중할 것인가를 설명했습니다. 설명이 끝난 후 부처님은 새롭게 하나의 방법을 말하기 시작합니다.

그때 수보리가 부처님께 아뢰었다. "세존이시여! 이 경전의 이름을 무어라 해야 할까요? 저희들이 어떻게 받들어 지녀야 할까요?"

爾時須菩提白佛言, "世尊! 當何名此經, 我等云何奉持?"
이 시 수 보 리 백 불 언   세 존   당 하 명 차 경   아 등 운 하 봉 지 불경은 모두 제자들과 현장에서 상의하여 이름을 지었습니다. 여기서 수보리는 묻습니다. "장래 이 대화 기록에 어떤 이름을 붙여야 할까요? 장래 우리가 이 불경을 볼 때, 어떻게 해야 당신의 가르침을 받들어 행할 수 있겠습니까? 어떻게 수행해야 합니까?" 수보리는 이렇듯 장래 사람들의 상황까지도 고려합니다.

부처님께서 수보리에게 말씀하셨다. "이 경전의 이름은 금강반야바라밀이니, 이 이름으로 그대들은 받들어 지녀야 한다."

佛告須菩提, "是經名爲金剛般若波羅蜜, 以是名字, 汝當奉持!"
불 고 수 보 리   시 경 명 위 금 강 반 야 바 라 밀   이 시 명 자   여 당 봉 지

"그대는 이번의 대화를 기록해 두었다가 이 경전의 이름을 금강반야바라밀이라 붙이고, 이 이름으로 받들어 행한다면 될 것이다."

"왜냐하면 수보리여! 부처가 반야바라밀이라 한 것은 반야바라밀이 아니라 이름이 반야바라밀이기 때문이다."

"所以者何? 須菩提! 佛說般若波羅蜜, 卽非般若波羅蜜, 是名般若波羅蜜."
소 이 자 하   수 보 리   불 설 반 야 바 라 밀   즉 비 반 야 바 라 밀   시 명 반 야 바 라 밀

『금강경』에서는 항시 이런 식의 말을 접하게 됩니다. 유가에서 불교에 반대해 왔던 것도 이 때문입니다. "반야바라밀은 반야바라밀이 아니요, 이름이 반야바라밀이다." 유학자들의 눈에는 이런 식의 말이 아주 불합리한 것으로 보였던 겁니다.

사실 『금강경』은 무상(無上)의 지혜법문입니다. 부처님 스스로 말합니다. "이유가 무엇이겠는가? 수보리여! 그대는 알아야 한다. 진정한 불법에

는 정해진 법이 없다!"

 사람들은 부처님께 예배하지 않으면 안 된다고 합니다. 티베트의 밀교에서는 향이 있는 채소를 먹지 않으면 안 된다고 합니다. 중국의 현교에서는 소식(素食)을 하지 않으면 안 된다고 합니다. 이렇게 해서는 안 되고, 저렇게 해서도 안 된다는 것은 모두 정해진 법으로서 불법이 아닙니다. 이런 설법들은 단지 가르치기 위한 하나의 방편일 뿐이지 궁극적인 것이 아닙니다. 부처님은 여기서 우리에게 충분히 말해 주고 있습니다. 하나의 법만이 불법이라 생각해 거기에 집착해서는 안 된다고요. 이런 것들은 모두 잘못된 겁니다. 이들은 모두 부처님을 비방하는 겁니다. 부처님께는 정해진 법이 없습니다.

 이렇게도 말할 수 있습니다. 이 형식이 곧 불교라고 말할 수 없다. 저 형식 또한 불교이기 때문이다. 이런 관점에서 볼 때 여기 있는 여러 청년 분들은 불교 이야기를 한마디도 하지 않고서도, 부처님이라는 말을 한 번도 언급하지 않고서도 불법을 널리 펼 수 있음을 알 수 있을 겁니다. 이 이치에 따라 다른 사람을 교도할 수 있다면 그것이 곧 불법입니다! 하필 꼭 '부처'라는 말이 들어가야 하겠습니까? 그런 것들은 단지 외피에 지나지 않습니다! 외피는 벗어던질 수도 있습니다.

 이 때문에 강연의 초두에서도 말씀드린 바 있습니다. 진정한 불법은 일체의 종교나 철학을 초월해 있으며, 일체의 형식을 벗어나 있다고요. 바로 부처님이 말하듯, 진정한 지혜의 성취는 반야바라밀이 아닙니다. 지혜가 최고의 단계에 이르면 지혜의 경계가 없어지며, 그래야만 비로소 진정한 지혜라 할 수 있습니다. 이것은 노자 또한 말했던 바입니다. "대지약우(大智若愚)", 지혜가 진정으로 극에 이르면 대단히 평범해집니다. 세상에서 제일 고명한 사람은 제일 평범한 법입니다. 달리 말하면 제일 평범한 것이야말로 제일 위대합니다.

저는 자주 이런 질문을 접하곤 합니다. 깨달음의 지혜는 어디에 있냐고요. 제 대답은 바로 여러분이 사용하는 "조심해!"라는 말 속에 있다는 것입니다. 이 한마디가 바로 도(道)입니다. "유의해!"라는 이 한마디가 바로 도입니다. 여러분의 마음이 드러나되 거기에 머물지 않기[不住] 때문입니다. 이렇게 된다면 바로 득도한 겁니다. "조심해!", 여러분은 조심할 수 없습니다. 조심할 수 있다면 바로 득도한 겁니다. 세상의 것들을 모두 통속적인 것이라 생각해서는 안 됩니다. 이들은 모두 금강반야바라밀입니다. 제일 평범한 한마디라도 여러분이 그것을 이해할 수 있다면 바로 성인의 설법입니다. "유의해!", 누가 능히 유의할 수 있겠습니까? "조심해!", 누가 능히 조심할 수 있겠습니까? 이렇게 할 수 있다면 바로 득도한 겁니다. 반야바라밀은 곧 반야바라밀이 아닙니다.

황산곡과 회당선사

방금 살펴보았듯이 부처님은, "반야바라밀은 곧 반야바라밀이 아니며, 그것을 일러 반야바라밀이라 한다"라고 했습니다. 이 속에는 또 하나의 의미가 내재되어 있는데, 우리는 이것을 이해할 필요가 있습니다. 부처님이 대지혜의 성취, 즉 반야바라밀을 지혜가 피안(彼岸)에 이르는 것이라 했기에, 불법을 배우는 사람들 중에는 날마다 지혜를 구하기 위해 애쓰는 사람도 있습니다. 그러나 반야바라밀은 곧 반야바라밀이 아닙니다. 성불의 지혜를 바깥에서 구하려 해서는 안 됩니다! 지혜는 세간의 일체를 벗어나 있지 않습니다. 세상의 법이 곧 불법입니다. 어떤 학문이나 어떤 사정이라도 모두 불법입니다. 이 점을 특히 잘 알아야 합니다. 반야바라밀이 어떤 특수한 지혜이며, 이것으로부터 깨달음을 얻을 수 있다고 생각해서는 결코 안 됩니다. 그렇지만 많은 사람들은 모두 이런 착각을 하고 있습니다. 부처님은 말합니다. "반야바라밀은 곧 반야바라밀이 아니요, 그것의 이름이 반야바라밀이다." 세상의 일체 학문이나 지혜, 사상, 모든 세상사로부터 깨달음을 얻을 수 있습니다. 그래서 선종의 깨달은 사람은 다음과 같은 명언을 남겼습니다.

푸르디푸른 취죽이 모두 법신이며
향기로운 노란 꽃이 반야가 아님이 없다

青青翠竹　悉是法身
청청취죽　실시법신
鬱鬱黃花　無非般若
울울황화　무비반야

반야는 어디에 있을까요? 도처에 있는 것이 모두 반야입니다. 중국의 선종은 오직 『금강경』을 주체로 삼는데, 이것으로 깨달은 사람도 많이 있습니다. 그러나 『금강경』을 읽어야만 깨달을 수 있는 것은 결코 아닙니다. 많은 사람들이 도처에서 수시로 개오(開悟)합니다. 이것은 깨닫고 난 뒤에 한 말입니다.

사실 지금 도로만 한번 내려다보더라도 차량의 행렬이 흐르는 물과 같고 용(龍)과도 같습니다. 이것이 바로 반야입니다. 내려다보고 알아낼 수만 있다면 곧 깨달을 수 있습니다. 바로 푸르디푸른 취죽이 모두 법신입니다. 도처가 모두 불생불사의 법신입니다. 향기롭고 노랗다는 것은 형용하는 말에 지나지 않습니다. 피어 있는 꽃이라면 부추꽃 역시 마찬가지입니다. 모두 반야가 아닌 것이 없습니다. 그는 말합니다. "꽃을 바라보면서도 능히 깨달을 수 있으며, 풍경을 바라보면서도 능히 깨달아 성불할 수 있다." 이런 것들이 바로 선종의 공안(公案)입니다.

송나라 때 소동파만큼이나 유명한 시인으로서, 회당선사(晦堂禪師)에게 선(禪)을 배운 황산곡(黃山谷)이라는 사람이 있었습니다. 그는 학문이 뛰어났으며『금강경』은 더 말할 나위가 없었지만, 삼 년이 지나도록 깨닫지 못했습니다. 하루는 그가 회당선사에게 물었습니다. 자기에게 어떤 방편법문(方便法門)이라도 일러 줄 수 없느냐는 것이었습니다. 요즘 젊은 사람들이 모두 그러하듯, 황산곡 역시 사부에게 어떤 비결을 얻어 그 즉시 깨달아 성불하기를 바랐던 겁니다. 그랬더니 회당선사는, "그대는『논어』도 읽어 보지 못했는가?"라고 되물었습니다.

이런 말은 우리 같은 사람에게 했다면 별문제지만, 황산곡에게는 모욕적이었습니다. 옛날에 책깨나 읽은 사람이라면 이미 어릴 적부터『논어』를 암송할 수 있었으니까요. 그러나 스승이 이렇게 물으니 어떡하겠습니까? "당연히 읽어 보았지요!"라고 대답할 수밖에요. 그러자 회당선사는,『논어』를 보면 "이보게, 나는 그대들에게 감춘 것이 없다네![二三者, 我無隱乎爾]"라는 구절이 있지 않느냐고 했습니다. 이삼자(二三者)란 '너희들 몇몇 학생'이라는 뜻입니다. 공자는 말합니다. "내가 그대들에게 뭔가 감추고 있다고 생각하지 말게. 나에게 어떤 은밀한 비밀 같은 건 없다네! 이미 그대들에게 다 일러 주었다네!"

회당선사의 말에 황산곡은 얼굴이 붉으락푸르락해져서는 스승님께서 말씀하신 뜻을 정말 이해할 수가 없다고 했습니다. 노화상은 소매를 한 차례 털더니 발걸음을 옮겼습니다. 황산곡은 심중의 번민이 말할 수 없이 컸지만 아무 소리 못 하고 사부의 뒤를 묵묵히 따를 수밖에 없었습니다. 앞서가던 회당선사는 돌아보지 않아도 황산곡이 뒤따라오리라는 것을 알고 있었습니다. 이윽고 산 정상에 이르니, 가을이 되어 계수나무 꽃이 만발하고 향기가 그득했습니다. 회당선사가 고개를 돌려 황산곡에게 물었습니다. "계수나무 꽃 향기가 나는가?" 기록으로는 이렇습니다. "그대는 금계

(金桂) 꽃 향기를 맡았는가〔汝聞木樨花香麽〕?"

황산곡은 사부에게 한 방 얻어맞고 속이 끓어올랐으나 사부는 그런 그를 개의치 않고 앞서서 성큼성큼 걸어가고 있었습니다. 그러자 사부를 뒤따라가던 황산곡은 마치 어린 학생이 선생에게 벌을 받는 듯한 기분이 들어서 또 한 번 속이 뒤집어졌습니다. 바로 그때 사부가 계수나무 꽃 향기를 맡았느냐는 말을 던졌던 겁니다! 사부가 이렇게 묻자 황산곡은 콧구멍에 힘을 주어 몇 차례 숨을 들이키더니 이윽고 맡았다고 대답했습니다. 그랬더니 사부가 말했습니다. "이보게, 나는 그대에게 감춘 것이 없다네!" 바로 그 순간 황산곡은 개오(開悟)했습니다. 소위 반야바라밀이란 반야바라밀이 아니요, 이름이 반야바라밀일 뿐입니다. 이것이 유명한 황산곡의 오도(悟道) 공안(公案)입니다.

황산곡과 황룡사심오신선사

황산곡이 도를 깨닫고 나니 정말 대단했습니다. 관직도 높고 학문도 뛰어난 데다 시문(詩文)도 훌륭해 온갖 것을 두루 갖추게 되었습니다. 도가에도 통하고 불가에도 통하니 그야말로 더 이상 좋을 것이 없었습니다. 소위 "제일 드문 사람〔第一希有之人〕"이 된 겁니다. 제일 드문 사람이 되고 보니 오만해졌습니다. 사부 이외에 천하 사람이 안중에 없었지요. 후에 회당선사가 열반에 들면서 자신의 법을 얻은 제자로서 황산곡보다 젊은 황룡사심오신선사(黃龍死心悟新禪師)를 불러 당부하기를, "그대의 사형인 황산곡 거사는 깨닫긴 했지만 아직 대철대오에는 이르지 못했다. 반밖에 깨닫지 못했으나 누구도 그를 깨닫게 하기 어려울 것이다. 이제 나는 떠나니, 그대가 방법을 찾아서 그를 잘 교화하도록 하라!"라고 했습니다. 황룡사심오신은 즉시 황산곡에게 통지해 사부가 열반에 들어 화장을 해야겠으니 얼른 이곳으로 오라고 했습니다.

　스님이 입적하면 책상다리를 한 상태로 바깥으로 옮겨 놓은 후 득법(得法) 제자가 불을 들고 앞에 서서 화장할 준비를 합니다. 앞에 서는 것은 설법을 하기 위해서입니다. 바로 그때 황산곡이 달려왔습니다. 와서 보니 어린 사제 한 명만 앞에 서 있었습니다. 황룡사심오신은 비록 나이는 어렸지만 대철대오를 이룬 사람으로서 황산곡보다 경계가 높았고, 또 스승의 지위를 계승한 스님으로서 법을 집행함이 산과도 같았습니다. 황산곡이 도착하자 황룡사심오신은 불을 들고서 사형을 향해 말했습니다. "사형께 묻습니다. 이제 막 불을 붙이려 합니다. 그러면 사부의 육신은 재가 되고 말 겁니다. 이 불을 던지면 사부는 사라집니다. 사형과 사부는 어디서 다시 만나겠습니까? 대답해 보시오!" 황산곡은 대답할 수 없었습니다. 그렇지요! 이 문제는 아주 엄중합니다. 사부의 육신은 재로 변해 버릴 것이고, 자신도 장래에는 죽어 없어질 겁니다. 두 사람이 어디서 다시 만나겠습니까?

　여기 앉아 있는 여러분도 한번 말해 보십시오! 어떤 사람은 서방 극락세계에서 만나리라 말하겠지만, 황산곡은 그렇게 말할 수 없었습니다. 다른 말이 필요 없습니다. 여기 앉아 있는 여러분은 모두 현재의 사람이지만 여러분도 돌아가 밤이 되면 잠을 자고 저도 밤이 되면 잠을 자니, 우리가 어디에서 다시 만날 수 있겠습니까? 바로 이 문제입니다.

　그 순간 황산곡은 대답은커녕 얼굴이 새파랗게 질리다 못해 까맣게 변해서는 찍소리도 못 한 채 돌아갔습니다. 황산곡에게는 연이어 불행한 일이 일어났는데, 당시 그는 정치적 알력으로 인해 황제로부터 관직을 강등당하여 귀주(貴州)의 연주공매국(烟酒公賣局)으로 전입하게 되었습니다. 그렇게 높은 지위에 있다가 일순간에 한낱 시골 구석의 말단 관원으로 전락했으니, 보통 사람이라면 이런 상황에서 어떻게 견뎌 낼 수 있겠습니까?

앞에서 무위의 복이 훨씬 중하다는 것을 살펴보았지만, 억세게 재수 없는 상황이 그로서는 도리어 수행에 힘쓸 좋은 기회가 되었습니다. 계림(桂林)의 노상(路上)에 이르기까지 두 사람이 파견되어 그를 호송했는데, 이들은 황산곡이 장차 다시 높은 관직에 오를지도 모른다는 두려움 때문에 그를 함부로 대하지 않았습니다. 그래서 그는 가는 도중 줄곧 타좌하여 참선을 했습니다. 하루는 정오가 되어 날씨가 무척 더웠습니다. 그는 두 사람의 호송원과 상의하여 한 차례 낮잠을 자기로 했습니다. 옛날 사람들의 베개는 나무로 만든 것이었는데, 그가 몸을 눕히려다가 그만 잘못해서 베개가 꽝! 하고 땅으로 떨어졌습니다. 그는 깜짝 놀랐는데, 바로 그 순간 진정한 개오(開悟)를 했습니다. 그는 잠을 청하려던 것도 그만둔 채 즉각 편지를 써서는 사람을 시켜 여산(廬山)에 있는 황룡사심오신선사에게 급히 전하도록 했습니다. 편지 내용은 이랬습니다. "평소 내 문장이나 도(道)에 대해 천하의 어느 누구도 공경하지 않은 사람이 없었다오. 단지 스님만(이제는 그의 사제를 스님이라 깍듯이 높이고 있습니다) 나를 인정하지 않았는데, 지금 생각해 보니 그 은혜에 어떻게 감사드려야 할지 모르겠소."

이 때문에 반야바라밀은 곧 반야바라밀이 아니라는 것입니다! 한걸음 더 나아간 진정한 의미에서, 우리는 세상의 일체법이 모두 불법이라 해석할 수 있습니다. 불법을 배우기 위해서는 불법 그 자체에 얽매여서는 안 됩니다. 그래야만 비로소 불법을 배울 수 있습니다. 만약 얼굴에 불교 냄새를 잔뜩 풍긴다거나 입만 열면 부처님 이야기요 머릿속이 온통 불교 교리로 가득 차 있다면 이미 끝장 난 겁니다. 그것은 이미 반야바라밀이 아닙니다. 먼저 이런 중요한 문제를 해결해 놓고서 아래의 내용을 차근차근 살펴보기로 합시다.

미진, 외색진, 내색진

"수보리여! 그대 생각은 어떤가? 여래가 법을 말한 바가 있는가?"
수보리가 부처님께 아뢰었다. "세존이시여! 여래께서는 말씀하신 바가 없습니다."

"須菩提! 於意云何? 如來有所說法不?"
수보리 어의운하 여래유소설법부
須菩提白佛言, "世尊! 如來無所說."
수보리백불언 세존 여래무소설

"그대에게 다시 묻노니, 부처는 진정 설법을 했는가?" 수보리는 머뭇거리지 않고 바로 부처님을 향해 대답합니다. "제가 알기로 부처님께서는 설법하시지 않았습니다! 불법을 전하신 적이 없습니다."

보십시오! 두 사람이 얼굴을 맞대고 거짓말을 하고 있습니다. 석가모니 부처님은 서른한 살에 도를 깨달아서 서른두 살 때부터 교화를 시작한 이후 사십구 년간을 설법했습니다. 그런데도 지금 이 스승과 제자 사이의 대화 속에서 부처님은 설법한 적이 없다고 말하고 있습니다.

"수보리여! 그대 생각은 어떤가? 삼천대천세계의 모든 티끌이 많지 않은가?"
수보리가 말했다. "아주 많습니다, 세존이시여!"

"須菩提! 於意云何? 三千大千世界, 所有微塵, 是爲多不?"
수보리 어의운하 삼천대천세계 소유미진 시위다부
須菩提言, "甚多, 世尊!"
수보리언 심다 세존

두 번째 물음입니다. 언뜻 보기에는 앞의 내용과 이어지지 않는 것 같지만 실제로는 연관되어 있습니다. 수보리가 부처님께서는 설법한 적이 없다고 대답하자, 부처님은 다시 묻습니다. "그대가 보기엔 어떤가? 이 삼천대천세계, 이 물질적 우주에 존재하는 모든 티끌의 수를 합친다면 많겠는가 많지 않겠는가?" 수보리가 대답합니다. "아주 많습니다, 세존이시여!"

"수보리여! 모든 티끌은 여래가 티끌이 아니라 말하니, 그것의 이름이 티끌이다. 여래는 세계를 세계가 아니라 말하니, 그것의 이름이 세계이다."

"須菩提! 諸微塵, 如來說非微塵, 是名微塵. 如來說世界,
수보리   제미진   여래설비미진   시명미진   여래설세계
非世界, 是名世界."
비세계   시명세계

이건 도대체 무얼 말한 것일까요? 미진(微塵)이란 먼지와 완전히 동일한 것은 아니지만, 우리는 먼저 그것을 먼지라 가정하고 말해 봅시다. 부처님은 일체의 미진은 미진이 아니라고 말합니다. "먼지란 없다. 먼지가 아니라 잠시 그것을 먼지라 이름 붙인 것이다." 부처님은 말합니다. "삼천대천세계, 세계는 없다. 잠시 그것을 세계라 한다." 이게 대체 무엇을 말한 것일까요? 유가에서 『금강경』을 두고 말하기를 도대체 알아들을 수가 없다, 무슨 말을 하려는 것인지 도무지 종잡을 수가 없다고 한 것도 이상한 일이 아닙니다. 반야바라밀은 곧 반야바라밀이 아니요, 삼천대천세계 또한 삼천대천세계가 아니다. 말을 했는가, 하지 않았는가? 말하지 않았다. 이러니 도대체 무얼 말하려는 것인지 알 수가 없습니다!

미진이란 불교 용어입니다. 미진은 달리 외색진(外色塵)이라고도 합니다. 과거 불경에서 말한 외색진이란 지금 우리가 말하는 전자나 핵자(核子), 원자와 같은 종류를 말합니다. 외색진 외에도 내색진(內色塵)이란 것이 있는데, 이건 더 엄청납니다. 불교 공부를 하는 사람은, 가령 염불을 하다가 마음이 조금도 흐트러지지 않는 경지에 이르면, 혹은 관상(觀想)을

닦는 사람이 관(觀)에 성공하면 심물일원(心物一元)에 이르러 자신의 전면에 또 다른 한 사람으로 서 있을 수 있습니다. 여러분도 볼 수 있으며, 대화도 할 수 있고, 같이 일도 할 수 있습니다. 이는 바로 일체유심(一切唯心)이 만들어 낸 것으로, 내색진의 역량으로 인해 발출된 것입니다. 당연한 일이지만 지금 세상에서 이 이치를 증득한 사람은 아주 드뭅니다. 그렇지만 이것은 절대적 진리로서 증득할 수 있는 것입니다. 이것 역시 연기성공(緣起性空)이요 성공연기(性空緣起)입니다.

이제 부처님이 말한 이 외색진, 즉 미진에 대해 다시 분석해 보면, 이것은 다시 일곱 가지로 나누어집니다. 바로 색(色), 성(聲), 향(香), 미(味), 촉(觸), 법(法), 공(空)이 그것입니다. 바로 이 때문입니다! 과거 이천여 년 동안 불학(佛學)은 설명하기가 아주 어려웠습니다. 불교 학자나 대법사들조차 이야기가 여기에 이르면 대부분 입을 다물어 버리고 말았습니다. 더이상 설명할 방법이 없었기 때문입니다. 그렇지만 지금은 과학이 날로 발전하고 있어 다소 무리를 해서나마 한번 해석해 볼 수 있게 되었습니다. 이런 것들을 부처님은 이미 이천 년도 훨씬 전에 알고 있었던 겁니다.

핵자나 원자가 폭발하면 완전히 공(空)이 되며, 공으로 된 후 능히 빛을 발할 수 있고 소리로 진동할 수 있으며 사람을 죽일 수도 있습니다. 원자폭탄이 한번 폭발하면, 그 공의 역량이 한번 드러나면 사람들이 모두 변형되고, 방사능 낙진에 노출되면 설사 죽지는 않더라도 치료할 수가 없습니다. 원자나 핵자는 최후로 나뉘어 공이 되는데, 이 때문에 미진이 색·성·향·미·촉·법·공의 일곱 가지로 나누어지는 것입니다.

표현을 바꾸어 보면 부처님은 이렇게 말하고 있는 겁니다. 이 세계는 하나하나의 먼지가, 한 알갱이 한 알갱이의 먼지가, 하나의 분자와 분자가 조합되어 구성된 물리세계라는 겁니다. 지구상의 이 물리세계를 아무리 속속들이 분석한다 해도 본래가 공이므로 세계가 존재하지 않고 미진도 존재하지 않습니다. 일체가 원래 공입니다. 이 물질세계의 공은 반야바라밀이나 지혜 또는 심념(心念) 최후의 공과 만나게 되니, 바로 심물일원(心物一元)입니다.

최후로 만나게 되는 진정한 공, 이 공의 경계가 바로 부처님의 경계로서 이것이 바로 오도(悟道)입니다. 이때의 오도란 닦아서 실제로 얻는 것이지 이론상으로 이해하는 것이 아닙니다. 공부를 통해 증득하는 것입니다. 이 경계를 어찌 말로 표현할 수 있겠습니까? 온종일 말해 봐야 모두 아닙니다. 이 때문에 부처님은 겨우 한다는 말이 자신은 설법한 적이 없다고 했던 겁니다. 수보리는 말합니다. "그렇고말고요! 부처님께서는 법을 말씀하신 적이 없습니다!" 사실 말할 방법이 없기 때문에 말이 되어 나올 수 없는 겁니다. 공(空)이라 말해도 이미 그것이 아닙니다. 그것을 유(有)라고 해도, 세상에 존재하는 유는 결국 다시 공으로 돌아갑니다. 이 때문에 공이라고도 유라고도 말할 수 없습니다. 말하자면 즉공즉유(即空即有)요, 비공비유(非空非有)입니다.

『금강경』의 문장은 대단히 명쾌해서 이해하기가 아주 쉽습니다. 이론상으로 이해하기는 어렵지 않지만 이것을 닦아서 증득하기란 참으로 어렵고도 어렵습니다. 그러나 이 증득의 경계에 이르러야만 비로소 진정으로 불법을 배웠다고 할 수 있습니다.

이 구절을 말하고 난 뒤, 부처님은 또 다른 문제에 대해 말합니다.

그대와 나의 삼십이상

"수보리여! 그대 생각은 어떤가? 삼십이상으로써 여래를 볼 수 있는가?"
"아닙니다, 세존이시여! 삼십이상으로써 여래를 볼 수 없습니다. 왜냐하면,"

"須菩提! 於意云何? 可以三十二相見如來不?"
수보리 어의운하   가이삼십이상견여래부
"不也, 世尊! 不可以三十二相得見如來. 何以故?"
불야 세존 불가이삼십이상득견여래 하이고

    우리는 불교를 공부하면서 상(相)에 집착해서는 안 됩니다. 이것은 다른 종교에서 우상 숭배에 반대하는 이치와도 같습니다. 무엇이 우상일까요? 불경에서 말하는 부처님의 모습은 정말 대단합니다. 성불한 사람에게는 삼십이상(三十二相)이 나타납니다. 말하자면 다른 사람과 차이 나는 서른두 가지 모습입니다. 이에 따르는 팔십 종의 훌륭한 모습도 다른 사람에게는 없는 것입니다. 이것은 아주 중대한 문제로서, 바로 화두이기도 합니다.
    예를 들어 조각해 놓은 부처님의 모습을 보면 미간에는 구슬이 박혀 있으며, 머리에는 보글보글한 것이 솟아 있고, 미간에 흰 털이 나 있습니다. 이 흰 털은 굉장히 길지만 늘어져 있는 것이 아니라 평상시에는 잘 갈무리되어 오른쪽으로 원을 그리고 있습니다. 이 흰 털은 얼마나 길까요? 히말라야 산의 다섯 배나 될 만큼 그렇게 깁니다[白毫宛轉五須彌]. 두 눈동자는 남색 빛을 발하고, 흰자위는 벽청(碧青)색 빛을 띠는데, 사대양의 물보다도 더 깨끗합니다[紺目澄淸四大海]. 사대양의 물이 결코 맑은 것은 아니지만, 이것은 맑다는 것을 비유한 겁니다.
    예를 들어 우리가 이미 언급한 바 있지만, 부처님은 삼대(三大) 아승기겁(阿僧祇劫)을 수행하면서 터무니없는 말을 한마디도 한 적이 없습니다. 그렇기 때문에 그가 입을 열면 삼천대천세계에 두루 퍼질 수 있습니다. 그가 혀를 한번 내밀면 태양도 가려 우리는 빨래조차 말릴 수 없습니다. 부처님은 삼십이 종의 상(相)을 가지고 있는데, 피부는 어디 한 군데 상처 있는 곳 없이 완벽하며, 또 전신에서 밝은 빛이 뿜어져 나옵니다.
    이전에 어떤 사람이 이렇게 물었던 적이 있습니다. 당신네 선종에서는 개오(開悟)하면 곧 부처라고 하는데, 왜 삼십이상이 없냐고요. 자신의 손을 봐도 이전의 손이요, 게다가 긴 털도 없습니다. 말이야 개오했다지만 변한 것이라곤 하나도 없습니다! 빠진 이빨이 다시 자라지도 않고 흰머리가 검어지지도 않으니, 이런 깨달음이 무슨 놈의 깨달음이겠습니까!

그렇지만 다시 한 번 살펴보십시오. 어떤 사람이든 모두 삼십이 종의 좋은 상을 갖고 있습니다. 당신이 가진 상은 절대 나에게는 없으며, 내가 가진 상은 절대 당신에게는 없습니다. 만약 당신이 성장해서 내 상을 갖게 된다면 당신 역시 당신이 아닐 겁니다. 그런 후에 일체 중생을 살펴보면 모두가 각자의 삼십이상과 팔십종호를 갖고 있습니다. 만약 진정으로 삼십이상에 집착한다면 그것은 종교적 신앙으로는 가능할지 몰라도 진정한 불법을 망쳐 버리는 것이라 할 수 있습니다. 불법을 배우면서 상에 집착해서는 안 됩니다. 이 때문에 부처님은 스스로 문제를 제기하여 수보리에게 묻습니다. 삼십이상과 팔십종호로 부처님을 판단할 수 있느냐고요. 수보리는 불가능하다고 대답합니다. 삼십이상으로는 부처님을 판단할 수 없다는 겁니다.

만약 여러분이 타좌를 하던 중 부처님이 빛을 뿜는 것을 보았다면, 혹은 어젯밤 꿈에 부처님이 나타나서 어떤 말을 했다면, 그건 꿈을 꾼 것입니다. 여러분이 반드시 명심해야 할 것은 삼십이상으로써 여래를 판단할 수 없다는 사실입니다. 그 꿈에서 보았다는 것이 과연 진실일까요, 아니면 헛된 것일까요? 꿈속에서 본 것일지라도 역시 진실입니다. 그것은 아뢰야식(阿賴耶識)이 변한 것으로서 헛된 것이 아닙니다. 자신과 타인이 다르지 않으니〔自他不二〕 역시 진실된 것입니다. 그러나 거기에 집착해서는 안 됩니다.

"여래에서 말씀하신 삼십이상은 상이 아니라 그것의 이름이 삼십이상이기 때문입니다."

"如來說三十二相, 卽是非相, 是名三十二相."
여래설삼십이상   즉시비상   시명삼십이상

확실히 말할 수 있는 것은, 부처님은 어떤 사람도 성불해서 공덕이 원만해지면 모두 삼십이상을 갖게 된다고 했다는 것입니다. 그렇지만 이것은 법신의 상이 아닙니다. 법신은 상이 없습니다. 이렇게 본다면 그것을 삼십이상이라 해도 좋고, 육십사상(六十四相)이라 해도 역시 무방합니다. 『금강경』의 이 이치를 이해한다면 『역경』의 이치 또한 깨달을 수 있습니다. 『역경』에는 육십사괘(六十四卦)가 있는데, 이는 바로 육십사상으로서 『금강경』의 이치와 완전히 일치합니다. 그러므로 『역경』의 육십사괘는 사실 어느 한 괘도 모두 괘가 아닙니다. 괘란 머물지 않는 것이기 때문입니다. 괘는 변하는 것으로서 모두 변화의 상(相)입니다. 이야기가 여기에 이르니 선종의 고사 하나가 생각납니다. 이 고사를 이해한다면, 여러분 가운데 젊고 지혜 있는 분이라면 능히 개오(開悟)할 수 있을 겁니다.

협산대사

선종의 대사(大師) 중에 선자성(船子誠)이라는 사람이 있었습니다. 선자(船子)는 외호(外號)로서, 우리가 제전화상(濟顚和尙)이라고 할 때의 '제전(濟顚)'과도 같습니다. 제전 역시 외호로, 법명은 도제(道濟)라고 합니다. 정신 나간 사람처럼 보였기 때문에 사람들이 그를 제전화상이라 불렀습니다. 선자화상은 깨달음을 얻은 후 다른 두 사형제(師兄弟)와 같이 하산했습니다. 한 사람은 호남(湖南)으로 가서 교화를 행하려 했고, 다른 한 사람은 강서(江西)로 가서 교화하려 했습니다. 이들은 선자성에게 어디로 갈 생각이냐고 물었습니다.

선자가 말했습니다. "사형들! 제가 보기엔 두 분은 일생에 복보(福報)가 많아 장래 한 방면의 대사가 되시겠지만, 저는 고달픈 운명이니 이 생(生)을 평범하게 살 겁니다. 하찮은 일일지라도 좋은 일을 많이 한 후 다시 말해 보기로 하지요! 그렇지만 두 분께 간곡히 청하건대, 장래 제1등의 인재가 있거든 한 명을 보내 주어 저의 뒤를 잇게 해 주시구려! 사부께서 저에게 학문을 전했으니, 제가 계속 이어 가지 않으면 위로는 역대의 성현들을 뵐 면목이 없고 사부께도 도리가 아닙니다. 제 법을 이을 사람만 있다면 저는 더 이상 바랄 게 없습니다."

그러고는 그는 강소(江蘇) 화정(華亭)의 한 마을로 가서 뱃사공이 되어 작은 배 한 척으로 하루 종일 사람들을 실어 날랐습니다. 사람들이 그에게 배 삯을 건네면 그 중 두 닢만 받았고, 삯을 내지 않아도 그만이었습니다.

후에 협산화상(夾山和尙)이라는 대법사가 있었는데, 그는 불법에 밝고 학문도 뛰어났으며 경전을 강연하거나 설법할 때면 청중이 구름같이 몰려 들어 크게 이름을 떨치고 있었습니다. 선자성의 사형인 도오화상(道吾和尙)이 그 소식을 듣고는 매일 노만 젓고 있을 선자 사제가 생각나서 협산의 경전 강연을 들으러 갔습니다. 도오 역시 선종의 대사로서 다 해진 승복을 걸쳤으며, 말로 대중을 압도하려 하지 않았고 생김새도 사람을 두렵게 하지 않았습니다. 그는 협산의 도량(道場)에 도착하자 뒤쪽 구석진 자리를 찾아 경전 강연을 들었습니다. 그러던 중 어떤 사람이 일어나 물었습니다. "어떤 것이 법신(法身)입니까?" 협산화상이 대답했습니다. "법신은 상이 없습니다〔法身無相〕." 또 물었습니다. "어떤 것이 법안(法眼)입니까?" 협산이 대답했습니다. "법안은 아무 하자가 없습니다〔法眼無瑕〕." 이 얼마나 훌륭한 대답입니까! 법신은 상이 없습니다. 『금강경』에 따르면 삼십이상은 모두 상이 아닙니다. 법안이란 한 점의 하자도 없는 것입니다.

마음이 맑은 거울과 같아서 비추지 못하는 데가 없고, 알지 못하는 바가 없습니다. 불교 이론에 따르면 이 대답은 전혀 문제 될 게 없습니다.

그렇지만 한쪽 구석에 앉아 있던 도오는 핏! 하고 웃음을 터뜨렸습니다. 그 웃음은 냉소였습니다. 순간 협산은 참을 수가 없어서 그 즉시 강연을 그만두고 강단에서 내려와 승려의 대례복을 걸치고는 남루한 승복 차림의 도오화상을 찾아 머리 숙여 절했습니다. 그러고는 말했습니다. "노선배님! 방금 제가 한 대답이 어디가 잘못되었습니까?" 도오가 말했습니다. "틀린 데라곤 없지. 하지만 애석하게도 스승의 가르침이 없네!" 말을 바꾸면, 자네 이론은 옳지만 공부가 아직 이르지 못했으니 쓸데없는 소리는 집어치우라는 것이었습니다. 협산이 이어서 물었습니다. "지금 세상에서 어느 분이 밝은 스승일까요?" 도오가 말했습니다. "밝은 스승 한 분이 있긴 하네만, 지금 그대의 이름이 이렇게나 쟁쟁하니 그를 찾지 못할까 두렵네. 간판 따위는 집어던지게. 명리(名利)란 필요 없다네. 그렇게 한다면 내 그대에게 한 줄기 밝은 길을 가르쳐 줄 것이네!" 이 도오화상을 보십시오! 협산을 자기 사제의 제자로 보내기 위해 얼마나 능수능란하게 쥐락펴락하고 있습니까?

협산은 과연 이제까지의 이름과 지위를 모두 던져 버린 채 조그만 보따리 하나를 둘러메고 길을 나섰습니다. 자신의 이름을 사방에 떨치던 때인데도 그는 도(道)를 위해 모든 것을 버렸던 것입니다. 이것을 보더라도 그가 후에 대철대오에 이른 것이 뜻밖의 일이 아니라는 걸 알 수 있습니다. 도오가 말했습니다. "내가 말하는 그 사람은 위로는 기와 조각 하나 없을 곳이 없고, 아래로는 송곳 하나 꽂을 데가 없다네〔上無片瓦, 下無立錐〕! 바로 선상에서 생활하고 있지." 그가 이어서 말했습니다. "화정 삼십 리 밖에 있는 강가에 가서 스님 한 분을 찾아보게!" 이렇게 해서 후에 협산은 선자성을 찾게 되었습니다. 그 중간의 구체적인 내용은 생략합니다. 상세한 것은『지월록』을 참고하시면 됩니다.

협산이 선자를 만나다

선자성은 협산을 척 보고는 그가 장래 대사가 될 그릇이며, 사형이 보낸 사람이라는 것을 단박에 알아챘습니다. 한편 배에 오른 협산은 도오선사 이야기며 자기소개며 일체 하지 않고 있었습니다. 이들 두 사람은 서로를 관찰하고 있었던 겁니다.

이윽고 선자화상이 협산에게 물었습니다. "스님께서는 어느 절에 머물고 계십니까?〔大德高棲何寺〕" 당시 두 사람은 모두 학문이 뛰어나서 하는 말마다 고상하기 그지없었습니다. 협산이 말했습니다. "절이란 머무는 곳이 아니니, 머무르면 아닌 듯하오〔寺卽不住, 住卽不似〕!" 휴! 이것들은 다 깨달음을 얻은 후의 말입니다. 보통 말로 풀어 보면 이렇습니다. 당신 절은 어디에 있느냐고 물으니 협산이 대답하기를, 절이란 머무는 곳이 아니니 머무르면 아닌 듯하오라고 했던 겁니다. 바로 머무름이 없이 생기는 마음〔應無所住, 而生其心〕을 말합니다. 머무름이 있다면 이미 아니라는 겁니다. 선종에서는 이것을 '기봉(機鋒)'이라 하는데, 곧 한마디 말입니다. 이것저것 생각하다가 내뱉은 말과는 다릅니다. 이것저것 생각하다가 대답하는 것은 이미 아닙니다. 바로 "머무르면 아닌 듯하오"입니다.

이들 두 사람은 모두 학문도 훌륭하고 불학에도 뛰어나서 평상시 하는 말조차 온통 불교 간행물에서나 볼 수 있는 문장입니다.(모두 웃음)

더 이상 협산을 구슬릴 방법이 없자 선자화상은 노를 휘둘러 순식간에 그를 물속에 빠뜨려 버렸습니다. 헤엄을 칠 줄 모르는 협산이 물에 빠져 허우적대니 참으로 낭패였습니다. 물속에 잠겼던 협산의 머리가 떠오르자 선자성이 말했습니다. "어서 말해 봐, 어서!" 협산이 막 입을 열려고 하면 선자는 다시 그를 물속으로 눌러 넣었습니다. 이렇게 떠오르면 누르고, 다시 떠오르면 누르기를 세 차례나 했습니다. "어서 말해 봐!" 그러면 협산은 보나마나 또 절이란 머무는 곳이 아니니, 머무르면 아닌 듯하오라고 대답할 게 뻔했지요. 그래서 선자는 아예 대답을 기다리지도 않은 채 그가 떠오를 때마다 눌러 넣기를 반복했습니다.

마침내 그의 배 속을 가득 채웠던 학문과 이치가 꼬르륵꼬르륵하는 사이에 다 빠져 나가 텅 비게 되었습니다. 다시 떠오른 협산은, 이제 깨달았으니 더는 물속에 집어넣을 필요가 없다고 말했습니다. 이렇게 해서 깨달음에 이른 그에게 선자가 말했습니다. "보게나, 불법이란 그런 것이네! 이제 가 보게."

당연한 일이지만 협산은 선상에서, 그의 사부가 된 선자를 도와 아주 오랫동안 노를 저었습니다. 그러던 어느 날, 사부가 그에게 이제 그만 떠나라고 했습니다. 사부에게 하직을 고하고 떠나는 길에 그는 고개를 돌려 사부를 바라보았습니다. 우리가 생각하기론 그가 정을 두고 떠나기가 아쉬워서 그랬으려니 할 겁니다. 그러나 사부는 한눈에 알아보았습니다. "이보게, 자네는 내가 아직 다 가르치지 않았다고 생각하는가?" 하고서는 스스로 배를 기울여 물속에 빠져 버렸습니다. 이렇게 해서 협산으로 하여금 신심(信心)을 굳히도록 했던 겁니다. 그러고는 그에게 분부했습니다. "앞으로 다시는 소란스런 도시에 거주하면서 법사로 행세하지 말게. 반드시 깊은 산을 찾아, 제대로 얻어먹지 못하더라도 향내 그윽한 적막한 고찰에서 잘 수행해야 하네. 수행에 성공하면 다시 나오게."

그 후 아주 긴 세월이 흐르고 나서, 협산은 다시 나와 대사가 되었습니다. 그랬더니 어떤 선배가 그에게 물었습니다. "어떤 것이 법신입니까?" 그가 대답했습니다. "법신은 상이 없습니다." 또 물었습니다. "어떤 것이 법안입니까?" 그가 대답했습니다. "법안은 아무 하자가 없습니다." 바로 이전의 그 대답이었습니다. 똑같은 두 마디지만 깨달은 후의 대답은 그 경계를 증득한 것이고, 깨닫기 전의 대답은 단지 이론적인 것에 지나지 않습니다. 이론상으로 아는 것은 입으로만 할 수 있는 구두선(口頭禪)일 뿐, 몸과 마음으로 직접 얻은 것이 아닙니다. 상(相)에 관한 문제도 바로 그렇습니다. 상에 집착하다 보면 외면에 부처님의 모습이 있는 것처럼 생각하게 되어 마침내 부처님이 다가오는 것을 보기도 합니다. 타좌를 할 때든, 입정에 들어서든, 혹은 꿈속에서든 모두 마찬가지입니다. 만약 부처님이 몸을 드러낸 것을 보았다면 그것은 바로 상에 집착한 것으로서 불법이 아닙니다. 삼십이상은 곧 상이 아니라고 한 것은 바로 이런 이치입니다.

큰 공덕

이야기가 여기에 이르렀으니 아주 중요한 사실 하나를 말씀드릴까 합니다. 세상에서 최고의 것은 절대 물질이 아니라 마음입니다. 이때의 마음이란 심물일원(心物一元)의 마음입니다. 이것은 유물론의 상대 개념인 유심론에서 말하는 마음이 아닙니다. 심물일원의 마음은 보이지도 않고, 상에 집착하지도 않으며, 또 집착할 수도 없습니다. 진정한 불법은 미신을 타파합니다. 상에 집착하지 않고 바른 믿음을 일으킵니다. 법신은 상이 없습니다. 이것이 바로 깨달음입니다. 이것이 바로 앞에서 말한 두 가지 중점입니다. 여기까지 말하고 나서 부처님은 수보리에게 묻습니다.

"수보리여! 만약 선남자 선여인이 갠지스 강의 모래 수만큼이나 많은 목숨을 바쳐 보시하더라도, 만약 어떤 사람이 있어 이 경전의 사구게라도 수지하여 다른 사람을 위해 말해 준다면, 이 복이 훨씬 더 많다."

"須菩提! 若有善男子善女人, 以恒河沙等身命布施, 若復有人, 於此經中,
수보리   약유선남자선여인   이항하사등신명보시   약부유인   어차경중
乃至受持四句偈等, 爲他人說, 其福甚多!"
내지수지사구게등   위타인설   기복심다

가령 이 세계에 어떤 사람이 있어서 갠지스 강의 모래 수와도 같은 수많은 생명으로 다른 사람에게 보시한다면, 그 공덕은 우주를 가득 채운 재화로써 보시하는 것보다 훨씬 클 겁니다.

인생에서 제일 떨쳐 버리기 힘든 것이 두 가지입니다. 하나는 재물이요, 다른 하나는 생명입니다. 생명이 붙어 있을 때에는 돈이나 재물이 가장 떨쳐 버리기 힘들 겁니다. 그래서 살아 있는 사람이 돈과 재물로 보시하는 것을 훌륭하다고 생각합니다. 그러나 강에 빠져 이제 막 죽음에 임박했을 때라면, 자신의 생명을 구해 주기만 한다면 어떤 것이라도 모두 줄 수 있습니다! 이때에는 생명이 가장 떨쳐 버리기 힘들 겁니다. 이렇게 본다면 생명이 돈이나 재물보다 더 중요하겠지요.

앞의 제11품에서는 우주를 가득 채운 많은 재화로써 보시한다면 복덕이 아주 클 것이라고 말했는데, 이 품에서는 더욱 엄중합니다. 갠지스 강의 모래 수만큼이나 많은 생명으로써 보시한다면 그 복보가 크겠느냐 작겠느냐는 겁니다. 당연히 아주 크지요. 그렇지만 그것은 『금강경』의 사구게를 이해하여 능히 수지(受持)하고 증득하며, 더 나아가 타인을 제도하고 깨닫게 하며, 타인을 위해 설법하는 이 대복덕을 능가할 수는 없습니다.

이것은 어떤 대복덕일까요? 바로 무위의 복이요, 바른 믿음의 복입니다. 이 품의 게송은 다음과 같습니다.

【제13품】 게송

세계는 작은 티끌, 몸은 물거품
낭떠러지에서 손 놓아 빠뜨려 법 전하고
노란 꽃과 취죽 같은 범상한 것이라도
반야의 유래 아니 도처가 피안이네

世界微塵漚沫身　懸崖撒手漫傳薪
세 계 미 진 구 말 신 　 현 애 살 수 만 전 신
黃花翠竹尋常事　般若由來觸處津
황 화 취 죽 심 상 사 　 반 야 유 래 촉 처 진

"세계는 작은 티끌, 몸은 물거품〔世界微塵漚沫身〕." 이 세계는 물리적이고 물질적인 미진(微塵)이 쌓여 만들어졌습니다. 미진의 질량이 형성되기 이전은 공(空)이며, 형성된 이후 변화되어 마침내 물질적 존재가 없어지면 다시 공으로 돌아갑니다. 하물며 우연히 잠시 존재하는 중생의 생명이겠습니까? 이것들은 단지 물 위에 떠 있는 물거품에 불과합니다. 공(空)이 유(有)를 만드니 유 또한 환상이요, 환상의 유가 사라지면 다시 공으로 돌아갑니다.

"낭떠러지에서 손 놓아 빠뜨려 법 전하고〔懸崖撒手漫傳薪〕." 연기는 환상이요 성은 본래 진공이니, 공에서 생긴 환상이 사라지면 연기 또한 덧없습니다〔緣起幻有, 性自眞空, 空生幻滅, 緣起無常〕." 이것을 증득한다면 유(有) 역시 거짓이 아니요 공(空) 또한 참이 아님을 알 것이니, 마치 고덕(古德)이 말한 "낭떠러지에서 손을 놓고 스스로에 맡기며, 끊어진 뒤 소생하니 속일래야 속일 수 없다〔懸崖撒手, 自肯承當, 絕後再蘇, 欺君不得〕"라는 구절과 같습니다. 이렇게 되면 마음이 안주하여 큰 자애로움을 얻습니다.

"노란 꽃과 취죽 같은 범상한 것이라도〔黃花翠竹尋常事〕." 다시 고덕이 말한 바를 돌이켜 보면, "푸르디푸른 취죽이 모두 법신이며, 향기로운 노란 꽃이 반야가 아님이 없다〔靑靑翠竹, 悉是法身, 鬱鬱黃花, 無非般若〕"라고 했으니, 본래 평범한 것에서 일체의 것이 드러남을 알 수 있습니다.

"반야의 유래 아니 도처가 피안이네〔般若由來觸處津〕." 원래 반야바라밀다는 도처에 드러나 있으며, 시시각각 드러내어 완성합니다. 이를 알면 곧 피안입니다. 부처님과 중생의 성(性)은 서로 평등하며, 성(性)이 공(空)에 이른 복덕은 완연히 그러합니다.

제14품
상을 떠난 적멸

第14品 • 離相寂滅分

爾時須菩提, 聞說是經, 深解義趣, 涕淚悲泣, 而白佛言, "希有世尊! 佛說如是甚深經典, 我從昔來, 所得慧眼, 未曾得聞如是之經.

世尊! 若復有人, 得聞是經, 信心淸淨, 卽生實相, 當知是人, 成就第一希有功德. 世尊! 是實相者, 卽是非相, 是故如來, 說名實相.

世尊! 我今得聞如是經典, 信解受持, 不足爲難. 若當來世, 後五百歲, 其有衆生, 得聞是經, 信解受持, 是人卽爲第一希有! 何以故? 此人無我相, 無人相, 無衆生相, 無壽者相. 所以者何? 我相卽是非相, 人相, 衆生相, 壽者相, 卽是非相. 何以故? 離一切諸相, 卽名諸佛."

佛告須菩提, "如是! 如是! 若復有人, 得聞是經, 不驚, 不怖, 不畏, 當知是人, 甚爲希有! 何以故? 須菩提! 如來說第一波羅蜜, 卽非第一波羅蜜, 是名第一波羅蜜.

須菩提! 忍辱波羅蜜, 如來說非忍辱波羅蜜, 是名忍辱波羅蜜. 何以故? 須菩提! 如我昔爲歌利王割截身體, 我於爾時, 無我相, 無人相, 無衆生相, 無壽者相. 何以故? 我於往昔節節支解時, 若有我相, 人相, 衆生相, 壽者相, 應生瞋恨. 須菩提! 又念過去於五百世, 作忍辱仙人, 於爾所世, 無我相, 無人相, 無衆生相, 無壽者相. 是故, 須菩提! 菩薩應離一切相, 發阿耨多羅三藐三菩提心! 不應住色生心, 不應住聲香味觸法生心. 應生無所住心! 若心有住, 卽爲非住. 是故佛說菩薩心, 不應住色布施. 須菩提! 菩薩爲利益一切衆生, 故應如是布施. 如來說一切諸相, 卽是非相, 又說一切衆生, 卽非衆生.

須菩提! 如來是眞語者, 實語者, 如語者, 不誑語者, 不異語者.

須菩提! 如來所得法, 此法無實無虛.

須菩提! 若菩薩心住於法, 而行布施, 如人入暗, 卽無所見. 若菩薩心不住法, 而行布施, 如人有目, 日光明照, 見種種色.

須菩提! 當來之世, 若有善男子, 善女人, 能於此經, 受持讀誦, 卽爲如來. 以佛智慧, 悉知是人, 悉見是人, 皆得成就無量無邊功德."

그때 수보리가 이 경전을 듣고 그 뜻을 깊이 깨닫고는 눈물을 흘리고 슬피 울며 부처님께 아뢰었다. "드무신 세존이시여! 부처님께서 이렇게 깊고도 깊은 경전을 말씀해 주셨습니다. 저는 옛

적부터 얻은 혜안으로도 이런 경전을 얻어들은 적이 없습니다.
세존이시여! 만약 다시 어떤 사람이 있어 이 경전을 얻어듣고 신심이 청정하여 실상이 생겼다면, 마땅히 이 사람이 제일 드문 공덕을 성취했음을 알겠습니다. 세존이시여! 이 실상은 상이 아닙니다. 그러므로 여래께서 실상이라 이르셨습니다.
세존이시여! 저는 이제 이 경전을 얻어들어 믿고 이해하고 수지하는 데 어려움이 없습니다. 만약 이후 오백 년 뒤에 중생이 있어 이 경전을 얻어듣고 믿고 이해하고 수지한다면, 이 사람은 제일 드문 사람입니다. 왜냐하면 이 사람은 아상, 인상, 중생상, 수자상이 없기 때문입니다. 왜 그러냐 하면, 아상은 상이 아니며 인상·중생상·수자상도 상이 아니기 때문입니다. 왜냐하면 일체의 상을 떠난 것을 부처라 하기 때문입니다."
부처님께서 수보리에게 말씀하셨다. "그렇다! 바로 그렇다! 다시 어떤 사람이 있어 이 경전을 얻어듣고 놀라지 않고, 공포에 젖지 않으며, 두려움이 지속되지 않는다면, 이 사람은 아주 드문 사람이라는 것을 알아야 한다. 왜냐하면 수보리여! 여래가 말한 제1바라밀은 제1바라밀이 아니라, 그것의 이름이 제1바라밀이기 때문이다.
수보리여! 인욕바라밀은 여래가 인욕바라밀이 아니라 말하니, 그것의 이름이 인욕바라밀이다. 왜 그런가? 수보리여! 내가 이전에 가리왕에게 신체를 갈가리 찢길 때 나에게 아상, 인상, 중생상, 수자상이 없었다. 왜 그런가? 내가 옛적에 신체를 갈가리 찢길 때 만약 아상, 인상, 중생상, 수자상이 있었더라면 응당 성내고 원망하는 마음이 생겼을 것이다.
수보리여! 또 과거 오백 생애 동안 인욕선인이었을 때, 그때도 아상·인상·중생상·수자상이 없었다. 그러므로 수보리여! 보살은 마땅히 일체의 상을 떠나 아누다라삼먁삼보리의 마음을 일으키고, 형체에 머물러 마음이 생겨서는 안 되고, 소리·향기·맛·촉감·법에 머물러 마음이 생겨서는 안 되며, 마땅히 머무름이 없는 마음이 생겨야 한다. 만약 마음에 머무름이 있다면 그것은 머무름이 아니니, 이런 까닭에 부처는 보살심을 형체에 머물지 않고 보시하는 것이라 말한다. 수보리여! 보살은 일체 중생의 이익을 위해 마땅히 이렇게 보시해야 한다. 여래는 일체의 상이 상이 아니며, 또 일체의 중생이 중생이 아니라고 말한다.
수보리여! 여래는 참된 말을 하는 자이고, 알찬 말을 하는 자이며, 여어를 말하는 자이며, 허황한 말을 하지 않는 자이고, 다른 말을 하지 않는 자이다.
수보리여! 여래가 얻은 법은 아무것도 얻은 것이 없지만 공허한 것은 아니다.
수보리여! 만약 보살의 마음이 법에 머물러 보시를 행한다면, 마치 사람이 어두운 데로 들어가 아무것도 볼 수 없는 것과 같다. 만약 보살의 마음이 법에 머물지 않고 보시를 행한다면, 마치 사람이 눈이 있어 밝은 햇빛 아래 온갖 형체를 보는 것과 같다.
수보리여! 미래에 만약 선남자 선여인이 있어 능히 이 경전을 수지 독송할 수 있다면 곧 여래가 될 것이다. 부처의 지혜로 이 사람을 모두 알고 모두 보니, 모두 한없는 공덕을 성취할 것이다."

오늘은 『금강경』 제14품을 살펴보기로 합니다. 『금강경』을 시작해서 지금에 이르기까지 모두 13품을 살펴보았는데, 여러분께 다시 주의를 환기시키고 싶은 것은 『금강경』이 비록 대반야의 수지(修持)를 설하고 있지만 이 반야는 순수한 반야가 아니라는 점입니다. 부처님이 말하는 것은 반야의 본체로서 바로 도체(道體)이며, 또 이 도체를 드러내는 수행 방법입니다. 부처님은 처음부터 우리에게 어떤 것이 계율[戒]을 닦는 것인지를 말합니다. 그 요점은 바로 "생각을 잘 지키는[善護念]"것입니다. 마음을 내어 수행하기 시작하는 데에서부터 최후로 성불에 이르기까지 바로 "생각을 잘 지키는" 것입니다. 이어서 '어떤' 생각을 잘 지켜야 하는지를 말합니다. 바로 "머무름이 없는[無住]" 것입니다. 머무름이 없는 것은 정(定)이요, 생각을 잘 지키는 것은 계(戒), 『금강경』의 반야는 곧 혜(慧)입니다. 바로 계정혜(戒定慧)의 이치로써 『금강경』 자체를 설명한 겁니다. 반야법문은 바로 이와 같습니다.

육도(六度)로 말하자면, 『금강경』의 앞부분에서 말한 "머무름이 없는[無住]" 것은 일체 중생을 하나도 남김 없이 열반에 들게 하여 생사의 바다에서 벗어나게 하는〔滅度〕 것으로, 바로 보시(布施)입니다. 보시로부터 시작하여 반야의 성취에 이르면 아누다라삼먁삼보리를 증득하게 되는데, 바로 대철대오하여 성불하는 것입니다. 보시 다음은 지계(持戒)입니다. 어떤 계율을 지키는 것일까요? 보살대계, 즉 아상(我相)·인상(人相)·중생상(衆生相)·수자상(壽者相)을 없애는 것입니다. 이 생각을 잘 지키는 것이 바로 지계바라밀이며, 이로부터 반야바라밀에 이르러 지혜가 제도되어 지혜의 성취에 도달합니다. 이것이 수지(修持)의 기본적 단계입니다. 이것에 따라 불법을 배우고, 이것에 따라 수행하며, 이것에 따라 성불합니다. 13품에 이르러 하나의 결론이 내려진 셈입니다.

이제 제14품을 시작하겠는데, 여기서는 인욕바라밀로부터 반야바라밀에 이르는 것을 설합니다. 오늘 우리가 살펴보고자 하는 중점도 바로 여기에 있습니다.

깨친 후 기쁨이 극에 이르러 눈물이 흐르다

그때 수보리가 이 경전을 듣고 그 뜻을 깊이 깨닫고는 눈물을 흘리고 슬피 울며 부처님께 아뢰었다. "드무신 세존이시여! 부처님께서 이렇게 깊고도 깊은 경전을 말씀해 주셨습니다. 저는 옛적부터 얻은 혜안으로도 이런 경전을 얻어들은 적이 없습니다.

세존이시여! 만약 다시 어떤 사람이 있어 이 경전을 얻어듣고 신심이 청정하여 실상이 생겼다면, 마땅히 이 사람이 제일 드문 공덕을 성취했음을 알겠습니다."

爾時須菩提, 聞說是經, 深解義趣, 涕淚悲泣, 而白佛言,
이시수보리 문설시경 심해의취 체루비읍 이백불언

"希有世尊! 佛說如是甚深經典, 我從昔來, 所得慧眼, 未曾得聞如是之經.
희유세존 불설여시심심경전 아종석래 소득혜안 미증득문여시지경
世尊! 若復有人, 得聞是經, 信心淸淨, 卽生實相, 當知是人,
세존   약부유인 득문시경   신심청정   즉생실상   당지시인
成就第一希有功德."
성취제일희유공덕

 이것은 단지 세 줄의 짧은 구절밖에 되지 않지만 여기에 이르러 지금까지와는 다른 새로운 단계로 접어들고 있습니다. 이전까지는 모두 수보리와 부처님의 대화로서 일문일답을 기록한 경전이었습니다.
 "이시(爾時)", 그때, 물어보던 바로 그때입니다. 수보리가 이 경전을 듣고서, 즉 반야의 성취에 도달하는 부처님의 법문을 듣고서 "깊이 깨달아 그 의미를 파악하기에〔深解義趣〕"이르렀습니다. 여러분은 "심해의취(深解義趣)"라는 네 글자를 특히 주의해야 합니다. 여러분은 경전을 읽을 때 이 부분을 그리 대수롭지 않게 읽고 지나가기 쉽습니다. "심해의취"란 깊고도 깊으며 아주 심오한 이해에 이르렀음을 말합니다. 이해에 이르렀다는 것은, 요즘 말로 하면 진정으로 그 도(道)를 깨쳤다는 뜻입니다.
 후에 선종에서는 깨달음을 두 단계로 나누었습니다. 하나는 해오(解悟)요, 다른 하나는 증오(證悟)입니다. 해오란 지견(知見)상의 것으로서, 아는 바〔知〕와 보는 바〔見〕가 거기에 도달했음을 의미합니다. 이는 보통의 학문적 이해와는 달리, 몸과 마음으로 일종의 탈락감(脫落感)이나 탈체감(脫滯感)을 막 느끼려 하는 단계입니다. 이것이 바로 해오의 경계입니다. 그러므로 "심해의취"란 깊고도 깊은 해오에 이르렀다는 것으로, 증오를 말한 것은 아닙니다.
 '의(義)'란 불법을 해오하여 수증(修證)하는 지고무상의 이치입니다. '의'란 또 의리(義理)이기도 합니다. '의'란 고문에서는 '이(理)', 즉 최고의 이치를 나타내기도 합니다. '취(趣)'란 '흥취(興趣)'의 '취'가 아니라 어

디로 '향한다'는 '추(趣)'의 뜻입니다. 곧 그 방향으로, 그 길을 따라 목표로 향한다(趣向)는 것입니다. 불경에 자주 나오는 이 '취'자는 '추향(趣向)'의 뜻으로서 이미 그 경계에 이른 것, 이미 그 상황으로 진입한 것을 말합니다. 따라서 "심해의취"란 실제적인 상황이지, 알맹이 없는 문학상의 수식어가 아닙니다. 수보리는 "깊이 깨달아 그 의미를 파악한" 뒤 울음을 터뜨립니다. 왜 울음을 터뜨릴까요? 사람은 왕왕 기쁨이 극에 이르러 울기도 합니다. 기쁨이 극에 이르면 통곡이 나오고 눈물이 쏟아집니다. 추구하던 것을 내내 얻지 못하다가 홀연 얻게 되면 울음이 나오는 것입니다. 이 울음은 더없는 환희로서, 비심(悲心)의 이슬입니다.

불법을 배우거나 수도를 하는 사람은 자신의 깨끗한 본성이 막 드러나려 할 때면 자연 눈물을 흘리며 슬피 울게 됩니다. 이것은 자연스러운 현상입니다. 그렇지 않다면 뭔가 이상한 사람일 겁니다. 인성의 자연스런 청정함, 이것을 소위 본성이라 하는데, 이 본래의 면목이 드러날 때면 비할 바 없이 큰 환희가 절로 생겨납니다. 그렇지만 그 환희의 흔적을 찾을 수 없으니 자연 눈물이 쏟아집니다. 왜 우느냐고요? 결코 상심해서 그런 것이 아닙니다. 이 울음은 자연스러운 천성(天性)의 이슬입니다. 말하자면 자기가 잃어버렸던 것을 갑자기 찾았을 때, 그때는 어디에도 비할 바 없는 환희가 생겨납니다. 그렇지만 기쁘다는 생각 또한 없습니다. 그러니 자연 눈물이 나고 슬피 우는 겁니다.

바로 그래서 수보리는 한편으로 눈물을 흘리면서 말합니다. "참으로 위대하고 훌륭한 부처님이시여! 참으로 세상에 드물고 만나기 힘든 세존이시여〔希有世尊〕!" 찬탄하는 말입니다. 수보리는 말합니다. "부처님께서 이처럼 깊고도 깊은 이치를 말씀하셨습니다〔佛說如是甚深經典〕." 무슨 이치일까요? 바로 반야로서 지혜의 해탈, 즉 지혜의 성취에 이르는 이치입니다. 이 경전의 중점은 여기에 있습니다. 수보리는 부처님의 제자 중에서도

'공(空)'을 논함에 있어 제일인자라 이름나 있습니다. 그는 태어나면서부터 혜안을 갖고 있었기에〔我從昔來, 所得慧眼〕, 부처님을 따라 수지(修持)를 행하는 행렬 중에서도 반야지혜의 성취가 제일 높았습니다. 이런 그가, 아직까지 이처럼 심오하고 궁극적인 이치를 말하는 경전을 들어 본 적이 없다는 겁니다〔未曾得聞如是之經〕.

신심의 청정

여기까지 말하고 나서 수보리는 다시 부처님을 부릅니다. 이건 우리가 대화를 할 때 흔히 상대를 불러 가며 말을 이어 가는 것과 다를 바 없습니다. 수보리는 말합니다. 가령 어떤 사람이 있어서 이『금강반야바라밀경』, 즉 어떻게 하면 지혜로써 스스로를 구제하여 성불에 이를 수 있는가 하는 부처님의 이 법문을 듣고 "신심이 청정해져 실상이 생기기에〔信心淸淨, 卽生實相〕" 이르렀다는 겁니다. "신심이 청정해져 실상이 생겼다"는 이 구절은 이 품의 핵심이므로 반드시 기억해 두어야 합니다. 이것은 우리 후세의 중생이 성불하기 위해서 반드시 거쳐야 할 길이며, 또 반드시 필요한 법문이기도 합니다. 이 정도에도 이르지 못했다면 성불과는 아예 거리가 멉니다. 단지 이제 막 공부를 시작해 성불의 그림자조차 비치지 않는 단계라고밖에 말할 수 없습니다. 이 여덟 글자가 말하는 바에 이르렀다면 반야의 문에 들어섰으며, 불법의 기초가 마련되었다고 할 수 있습니다.

신심(信心)의 청정에는 두 가지 의미가 있습니다. 하나는 전적으로 개인의 신앙을 말합니다. 그러나 진정한 신앙은 결코 미신이 아닙니다. 왜 미신이 아닐까요? "심해의취(深解義趣)", 즉 이치를 철저히 이해한 뒤에야 비로소 진정으로 불법을 배운다고 할 수 있기 때문입니다. 가령 불법을 배우는 사람이 이치에 밝지 못하여 맹목적으로 믿고 예배한다고 하더라도, 이런 사람에게 믿음이 없다고는 말하지 못할 겁니다. 그렇지만 엄격하게 말한다면 그것은 맹목적인 미신의 단계에 불과합니다. 불법에 대한 진정한 믿음은 "심해의취"의 정도에 이르러야 가능합니다. 먼저 이론을 철저히 이해한 후, 이 이론에 입각해 수지(修持)해야 합니다. 따라서 진정으로 불법을 배우는 사람이라면 반드시 먼저 "심해의취"해야 하며, 이렇게 해야만 그 믿음이 비로소 절대적으로 바른 믿음이 될 수 있습니다. 바로 이 법문이 진정한 불법이며, 이렇게 해야만 우주의 일체 중생이 스스로 해탈하여 성불에 이를 수 있습니다.

소위 '바른 믿음〔正信〕'이란 무엇을 믿는다는 것일까요? 우리의 이 마음을 믿는 것이며, 일체 중생이 모두 부처임을 믿는 것입니다. 마음이 곧 부처로서, 우리는 모두 마음을 갖고 있으므로 일체 중생이 모두 부처입니다. 단지 우리가 자기를 찾지 못하고, 우리 자신의 마음에 밝지 못하며, 스스로 자신의 본성을 볼 수 없기 때문에 어떤 단계에 가로막혀 몽매한 범부가 되고 마는 것입니다.

범부와 부처는 아주 가깝습니다. 종이 한 장의 차이도 되지 않습니다. 단지 자신의 심성을 보아 낼 수만 있다면, 뚜렷이 볼 수만 있다면, 바로 이 마음이 비할 바 없는 청정함입니다. 부처님의 일체 경전, 계정혜(戒定慧)의 일체 수행법, 현교의 지관(止觀) 참선 염불이나 밀교의 관상(觀想) 주문 등의 각종 수행법은 모두 궁극적으로 청정한 마음에 도달하기 위한 것입니다. 청정한 마음에도 정도의 차이가 있습니다. 이 때문에 보살에도 각기 다른 단계와 지위가 있으며, 수학(修學)의 정도에도 깊고 얕음의 차이가 있는 겁니다. 바로 자신의 마음을 파악해 내는 정도의 차이라 할 수 있습니다.

자신의 마음을 믿는 것이라 말한다면, 우리는 모두 그런 적이 있다고 할지 모르겠습니다. 그러나 내 마음이 너무나 산란하여 도무지 견디지 못할 정도라면, 이 신심(信心)의 번뇌는 다름아닌 바로 범부의 몫입니다. 번뇌가 없고 망상이 없는 것이 곧 신심의 청정으로서, 이렇게 되면 자연 궁극의 청정에 이르며, 그 순간 형이상의 본성 즉 실상(實相)이 생겨납니다. 실상반야는 곧 도(道)요, 명심견성(明心見性)이라는 것도 바로 이 실상을 보아 내는 것입니다.

따라서 명심견성을 얻기 위해서는 반드시 먼저 신심의 청정에 이르러 실상을 드러낼 수 있어야 합니다. 위 경문에서 수보리존자는 다음과 같은 내용을 우리에게 명백히 일러 주고 있습니다. 즉 자신이 스스로 철저히 이해할 수 있었기에 비로소 이 이치를 말할 수 있다는 것과, 또 다른 사람 혹은 후세 사람들도 부처님의 이 이치, 즉 신심이 청정해야만 실상이 드러날 수 있다는 사실에 귀 기울여야 한다는 것입니다.

세상에 드문 공덕

수보리는 말합니다. "마땅히 이 사람이 제일 드문 공덕을 성취했음을 알겠습니다〔當知是人, 成就第一希有功德〕." 가령 어떤 사람이 있어 이 경전을 연구하여 이런 정도에 이르렀다면, 그 사람은 이미 세상에서 제일 드문 공덕을 성취했다는 것입니다. 세상에서 제일 드문 공덕을 성취한 사람은 누구일까요? 우리는 이 경문의 첫 부분에서 이미 보았습니다. 수보리는 부처님께, "세상에 드문 세존이시여!〔希有世尊〕"라고 찬탄하고 있습니다. 말을 바꾸면, 이런 정도에 이른 사람은 이미 부처의 경지에 도달한 사람입니다. 이 사람은 이미 세상에서 제일 드문 공덕을 성취했기 때문입니다. 우리는 먼저 이 이치를 파악해 두어야 합니다. 다음으로 수보리는 무엇을 실상(實相)이라 하는지에 대해 해석합니다.

　우리는 『금강경』 공부를 시작하면서 반야지혜를 해석해 보았습니다. 모두 다섯 반야가 있었는데 그 중에서도 제일 깨닫기 어려운 것이 실상반야로서, 이것은 곧 도(道)의 본체입니다. 실상반야란 바로 열반(涅槃), 자성(自性), 진여(眞如)입니다. 만약 실상반야가 얼마나 큰지 알 수 없다고 한다면, 아나나스처럼 그렇게 큰지 또는 무처럼 그렇게 큰지 알 수 없다고 한다면, 이것은 상(相)에 집착한 것으로 순 엉터리입니다. 수보리는 부처님을 부르면서 다시 스스로 해석해 나갑니다. 자기가 마음으로 얻은 바를 말합니다.

"세존이시여! 이 실상은 상이 아닙니다. 그러므로 여래께서 실상이라 이르셨습니다."

"世尊! 是實相者, 卽是非相, 是故如來, 說名實相."
　세존　　시실상자　즉시비상　시고여래　설명실상

　이 '시(是)'자에 젊은 분들은 특히 주의해야 합니다. 이것은 고문의 용법으로서 현대어로 말하자면 '이'에 해당합니다. 소위 이 실상이라고 하는 것은 "상이 아니다〔非相〕"라는 겁니다. 우리는 앞서 『금강경』에서 부처님이 언급했던, "만약 모든 상이 상이 아님을 본다면 여래를 보리라〔若見諸相非相, 卽見如來〕"라는 구절을 마땅히 기억하고 있어야 합니다. 일체의 상에 집착하지 않는 것, 즉 무아상(無我相) · 무인상(無人相) · 무중생상(無衆生相) · 무수자상(無壽者相) 등이 모두 상에 집착하지 않는 것입니다. 그 밖에 부처의 상에 집착해서도 안 되고, 부처의 상을 부정하는 데 집착해서도 안 되며, 어떤 상에도 집착해서는 안 됩니다. 심지어 상에 집착해서는 안 된다는 사실에 집착해서도 안 됩니다.

실상이란 어떤 것일까요? "상이 아닌 것"입니다. 더 자세히 말한다면 무아상, 무인상 등입니다. 귀납해서 말한다면 "만약 모든 상이 상이 아님을 본다면 여래를 보리라"입니다. 수보리는 자신이 마음으로 얻은 바를 이렇게 말합니다. 소위 실상이란 일체의 상이 없는 것이라고요. 아무런 상도 없는 이 성취를 일러 부처님이 굳이 실상이라 했다는 겁니다.

"세존이시여! 저는 이제 이 경전을 얻어들어 믿고 이해하고 수지하는 데 어려움이 없습니다."

"世尊! 我今得聞如是經典, 信解受持, 不足爲難."
세존 아금득문여시경전 신해수지 부족위난

수보리는 다시 자신의 견해를 말합니다. "저로서는 부처님께서 세상에 계실 때 태어나 부처님을 가까이에서 모실 수 있었기에 오늘 이 경전의 이치를 듣고 능히 '믿고 이해하고 수지〔信解受持〕'할 수 있습니다. 즉 믿을 수 있고 해오(解悟)에 이르렀으며, 항시 이 실상 경계를 받아들여 어느 때 어느 곳에서든 이 경계 속에서 수행할 수 있습니다."

"신해수지(信解受持)" 역시 네 가지 수행 단계입니다. 이것은 불경에 대한 후세의 해석입니다. "신해수지"는 바로 교(敎), 리(理), 행(行), 과(果)이기도 합니다. '신(信)'이란 불경의 모든 교리에 대한 믿음을 얻었다는 것이요, '해(解)'란 불법의 각종 이치에 대한 해오에 이르렀다는 것이며, '수지(受持)'란 도를 깨친 후 다시 수행을 시작하고 이 수행을 통해 그 열매를 얻었다는 겁니다. 바로 교, 리, 행, 과입니다. 또 다른 설법도 있습니다. 즉 신(信), 해(解), 행(行), 증(證)이 그것입니다. 스스로 이 이치를 믿어 해오에 이르며, 도를 깨친 후 수행하고, 수행 후 최후로 부처의 도과(道果)를 증득한다는 겁니다. 이렇게 본다면 신해수지나 교리행과, 신해행증은 모두 동일한 수행으로서, "신해수지"라는 네 글자를 아무 생각 없이 읽고 지나가서는 안 됨을 알 수 있습니다. 수보리는 말합니다. 지금 자신들처럼 바로 곁에서 부처님을 모시고 있다면 이 이치를 듣고 "신해수지"하는 데 어려움이 없으며, 그다지 특이할 것도 없다는 겁니다. 그들은 당시 부처님을 가까이에서 모시면서 그로부터 직접 지도를 받았으니 당연히 어려움이 없었을 겁니다.

오백 년 후 세상의 드문 사람은 누구인가

> "만약 이후 오백 년 뒤에 중생이 있어 이 경전을 얻어듣고 믿고 이해하고 수지한다면, 이 사람은 제일 드문 사람입니다."
>
> "若當來世, 後五百歲, 其有衆生, 得聞是經, 信解受持, 是人卽爲第一希有!"
> 약 당 래 세   후 오 백 세   기 유 중 생   득 문 시 경   신 해 수 지   시 인 즉 위 제 일 희 유

앞으로 오백 년이 지나면이라고 했는데, 왜 오백 년이라 했을까요? 왜 천 년이라 하지 않았을까요? 삼백 년이라 해도 될 텐데 말입니다. 이것은 부처님 스스로 불교에 대해 행한 설법입니다. 부처님이 세상에 있던 시기를 정법주세(正法住世)라 하지만, 부처님이 열반에 든 후 몇몇 대제자들이 살아 있을 때까지도 역시 정법주세라 할 수 있습니다. 오백 년 이후는 상법주세(像法住世)입니다. 이때가 되면 부처님의 대제자 중 제일 오래 산 사람이라 해도 모두 열반에 들어 세상에 머물러 있지 않습니다. 이 이후로는 단지 경전이나 불상만 세상에 머무르기 때문에 이 시기를 상법(像法) 시대라 합니다. 전하는 바에 따르면 상법 시대 역시 오백 년에서부터 천 년 정도까지이고, 이후는 말법(末法) 시대가 됩니다. 바로 끝부분입니다! 마무

리인 셈입니다. 말법이라 해서 결코 아무것도 없다는 말은 아닙니다. 진정한 불법의 수지(受持)가 이제 막 마무리 단계에 들어가서 끝나려고 한다는 겁니다. 이것은 각종 계율이나 우화 속에 나오는 부처님의 말입니다.

그렇지만 불법이 다하는 일은 없을 것이라는 설도 있습니다. 예를 들어 많은 대경전 속에서 말하는 것을 보면, 가령 『화엄경』에서만 하더라도 부처님은 불법이 몰락할 때는 없으리라는 것을 밝히고 있습니다. 무엇 때문일까요? 불법은 진리이며, 진리는 영원하기 때문입니다. 진리란 단지 하나밖에 없으며, 변할 수도 없고, 생겨나지도 없어지지도 않으며, 늘어나거나 줄어들지도 않기 때문입니다. 그러니 여러분은 안심해도 됩니다. 만약 불법이 다하는 날이 있다면, 현재 이미 오백 년이 훨씬 지났건만 어찌 더 번성하고 있겠습니까? 여기서 수보리는 말합니다. 가령 오백 년 후, 즉 상법 혹은 말법 시대에 어떤 사람이 이 경전을 보거나 연구하여 옛사람 또는 수보리를 비롯한 부처님의 대제자들과 마찬가지로 "신해수지(信解受持)"에 이를 수 있다면, 이런 사람은 세상에서 "제일 드문(第一希有)" 사람이라는 겁니다. "제일희유(第一希有)"라는 표현은 『금강경』에서 특별히 제시된 것입니다. 세상에서 제일 희유하다는 것은, 아주 훌륭하여 범인을 초월한 성인의 경지에 들어섰음을 말합니다. 즉 부처님과 거의 같다는 것입니다.

"왜냐하면 이 사람은 아상, 인상, 중생상, 수자상이 없기 때문입니다."

"何以故? 此人無我相, 無人相, 無衆生相, 無壽者相."
하 이 고   차 인 무 아 상   무 인 상   무 중 생 상   무 수 자 상

부처님과 부처님의 대제자들이 모두 세상에 없는 시대에 어떤 사람이 이 경전을 연구하여 통했다면, 이 사람은 당연히 이미 무아상·무인상·무중생상·무수자상의 경계에 이르렀다는 겁니다. 사상(四相)을 모두 벗어나

일체의 상에 집착하지 않는 이 경계에 이르렀다면 그는 이미 최고의 경지에 도달한 겁니다.

나는 왜 내가 아닌가

"왜 그러냐 하면, 아상은 상이 아니며 인상·중생상·수자상도 상이 아니기 때문입니다. 왜냐하면 일체의 상을 떠난 것을 부처라 하기 때문입니다."

"所以者何? 我相卽是非相, 人相, 衆生相, 壽者相, 卽是非相. 何以故?
 소 이 자 하   아 상 즉 시 비 상   인 상   중 생 상   수 자 상   즉 시 비 상   하 이 고
離一切諸相, 卽名諸佛."
이 일 체 제 상   즉 명 제 불

이 구절은 특히 주의를 요합니다! 만약 불학 고시가 있다면 반드시 이 문제가 출제될 겁니다. "왜 그런가?〔所以者何〕" 소위 아상이라는 것은 본래 상이 아닌 가상(假相)이기 때문입니다. 이 아상에 따르는 인상, 중생상도 모두 가상입니다. 불교에서 말하는 '나〔我〕'는 다음과 같이 분석해 볼 수 있습니다. 우리에게는 지금 분명 '내'가 있고 신체가 있습니다. 불교에서는 이 신체를 사대(四大)가 가합(假合)한 것이라 말합니다. 즉 이 신체는 뼈니 근육이니 하는 것들이 하나로 합쳐져 구성된 잠시의 '나'입니다. 그러므로 태어난 이튿날에는 전날의 '나'는 이미 쇠퇴하며, 한 달이 지나면 태어난 첫날과는 완전히 다릅니다. 열 살 때와 열한 살이 되었을 때도 역시 완전히 다릅니다. 총괄적으로 말하면, 지금 여기에 앉아 있는 우리는 십이 년 후가 되면 전신이, 뼈까지도 모두 바뀌어 버립니다. 이렇게 본다면 이 육체는 '내'가 아니라 가아(假我)인 것입니다. 다시 말해 잠시 빌려서 사용하는 하나의 도구로서, 우리가 잠시 빌려 쓰고 있는 이 전구와 마

찬가지입니다. 그러므로 이 몸은 진짜 '내'가 아니며, 비상(非相)이요 가상(假相)입니다. 이 가짜를 진짜로 생각해서는 안 됩니다.

신체적 '내'가 진짜 '내'가 아니라면 우리의 의식이나 생각은 어떨까요? 역시 아닙니다. 매 초 매 분 사이에도 생각이나 의식은 모두 변해 버리기 때문입니다. 더욱이 나이가 많아지면 몇십 년 전 일이나 심지어 지금 말하고 있는 것까지도 금방 잊어버리고 맙니다. 따라서 사유나 의식, 생각은 모두 '내'가 아니라 할 수 있습니다. 이런 것들은 모두 '내'가 아닙니다. '나'라고 하는 것도 '내'가 아닌데, 다시 어디에 '너'니 '나'니 '그'니 하는 것들이 있겠습니까? 그런 것들은 모두 '내'가 아니며, 일체의 상은 모두 상이 아닙니다. 일체의 상은 모두 인연에 의해 결합된 것으로서 가합(假合)의 허망한 상일 뿐 진실이 아닙니다. 그렇지만 허망한 것이라고 해서 존재하지 않는다는 의미는 아닙니다. 단지 우연하게 잠시 존재할 뿐입니다. 그러므로 아상은 상이 아닙니다〔我相卽是非相〕. 확대시키면 인상, 중생상, 수자상 역시 상이 아닙니다〔人相, 衆生相, 壽者相, 卽是非相〕. 이와 함께 『금강경』은 우리에게 말합니다. 허망한 인생이나 잠시 존재하는 물질세계에 자신의 지혜나 진정한 본성에서 우러나온 정감이 현혹되어서는 안 된다고요.

"진정한 본성에서 우러나온 정감〔眞性的 情感〕"이라는 표현에는 아무런 문제가 없을까요? 당연히 문제가 있습니다! 진정한 본성이 어떻게 정감을 가질 수 있겠습니까? 진정한 본성이란 정감이 없는 것 아니겠습니까? 소위 정감이란 것은 정감이 아닙니다. 정감이라 이름 붙인 것일 뿐입니다. 정감 역시 허망한 상입니다. 그렇지만 만약 부처님에게 정감이 없었다면 대비(大悲)의 마음을 드러낼 수 없었을 겁니다. 대비의 마음은 곧 정감입니다. 그러나 부처님의 이 정감은 유치하고 미혹된 것이 아닙니다. 일체의 상은 상이 아니요, 진정한 비심(悲心)은 비심의 흔적이 없습니다. 당연히 행해야 할 바에 따라 행할 따름입니다. 바로 이런 이치입니다.

어떻게 하면 부처님을 볼 것인가

이어서 아주 중요한 구절이 나옵니다. 여러분이 부처님을 배우고자 한다면 어디로 가야 부처님을 만날 수 있을까요? 일체의 상을 모두 떠나 버리면 그것이 곧 부처입니다[離一切諸相, 卽名諸佛]. 그것이 진정한 부처입니다. 이렇게 말하면 아마도 여러분은, 그렇다면 대웅전에 계신 부처님께 절할 필요도 없겠구나 하고 생각할지 모르겠습니다. 그러나 절을 해야 합니다! 가짜이면서 진짜이기 때문입니다. 상(相)이란 허망한 것입니다. 그렇지만 이 허망한 상에 예배를 하면서도 자신의 마음속에 진정한 성실함과 간구함이 있어서 이 진실한 성의와 경건함[誠敬]이 드러나면 그것이 바로 "신심(信心)의 청정"이요, 그것을 통해 실상(實相)이 생겨날 수 있기 때문입니다. 이 실상의 경계가 바로 일체의 상을 떠난 것이요, 일체의 상에 집착하지 않는 것입니다. 어떤 사람은 상에 집착하지 않고서도 예불을 드리는데, 이것은 일념의 순간입니다. 합장을 할 필요도 무릎을 꿇을 필요도 없습니다. 일념의 순간에 이미 시방삼세(十方三世)의 모든 부처님께 절을 한 겁니다.

선종의 공안(公案)에 이런 것이 있습니다. 한 아이가 오줌이 마려워서 대웅전 주위를 왔다 갔다 하다가 마침내 불상의 정면을 향해 오줌을 갈겼습니다. 바로 그때 어떤 법사가 지나가다가 이 광경을 보고 소리쳤습니다. "이런 무례한 놈 봤나! 왜 하필 부처님 면전에다 오줌을 누느냐?" 아이가 대답했습니다. "시방삼세에 모두 부처님이 계신데 도대체 어디에다 대고 오줌을 눈단 말입니까?"

시방삼세에 모두 부처님이 있으니 온 사방이 모두 부처요, 그 가운데에는 비로자나불이 자리하고 있습니다. 중심의 일념이 성실하고 경건하면 시방삼세의 모든 부처님이 눈앞에 있으니, 부처님 면전에다 오줌을 눈들

어떠냐는 겁니다. "일체의 상을 떠난 것을 부처라 한다"라는 이치는 반드시 명확히 알아 두어야 합니다.

이 부분은 수보리가 부처님을 향해 행한 강연인 셈입니다. 여기서는 부처님이 청중입니다. 말을 바꾸면, 수보리가 부처님께 이 내용을 보고한 것입니다. 이어서 부처님이 그것을 확인시켜 줍니다. 수보리에게 부처님의 상장이 내려집니다.

얻기 힘든 사람

> 부처님께서 수보리에게 말씀하셨다. "그렇다! 바로 그렇다! 다시 어떤 사람이 있어 이 경전을 얻어듣고 놀라지 않고, 공포에 젖지 않으며, 두려움이 지속되지 않는다면, 이 사람은 아주 드문 사람이라는 것을 알아야 한다."
>
> 佛告須菩提, "如是! 如是! 若復有人, 得聞是經, 不驚, 不怖, 不畏,
> 불고수보리   여시 여시   약부유인   득문시경 불경 불포 불외
> 當知是人, 甚爲希有!"
> 당지시인   심위희유

부처님이 말합니다. "옳다, 바로 그렇다! 아주 옳은 말이다, 바로 그렇다! 미래 세계의 중생 중 『금강경』의 이치를 듣고서도 두려워하지 않는다면, 그 사람은 아주 드문 사람이다!" '경(驚)'이란 두려워하는 것이며, '포(怖)'는 너무도 두려워 정신이 온통 두려움에 휩싸이는 것입니다. 예를 들어 우리가 밤길을 걷다가 시커먼 그림자와 마주치면 깜짝 놀라게 되는데, 이것이 바로 '경'입니다. '포'란 아주 심한 두려움이 심리적으로 지속되는 것이며, '외(畏)'란 이보다 더 긴 시간 동안 끊임없이 두려움에 휩싸여 있는 것입니다. 여기 있는 우리 같은 사람은 모두가 "세상에 제일 드문" 사

람들입니다. 『금강경』을 듣고서도 '경' '포' '외'하지 않고, 어느 누구도 그 이치를 이해하지 못하는 사람이 없습니다.

실제로 '경'하고 '포'하며, 거기다 '외'까지 할 사람이 있긴 있을까요? 이것은 불법을 수지(修持)해 보면 알 수 있습니다. 많은 사람들이 불법을 배우면서 모두 공(空)을 추구하지만, 일단 공의 경계가 다가오면 반대로 두려워합니다. 많은 사람들이 이렇게 말합니다. "두려워 죽을 지경입니다! 너무도 두려워 진땀이 납니다. 내가 없어져 버렸기 때문입니다!" 그러면 저는 이렇게 말합니다. "당신이 불법을 배우는 것도 무아(無我)를 추구하기 위한 것이 아닌가요? 그런데 왜 그렇게 놀라는가요?" 이것을 볼 때 불교에서 말하는 '혜(慧)'라는 용어가 정말 기막히다는 것을 알 수 있습니다. '혜'에는 힘이 필요합니다. 혜력(慧力)이 충분하지 못하면 공덕의 힘도 모자라 곧 '경' '포' '외'의 현상이 나타나는 겁니다.

부처님은 말합니다. 장래에 어떤 사람이 있어서 『금강경』의 반야법문을 성취하고서도 '경' '포' '외'하지 않는다면, 그 사람은 참으로 얻기 힘든 사람이라는 겁니다. 부처님이 말하는 이 '드물다(希有)'는 말은 아주 중요합니다. 부처님이 우리에게 남긴 이 말의 가치는 막중하며 대단히 드물기도 합니다. 보통 사람으로서는 도달하기가 거의 불가능할지도 모릅니다. 이것이 가능하다면 바로 범인을 초월해 성인의 경지로 들어선 것입니다.

"왜냐하면 수보리여! 여래가 말한 제1바라밀은 제1바라밀이 아니라, 그것의 이름이 제1바라밀이기 때문이다."

"何以故? 須菩提! 如來說第一波羅蜜, 卽非第一波羅蜜,
하 이 고   수 보 리   여 래 설 제 일 바 라 밀   즉 비 제 일 바 라 밀
是名第一波羅蜜."
시 명 제 일 바 라 밀

"무슨 이유 때문인가?" 『금강경』의 특징은 우리로 하여금 무주(無住), 무상(無相), 무원(無願)을 알게 하는 데 있습니다. 바로 대승의 심인(心印)입니다. 이 마음은 언제나 머물지 않고〔無住〕, 상에 집착하지 않으며〔無相〕, 어느 때 어느 곳에서든 염원이 없어야〔無願〕 합니다. 큰 염원을 가져야 한다고 말해 놓고서 어찌 또 염원이 없어야 한다고 할까요? 대자비(大慈悲)는 당연히 염원의 힘이지만, 자비에 머물러 있어서는 안 됩니다. 온종일 그 자리에 앉아 울고만 있으라는 것이 아닙니다! 대상이 사라지면 거기에 머물지 않습니다. 이 때문에 염원을 갖지만 염원에 머물지 않는다고 말합니다.

제1바라밀(第一波羅蜜)은 대지혜의 성취입니다. 대철대오해서 성불하는 것으로, 바로 반야실상(般若實相)입니다. 반야실상은 본래 머물지 않고, 상에 집착하지 않으며, 염원이 없습니다. 당연한 일이지만 여러분은 이 뜻을 오해해서는 안 됩니다. 여기 있는 젊은 분들이 만약 근본적으로 원력(願力)을 일으키지도 않으면서 자기는 본래 염원이 없으니 이미 불법과 합치한다고 생각한다면, 그건 정말 잘못된 것입니다. 염원이 없다는 것은, 일체의 대자비가 드러난 다음 다시 공(空)으로 돌아가서 거기에 머물지 않는 것을 말합니다. 이 때문에 제1바라밀은 곧 제1바라밀이 아니요, 그것의 이름이 제1바라밀이라고 한 것입니다. 제1바라밀은 바로 반야요, 대지혜입니다. 그리고 반야 속의 실상반야는 곧 도(道)의 본체가 드러난 것으로서, 바로 후세의 선종에서 말하는 명심견성(明心見性)입니다.

무엇이 인욕인가

"수보리여! 인욕바라밀은 여래가 인욕바라밀이 아니라 말하니, 그것의 이름이 인욕바라밀이다."

"須菩提! 忍辱波羅蜜, 如來說非忍辱波羅蜜, 是名忍辱波羅蜜."
　수보리　　인욕바라밀　　여래설비인욕바라밀　　시명인욕바라밀

이제 문제에 이르렀습니다. 지금까지는 줄곧 반야에 대해서만 말해 왔습니다. 보살의 육도(六度) 중 최후의 도, 즉 지혜의 성취에 관해서였습니다. 육도에 대해서는 이미 말씀드린 바 있지만 바로 보시(布施), 지계(持戒), 인욕(忍辱), 정진(精進), 선정(禪定), 반야(般若)가 그것입니다. 이것은 또한 불법을 배우는 하나의 순서라 할 수 있습니다.

불법을 배우려면 먼저 보시를 배워야 합니다. 보시란 바로 버릴 수 있는 것입니다. 버린다는 것은 단지 주머니 속의 돈을 내놓는 것만을 의미하지는 않습니다. 일체의 습기(習氣)를 모두 버리는 것, 즉 그것을 변화시켜 없애 버림으로써 인생 전반을 바꾸는 것입니다. 그대로 내버려 두는 것 역시 버리는 것입니다. 온갖 인연을 내버려 두는 것도 보시로서, 바로 내보시(內布施)입니다. 진정으로 보시를 행한 후 마음이 청정해져야만 비로소 지계가 가능합니다. 마음이 청정하지 않은 상태에서 행하는 지계는 소승의 경계로서, 이것은 의지로써 조작하는 것입니다. 마음이 청정한 상태에 이르면 한 생각 한 생각이 모두 청정해져서 구태여 지계를 행할 필요도 없습니다. 그 자체가 바로 계(戒)이기 때문입니다. '계'란 일체의 나쁜 행위나 악한 행위를 경계하는 것입니다. 한 마음 한 마음이 청정한 상태에서는 악도 없고 선도 없는데, 이를 일러 지선(至善)이라 합니다. 이것이 바로 지계로서, 지계는 그래도 행하기가 쉽지만 인욕은 제일 행하기 어렵습니다.

여러분은 자신의 마음이 청정하며 계율도 잘 지키고 있다고 말할지 모르지만, 그것은 외부로부터 공격을 받지 않았을 때의 이야기입니다. 일단 공격을 받으면 울화가 팔 장(丈)이나 치밀어 올라서 청정하든 청정하지 않

든 온갖 병폐가 모두 쏟아져 나오기 마련입니다. 이런 까닭에 인욕은 육도의 중심입니다. 제일 어렵고도 어렵기 때문입니다. 바로 이런 이유로 해서 대승의 보살은 반드시 "무생법인(無生法忍)"에 들어서야만 보살의 경지에 이를 수 있습니다.

무생(無生)이란 본래 아무것도 생겨나지 않는 것으로, 신심(信心)이 청정하여 한 생각도 일어나지 않는 것을 말합니다. 한 생각도 일어나지 않는 것은 억지로 눌러서 그런 것도 아니요, 아무런 생각이나 지각이 없어서 그런 것도 아닙니다. 일체의 잡념이 일어나지 않는 것으로, 신심이 청정하여 아무것도 생겨나지 않는 것입니다.

단지 아무것도 생겨나지 않는 것만으로는 부족합니다. "무생법인"이어야만 합니다. 일체의 인연을 끊어 버린 것을 법인(法忍)이라 합니다. 문학 작품에서는 이것을, "지혜의 검을 뽑아 헝클어진 감정을 끊어 버린다〔拔開慧劍, 斬斷情絲〕"라고 표현합니다. 어떤 때는 검이 칼집에서 뽑히지 않습니다. 어떤 때는 단지 반밖에 뽑히지 않을 때도 있고, 어떤 때는 검을 뽑아 놓고도 멍청해져 버릴 때도 있습니다. 이때는 절단은커녕 톱질을 해 대도 끊지 못합니다. 검이 이미 둔해졌기 때문입니다. 법인 역시 육도의 중심으로, 바로 인욕을 뜻합니다.

먼저 불교에서 말하는 인욕의 의미를 살펴봅시다. '욕(辱)' 자를 보면 우리는 남으로부터 받는 모욕을 생각합니다. 예를 들면 다른 사람이 자신을 욕하거나 때리거나 혹은 갖가지 바람직하지 않은 자극을 가하는 것을 '욕'이라 합니다. 이것은 문자상의 이해입니다. 이와는 달리 불교에서는 자기 생각대로 되지 않는 일체의 것, 즉 자신이 당하는 일체의 고통을 '욕'이라 합니다. 예를 들어 우리가 늙고 병드는 것도 바로 '욕'입니다. 늙고 병드는 것은 자신뿐 아니라 다른 사람에게도 역시 큰 번뇌를 가져다줍니다. 이는 사람만이 그런 것이 아니라 동물도 마찬가지입니다. 개미를 한

번 자세히 관찰해 보십시오. 젊은 개미가 늙은 개미 곁을 지날 때면 거리를 두면서 약간 돌아서 지나갑니다. 이런 '욕'은 참으로 감내하기가 어렵습니다.

이 결함투성이 사바세계도 참으로 감내하기가 어렵습니다. 원만한 것은 하나도 없습니다. 그러나 이 세상의 일체 중생들은 이것을 감내하고 받아들입니다. 그래서 이 세계를 사바세계라 합니다. 감내의 세계입니다. 그렇지만 바로 이 때문에 사바세계의 중생이 가장 쉽게 성불할 수 있습니다. 천당에 태어나면 고통도 없고 자극도 없어 날마다 행복을 누립니다. 그러니 자연 중생이 수도할 생각을 하지 않습니다. 또 그럴 필요도 없습니다. 지옥에 태어나면 고통과 수난을 견디지 못해 수도를 생각할 겨를조차 없습니다. 오로지 이 사바세계에서만 고통도 있고 즐거움도 있으며, 선도 있고 악도 있기에 해탈의 지혜에 대한 자극을 받을 수 있습니다. 이 사바세계야말로 성불의 지름길인 것입니다.

인욕이 곧 모욕인 것만은 아닙니다. 이 점에 대해 오해해서는 안 됩니다. 견뎌 낼 수 있는 고통이라면 모두 '욕'입니다. 이 세상에서 장사를 하는 사람이든 기업을 하는 사람이든 혹은 돈이 많은 사람이든 한번 그들에게 물어보십시오. 요즘 지내기가 어떠냐고요. 대부분 별로 좋지 않다고 대답할 겁니다. 과연 견뎌 낼 수 있을까요? 무슨 방법이 없을까요? 견뎌 낼 수 있든 없든 간에 그저 견디고 살아야 합니다.

부처님과 수보리의 대화가 여기에 이르면, 만약 경전을 자세히 보지 않으면 갑자기 인욕바라밀이 불쑥 튀어나와 이상하다고 생각할 겁니다. 그래서 방금 여러분들에게 주의를 환기시킨 겁니다. 이 경전에서 육도(六度)를 전부 말하고 난 후 왜 지금 인욕바라밀을 다시 끄집어내고 있을까요?

인욕의 표본

우리가 불법을 배우려 하거나 수행에서 성취를 얻고자 할 때 가장 어려운 것이 바로 '인(忍)'입니다. 타좌를 해서 정(定)에 이르려 해도 왜 이르지 못할까요? 두 다리가 아파 와서 더 이상 참을 수가 없기 때문입니다. 이 때의 인(忍)도 인욕 중의 한 인(忍)입니다! 당연히 참아 내기가 무척 어렵습니다. 그렇지만 분명히 알아야 할 것은 이 몸의 사대(四大)가 모두 공(空)이라는 사실입니다. 이것을 뚜렷이 알지 못한다면 참아 낼 수가 없습니다. 참아 낼 수 없다면 육도 중의 한 관문인 인욕을 통과할 수 없으며, 그렇게 되면 이 일체의 것이 모두 공담(空談)이 되고 맙니다. 『금강경』을 욀 수 있다고 할지도 모르겠습니다. 목어를 두드리며 무아상, 무인상, 무중생상, 무수자상 하면서 읊으면 아주 듣기 좋지요. 그러다 갑자기 에취! 하고 재채기가 나오면, '이런, 감기가 들었군! 어떡하지? 병원에라도 가 봐야 하나?' 하는 생각이 듭니다. 이처럼 죽을까 두려우니 중생상이 나타나고 수자상이 나타납니다. 그 순간 이미 더 이상 참아 낼 수가 없습니다.

이 때문에 인욕의 이치는 『금강경』의 중심에 자리 잡고 있습니다. 이 점을 여러분은 각별히 주의해야 합니다! 부처님은 자신의 수지(修持) 경험을 하나의 표본으로 제시합니다. 부처님은 말합니다. 진정한 의미에서 철저히 도를 깨달았다면 인욕바라밀 자체에 '인(忍)'이라 할 만한 것이 없다고요. 만약 굳게 참는다는 생각이나 감각이 있다면, 그것은 이미 바라밀이 아니며 피안에 도달한 것도 아니므로 아무 성취가 없다는 것입니다.

"왜 그런가? 수보리여! 내가 이전에 가리왕에게 신체를 갈가리 찢길 때 나에게 아상, 인상, 중생상, 수자상이 없었다."

> "何以故? 須菩提! 如我昔爲歌利王割截身體, 我於爾時, 無我相,
> 하이고 수보리 여아석위가리왕할절신체 아어이시 무아상
> 無人相, 無衆生相, 無壽者相."
> 무인상 무중생상 무수자상

"무엇 때문인가?" 부처님은 다시 수보리에게 자신의 경우를 표본으로 삼아 말합니다. 바로 자신이 이전에 가리왕(歌利王)으로부터 사지를 절단 당했던 사건입니다. 가리왕은 과거 인도의 이름 있는 왕이지만, 인도인들이 역사를 그다지 중시하지 않는 까닭에 이런 역사적 사건에 관한 자료들이 단지 불경 속에만 남아 있습니다.

가리왕은 아주 잔혹하고 포악했습니다. 당시 석가모니는 수도자로서 상당한 성취를 얻어 보살의 경지에 이르러 있었습니다. 석가모니는 연각(緣覺)의 몸으로 부처님이 세상에 오지 않아도 스스로 도를 깨칠 수 있을 정도였습니다. 후에 가리왕이 적개심을 품고 석가모니를 죽이려 했습니다. 가리왕이 말했습니다. "네가 비록 수도자라고는 하나 내가 너를 죽여도 과연 아무런 원한을 갖지 않을 수 있을까?" 석가모니가 대답했습니다. "이 마음은 절대 청정하다. 만약 나에게 한순간이라도 노여워하는 마음이 일어난다면, 그대가 내 사지를 절단한 후 나는 복원되지 못할 것이다." 마침내 가리왕은 석가모니의 몸을 한 조각 한 조각 잘라 내었습니다. 그 사이 석가모니는 비명 한마디 지르지 않았고, 한순간도 가리왕을 원망하는 마음이 일어나지 않았습니다. 단지 자비심밖에 없었습니다. 사지를 절단한 뒤 가리왕이 증명해 보일 것을 요구하자 석가모니가 말했습니다. "만약 보살의 자비심이 진짜라면 내 몸은 곧 복원될 것이다." 결국 석가모니는 복원되어 다시 살아 일어났습니다.

이 이야기는 예수의 부활보다도 훨씬 극적입니다. 부처님은 말합니다. 옛적에 가리왕이 자신의 신체를 절단할 때, 당시 그에게는 아상·인상·중

생상·수자상이 없었다고 합니다. 부처님은 자신의 경험을 이야기함으로써 우리 수행자에게 하나의 표본을 제시하고 있습니다. 물론 다른 사람이 자기 신체를 절단하도록 원하라는 말은 절대 아닙니다. 요즘이야 신체를 절단당하는 이야기는 할 필요도 없습니다. 입을 다물고 있으라고만 해도, 혹은 움직이지 말고 앉아 있으라고만 해도 견디지 못할 겁니다. 사실 이것이 바로 인욕과 선정(禪定), 반야의 이치입니다. 지혜가 부족하고 오도(悟道) 또한 투철하지 못해 견딜 수가 없는 겁니다.

달마와 소크라테스

방금 인욕바라밀에 대해 살펴보았는데, 우리가 다시 한 번 주의할 것이 있습니다. 소위 인욕이란 인간 세상의 일체 고통과 번뇌를 포괄하는 것으로서 참는다는 생각조차 없는, 아무것도 참을 것이 없는 그런 단계에 이르러야만 비로소 인욕바라밀에 도달했다고 할 수 있습니다. 이 때문에 부처님은, 그가 가리왕에게 신체를 갈가리 찢길 때 그에게는 아상·인상·중생상·수자상이 없었다고 한 겁니다. 먼저 그는 이 생명이 '나'에게 속한다는 생각이 없었습니다. 이 점을 특히 주의해야 합니다! 우리의 이 신체는 우리가 잠시 소유하는 겁니다. 잠시 나에게 속한 것이지 결코 영원히 점유할 수는 없습니다. 이 몸은 본래 내가 아니기 때문입니다. 이런 이치를 단지 분명히 이해하는 데 그치지 않고 실제로 증득할 때에만 비로소 신심이 청정해지며, 반야실상을 성취할 희망이 있습니다. 이것이 진정한 공부입니다.

그렇다면 공부는 어디서 온 것일까요? 반야의 견지(見地)에서 옵니다. 지혜가 투철하지 못하면 대철대오할 수 없습니다. 깨달음은 깨끗하고 맑은 것으로, 지혜로써 일체의 어두운 그림자를 걷어 낸 경계입니다.

"왜 그런가? 내가 옛적에 신체를 갈가리 찢길 때 만약 아상, 인상, 중생상, 수자상이 있었더라면 응당 성내고 원망하는 마음이 생겼을 것이다."

"何以故? 我於往昔節節支解時, 若有我相, 人相, 衆生相, 壽者相,
하 이 고 아 어 왕 석 절 절 지 해 시 약 유 아 상 인 상 중 생 상 수 자 상
應生瞋恨."
응 생 진 한

여기에 이르러 먼저 한 가지 알아 두어야 할 것은, 부처님이 지금 우리에게 말하고 있는 것이 가상(假想)이 아니라 실제의 수지(修持)였다는 사실입니다. 무아상, 무인상은 지혜의 해탈입니다. 마치 서양의 대철학자 소크라테스가 모해를 당해 최후로 독배를 손에 들고 그것이 독약인 줄 알면서도 농담까지 해 가며 마시고 죽은 것과 같습니다.

중국 선종의 달마조사와도 같습니다. 중국 전도 말기에 다른 법사들이 질투하여 다섯 차례나 그를 독살시키려 했으나 모두 성공하지 못했습니다. 여섯 번째에 이르러 그는 독약을 마시면서 제자들에게, 너희들과의 인연도 끝났으니 나는 이제 떠나야겠다고 말합니다. 제자들은 당연히 그를 말렸지요. 하지만 그는 인연이 다해 이미 독약을 마셨다고 말합니다. 이 밖에 밀종의 목눌조사(木訥祖師)도 역시 최후에 사람들에 의해 독살되었습니다. 이들은 모두 인연이 이미 끝났다는 것을 알고 있었습니다. 사람을 죽이면 목숨으로 보상해야 하고, 빚을 지면 돈으로 갚아야 하며, 가야 할 때가 되면 가야 합니다. 예수가 십자가에 못 박힌 것도 마찬가지입니다. 이들은 모두 지혜의 해탈입니다. 이 때문에 선종의 오종(五宗) 종파의 한 줄기인 법안조사(法眼祖師)는 다음과 같은 게송을 남겼습니다.

이치의 극한에서 정을 잊으니
어찌 이를 비유조차 할 수 있으리
달밤에 머리까지 서리 내리니
운에 맡기고 앞개울에 몸을 던진다

理極忘情謂　如何有喩齊
이 극 망 정 위　여 하 유 유 제
到頭霜夜月　任運落前谿
도 두 상 야 월　임 운 락 전 계

  이 게송은 모두 여덟 구절로 이루어져 있지만 그 중 핵심적인 네 구절만 인용했습니다. '이극(理極)'이란 진정한 이치, 지혜의 깨달음, 이해와 깨침이 극한에 이른 것을 말합니다. '망정(忘情)', 망념의 감정이 없어진 것입니다. 이런 경계는 묘사할 방법이 없으며, 말로 표현할 수도 없습니다. 이치가 극한에 이르고 지혜가 극한에 이른 것이 바로 "이치의 극한에서 정을 잊는" 것입니다. 뒤의 몇 구절은 무아상, 무인상 등의 경계를 묘사합니다. 절로 그렇게 이치에 이르니 현상 역시 따라서 이릅니다.

  그래서 불교의 화엄 경계에서는, "이무애(理無碍), 사무애(事無碍), 이사무애(理事無碍), 사사무애(事事無碍)"라고도 합니다. 이치가 극한에 이르면 아무 장애가 없습니다. 그냥 불교 연구만 해서는 수지(修持) 방면에서 얻어 활용할 수가 없습니다. 여러분은 삼장 십이부의 교리를 융회관통하지 못하고 이치의 극한에 이르지 못하기 때문에 아상, 인상이 여전히 존재하는 것입니다. 부처님이 말한 것처럼, 자신의 신체가 찢겨져도 단지 자비심만 있을 뿐 노여운 생각이 일어나지 않으며, 아무런 고통 없이 그대로 받아들이는 경계에 이른 것이 바로 이(理)의 경계이자 지혜의 성취입니다.

인욕의 공부

이야기가 공부의 성취에 이르렀으니, 남북조 시대 선종의 이조(二祖)에 대해 잠깐 언급해 볼까 합니다. 그는 비록 달마의 의발(衣鉢)을 이었지만 최후에는 여전히 응보를 받았습니다. 수많은 생애와 세상에서 진 생명의 빚은 마지막으로 갚지 않을 수 없었던 겁니다. 불법의 기초는 삼세인과(三世因果)와 육도윤회(六度輪廻)입니다. 어떤 조사가 목이 떨어질 때 다음과 같은 게송을 남겼습니다.

> 사대엔 원래 내가 없고
> 오온은 본래 공이니
> 칼날이 내 목을 자르겠지만
> 마치 봄바람 베는 것 같으리

> 四大原無我　五蘊本來空
> 사 대 원 무 아　오 온 본 래 공
> 將頭臨白刃　猶似斬春風
> 장 두 림 백 인　유 사 참 춘 풍

아주 흔쾌히 목을 내밉니다. 잘라 보게! 이 외에도 인도 선종의 조사 사자존자(師子尊者) 역시 부채를 갚았습니다. 머리가 떨어져도 피가 흐르지 않았으며, 목에서는 우유 같은 액체가 수 척(尺)이나 높이 뿜어져 나왔습니다. 이것은 수지(修持)를 행해 육체가 이미 변화되었다는 것을 증명합니다. 여기서 한 걸음 더 나아가 우윳빛 피가 변화되어 신체가 공(空)이 되면 머리를 잘라도 죽일 수가 없습니다!

그러나 사자존자는 색신(色身)이 아직 공(空)으로 변하기 전에 응보를 받아 피살되었습니다. 머리가 잘리거나 상처를 입어도 피가 나지 않고 단지 우유와 같은 것이 흐르는 상황에서는 아픈 감각도 느끼지 못합니다. 그러므로 이것은 인욕이라 할 수도 없습니다. 인욕의 경우는 아픈 감각이 있으며, 그것도 아주 고통스러운 감각이 있습니다. 그럼에도 이 고통을 자비로 전환시킵니다. 이렇게 해야만 비로소 인욕바라밀이라 할 수 있습니다. 아무 고통도 없는 단계에 이르는 것은 공부의 경계이지 인욕바라밀의 공덕이라 말할 수 없습니다. 공부가 이런 경지에 도달하기는 대단히 어렵지만, 이 공부가 그렇게 특이한 것만은 아닙니다. 우리도 마취만 하면 칼로 살을 베어도 아픔을 느끼지 않습니다. 그렇다고 이것을 우리가 고통을 참을 수 있는 능력을 가진 것이라고 말할 수는 없습니다. 만약 마취를 하지 않고서도 극심한 통증을 느끼지 않을 수 있다면 그것이 바로 진정한 지혜의 성취로서, 이 성취에 이르면 오온(五蘊) 중 수온(受蘊)과 상온(想蘊)으로부터 즉각 벗어날 수 있을 겁니다. 불법을 배우면서 해탈에 이르는 법도 배워야 합니다. 여기에 대해서는 좀 더 설명이 필요합니다.

보살도의 인욕은 유형의 것입니다. 고통은 고통이요, 번뇌는 번뇌입니다. 번뇌와 고통을 공(空)으로 전환시키는 것은 바로 도덕적 행위로서 심리적인 것이며, 이렇게 해야만 비로소 보살의 공덕이라 할 수 있습니다. 그러므로 불법을 배우는 사람은 주의해야 합니다! 다른 사람의 태도가 좋지 않다고 해서, 혹은 귀에 거슬리는 소리를 들었다고 해서 이를 염두에 두거나 원망하는 마음이 생겨난다면 지금까지의 공부나 수도(修道)는 모두 헛것입니다. 젊은 분들은 주의해야 합니다. 『금강경』에서 말하는 인욕을 듣고서, 아무 일도 하지 않는 것이 바로 인욕이라 생각해서는 안 됩니다. 세속에 뛰어들어 다른 사람이 참을 수 없는 것을 참아 내고, 다른 사람이 행할 수 없는 것을 행해야 합니다. 이것이 바로 보살도의 기본 정신입니다. 보살은 적극적입니다. 자기를 돌보지 않고 다른 사람의 이익을 위해 일합니다. 그렇지만 세속에 뛰어들어 다른 사람의 이익을 위해 일하는 것은 지극히 고통스럽고 엄청난 번뇌를 수반합니다. 도처에서 자신을 희생할 수 있으려면 반드시 아상, 인상, 중생상, 수자상이 없는 경지에 이르러야 합니다. 다른 사람이 참을 수 없는 것을 참아 내고, 다른 사람이 행할 수 없는 것을 행해야 합니다. 이것이야말로 진정한 대승의 인욕 정신입니다. 예를 들어 봅시다. 부처님이 왜 다른 사람으로 하여금 자신의 신체를 절단하도록 했겠습니까? 바로 불법의 수증(修證)을 세상 사람들에게 증명해 보이기 위해서였습니다. 이 이치를 우리는 알아야 합니다.

"수보리여! 또 과거 오백 생애 동안 인욕선인이었을 때, 그때도 아상·인상·중생상·수자상이 없었다."

"須菩提! 又念過去於五百世, 作忍辱仙人, 於爾所世, 無我相, 無人相, 無眾生相, 無壽者相."
수보리 우념과거어오백세 작인욕선인 어이소세 무아상 무인상
무중생상 무수자상

부처님은 다시 수보리에게 과거 오백 생애 동안 오직 인욕만을 수행하던 때를 회상하며 말합니다. 당시의 생애에 자신은 오직 인욕 공부에만 전념했지만 분명히 무아상, 무인상, 무중생상, 무수자상의 경지에, 즉 상에 집착하지 않는 경지에 도달했다는 겁니다. 이 때문에 부처님은 한마디 강조합니다. "어떻게 불법을 배워야 하는가?"

"그러므로 수보리여! 보살은 마땅히 일체의 상을 떠나 아누다라삼먁삼보리의 마음을 일으키고,"

"是故, 須菩提! 菩薩應離一切相, 發阿耨多羅三藐三菩提心!"
시고 수보리 보살응리일체상 발아누다라삼막삼보리심

이것이 바로 불법을 배우는 정신입니다. 달리 표현하면, 일체의 현상에 기만되거나 미혹되어서는 안 된다는 겁니다. 사찰이니 건물이니 의복이니 지역이니 하는 것들은 모두 상(相)입니다. 이 마음은 절이나 건물 및 재산, 명예 같은 것들에 현혹되어서는 안 됩니다. 그래서 앞에서도 말한 바 있습니다. 일체의 상을 떠난 것, 그것을 일러 부처라 한다고요. 대승보살은 대승의 길을 걸으며, 마땅히 일체의 상에서 벗어나 대철대오의 보리심을 구해야 합니다.

머무름이 없는 마음

"형체에 머물러 마음이 생겨서는 안 되며, 소리·향기·맛·촉감·법에 머물러 마음이 생겨서는 안 되며, 마땅히 머무름이 없는 마음이 생겨야 한다. 만약 마음에 머무름이 있다면 그것은 머무름이 아니니,"

"不應住色生心, 不應住聲香味觸法生心. 應生無所住心! 若心有住, 卽爲非住."
불응주색생심 불응주성향미촉법생심 응생무소주심 약심유주
즉위비주

불법을 공부하는 사람은 주의해야 합니다. 우리가 불법을 공부하는 것은 마치 색(色), 성(聲), 향(香), 미(味), 촉(觸), 법(法) 속에서 뒹구는 것과 같습니다. 바로 육근(六根), 육진(六塵) 속에서 왔다 갔다 하는 것과 같습니다. 반드시 기억해야 할 것은 "사물에 마음을 빼앗겨서는 안 된다[不應住色生心]"는 것입니다. 일체의 경계와 일체의 현상은 모두 우리가 후천적으로 갖게 된 심리적, 생리적, 정신적 환상에 불과합니다. 어떤 소리를 듣고 그것을 부처님의 소리라 생각해서, 사실 가장 일반적으로 나타나는 것

이 이런 소리들입니다만, 계속 쫓아가다 보면 부처님이라도 여러분을 구할 수 없습니다. 계율 부분을 한번 보십시오. 부처님이 세상에 계실 때에도 많은 사람이 이런 길을 걸었지만, 그 또한 이들을 어찌할 방도가 없었습니다. 그러므로 바로 핵심적인 구절은 "형체, 소리, 향기, 맛, 촉감, 법에 머물러 마음이 생겨서는 안 된다〔不應住聲香味觸法生心〕"는 것입니다. 불법을 배우려는 사람은 일체의 상을 떠나야 합니다. "어떤 곳에도 머물지 않는 마음이 생겨나야〔應生無所住心〕" 합니다. 수시로 자신을 관찰하고 마음을 살펴서 이 마음이 머무름이 없도록 해야 합니다. 만약 마음이 오직 한 가지 것에만 머물러 있다거나, 혹은 어떤 습기(習氣)에 머물러 있어 시종 해탈할 수 없다면 이미 마도(魔道)로 접어든 것입니다. 중국에 처음 불교가 들어올 때는 '마(魔)'를 '마(磨)'라 했는데, 이것은 자신을 갈고 닦는다는 뜻이었습니다. 후에 제량(齊梁) 시대에 이르러 '마귀'라는 뜻의 '마(魔)'자로 변했는데, 마귀처럼 두려워하고 조심하라는 의미에서였습니다. 그러므로 천만 주의할 것은, 일체의 상을 떠나 마음에 머무는 바가 없어야 한다는 것입니다.

　다음에 이어지는 구절, 즉 "만약 마음에 머무름이 있다면 그것은 머무름이 아니다〔若心有住, 卽爲非住〕"에 대해서는 정좌(靜坐)나 관심법문(觀心法門)을 배우는 사람들은 특히 주의해야 합니다. 관심 공부나 정좌 공부를 하는 사람은 심경(心境)이 청정해야 한다고 생각하여 마음을 청정에 머무르도록 합니다. 그러나 그것은 이미 청정이 아닙니다. 설사 청정하다 하더라도 그 청정이란 아주 협소한 것입니다. 어떤 사람은 공(空)을 느끼기도 하지만 그 공 역시 물통의 구멍만 한 것에 불과합니다. 아마도 물통의 구멍보다 더 작을지도 모르겠습니다. 이런 것들은 모두 의식상에 나타나는 하나의 경계일 뿐 진정한 공이 아닙니다. 바로 마음이 상(相)에 머문 것입니다. 공(空)의 상에 집착하여 마음에 머무름이 있는 것입니다. 그래서 "만약 마음에 머무름이 있다면 그것은 머무름이 아니다"라고 하여 그릇된 것이라 합니다. 마음에 머무름이 있는 것은 잘못된 공관(空觀)이요, 잘못된 주심법문(住心法門)입니다. 만약 마음에 머무름이 있다면, 수련을 통해 마음을 한 곳으로 집중시켜 고요한 상태에 이를 수 있다 하더라도 그것은 상(相)에 불과합니다. 물통의 구멍만 한 그런 공(空)인 것입니다. 청정이 곧 도(道)라고 하는 것도 마찬가지입니다. 여러분이 도를 기만한 것이거나, 그렇지 않으면 도가 여러분을 기만한 것입니다. 혹은 여러분이 석가모니부처님을 기만한 것인지도 모릅니다. 그러므로 만약 마음에 머무름이 있다면 그것은 이미 그릇된 머무름입니다. 이것이 가장 좋은 관심법문(觀心法門)입니다.

어떻게 보시할 것인가

"이런 까닭에 부처는 보살심을 형체에 머물지 않고 보시하는 것이라 말한다."

"是故佛說菩薩心, 不應住色布施."
시 고 불 설 보 살 심   불 응 주 색 보 시

인욕을 이야기하다가 왜 갑자기 건너뛰어 보시를 언급하고 있을까요? 바로 오늘 강연을 시작하자마자 여러분께 주의를 환기시켰던 그 문제입니다. 『금강경』의 보시, 지계, 인욕은 일관되게 이어지는 것으로서 조리 있고 과학적인 현대의 문장과는 다릅니다. 과거의 문장은 흐르는 구름이나 물과 같았습니다. 언뜻 보기에는 아무런 순서가 없어 일정한 규율이 없는 듯 보이지만, 그 속에는 불규칙적인 아름다움이 있습니다. "보살은 형체에 머물러 보시하지 않는다(菩薩心, 不應住色布施)"라는 것은 상에 집착해서는 안 된다는 말입니다. 색(色)이나 법(法)에 머문 보시는 유형의 것으로, 지극히 상에 집착한 것입니다. 현대어로 표현해 본다면, 물리적 환경적 영향을 받는 일체의 것을 모두 떨쳐 버리고 온갖 인연을 놓아 버린 것이 바로 색에 머물지 않는 보시입니다.

> "수보리여! 보살은 일체 중생의 이익을 위해 마땅히 이렇게 보시해야 한다. 여래는 일체의 상이 상이 아니며, 또 일체의 중생이 중생이 아니라고 말한다."
>
> 須菩提! 菩薩爲利益一切衆生, 故應如是布施.
> 수보리 보살위이익일체중생   고응여시보시
> 如來說一切諸相, 卽是非相, 又說一切衆生, 卽非衆生."
> 여래설일체제상   즉시비상 우설일체중생   즉비중생

부처님은 재삼 수보리에게 말합니다. 불법의 대승보살도 정신은 일체 중생의 이익을 위해 행위하는 것으로, 하나하나의 모든 행위가 빠짐없이 자신을 희생시켜 남을 성취케 하는 것이므로 마땅히 이렇게 보시하고, 마땅히 온갖 인연을 떨쳐 버리며, 다른 사람의 몸과 마음을 이롭게 해야 한다고요. 그런데 사람들은 왜 떨쳐 버리지 못할까요? 진정한 보시를 수긍하지 못하기 때문입니다. 또 중생은 상에 집착하기 때문입니다.

"여래는 일체의 상이 상이 아니라고 말한다〔如來說一切諸相, 卽是非相〕", 상에 집착해서는 안 됩니다. 어떤 상에도 머물러서는 안 됩니다. 이들은 모두 '그릇된 상〔非相〕'이기 때문입니다. 예를 들면 우리가 가장 집착하는 일은 몇 년이라도 더 사는 것입니다. 특히 중년을 넘어선 사람이라면 수자상(壽者相)에 대한 집착이 더욱 심합니다. 그러나 생명이란 것이 그렇게 머무를 수 있는 것일까요? "일체의 상은 모두 상이 아닙니다." 자기가 머물고 싶다고 해서 머무를 수 있는 것이 아닙니다. 그것 자체가 머무를 수 없는 것입니다. 본래 머무를 수 없으니, 본래 그 상에 집착할 수 없는 것입니다. 범부가 범부인 까닭은 이 이치를 너무나 잘 알면서도, 불교 공부를 하는 사람이라면 더 말할 나위도 없습니다만, 마음속으로는 다른 생각을

갖고 있기 때문입니다. 그들은 이렇게 생각합니다. '머물지 않는 것은 모두 다른 사람들 이야기이고, 나야 머물 수밖에 없이 생겨 먹었는걸!' 이처럼 자기가 다른 사람들과 같지 않다는 것만 생각하니, 불법을 배우지 않은 무지한 사람보다 더 불쌍합니다. 그래서 저는 늘 스승인 원(袁) 선생님의 다음과 같은 시를 언급하곤 합니다. "오온이 명백히도 환상이건만, 인연의 도처가 어리석음이로다〔五蘊明明幻, 諸緣處處痴〕." 불법을 공부하는 사람은 오온이 다 공(空)이라는 것을 너무도 잘 알지만, 자기와 마주치는 것은 첩첩이 쌓인 어리석음과 미혹이라는 것입니다. 이것은 행위가 미치지 못하기 때문입니다. 행위가 미치지 못하는 사람은 수행자가 아닙니다. '수행(修行)'이란 곧 행위〔行〕로서, 행위상의 것입니다.

그래서 부처님은 다시 "일체의 중생은 중생이 아니다〔一切衆生, 卽非衆生〕"라고 말합니다. 한 걸음 더 나아가 말한다면 단지 아상뿐 아니라 인상, 중생상도 없어야 한다는 겁니다. 어떤 젊은이들은 자기에게 대승의 정신이 있다고는 생각하지만, 스스로 수행하기는 꺼립니다. 저는 이런 젊은이들에게 자주 충고하곤 합니다. "먼저 스스로 수행해 보게나! 수행이 잘 되었다면 다시 다른 사람을 제도해 보게나. 자신도 제대로 닦지 않고서 어찌 다른 사람을 제도할 수 있단 말인가!" 저 또한 이렇게 하지 못해 늘 스스로 탄식하곤 합니다. 본래 중생을 제도하려 했건만 도리어 저 자신이 중생에게 제도당하고 있으니 말입니다. 스스로도 배움이 시원찮으면서 어찌 다른 사람을 제도할 수 있겠습니까! 단지 자신이 성불하지 못할 것을 두려워해야지, 중생을 구제하지 못할까 봐 두려워할 필요는 없습니다. 중생은 점점 더 많아지며, 자신이 해야 할 일은 얼마든지 있습니다. 구태여 수행의 기초도 없이 분주히 쫓아다니며 다른 사람을 구제할 필요가 있겠습니까?

더 엄밀히 말하자면, 중생은 여러분의 구제를 필요로 하지도 않습니다. 모두가 스스로 구제할 수 있습니다. 어떤 보살들은 중생을 제도한다는 소리는 아예 꺼내지도 않을뿐더러 도리어 중생의 고통을 가중시키기도 합니다. 중생으로 하여금 더 이상 견딜 수 없을 만큼 실컷 고통을 당하게 한 뒤 그들 스스로 깨닫기를 기다리는 것입니다. 이것 역시 사람을 제도하는 하나의 법문입니다. 반드시 타좌를 가르쳐 불법을 배우도록 해야 하는 것만은 아닙니다.

어떤 젊은이들은 불법에 심취하다 못해 미친 듯이 성불을 갈구하기도 합니다. 성불해서 뭘 하겠다는 겁니까? 중생을 제도하겠다고요? 중생은 그들 스스로 제도할 수 있습니다. 구태여 자신이 나설 필요 없습니다! "일체의 중생은 중생이 아닙니다." 불법의 이치를 잘 알아야 합니다. 일체 중생이 모두 부처인데, 부처님에게 가서 무슨 제도를 하겠다는 겁니까? 중생은 모두 자성(自性)으로써 스스로 제도합니다. 이 때문에 육조(六祖)는 도를 깨친 후 사부에게 말했습니다. "혼미할 때는 스승이 제도하지만, 깨닫고 난 뒤에는 스스로 제도합니다〔迷時師度, 悟後自度〕." 중생은 모두 자성으로써 스스로 제도합니다. 불교에서는 아침저녁 공과(功課) 시에 이렇게 읊니다. "자성으로 중생이 제도되기를 기원하며, 자성으로 번뇌가 단절되기를 기원합니다〔自性衆生誓願度, 自性煩惱誓願斷〕!" 모두가 자성으로 스스로 제도합니다.

부처님은 어떻게 말하는가

"수보리여! 여래는 참된 말을 하는 자이고, 알찬 말을 하는 자이며, 여어를 말하는 자이며, 허황한 말을 하지 않는 자이고, 다른 말을 하지 않는 자이다."

"須菩提! 如來是眞語者, 實語者, 如語者, 不誑語者, 不異語者."
수보리 여래시진어자 실어자 여어자 불광어자 불이어자 모두 다섯 종류의 말입니다. 부처님의 설법은 진실합니다. 거짓말을 하지 않습니다. 말하는 것이 솔직합니다. 있는 그대로를 꾸미지 않고 말합니다. 진어(眞語)와 실어(實語)는 쉽게 이해할 수 있지만, 여어(如語)란 무얼 말하는 것일까요? "말할 수 없도다, 말할 수 없도다!〔不可說, 不可說〕" "입을 다물고 말하지 않다〔閉口不言〕" "그 소리가 우레와 같다〔其聲如雷〕", 이런 것들이 바로 여어입니다. '여(如)'란 실상반야와도 같습니다. 생명의 본래 모습은 필경 청정한 것인데, 이 청정은 어떤 언어로도 설명할 수가 없습니다. 바로 여어입니다. 그래서 부처님은 여어를 말합니다.

『금강경』 전부는 바로 여어입니다. 그래서 부처님은 『금강경』에서 한참 동안이나 말해 놓고서도, 심지어 사십구 년간이나 설법을 해 놓고서도 자신은 한마디도 말하지 않았다고 합니다. 바로 여어입니다. "말할 수 없도다, 말할 수 없도다!"입니다.

불광어(不誑語)란 기만하는 말을 하지 않는다는 것이며, 불이어(不異語)란 서로 다른 말을 한 적이 없다는 것입니다. 우리가 삼장 십이부의 대소승 경전을 보면 서로 다른 말이 대단히 많습니다. 그렇지만 자세히 연구해 보면, 부처님은 오직 하나만을 이야기했을 뿐 서로 다른 것을 말한 적이 없습니다. 이 하나를 사십구 년간이나 설했지만 아직 뚜렷이 설하지 못한 겁니다. 그래서 부처님은 스스로 한마디도 말한 것이 없다고 했습니다. 이것은 여어입니다. 이 경전에서 부처님은 왜 맹세하듯, 사람들이 믿지 않을까 두려워하듯, 자기가 종래 솔직하게 말하지 않은 적이 없다고 강조하고 있을까요? 우리로 하여금 신심(信心)을 청정하게 하여 진정한 불법을 절실히 믿을 수 있도록 가르치고 있는 겁니다. 그렇다면 불법이란 어떤 것일까요?

아무것도 얻은 것이 없지만 공허한 것은 아니다

"수보리여! 여래가 얻은 법은 아무것도 얻은 것이 없지만 공허한 것은 아니다."

"須菩提! 如來所得法, 此法無實無虛."
수보리 여래소득법 차법무실무허

진정한 불법은 바로 이 한 구절입니다. 부처님은 철저한 소식(消息)을 우리에게 모두 일러 주고 있습니다. 어떤 것이라도 하나 얻을 수 있을까요? 얻은 것이 어떤 것인가요? 만약 무 하나를 사거나 호박 하나를 샀다면 그래도 가지고 돌아갈 만한 것이 있습니다. 그렇지만 도(道)는 어떤 것 하나도 얻을 것이 없습니다! '무실(無實)', 아무것도 얻은 것이 없고, '무허(無虛)', 그렇다고 헛된 것도 아닙니다. 그러므로 형이상의 이치나 진정한 불법은 진실도 아니요, 헛된 것도 아닙니다.

이것 역시 『금강경』의 핵심으로서, 여기서 이미 모든 것이 다 드러납니다. 보시로부터 지계와 인욕을 거쳐 반야의 성취에 이르기까지, 진정한 불법의 수지(受持), 즉 부주(不住)·불착상(不著相)·부집착(不執著) 등 온갖 인연을 놓아 버릴 것을 말합니다.

놓아 버리는 것이 곧 옳은 것일까요? 놓아 버리는 것 역시 옳지 않습니다! 그래서 마조(馬祖)는 제자들에게 말합니다. "놓아 버릴 수 없거든 분발하라![放不下就提起來]" 분발하면 마음에 머무는 바가 있으며, 마음이 머물면 곧 머물지 않는 것이니[心有住, 卽爲非住], 분발하는 것 또한 할 수 없습니다.

여러분 가운데 힘써 노력하는 사람이라면 누구든 분발하려 해도 분발할 수 없고, 놓아 버리려 해도 놓아 버릴 수 없습니다. 어떤 학생이 물었습니다. "선생님! 저는 지금 분발하려 해도 분발할 수가 없고, 놓아 버리려 해도 놓아 버릴 수가 없습니다." 저는 이렇게 말했습니다. "자네는 이미 성불한 것이 아닌가? 내가 자네를 스승으로 모셔야겠네그려. 자네는 이미 '아무것도 얻은 것이 없지만 공허한 것도 아닌' 경지에 도달했으니 말일세." 그러나 이 경우는 분발할 수도 없고 놓아 버릴 수도 없는 그런 상황이 아닙니다. 단지 정서가 어지럽고 번민에 쌓인 것일 뿐입니다. 진정으로 분발하려 해도 분발할 수 없고 내던지려 해도 내던질 수 없는 경계를 이해했다면, 이것은 "아무것도 얻은 것이 없지만 공허한 것도 아닌〔無實無虛〕" 경지에 이른 겁니다. 달리 표현하면, 이 경지에 이르면 분발하고자 하면 작용하고, 분발하지 않으면 그대로 내던져지는 것입니다. 이처럼 간단합니다.

따라서 진정한 불법은 아무것도 얻은 것이 없지만 공허한 것은 아닙니다. 부처님이 말한 이 구절은 너무도 엄중합니다! 부처님은 먼저 우리에게 맹세합니다. "나는 한평생 허황된 말을 한 적이 없고 내가 말한 것은 모두 솔직한 것이니, 여러분은 나를 믿어야 한다! 내 말을 잘 들어야 한다! 내가 여러분에게 말하지만, 이 법은 아무것도 얻은 것이 없지만 공허한 것은 아니다. 여러분이 이해한다면 곧 여러분의 것이고, 이해하지 못한다면 여전히 나의 것이다." 바로 이런 말입니다. 여러분이 이해한다면 당연히 여러분의 것입니다! 부처님의 말은 모두 솔직합니다. 이 법은 아무것도 얻은 것이 없지만 공허한 것은 아닙니다.

"수보리여! 만약 보살의 마음이 법에 머물러 보시를 행한다면, 마치 사람이 어두운 데로 들어가 아무것도 볼 수 없는 것과 같다. 만약 보살의 마음이 법에 머물지 않고 보시를 행한다면, 마치 사람이 눈이 있어 밝은 햇빛 아래 온갖 형체를 보는 것과 같다."

"須菩提! 若菩薩心住於法, 而行布施, 如人入暗, 卽無所見.
　수보리　 약보살심주어법　　이행보시　 여인입암　 즉무소견
若菩薩心不住法, 而行布施, 如人有目, 日光明照, 見種種色."
　약보살심부주법　　이행보시　 여인유목　 일광명조　 견종종색

　　부처님은 한 걸음 더 나아가 수보리에게 말합니다. 보살도를 수행하는 사람이라면 얻을 수 있는 하나의 불법 또는 수행할 수 있는 하나의 불법에 마음이 집착되거나, 불법 중 하나의 법에 집착해서는 안 된다는 것입니다. 쉬운 예를 하나 들어 보겠습니다. 불법을 공부하는 많은 사람들은 모두 자신이 온갖 인연을 다 버렸다고 말합니다. 그에게 당신은 지금 무얼 하고 있느냐고 물으면, 그는 수도를 하는 중이라고 대답합니다. 미안하지만 그는 조금도 버린 것이 없습니다. 불법을 공부하거나 수도를 하는 것 역시 온갖 인연 중 하나가 아니겠습니까? 어찌 온갖 인연 이외의 한 인연이라 말할 수 있겠습니까? 그러므로 이렇게 말할 수 있습니다. 그는 수행하는 바가 있으며, 그것도 형상적인 것이라고요. 이것은 보살심이 법에 머물러 행해지는 것입니다. 이런 사람은 영원히 도(道)를 볼 수 없습니다.

　　마치 눈을 감고 어두운 방으로 들어가는 것과 같습니다. 그는 볼 수가 없기 때문에 영원히 찾아낼 수 없습니다. 가령 정말로 명심견성(明心見性)해서 도를 보고자 한다면 일체에 머무름이 없어야 합니다. 이것이 진정한 해탈이요 진정한 놓아 버림이며, 이런 사람은 반드시 도를 볼 수 있습니다. 이 사람은 혜안을 가진 사람으로서, 눈을 가지고 그것도 태양 아래에 있는 것과 같으니 당연히 삼라만상의 어느 것 하나 뚜렷이 보이지 않는 것이 없습니다.

무량무변의 공덕

"수보리여! 미래에 만약 선남자 선여인이 있어 능히 이 경전을 수지 독송할 수 있다면 곧 여래가 될 것이다. 부처의 지혜로 이 사람을 모두 알고 모두 보니, 모두 한없는 공덕을 성취할 것이다."

"須菩提! 當來之世, 若有善男子, 善女人, 能於此經, 受持讀誦, 卽爲如來.
  수보리   당래지세   약유선남자 선여인   능어차경   수지독송   즉위여래
以佛智慧, 悉知是人, 悉見是人, 皆得成就無量無邊功德."
  이불지혜   실지시인   실견시인   개득성취무량무변공덕

아미타불! 우리는 부처님께 정중히 감사드립니다. 어르신 말씀은 무겁고, 우리에게 너무 잘 대해 주셨습니다. 부처님은 수보리에게 말합니다. "장래〔當來之世〕한 선남자 혹은 한 선여인이 있어서(공덕과 지혜에 성취가 있는 사람이라야 비로소 선남자, 선여인이라 할 수 있습니다) 이 경전에서 말하는 반야의 핵심을 받아들여 이를 좇아 수행하고, 심지어 그 의미를 깊이 깨달아 독송할 수 있다면, 이 사람은 부처에 버금가는 사람일 것이다." 이 얼마나 엄중한 구절입니까? 그래서 저는 이렇게 말합니다. 부처님이시여, 어르신 말씀이 너무 무거워 차마 감당할 수가 없습니다! 여기까지 읽고서 우리는 마땅히 몇 마디를 더 해야 합니다. 부처님이시여, 어르신께 죄송합니다만 사실 감당할 수가 없습니다! 부처님은 말합니다. "진정으로 이 정도에 이를 수 있다면 여래와 다를 바 없다〔卽爲如來〕."

그렇지만 부처님의 말이 왜 이렇게 정중하고 또 엄중한 것일까요? 이것은 일리가 있습니다. 『능엄경』의 다음과 같은 구절을 보면 곧 알 수 있습니다. "마음을 능히 사물로 전환시킬 수 있다면 곧 여래와 다를 바 없다〔心能轉物, 卽同如來〕." 이것은 부처님이 말한 것으로, 후에 선종의 달마조사 역시 "한 생각을 돌이키는 순간 곧 본래의 것을 얻은 것이나 마찬가지이다

〔一念回機, 便同本得〕"라고 했습니다. 이 말은『금강경』의 이치를 모두 이해하고 이것으로 수행하는 사람은 부처님과 다를 바 없다는 것입니다. 그러나 여러분이 곧 부처님이고, 부처님과 동등하다는 것은 결코 아닙니다. 부처님의 지혜로는 이런 사람을 완전히 알 수 있습니다. 즉 그가『금강경』의 반야지혜에 이처럼 투철하다는 것을 모두 알 수 있다는 것입니다. 이런 사람이라면 모두 무량무변의 공덕을 성취합니다〔皆得成就無量無邊功德〕.

이 품의 결론은 대지혜의 성취입니다. 이해해서 증오(證悟)에 이르러 얻은 지혜만이 비로소 마음으로부터 작용을 일으킬 수 있습니다. 지혜로써 도를 깨달아 마음으로부터 작용을 일으키고, 인욕행을 닦아 망망한 고통의 바다에서 일체 중생의 이익을 위해 일한다면, 이 사람은 무량무변의 공덕을 성취한 것입니다. 다음 게송으로 마무리 짓습니다.

【제14품】

게송

우담화는 피었다 이내 사라지니
지금의 나는 이전의 내가 아니로다
미소로 가리키는 백련을 바라보니
진흙 향 속에 영주가 자라네

優曇花發實還無　塵刹今吾非故吾
우 담 화 발 실 환 무　진 찰 금 오 비 고 오
笑指白蓮閒處看　汚泥香裡養靈珠
소 지 백 련 한 처 간　오 니 향 리 양 영 주

"우담화는 피었다 이내 사라지니〔優曇花發實還無〕." 우담화란 곧 담화(曇花)로서 불경에 자주 인용됩니다. 이 담화는 중국 내륙에서는 꽃이 피기 어렵지만 대만에서는 쉽게 볼 수 있습니다. 색깔과 향기가 모두 좋으나 꽃이 피어 있는 시간이 아주 짧습니다. 그래서 담화일현(曇花一現)이란 말도 생겼습니다. 담화가 피어 향기를 물씬 풍기는 순간이 바로 꽃이 지는 때입니다. 그래서 불경에서는 자주 이 꽃을 인용합니다.

우주적 관점에서 인류의 역사를 본다면, 수천 수만 수억 년의 시간이라 하더라도 단지 담화가 한 번 피어나는 순간〔曇花一現〕에 불과합니다. 여러분도 수십 년을 살아왔지만, 돌이켜 보면 이 수십 년 역시 담화일현입니다. 알찬 것도 공허한 것도 아니요〔非實非虛〕, 진실도 거짓도 아니요〔非眞非假〕, 공이기도 하고 유이기도 하다〔卽空卽有〕는 것을 절감할 겁니다. 불법의 수지(修持)에 진정한 성취가 있을까요? 절대 있습니다! 그렇지만 상(相)에 집착해서는 안 됩니다. 알찬 것도 공허한 것도 아닙니다. 우담화가 피는 것처럼, 피었을 때는 분명히 존재해〔有〕 예쁘고 향기롭지만 곧 없어져 버리니 또한 분명히 공(空)입니다. 그렇지만 공이라고 해서 없는 것이라 말할 수 있겠습니까? 없는 것이 아닙니다! "진진찰찰(塵塵刹刹)"〔하나하나의 작은 먼지 속마다 나라가 있다는 뜻〕, 이것은 불교 용어로서 진(塵)은 물질세간이요 찰(刹)은 일체의 토지입니다.

"지금의 나는 이전의 내가 아니로다〔塵刹今吾非故吾〕." 이 물질세계 속에 있는 현재의 '나'는 이전의 내가 아닙니다. 전생의 '나'도 아니요 내생의 '나'도 아닙니다. 이 '나'는 진정한 자기가 아닙니다. 지금의 나는 이전의 내가 아닙니다. 내 생명 본래의 바로 그 생명이 아닙니다. 이 현재의 나를 벗어날 때에만 비로소 항시 즐겁고 깨끗한 진정한 자기에 이를 수 있습니다. 그렇다면 생명의 진정한 자기는 어디에서 찾을 수 있을까요?

"미소로 가리키는 백련을 바라보니〔笑指白蓮開處看〕." 불경에서는 서방 극락세계에 왕생하는 것을 연화화생(蓮花化生)이라고 합니다. 특히나 부처님은 백색의 연꽃을 중시했습니다. 그것도 여덟 이파리의 큰 꽃을 중히 여겼지요. 연꽃은 좋은 곳에서 자라지 않습니다. 더러운 진흙 속일수록 더욱 무성히 꽃을 피웁니다.

"진흙 향 속에 영주가 자라네〔汚泥香裡養靈珠〕." 대승의 정신은 속세로 들어가는 것입니다. 가장 질퍽한 곳을 찾아 수도하려는 것입니다. 그래야만 성공할 수 있습니다. 높은 산, 깨끗하고 상쾌한 곳을 찾아 움막을 짓고 사는 것으로 도(道)를 이룰 수는 없습니다! 이는 도가 여러분을 이루려는 것이지, 여러분이 도를 이루는 것이 아닙니다.

제15품
경을 지니는 공덕

第15品 • 持經功德分

"須菩提! 若有善男子善女人, 初日分, 以恒河沙等身布施, 中日分, 復以恒河沙等身布施, 後日分, 亦以恒河沙等身布施. 如是無量百千萬億劫, 以身布施. 若復有人, 聞此經典, 信心不逆, 其福勝彼. 何況書寫, 受持, 讀誦, 爲人解說? 須菩提! 以要言之, 是經有不可思議, 不可稱量, 無邊功德. 如來爲發大乘者說, 爲發最上乘者說. 若有人能受持讀誦廣爲人說, 如來悉知是人, 悉見是人, 皆得成就不可量, 不可稱, 無有邊, 不可思議功德. 如是人等, 卽爲荷擔如來阿耨多羅三藐三菩提. 何以故? 須菩提! 若樂小法者, 著我見人見衆生見壽者見, 卽於此經, 不能聽受讀誦, 爲人解說.

須菩提! 在在處處, 若有此經, 一切世間, 天人阿修羅所應供養. 當知此處, 卽爲是塔, 皆應恭敬, 作禮圍繞, 以諸華香, 而散其處."

"수보리여! 만약 선남자 선여인이 아침에 갠지스 강 모래만큼이나 많은 몸으로 보시하고, 낮에 다시 갠지스 강 모래만큼 많은 몸으로 보시하고, 저녁에도 갠지스 강 모래만큼의 몸으로 보시하며, 이렇게 무한히 백천만억 겁을 보시하더라도, 다시 어떤 사람이 있어 이 경전을 듣고 신심을 거스르지 않는다면 그 복덕은 더 클 것이다. 하물며 경전을 베끼고 수지 독송하여 다른 사람을 위해 해설하는 것이겠는가?

수보리여! 요약해서 말한다면 이 경전에는 불가사의하고 헤아릴 수 없는 무한한 공덕이 있어, 여래가 대승의 마음을 일으킨 자를 위해 말한 것이요, 최상승의 마음을 일으킨 자를 위해 말한 것이다. 만약 어떤 사람이 능히 수지 독송하여 널리 다른 사람을 위해 말할 수 있다면, 여래는 이 사람을 모두 알고 모두 보니, 모두 헤아릴 수 없고 칭할 수 없으며 끝이 없는 불가사의한 공덕을 성취할 것이다. 이런 사람들은 여래의 아누다라삼먁삼보리를 짊어진 사람이다. 왜냐하면 수보리여! 만약 작은 법을 즐기는 자라면 아견·인견·중생견·수자견에 집착해, 이 경전을 듣고 독송하여 다른 사람을 위해 해설할 수 없을 것이기 때문이다.

수보리여! 어느 곳이든 이 경전이 있다면 일체 세간의 천, 인, 아수라가 응당 공양할 것이다. 마땅히 알아야 한다. 그곳은 곧 탑으로서 모두 응당 공경하며, 에워싸 절하고, 온갖 꽃과 향을 뿌릴 것이다."

제일 어려운 보시

"수보리여! 만약 선남자 선여인이 아침에 갠지스 강 모래만큼이나 많은 몸으로 보시하고, 낮에 다시 갠지스 강 모래만큼 많은 몸으로 보시하고, 저녁에도 갠지스 강 모래만큼의 몸으로 보시하며, 이렇게 무한히 백천만억 겁을 보시하더라도."

"須菩提! 若有善男子善女人, 初日分, 以恒河沙等身布施,
수보리 약유선남자선여인 초일분 이항하사등신보시
中日分, 復以恒河沙等身布施, 後日分, 亦以恒河沙等身布施.
중일분 부이항하사등신보시 후일분 역이항하사등신보시
如是無量百千萬億劫, 以身布施."
여시무량백천만억겁 이신보시

초일분(初日分), 중일분(中日分), 후일분(後日分)이란 무얼 말하는 것일까요? 이것은 인도의 관습입니다. 인도인은 역사를 그다지 중시하지 않습니다. 이미 지난 것이야 지나가 버렸고, 미래는 아직 오지 않았다고 생각합니다. 그러니 지난 일을 자세히 기록해 둔들 무엇 하겠습니까? 숫자에

대해서도 하나 둘, 만 이만, 이런 식으로 대충 헤아립니다. 입만 열면 팔만 사천이라 하는데, 이건 아주 많다는 뜻입니다. 인도는 일 년이 세 계절로 나누어집니다. 그러니 사 개월이 한 계절이 됩니다. 물론 일 년은 열두 달이고요. 불경에서 시간을 말할 때, 하루는 세 시(時)로 나누어집니다. 말하자면 세 개의 단계입니다. 초일분(初日分)이란 상오(上午)를 뜻하며, 중일분(中日分)은 중오(中午), 후일분(後日分)은 하오(下午)를 뜻합니다. 말하자면 이 세 단어가 모두 합쳐 하루가 됩니다.

몸으로 보시하기란 얼마나 어렵습니까! 예를 들면 다른 사람에게 수혈해 주거나, 눈의 각막을 제공하거나, 다른 사람이 필요하다면 자신의 몸에서 일부를 떼어 주는 것, 이런 것들이 모두 몸으로 하는 보시입니다. 이 밖에도 어머니가 아이를 낳고, 부모가 아이를 보살피는 것 역시 몸으로 하는 보시라 할 수 있습니다. 그렇지만 여기서 한 가지 간과하기 쉬운 것은 보시를 하면서도 스스로 원해서 하기에 아주 즐겁다는 사실입니다! 한평생 고생만 하다가 늘그막에는 자식들에게 시대에 뒤떨어진 노인네란 소리를 들어도, 이런 핀잔을 들을수록 더욱 즐겁습니다. 이것이 바로 부모의 보시입니다. 사실 엄격히 말하자면 이것은 보시라 할 수 없을지도 모릅니다. 자식에 대한 부모의 사랑은 자신의 사사로운 정에 뿌리를 둔 것이기 때문입니다.

가령 여러분이 한 사람을 사랑해서 그를 위해 봉사하려 한다면, 그것을 과연 보시라 할 수 있을까요? 행위만 보시일 뿐입니다. 실제로 그것은 여러분의 어리석은 마음, 바로 '탐진치만의(貪瞋癡慢疑)'의 '치(癡)', '우둔하고 어리석다[愚癡]'고 할 때의 '치(癡)'입니다. 우리는 공정암(龔定盦)의 시(詩)에 나오는, "떨어진 붉은 꽃도 정이 없지 않으니, 봄에 거름 되어 다시 꽃을 보호한다![落紅不是無情物, 化作春泥更護花]"라는 두 구절을 자주 인용하곤 합니다. 진정한 보시는 자기를 미련 없이 던지는 자기희생입니다.

예를 들어 내 어깻죽지를 잘라 내야만 여러분을 고칠 수 있다면, 자진해서 어깻죽지를 잘라 여러분에게 주는 것입니다. 다른 사람이 참을 수 없는 것을 참아 내고, 다른 사람이 행할 수 없는 것을 행하는 것, 이것이 바로 보시입니다. 그래서 몸으로 하는 보시가 지극히 어렵다고 하는 것입니다.

왜 여기서 몸으로 하는 보시를 끄집어내고 있을까요? 무릇 사람이 세상을 살면서 가장 행하기 어려운 보시가 두 가지 있습니다. 하나는 돈이나 재물로 하는 보시입니다. 사천(四川) 친구들이 잘 하는 우스갯소리가 있습니다. "돈, 돈, 돈, 목숨 같은 돈!〔錢, 錢, 錢, 命相連〕" 돈이란 정말이지 생명만큼 요긴합니다. 이 때문에 돈이나 재물로 하는 보시가 제일 어렵다고 하는 겁니다. 그렇지만 목숨이 위급한 상황이라면 돈이든 재물이든 아무 미련 없이 내놓을 겁니다. 오직 목숨만 구할 수 있다면요.

다른 하나는 몸으로 하는 보시입니다. 제일 행하기 어려운 보시가 바로 '나'를 희생하는 것입니다. 이제 부처님은 말합니다. 가령 어떤 사람이 있어 갠지스 강의 모래 수만큼이나 많은 몸으로 보시한다는 겁니다. 갠지스 강의 모래 수만큼 많은 몸으로 보시한다는 것이 무슨 말일까요? 우리의 한 몸을 희생하는 것이 한 몸으로 보시하는 것이라면, 자신이 죽은 후 다시 태어나 보시하고, 이렇게 계속 생을 거듭하면서 사회와 중생을 위해 보시하는 것입니다. 이것이 바로 갠지스 강의 모래 수만큼 많은 몸으로 보시한다는 것입니다. 곧 수없이 많다는 뜻입니다. 단지 한 차례의 희생에 그치지 않고 갠지스 강의 모래 수처럼 그렇게 수없이 희생하는 것, 이것이 바로 생명의 보시입니다.

노인의 구명 튜브

　다음으로는 시간을 말합니다. 끊임없이 이어지는 보시입니다. 다시 태어나면 또 중생을 위해 보시합니다. 또다시 태어나도 역시 보시합니다. 백천만억 겁을 거치면서도 빠짐없이 몸으로 보시하고 보살도를 행합니다. 이 공덕이 얼마나 크겠습니까. 여러분이 한 가지 주의할 것이 있어 말씀드립니다. 사람들이 자주 저에게 불교도가 아닌지 묻곤 합니다. 그러면 저는 어떤 종교도 아니라고 대답합니다. 왜 그럴까요? 불교도가 될 자격이 없기 때문입니다. 몸으로 보시할 도리가 없기 때문입니다.

　세상에는 불교도는 아니지만 진정한 보살도를 행하는 사람이 아주 많습니다. 이삼십 년 전 제가 기륭(基隆)에 있을 때의 일입니다. 배 한 척이 해상에서 태풍을 만났는데, 그 배는 해군이 경매한 낡은 배로서 금방이라도 뒤집어질 듯 했습니다. 폐병 환자 한 명이 선상에 있었는데, 선원이 그에게 구명 튜브 하나를 갖다 주었습니다. 그런데 저쪽을 보니까 아이를 안고 있는 여자 한 명이 살려 달라고 고함을 지르는 게 아닙니까. 그 사람은 구명 튜브를 두 모자에게 씌워 주었습니다. 자기는 필요 없다고 하면서요. 선원이 다시 올라와서 그 광경을 보고는 급히 여기저기를 찾아 헤맨 끝에 그에게 다른 구명 튜브 하나를 구해다 주었습니다. 그런데 그가 몸을 돌리자 저편에 젊은 사람 하나가 판자라도 찾을 양 사방을 왔다 갔다 하는 게 아닙니까. 아주 위급한 상황이었습니다. 그는 다시 구명 튜브를 벗어 그 젊은 사람에게 주었습니다. 자네는 젊으니 아직 필요하지만 나는 늙고 병들어 아무짝에도 쓸모없다고 하면서요. 그러고는 마침내 희생되었습니다. 이런 사람이 바로 보살입니다. 그는 위급한 상황에서도 전혀 자신을 돌보지 않았습니다.

　그래서 제가 불교도가 아니라고 한 겁니다. 몸으로 보시할 자신이 없기 때문입니다. 가령 여러분이 저를 붙들고 오랫동안 이야기를 한다면 저는 기분이 언짢아질 겁니다. 속으로는, '계속 말해야 하니 피곤해 죽겠는걸!' 하고 생각하겠지요. 몸으로 보시하려는 마음이 없어서입니다. 그렇지 않습니까? 가령 어떤 사람이 쫓아와 좀 도와 달라고 한다면, '어이구! 이 늙은 몸으로 도와주긴 어떻게 도와줘?' 하는 것도 몸으로 보시하기를 원하지 않는 겁니다. 그러므로 불법을 배우면서 몸으로 보시하기는 대단히 어려운 일입니다.

　보시라는 두 글자는 가볍게 이야기할 수 없는 것입니다. 여기에다 십 원을 내고 저기에다 백 원을 냈다고 그것을 보시라 할 수 있겠습니까? 돈을 내면서도 한편으로 백 원을 내놔도 나한테는 별 타격이 없으리라는 계산을 합니다. 아직도 만 팔천 원이 있기 때문입니다. 이것은 보시라 할 수 없습니다. 자신을 희생해서 다른 사람을 돕고 구할 때에야 비로소 진정한 보시라 할 수 있습니다. 진정한 보시란 이처럼 어렵습니다. 이 점을 주의할 필요가 있습니다. 심지어 어떤 사람은 돈을 좀 보시해 놓고는 이름을 남기고자 합니다. 다시 가 보고는, '이런! 내가 그렇게 보시를 했는데 내 이름조차 밝히지 않았다니!' 하고 생각합니다. 이건 보시가 아니라 '시보'입니다. 보시를 뒤집어 놓은 겁니다. 불법을 배우는 사람은 보시를 행하기가 얼마나 어려운지 알아야 합니다. 진정한 보시는 진정한 내던짐입니다. 여기서는 보시를 말하면서도 돈이나 재화에 대해서는 언급하지 않고 단지 몸으로 하는 보시만을 말합니다. 이런 사람이라면, 수억 겁 이래 줄곧 몸으로 보시를 행한 사람이라면, 그 공덕은 당연히 클 겁니다. 그러나 부처님은 또 말합니다.

신심을 거스르지 않는 복보

"다시 어떤 사람이 있어 이 경전을 듣고 신심을 거스르지 않는다면 그 복덕은 더 클 것이다. 하물며 경전을 베끼고 수지 독송하여 다른 사람을 위해 해설하는 것이겠는가?"

"若復有人, 聞此經典, 信心不逆, 其福勝彼. 何況書寫, 受持, 讀誦,
_{약 부 유 인   문 차 경 전   신 심 불 역   기 복 승 피   하 황 서 사   수 지   독 송}
爲人解說?"
_{위 인 해 설}

부처님은 말합니다. 가령 어떤 사람이 있어 자신의 생명을 바쳐 보시하기를 수없이 오랜 시간 동안 계속했다고 한다면, 오직 보시만 행할 뿐 다른 아무것도 바라지 않았다면, 이 사람의 복보(福報)는 무척이나 크다는 겁니다. 그렇지만 만약 어떤 사람이 있어 『금강경』의 법문을 공부하여 "신심을 거스르지 않는 경지〔信心不逆〕"에 이른다면(바로 이 점이 핵심입니다), 즉 금강반야바라밀의 대지혜, 자성(自性)으로 스스로를 구제하는 이치를 철저히 믿는다면, 다시 말해 자심(自心) 자성(自性)을 믿는다면(그러나 단지 믿기만 해서는 안 되며 신심을 거스르지 않아야 합니다), 이 사람의 복덕은 앞서 말한 몸으로 보시하는 사람의 복덕을 넘어선다는 겁니다.

신심을 거스르지 않는다는 것은 아주 어렵습니다. 많은 사람들은 불법을 배워 그 이치를 잘 알고 있으면서도 행위나 처세, 일 처리에 있어 모두 불법과 상반되며 불법을 거스르곤 합니다. 예를 들어 봅시다. 어떤 사람은 다른 사람에게 충고의 말을 할 때 그 소리가 노래보다 더 아름답습니다. 이보게나, 떨쳐 버리세! 눈을 좀 더 활짝 열어 보시게! 그렇지만 그 자신은 과연 떨쳤으며 열려 있을까요? 한번 핀잔을 줘 보십시오. 더 이상 활짝 열려 있지 못할 겁니다. 이것이 바로 신심을 거스르는 것입니다. 신심을 거스르지 않는 경지에 이르기 위해서는 이론이 필요한 것이 아니라 절대적 신심이 필요합니다. 절대적 신심으로 수양한다면, 이 사람이 얻는 복덕은 앞에서 말한 끊임없이 보시를 행하는 사람의 공덕을 넘어섭니다. 하물며 『금강경』의 불법을 널리 알리고〔고대에는 인쇄 기술이 없었으므로 단지 베껴 쓸 수밖에 없었음〕, 그것을 수지(受持)하고 받아들이며, 또는 그것에 의거해 수행하고 매일 독송하며, 다른 사람을 위해 그 이치를 해설하는 사람이라면, 그 복덕은 앞의 복덕보다 훨씬 더 클 것입니다.

여래는 누구에게 말해 주는가

"수보리여! 요약해서 말한다면 이 경전에는 불가사의하고 헤아릴 수 없는 무한한 공덕이 있어, 여래가 대승의 마음을 일으킨 자를 위해 말한 것이요, 최상승의 마음을 일으킨 자를 위해 말한 것이다. 만약 어떤 사람이 능히 수지 독송하여 널리 다른 사람을 위해 말할 수 있다면, 여래는 이 사람을 모두 알고 모두 보니, 모두 헤아릴 수 없고 칭할 수 없으며 끝이 없는 불가사의한 공덕을 성취할 것이다."

"須菩提! 以要言之, 是經有不可思議, 不可稱量, 無邊功德.
如來爲發大乘者說, 爲發最上乘者說. 若有人能受持讀誦廣爲人說, 如來悉知是人, 悉見是人, 皆得成就不可量, 不可稱, 無有邊, 不可思議功德."

여기서 가장 중요한 구절은, 『금강경』이라는 경전 자체가 본래 "불가사의(不可思議)"하며 "헤아릴 수 없다〔不可稱量〕"라는 것입니다. 상상할 수도 없고, 얼마나 무거운지 또는 얼마나 긴지 헤아릴 수조차 없습니다. 한마디로 『금강경』의 공덕은 무량무변(無量無邊)합니다. 그렇지만 주의할 것은 바로 아래에 이어지는 두 구절입니다. 공덕이 이처럼 크다면, 이 경전을 연구하는 사람마다 모두 그 공덕 중의 하나를 취해 돌아갈 수 있을까요? 아무도 가지고 돌아갈 수 없습니다. 왜 그럴까요? 이 경전은 대승의 마음을 지닌 사람을 위한 것이요, 최상승의 경지에 이른 사람을 위한 것이기 때문입니다. 이 경전의 함의는 진정으로 대승의 마음을 지닌, 대보살의 길에 오른 사람을 위한 것입니다. 상승(上乘) 중에서도 최상승에 이른 사람을 위한 것이지, 보통의 지혜를 가진 사람을 위한 것이 아닙니다. 부처님은 말합니다. 가령 어떤 사람이 있어 능히 수지(受持) 독송(讀誦)할 수 있다면,(당연한 일이지만 우리가 반드시 상지上智 중의 상지는 아니더라도 이 경전을 받아들이고 독송하며 연구할 수는 있습니다) 사람들을 위해 널리 알릴 수 있다면, 부처님은 이 사람을 모두 알 수 있고 볼 수 있다는 겁니다. 부처님은 이 사람이, "헤아릴 수 없이 많고, 헤아릴 수 없이 무거우며, 한정이 없고, 불가사의한 공덕을 성취할 수 있다(皆得成就不可量, 不可稱, 無有邊, 不可思議功德)"는 것을 다 파악하고 이해하며 또 증명해 줄 수 있다는 겁니다. 부처님은, 이런 사람이라면 멀지 않은 장래에 무량무변의 공덕을 능히 얻을 수 있다고 말합니다. 무슨 이유 때문일까요?

"이런 사람들은 여래의 아누다라삼먁삼보리를 짊어진 사람이다."

"如是人等, 卽爲荷擔如來阿耨多羅三藐三菩提."
여 시 인 등   즉 위 하 담 여 래 아 누 다 라 삼 먁 삼 보 리

부처님은 말합니다. 이런 사람은 부처와도 같아서 스스로 책임감을 느껴 불법의 짐을 짊어지려 한다는 겁니다. 그렇기에 그는 이토록 큰 지혜와 복덕을 갖습니다. 큰 마음을 지니고 큰 짐을 짊어지려고 한다면 큰 공덕과

지혜를 갖게 됩니다. 어떤 짐일까요? 바로 아누다라삼먁삼보리의 짐입니다. 이것은 무상의 정등정각(正等正覺)으로서, 보통 대철대오(大徹大悟)라 말하는 것입니다. 부처님은 말합니다. 이 짐을 짊어진다면 어느 날 자연 대철대오할 수 있다고요.

여러분은 작은 법을 좋아하십니까

"왜냐하면 수보리여! 만약 작은 법을 즐기는 자라면 아견·인견·중생견·수자견에 집착해, 이 경전을 듣고 독송하여 다른 사람을 위해 해설할 수 없을 것이기 때문이다."

"何以故? 須菩提! 若樂小法者, 著我見人見衆生見壽者見, 卽於此經,
하 이 고　　수 보 리　　약 락 소 법 자　　착 아 견 인 견 중 생 견 수 자 견　　즉 어 차 경
不能聽受讀誦, 爲人解說."
불 능 청 수 독 송, 위 인 해 설

『능가경』에서는 사람의 근성(根性)을 다섯 종류로 분류합니다. 어떤 사람은 나면서부터 소승의 길을 걸으며 소승의 법을 닦기를 좋아합니다. 그에게 대승보살도, 즉 최상승의 법을 가르쳐 봐야 받아들이지 않으며, 받아들일 방법도 없습니다. 학교에서 공부하는 학생들도 마찬가지입니다. 많은 학생들은 공부를 해도 어느 정도 선에서 그칩니다. 지능에 한계가 있기 때문입니다. 그러니 가르치는 것 중에서도 제일 낮은 정도밖에는 수용할 수 없습니다.

불법 또한 이와 마찬가지입니다. 비록 지능의 문제는 아닐지라도, 그의 근기(根器)와 발심(發心)이 사소한 것만 좇습니다. 재주 배우기를 좋아해서 타좌를 할 때면 눈에서 빛이 보인다느니, 소리가 들린다느니, 어느 곳

에 기가 집중되어 팔딱거린다느니, 오늘 얼굴에서 또 빛이 발했다느니, 다음 날 다리에서 다시 열이 났다느니, 손톱이 밝아졌다느니 합니다. 작은 법(小法)을 좋아한다는 것은 바로 이런 것들을 말합니다. 이런 사람들의 관념이나 사고는 이미 아견(我見), 인견(人見), 중생견(衆生見), 수자견(壽者見)에 빠져 있습니다. 이들에게는 일체가 모두 '자기'를 위한 것입니다. 사람 중에서도 빼어난 사람이 되기를 희망하며, 건강하게 장수하기를 바라며, 영원히 죽지 않기를 바라기도 합니다. 그러니 대승의 법문인 견성성불(見性成佛)이나, "아침에 도를 들으면 저녁에 죽어도 좋다(朝聞道夕死可也)" 등의 말에 대해서는 근본적으로 이해를 기대할 수 없습니다.

그러므로 부처님은 말합니다. 작은 법을 좋아하는 사람들은 『금강경』의 진정한 의미를 받아들일 방법이 없고, 독송(讀誦)할 방법도 없으며, 더군다나 이것을 널리 펼쳐서 다른 사람을 위해 해설하는 것이 불가능하다는 것입니다.

"수보리여! 어느 곳이든 이 경전이 있다면 일체 세간의 천, 인, 아수라가 응당 공양할 것이다. 마땅히 알아야 한다. 그곳은 곧 탑으로서 모두 응당 공경하며, 에워싸 절하고, 온갖 꽃과 향을 뿌릴 것이다."

"須菩提! 在在處處, 若有此經, 一切世間, 天人阿修羅所應供養.
  수보리 재재처처 약유차경 일체세간 천인아수라소응공양
當知此處, 卽爲是塔, 皆應恭敬, 作禮圍繞, 以諸華香, 而散其處."
  당지차처 즉위시탑 개응공경 작례위요 이제화향 이산기처

부처님은 시종 이 경전이 얼마나 중요한지를 말하고 있습니다. 이제 수보리에게 말합니다. "어떤 곳이든 단지 『금강경』이 놓여 있기만 하다면, 세상 사람들은 말할 것도 없고, 천상의 신(神)이든 아수라든 마왕이든 마귀든 할 것 없이 마땅히 이 경전을 공양해야 한다. 이 경전이 놓인 곳은 곧

불탑이 있는 곳과 같으므로, 마땅히 공양하고 예배하며 향기로운 꽃으로 모셔야 한다."

부처님께는 다소 불경스럽게 들릴지 모르는 우스갯소리를 한번 해 봅시다. 부처님은 참으로 자기 홍보(PR)를 멋들어지게 하고 있습니다. 그야말로 광고라도 하듯 반야법문이 얼마나 중요하며, 또 얼마나 좋은지를 말하고 있습니다. 여러분이 『금강경』을 읽다가 여기에 이르면, 아마도 이 속에 실제로 말한 것이 아무것도 없지 않은가라고 생각할지 모르겠습니다. 그렇지만 과연 이 속에 아무 내용도 없을까요? 이것이 바로 『금강경』 번역의 특성이자 설법의 특성이기도 합니다. 부처님이 말한 제1의 중점이 "신심을 거스르지 않는다〔信心不逆〕"라는 것임을 여러분은 주의해야 합니다. 부처님은 일체의 상에 머물지 않고 일체의 마음을 던져 버려야만 최고의 경지에 이를 수 있다고 말합니다. 그렇지만 사람들은 이것을 믿지 못해 그 경지에 이르지 못합니다. 비록 입으로야 던져 버릴 수 있다고 말하지만 실제 상황에서는 조금도 열려 있지 않습니다. 그러니 실제로 던져 버린다는 것은 더욱 행하기 어렵습니다.

그래서 저는 늘 이런 몇 글자를 읊조리곤 합니다. 저는 이것을 자칭 열두 자 진언(眞言)이라고도 합니다. 인생이란 모두 "간파할 수는 있지만 견디어 낼 수 없고, 생각할 수는 있지만 실행할 수 없는〔看得破, 忍不過, 想得到, 做不來〕" 것입니다. 제2의 중점은 불법을 과감히 짊어진다는 것입니다. 여래의 정법(正法)과 대승의 법문을 짊어지는 것입니다. 이처럼 전날의 것을 이어받아 앞날을 열어 가는 정신은 도도히 흐르는 혼탁한 세속의 물결 속에서 꼭 필요합니다. 땅을 딛고 하늘을 이고 서서 인류의 문화와 중생의 지혜로운 생명을 위해 생존하고 분투하려는 정신, 이런 정신에는 비할 데 없는 큰 인욕과 희생이 수반됩니다. 그러므로 인욕도(忍辱度)와 보시도(布施度)를 알아야만 합니다. 이것이 바로 핵심입니다. 부처님은 결코 광고만을 한 것이 아닙니다. 이 두 가지 중점을 파악하고서 다시 이 품을 읽어 보면 부처님이 말한 뜻을 헤아릴 수 있을 겁니다. 게송은 다음과 같습니다.

【제15품】 게송

대군이 말채찍 던지니 별도 놀라 비켜서고
한 호령에 사방이 호응하니 천등 치듯 하도다
강산이 평온해 어부가 근심 없이 늙어 가니
누더기 가사보다 가벼운 것 어디 있으랴

躍馬投鞭星斗橫　一呼百諾作雷鳴
약 마 투 편 성 두 횡　일 호 백 낙 작 뢰 명
江山無恙漁翁老　何似靈山補衲輕
강 산 무 양 어 옹 로　하 사 영 산 보 납 경

"대군이 말채찍 던지니 별도 놀라 비켜서고〔躍馬投鞭星斗橫〕." 이것은 세속의 일을 비유한 것입니다. 한고조나 당태종, 주원장 등과 같은 영웅이 출현해 말을 타고 달립니다. '투편(投鞭)'은 진(秦)나라 왕 부견(符堅)의 고사에서 유래한 말입니다. 그는 수십만 대군을 거느리고 전투를 하면서 자칭 '투편단류(投鞭斷流)'라 했습니다. 군사가 이렇게 많으니 말채찍만 모두 내던져도 흐르는 강물쯤은 막아 버릴 수 있다는 겁니다. '성두횡(星斗橫)', 하늘의 별조차도 진동하니 그 위풍이 경천동지합니다.

"한 호령에 사방이 호응하니 천등 치듯 하도다〔一呼百諾作雷鳴〕." 제왕의 위풍과 복보(福報)는 참으로 대단합니다. 아무렇게나 한 소리 질러도 아래에서 수많은 사람들이 응답하니, 마치 하늘에서 번개가 치는 것과 같습니다. 이는 세상에서 황제가 되는 것이 가장 큰 복보임을 말해 줍니다. 그렇기에 누구나 모두 황제가 되고 싶어 합니다. 그러나 황제의 자리를 얻는 것 또한 진정한 복보가 아닙니다. 그렇다면 진정한 복보는 어디에 있을까요?

"강산이 평온해 어부가 근심 없이 늙어 가니, 누더기 가사보다 가벼운 것 어디 있으랴〔江山無恙漁翁老, 何似靈山補衲輕〕." 천하가 태평하여 사람마다 모두 먹을 것 입을 것이 있으니 시비를 따지는 일도 없습니다. 모두 안정되고 행복한 생활에 젖어 있습니다. 자신은 불법을 깨쳤습니다. 그리고 누더기 같은 가사〔補衲〕를 걸쳤습니다. 이전에 스님들이 입던 백납의(百衲衣)는 지금은 거의 볼 수 없지만, 과거 대륙에서는 띠집을 지어 놓고 사는 많은 스님들이 이 옷을 걸치고 있었습니다. 소설에 등장하는 제공활불(濟公活佛)이 걸친 옷과도 같은 이 옷은 일명 분소의(糞掃衣)〔똥 치우는 옷〕라 불리기도 했습니다. 쓰레기 더미에서 주운 낡은 천 조각을 바느질로 하나하나 이어 붙여 만든 것으로, 찢어지면 다시 깁고 해서 온통 바느질 자국투성이인 그런 옷입니다. 이것을 보납의(補衲衣)라고도 하는데, 납의란 스님들이 입는 옷을 말합니다.

인생의 진정한 복보로는 청복(淸福)이 제일 얻기 어렵습니다. 그렇다면 어떻게 해야 이런 청복을 누릴 수 있을까요? 상승(上乘)의 마음, 대승의 마음을 지녀야 합니다. 여래(如來)의 가업을 맡아 일으켜야 합니다. 이런 큰 마음을 일으켜야만 비로소 진정한 복보를 얻을 수 있습니다.

제16품
업장을 깨끗이 할 수 있다

第16品・能淨業障分

"復次, 須菩提! 善男子善女人, 受持讀誦此經, 若爲人輕賤, 是人先世罪業, 應墮惡道, 以今世人輕賤故, 先世罪業, 卽爲消滅, 當得阿耨多羅三藐三菩提. 須菩提! 我念過去無量阿僧祇劫, 於然燈佛前, 得値八百四千萬億那由他諸佛, 悉皆供養承事, 無空過者. 若復有人, 於後末世, 能受持讀誦此經, 所得功德, 於我所供養諸佛功德, 百分不及一, 千萬億分乃至算數譬喩所不能及. 須菩提! 若善男子善女人, 於後末世, 有受持讀誦此經, 所得功德, 我若具說者, 或有人聞, 心卽狂亂, 狐疑不信. 須菩提! 當知是經義, 不可思議, 果報亦不可思議!"

"다음으로, 수보리여! 선남자 선여인이 이 경전을 수지 독송하여 만약 사람들에게 업신여김을 당한다면, 그 사람의 앞 생애 죄업은 마땅히 악도에 떨어질 만하나, 현 생애 사람들의 업신여김을 당함으로써 앞 생애 죄업이 소멸되어 아누다라삼막삼보리를 얻게 된다.

수보리여! 내가 과거 헤아릴 수 없이 긴 아승기겁을 생각해 보건대, 연등불 이전 팔백사천만억 나유타 수의 부처를 모두 공양하고 받들어 섬겨 그냥 지나친 적이 없었다. 만약 다시 어떤 사람이 있어 이후 말세에 이 경전을 수지 독송할 수 있다면, 그 공덕은 내가 모든 부처를 공양한 공덕으로는 백 분의 일, 천만억 분의 일 내지는 어떤 산술적 비유로도 미치지 못할 것이다.

수보리여! 만약 선남자 선여인이 이후 말세에 이 경전을 수지 독송하여 얻은 공덕을 내가 만약 구체적으로 말한다면, 혹 어떤 사람은 듣고 마음에 광란을 일으켜 의심하고 믿지 않을 것이다. 수보리여! 마땅히 알아야 한다. 이 경전의 뜻은 불가사의하며, 과보 역시 불가사의하다."

경시당하고 천시당하는 원인과 결과

"다음으로, 수보리여! 선남자 선여인이 이 경전을 수지 독송하여 만약 사람들에게 업신여김을 당한다면, 그 사람의 앞 생애 죄업은 마땅히 악도에 떨어질 만하나, 현 생애 사람들의 업신여김을 당함으로써 앞 생애 죄업이 소멸되어 아누다라삼먁삼보리를 얻게 된다."

"復次, 須菩提! 善男子善女人, 受持讀誦此經, 若爲人輕賤,
부차 수보리 선남자선여인 수지독송차경 약위인경천
是人先世罪業, 應墮惡道, 以今世人輕賤故, 先世罪業, 卽爲消滅,
시인선세죄업 응타악도 이금세인경천고 선세죄업 즉위소멸
當得阿耨多羅三藐三菩提."
당득아누다라삼먁삼보리

이건 아주 큰 문제입니다! 부처님이 수보리에게 말합니다. 가령 어떤 사람이 있어 성실하고도 간절하게 불법을 배우고 『금강경』을 연구했는데도, 결과적으로 한평생 다른 사람에게 경시당하고 천시당하는 불행을 겪었다는 겁니다. 사업도 아주 잘되고 명예도 높은데도 한사코 찾아와 불법을 배

우겠다던 사람이 있었습니다. 저는 배우지 말라고 했습니다. 불법을 배우는 것은 쉬운 일이 아니니, 그러다 불행하게 될지도 모른다고 했지요. 그랬더니 그는 보살님들이 자기가 돈을 잘 벌 수 있게 도와줄 것이라는 겁니다. 저는, 부처님은 그런 일에는 관여하지 않는다고 했습니다. 불법은 공(空)의 도(道)이기 때문에 만약 배우고자 한다면 모든 것을 던져 버리기만 하면 된다고 했습니다. 어떤 사람은 불법을 배워 돈을 벌기도 합니다. 그렇지만 대부분은 더 곤란한 상황에 직면하게 됩니다.

불법만 그런 것이 아니라 다른 종교 역시 마찬가지입니다. 많은 사람들이 말합니다. 자신은 한평생 좋은 일만 했는데도 결과는 지독히도 재수가 없어서 온갖 불행한 일이 닥친다는 겁니다. 역사상 사마천(司馬遷)도 바로 이 문제로 고심했습니다. 착한 사람은 아무리 좋은 일을 해 봐야 도리어 불행해집니다. 반대로 나쁜 사람은 하는 일마다 잘됩니다. 신체도 건강하고 정신도 왕성하며 돈도 잘 벌고 수완도 좋습니다. 그러니 도대체 이 세상 어디에서 인과응보라는 것을 찾을 수 있겠느냐는 겁니다. 이건 큰 문제입니다.

먼저 우리가 이해해야 할 것은, 불법이 삼세인과(三世因果)와 육도윤회(六道輪廻)에 기초하여 세워졌다는 사실입니다. 불법에서는 인과(因果)라는 것이 삼세(三世)를 통한다고 봅니다. 따라서 생명이란 현재의 이 일생만이 아니라 끊임없이 이어지는 것이라 생각합니다. 부처님은 다른 경전에서 이 문제에 대해 답하고 있습니다. 어떤 사람이 부처님께 물었습니다. 왜 세상의 많은 사람들은 좋은 일을 해도 결과는 그렇게 비참하냐고요. 부처님은, 그의 과거 악업(惡業)이 아직 사라지지 않았기 때문에 먼저 그 악업에 대한 응보를 받아야 하기에 그런 것이며, 그가 현재 선량한 사람으로서 좋은 일을 많이 했다면 장래 또는 내생에 그에 대한 보답을 받을 것이라고 대답했습니다.

삼세인과를 말하면 여러분은 쉽게 믿으려 하지 않습니다. 확인할 수 없는 것이기 때문입니다. 그러나 사실 아주 쉽게 확인할 수 있습니다. 방법 하나를 가르쳐 드리겠습니다. 어찌 신통한 방법이 아니겠습니까? 눈이 휘둥그레질 필요까지는 없습니다. 이제 여러분께 전수해 드릴 테니까요. 여러분은 모두 단지 자신의 일생을 돌이켜 보기만 해도 인과의 이치를 깨칠 수 있습니다. 더욱이 여기 앉아 있는 분들 중 중년을 넘어선 사람이라면 더욱 쉽게 깨칠 수 있을 겁니다. 우리가 중년에 겪게 되는 여러 환경들은 어릴 때부터 이미 잠복해 있던 인(因)입니다. 만년에 얻게 되는 과(果)는 바로 어릴 적부터 중년에 이르기까지 자신이 행했던 여러 행위의 결과입니다. 인생을 세 단계로 나누어 본다면, 이십 세 이전이 전생에 해당하며, 이십 세부터 사십 세까지가 현생, 사십 세부터 육십 세까지가 후생에 해당합니다. 혹은 더 좁혀서 말하면 어제가 전생, 오늘이 현생, 내일이 내생이라고도 할 수 있습니다.

많은 학생들이 자주 저를 찾아와서 같이 농담하곤 합니다. "선생님! 제 전생은 어땠을까요? 저는 신통력이 없어서요." 저는 이렇게 말합니다. "자네 자신이 볼 수 있지 않은가. '전생의 일을 알고자 한다면, 이 생애에서 받는 것이 바로 그것[欲知前生事, 今生受者是]'이라네!" 여러분이 이 생에서 겪게 되는 일들은 바로 전생의 과보(果報)입니다. 그리고 "내생의 일을 알고자 한다면, 이 생애에서 행한 것이 바로 그것[欲知來生事, 今生作者是]"입니다. 불법에서 가장 이해하기 어려운 것이 바로 이 삼세인과와 육도윤회입니다. 불교에서는 생명을 영원한 것이라고 생각합니다. 그렇지만 생명 현상은 항시 변화하면서 왔다가는 갑니다.

『역경』에서도 인과를 말합니다. 그렇지만 『역경』에서 말하는 인과는 삼세(三世)의 인과와는 다릅니다. 유가를 대표하는 공맹의 사상에서나, 도가를 대표하는 노장의 사상에서도 모두 인과의 이치를 언급하고 있습니다.

『금강경』에서는 바로 이 구절에서 특별히 제시하고 있습니다. 어떤 사람은 이 경전을 읽었다고 다른 사람에게 업신여김을 당하거나 조롱을 당하기도 합니다. 심지어 지금 시대에는 불법을 배운 사람이 가장 뒤떨어진 사람이라 말하기도 합니다. 그냥 농담 삼아 한 말일지언정, 이러니 어떻게 불법을 배울 수가 있겠습니까? 불법을 배웠다는 사실만으로도 이 사람은 이미 사회에서 버림받아 철저하게 도태된 사람으로 치부되어 도처에서 멸시와 업신여김을 당하기도 합니다. 부처님은 말합니다. "그대는 알아야 하네. 인과응보의 이치로써 말하자면, 이 사람이 그런 취급을 받는 것은 이전 생애에서 지은 죄업 때문이라네. 그러니 마땅히 악도(惡道)로 떨어질 수밖에 없는 것이라네." 말을 바꾸면, 장차 공을 세워 죄를 덮음으로써 지은 죄를 벌충한다는 것입니다〔以今世人輕賤故, 先世罪業, 卽爲消滅〕. 현재 좋은 사람이 되어 선(善)을 행함으로써 과거의 업보를 줄여서 소멸시키며, 이 외에도 하나의 과보(果報)를 얻게 됩니다. 이 과보란 대단히 얻기 어려운 것으로서 바로 아누다라삼먁삼보리, 즉 대철대오(大徹大悟)를 얻어 성불하는 것입니다.

우리는 부처님의 말을 들으면서, 이 어른께 단지 "어르신, 지당한 말씀입니다! 그렇지만 저로서는 감당하기가 힘들군요!"라고 공손히 말할 수밖에 없습니다. 세속의 복보를 얻는 것도 쉽지 않은데 하물며 대철대오해서 성불하는 것이야 오죽하겠습니까! 그렇지만 선종의 돈오(頓悟) 개념이 널리 유행하여 일반인도 선(禪)을 배우고자 하며, 젊은이들도 모두 선을 배워 그 자리에서 깨달음에 이르고자 합니다. 어떤 학생은 이렇게 묻기도 합니다. "이미 한 달이 지났는데도 어째서 아직 깨달음이 없을까요?" 그러면 저는 이렇게 대답합니다. "천천히 기다려 보게나! 다시 더 기다려 보게나!" 이제 『금강경』은 말합니다. 여러분도 모두 이해했을 겁니다. 과거와 현재의 업보가 깨끗이 정리되고 난 뒤에야 비로소 깨달음의 소식이 올 수 있습니다. 이 때문에 영가선사(永嘉禪師)는, "업장을 다하고 나면 본래가 공이지만, 다하지 못하면 모름지기 묵은 부채를 갚아야 한다〔了卽業障本來空, 未了還須償宿債〕"라고 했습니다.

우리 세속적 인생의 일체 인과와 만남은, 반드시 필연적 원인이 있어야 비로소 그 필연적 결과가 생깁니다. 『금강경』의 이 부분을 여러분은 절대로 가볍게 보아 넘겨서는 안 됩니다. 이것은 바꿔 말하면, 어떻게 수지(修持)해야 비로소 결과를 얻을 수 있는지를 말하고 있는 겁니다. 반드시 먼저 자신의 업보를 없애는 수행을 해야만 지혜가 계발될 수 있습니다. 과거 생애의 업보가 소멸되지 않으면 지혜가 계발될 수 없습니다. 죄업을 받아야 하기 때문에 아누다라삼먁삼보리, 즉 대철대오를 이룰 수 없습니다. 아래에서 부처님은 하나의 예를 들고 있습니다.

성실하고 공경하며 노력하는 사람

> "수보리여! 내가 과거 헤아릴 수 없이 긴 아승기겁을 생각해 보건대, 연등불 이전 팔백사천만억 나유타 수의 부처를 모두 공양하고 받들어 섬겨 그냥 지나친 적이 없었다."
>
> "須菩提! 我念過去無量阿僧祇劫, 於然燈佛前,
> 수보리 아념과거무량아승기겁 어연등불전
> 得值八百四千萬億那由他諸佛, 悉皆供養承事, 無空過者."
> 득치팔백사천만억나유타제불 실개공양승사 무공과자

석가모니불은 자신이 거쳐 왔던 과정을 말합니다. 과거 헤아릴 수 없이 많은 겁(劫) 이전, 나유타제불(那由他諸佛)과 더불어 수지(修持)하던 시절을 회상합니다. '나유타'란 헤아릴 수 없이 많다는 뜻입니다. 석가모니불이 처음으로 깨달음을 얻었던 것은 연등불(然燈佛)을 스승으로 모시고 있을 때입니다. 연등불은 후에 중국의 『봉신방』이라는 소설에서는 연등고불(然燈古佛)로 등장합니다. 석가모니불은 연등불을 모시면서 발심(發心)하여 불법을 배웠지만, 그 이전에도 그가 거쳤던 선지식(善知識) 명사(名師)들은 모두 팔백사천만억 명이나 될 만큼 많았습니다. 석가모니불은 이 많은 부처님께 모두 나아가 배웠으며 또 공양했습니다.

무엇을 공양이라 할까요? 부모를 모시듯 스승이나 어른을 모시는 것입니다. 의복, 음식, 잠자리, 탕약 네 가지로 공양합니다. 부처님은 이것들 모두를 공양했으며 또 소임을 다하였다고 말합니다. 그는 일찍이 그들 모두를 위해 일 처리를 했으며 또 그들의 제자가 되었습니다. 그는 선지식을 만날 때마다 절대로 게으름을 피우지 않았으며, 그냥 지나치는 법이 없었습니다. 달리 말하면 조금이라도 배워서 돌아왔습니다. 부처님은 이 몇 마디를 통해 자신의 학문 정신, 부지런히 노력하는 정진의 자세, 배움을 향한 겸허함을 말하고 있습니다.

> "만약 다시 어떤 사람이 있어 이후 말세에 이 경전을 수지 독송할 수 있다면, 그 공덕은 내가 모든 부처를 공양한 공덕으로는 백 분의 일, 천만억분의 일 내지는 어떤 산술적 비유로도 미치지 못할 것이다."
>
> "若復有人, 於後末世, 能受持讀誦此經, 所得功德, 於我所供養諸佛功德,
> 약 부 유 인　어 후 말 세　능 수 지 독 송 차 경　소 득 공 덕　어 아 소 공 양 제 불 공 덕
> 百分不及一, 千萬億分乃至算數譬喩所不能及."
> 백 분 불 급 일　천 만 억 분 내 지 산 수 비 유 소 불 능 급

부처님은 말합니다. 사실 당시에는 어떤 사람도 그에게 『금강경』의 이치를 말해 주지 않았지만 이제 석가모니불 자신이 이 이치를 드러내어 말하니, 만약 어떤 사람이 있어 후세 말법의 시대에 이 경전의 핵심을 파악하

고 수지(受持) 독송(讀誦)할 수 있다면 그의 공덕은 자신이 수천만억 명의 부처님을 공양했던 공덕보다 훨씬 더 크다는 겁니다. 백 배, 아니 천만억 배도 더 되어, 아무리 주판 아니라 전자계산기로 셈한다 한들 그 크기를 알 수조차 없다는 겁니다. 달리 표현하면 이렇습니다. 현재 우리는 이 경전을 들고 공부하고 있는데, 그 성과는, 그리고 그 공덕은 석가모니불이 얻었던 이전의 모든 공덕보다도 훨씬 더 크다는 겁니다! 부처님은 이렇게 우리를 고무시키고 있습니다.

불가사의한 과보

"수보리여! 만약 선남자 선여인이 이후 말세에 이 경전을 수지 독송하여 얻은 공덕을 내가 만약 구체적으로 말한다면, 혹 어떤 사람은 듣고 마음에 광란을 일으켜 의심하고 믿지 않을 것이다. 수보리여! 마땅히 알아야 한다. 이 경전의 뜻은 불가사의하며, 과보 역시 불가사의하다."

"須菩提! 若善男子善女人, 於後末世, 有受持讀誦此經, 所得功德,
수보리   약선남자선여인   어후말세   유수지독송차경   소득공덕
我若具說者, 或有人聞, 心卽狂亂, 狐疑不信. 須菩提! 當知是經義,
아약구설자   혹유인문   심즉광란   호의불신   수보리   당지시경의
不可思議, 果報亦不可思議!"
불가사의   과보역불가사의

부처님은 수보리에게 말합니다. "미래 세상에서 『금강경』을 수지 독송하는 사람의 공덕이 얼마나 큰지는 나도 감히 말을 꺼낼 수 없다. 말을 해버렸다가는 듣는 사람이 정신이 나가, 심지어 불법 자체를 믿지 않을까 두렵다." 사람들이 부처님의 말을 듣는다면, 부처님이 너무도 허풍을 치는 것 같아 도무지 그의 말을 믿을 수가 없다고 생각하리라는 겁니다. 그러므

로 부처님은 말합니다. "감히 말할 수 없다! 말한다면 사람들이 믿으려 하지 않을 것이고, 의심할 것이며, 정신이 나갈 것이다."

부처님이 정말로 말하지 않으려 한 것일까요? 부처님은 한 구절을 보충합니다. "이 『금강경』의 함의는 불가사의하다〔當知是經義, 不可思議〕"라는 것입니다. 여러분은 『금강경』의 문장을 이해했다고 해서 『금강경』을 진정으로 이해했다고 생각해서는 안 됩니다. 그 속에는 한 층 한 층 더 깊은 수많은 이치가 내재되어 있습니다. 여기서 '의(義)'란 이치를 말합니다. 이 이치는 불가사의해서 우리가 가진 지식으로는 상상할 수조차 없습니다. 이 때문에 이 경전의 과보(果報), 공덕의 과보 역시 불가사의합니다.

【제16품】

게송

업식이 치달아 끊임없이 이어지니
망망한 바다에 고개 돌릴 언덕이 없다
모두 다 고해에 떠다니는 나그네이니
단지 무심으로 휴식하세나

業識奔馳相續流　茫茫無岸可回頭
업 식 분 치 상 속 류　망 망 무 안 가 회 두
同爲苦海飄零客　但了無心當下休
동 위 고 해 표 령 객　단 료 무 심 당 하 휴

"업식이 치달아 끊임없이 이어지니〔業識奔馳相續流〕." 불교에서는 생명의 연속을 업식(業識)의 작용이라고 말합니다. '업식'이란 불교 전문 용어입니다. 먼저 불교에서 말하는 '업(業)'을 잘 알아야 합니다. 업이란 죄(罪)가 아니라 어떤 습관의 힘입니다. 이 힘은 선악을 모두 포괄하고 있습니다. 선한 것일 때는 선업(善業), 악한 것일 때는 악업(惡業)이 됩니다. 바로 불경에서 말하는 업보(業報)입니다. '조업(造業)'이니 '작업(作業)'이니 하는 것들도 모두 불경에서 나온 말입니다. 예를 들면 우리는 사소한 버릇들이 있는데, 어떤 사람은 기쁠 때 귀를 잡기도 하고, 어떤 사람은 머리를 싸안기도 합니다. 이런 동작은 의도적인 것이 아니라 무의식 상태에서 자연스럽게 나온 것으로, 바로 습관의 힘입니다.

무의식이란 또 어떤 것일까요? 현대 심리학에서 말하는 잠재의식으로, 불교적 관점에서 보자면 제육식(第六識)의 배후에 있는 한 측면입니다. 예를 들면 현재 유행하고 있는 육감(六感)이니 영감(靈感)이니 하는 것들이 모두 제육식의 범위에 속합니다. 제육식을 초월하여 어떤 것이 있는데, 이 것이 바로 우리의 업식입니다. 우리가 살아 있는 동안에는 자연 촉각의 느낌이 있는데, 이것이 업식입니다. 이 업식은 제육식의 제일 후면인 제칠식(第七識)과 제팔식(第八識)의 범위에 속합니다. 현대 심리학으로는 해석하기가 아주 어려우며, 아직 연구 중에 있습니다.

사람 수명의 길고 짧음이나 신체의 좋고 나쁨, 심지어 어떤 병이 생겨날 수밖에 없는 것이라든지 또는 어떤 환경에 처할 수밖에 없는 것도 모두 이 업식의 작용입니다. 업식을 분석하자면 대단히 번거롭습니다. 그렇지만 우리는 적어도 이런 정도는 알아 두어야 합니다. 여기 살아 있는 사람은 현재 신체 내에 작용이 일어나고 있습니다. 전신의 세포 하나하나는 모두 업식의 작용으로 인해 존재하며 또 살아 있습니다. 앞의 제15품에서 부처님은 몸으로 행하는 보시를 말했지만, 실제로 이것을 행하기는 아주 어렵습니다. 업식의 작용으로 말미암아 보시를 행하기가 쉽지 않기 때문입니다.

예를 들어 봅시다. 여기 젊은 분들이 많이 앉아 있지만, 여러분은 타좌를 할 때 왜 마음이 고요해지지 않는 걸까요? 여러분의 신체 내에 혈액이 계속 흐르고 있고, 또 몸의 감각도 활동하고 있기 때문입니다. 말하자면 업식이 고요해질 수 없기 때문입니다. 업식이 망망(茫茫)하니 고요해질 수 없는 겁니다. 만약 지혜의 힘이나 심리적 작용으로써 이 망망한 업식을 극복하여 신체의 모든 감각을 놓아 버릴 수 있다면 당연히 대철대오합니다. 설사 대철대오(大徹大悟)는 아니더라도 소철소오(小徹小悟)는 가능할 겁니다! 이렇게 본다면 앞에서 부처님이 말했던 바, 갠지스 강의 모래 수만큼이나 많은 몸으로 보시를 행한다는 것이 결코 용이한 일이 아니라는 것을 알 수 있습니다. 신체의 감각은 보시할 수 없기 때문에 타좌를 하면 할수록 병(病)은 더 많이 드러납니다. 어떤 사람은 조용히 앉아 불법을 닦고 있으면 해묵은 업식의 빛이 하나씩 하나씩 불거져 나오는데, 이것은 반드시 갚지 않으면 안 됩니다. 깨끗이 정리하고 그것으로부터 벗어날 때 비로소 해탈이 가능하고 깨달음이 가능합니다. 이 생명 중에는 어제-오늘-내일, 작년-금년-명년, 소년-중년-노년의 업식의 인과가 끊임없이 이어지고 있습니다. 불법을 배우는 사람들은 자주, "고개를 돌리면 그곳이 곧 피안[回頭是岸]"이라는 말을 합니다. 그렇다면 피안은 어디에 있을까요?

"망망한 바다에 고개 돌릴 언덕이 없다[茫茫無岸可回頭]." "망망한 고해에서 고개를 돌리면 그곳이 곧 피안[苦海茫茫, 回頭是岸]"이라는 말을 여러분은 자주 합니다만, 피안이 어디에 있는지는 생각해 보지 않습니다. 피안은 고개를 돌리는 바로 그곳에 있습니다. 하지만 고개를 돌릴 수가 없습니다.

여러분이 공부하면서, 예를 들어 타좌를 하면서 두 눈을 뜨든 감든 앞만 주시하는데, 달리 시야를 돌릴 방법이 없습니다. 그러므로 "고개를 돌리면 곧 피안"이라는 말은 이미 피안이 어디 있는지를 말하고 있습니다. 피안이란 어떤 것일까요? 그것은 광활하고 변화무쌍한 것입니다. 고개를 돌려 피안을 발견했을 때의 상황은 어떠할까요?『금강경』의, "이 법은 아무것도 얻은 것이 없지만 공허한 것은 아니다〔此法無實無虛〕"라는 구절을 잊어서는 안 됩니다. 이것은 공(空)이라 해서도 안 되며, 그렇다고 유(有)라 해서도 안 됩니다. 이런 경계에 이르렀다면 바로 피안에 도달한 겁니다. 만약 고개를 돌리는 것 자체가 피안임을 이해하지 못한다면, 그것은 업식이 끊임없이 치달아 망망하기만 할 뿐 고개를 돌릴 만한 피안이 없기 때문입니다.

"모두 다 고해에 떠다니는 나그네이니〔同爲苦海飄零客〕." 그래서 우리는 탄식합니다. 우리 중생은, 당연히 나 자신도 포함하여, 모두 망망한 고해(苦海)에서 표류하고 있습니다. 어떻게 해야만 진정 해탈할 수 있을까요? 어떻게 해야 진정 득도할 수 있을까요?

"단지 무심으로 휴식하세나〔但了無心當下休〕." 당장 무심의 상태가 되는 것입니다. 무심이라 해서 아무 생각도 없는 것이 아닙니다! 생각을 억눌러 버리는 것은 옳지 않습니다.『금강경』의 다음 구절을 기억할 겁니다. "마음이 머무는 바가 없으니, 이 법은 얻은 것이 있는 것도 아니요 공허한 것도 아니다〔無所住心, 此法無實無虛〕", 대략적으로 말하면 진정한 수행을 통해 그 핵심을 찾을 수 있습니다.

마지막 결론 역시『금강경』이 품의 한 구절인 "마땅히 알아야 한다. 이 경전의 뜻은 불가사의하며, 과보 역시 불가사의하다〔當知是經義, 不可思議, 果報亦不可思議〕"입니다. 과보는 어떤 불가사의에 이르게 할까요? 여러분을 성불할 수 있게 합니다. 이것이 성불의 지름길입니다.

제17품
궁극의 경지엔 내가 없다

第17品・究竟無我分

爾時, 須菩提白佛言, "世尊! 善男子, 善女人, 發阿耨多羅三藐三菩提心, 云何應住? 云何降伏其心?"

佛告須菩提, "善男子, 善女人, 發阿耨多羅三藐三菩提心者, 當生如是心. 我應滅度一切衆生, 滅度一切衆生已, 而無有一衆生實滅度者. 何以故? 須菩提! 若菩薩有我相人相衆生相壽者相, 卽非菩薩. 所以者何? 須菩提! 實無有法, 發阿耨多羅三藐三菩提心者. 須菩提! 於意云何? 如來於燃燈佛所, 有法得阿耨多羅三藐三菩提不?"

"不也, 世尊! 如我解佛所說義, 佛於燃燈佛所, 無有法得阿耨多羅三藐三菩提."

佛言, "如是! 如是! 須菩提! 實無有法, 如來得阿耨多羅三藐三菩提. 須菩提! 若有法, 如來得阿耨多羅三藐三菩提者, 然燈佛卽不與我授記, 汝於來世, 當得作佛, 號釋迦牟尼. 以實無有法, 得阿耨多羅三藐三菩提, 是故然燈佛, 與我授記, 作是言, 汝於來世, 當得作佛, 號釋迦牟尼. 何以故? 如來者, 卽諸法如義. 若有人言, 如來得阿耨多羅三藐三菩提, 須菩提! 實無有法, 佛得阿耨多羅三藐三菩提. 須菩提! 如來所得阿耨多羅三藐三菩提, 於是中無實無虛. 是故如來說一切法, 皆是佛法. 須菩提! 所言一切法者, 卽非一切法, 是故名一切法. 須菩提! 譬如人身長大."

須菩提言, "世尊! 如來說人身長大, 卽爲非大身, 是名大身."

"須菩提! 菩薩亦如是. 若作是言, 我當滅度無量衆生, 卽不名菩薩. 何以故? 須菩提! 實無有法名爲菩薩. 是故佛說一切法, 無我無人無衆生無壽者. 須菩提! 若菩薩作是言, 我當莊嚴佛土, 是不名菩薩. 何以故? 如來說莊嚴佛土者, 卽非莊嚴, 是名莊嚴. 須菩提! 若菩薩通達無我法者, 如來說名眞是菩薩."

그때 수보리가 부처님께 아뢰었다. "세존이시여! 선남자 선여인이 아누다라삼막삼보리의 마음을 일으켰다면, 어떻게 머물러야 하며, 어떻게 그 마음을 항복시켜야 합니까?"

부처님께서 수보리에게 말씀하셨다. "선남자 선여인이 아누다라삼먁삼보리의 마음을 일으켰다면 마땅히 이런 마음이 생길 것이다. 내가 마땅히 일체 중생을 제도하리라. 일체 중생을 제도하면 그만일 뿐, 실제로 어떤 중생도 제도한 자가 없으리라. 왜 그러냐 하면 수보리여! 만약 보살에게 아상·인상·중생상·수자상이 있다면 보살이 아니기 때문이다. 왜 그런가 하면 수보리여! 실로 아누다라삼먁삼보리의 마음을 일으킬 어떤 법도 없기 때문이다. 수보리여! 그대 생각은 어떤가? 여래가 연등불 계시던 곳에서 어떤 법이 있어 아누다라삼먁삼보리를 얻었겠는가?"

"아닙니다, 세존이시여! 제가 부처님 말씀을 이해한 바로는, 부처님께서 연등불 계시던 곳에서 아무 법도 없이 아누다라삼먁삼보리를 얻으셨습니다."

부처님께서 말씀하셨다. "그렇다! 바로 그렇다! 수보리여! 실로 아무 법도 없이 여래는 아누다라삼먁삼보리를 얻었다. 수보리여! 만약 어떤 법이 있어 여래가 아누다라삼먁삼보리를 얻었다면, 연등불께서 나에게, 그대는 내세에 마땅히 부처가 되어 석가모니라 불릴 것이다라고 수기를 내리시지 않았을 것이다. 실로 어떤 법도 없이 아누다라삼먁삼보리를 얻었기 때문에 연등불께서 나에게 수기를 내리시면서, 그대는 내세에 마땅히 부처가 되어 석가모니라 불릴 것이다라고 말씀하신 것이다. 왜냐하면 여래란 곧 모든 법과 같기 때문이다. 만약 어떤 사람이 여래가 아누다라삼먁삼보리를 얻었다 말하더라도, 수보리여! 실로 어떤 법도 없이 부처는 아누다라삼먁삼보리를 얻었다. 수보리여! 여래가 얻은 아누다라삼먁삼보리는 아무것도 얻은 것이 없지만 공허한 것은 아니다. 이런 까닭에 여래는, 일체의 법이 모두 불법이라 말하는 것이다. 수보리여! 일체의 법은 일체의 법이 아니다. 그러므로 이름이 일체의 법이다. 수보리여! 비유컨대 사람의 몸이 큰 것과 같다."

수보리가 말했다. "세존이시여! 여래께서 몸이 크다고 하면 큰 몸이 아니며, 그것의 이름이 큰 몸입니다."

"수보리여! 보살 또한 이와 같다. 만약 내가 마땅히 무수한 중생을 제도하리라 하고 말한다면 보살이라 할 수 없다. 왜냐하면 수보리여! 실로 아무것도 없는 것을 일러 보살이라 하기 때문이다. 이런 까닭에 부처는, 일체의 법에 아·인·중생·수자가 없다고 말한다. 수보리여! 만약 보살이 내가 마땅히 장엄한 불토를 가진다고 말한다면, 이를 보살이라 부르지 않는다. 왜냐하면 여래가 말하는 장엄한 불토는 장엄한 것이 아니라 이름이 장엄이다. 수보리여! 만약 보살이 무아법에 통달했다면, 여래가 말한 이름은 진정으로 보살일 것이다."

이제 『금강경』 제17품에 이르렀습니다. 양(梁)의 소명태자는 『금강경』을 연구하고서 이것을 32품으로 나누었는데, 이제 16품까지 설명 했으니 꼭 반인 셈입니다. 반(半)이란 곧 반 근(斤)이요, 반 근은 여덟 냥 (兩)이니까 2×8=16, 곧 16씩 반반이 됩니다. 16품까지 모두 설명하고 나면 나머지 16품이 남으니 다시 새 출발을 합니다. 이 분류에는 그 나름의 이치가 내재되어 있으니 주의하지 않을 수 없습니다. 이것은 요즘 우리가 책을 쓰면서, 신 나게 써 나가다가 어느 정도에서 번호를 매겨 임의로 표시하는 그런 방식과는 다릅니다. 여기서의 방법은 『역경』의 수리 철학과도 같은 것으로, 그것과 밀접한 관계가 있습니다. 그러므로 지금의 17품은 한 바퀴를 돌아서 다시 새롭게 시작하는 것입니다.

무슨 원을 발하는가

그때 수보리가 부처님께 아뢰었다. "세존이시여! 선남자 선여인이 아누다라삼먁삼보리의 마음을 일으켰다면, 어떻게 머물러야 하며, 어떻게 그 마음을 항복시켜야 합니까?"

爾時, 須菩提白佛言, "世尊! 善男子, 善女人, 發阿耨多羅三藐三菩提心,
이시   수보리백불언   세존   선남자   선여인   발아누다라삼먁삼보리심
云何應住? 云何降伏其心?"
운하응주   운하항복기심

보십시오, 다시 돌아갔습니다! 다시 이전의 문제입니다. 수보리 역시 우리처럼 꽤나 말 많은 사람인 모양입니다!『금강경』의 첫머리에서 그는 부처님께 이 두 가지 문제를 물었습니다. 부처님이 지금에 이르도록 줄곧 그에게 설명해 왔는데도 이 양반은 우리와 마찬가지로 묻습니다. 선생님, 아직 잘 모르겠는데요! 수보리는 말합니다. "불법을 배우는 사람이 이제 막 대승심을 일으켜 성불하고자 하는데, 즉 명심견성(明心見性)하여 도를 깨닫고자 하는데, 그 마음이 정(定)에 이르지 못하니 어떻게 하면 머물게 할 수 있을까요? 또 어디에 머물러야 할까요? 온갖 생각과 번뇌가 끊이지 않으니 어떻게 그것을 항복시킬 수 있을까요?" 여전히 이 문제입니다. 보십시오, 얼마나 웃깁니까! 가령 이것이 불경이 아니라 하나의 극본이라면 이 배우는 꽤나 수다스럽지 않습니까!

부처님께서 수보리에게 말씀하셨다. "선남자 선여인이 아누다라삼먁삼보리의 마음을 일으켰다면 마땅히 이런 마음이 생길 것이다. 내가 마땅히 일체 중생을 제도하리라. 일체 중생을 제도하면 그만일 뿐, 실제로 어떤 중생도 제도한 자가 없으리라. 왜 그러냐 하면 수보리여! 만약 보살에게 아상, 인상, 중생상, 수자상이 있다면 보살이 아니기 때문이다."

佛告須菩提, "善男子, 善女人, 發阿耨多羅三藐三菩提心者, 當生如是心.
불고수보리   선남자   선여인   발아누다라삼먁삼보리심자   당생여시심

我應滅度一切衆生, 滅度一切衆生已, 而無有一衆生實滅度者.
아응멸도일체중생 멸도일체중생이 이무유일중생실멸도자
何以故? 須菩提! 若菩薩有我相人相衆生相壽者相, 卽非菩薩.
하이고 수보리 약보살유아상인상중생상수자상 즉비보살

늘 하는 이야기지만 여기서는 색다른 점이 있습니다! 이 이야기 속에는 뼈가 들어 있습니다. 『금강경』의 첫머리에서 부처님은 수보리에게 이 문제에 대한 대답으로서 "선호념(善護念)" "응여시주(應如是住)"를 제시한 바 있습니다. 여기서의 대답은 다릅니다. 부처님은 수보리에게 말합니다. 이제 막 불법을 배우려는 사람, 대철대오해서 아누다라삼먁삼보리의 마음을 발하려는 사람은 마땅히 이런 마음이 생긴다〔當生如是心〕는 것입니다. "여시심(如是心)"이란 어떤 마음일까요? 바로 불교에서 말하는 발원(發願)입니다. 뜻을 세우는 것입니다. 발원은 곧 입지(立志)입니다. 입지는 무엇을 하겠다는 것일까요? 세상의 일체 중생, 고뇌에 시달리는 일체 중생을 모두 구해 멸도시키겠다는 것입니다〔我應滅度一切衆生〕.

멸도(滅度)란 무엇일까요? 고통에서 벗어나 즐거움을 얻게 하여 열반에 이르도록 하는 것입니다. 소위 열반의 경계라는 것은 고통에서 벗어나 즐거움을 얻는 것으로서, 멸도는 바로 이런 의미입니다. 멸도를 목을 쳐서 죽인다는 뜻으로 생각해서는 안 됩니다. 이건 곤란합니다! 멸도란 열반을 번역한 것으로서 어떤 상태, 즉 적멸(寂滅)의 청정한 경계로 들어가는 것을 묘사한 것입니다. 바로 고개를 돌리면 곧 피안이라고 하는 그 '피안'입니다. 이 경계 역시 일체의 고통을 벗어나는 것으로서, 여기에 이르면 더할 수 없는 즐거움을 얻게 됩니다. 불법을 배우고자 하는 제1의 동기는 바로 이런 마음을 갖기 위함입니다.

그다음은 "일체 중생을 제도하면 그만일 뿐, 실제로 어떤 중생도 제도한 자가 없다〔滅度一切衆生已, 而無有一衆生實滅度者〕"라는 것으로, 여러분이

일체 중생을 멸도시켰다 하더라도 마음속으로 내가 이미 저 많은 사람들을 멸도시켰다는 생각을 가져서는 절대 안 된다는 것입니다. 이런 마음이 든다면 잘못된 것입니다. 엊그저께 한 학생이, 자기 어머니는 자식을 열여섯 명이나 낳았다고 했습니다. 제가 그랬지요. 참으로 위대한 분이시라고요. 그렇지만 열여섯 명이나 낳으면 뭘 합니까? 마지막에는 아무도 살아 있지 못할 텐데요! 결국 한 명도 낳지 않은 것이나 마찬가지입니다. 어떻게 해서 왔든 다시 돌아가야 합니다. 그렇지 않습니까? 어떤 사람이든 빈손으로 와서 빈손으로 돌아갑니다. 올 때는 몹시 언짢아 태어나자마자 한바탕 울어 대지만, 갈 때는 스스로 울 수도 없어 다른 사람이 대신 울어 줍니다. 더욱 묘한 것은 어린아이가 태어날 때 주먹을 꼭 쥐고 나온다는 사실입니다. 누구든 모두 꽉 쥐려고 합니다. 평생을 그렇게 쥐려고 하지만 죽음이 코앞에 닥치면 별수가 없지요. 손을 놓아 버릴 수밖에요. 보통 사람의 인생은 이런 경계입니다. 평생 동안 사업을 하고 자녀를 무더기로 낳아도, 최후에는 실로 멸도할 만한 것이라곤 하나도 없습니다. 마찬가지로 가지고 갈 수 있는 것 또한 하나도 없습니다.

부처님은 말합니다. 인생의 이 이치를 잘 이해한다면, 불법을 배우려는 사람은 일체 중생을 제도하겠다는 발심(發心)을 해야 합니다. 이 세상의 일체 중생을 구해야 합니다. 그렇지만 마음속에는 아무것도 남는 것이 없어야 합니다. 당연히 해야 할 일을 했을 뿐입니다. 이것이 바로 보살도요, 보살의 발심입니다. 만약 오늘 다른 사람을 도와주고서 그것을 마음에 새겨 그 사람에게 감사를 바란다면 그걸로 끝장입니다. 그러고서는 불법을 배워도 잘 안 된다느니, 처세조차도 잘 안 된다느니 해서는 곤란합니다. 그러므로 불법을 배우는 사람은 이렇게 발심해야 합니다.

"무엇 때문인가?" 부처님은 수보리에게 말합니다. "불법을 배우고 보살도를 닦으려는 사람에게 스스로 숭고하다거나 위대하다거나 훌륭하다거나 하는 생각이 조금이라도 있다면, 그는 이미 아상·인상·중생상·수자상에 집착한 것이다." 부처님은 말합니다. 이런 사람이라면 이미 끝난 것이다! 즉 보살이 아니라는 겁니다. 이런 사람은 불법을 배우는 사람이라 할 수 없으며, 진정으로 보살도를 행하는 사람이 아닙니다. 중국 문화에서도 역시 대공무사(大公無私), 즉 무아상(無我相)·무인상(無人相)·무중생상(無衆生相)·무수자상(無壽者相)을 말합니다. 천하의 창생을 모두 구하면서도 마음속에 어떤 것도 남지 않습니다. 이렇게 해야만 비로소 대공무사요, 보살입니다. 그렇지 않다면 보살이 아니라고 부처님은 말합니다.

연등불에게서 얻은 것이 무엇인가

"왜 그런가 하면 수보리여! 실로 아누다라삼먁삼보리의 마음을 일으킬 어떤 법도 없기 때문이다."

"所以者何? 須菩提! 實無有法, 發阿耨多羅三藐三菩提心者."
소 이 자 하   수 보 리   실 무 유 법   발 아 누 다 라 삼 먁 삼 보 리 심 자

"무슨 이유 때문인가?" 부처님이 수보리에게 말합니다. "그대들은 날이면 날마다 오도(悟道)니 명심견성(明心見性)이니 대철대오(大徹大悟)니 하는 것들을 바라지만, 내가 그대들에게 이르노니 어떤 법(法)도, 어떤 것도 도(道)라 부를 만한 것이 없다!" 대철대오란 곧 어떤 것도 없다는 사실을 깨닫는 것입니다. 배울 만한 법이 있다거나 얻을 만한 도가 있다고 생각한다면 잘못된 것입니다. 이렇게 생각한다면 이미 아상·인상·중생상·수자상에 사로잡힌 것으로, 보살이 아닙니다. 그러므로 선종의 육조(六祖) 혜능대사(慧能大師)는 깨달음을 얻고서 다음과 같은 게송을 읊었습니다.

보리엔 본래 나무가 없고
맑은 거울 역시 틀이 없다
본래 아무것도 없으니
어디서 먼지인들 일어나리

菩提本無樹　明鏡亦非臺
보 리 본 무 수　명 경 역 비 대
本來無一物　何處惹塵埃
본 래 무 일 물　하 처 야 진 애

바로 이 이치입니다. 어떤 법(法)도 여러분에게 아누다라삼먁삼보리의 마음을 갖게 할 수 없습니다.

"수보리여! 그대 생각은 어떤가? 여래가 연등불 계시던 곳에서 어떤 법이 있어 아누다라삼먁삼보리를 얻었겠는가?"

"아닙니다, 세존이시여!"

"須菩提！於意云何？如來於然燈佛所，有法得阿耨多羅三藐三菩提不？"
수 보 리　어 의 운 하　여 래 어 연 등 불 소　유 법 득 아 누 다 라 삼 먁 삼 보 리 부
"不也, 世尊！"
불 야　세 존

부처님이 수보리에게 묻습니다. "내가 이전에 연등불 밑에서 깨달음을 얻었을 때, 그대는 한번 생각해 보게나. 그때 내가 진정 어떤 것을 얻었다고 생각하는가? 진정 아누다라삼먁삼보리에는 크고 작음이 있겠는가?" 이 아누다라삼먁삼보리란 도대체 어떤 것이겠습니까? 부처님은 말합니다. "한번 생각해 보게. 내가 진정 어떤 것을 얻었겠는가?" 수보리가 대답합니다. "아닙니다, 세존이시여!" 수보리는 아주 간절하게 대답합니다. "제가 알기로 깨달음을 얻으시던 그때 부처님께서는 아무것도 얻으신 바

가 없습니다." 이것이 바로 진정한 깨달음입니다.

"제가 부처님 말씀을 이해한 바로는, 부처님에서 연등불 계시던 곳에서 아무 법도 없이 아누다라삼먁삼보리를 얻으셨습니다."

"如我解佛所說義, 佛於然燈佛所, 無有法得阿耨多羅三藐三菩提."
여 아 해 불 소 설 의   불 어 연 등 불 소   무 유 법 득 아 누 다 라 삼 먁 삼 보 리

수보리가 말합니다. "만약 제가 이해한 것이 틀리지 않다면, 제가 그렇게 오랫동안 부처님을 모시면서 부처님께서 설하신 불법을 잘 이해한 바에 의하면, 연등불과 함께하시던 그때 부처님께서는 아누다라삼먁삼보리니 대철대오니 하는 것들을 결코 얻으신 적이 없습니다." 수보리의 대답은 아주 분명합니다. 그렇지만 수보리는, 자기가 아직 도(道)를 증득하지 못했기에 자신의 견해는 이러한데 과연 그러한지를 되묻습니다.

부처님에서 말씀하셨다. "그렇다! 바로 그렇다!"

佛言, "如是! 如是!"
불 언   여 시   여 시

부처님이 대답합니다. "바로 그렇다! 바로 그렇다!〔如是! 如是!〕" 그렇다는 것이 도대체 어떤 것일까요? 여러분이 진정 선종을 배우고자 한다면, "여시! 여시!〔如是! 如是!〕"가 바로 화두입니다. 여러분이 이것을 들고 수행해서 통하기만 하면 됩니다. 날마다 "여시! 여시!"만 붙들고 있으면 됩니다. 그렇지만 유여시(柳如是)를 붙들고 있어서는 안 됩니다. 유여시는 명나라 말엽의 이름난 기생으로, 성이 유(柳) 씨인데 이름은 『금강경』의 '여시(如是)'에서 따온 것입니다. "여시"란 부처님이 말한 것입니다. 부처님

은 이처럼 여러분에게 화두를 던집니다. "여시"가 바로 대철대오입니다.

"수보리여! 실로 아무 법도 없이 여래는 아누다라삼막삼보리를 얻었다."

須菩提! 實無有法, 如來得阿耨多羅三藐三菩提.
수 보 리   실 무 유 법   여 래 득 아 누 다 라 삼 먁 삼 보 리

분명하게 말씀드리자면 진정한 불법은 결코 어떤 고정된 것이 아닙니다. 만약 여러분이 어떤 고정된 것을 얻었다면, 그건 잘못된 것입니다. 실제로 아무것도 없습니다. 신체 또한 없으며, 감각조차도 없습니다. 오온(五蘊)이 모두 공(空)이니 빛도 없고 색깔도 없으며, 일체가 모두 얻을 수 없는 것입니다.

"수보리여! 만약 어떤 법이 있어 여래가 아누다라삼막삼보리를 얻었다면, 연등불께서 나에게, 그대는 내세에 마땅히 부처가 되어 석가모니라 불릴 것이다라고 수기를 내리시지 않았을 것이다."

須菩提! 若有法, 如來得阿耨多羅三藐三菩提者, 然燈佛卽不與我授記.
수 보 리   약 유 법   여 래 득 아 누 다 라 삼 먁 삼 보 리 자   연 등 불 즉 불 여 아 수 기
汝於來世, 當得作佛, 號釋迦牟尼.
여 어 내 세   당 득 작 불   호 석 가 모 니

부처님이 말합니다. "가령 불법이 최고도에 이르러 어떤 법을 얻을 수 있었다면, 다시 말해 내가 도를 깨쳤을 때 어떤 것을 얻을 수 있었다면, 내 스승이었던 연등불께서 내가 장래의 세상에서 대철대오할 것이라 말하며 그 자리에서 수기(授記)를 내리시지 않았을 것이다!"

수기란 불교 용어입니다. 깨달음을 얻은 옛 부처님들은 제자가 도를 깨치면 그 앞에 서서 소위 관정(灌頂)이라 하여 정수리를 어루만지면서 수기

를 내립니다. 이는 예언을 하는 것입니다. 얼마만큼의 세월이 흐른 후 그대는 어떤 세계에서 성불할 것이다, 이렇게 밝히는 것입니다. 이것이 바로 수기입니다.

연등불이 왜 수기했을까

"실로 어떤 법도 없이 아누다라삼먁삼보리를 얻었기 때문에 연등불께서 나에게 수기를 내리시면서, 그대는 내세에 마땅히 부처가 되어 석가모니라 불릴 것이다라고 말씀하신 것이다."

"以實無有法, 得阿耨多羅三藐三菩提, 是故然燈佛, 與我授記, 作是言,
이 실 무 유 법   득 아 누 다 라 삼 먁 삼 보 리   시 고 연 등 불   여 아 수 기   작 시 언
汝於來世, 當得作佛, 號釋迦牟尼."
여 어 내 세   당 득 작 불   호 석 가 모 니

석가모니가 연등불 밑에서 깨달음을 얻었을 때, 실제로 그는 아무것도 얻은 것이 없었습니다. 그래서 연등불이 당시 그에게, "그대는 장래에 사바세계에서 성불할 것이니, 명호(名號)를 석가모니라 할 것이다"라고 하면서 수기를 내린 것입니다. 우리는 늘 이렇게 말합니다. "무언가를 얻으려는 마음으로 아무것도 얻을 것이 없는 열매를 구하지 마라![不要以有所得之心, 求無所得之果]" 여러분은 불법을 배우면서 모두 무언가를 얻으려는 마음을 갖고 아무것도 얻을 것이 없는 열매를 구하고자 합니다. 이것은 근본적으로 잘못입니다. 부처님은 말합니다. "당시 나는 아무것도 얻을 것이 없는 경계를 얻었기에 아무것도 얻은 것이 없었고, 그래서 연등불께서 나에게 수기를 내리신 것이다." 좋습니다. 이제 문제가 드러났습니다.

"왜냐하면 여래란 곧 모든 법과 같기 때문이다."

"何以故? 如來者, 卽諸法如義."
하 이 고   여 래 자   즉 제 법 여 의

이것이 핵심입니다! 불법을 배우는 사람이라면 반드시 새겨들어야 합니다! 우리 불법을 배우는 사람들은 모두 불상 앞에서 절을 합니다. 매일 절을 하면서 여래께서 우리를 돌봐 주기를 바랍니다. 그런데 부처님을 여래(如來)라고도 하는데, 왜 한문으로 여래(如來)라고 번역했을까요? 이 번역은 참으로 묘합니다. 여래(如來)란 올 것 같다는 말입니다. 그렇지 않습니까? '여(如)'는 무엇과 같다는 뜻이니, 여래(如來)는 올 것 같다는 의미입니다. 그러나 근본적으로 오지 않았습니다. 그렇다고 오지 않았다고 말할 수 있을까요? 우리가 텔레비전을 볼 때 나오는 스타는 우리 앞에 온 것일까요, 아닐까요? 실제로 그는 오지 않았습니다. 그는 여래(如來)입니다. 마치 와 있는 것 같습니다. 여러분이 전화를 걸 때 상대는 여러분의 귓전에 와 있는 것일까요? 그는 오지 않았습니다. 그는 여래(如來)입니다. 마치 와 있는 것 같습니다. 그렇다면 여래는 어디에 있을까요? 부처님은 어디에 있을까요? 부처님은 바로 여기에 있습니다. 부처님을 다른 데서 찾을 필요 없습니다. 바로 우리의 마음속에, 우리의 몸과 마음 안팎에 수시로 부처님이 있습니다. 스스로 찾아낼 수만 있다면 곧 부처님을 볼 수 있습니다. 여래 또한 볼 수 있습니다.

이것을 어떻게 해석해야 할까요? "여래란 곧 모든 법과 같다[如來者, 卽諸法如義]", 이 구절이 가장 중요합니다. 불법을 배우는 사람은 반드시 마음에 새겨 두어야 합니다. 불법을 배우는 사람은 누구든 종교성을 띠게 됩니다. 부처님이 어디에 있습니까? 부처님은 불당에 있습니다. 부처님이 어디에 있습니까? 부처님은 절에 있습니다. 어떤 사람은 부처님이 서쪽 하늘〔西天〕에 있다고도 합니다. 이건 엉터리입니다. 부처님은 어디에 있습니까? 부처님은 바로 여러분이 있는 그곳에 있습니다. 세상의 일체법이 모두 불법으로서, 어떤 법도 불법 아닌 것이 없습니다. 세상의 어떤 법도 『중용』에서 말하듯, "부부의 어리석음으로도 그것을 알 수 있는〔夫婦之愚, 可以與知焉〕" 그런 것입니다. 이것이 바로 여래로서, 누구든 알 수 있습니다. 어느 때 어느 곳이든, 어떤 티끌 속이든, 깨끗한 곳이든 더러운 곳이든, 부처님은 도처에 모습을 드러내고 있습니다. 이것이 바로 여래입니다. 이 때문에 "제법여의(諸法如義)"라고 한 것입니다. 이 점을 특별히 주의하시기 바랍니다.

"만약 어떤 사람이 여래가 아누다라삼먁삼보리를 얻었다 말하더라도, 수보리여! 실로 어떤 법도 없이 부처는 아누다라삼먁삼보리를 얻었다."

"若有人言, 如來得阿耨多羅三藐三菩提, 須菩提! 實無有法, 佛得阿耨多羅三藐三菩提."
약유인언 여래득아누다라삼먁삼보리 수보리 실무유법 불득아누다라삼먁삼보리

부처님은 말합니다. "어떤 사람은 내가 보리수 아래에 일곱 날을 있으면서 도(道)를 이루어 아누다라삼먁삼보리를 증득했다고 말한다. 수보리여! 그대에게 말하지만 진정으로 개오(開悟)한 그날, 나는 아무것도 얻은 것이 없었다. 그렇기 때문에 대철대오라 하고, 오도(悟道)라 한다."

"수보리여! 여래가 얻은 아누다라삼먁삼보리는 아무것도 얻은 것이 없지만 공허한 것은 아니다."

"須菩提! 如來所得阿耨多羅三藐三菩提, 於是中無實無虛."
수보리 여래소득아누다라삼먁삼보리 어시중무실무허

아무것도 얻을 것이 없다면 무엇 하러 불법을 배웁니까! 우리 자신 또한 본래 아무것도 얻은 것이 없지 않습니까! 사람들은 모두 불법을 배우는 것이 공(空)을 배우는 것이라 말하니, 여러분도 그렇게 머리를 써 가며 생각할 필요가 없습니다. 만약 머리를 써 가며 생각해야 한다면, 공을 배울 필요가 뭐 있겠습니까? 자기 자신이 본래 공입니다! 굳이 쫓아다니며 공을 찾을 필요가 있겠습니까? 그렇지 않습니까? 만약 불법이 유(有)를 배우는 것이라 한다면 쫓아다니며 이것저것 배우는 것도 그 나름의 의미가 있겠지만, 공(空)을 배우기 위해 그렇게 먼 길을 쫓아다니고 산 위로 올라가며 절까지 가서 찾으니 그 절 역시 공은 아닐 겁니다! 공을 배우면서 그렇게 찾아다닐 필요가 뭐 있겠습니까? 본래가 바로 공입니다. 그렇지만 부처님은 말합니다. 공(空)을 배우는 것도 아니요, 유(有)를 배우는 것도 아니라고요. "무실무허(無實無虛)", '무실(無實)'은 곧 공(空)이요 '무허(無虛)'는 곧 유(有)입니다. 바로 다른 경전에서 말하는 "비공비유(非空非有)" "즉공즉유(卽空卽有)"입니다. 『금강경』에서는 이런 표현을 쓰지 않았을 뿐입니다.

일체가 모두 불법이다

"이런 까닭에 여래는, 일체의 법이 모두 불법이라 말하는 것이다."

"是故如來說一切法, 皆是佛法."
시 고 여 래 설 일 체 법 개 시 불 법

일체의 법이 모두 불법입니다. 어떤 법도 불법 아닌 것이 없습니다. 어떤 사람은 불법을 배운 후 너무 옹졸해져서 오직 부처님께 귀의할 뿐 사마

외도(邪魔外道)〔정당하지 못한 길〕는 거들떠보지도 않습니다. 제가 언젠가 시골에 갔을 때 토지묘(土地廟) 하나를 보았는데, 진흙으로 빚은 토지공(土地公)이 모셔져 있길래 공손히 절을 했습니다. 그랬더니 사람들이 저에게, 당신은 불법을 배우는 사람인데 어째서 절까지 하느냐고 했습니다. 저는 그런 것은 상관하지 않는다고 했습니다. 살아서 좋은 사람이었으니 죽어서도 토지공이 된 게 아니겠습니까? 저야 반드시 좋은 사람이라고는 할 수 없으니 죽어서 그 토지공이 저를 관리할지도 모르지 않습니까? 그러니 미리 좋은 인연이라도 맺어 두는 게 아무래도 낫겠지요! 여러분이 불법을 배우고 삼보(三寶)에 귀의하는 것은 훌륭한 일입니다. 그렇지만 여러분 자신이 바로 살아 있는 보물〔活寶〕입니다! 이건 농담이 아닙니다.

진정한 불법은 세속적인 것이든 탈속적인 것이든 일체를 공경하는 것입니다. 이것이 바로 부처님의 정신입니다. 부처님은 사람을 업신여기지 않습니다. 단지 바르게 배워야 한다는 것을 가르칠 뿐입니다. 부처님은 경전에서 말합니다. "일체의 성현은 모두 무위로 법을 삼으나 차별이 있다〔一切賢聖, 皆以無爲法, 而有差別〕"라고요. 여기서는 다시 말합니다. "일체의 법이 모두 불법이다〔一切法, 皆是佛法〕"라고요. 바로 부처님이 한 말입니다! 제가 한 말이 아닙니다. 그러므로 이 종교 저 종교, 이 파(派) 저 파를 따지는 옹졸한 마음으로는 근본적으로 불법을 배울 수 없습니다.

저는 기독교 예배당에 가서도 마찬가지로 공경을 다합니다. 예수가 얼마나 훌륭한 사람입니까? 예수는 사람들에게 좋은 일을 하라고 했습니다. 유럽 인이든 미국인이든 백인종이든 모두 좋은 일을 하라고 했습니다. 훌륭한 분이시여! 자, 여러분! 줄 맞춰 앉으시고, 위로 올라앉으십시오. 과일도 좀 드십시오. 자, 여러분! 인사드립시다. 예수의 나이는 우리보다도 훨씬 많습니다. 천 살도 더 많습니다! 불법을 배우는 사람이라면 제일 먼저 가슴이 넓어야 합니다. 그러므로 불법을 배우는 사람은 먼저 항시 미소를 지으며 말하는 보살의 크나큰 도량부터 배워야 합니다. 배포를 좀 더 키워서 만상(萬象)을 포용해야 합니다. 무엇이든 다 좋고, 무엇이든 다 옳습니다. 일체의 법이 모두 불법입니다. 먼저 부처님의 가슴부터 배워야 합니다. 어떤 사람을 대하더라도 항시 자비로운 미소를 잃지 않아야 합니다. 이것이 바로 불법입니다.

"수보리여! 일체의 법은 일체의 법이 아니다. 그러므로 이름이 일체의 법이다."

"須菩提! 所言一切法者, 卽非一切法, 是故名一切法."
수보리 소언일체법자 즉비일체법 시고명일체법

부처님은 다시 한 번 뒤집습니다! 무엇을 일체의 법이라 하는가? 일체의 법은 모두 공(空)이다! 우리는 방금 말했습니다. 그에게 공경을 표할 뿐이라고요. 공경을 표하는 것 역시 공입니다! 그러므로 일체의 법은 일체의 법이 아닙니다. 이것은 관념상의 문제입니다. 관념상으로는 하나의 법이 있다고 하면 곧 있는 것이고, 공이라 하면 곧 공인 것입니다. 이 때문에 "일체의 법은 일체의 법이 아니요, 그러므로 이름이 일체의 법이다(所言一切法者, 卽非一切法, 是故名一切法)"라고 한 것입니다.

어떤 것도 없는 보살

"수보리여! 비유컨대 사람의 몸이 큰 것과 같다."
수보리가 말했다. "세존이시여! 여래께서 몸이 크다고 하면 큰 몸이 아니며, 그것의 이름이 큰 몸입니다."

"須菩提! 譬如人身長大."
　수보리　 비여인신장대

須菩提言, "世尊! 如來說人身長大, 卽爲非大身, 是名大身."
　수보리언　　세존　여래설인신장대　즉위비대신　시명대신

부처님은 수보리에게 묻습니다. "가령 어떤 사람이 키도 아주 크고 몸집도 장대하다면〔譬如人身長大〕", 부처님이 이렇게 말을 꺼내자 수보리가 곧이어 대답합니다. "알겠습니다. 어르신께서 말씀하신 바, 어떤 사람이 키가 크고 몸집이 장대하다는 것은 실제로 그 사람을 묘사한 것입니다! 그 사람이 그렇게 크고 장대한 것을 본 적이 없습니다." 부처님은 수보리의 말을 듣고서 다시 말합니다.

"수보리여! 보살 또한 이와 같다. 만약 내가 마땅히 무수한 중생을 제도하리라 하고 말한다면 보살이라 할 수 없다."

"須菩提! 菩薩亦如是. 若作是言. 我當滅度無量衆生, 卽不名菩薩."
　수보리　보살역여시　약작시언　아당멸도무량중생　즉불명보살

"그렇다네." 부처님은 수보리의 대답이 옳다고 하고서 불법을 배우는 사람 역시 그래야 한다고 말합니다. 가령 불법을 배우는 사람이 다가와서 한참을 "나무아미타불, 나무아미타불!" 외고서는 "자, 절하시오! 나에게 고마워해야 합니다! 내가 그대를 위해 염불하여 그대를 제도하리라!", 이렇게 말한다면 이 사람은 보살이 아닙니다. 여러분은 그를 염두에 둘 필요도 없습니다. 그의 불법은 옳지 않기 때문입니다. 진정으로 보살도를 행하고 중생을 구제하며 다른 사람을 돕는 사람에게는 마음속에 다른 사람을 제도한다는 생각이 조금도 없습니다. 만약 그런 생각이 있다면 이미 계(戒)를 범한 것입니다. 보시의 계를 범한 것입니다. 절대 이런 생각을 가져서

는 안 됩니다. 그러므로 천하의 중생을 모두 제도하고 천하의 창생을 모두 구하는 사람에게는 마음속에 조금도 사사로운 생각이 없으며, 조금도 자기가 숭고하다는 생각이 없습니다.

"왜냐하면 수보리여! 실로 아무것도 없는 것을 일러 보살이라 하기 때문이다. 이런 까닭에 부처는, 일체의 법에 아·인·중생·수자가 없다고 말한다."

"何以故? 須菩提! 實無有法名爲菩薩. 是故佛說一切法,
하 이 고 수 보 리 실 무 유 법 명 위 보 살 시 고 불 설 일 체 법
無我無人無衆生無壽者."
무 아 무 인 무 중 생 무 수 자

진정한 대보살은 부처님과 마찬가지로 결코 어떤 것도 얻는 바가 없습니다. 그에게 법보(法寶)가 있다고 말하는 것은 세속적인 생각이며 공리주의적 관점입니다. 그를 왜 보살이라 하겠습니까? 그가 변화무쌍하고 광대하며, 일체의 것에 집착하지 않고, 일체의 것에 머물지 않기 때문입니다. 진정한 보살은 아상, 인상, 중생상, 수자상이 없습니다.

"수보리여! 만약 보살이 내가 마땅히 장엄한 불토를 가진다고 말한다면, 이를 보살이라 부르지 않는다."

"須菩提! 若菩薩作是言. 我當莊嚴佛土, 是不名菩薩."
수 보 리 약 보 살 작 시 언 아 당 장 엄 불 토 시 불 명 보 살

부처님은 수보리와 동일하게 말합니다. 가령 불법을 배우는 사람이, "내가 만약 성불한다면, 내 불국천당(佛國天堂)은 지금의 일류 관광호텔보다도 더 멋있을 것이다! 아미타불의 국토라 하더라도 이보다는 못할 것이다!" 하고 말했다고 합시다.

불경에서는 유리로 바닥을 만들었다고 하니 아마도 대리석으로 만든 것만큼 아름답지는 못할 겁니다. 불경에서 말하는 '칠보행수(七寶行樹)'〔극락정토를 뒤덮고 있는 칠보로 된 나무. 이 나무는 순금, 백은, 유리, 수정, 호박, 옥, 마노 중 한 가지 보물로 된 것도 있고 여러 보물로 이루어진 것도 있음. 나무가 반듯하게 정돈되어 있어서 장엄의 극치를 이루며, 바람이 불면 아름다운 소리가 나서 어떤 음악도 이에 비할 바가 없다고 함〕라도, 현대 과학을 이용해 꾸며 놓는다면 그보다 훨씬 더 아름답게 만들 수 있을 겁니다. 가령 내가 성불했다면, 반드시 아미타불의 국토보다도 더 아름답게 만들어서 아미타불을 모셔다 놓고 한번 비교해 볼 겁니다.

어떤가요? 이것이 보살심이겠습니까? 이런 것은 보살심이 아닙니다. 여기서 부처님은 성불하면 어떤 사람이라도 모두 그의 불국(佛國)을 갖는다는 것을 말합니다. 소위 "장엄불토(莊嚴佛土)"란 물질적으로 장엄한 것이 아니라 마음이 장엄한 것입니다. 마음이 선하고, 공덕이 원만하며, 생각이 청정해야만 비로소 진정으로 장엄하다 할 수 있습니다. 그러므로 만약 장엄한 것에 대한 어떤 생각이 있다면, 그것은 이미 보살심이 아닙니다.

"왜냐하면 여래가 말하는 장엄한 불토는 장엄한 것이 아니라 이름이 장엄이다."

"何以故? 如來說莊嚴佛土者, 卽非莊嚴, 是名莊嚴."
_{하 이 고   여 래 설 장 엄 불 토 자   즉 비 장 엄   시 명 장 엄}

부처님이 말한 "장엄불토"란 형용하는 말일 뿐입니다! 우리 도시를 한번 보십시오. 과학이 발달하면서 건물도 얼마나 아름다워졌습니까! 그렇지만 어느 날 허공의 정상에 이르러 아무것도 볼 수 없을 때, 그때 비로소 빈 것〔空〕이야말로 진정 아름다우며 진정 장엄하다는 것을 느끼게 될 겁니다. 철저한 공(空)이야말로 진정 장엄한 것입니다. 진정으로 장엄한 것은

얻을 수 없습니다. 아무것도 얻을 수 없습니다. 그래야만 비로소 진정 장엄한 것입니다. 그래서 부처님은 말합니다. "장엄한 불토는 장엄하지 않으며, 그것의 이름이 장엄이다〔如來說莊嚴佛土者, 卽非莊嚴, 是名莊嚴〕."

무아의 보살

"수보리여! 만약 보살이 무아법에 통달했다면, 여래가 말한 이름은 진정으로 보살일 것이다."

"須菩提! 若菩薩通達無我法者, 如來說名眞是菩薩."
수보리 약보살통달무아법자 여래설명진시보살

이것이 불법을 배우는 첫걸음이자 결론이기도 합니다. 먼저 무아(無我)를 통달해야 합니다. 어떤 것이 무아일까요? 먼저 신견(身見)을 버려야 합니다. 우리 보통 사람들은 불법을 배우려고 타좌를 하면서도 정(定)을 얻지 못합니다. 바로 신견 때문입니다. 신체의 감각이 있고 신체에 대한 생각이 있으며, 여기에다 신체 내의 기맥(氣脈)이니 임독(任督) 이맥이니 전전후전(前轉後轉)이니 단전(丹田)이니 하며 온갖 것에 정신이 쏠립니다. 이것들은 모두 자기만의 꿍꿍이속으로 바로 신견입니다. 이런 까닭에 백거이(白居易)는 불법을 공부하면서 다음과 같은 시를 남겼습니다.

잘 먹고 못 먹음이 무슨 소용인가
이 몸의 크고 작음이 허공인 것을

飽暖飢寒何足道 此身長短是虛空
포 난 기 한 하 족 도 차 신 장 단 시 허 공

이 신체가 살아 있다거나, 통쾌하다거나 불쾌하다거나, 배부르다거나 배고프다거나 말할 가치가 없습니다. 이 신체는 오래 살든 단명하든 간에 결국 한 줌의 재로 변해 아무것도 남지 않습니다. 그러므로 불법을 배우는 첫걸음은 신견을 버리는 것입니다. 신견을 버린다고 무아(無我)가 되는 것은 아닙니다. 단지 신견이 없어진 것일 뿐입니다. 진정으로 이 몸과 그 속에 내재된 마음이 모두 없어진 무아에 이르러야만 비로소 바른 것입니다. 그래야만 비로소 정(定)을 얻을 수 있습니다. 그러나 단지 정을 얻어 무아에 이르렀다고 해서 그것이 불법의 궁극적인 단계인 것은 아닙니다. 아견(我見)이 사라졌더라도 단지 인무아(人無我)의 경계에 도달한 것에 불과합니다. 인무아는 소승의 과위(果位)입니다.

인무아에 이르렀다 하더라도 아직 법(法)이 남아 있지 않습니까! 최후에는 법무아(法無我)에 이르러야 합니다. 이것이 바로 부처님이 말한 아누다라삼먁삼보리입니다. 법무아에 이른 것을 인법이무아(人法二無我)라 하는데, 여기에 이르러서 성불합니다. 최후에는 공(空)조차도 공(空)이 되어, 공 또한 존재하지 않습니다.

『금강경』의 이 품은 이전의 같은 문제에 대한 새로운 대답입니다. 수보리는 이전과 같은 질문을 했지만, 이 품에서 부처님은 새로운 대답을 합니다. 모두 다섯 가지 요점이 있으니 주의하시기 바랍니다. 이 품의 게송은 다음과 같습니다.

【제17품】

게송

공이 뭉쳐 덩어리 되니 덩어리는 헛된 것이요
덩어리가 흩어져 공이 되니 공 역시 먼지로다
망상 속의 현주처럼 종적이 묘연한데
물질의 상에 머물러 사람마다 환상에 젖는도다

搏空爲塊塊非眞　粉塊爲空空亦塵
단공위괴괴비진　분괴위공공역진
罔象玄珠蹤跡杳　故留色相幻人人
망상현주종적묘　고류색상환인인

"공이 뭉쳐 덩어리 되니 덩어리는 헛된 것이요〔搏空爲塊塊非眞〕." 예전에 노장(老莊)에 대해 강연하면서 말씀드린 적이 있지만, 도가의 담초(譚峭)라는 분은 이렇게 말한 적이 있습니다. "공이 뭉쳐 덩어리가 되면, 덩어리만 보이지 공은 보이지 않는다〔搏空爲塊, 見塊而不見空〕." 아무것도 없는 허공에다가 건물 하나를 지으면 허공은 보이지 않고 단지 건물만 보입니다. 그러므로 공이 뭉쳐 하나의 덩어리가 되면 덩어리만 보이지 공은 보이지 않습니다. "덩어리가 흩어져 공이 되면, 공만 보이지 덩어리는 보이지 않는다〔粉塊爲空, 見空而不見塊〕." 물체가 바스러져 공이 되면 단지 공만 보이지 물질은 보이지 않습니다. 우리가 어떻게 신견(身見)을 없애야 하는지도 바로 여기에서 알 수 있습니다. 우리는 지금 신체를 가지고 여기에 앉아 있으니 정(定)에 들 수 없습니다. 공부가 부족하여 바로 이 신체라는 것에 사로잡혀 있기 때문입니다. 그러므로 이 이치를 인용해서 설명합니다. "공이 뭉쳐 덩어리 되니 덩어리는 헛된 것이다", 이 물질 덩어리는 실제로 존재하는 것이 아닙니다.

"덩어리가 흩어져 공이 되니 공 역시 먼지로다〔粉塊爲空空亦塵〕." 물질을 떨쳐 버린 후 그 공의 경계는 어떨까요? 만약 여러분이 공의 경계에만 머물러 있으려 한다면, 그 공 역시 장애가 되며 업진(業塵)이 됩니다.

"망상 속의 현주처럼 종적이 묘연한데〔罔象玄珠蹤跡杳〕." 이것은 『장자(莊子)』에 나오는 이야기입니다. 우리의 물질세계, 즉 대천세계는 본래의 것이 투영된 세계라는 것입니다. 말하자면 2차의 투영입니다. 물질세계는 정신세계의 투영일 뿐입니다. 우리의 이 몸과 마음은 투영 속에서의 또 다른 투영, 즉 3차의 투영입니다. 그러므로 이 몸뚱이는 망상 속의 현주(玄珠)로서, 본래의 모습으로 돌아가야 합니다. 명심견성(明心見性)의 견지에서 이것을 보아야 합니다.

"물질의 상에 머물러 사람마다 환상에 젖는도다〔故留色相幻人人〕." 그렇지만 여러분은 장엄세계를 헛것이라 생각해서는 안 됩니다! 가짜이면서 진짜이기도 합니다〔立假卽眞〕. 일체는 모두 허망한 것이지만, 허망한 것 역시 진실입니다. 그러므로 부처님은, "내 법은 진실한 것도 허망한 것도 아니다〔我法無實無虛〕"라고 말합니다. 바로 이 이치입니다.

제18품
일체를 똑같이 보다

第18品 • 一體同觀分

"須菩提！於意云何？如來有肉眼不？"

"如是！世尊！如來有肉眼."

"須菩提！於意云何？如來有天眼不？"

"如是！世尊！如來有天眼."

"須菩提！於意云何？如來有慧眼不？"

"如是！世尊！如來有慧眼."

"須菩提！於意云何？如來有法眼不？"

"如是！世尊！如來有法眼."

"須菩提！於意云何？如來有佛眼不？"

"如是！世尊！如來有佛眼."

"須菩提！於意云何？如恒河中所有沙, 佛說是沙不？"

"如是！世尊！如來說是沙."

"須菩提！於意云何？如一恒河中所有沙, 有如是沙等恒河, 是諸恒河, 所有沙數, 佛世界如是, 寧爲多不？"

"甚多！世尊！"

佛告須菩提, "爾所國土中, 所有衆生, 若干種心, 如來悉知. 何以故？如來說諸心, 皆爲非心, 是名爲心. 所以者何？須菩提！過去心不可得, 現在心不可得, 未來心不可得."

"수보리여! 그대 생각은 어떤가? 여래에겐 육안이 있는가?"
"그렇습니다, 세존이시여! 여래께선 육안을 갖고 계십니다."
"수보리여! 그대 생각은 어떤가? 여래에겐 천안이 있는가?"
"그렇습니다, 세존이시여! 여래께선 천안을 갖고 계십니다."
"수보리여! 그대 생각은 어떤가? 여래에겐 혜안이 있는가?"
"그렇습니다, 세존이시여! 여래께선 혜안을 갖고 계십니다."
"수보리여! 그대 생각은 어떤가? 여래에겐 법안이 있는가?"
"그렇습니다, 세존이시여! 여래께선 법안을 갖고 계십니다."
"수보리여! 그대 생각은 어떤가? 여래에겐 불안이 있는가?"
"그렇습니다, 세존이시여! 여래께선 불안을 갖고 계십니다."
"수보리여! 그대 생각은 어떤가? 갠지스 강의 모든 모래를 부처는 모래라 말했는가?"
"그렇습니다, 세존이시여! 여래께선 그것을 모래라 하셨습니다."
"수보리여! 그대 생각은 어떤가? 갠지스 강의 모든 모래 수만큼의 갠지스 강이 있고, 이 모든 갠지스 강의 모래 수만큼 부처의 세계가 있다면, 많지 않겠는가?"
"아주 많습니다, 세존이시여!"
부처님께서 수보리에게 말씀하셨다. "그대가 생각하는 국토 중 모든 중생의 갖가지 마음을 여래는 모두 안다. 왜냐하면 여래가 말한 모든 마음은 마음이 아니라 이름이 마음이기 때문이다. 왜냐하면 수보리여! 과거의 마음은 얻을 수 없고, 현재의 마음도 얻을 수 없으며, 미래의 마음도 얻을 수 없기 때문이다."

눈은 마음의 기미

"수보리여! 그대 생각은 어떤가? 여래에겐 육안이 있는가?"

"그렇습니다, 세존이시여! 여래께선 육안을 갖고 계십니다."

"수보리여! 그대 생각은 어떤가? 여래에겐 천안이 있는가?"

"그렇습니다, 세존이시여! 여래께선 천안을 갖고 계십니다."

"수보리여! 그대 생각은 어떤가? 여래에겐 혜안이 있는가?"

"그렇습니다, 세존이시여! 여래께선 혜안을 갖고 계십니다."

"수보리여! 그대 생각은 어떤가? 여래에겐 법안이 있는가?"

"그렇습니다, 세존이시여! 여래께선 법안을 갖고 계십니다."

"수보리여! 그대 생각은 어떤가? 여래에겐 불안이 있는가?"

"그렇습니다, 세존이시여! 여래께선 불안을 갖고 계십니다."

"須菩提! 於意云何? 如來有肉眼不?" "如是! 世尊! 如來有肉眼."
수 보 리 어 의 운 하 여 래 유 육 안 부   여 시 세 존 여 래 유 육 안

"須菩提! 於意云何? 如來有天眼不?" "如是! 世尊! 如來有天眼."
수 보 리 어 의 운 하 여 래 유 천 안 부   여 시 세 존 여 래 유 천 안

"須菩提! 於意云何? 如來有慧眼不?" "如是! 世尊! 如來有慧眼."
　수보리　어의운하　　여래유혜안부　　　여시　　세존　　여래유혜안

"須菩提! 於意云何? 如來有法眼不?" "如是! 世尊! 如來有法眼."
　수보리　어의운하　　여래유법안부　　　여시　　세존　　여래유법안

"須菩提! 於意云何? 如來有佛眼不?" "如是! 世尊! 如來有佛眼."
　수보리　어의운하　　여래유불안부　　　여시　　세존　　여래유불안

　　이것은 불교에서 말하는 오안(五眼), 즉 다섯 종류의 눈에 대한 것으로 거의 같은 문장이 반복됩니다. 여기서는 부처님이 먼저 묻습니다. "그대 생각은 어떤가? 부처는 육안(肉眼), 천안(天眼), 혜안(慧眼), 법안(法眼), 불안(佛眼)을 갖고 있겠는가?"

　　불경 삼장 십이부는 열두 종류로 분류됩니다. 그 중 하나가 '자설(自說)'입니다. 다른 사람이 묻지 않았는데 스스로 말하기 시작했다는 뜻입니다. 위 구절도 바로 '자설'의 한 예로서, 부처님 자신이 문제를 제기합니다.

　　여기서는 '부처'라는 말 대신 '여래(如來)'를 사용합니다. 여래라는 말은 형이상적 도(道)의 본체를 가리킵니다. 일체 중생도 여러 부처님이나 보살처럼 심성(心性)의 본체를 지니는데, 이것은 바로 생명의 근원이기도 합니다. 부처님은 이 생명의 근원 속에 내재된 다섯 가지 기능을 오안(五眼)이라 말합니다. 첫째는 육안(肉眼)입니다. 바로 부모로부터 받은 눈으로서, 현재의 우리 눈입니다. 육안은 물질세계를 볼 수 있어, 우리의 모든 감각과 지각이 이것을 통해 이루어집니다.

　　육안은 마음과 서로 연계되어 있습니다. 이 때문에 많은 경전에서 마음과 눈을 같이 논하고, 마음의 이치를 말하고자 할 때 먼저 눈에 대해 언급합니다. 눈은 마음의 스위치로서, 마음과 눈은 대단히 밀접한 관계가 있습니다. 도가의 『음부경(陰符經)』에서는, "눈은 마음의 기미〔眼者心之機〕"라고 했습니다. 바로 눈은 마음의 스위치로서, 이 때문에 옛사람들은 여러 곳에서 모두 마음과 눈의 관계에 대해 언급합니다. 맹자 또한 사람을 대할

때 특히 눈을 관찰할 것을 강조합니다.

누구든 모두 눈을 가지고 있지만, 한 쌍의 눈이 보는 것은 모두 다릅니다. 예를 들어 이 벽만 해도 그렇습니다. 여러분은 모두 흰색이라 하겠지만, 실제로 사람마다 느끼는 흰색의 정도는 아주 다릅니다. 난시인 사람과 근시인 사람, 한 눈은 근시이고 한 눈은 난시인 사람, 혹은 색맹인 사람 등 사람마다 각기 다릅니다. 일체 중생의 마음이 다르기에 눈 또한 다릅니다.

옛말에 이런 게 있습니다. 사람의 마음은 얼굴 모양만큼이나 각기 다르다고요. 사람의 마음은 모두 다른데, 마치 사람의 얼굴이 서로 다르게 생긴 것과 같다는 것입니다. 세상에 얼굴이 똑같은 사람은 없습니다. 마찬가지로 세상에 똑같은 사고방식을 가진 사람도 없습니다. 눈으로 보는 것 역시 똑같을 수 없습니다. 흰색이나 노란색을 사람마다 똑같은 정도로 느낄 것이라 생각해서는 안 됩니다. 실제로 차이가 많이 납니다. 노안(老眼)인 사람도 있을 테고, 같은 노안이더라도 정도의 차이가 있을 겁니다. 이는 모든 사람의 업력(業力)이 다르기 때문입니다.

일체의 병은 업(業)에 따라 생겨납니다. 선(善)에는 선업이 있고, 악(惡)에는 악업이 있습니다. 업은 마음에서 생깁니다. 바로 절대 유심(唯心)의 이치입니다.

지금 부처님이 묻습니다. "부처가 된 사람에게는 보통의 육안이 있겠는가?" 당연히 있겠지요. 육안이란 물리세계의 현상을 보는 눈입니다.

천안이란 무엇인가

두 번째는 천안(天眼)입니다. 천안은 우리 같은 보통 사람에게는 없습니다. 천안의 능력은 물질세계를 초월합니다. 예를 들면 귀신이나 영혼을 보거나, 천신(天神)을 보거나, 더 나아가 다른 세계를 보는 능력입니다. 요즘은 천리안(千里眼)이란 말을 하는데, 이는 도가의 전설에서 유래한 말입니다. 천안은 욕계(欲界) 내의 것을 볼 수 있습니다. 태양과 달 및 기타 행성에서의 일뿐 아니라 은하계 바깥의 일도 볼 수 있습니다. 이것이 진정한 천안입니다. 어떤 사람은 타좌 시 나타나는, 별빛이 반짝거리는 것 같은 환영을 보고는 천안이 생긴 것이라 여깁니다. 이건 천안이 아닙니다. 이걸 뭐라 해야 할까요? 이름을 붙여 본다면 안천(眼天)이라 할 수 있을까요? 아무것도 모르는 '안'에 아무것도 모르는 '천' 말입니다.(모두 웃음)

불교에서는 불상을 조성하면서 눈을 하나 더 만들어서 천안을 나타내기도 하는데, 이것은 혜안(慧眼)을 표시한 것이기도 합니다. 어떤 사람이나 생물은 제3의 눈뿐 아니라 제4의 눈을 갖기도 합니다. 불교에서는 천안을 수련하는 방법이 있으며, 열 쌍의 눈을 수련하는 방법도 있습니다. 전면과 후면, 머리 꼭대기, 그리고 마음속과 목구멍 속에 모두 한 쌍의 눈이 있습니다. 당연한 말이지만, 이것은 보통의 눈과는 다릅니다. 마치 무비 카메라처럼 어떤 것을 찍어 낼 수 있을 뿐입니다. 천안에는 두 종류가 있습니다. 하나는 업보로 인해 얻는 것입니다. 많은 생애에 걸쳐 수지(修持)를 행하고 정(定)을 닦아 온 결과 이 생애에서 얻는 천안입니다. 이것은 타고나는 것으로, 선행의 응보로서 갖게 된 자연스런 능력입니다. 다른 하나는 닦아서 얻는 것입니다. 이 생애에서 수련을 통해 계정혜(戒定慧)를 성취함으로써 얻는 천안입니다.

천안이라고 해서 눈이 하나 더 있다는 것이 아닙니다. 천안은 육안의 원래 모습으로서, 다른 종류의 기능이 나타난 것입니다. 천안을 얻은 사람도 우리 같은 사람과 다를 바 없습니다. 그렇지만 그는 저절로 여러 세계를 볼 수 있습니다.

수지(修持) 공부를 하다 보면 기맥이 후뇌에 이르러 시각 신경이 자극을 받게 되는데, 이로 인해 눈에서 여러 환상들이 보입니다. 그렇지만 이것은 천안으로 본 것이 아닙니다. 착각해서는 안 됩니다! 진정으로 천안이 통한 사람이라면, 그 눈빛이 섬광처럼 맑고 깨끗해서 지극히 투철하게 보아 낼 수 있습니다. 물질이 그에게 장애가 될 수 없으니, 그의 눈은 자연히 투시 능력을 갖게 됩니다.

춘추 전국 시대에 편작(扁鵲)이라는 의사가 있었습니다. 전하는 바에 따르면, 그가 신선을 만나 사물을 투시할 수 있는 보물 하나를 얻은 뒤 엑스선보다도 더 예리한 투시 능력을 갖게 되었다고 합니다. 그는 사람의 오장육부 속을 훤히 들여다볼 수 있었기에 진단 시 조금의 착오도 없었다고 합니다. 이 밖에 당대 이후의 많은 기록에서도 나타나지만, 어떤 사람은 태어나면서부터 풍수를 볼 수 있었다고 합니다. 지하 몇 장(丈) 정도의 깊이는 아무런 기계 없이도 볼 수 있어서 지하의 수맥을 훤히 알았다고 합니다.

이런 눈 역시 천안은 아닙니다. 업보에 따라 통하게 된 것으로, 기껏해야 귀안(鬼眼) 정도라 할까요? 진정한 천안은 『법화경』에서 말하듯 부모로부터 받은 눈이며, 반드시 수지(修持)를 거쳐 정력(定力)을 얻은 후에야 통할 수 있는 것으로, 시방세계(十方世界) 일체의 것을 볼 수 있습니다.

육안이 물질세계의 통상적 현상을 보아 내는 것이라면, 천안은 육안으로는 볼 수 없는 세계를 투시합니다. 천안은 정력(定力)으로부터 나온 것으로, 정(定)에 이르러 얻게 되는 신통력입니다. 사람의 왕성한 생명력이 정점에 달하면 일체의 물리적 장애를 뚫을 수 있는데, 이것이 소위 말하는 신통력입니다. 신통은 반드시 정력이 충분해야 얻을 수 있습니다. 소위 말하는 정기신(精氣神)이 충만하고 왕성해야만 비로소 얻을 수 있습니다.

혜안, 법안, 불안

다시 한 걸음 더 나아간 것이 혜안(慧眼)입니다. 혜안 역시 육안과 분리될 수 없는 것으로, 부모로부터 받은 육안에 새로운 기능이 나타난 것입니다. 혜안이란 곧 지안(智眼)으로서, 계정혜(戒定慧)의 공력이 드러난 것입니다. 즉 정(定)을 닦아 지혜가 드러난 것으로, 이것은 보통의 지혜가 아니라 지혜가 힘〔慧力〕으로 변한 것입니다. 이런 혜력이 있어야만 비로소 지안이라 할 수 있습니다.

지혜가 어떻게 힘으로 변할 수 있을까요? 보통 사람이라도 총명한 사람이라면 어떤 이치를 생각하여 통할 수 있습니다. 예를 들어 흡연이 폐에 좋지 않으니 끊어야 한다는 것은 이치상 통한 것입니다. 그러나 습관 때문에 끊을 수 없습니다. 지혜에 힘이 없으니 끊을 수 없습니다. 성벽(性癖)이 나쁜 사람이라도 탐진치(貪瞋癡)의 이치는 모두 이해할 수 있지만 그것에서 벗어날 수가 없습니다. 불법을 연구하여 이치로는 능통하지만 막상 구체적인 일에 부닥쳐서는 그렇게 되지 않는 것입니다. 바로 지혜의 역량이 부족하기 때문입니다. 지혜의 역량이 부족하면 열매를 증득할 수 없고, 도(道)를 이룰 수도 없습니다. 그러므로 진정한 혜안은 지혜의 역량이 충분할 때에만 비로소 드러날 수 있습니다.

법안(法眼)이란 또 어떤 것일까요? 혜안으로 공(空)을 보는 것입니다. 진정으로 자성(自性)의 공(空)을 인식하고, 공성(空性)의 본체를 보아 내는 것입니다. 이것이 바로 법안입니다. 법안으로 보면 일체 중생이 평등하며, 공(空)도 유(有)도 아니라는 것을 알 수 있습니다. 공(空)에만 떨어진 것은 소승과(小乘果)에 불과합니다. 법안은 진정으로 공 속에 있는 묘유(妙有)를 볼 수 있을 때에야 비로소 얻을 수 있습니다. 범부의 경계로 말하자면 이것은 성공연기(性空緣起)이며, 깨친 지혜의 경계로 말하자면 진정한 공에서 묘유가 일어나는(眞空起妙有) 것입니다. 이것이 법안의 이치로서, 평등하게 보는 것입니다.

다섯 번째가 불안(佛眼)입니다. 불안은 일체 중생을 평등하게 볼 뿐 아니라 오직 자비로써 바라보는 것입니다. 자비는 불교 용어로서 두 개의 개념이 합쳐진 말입니다. 자(慈)는 부성(父性)으로서 남성의 사랑을 나타내며, 비(悲)는 모성(母性)의 지극한 사랑을 나타냅니다. 즉 자비란 부성과 모성이 지닌 어진 덕입니다. 이것은 지극히 선하며, 아무런 조건이 없고 또 평등합니다. 그래서 대자대비(大慈大悲)라 합니다. 불안으로 보면 일체 중생이 모두 가련합니다. 그래서 보시하려 하고 중생을 구하려 합니다. 이것 역시 불안의 자비와 평등입니다.

불법을 배우는 자가 법(法)에 따라 수지(修持)하여 진정한 성취를 얻으면 반드시 이 다섯 종류의 눈을 갖게 됩니다. 만약 어떤 사람이 돈오(頓悟) 성불하여 즉각 이 다섯 종의 눈을 갖게 되었다면 그가 증득한 불법은 대체로 옳은 것입니다. 그러나 이론상으로만 깨달아서 이 다섯 종의 능력이 나타나지 않았다면, 그건 스스로를 속이고 남까지 속이는 것입니다.

부처님이 말하는 오안(五眼)은 계정혜(戒定慧)를 성취하면 자연 얻게 되는 법문으로서, 사람마다 본래 구비하고 있는 능력입니다. 단지 우리가 수지(修持)의 과정을 거치지 못했기 때문에 드러나지 않고 있을 뿐입니다. 수지 과정을 거친다면 우리 생명의 근원 속에서 자연 오안의 기능이 발휘될 겁니다. 이것이 제1단계의 문제입니다.

제2단계의 문제는, 『금강경』의 이 부분에서 부처님이 왜 갑자기 오안(五眼)의 문제를 제기하고 있는가 하는 것입니다. 부처님은 스스로 문제를 제기하면서도 위 구절 외에 오안에 대해 어떤 결론도 내리지 않았습니다. 단지 문제만 제기했을 뿐입니다. 이어서 다른 이야기로 넘어갑니다. 그 이유가 무엇일까요? 부처님은 오늘 마치 안과 의사처럼 여러분의 눈을 들여다

보면서 이리저리 검사합니다. 그것도 여러분이 아무런 진료 신청도 하지 않았는데 스스로 나서서 합니다. 무슨 이치일까요?

이것은 견처(見處), 소위 명심견성(明心見性)의 견(見)을 말합니다. 진정한 깨달음의 증득, 즉 명심견성에 이르면 바로 거기서 진정한 경계가 드러나며, 자연 오안(五眼)의 능력을 구비하게 됩니다. 그러므로 견처가 곧 참이 됩니다〔見處卽眞〕. 바로 명심견성의 견(見)입니다.『금강경』의 이 품에서는 이런 이치를 말하지 않습니다. 그렇지만 우리가 진정으로 불법을 연구한다면 불교 경전을 보면서 이런 곳을 그냥 지나칠 수 없게 됩니다. 문제는 바로 여기에 있습니다. 이어서 부처님은 다시 말합니다.

헤아릴 수 없이 많은 우주 세계

"수보리여! 그대 생각은 어떤가? 갠지스 강의 모든 모래를 부처는 모래라 말했는가?"
"그렇습니다, 세존이시여! 여래께선 그것을 모래라 하셨습니다."

"須菩提! 於意云何? 如恒河中所有沙, 佛說是沙不?"
수보리 어의운하 여항하중소유사 불설시사부
"如是! 世尊! 如來說是沙."
여시 세존 여래설시사

부처님은 두 번째 문제를 제기합니다. 눈을 다 검사하고 나서 이제 모래를 검사합니다. 다시 수보리에게 묻습니다. 갠지스 강 속의 모든 모래가 부처님의 눈으로 볼 때 과연 모래로 보이겠느냐는 겁니다.

예를 들어 봅시다. 불학이나 선종을 연구하는 지금의 젊은 사람들에게 이렇게 물었다고 합시다. 물론 그들이『금강경』을 아직 읽지 않았다고 가정합시다. 많은 사람들이, "부처님이 볼 때 그건 모래가 아니다!"라고 대답할 겁니다. 그렇지 않으면 꽃이니 뭐니 하며 온갖 얼토당토않은 이야기를 할 겁니다. 이런 대답들은 모두 솔직하지 못합니다. 보십시오! 수보리의 답은 아주 솔직합니다. 당연히 모래로 보인다는 겁니다. 부처님의 눈이라고 해서 뭐가 다르겠습니까? 모래는 곧 모래입니다. 지극히 소박합니다. 만약 어떤 사람이 우는 것을 보고 웃는다고 말한다면, 그는 아마 정신병자일 겁니다. 우는 것은 곧 우는 것입니다. 대단히 소박합니다. 이 점을 주의해야 합니다!

가령 여러분이 부처님의 눈에는 이 세계가 공(空)으로 보일 것이라고 말한다면, 묻겠습니다. 그건 누가 한 말입니까? 부처님이 볼 때 갠지스 강 속의 모래는 곧 모래입니다. 이 세계를 보면 시멘트는 시멘트요, 벽은 벽입니다. 우리와 다를 것이 없습니다. 이 점을 특별히 주의해야 합니다! 그렇지 않으면 불법을 공부하다가 폐단이 생깁니다. 너무 성스러운 것에만 천착하게 됩니다. 부처님의 경계는 너무도 높고 먼 곳에 있어서 우리 보통 사람과는 완전히 다르다고 생각하게 됩니다. 이건 듣기엔 좋을지 몰라도 진실하지 못합니다.

너무 성스러운 경지로 몰아가다 보면 일종의 부정관(不正觀)에 빠지게 됩니다. 부정관이란 바르지 못한 사유요 바르지 못한 생각으로, 여기에 빠지다 보면 이상해집니다. 『금강경』을 '능단금강반야바라밀다'라고 하는 것도 이 때문입니다. 일체의 망념을 모두 끊어 버린다는 것입니다. 진정한 불법은 평상적인 것이요, 이것이 바로 도(道)입니다.

그러므로 부처님은 수보리에게 묻습니다. 부처의 눈으로 이 세계를 볼 때, 갠지스 강 속의 모래는 모래로 보이겠느냐는 겁니다. 수보리는 당연히 모래로 보일 것이라고 대답합니다. 부처님의 눈도 우리 눈과 다를 바 없습니다. 모래는 곧 모래입니다. 부처님도 더위를 타느냐고요? 만약 부처님이 여기에 와 계신다면 이렇게 말하면 될 겁니다. "부처님! 더우시지요. 에어컨을 켰으니 그래도 좀 나을 겁니다."

물론 화신(化身)이 왔을 때에는 예외입니다. 화신은 또 다른 문제입니다. 부처님이 육신, 즉 보신(報身)으로 와 있을 때라면 우리와 마찬가지로 추위나 더위, 배고픔을 느낄 겁니다. 바로 이 점을 특히 주의해야 합니다. 성인(聖人)도 모두 사람이 변해서 그렇게 된 것이요, 부처님 역시 중생이 수행에 성공해서 이르게 된 것입니다.

이야기가 여기에 이르니 시(詩) 한 수가 생각납니다. 제가 알기로 이 시는 대략 일이백 년 전에 대륙의 한 지식인이 지은 것입니다. 그 사람은 신선을 만나기 위해 대만에 와서 의란(宜蘭)의 한 산 위에 이르자 절벽에 서서 이 시를 지었다고 합니다.

삼십삼 층의 하늘이 겹겹이 쌓여 있고
흰 구름 속에 신선이 있도다
신선도 본래 범인인 것을
오직 범인의 마음이 굳지 못함을 염려하도다

三十三天天重天　白雲裡面有神仙
삼 십 삼 천 천 중 천　백 운 리 면 유 신 선
神仙本是凡人做　只怕凡人心不堅
신 선 본 시 범 인 주　지 파 범 인 심 불 견

왜 이 시를 언급하고 있을까요? 부처님 역시 범인이 수행해서 이르게 된 것이므로 지극히 평범하다는 사실을 말하려는 겁니다. 부처님은 갠지스 강 속의 모래를 하나하나 아주 뚜렷이 봅니다. 아래에 부처님의 세 번째 문제가 이어집니다.

"수보리여! 그대 생각은 어떤가? 갠지스 강의 모든 모래 수만큼의 갠지스 강이 있고, 이 모든 갠지스 강의 모래 수만큼 부처의 세계가 있다면, 많지 않겠는가?"

"아주 많습니다, 세존이시여!"

"須菩提! 於意云何? 如一恒河中所有沙, 有如是沙等恒河,
수보리 어의운하 여일항하중소유사 유여시사등항하
是諸恒河, 所有沙數, 佛世界如是, 寧爲多不?" "甚多! 世尊!"
시제항하 소유사수 불세계여시 영위다부 심다 세존

부처님이 수보리에게 묻습니다. "그대 생각은 어떤가? 인도 갠지스 강 속의 모래는 그대가 볼 때 많지 않겠는가?" 가령 매 한 알의 모래가 하나의 세계를 대표하며, "여시사등(如是沙等)"에서 '등(等)'은 또 하나의 구절입니다. 즉 모래 한 알이 하나의 세계를 대표하는데, 매 세계에는 갠지스 강의 모래 수만큼이나 많은 갠지스 강이 있습니다. 그리고 이 모든 갠지스 강 속에는 수많은 모래가 있으며, 그 모래 하나하나가 하나의 세계입니다. 그러니 세계가 얼마나 많겠습니까? 그 수는 이루 다 말할 수도, 표현할 수도 없습니다. 이런 갠지스 강의 비유를 들어서 그 수가 얼마나 많은지 도무지 헤아릴 수 없다는 것을 말합니다. 부처님은 말합니다. "그대가 보기엔 그 수가 많은가 적은가?" 수보리가 대답합니다. "당연히 아주 많습니다!"

부처님은 여기서 허공 중에 부처님의 세계가 무수히 많다는 것을 설명합니다. 석가모니불은 동시에, 이 사바세계의 교화를 담당한 스승의 입장에서 또 하나의 관점을 제시합니다. 이들 세계에는 석가모니 자신과 마찬가지로 지혜를 성취한 부처님들이 역시 수도 없이 많다는 것입니다. 시방삼세(十方三世) 일체에는 헤아릴 수 없이 많은 부처님이 있습니다. 부처님은 중생을 평등하게 보는 데 그치지 않고 이미 성취를 이룬 중생, 즉 자신을 포함한 여러 세계의 부처님조차 우리와 평등하게 봅니다. 일체가 지극히 평범합니다. 나는 성불했으니 훌륭하며, 여러분은 성불할 수 없으니 모두 내 말만 들으라는 소리는 절대로 하지 않습니다. 이런 일은 있을 수 없습니다. 그건 불법이 아니니까요. 불법에서는 일체의 중생이 평등합니다. 일체의 부처님 역시 평등합니다. 하나의 부처님마다 한 세계를 교화합니다. 허공 중에 헤아릴 수 없이 많은 세계가 있으니 부처님 역시 헤아릴 수 없이 많습니다. "많지 않겠는가〔寧爲多不〕?", 부처님의 질문입니다. "아주 많습니다, 세존이시여!〔甚多! 世尊!〕", 수보리의 대답입니다. 이것이 수보리에 대한 부처님의 세 번째 인도(引導)입니다.

헤아릴 수 없이 많은 마음

이제 또 하나의 문제가 제기됩니다. 부처님의 눈은 육안, 천안, 혜안, 법안, 불안으로 나타납니다. 이 때문에 부처님은 이 세상에, 이 허공 중에 그렇게 많은 세계가 있다는 것을 알 수 있습니다. 당연한 일이지만 천문학이나 우주 과학이 발전하면서 우주에는 수없이 많은 세계가 있다는 것을 이제는 믿을 수 있게 되었습니다. 그렇지만 지금도 단지 우선은 믿는다고밖에는 말할 수 없습니다. 과연 달에 생명체가 있는지에 대해서조차도 아직은 확정적으로 말할 수가 없기 때문입니다.

오늘날이야 우주에 대해 아주 쉽게 이해할 수 있지만, 우리가 알아야 할 것은 부처님의 이 말이 이천 년도 훨씬 전에 한 말이라는 사실입니다! 그가 무슨 도구나 방법을 사용해서 우주 중에 이토록 많은 세계와 중생이 있다는 것을 알았겠습니까? 이것은 바로 여래가 구비했다고 하는 오안(五眼), 지혜, 신통 같은 능력에서 나온 것입니다. 부처님은 이처럼 불가사의

한 능력을 구비하고 있었던 것입니다. 그러면서도 그것을 가장 평범한 수준으로 끌어내려 중생과 평등한 것으로 만들었습니다. 부처님이 본 세계는 모래는 모래요, 물은 물이었습니다. 산을 보니 산이 아니요 물을 보니 물이 아니다, 이런 소리는 하지 않았습니다. 이런 소리를 한다면 정신병자입니다! 만약 뒤통수를 호되게 한 방 얻어맞았다면 당연히 눈앞이 오락가락하면서 사람을 봐도 사람이 아니요, 귀신을 봐도 귀신이 아니겠지요! 그러나 이건 정상적인 상황이 아닙니다. 정상적인 사람이라면 무엇을 보더라도 있는 그대로 보일 겁니다.

부처님께서 수보리에게 말씀하셨다. "그대가 생각하는 극토 중 모든 중생의 갖가지 마음을 여래는 모두 안다."

佛告須菩提, "爾所國土中, 所有衆生, 若干種心, 如來悉知."
불 고 수 보 리   이 소 국 토 중   소 유 중 생   약 간 종 심   여 래 실 지

이 구절에서 부처님은 다시 몇 가지 문제를 제기합니다. 표면상으로는 우리에게 아무런 결론도 내려 주지 않습니다. 그렇지만 결론이 어디 있는지는 여러분 스스로 알아야 합니다. 후에 선종에서 『금강경』을 높이 친 것도 바로 이 때문입니다. 『금강경』 속의 많은 부분이 모두 화두이기 때문입니다. 화두는 곧 문제입니다. 언뜻 보기엔 쉽게 이해할 수 있을 것 같지만, 실제로는 아득해서 아무것도 이해할 수 없습니다. 이것 역시 우리에게 지극히 큰 계시를 줍니다. 한눈에 보고 스스로 모두 이해했다고 생각하지만, 결과는 아무것도 이해하지 못합니다. 저는 젊은 사람들에게서 이런 문제를 종종 발견하곤 합니다. 자네, 그 책을 읽어 보았는가? 읽어 보았습니다. 정말인가 하고 붙들고 꼼꼼히 물어보면 그는 이해하지 못하고 있습니다.

처사에 있어서도 마찬가지입니다. 많은 사람들이 인생을 아주 쉽게 생

각하지만 잘못하는 게 수없이 많습니다. 세상에 간단한 일이란 없습니다! 모두 화두입니다. 보시다시피 우리는 지금 생각나는 대로 이것저것을 끌어다 대고 있지만, 대부분 결론도 없습니다. 여러분 스스로 뛰어들어 찾아내야 합니다. 이것 역시 화두입니다. 그렇지만 부처님은 거기에 대한 답을 제시하기도 합니다! 이 답은 이해하고 생각해서 얻을 수 있는 것이 아니라 정(定)의 지혜 속에서, 진정한 수지(修持)의 체험을 통해 얻을 수 있습니다. 불법은 구름 잡는 것이 아니라 닦아서 얻는 실질적인 것입니다.

이제 부처님은 다시 네 번째 문제를 제기합니다. 수보리에게 말합니다. "그대가 생각하는 국토 중[爾所國土中]", 여기서 말하는 '국토'는 세계가 아닙니다! 불교적 관점에서 보면 세계는 곧 세계로서, 이것을 세간(世間)이라고도 합니다. 세간에는 소위 4세간이 있다거나 5세간이 있다는 설명이 있습니다. '국토'란 세간의 하위 개념으로서 소위 '국토세간'입니다. 국토세간의 4세간 중 기세간(器世間), 즉 물리세계입니다. 기세간의 일체 중생은 모두 생명이 있습니다. 국토세간은 중국이나 일본, 미국, 인도 등과 같은 국토를 가리킵니다. 우리 세계에서 국가라 불리는 것은 백여 개 이상이 되는데, 이것이 바로 국토세간입니다.

지금 부처님은 수보리에게 묻습니다. 모든 국토 상에 있는 일체 중생의 마음에는 얼마나 많은 종류가 있다고 생각하느냐는 것입니다. 아주 큰 문제입니다. 현재는 심리학이 발달하고 컴퓨터 또한 매우 발달했지만 인류의 심리가 몇 종류나 되는지는 모릅니다. 통계를 내려 한다면 컴퓨터로도 어떻게 할 도리가 없을 겁니다. 부처님은 말합니다. 이 세계 모든 중생의 일체 마음을 자신이 모두 알고 있다는 겁니다[如來悉知]. 여기서 부처님은 하나의 답을 제시합니다. 이 답이 위의 여러 문제와 관련이 있는지 없는지에 대해서는 설명하지 않고 단지 우리의 추측에 맡길 뿐입니다. 더욱이 부처님의 이 답은 지극히 고명합니다. 그렇지만 수천 년 이래의 불법은 모두 이 어른의 답에서 갈피를 잡지 못하여 많은 사람들의 해석에 모두 착오가 있었습니다. 이제 우리는 부처님이 스스로 말하고 스스로 답하는 것을 지켜보도록 합시다.

너의 마음

"왜냐하면 여래가 말한 모든 마음은 마음이 아니라 이름이 마음이기 때문이다."

"何以故? 如來說諸心, 皆爲非心, 是名爲心."
하 이 고   여 래 설 제 심   개 위 비 심   시 명 위 심

그는 말합니다. 부처의 눈으로 볼 때 모든 중생의 마음은 "모두 마음이 아니다[皆爲非心]." 부처님은 사람들을 나무라고 있습니다. 중생의 심리라는 것은 아무것도 아니며, 마음이란 것 또한 없다는 겁니다. 마음은 어디로 가 버렸을까요? 마음이 없어져 버렸으니 "비심(非心)", 근본적으로 마음이 아닙니다. 이미 마음이 아니라면, 그건 또 뭐란 말입니까? 부처님은 아마도 우리가 이렇게 물을 것이라 생각하고는 곧 이어서 말합니다. "내 눈으로 볼 때 그건 마음이 아니며, 마음이 아니기 때문에 마음이라 부른다!" 부처님은 말합니다. "세상 일체 중생의 마음을 내가 모두 안다." 수보리가 미처 묻기도 전에 그는 다시 말합니다. "일체의 사람 마음은 모두 마음이 아니다." 그렇지만 그는 일체 사람의 마음이 '인심(人心)'이 아니라고는 결코 말하지 않았습니다. 중생의 마음은 '인심'에 국한되지 않습니다. 개든 소든 개미든 작은 곤충이든 이들 일체 생명의 마음은 모두 마음이 아니며, 그것의 이름이 마음이라는 것입니다[皆爲非心, 是名爲心].

『금강경』은 처음부터 일체의 중생이 '아집'을 갖고 있다고 말합니다. 중

생은 이것이 '나'이며, 내가 존재한다고 생각합니다. 그리고 이 '나'라는 현상에 너무도 집착합니다. 또 나에게 마음이 있다고 생각합니다. 자신의 모든 망상과 분별 의식, 번뇌 등 일체의 실재하지 않는 이런 것들을 진실한 것으로 생각합니다. 사람은, 또 일체 중생은 근본적인 오류를 범하고 있습니다. 우리의 일체 생각이나 심리, 의식의 변화는 모두 마음으로부터 일어나는 일종의 변화 현상일 뿐 진정한 마음이 아닙니다. 그렇지만 일체 중생은 이 변화에 사로잡혀 이것을 마음이라 생각합니다.

불법을 배우는 사람들이 만과(晚課) 시에 매일 외는 구절이 있습니다. "날이 이미 지났으니 생명 역시 줄어들고, 웅덩이 속 물고기 같으니 무슨 즐거움이 있으랴〔是日已過, 命亦隨減, 如少水魚, 斯有何樂〕." 오늘도 이미 지나 버렸으니 이 수명 또한 줄어들었습니다. 오늘이 지나가면 다시 올 수 없습니다. 젊은 시절이 지나가고 나면 이제 노년도 얼마 남지 않아 심한 비애감이 듭니다.

사실 모두 현상에 기만당하고 있습니다. 인생에는 영원히 끊이지 않는 내일이 있습니다. 그런데도 굳이 과거를 돌이켜 볼 필요가 뭐 있겠습니까? 내일은 끊임없이 다가오며, 진정한 허공은 아무리 해도 다함이 없습니다. 어제 오늘 내일로 나누어지지도 않고, 과거 현재 미래로도 나누어지지 않습니다. 영원히 하나의 허공일 뿐입니다. 하늘이 밝았다 어두워졌다 하며 어제 오늘 내일이 생기지만, 이것은 현상의 변화일 뿐 허공 자체와는 아무 관계 없습니다. 하늘이 밝아지면 어둠이 걷히지만, 어둠이 진정 밝음에 의해 덮인 것일까요? 하늘이 어두워지면 다시 밝음이 가려져 이것이 계속 반복됩니다. 어둠이 광명이 되고, 광명이 어둠이 되며, 이 변화 중 어떤 것도 증가하지도 감소하지도 않습니다. 일체의 작용〔用〕은 허망하며, 허공의 본체는 증가하지도 감소하지도 않습니다.

그러므로 중생은 이 변화무쌍한 현상에 속아서는 안 됩니다. 부처님은 이 이치를 알지만 중생은 모릅니다. 부처님은 이것을 일러 마음이라 한다고 말하지만, 중생은 모두 이 허망하고 실재하지 않는 느낌과 작용에 집착하여 그것을 마음이라 여깁니다.

영원히 얻을 수 없는 마음

"왜냐하면 수보리여! 과거의 마음은 얻을 수 없고, 현재의 마음도 얻을 수 없으며, 미래의 마음도 얻을 수 없기 때문이다."

"所以者何? 須菩提! 過去心不可得, 現在心不可得, 未來心不可得."
소이자하   수보리   과거심불가득   현재심불가득   미래심불가득

앞 구절의 결론은 부처님 자신이 제기한 마음의 문제, 부처님의 눈으로 본 마음에 관한 것이었습니다. 결론은 일체가 마음이 아니라는 것이었습니다. 중생의 일체 마음은 모두 변화 중에 있으며, 그것은 시간이나 물리 세계와 마찬가지로 영원히 멈추지 않고, 영원히 파악할 수 없으며, 영원히 과거입니다. 그러므로 "과거의 마음은 얻을 수 없고, 현재의 마음도 얻을 수 없으며, 미래의 마음도 얻을 수 없다(過去心不可得, 現在心不可得, 未來心不可得)"라고 했습니다. 우리가 미래라고 말하자마자 그것은 현재가 됩니다. 마찬가지로 현재라고 말하자마자 곧 과거가 됩니다. 이 현상은 붙들 수 없는 것으로, 일체의 감각과 지각이 모두 그러합니다. 그렇지만 중생은 이 이치를 이해하지 못해 한사코 얻을 수도 없는 과거와 현재, 미래에 머물고자 하며, 그것을 붙들어 두고자 합니다. 그러므로 불법을 공부하는 분들은 특별히 주의해야 합니다. 여러분은 타좌 시 마음을 정(定)에다 붙들어 두고자 하지만, 이것 역시 착오입니다.

여러분은 다리를 틀고 앉아 마음을 정(定)에 머물게 하려고 하지만, 타좌를 끝내고 나면 그것은 이미 달아나 버립니다. 그러니 어디에다 머물게 할 수 있겠습니까! 이번 타좌 시에는 아주 청정해진 것 같다고요? 그러면 뭘 합니까? 끝나고 나면 곧 사라지고 말 텐데요. 과거도 얻을 수 없고, 현재도 얻을 수 없으며, 미래도 얻을 수 없습니다. 누가 청정이 지속되도록 해 줄 수 있겠습니까? 청정도 얻을 수 없고, 번뇌도 얻을 수 없으며, 얻을 수 없는 것 또한 얻을 수 없습니다. 그렇다면 어떻게 얻을 수 있을까요? 얻을 수 없는 것, 그것이 바로 얻는 것입니다. 이처럼 평범합니다.

일반인들은 『금강경』을 해석하면서, 반야가 공(空)이므로 얻을 수 없는 것이라 생각합니다. 아주 비관적입니다. 공은 얻을 수 없는 것이기에 공이 아닙니다. 공은 부단히 다가오는 것입니다! 이 때문에 부처님은 세상의 일체 것이 모두 유위법(有爲法)이라 말합니다. 유위법은 모두 실재하지 않습니다. 유위법의 본체는 무위(無爲)이며, 유위(有爲)는 그 작용입니다. 이처럼 유위는 도(道)를 싣고 달리므로, 우리는 유위법 속에서 무위의 도를 구해야 합니다. 일체의 수지(修持)는 모두 작용이 없는 것이기 때문입니다. 결코 유위법을 단절시킨 후에야 도를 증득할 수 있다고 생각해서는 안 됩니다. 유위법은 본래 무위 가운데 있는 것이므로, 무위의 도는 유위의 현상 속에서 관찰해야 합니다. 이렇게 뚜렷이 관찰할 수 있어야 비로소 도를 볼 수 있습니다.

유위법은 끊임없이 생겨나므로 유위에는 한계가 있을 수 없으며, 생멸(生滅) 또한 없어지지 않습니다. 생멸하는 마음을 단절해 버려야 도를 증득할 수 있다고 생각하는 것은 모두 사견(邪見)입니다. 그것은 진정한 불법이 아닙니다. 소위 말하는 연기성공(緣起性空), 성공연기(性空緣起)가 바로 여기에 있습니다. 이것이 『금강경』의 핵심 중 핵심입니다. 이 점을 뚜렷이 하지 않으면 전체 불법이 사견(邪見)이 되고, 단견(斷見)이 되고 맙니다. 이렇게 되면 유물론처럼 공(空)을 아무것도 없는 것이라 여기게 되니, 이건 불법이 아닙니다!

　부처님은 과거의 마음을 얻을 수 없다고 했지, 과거의 마음이 없다고 하지는 않았습니다. 그렇지 않습니까? 부처님은 과거의 마음을 얻는 것이 '불가(不可)'하다고 했는데, '불가(不可)'는 일종의 방법상의 추단(推斷)입니다. 부처님은 결코 과거와 현재 및 미래의 마음을 얻는 것이 '불가능하다(不能)'고 말하지 않았습니다. 이 한 글자의 차이는 아주 큽니다. 그렇지만 우리 후세의 불교 연구자들은 '불가(不可)'를 '불가능(不能)'이라 생각합니다. 이건 착오 중에서도 정말 큰 착오입니다. 그래서 부처님은 과거의 마음을 얻을 수 없고, 현재의 마음을 얻을 수 없으며, 미래의 마음도 얻을 수 없다고 했습니다. 이것은 현상계 속에서 무상(無上)의 아누다라삼먁삼보리, 즉 무상의 도심(道心)을 구해서는 안 된다는 말입니다. 현상의 세 마음은 모두 변화하는 것이기 때문입니다.

　고명한 법사나 대사들은 중생을 인도하면서 왕왕 세 마음을 단절시키는 방법을 사용하기도 하는데, 이것은 초보적인 공성(空性)을 잘 이해시키기 위함입니다. 붙들어서는 안 되는 과거의 마음을 버리고, 오지도 않은 미래의 마음을 막으며, 현재의 마음에 머물러 있다가 이것을 버리기만 하면 됩니다(當下卽是). 버리기만 하면 된다는 것은 또 무엇일까요? 이것은 공(空)도 아니요, 유(有)도 아닙니다! 이것을 뚜렷이 알 수 있을 때에야 비로소 시작할 수 있습니다. 먼저 자신의 마음을 뚜렷이 알고 난 뒤에야 비로소 수도(修道)를 제대로 할 수 있습니다.

　이 품의 제목은 "일체동관(一體同觀)"인데, '동관(同觀)'이란 무엇일까요? '동관'이란 '도를 본다(見道)'는 견(見)이요, 명심견성(明心見性)의 견(見)입니다. 소위 아무것도 붙들어서는 안 된다는 것은 공(空)도 아니요, 유(有)도 아닙니다! 공이면서 유인(卽空卽有) 이 사이가 바로 하나의 진정한 드러남[眞現量]입니다. 유(有)에 임해서는 유(有)가 되고, 공(空)에 임해서는 공(空)이 되니 대단히 평범합니다. 비애를 느낄 때는 느끼고, 비애가 지나가면 공이 됩니다. 공이 되고 나면 이 현상을 붙들어서는 안 됩니다. 그렇지만 이 현상이 결코 없는 것은 아닙니다. 비애가 지나가면 뒤이어 반드시 환희가 옵니다. 환희를 느낄 때도 역시 그것을 붙들어서는 안 됩니다. 환희 역시 지나가면 공입니다. 공은 아무것도 없는 것이 아닙니다. 공이란 하나의 방편적 설법입니다. 하나의 명사일 뿐입니다. 공을 불법의 절대적 목적이라고 생각해서는 안 됩니다. 그럴 경우 비관적이 되며, 비단 소승의 과(果)인 공을 증득할 수 없을 뿐 아니라 사견(邪見) 또는 변견(邊見)이 되고 맙니다. 그러므로 견사혹(見思惑)을 뚜렷이 알지 못하면 열매[果]를 증득할 수 없고, 도(道)를 이룰 수 없습니다. 불법을 배우는 것은 이처럼 엄격합니다. 이 점을 반드시 주의해야 합니다.

현재 수많은 저작이 있지만, 제가 볼 때는 위험천만한 것이 많습니다. 불법을 잘못 전하는 저작은 사람을 죽이는 독약보다 그 해가 더 큽니다. 한마디로 독이 든 사상입니다. 여러분은 진정한 불법의 관점에서 잘 선택해 주시기를 바랍니다. 지혜를 다해 판별하여 사견(邪見)이나 잘못된 사상에 빠져서는 안 됩니다. 이 품의 결론은 다음과 같은 게송입니다.

【제18품】

게송

형형색색의 것이 모두 다르나
천수천안은 뚜렷이 하나의 도를 본다
우주는 물거품, 마음 따라 생멸하고
허공은 붙들 수 없으니 누굴 안정시키랴

形形色色不同觀　手眼分明一道看
형형색색부동관　수안분명일도간
宇宙浮漚心起滅　虛空無著爲誰安
우주부구심기멸　허공무착위수안

"형형색색의 것이 모두 다르나〔形形色色不同觀〕." '형형색색(形形色色)', 물리세계의 각종 현상은 동일하지 않습니다. 뚱뚱한 사람도 있고 여윈 사람도 있으며, 키가 큰 사람도 있고 작은 사람도 있으며, 흑인도 있고 백인도 있습니다. 이들은 모두 현상의 차이로서 동일할 수 없습니다.

"천수천안은 뚜렷이 하나의 도를 본다〔手眼分明一道看〕." 그렇지만 불안(佛眼), 혜안(慧眼), 법안(法眼)의 눈으로 볼 때 이들은 동일합니다. '수안(手眼)'이란 무엇일까요? 여러분은 모두 천수천안(千手千眼)의 관세음보살을 본 적이 있을 겁니다. 천 개의 손을 갖고 있고, 매 하나의 손에는 한 개의 눈이 있습니다. 제가 자주 하는 말이지만, 천수천안을 가진 사람이 여기로 들어오면 이 전등도 아무 쓸모가 없습니다. 아마도 모두들 놀라서 얼굴이 멍해질 겁니다. 천수천안은 지혜를 대표합니다. 비추지 못하는 곳이 없습니다. 또 사람을 인도하는 각종의 교육 방법을 대표하기도 합니다. 여러분의 손을 도와주고, 보호해 주며, 구조해 줍니다. 또 뚜렷이 관찰하는 눈을 대표하기도 합니다. 수많은 손과 수많은 눈이 있지만, 한 손에는 단지 하나의 눈만이 있습니다. 대단히 평등합니다.

"우주는 물거품, 마음 따라 생멸하고〔宇宙浮漚心起滅〕." 매 하나의 우주, 매 하나의 세계는 마치 큰 바다의 물방울과 같습니다. 우주는 자성(自性)의 마음에 일어난 작용에 불과합니다. 매 하나의 사상, 매 하나의 정서, 매 하나의 감각은 모두 자성의 성(性)의 바다에 떠 있는 하나의 물방울입니다. 이들의 생멸 변화가 그치지 않는 것은 스스로의 마음이 일어났다 없어졌다 하기 때문입니다.

"허공은 붙들 수 없으니 누굴 안정시키랴〔虛空無著爲誰安〕." 일체의 법은 작용하면 유(有)가 되고, 작용하지 않으면 공(空)이 됩니다. 머무름이 없이 그 마음이 생깁니다. 이 마음은 본래 머무는 바가 없습니다. 이조(二祖)가 달마조사를 찾아 물었습니다. "이 마음이 안정을 이루지 못하오니, 청컨대 사부께서 저를 대신하여 마음을 안정시켜 주십시오." 달마조사가 말했습니다. "네가 마음을 내놓으면 안정시켜 주겠다." 이조가 말했습니다. "마음을 찾아봐도 찾을 수가 없습니다." 달마조사가 말했습니다. "그럼 됐다. 너를 대신하여 안정시켰다." 사실 그를 대신하여 안정시킬 필요도 없었습니다. 과거의 마음을 얻을 수 없고, 현재의 마음을 얻을 수 없으며, 미래의 마음도 얻을 수 없습니다. 그러니 무엇을 안정시킨단 말입니까? 그러므로 "허공은 붙들 수 없으니 누굴 안정시키랴"입니다. 어디에다 안정시킨단 말입니까? 이 마음을 안정시키려 할 필요가 없습니다. 도처가 모두 연화세계(蓮花世界)〔극락세계〕요, 도처에서 모두 마음을 안정시킬 수 있습니다. 평범한 가운데 도처가 모두 정토(淨土)요, 도처가 모두 마음이 안정된 자택입니다. 도처가 허공이며, 아무것도 드러나지 않고 아무것에도 머물지 않습니다. 최고의 핵심이 바로 여기에 있습니다.

제19품
법계를 두루 교화하다

第19品 • 法界通化分

"須菩提! 於意云何? 若有人滿三千大千世界七寶, 以用布施, 是人以是因緣, 得福多不?"

"如是! 世尊! 此人以是因緣, 得福甚多."

"須菩提! 若福德有實, 如來不說得福德多, 以福德無故, 如來說得福德多."

"수보리여! 그대 생각은 어떤가? 만약 어떤 사람이 있어 삼천대천세계를 가득 채운 칠보로써 보시한다면, 이 인연으로 인한 복덕은 많지 않겠는가?"

"그렇습니다, 세존이시여! 그 사람은 이 인연으로 해서 복덕이 아주 많습니다."

"수보리여! 만약 복덕이 알찬 것이라면, 여래는 복덕이 많다고 말하지 않을 것이다. 복덕이 없기 때문에 여래는 복덕이 많다고 말한다."

복덕은 얻을 수 없다

"수보리여! 그대 생각은 어떤가? 만약 어떤 사람이 있어 삼천대천세계를 가
득 채운 칠보로써 보시한다면, 이 인연으로 인한 복덕은 많지 않겠는가?"

"須菩提! 於意云何? 若有人滿三千大千世界七寶, 以用布施,
　수보리　 어의운하　 약유인만삼천대천세계칠보　　 이용보시
是人以是因緣, 得福多不?"
　시인이시인연　 득복다부

여기에 이르면 다시 다른 문제 하나가 제기됩니다. 이 문제는 아주 재미
있습니다.『금강경』은 시종 두 문제 사이를 왔다 갔다 합니다. 최고의 지혜
성취에 대해 언급하면, 그것이 최고조에 이를 때쯤에서 큰 복보(福報)에
대해 말합니다. 복지이엄(福智二嚴)은 불교 전문 용어로서, 범부가 성불하
기 위해서는 반드시 지혜가 장엄해야 하고, 복덕이 장엄해야 합니다. 진정
한 복덕이 있어야만 비로소 진정한 지혜를 얻을 수 있습니다. 때로 우리는
스스로 총명하지 못하다고 느낍니다. 기억력도 시원찮고, 게다가 이해력

도 부족합니다. 복덕이 충분하지 못해서 그렇습니다! '다른 사람도 모두 어머니 배 속에서 나왔는데 왜 내 머리는 이렇게 시원찮은 걸까? 투태(投胎)할 때 창고에 처박혀 있던 곰팡이 낀 머리라도 갖고 나온 걸까?' 사실 기능은 다를 바 없지만 자신의 복덕이 충분하지 못하기 때문에 그런 것입니다. 진정한 복덕, 심리적 건강과 두뇌의 건강은 스스로의 수지(修持)에 달려 있습니다.

부처님이 수보리에게 묻습니다. "그대는 어떻게 생각하는가? 가령 어떤 사람이 다이아몬드나 금, 은, 마노 등 세상에서 제일 귀한 칠보로써 보시한다면, 삼천대천세계에 가득 찬 칠보로써 보시한다면, 이 행위로 인해 얻을 수 있는 복덕이 대단히 크지 않겠는가?"

"그렇습니다, 세존이시여! 그 사람은 이 인연으로 해서 복덕이 아주 많습니다."

"如是! 世尊! 此人以是因緣, 得福甚多."
여 시 세 존 차 인 이 시 인 연 득 복 심 다

이것은 수보리의 대답입니다. "그렇습니다, 세존이시여! 만약 그렇게 보시한다면 정말 대단합니다! 장래의 복보도 아주 클 겁니다!"

"수보리여! 만약 복덕이 알찬 것이라면, 여래는 복덕이 많다고 말하지 않을 것이다. 복덕이 없기 때문에 여래는 복덕이 많다고 말한다."

"須菩提! 若福德有實, 如來不說得福德多, 以福德無故, 如來說得福德多."
수 보 리 약 복 덕 유 실 여 래 불 설 득 복 덕 다 이 복 덕 무 고 여 래 설 득 복 덕 다

부처님이 말합니다. "그대는 알아 두어야 한다. 인세간(人世間)에서 말하는 대복보란 돈 많고, 오래 살며, 자식 많고, 훌륭하며, 좋지 않은 것이

없어, 더 이상 좋을 것이 없는 것이다. 그렇지만 과거의 마음을 얻을 수 없고, 현재의 마음을 얻을 수 없으며, 미래의 마음도 얻을 수 없으니, 모두 쓸모없다." 인생이란 모두 구름 잡는 것입니다. 얻을 수 없다는 것을 너무나 잘 알면서도 한사코 얻고자 합니다. 사람이 나면 죽어야 한다는 것을 분명히 알면서도 사람들은 모두 선(仙)을 배우고 도(道)를 배워 장생불사하고자 합니다. 복보는 다함이 있습니다. 사람의 영화는 한순간입니다. 마치 손전등과 같습니다. 사람들은 손전등으로 밝게 비추지만, 한평생 비출 수는 없습니다. 세간(世間)의 복보는 실재하지 않습니다. 복덕은 공허한 것입니다! 그래서 부처님은 말합니다. "세간의 복덕이 아무리 많다 해도, 그것은 손가락 튕기는 사이에 사라져 버릴 공화(空花)에 지나지 않는다. '복덕이 없기 때문이다〔以福德無故〕.'"

아무도 소중히 여기지 않는 복

진정한 복보는 무엇일까요? 청정무위(淸淨無爲)입니다. 마음속에 이미 번뇌도 비애도 없고, 얻을 것도 잃을 것도 없으며, 영예도 모욕도 없습니다. 상반된 두 가지 것들이 모두 없어 영원토록 지극히 평정합니다. 이것은 말하자면 상계(上界)의 복보로서, 바로 청복(淸福)입니다. 청복은 어떤 사람이든 모두 갖고 있습니다. 어떤 사람도 모두 한가할 때가 있습니다. 그렇지만 하루 종일 아무 일 없이 집안에 있다 보면 견디기 힘듭니다! 마치 사람들에게 잊혀진 것 같고, 사람들에게 소외되고 있는 것 같아 절로 눈물이 나옵니다. 명함 한 장 내미는 사람 없고, 초대장 하나 오지 않으며, 전화 한 통화 해 주는 사람 없으니 참으로 서글퍼집니다. 이런 사람은 청복이 있어도 그것을 누릴 줄 모릅니다. 불법을 배우는 사람은 먼저 이 점을 뚜렷이 알아야 합니다.

  이 세상 일체 사람들의 심리를 부처님은 모두 알고 있습니다. 사람들은 실제로 존재하지도 않는 것을 존재하는 것처럼 생각하기 때문에 진정한 청정이 다가와도 그것을 향수할 줄 모릅니다. 불법을 공부하여 공성(空性), 즉 자성(自性)의 청정무위를 증득하고 대지혜를 성취하는 것, 이것이야말로 진정한 복보라 할 수 있습니다. 진정한 복보는 그렇게 얻기 어려운 것일까요? 아주 쉽습니다! 그렇지만 사람들은 이런 복보가 다가오면 오히려 외면하고 스스로 번뇌를 찾으려 합니다.

  이 구절이 왜 이곳에 삽입되었을까요? 삼심(三心)은 얻을 수 없다는 것을 말하기 위함입니다. 삼심(三心)을 얻을 수 없다는 이 경계에 도달하기는 아주 어렵다는 것을 알아야 합니다. 이 경계를 닦아서 얻고자 한다면 반드시 진정한 복보가 있어야만 합니다. 불교의 기본적인 첫걸음은, 인생에서 수행을 하려고 해도 '가만지신(暇滿之身)'을 얻기가 어렵다는 사실을 아는 것입니다. 서두에서 이미 언급한 바 있지만, '가만지신'이란 건강하고 한가한 몸입니다. 그렇지만 세상 사람들은 한가로움을 누릴 줄 모릅니다. 몸이 건강하면 어디 가서 소모하려 하고, 진정으로 고요하고 한가로운 상황이 되면 반대로 비통해합니다. 그래서 '전도된 중생〔顚倒衆生〕'이라고 하는 것입니다. 이것 역시 어찌할 도리가 없습니다. 다음 게송은 이 품의 결론입니다.

【제19품】

게송

부도와 누각이 한낮에 세워지니
조금씩 쌓은 공이 어찌 자연이랴
찰간을 내던지고 고개 돌려 바라보니
번화함이 스러지고 꿈조차 연기 같다

浮圖樓閣立中天　點滴功勳豈自然
부 도 누 각 입 중 천　점 적 공 훈 기 자 연
倒卻刹竿回首望　繁華散盡夢如煙
도 각 찰 간 회 수 망　번 화 산 진 몽 여 연

"부도와 누각이 한낮에 세워지니〔浮圖樓閣立中天〕." '부도(浮圖)'란 탑입니다. 불탑을 세우면서 칠 층으로 만든 것을 칠급부도(七級浮圖)라 합니다. 중국에는 "한 사람의 생명을 구하는 것이 칠급부도를 세우는 것보다 더 낫다"라는 말이 있습니다. 우리가 좋은 일을 하고 사람의 생명을 구하는 것은 절을 하나 짓는 것과도 같습니다. 사람의 목숨 하나를 구하는 것이 칠급부도를 세우는 것보다 낫다는 말은 사실 부처님이 한 말입니다. 이것은 유위(有爲)의 공덕입니다.

"조금씩 쌓은 공이 어찌 자연이랴〔點滴功勳豈自然〕." 유위의 공덕은 하나씩 하나씩 천천히 행하는 것입니다. 오늘 좋은 일을 하나 하고, 날마다 작지만 좋은 일을 하나씩 하여 쌓아 나갑니다. 이것은 마치 절을 짓는 것과도 같습니다. 절을 지을 때도 하루하루 쉬지 않고 조금씩 지어 감으로써 완성됩니다. 그렇지만 "남조 사백팔십 개 절이 이슬비 속에 몇 개나 남았는가〔南朝四百八十寺, 多少樓臺煙雨中〕"입니다. 지금에 와서는 아무것도 남은 것이 없습니다.

"찰간을 내던지고 고개 돌려 바라보니, 번화함이 스러지고 꿈조차 연기 같다〔倒卻刹竿回首望, 繁華散盡夢如煙〕." 양무제(梁武帝)는 일생 동안 수백 개의 절을 지었고, 무측천(武則天)도 일생 동안 수백 개의 절을 지었지만 남은 것이 없습니다. 그렇기에 가섭존자와 아난이 하루는 이런 말을 했습니다. "어떻게 해야 도를 볼 수 있을까요?" "대문에 있는 찰간(刹竿) 〔큰 절 앞에 세우는 깃대 모양의 것. 덕이 높은 스님을 널리 알리기 위해 사용함〕을 없애 버리게. 그러면 도를 볼 수 있을 것이네!"

우리는 누구든 문에다 자신을 높이는 찰간을 세워 두고 있습니다. 이런 생각을 버린 다음에야 큰 복보가 오며, 공성(空性)을 볼 수 있습니다. 세상의 일체 복보, 심지어 황제의 큰 복보라도 모두 "번화함이 스러지고 꿈조차 연기 같습니다." 일체의 번화는 구름이나 연기처럼 눈앞에서 사라집니다. 사라진 후 그림자를 붙든들 무엇 하겠습니까? 일체가 꿈입니다. 심지어 꿈조차도 없습니다. 꿈까지도 연기처럼 사라져 버립니다. 이 때문에 부처님은 "복덕이 없다〔以福德無故〕"라고 했습니다. 진정으로 큰 복보란 무엇일까요? 부처님은 말합니다. "큰 복보는 공성(空性)을 증득하는 것, 깨달음을 얻어 성불하는 것이며, 이것이야말로 큰 복보요 큰 성취이다."

그렇지만 깨달음을 얻어 성불하려면, "일체의 악을 행하지 않고 뭇 선을 받들어 행하는〔諸惡莫作, 衆善奉行〕" 일체의 복덕으로써 지혜를 배양해야 합니다. 지혜란 단지 책만 읽는다고 생겨나는 것이 아니요, 다리를 틀고 앉아 이를 악물고 참아 낸다고 나오는 것도 아닙니다. 이를 악물고 다리 저린 것을 참아 내는 지계수정(持戒修定)은 복덕을 닦는 것에 불과합니다. 유위의 복덕을 닦는 하나의 방법일 뿐입니다. 무위의 복덕은 도처에 존재하지만, 자신의 지혜가 미치지 못하면 닦아도 이룰 수 없습니다. 그러므로 불법은 진정한 지혜, 이 지혜를 배양하는 복덕, 일체 선행의 공덕으로써 완성되는 것입니다.

 이 점을 특별히 주의해야 합니다! 불법이 지혜의 학문이라고 해서 선행에는 전혀 관심이 없다면, 이것은 진정한 지혜가 아닙니다. 말을 바꾸면, 진정한 지혜가 있다면 자연 좋은 일을 하고자 합니다. 지혜와 선행은 둘이 아니라 하나입니다.

제20품
형체를 떠나고 상을 떠나다

第20品・離色離相分

"須菩提! 於意云何? 佛可以具足色身見不?"

"不也, 世尊! 如來不應以具足色身見. 何以故? 如來說具足色身, 卽非具足色身, 是名具足色身."

"須菩提! 於意云何? 如來可以具足諸相見不?"

"不也, 世尊! 如來不應以具足諸相見. 何以故? 如來說諸相具足, 卽非具足, 是名諸相具足."

"수보리여! 그대 생각은 어떤가? 부처를 색신을 다 갖춘 존재라 볼 수 있는가?"

"그렇지 않습니다, 세존이시여! 여래를 색신을 다 갖춘 존재라 보아서는 안 됩니다. 왜냐하면, 여래께서 색신을 다 갖추었다고 하시는 것은 색신을 다 갖춘 것이 아니라 그것을 일러 색신을 다 갖추었다고 하셨기 때문입니다."

"수보리여! 그대 생각은 어떤가? 여래를 모든 상을 다 갖춘 존재로 볼 수 있는가?"

"그렇지 않습니다, 세존이시여! 여래를 모든 상을 다 갖춘 존재로 보아서는 안 됩니다. 왜냐하면 여래께서 모든 상을 다 갖추었다고 하신 것은 모두 갖춘 것이 아니라 그것을 일러 모든 것을 다 갖추었다고 하셨기 때문입니다."

대장부 상

"수보리여! 그대 생각은 어떤가? 부처를 색신을 다 갖춘 존재라 볼 수 있는가?"

"그렇지 않습니다, 세존이시여! 여래를 색신을 다 갖춘 존재라 보아서는 안 됩니다. 왜냐하면, 여래께서 색신을 다 갖추었다고 하시는 것은 색신을 다 갖춘 것이 아니라 그것을 일러 색신을 다 갖추었다고 하셨기 때문입니다."

"須菩提! 於意云何? 佛可以具足色身見不?"
수보리 어의운하 불가이구족색신견부
"不也, 世尊! 如來不應以具足色身見. 何以故? 如來說具足色身,
불야 세존 여래불응이구족색신견 하이고 여래설구족색신
卽非具足色身, 是名具足色身."
즉비구족색신 시명구족색신

『금강경』 상반부는 모두 수보리가 제시한 문제와 그에 대한 부처님의 대답이었습니다. 하반부에 이르면 부처님 자신이 말하며, 수보리가 이해하지 못할까 봐 하나하나 설명하고 있습니다. 『금강경』은 이렇게 시작됩니다. 부처님이 식사를 하고 난 뒤 타좌하면서 휴식을 취하려 하는데, 수보리가 눈치 없이 한사코 문제를 들이댑니다. 그러자 부처님은 자비심이 일어 아예 타좌를 그만두고 하나하나 찬찬히 설명합니다. 자세히 보면 『금강경』은 바로 이런 경전입니다. 앞에서 이미 한 단계 한 단계씩 말했지만, 삼십이상(三十二相)은 모두 여래가 아니며, 만약 모든 상(諸相)이 상(相)이 아님을 본다면 여래를 볼 수 있다고 했습니다. 부처님은 이어서 세세하고 자비롭게, 혹 이해하지 못할까 봐 반복해서 이것을 설명합니다.

"수보리여! 그대 생각은 어떤가? 부처를 색신을 다 갖춘 존재라 볼 수 있는가?(佛可以具足色身見不)" 여기서 주의할 것은 '여래(如來)'라는 표현을 사용하지 않고 '부처(佛)'라고 표현한다는 점입니다. 어떤 곳에서는 여래라 표현하고 어떤 곳에서는 부처라 표현하고 있는데, 한 글자 한 글자도 모두 주의해서 보아야 합니다. 그렇지 않으면 『금강경』을 읽어도 헛읽는 겁니다.

여기서의 '부처(佛)'는 보신(報身) 즉 육신(肉身)을 나타냅니다. 부처님의 보신은 참으로 아름다웠습니다! 십이 년이나 굶었어도 매우 아름다웠습니다. 부처님은 미남이었습니다. 삼십이상, 팔십종호의 뛰어난 점이 있었는데, 아난은 부처님의 아름다움에 반해 부처님을 따라 출가했습니다. 결국 부처님께 한 차례 꾸지람을 듣긴 했지만요. 아난의 출가는 육체적인 아름다움을 위해서였다는 겁니다. 부처님은 이처럼 색신(色身)을 두루 갖추고 있었습니다. 대장부 상(相)을 갖고 있어서 보통 사람과는 전혀 달랐습니다. 비단 삼십이상을 지녔을 뿐 아니라 그것에 수반된 팔십 종의 좋은 모습을 갖추었는데, 이것은 보통 사람에게는 없는 특징입니다. 이것을 일러 "구족색신(具足色身)"이라고 합니다.

사람이 성불할 때는 대장부 상을 갖추어야 합니다. 불경의 아주 많은 곳에서 대장부 상을 찬탄하고 있습니다. 마찬가지로 불경의 아주 많은 곳에서, 여성이 성불하려면 반드시 남자의 몸으로 바뀌어 대장부 상을 가져야 한다고 말합니다. 그렇지만 몇 권의 대승 경전에서 부처님도 한 방 얻어맞습니다. 부처님이 하상녀(河上女)와 승만 부인(勝鬘夫人)을 만났을 때입니다. 이들 두 사람은 모두 결혼해서 아이까지 낳았는데도 즉신성불(卽身成佛)을 했습니다. 이들이 부처님 면전에서 한 차례 이야기하자 부처님은, "여시! 여시!(如是! 如是!)"라고 하며 옳다고 수긍합니다. 그들에게는 어떤 분별상도 없으니 여성 역시 성불할 수 있으며, 남자의 몸으로 전환할 필요가 없다는 겁니다. 그러니 소승의 지견(知見)에 얽매여서는 안 됩니다. 지금 이 『금강경』에서도 부처님은, 여성은 성불할 수 없다는 설법을 뒤집고 있습니다. 부처님을 과연 색신을 두루 갖춘 존재로 보아야 할까요? 삼십 이상을 보면 그 모습이 당당한데, 이것을 부처님이라 해야 할까요? 수보리가 말합니다. "그렇지 않습니다, 세존이시여! 여래라고 모든 상을 다 갖추었다고는 볼 수 없습니다〔如來不應以具足色身見〕."

여러분은 늘 부처님을 보았으면 하고 생각하지만, 만약 타좌 시 부처님이 나타난다면 그건 절대 마(魔)이지 부처님이 아닙니다. 부처님은 식사한 뒤 거기서 타좌하고 있습니다. 부처님은 여러분을 찾아올 생각이 없습니다. 여러분이 찾아가더라도 볼까 말까 합니다. 그러므로 절대 상(相)에 사로잡혀서는 안 됩니다. 유형적 관점에서 부처님을 보고자 해서는 안 됩니다. 부처〔수보리〕님은 이어서 말합니다.

"왜 그런가? 여래가 모든 상을 두루 갖추었다고 한 것은, 모든 상을 두루 갖춘 것이 아니라 그것을 일러 모든 상을 두루 갖추었다고 한 것이다〔何以故? 如來說具足色身, 卽非具足色身, 是名具足色身〕." 이것은 진정으로 불법의 가장 오묘한 비밀을 말하고 있습니다. 불경에서는 진정으로 득도한 사람에게 대장부 상이 나타난다고 하는데, 이것은 아주 특별한 상(相)으로서 "구족색신(具足色身)"이라 합니다. 색(色)이란 육체의 사대, 즉 지

(地)·수(水)·화(火)·풍(風)입니다. 평상시 부처님은 이런 식으로 말했지만, 진정한 이치는 "즉비구족(卽非具足)"이라는 것입니다. 그러니 상(相)에 집착해서는 안 됩니다. 형태나 모양을 가진 것은 모두 있는 것이 아닙니다. 이 때문에 그것을 "구족색신"이라 부릅니다.

세상의 육신보살

무슨 이치일까요? 득도한 사람은 자연 도(道)의 상(相)을 갖지만 이것은 구체적인 모습으로 볼 수 있는 것이 아닙니다. 젊은 친구들에게 자주 말한 적이 있지만, 예를 들어 보겠습니다. 이전에 제가 대륙에 있을 때, 성취를 얻은 스승과 스님들 몇 분을 만나 본 적이 있습니다. 제 사부가 있었는데, 여러분도 모두 알고 있듯 그는 육신보살(肉身菩薩)이었습니다. 어떤 사람은 그를 육신 나한(肉身羅漢)이라고도 했습니다. 얼굴은 정말 못생겼습니다. 두 눈은 구리종보다 크고 번들거렸으며, 근시라 안경까지 끼고 있었으니 참으로 괴상했지요. 코는 통마늘만큼 컸고, 입은 귀 언저리까지 찢어져 있었습니다. 게다가 치아는 옥수수처럼 촘촘하고 작았습니다. 오관을 하나하나 뜯어 보면 어느 것 하나 제대로 된 것이 없지만, 그럼에도 보면 볼수록 귀엽기도 하고 장엄하기도 했습니다. 뒤뚱거리며 걷는데도 아주 장엄하게 느껴졌습니다. 옷은 수십 년 동안 한 번도 갈아입지 않아 온몸에 이가 득실거렸고, 가려우면 이렇게 박박 긁어 댔습니다. 그리고 제자들에게 이르기를, 기어 나온 이를 발견하면 살생하지 말라고 했습니다. 이처럼 괴인이었습니다.

또 다른 스님이 있었는데, 그는 수십 년 동안 몸도 씻지 않고 세수도 하지 않았으며 발도 씻지 않았습니다. 그가 자는 곳에 모기장이 쳐 있었는데, 수십 년 동안 한 번도 씻지 않아 작은 구멍까지 다 메워졌습니다. 온통 먼지가 쌓여 있었으니까요. 그는 잠자는 것뿐 아니라 타좌도 그 속에서 했습니다. 하루는 제가 떠날 때가 되어 작별 인사를 하려고 했는데, 그는 마침 모기장 속에서 타좌를 하고 있었습니다. 그가 말했습니다. "나가서 배웅하고 싶지 않으니 자네가 이리 와 보게. 일러 줄 말이 있네!" 원, 세상에! 머리를 모기장 속으로 들이밀지 않으면 안 되게 되었습니다. 저는 결벽증이라 할 만큼 깨끗한 것을 좋아하지만, 사부의 명령이니 어떡합니까? 눈 딱 감고 머리를 들이밀었습니다. 그런데 모기장 속에는 시원한 향기, 꽃 향기 같기도 하고, 뭐라 표현할 수 없는 상쾌한 향기가 나는 게 아닙니까? 하도 향기로워서 머리를 다시 빼기가 싫었습니다. 그러면서 속으로 도(道)가 있는 사람은 확실히 다르구나 생각했습니다.

이 밖에도 제가 이전에 티베트에서 만났던 활불(活佛) 라마 한 명이 있었는데, 그는 차 마시기를 아주 좋아했습니다. 한인(漢人)들이 이곳에다 파는 차는 모두 싸구려 차인데, 그는 여기다 수유(酥油)〔소젖을 바짝 졸여 만든 기름. 티베트 사람들이 애용함〕를 넣은 소위 수유차를 즐겼습니다. 반은 기름이고 반은 차인데, 습관이 되면 맛이 꽤 괜찮습니다. 그렇지만 여러분이 마신다면 입에 넣자마자 토해 버릴 겁니다. 그에게는 바리때가 하나밖에 없었는데, 밥을 먹을 때나 차를 마실 때나 손님을 맞아 대접할 때나 그것을 사용했습니다. 그건 수십 년 동안 역시 한 번도 씻지 않아 더럽기가 이루 말할 수 없을 정도였습니다. 우리는 신통력이 있는 그를 가끔 찾아가기도 했는데, 그럴 때 그는 인연이 있다고 생각하여 대접하고픈 손님에게는 자기가 차를 마시던 그 바리때를 건네며 한 모금 마시라고 권합니다. 그러면 어떤 사람은 더러워서, 어떤 사람은 황송해서 감히 마시지 못합니다. 더러워하든 황송해하든 그는 모두 알아챕니다. 황송해할 때는 억지로 한 모금 마시도록 하는데, 그가 마시던 차를 한 모금 마시면 많은 죄업이 소멸된다고 전해집니다. 어떤 사람은 더럽게 생각하기도 하는데, 그러면 여지없이 나무랍니다. 당신 입도 살이고 내 입도 살인데, 왜 이 그릇을 꺼리지? 이런 사람들은 자세히 보면 아주 장엄합니다. 이 장엄함은 코에 있는 것도 아니요, 눈에 있는 것도 아니며, 오관 어디에도 있지 않습니다. 그에게는 도(道)의 기운이 있습니다. 바로 이런 이치입니다.

그러므로 진정으로 성불한 사람을 "구족색신(具足色身)"으로 보려 해서는 안 됩니다. 그의 신체상에서 도(道)를 찾으려 해도 도무지 찾을 수가 없습니다. 당연한 일이지만, 득도한 사람에게는 반드시 기질의 변화가 나타납니다. 육신에 반드시 변화가 생긴다는 겁니다. 절로 도의 기운이 갖추어져 그 모양이 아주 장엄합니다. 그렇지만 "즉비구족색신(卽非具足色身)"이라는 것을 알아야 합니다. 상(相)에 집착해서는 안 됩니다. 이 육체는 여전히 생멸합니다. 이 때문에 이름이 "구족색신"입니다. 주의할 것은, 이 "구족색신"이 육체라는 점입니다.

"수보리여! 그대 생각은 어떤가? 여래를 모든 상을 다 갖춘 존재로 볼 수 있는가?"

"그렇지 않습니다, 세존이시여! 여래를 모든 상을 다 갖춘 존재로 보아서는 안 됩니다."

"須菩提! 於意云何? 如來可以具足諸相見不?"
　수 보 리　어 의 운 하　여 래 가 이 구 족 제 상 견 부
"不也, 世尊! 如來不應以具足諸相見."
　불 야　세 존　여 래 불 응 이 구 족 제 상 견

처음의 "구족색신"은 실질적인 것으로서 신체를 말합니다. 소위 보신(報身)입니다. 그렇지만 이제 다른 문제가 제기됩니다. 여래를 상(相)에 집착해서 볼 수 있겠느냐는 겁니다. 예를 들어 봅시다. 갑자기 눈앞에 부처

님이 서 있다면 이것은 상(相), 즉 현상입니다. 부처님이 수보리에게 묻습니다. "상(相)으로써 볼 수 있는가?" 수보리는 당연히 불가하다고 말합니다. 이 문제에 대해서는 『금강경』 앞부분에서 이미 말한 바 있지만, 종교적인 우상에 사로잡혀서도 안 되며 또 삼십이상으로써 여래를 보고자 해서도 안 됩니다. 왜 그럴까요?

> "왜냐하면 여래께서 모든 상을 다 갖추었다고 하신 것은 모두 갖춘 것이 아니라 그것을 일러 모든 것을 다 갖추었다고 하셨기 때문입니다."
>
> "何以故? 如來說諸相具足, 卽非具足, 是名諸相具足."
> 하이고   여래설제상구족   즉비구족   시명제상구족

진정한 부처님은 법신(法身)으로서, 이것을 보아야만 진정한 부처님을 보았다고 할 수 있습니다. 법신이란 무엇일까요? 아무리 해도 얻을 수 없는 것이요, 일체의 상이 없는 것입니다. 법신은 상이 없으며, 경계도 없습니다. 만약 하나의 경계상에 있다면 이미 머무름이 있는 것이요 집착함이 있는 것으로, 이렇게 된다면 명심견성(明心見性)할 수 없습니다. 일체의 상이 모두 공(空)이 될 때에야 비로소 명심견성할 수 있으며, 부처님을 볼 수 있습니다. 이 품의 결론은 다음 게송과 같습니다.

【제20품】

게송

형상의 유래는 참된 것이 아니며
모두 심물에 의지해 일어남에도
불쌍한 세상의 어리석은 사람들은
말라빠진 나무뿌리만 찾으려 하네

形象由來不是眞　都依心色起開因
형 상 유 래 불 시 진　도 의 심 색 기 한 인
可堪擧世癡狂客　偏向枯椿境裡尋
가 감 거 세 치 광 객　편 향 고 장 경 리 심

"형상의 유래는 참된 것이 아니며〔形象由來不是眞〕." 형상이란 모두 허망하고 우연한 존재로서, 참된 것이 아닙니다. 그렇다면 이 물질세계와 형상은 어디서 왔을까요?

"모두 심물에 의지해 일어남에도〔都依心色起開因〕." 유심(唯心)이 도(道)로서, 심물은 하나입니다. 바로 마음의 역량이 이 형상을 생성시킨 겁니다.

"불쌍한 세상의 어리석은 사람들은〔可堪擧世癡狂客〕." 불법은 본래 상(相)에 집착하지 말라고 합니다. 물질세계의 어떤 것에도 집착하지 말라는 것입니다. 불쌍한 이 세상, 이곳에는 지혜로운 중생이 없습니다.

"말라빠진 나무뿌리만 찾으려 하네〔偏向枯椿境裡尋〕." 모두 이 말라빠진 나무뿌리 속에서만 찾으려 합니다. 우리가 타좌해서 한 생각도 일어나지 않도록 하려는 것은 말라빠진 나무뿌리와 같습니다. 이 말라빠진 나무뿌리 이야기는 설두선사(雪竇禪師)의 다음과 같은 시에 나옵니다.

길가에 토끼 한 마리 누웠으니
매가 내려다보다 재빨리 낚아챈다
불쌍한 사냥개는 영성이 없어
마른 나무뿌리 사이만 찾아 헤맨다

一兎橫身當古路　蒼鷹一見便生擒
일토횡신당고로　창응일견변생금
可憐獵犬無靈性　祇向枯椿境裡尋
가련엽견무영성　지향고장경리심

　한 마리 토끼가 길에 비스듬히 누워 있습니다. 사냥을 할 때입니다. 매가 공중에서 보니까 큰길 한가운데 토끼 한 마리가 누워 있습니다. 매는 지체 없이 내려가 토끼를 낚아챕니다. 불쌍한 사냥개는 영성이 없어, 코를 벌름거리며 사방을 돌면서 토끼를 찾아 헤맵니다. "마른 나무뿌리 사이만 찾아 헤맨다", 단지 마른 나무뿌리 구멍이나 필사적으로 찾아다닐 수밖에 없습니다. 설두선사는 선종의 대사로서, 세상이라는 이곳에서 선종을 배우는 사람을 꾸짖고 있습니다. 공안(公案)이니 화두니 하는 것들을 붙들고 있는 것은, 사냥개가 말라빠진 나무뿌리 속이나 뒤지고 있는 것과 같습니다.

　만약 대지혜를 가진 사람이라면 매처럼 공중에서 휙 둘러보고는 지체 없이 토끼를 채 갑니다. 이 경계는 바로 공(空)입니다. 뒤에 있는 사냥개는 죽을 힘을 다해 이리저리 달리면서 그 속에서 이 경계, 즉 공(空)을 찾아 헤맵니다.

제21품
어떤 법도 말로써 설명할 수 없다

第21品・非說所說分
"須菩提! 汝勿謂如來作是念, 我當有所說法, 莫作是念! 何以故? 若人言, 如來有所說法, 卽爲謗佛, 不能解我所說故. 須菩提! 說法者, 無法可說, 是名說法."
爾時, 慧命須菩提, 白佛言, "世尊! 頗有衆生, 於未來世聞說是法, 生信心不?"
佛言, "須菩提! 彼非衆生, 非不衆生. 何以故? 須菩提! 衆生衆生者, 如來說非衆生, 是名衆生."

"수보리여! 그대는 여래가 마땅히 설법한 것이 있다고 생각한다 말하지 마라. 이렇게 생각하지 마라. 왜냐하면 만약 어떤 사람이 여래에서 설법한 것이 있다고 말한다면 이는 곧 여래를 비방하는 것으로, 내가 말한 것을 이해할 수 없기 때문이다. 수보리여! 설법이란 어떤 법도 말할 수 없는 것이다. 이것을 일러 설법이라 한다."
그때 혜명수보리가 부처님께 아뢰기를, "세존이시여! 미래의 많은 중생이 이 법을 말씀하시는 것을 듣고 신심이 생기겠습니까?"
부처님께서 말씀하시기를, "수보리여! 그들은 중생이 아니요, 중생이 아닌 것도 아니다. 왜냐하면 수보리여! 중생 중생 하는 것을 여래가 중생이 아니라 함은 이름이 중생이기 때문이다."

아무것도 말하지 않았다

"수보리여! 그대는 여래가 마땅히 설법한 것이 있다고 생각한다 말하지 마라. 이렇게 생각하지 마라. 왜냐하면 만약 어떤 사람이 여래께서 설법한 것이 있다고 말한다면 이는 곧 여래를 비방하는 것으로, 내가 말한 것을 이해할 수 없기 때문이다."

"須菩提! 汝勿謂如來作是念, 我當有所說法, 莫作是念!
수보리 여물위여래작시념   아당유소설법   막작시념
何以故? 若人言, 如來有所說法, 卽爲謗佛, 不能解我所說故."
하이고   약인언 여래유소설법 즉위방불   불능해아소설고

이것은 부처님이 제기한 것입니다. 스스로 말을 꺼내 수보리에게 제시합니다. 부처님은 말합니다. "그대는 절대 이렇게 생각해서는 안 된다!" 어떻게 생각한다는 것일까요? "부처가 이 세상에서 설법했다고 생각해서는 안 된다!" 사실 이 어른은 서른한 살에 도를 깨친 후 설법을 시작하여 여든 살에 열반에 들었으니, 사십구 년간을 설법했습니다. 그런데도 여기

서 이 모두를 부인해 버립니다. "이렇게 생각하지 마라〔莫作是念〕. 절대 내가 불법을 설했다고 생각하지 마라. 왜 그런가? 가령 어떤 사람이 여래는 설법한 것이 있으며 그것도 진정으로 어떤 법을 설했다고 한다면, 그것은 여래를 비방하는 것이다〔即爲謗佛〕."

예를 들면 부처님은 우리에게 염불을 하고, 지관(止觀)을 닦고, 계정혜(戒定慧)를 닦으라고 했습니다. 이 밖에도 소위 삼십칠도품(三十七道品)이니 반야(般若)니 법상(法相)이니 유식(唯識)이니 하는 것들도 모두 부처님이 말했습니다. 그런데도 이제 만약 어떤 사람이 내가 설법을 했다고 한다면 그것은 바로 나를 비방하는 것이라고 말합니다. 이상하지 않습니까? 부처님은, 이런 사람은 불법을 비방하고 있는 것이라 말합니다. 무슨 이유일까요? "이 사람은 비록 불법을 배우고 또 들었지만 내가 말한 불법을 이해하지 못해 내가 설법을 했다고 말하는 것이다. 이건 잘못된 것이다."

먼저 교육에 대해 말해 봅시다. 진정한 교육자라면 부처님이 말한 이 이치가 한마디도 틀리지 않다는 것을 몸으로 느낄 겁니다. 제가 볼 때 수십 년간 교편을 잡고 있는 사람이라면 벌을 받고 있는 것입니다. 죄업이 깊고도 깊어야만 교편을 잡습니다. 참으로 고통스러운 일입니다. 무슨 말이냐고요? 가령 백 명이 수업을 듣는다면, 똑같은 한마디를 해도 백 명의 반응이 모두 다르고 이해하는 것도 제각각입니다. 어떤 때는 심지어 선생이 흰색이라 했어도 그 중 대여섯 명 정도는 회색이라 말했다고 합니다. 오랫동안 교육에 종사한 사람이라면 가르친다는 게 벌 받는 일이라 생각할 겁니다. 아주 고통스러운 일입니다. 또 다른 측면에서 말하면, 일체 중생에게는 최대의 장애가 하나 있습니다. 바로 언어와 문자입니다. 언어와 문자는 사람의 생각을 표현하기에 부족합니다. 그래서 요즈음은 말의 의미를 따지고 이 문제를 전문으로 연구하는 학문까지 생겼습니다.

예를 들어 우리가 "식사했어요?"라는 말을 주변 사람들한테 별 뜻 없이 던졌다면, 그 결과는 몇 가지로 나타날 겁니다. 어떤 사람은 이 사람이 자기에게 큰 관심을 가지고 있다고 생각할 겁니다. 얼마나 관심이 많으면 밥 먹는 것까지 다 알고 싶어 할까 하고 말입니다. 또 어떤 사람은 이 양반이 지금 자기를 조롱하고 있다고 생각할 겁니다. 밥 먹을 돈이 없다는 걸 뻔히 알면서 밥 먹었냐고 묻다니, 이 자식! 하고 말입니다. 또 다른 사람은 이 양반이 아주 교활하다고 생각할 겁니다. 마음도 없으면서 관심을 보이며 다정한 체한다고 싫어할 겁니다. 똑같은 한마디라도 주위의 반응은 이처럼 다릅니다. 사람과 사람 사이의 의사소통이 이렇게 어렵습니다.

어떤 때는 말하지 않는 것이 차라리 낫습니다. 한마디 했다가는 도리어 오해를 불러일으킬 수도 있기 때문입니다. 비단 사람만 그런 것이 아닙니다. 수많은 생물은 언어를 사용하지 않습니다. 물고기끼리는 눈만 마주쳐도 서로를 이해합니다. 박쥐는 공중을 날다가 두 날개에 감각을 느끼면 날아오릅니다. 사람도 입으로 말하는 것 외에 신체나 피부로 말할 수 있습니다. 우리는 다른 사람이 가까이 다가오면 더워지는 느낌에 약간 뒤로 물러섭니다. 피부가 말을 할 수 있기 때문입니다. 언어의 의미에 대한 이치는 이와 같습니다. 단지 말에만 의지한다면 오해를 사기 쉽습니다. 그래서 부처님은 말합니다. 자신이 설법한 본의는 일체 중생으로 하여금 상(相)에 집착하지 않도록 하기 위함이며, 자신이 말한 것에 집착하지 않도록 하기 위함이라는 겁니다.

오도(悟道)나 성불(成佛)은 아누다라삼먁삼보리를 증득하는 것으로, 부처님이 말한 법(法)은 뗏목에 비유될 수 있습니다. 강을 건너는 배와 같습니다. 강을 건너고 나면 배를 등에다 지고 갈 필요가 없습니다. 달리 말하면 강을 건너고 나서는 배는 필요치 않습니다. 그렇지 않습니까? 당연하지요! 자신이 직접 헤엄쳐 건너갈 수도 있습니다. 부처님은 반드시 자신의 배를 타고 건너야 한다고 말하지 않았습니다. 선종에는 많은 교육 방법이 있습니다. 어떤 때는 배조차 제공하지 않고 스스로 방법을 찾아서 건너가라고 합니다. 스스로 고해(苦海)를 건널 방법만 있으면 됩니다.

부처님의 설법은 바로 이 이치를 이해시키기 위한 것입니다. 부처님이 말한 법을 전혀 알아듣지도 못하고 스스로 명심견성이라고 하거나 도를 깨닫지도 못하면서 도리어 그 법에 한사코 매달려 그것을 진실이라 생각한다면, 이는 참으로 닭 털을 들고 영전(令箭)〔군령을 전하는 화살〕으로 삼는 격입니다. 그래서 부처님은 지금 자신이 설법했다는 것을 부인합니다. 이런 사람들은 자신이 설법한 뜻을 이해할 수 없다고 합니다. 이어서 이유를 말합니다.

가섭이 웃다

"수보리여! 설법이란 어떤 법도 말할 수 없는 것이다. 이것을 일러 설법이라 한다."

"須菩提! 說法者, 無法可說, 是名說法."
수보리 설법자 무법가설 시명설법

진정한 불법은, 부처님이 한마디로 압축했지만, 바로 불가사의입니다. 후세 선종에서는 다음과 같이 말합니다. 하루는 석가모니불이 영산(靈山)의 모임에서 설법을 하는데, 제자와 학생들이 모두 부처님이 말하기를 기다렸지만 그는 한참 동안이나 말을 꺼내지 않았습니다. 그러다 갑자기 강단 위로 꽃 한 송이를 들어 올리더니 한 바퀴 빙 돌렸습니다. 사람들은 그것이 무슨 뜻인지 알 수 없었습니다. 어느 누구도 그 의미를 이해하지 못했습니다. 단지 부처님의 대제자인 가섭존자만이 빙그레〔破顔〕 미소를 지었습니다. 이것은 책에 기록된 내용입니다. 이 '파(破)' 자는 참으로 절묘한 묘사입니다. 한참을 기다리는 동안 사람들 표정은 하나같이 엄숙해 분위기가 극도로 무겁습니다. 그런 가운데 가섭존자가 참지 못하고 그만 웃어 버리고 맙니다. 이것을 보고 부처님이 말합니다. "나에게는 정법안장 열반묘심이 있으나 상이 없는 실상(實相)이며 미묘한 법문으로, 문자로 표현할 수 없어 별도로 전해야 하니, 이제 이것을 마하가섭에게 맡기노라!〔我有正法眼藏, 涅槃妙心, 實相無相, 微妙法門, 不立文字, 教外別傳, 付囑摩訶迦葉〕" 이는 가섭이 부처님의 뜻을 이해했기 때문입니다. 이것이 선종의 시작입니다.

한번 생각해 봅시다. 부처님은 꽃 한 송이를 들고서 이렇게 바라봅니다. 이게 도대체 무슨 의미일까요? 바로 설법을 하는 사람이 말로 표현할 방법이 없다는, 즉 그것을 표현할 어떤 고정된 형태가 없다는 것을 뜻합니다. 불법은 최후의 경지에 이르러서는 진정 말로 표현할 수 없습니다. 불가사의합니다. 말해 봐야 모두 최상승의 도리인 제일의(第一義)가 아니라 제이의(第二義)입니다. 무상(無上)의 묘법은 본디 말로 표현할 수 없습니다. 그렇기에 부처님은 보리수 아래에서 깨달음을 얻고는 곧바로 열반에 들려고 했습니다. 원래 부처님은 『금강경』이니 뭐니 하는 것을 설법할 생각이 없었습니다. 경전의 기록에 따르면, 이때 제석천인(帝釋天人)들이 내려와 부처님께 무릎을 꿇고 간구했다고 합니다. "어르신, 그래서는 안 됩니다! 어르신은 수많은 생애를 통해 대발원(大發願)을 하면서 대철대오한 후 중생을 구제하겠다고 하셨는데, 이제 어르신은 대철대오하여 도를 증득했는데도 다른 사람을 돌아보지 않고 가려고 하시니 그래서는 안 됩니다!" 부처님이 한마디 한 것이 어떤 말이었습니까? 『화엄경』이나 『법화경』에도 모두 나와 있습니다. "지(止), 지(止), 내 법은 미묘하여 생각하기 어렵다〔止, 止, 我法妙難思〕!" 바로 이 한마디였습니다.

이것이 바로 『금강경』의 함의입니다. 부처님은 '지(止)'라는 말을 두 번 이어서 했는데, 바로 이런 뜻입니다. 그만두게, 그만둬. 내가 증득한 법은 말해 준다 해도 이해 못할걸세! 이 '지(止)'라는 말은, 한 생각도 일지 않으면 전체가 드러난다는 것을 뜻하기도 합니다. 즉 일체의 망념이 사라지고 일체의 번뇌가 일지 않아 만법이 모두 공(空)이 되어 여기서 정(定)에 이르니, 그런 다음에야 불법을 이해할 수 있다는 것입니다. 그러므로 "지(止), 지(止), 내 법은 미묘하여 생각하기 어렵다!", 이 한마디만 하면 『금강경』을 말할 필요가 없게 됩니다.

사실 단지 '지(止)' 한 글자이지만, 이 마음은 '지(止)'가 어렵고 '지(止)'에 이를 수 없다는 말입니다. 만약 지(止)에 이를 수 있다면, 일체의 계정혜(戒定慧)와 육도만행(六度萬行)이 모두 이로부터 건립되고 이로부터 발생될 수 있습니다. 그러므로 모든 설법은 방편에 불과합니다. 말을 바꾸면 불경 삼장 십이부에서 말한 것은 모두 교육 방법입니다. 방법은 어디까지나 방법입니다. 교육의 목적은 얻기 어려운 그것을 이해하고 얻는 데 있습니다. 만약 선생의 교육 방법만을 붙들고 그것을 학문이라 생각한다면 그건 착각입니다.

선생이 학생을 가르치는 것에 대해 선종의 대사는 이런 말을 남겼습니다. "견해가 스승과 같으면 스승의 덕이 반으로 줄어드니, 견해가 스승보다 나아야 전수할 수 있다〔見與師齊, 減師半德, 見過於師, 方堪傳授〕." 만약 제자의 견해가 스승과 같다면, 이 학생은 선생의 덕을 반으로 줄여 버립니다. 예를 들어 선생이 여든 살인데 학생이 서른 살에 도를 깨쳐 견해가 선생과 같다면, 선생의 공부는 오십 년이나 부족한 것입니다. 학생의 견해가 선생을 뛰어넘어야만 비로소 제자라 할 수 있어 의발(衣鉢)을 전수할 수 있습니다. 많은 대덕(大德) 조사(祖師)들은 의발전인(衣鉢傳人)을 찾지 못해 한탄합니다. 자신이 설하는 법 역시 교수법으로서, 제자가 도를 깨쳐 성불하기를 바라는 것입니다. 만약 제자의 견해가 스승을 뛰어넘는다면, 이 제자는 스승의 방편적 설법을 진실이라 생각해 이를 붙들고 늘어지지 않을 겁니다. 이 구절은 바로 이런 의미입니다.

이어서 호칭이 바뀝니다. 주의하십시오! 앞에서는 모두 수보리여! 수보리여! 하며 불렀는데, 여기서는 수보리 앞에다 두 글자를 추가합니다.

수보리와 부처님의 대답

그때 혜명수보리가 부처님께 아뢰기를, "세존이시여! 미래의 많은 중생이 이 법을 말씀하시는 것을 듣고 신심이 생기겠습니까?"

爾時, 慧命須菩提, 白佛言,
이 시 혜명수보리 백불언
"世尊! 頗有衆生, 於未來世聞說是法, 生信心不?"
세존 파유중생 어미래세문설시법 생신심부

여기서 돌연 수보리 앞에다 두 글자를 추가해 혜명수보리라 부릅니다. 구마라집이 경전을 번역하면서 고의로 두 글자를 추가한 것 같습니다. 사실 부처님 역시 아무 법도 설한 적이 없다고 하지 않습니까! 부처님은 단지 우리에게 육체를 부처로 여겨서는 안 된다고 했습니다. 둘째는 상에 집착하지 말라는 것이고, 셋째는 부처가 아무 법도 설하지 않았다는 것입니다. 이 세 요점 외에 결코 법문이라 할 만한 어떤 것도 말하지 않았습니다! 그렇지만 한 사람은 이해한 것 같습니다. 바로 우리의 대사형인 수보리입니다. 이해했다는 것은 곧 여래의 혜명(慧命)을 짊어진 것입니다. 그래서 여기서 혜명수보리라 부른 것입니다. 부처님의 제자 중에서 수보리는 반야 공성(空性)의 증득에서 제일인자라 불렸습니다. 오늘 여기 앉아 있는 분들도 자성(自性)이 공임을 일념 간에 증득하기만 하면 곧 혜명을 얻어 그것을 이어받게 되는 것입니다. 소위 연등(然燈)〔燃燈과 통용되며 '등불을 켜다'라는 의미임〕이라는 것도 일념 간에 자성이 공임을 증득하여 혜명을 얻고, 또 그것을 이어 가는 것입니다. 그러므로 '연등'이라는 것은 등에 불을 붙여 그것을 꺼지지 않게 전달하는 것〔傳燈〕이기도 합니다.

혜명수보리는 지금까지 부처님의 말을 죽 듣고서 곧 이해했습니다. 즉 불법은 도저히 말로 표현할 수 없으며, 말할 만한 어떤 것도 없다는 것을 깨달았습니다. 그러나 그가 이해했기 때문에 한 가지 걱정거리가 생겼습니다. 그는 말합니다. "부처님! 장래의 중생들 역시 이런 말씀을 들으면 과연 신심이 생길 수 있을까요?"〔世尊! 頗有衆生, 於未來世聞說是法, 生信心不〕

> 부처님께서 말씀하시기를, "수보리여! 그들은 중생이 아니요, 중생이 아닌 것도 아니다."
>
> 佛言, "須菩提! 彼非衆生, 非不衆生."
> 불언　　수보리　피비중생　비불중생

부처님의 대답은 아주 묘합니다! 근본적으로 수보리가 제기한 문제에는 관심이 없습니다. "무엇을 중생이라 하는가? 본래 중생이란 없다." 이 말은 아주 엄중합니다. 후세의 일체 중생을 모두 부정하고 있습니다. 무엇을 중생이라 하는가? 본래 중생이란 없다는 겁니다.

이게 무슨 말일까요? 유가(儒家) 고정림(顧亭林)의 해석에 따르면 이렇습니다. 두 개의 통 중 하나는 비어 있고〔空〕 하나는 물이 들어 있는데〔有〕, 이 통의 물을 저 통에 붓고 저 통의 물을 이 통에 부어 봐야 바로 그 물이라는 겁니다. 법(法)이란 법이 아니라 이름이 법이며, 색신(色身)이란 색신이 아니라 이름이 색신입니다. 모두 이 말입니다.

그렇습니다. 언뜻 보면 의미가 통하지 않습니다. 장래의 중생들이 부처님께서 말씀하신 것을 듣고 신심(信心)을 일으킬 수 있겠느냐고 수보리가 물으니까, 부처님은 신심에 대해서는 전혀 언급하지 않은 채 단지 무엇이 중생인지에 대해서만 말할 뿐입니다. 소위 중생이라는 것은 본래 존재하지 않는다는 것입니다.

부처님이 이렇게 말하니 우리도 빨리 수업을 걷어치워야겠지요! 우리는 모두 중생이 아니기 때문에 『금강경』을 듣고 있을 필요가 없습니다.

왜 바위가 고개를 끄덕거렸을까

일체 중생이 중생이 아니라는 것은 무얼 말하는 것일까요? 모두가 부처라는 것입니다. 일체의 중생이 본래 부처입니다. 이것이 부처님이 제기하는 방법입니다. 말을 바꾸면 수보리가 다른 사람을 위해 걱정할 필요가 없다는 것입니다. 누구든 모두 성불할 수 있기 때문입니다. 이 이치는 부처님이 『법화경』과 『열반경』에서도 언급했던 것입니다. 중국에는 "도생의 설법에 바위가 고개를 끄덕인다(生公說法, 頑石點頭)"라는 고사가 있습니다. 바로 『열반경』과 관련된 고사입니다.

남북조 시대에 도생(道生)이라는 스님이 있었습니다. 지금으로 말하면 재주가 아주 뛰어난 젊은 법사였습니다. 당시까지만 해도 부처님이 열반에 들기 직전에 남긴 『열반경』이 반밖에 번역되지 않았습니다. 그런데 이 반밖에 번역되지 못한 내용 중에서 문제가 하나 제기되었습니다. 즉 '일천제(一闡提)' 같은 사람도 능히 성불할 수 있는가 하는 것입니다. '일천제'는 죄악이 극에 달한 아주 나쁜 사람입니다. 부모를 죽이고, 부처님과 나한을 죽이며, 온갖 나쁜 짓을 일삼아서 그 죄업이 너무도 무거워 무간지옥

(無間地獄)에 떨어진 사람입니다. 말하자면 세상에서 무기 징역을 선고받아 영원히 빠져나올 수 없는 사람과 같습니다. 이처럼 악하기 짝이 없는 중생도 성불할 수 있을까요? 당시는 불법이 아직 완전히 전해지지 않은 상황이었습니다. 『열반경』이 단지 반밖에 번역되지 않았을 때, 이 젊은 법사는 '일천제' 같은 사람도 능히 성불할 수 있다는 논문을 썼던 것입니다. 일체 중생이 모두 최후에는 성불할 수 있다는 것이었습니다.

도생의 이 논문이 발표되자 전국의 법사들은 그를 때려죽이려 했습니다. 이게 어찌 큰일이 아니겠습니까! 부처님도 감히 그렇게 말하지 않았던 것입니다. 당시 도생의 나이가 젊고 문장과 학문도 뛰어났기에, 결국에는 출가인의 인정상 아직 불법을 제대로 이해하지 못해서 그런 것이라 치고 그를 강남(江南)으로 쫓아 버렸습니다. 당시만 해도 불법은 장강(長江) 이북에만 퍼져 있었습니다. 도생은 강남으로 쫓겨 가서 소주(蘇州), 금산(金山) 일대에 이르러 산 위의 띠집에서 살았습니다. 그곳에서 그는 아무도 자신의 말을 들을 사람이 없었기에 바위를 마주 대하고 말할 수밖에 없었습니다.

하루는 그가 다시 이 문제, 즉 죄악이 극에 달한 중생이라도 최후에는 성불할 수 있는가라는 문제를 언급하면서 너희들은 어떻게 생각하느냐고 물었습니다. 그러자 앞에 있던 바위들이 고개를 끄덕였습니다. 이것이 바로 "도생의 설법에 바위가 고개를 끄덕인다"라는 고사입니다.

도생은 북방을 떠나면서 일찍이 이렇게 말했습니다. "내가 말한 것은 절대 불법과 합치할 것이다. 만약 내가 설한 법이 불법과 합치한다면, 내가 죽을 때 사자좌(獅子座)로 앉아 죽을 것이다." 그 후 『열반경』이 전부 번역되어 들어왔을 때, 부처님도 원래 그렇게 말했다는 사실을 알게 되었습니다. 즉 일체 중생이 모두 성불할 수 있다는 것이었습니다. 부처님은 『금강경』에서 혜명수보리에게, 일체 중생은 중생이 아니므로 다른 사람을 업신여기지 말라고 말합니다. 일체 중생은 모두 부처입니다.

중생과 부처님

> "왜냐하면 수보리여! 중생 중생 하는 것을 여래가 중생이 아니라 함은 이름이 중생이기 때문이다."
>
> "何以故? 須菩提! 衆生衆生者, 如來說非衆生, 是名衆生."
> 하이고   수보리   중생중생자   여래설비중생   시명중생

여기서 그 이치를 설명합니다. 생명을 지닌 일체 중생은 모두 실제로 존재하지 않는 환상이라는 것입니다. 삼계(三界) 육도(六道)와 이십오 종의 중생은 모두 인연에 의해 생겨나는 것으로, 고정된 것이 없습니다. 법신(法身)의 생명은 육도윤회 중 부단히 변화합니다. 자신의 업보와 인연에 따라 변화합니다. 그러므로 일체 중생은 중생이 아닙니다.

부처님의 본의는 일체 중생의 자성(自性)이 본래 부처라는 것입니다. 일체 중생은 모두 스스로 자신을 돌이켜 보아 명심견성할 수 있으므로 중생이라 할 수 없다는 것입니다. 어떤 중생이든 모두 부처입니다. 방금 이야기했지만, 도생법사가 말한 것처럼 '일천제' 같은 사람도 최후에는 성불할 수 있습니다. 『열반경』이나 『법화경』에서도 그렇게 말합니다. 석가모니불은 우리가 사는 이 겁수(劫數)에서 네 번째 존엄한 부처님입니다. 바로 네 번째로 나타난 부처님입니다. 이 겁수를 현겁(賢劫)이라 하는데, 현겁에는 모두 천 명의 부처님이 세상에 옵니다. 최후로 성불하는 사람은 바로 계단을 다 오른 부처님인데, 현재의 화신(化身)이 베다(Veda)보살입니다. 그의 원력(願力)은 현겁의 부처님 천 명을 보호하는 것이기 때문에 그들이 모두 성불하기를 기다렸다가 최후에 성불합니다. 이것이 현겁에 대한 불교의 설명입니다.

말을 바꾸면 이 세상의 일체 중생은, 비단 사람뿐 아니라 생명과 영지(靈

智)가 있는 생물이면 모두 성불할 수 있다는 것입니다. 일체의 중생은 모두 평등합니다.

이 이치를 철저히 연구한 것이 바로 법상(法相)과 유식(唯識)의 원리입니다. 여기서 드러나는 견법(見法)은 곧 견지(見地)입니다. 인세간(人世間)에서는 일체 중생이 아견(我見)을 갖기 때문에 사람이 생겨납니다. 사람이 생겨나면 '내'가 생기고, '내'가 생기면 시비가 생기며, 시비가 생기면 번뇌가, 번뇌가 생기면 고통이 생깁니다. 이렇게 해서 줄줄이 이어집니다. 비록 우리에게 신체가 있지만 이 신체는 우리 것이 아니라 잠시 나에게 속한 것입니다. 즉 이 신체는 인연에 의해 사대가 잠시 합쳐진 것으로, 궁극적인 것이 아니라 마침내는 없어져 버릴 것입니다.

진정한 자성(自性)은 불생불멸합니다. 이 자성은 공성(空性)으로서, 반드시 무아(無我)의 경지에서만 도달할 수 있습니다. 무아의 경지를 닦아 증득하면 지혜를 얻게 되는데, 이것이 바로 유식(唯識)에서 말하는 '평등성지(平等性智)'입니다. 내가 없으면[無我] 사람도 없고[無人], 사람이 없으면 그도 없고[無他], 중생상(衆生相)도 없으며, 번뇌도 없고, 일체의 것이 모두 없습니다. 일체가 모두 공(空)인 것이 바로 무중생상(無衆生相)입니다. 이것을 유식에서는 드러내어 설명하지만, 금강반야법문에서는 드러내지 않고 설명합니다.

이 품에 대한 게송은 다음과 같습니다.

【제21품】

게송

누구를 위해 고생스럽게 보리를 설하는가
귀찮아 빈 산에 누우니 해가 또 떨어지네
멀리 동쪽 바다 위 떠오르는 달을 가리키니
깊은 밤 홀연 멀리서 닭 우는 소리 들리네

爲誰辛苦說菩提　倦臥空山日又西
위 수 신 고 설 보 리　권 와 공 산 일 우 서
遙指海東新月上　夜深忽聞遠鷄啼
요 지 해 동 신 월 상　야 심 홀 문 원 계 제

"누구를 위해 고생스럽게 보리를 설하는가〔爲誰辛苦說菩提〕." 부처님이 말하지 않았습니까? 내가 법을 설한 적이 없다고요. 다른 경전에서도 일찍이 그렇게 말했습니다. 내가 사십구 년간 설법했으나 한마디도 말한 적이 없다고요.

불법은 도저히 말로 표현할 수 없는 것입니다. 법신의 본체란 말로 설명할 수 있는 것이 아닙니다. 그런데도 부처님이 애써 보리(菩提) 증도(證道)의 법문을 설한 것은 누구를 위함이겠습니까? 중생을 위해 설한 것입니다. 당나라의 시인 나은(羅隱)의 시와 같습니다. "온갖 꽃을 날아다니며 조금씩 모아 꿀을 만들었건만, 그렇게 고생하며 달게 만든 것이 누구를 위함이었던가!〔採得百花釀蜜後, 爲誰辛苦爲誰甜〕"

아주 유명한 시입니다. 인생 또한 본래 이와 같습니다. 마치 꿀벌처럼 온갖 꽃을 돌아다니며 고생스럽게 채취했지만, 꿀로 만들어 놓고 나니 결과는 어떻습니까? 자신은 먹지도 못하면서 누구를 위해 그렇게 고생했으며, 누구를 위해 그렇게 답게 했습니까? 바로 인생에 대한 탄식입니다.

그렇다면 부처님은 왜 그런 고생을 했을까요? 일체의 중생을 구제하기 위해서였습니다. 중생으로 하여금 자성을 발견해 성불할 수 있도록 하기 위해서 그렇게 고생한 것입니다. 그렇지만 본래 무아(無我)인데, 누구를 위해 고생했을까요?

"귀찮아 빈 산에 누우니 해가 또 떨어지네[倦臥空山日又西]." 이 때문에 후세의 많은 고승들은 깨달음을 얻은 뒤 산속에 은거하며 영원히 세상에 나오지 않았습니다. 그들은 한마디도 남기지 않았습니다. 예를 들면 천태종의 조사 혜사선사(慧思禪師)가 그랬습니다. 그는 남악(南岳)에서 도를 깨달은 후 줄곧 산을 내려가지 않았습니다. 사람들이 그에게 물었습니다. "대사께서는 도를 깨닫고도 왜 하산해서 중생을 제도하려 하지 않습니까?" 그는 외딴 산봉우리에 홀로 살고 있었는데, 어느 누구도 거기에 가 본 적이 없었습니다. 그의 대답은 이랬습니다. "내가 굳이 하산해서 중생을 제도할 필요가 있겠는가? 외딴 봉우리 정상에 홀로 앉아 있어도 이미 한입에 사방을 다 삼켜 일체 중생을 모두 제도해 버렸거늘."

어떤 사람이 이 문제를 저에게도 물었던 적이 있습니다. 저는, 혜사대사로서는 당연히 그런 말을 할 수 있을 거라고 했습니다. 혜사대사는 한평생 하산하지 않았지만, 그에게는 지자대사(智者大師)라는 제자가 있었습니다. 지자대사는 동방의 작은 석가모니라 불리던 사람입니다. 이 한 사람의 제자만으로도 충분했기에 그가 나설 필요가 없었습니다. 그래서 그가 그렇게 말했던 것입니다. 만약 이런 복보가 없었다면, 이처럼 성취를 얻은 사람이 지자대사 같은 제자를 얻지 못했다면 그런 말을 함부로 할 수는 없었을 겁니다. 그렇지만 도를 깨달은 후 일생 동안 설법을 행하지 않았으면서도 무수히 많은 사람을 제도한 이도 분명 있습니다.

우리가 잘 알고 있는 선종의 한 대사가 그렇습니다. 그는 책에서는 항시 포대를 멘 스님의 모습으로 그려져 있습니다. 그의 설법은 바로 등에 짊어진 포대였습니다. 사람들이 불법을 물으면, 그는 포대를 내려놓고 그 사람 앞에 서서 아무 말도 하지 않습니다. 그 사람이 이해하면 그는 웃습니다. 그가 이해하지 못하면 포대를 짊어지고는 다시 떠나 버립니다.

포대를 멘 스님은 바로 사주(泗州)의 큰 성인(聖人)이었습니다. 전하는 바에 따르면, 그는 미륵불의 화신(化身)으로서 영원히 포대를 메고 다닌다고 합니다. 사실 그의 설법은 아주 뚜렷합니다. 사람들이 "불법이 무엇입니까?" 하고 물으면, 그는 포대를 내려놓습니다. 우리도 지금 이 포대를 내려놓지 못하고 있지 않습니까! 어머니께서 주신 이 포대를 영원히 놓지 못합니다. 그래서 그는 포대를 내려놓고 양손을 깍지 낀 채 서 있습니다. 이것이 바로 불법입니다.

그 뜻을 알아채지 못한 것 같으면 다시 포대를 짊어지고 떠납니다. 여러분이 벗어던지지 못하고 짊어지고 가는 것이나 매한가지입니다. 불법은 이처럼 간단합니다. 그는 한마디도 하지 않았지만 이것이 바로 불법입니다. 그렇다면 과연 한마디 설법을 하지 않고서도 중생을 구제할 수 있을까요? 불가능하다고는 할 수 없습니다. 그렇지만 중생은 여전히 방편적 교수법에 의존합니다.

"멀리 동쪽 바다 위 떠오르는 달을 가리키니〔遙指海東新月上〕." 후세 선종에서는 조사들의 깨달음에 관련된 이야기를 모아 『지월록』을 편찬했습니다. 부처님은 『능엄경』에서 말했습니다. "달이 어디 있느냐고 물으면, 사람들은 손가락으로 달을 가리키며 달이 저기 있다고 한다. 그렇지만 손가락을 쳐다보아서는 안 되며 단지 달만을 보아야 한다. 손가락만 쳐다보면 달을 볼 수 없으니 아무 소용이 없다. 손가락은 달이 아니다."

부처님이 말한 법은 이 손가락이 아닙니다. 불법을 배우는 사람이 한참을 배우고도 손가락을 달이라 생각해 그것에 매달린다면, 이건 잘못된 것입니다. 그렇지만 이 이야기는 중생이 모두 똑같은 심리를 가지고 있다는 사실을 말해 줍니다.

다른 하나는 도가의 여순양(呂純陽)에 관한 고사입니다. 이것 역시 손가락과 관계있습니다. 여순양은 마지막에 선종을 통해 도를 깨달았는데, 그는 바로 황룡선사(黃龍禪師)의 제자였습니다. 이 때문에 여순양이 불교의 대호법으로 변한 것입니다. 그는 "중생은 제도하기 쉬우나 사람은 제도하기 어렵다〔衆生易度人難度〕"라고 했습니다. 그가 말한 '중생'이란 불교에서 말하는 중생이 아니라 인간 이외의 생명체를 가리킵니다. 중생은 제도하기 쉬우나 인간은 제도하기가 제일 어렵습니다. 그래서 "차라리 중생을 제도하지 사람을 제도하지 않는다〔寧度衆生不度人〕"라고 했습니다.

하루는 여순양이 남경(南京)에 이르러, 아주 가련하고 고뇌에 찬 늙은이로 변해 찰떡을 전문으로 파는 노파의 집으로 갔습니다. 거기서 그는 날마다 찰떡을 먹으면서도 돈을 내지 않았습니다. 이렇게 몇 년을 계속 얻어먹었습니다. 그래도 그 노파는 한 번도 돈을 내라는 말을 하지 않았습니다. 여순양이 후에 노파에게 왜 돈을 받으려 하지 않느냐고 물었습니다. 노파는 돈이 없어 보여서 그랬다는 겁니다. 여순양이 말했습니다. "세상에 이렇게 좋은 사람은 당신 말고는 없을 것이오. 당신, 신선이 되고 싶지 않소?" 노파는 자신은 신선 될 생각이 없다고 했습니다. 찰떡을 팔면서 사는 게 아주 편안하다는 겁니다. 여순양이 다시 물었습니다. "큰돈을 벌고 싶지 않은가요? 나에게 비법이 하나 있는데, 당신에게 가르쳐 주면 당신이 손가락만 대도 무쇠를 황금으로 바꿀 수 있다오." 그러면서 여순양이 손가락을 쇠 냄비에 갖다 대니까 정말로 쇠 냄비가 황금으로 변했습니다. 이것을 본 노파는 꽤나 놀라면서도 그래도 싫다고 했습니다.

여순양이 속으로 생각했습니다. '참으로 좋은 사람이구나. 세상에 이렇게 좋은 사람은 다시없으리라.' 그러면서 마지막으로 다시 물었습니다.

"노부인, 제일 원하는 것이 무엇인가요?" 그랬더니 노파는 당신 손가락만 내게 주면 된다는 것이었습니다. 노파의 말에 여순양이 고개를 흔들면서 말했습니다. "중생은 제도하기 쉽지만 사람은 제도하기 어렵도다. 차라리 중생을 제도하지 사람은 제도하지 않으리."

불경에는 지월(指月)의 공안(公案)이 있습니다. 달을 보아야지 손가락을 보아서는 안 된다는 것입니다. 그렇지만 불법을 배우는 사람들은 대부분 여순양이 만난 노파와 마찬가지로 손가락에만 매달릴 뿐 달은 보지 않습니다. 이것이 바로 세 번째 구절 "멀리 동쪽 바다 위 떠오르는 달을 가리키니"입니다.

"깊은 밤 홀연 멀리서 닭 우는 소리 들리네〔夜深忽聞遠鷄啼〕." 낙담할 필요 없습니다. 멀리서 닭 우는 소리가 들려옵니다. 결국 한 사람이 나서게 될 겁니다. 긴 밤이 한이 없다 생각할 필요 없습니다. 머잖아 날이 밝아올 겁니다.

제22품
아무 법도 얻을 것이 없다

第22品・無法可得分

須菩提白佛言, "世尊! 佛得阿耨多羅三藐三菩提, 爲無所得耶?"
佛言, "如是! 如是! 須菩提! 我於阿耨多羅三藐三菩提, 乃至無有少法可得, 是名阿耨多羅三藐三菩提."

수보리가 부처님께 아뢰었다. "세존이시여! 부처님께서 아누다라삼먁삼보리를 얻은 것은 얻은 바가 없는 것입니까?"
부처님께서 말씀하셨다. "그렇다! 바로 그렇다! 수보리여! 나는 아누다라삼먁삼보리뿐 아니라 조그만큼의 법도 얻은 것이 없다. 이것을 일러 아누다라삼먁삼보리라 한다."

일지선

수보리가 부처님께 아뢰었다. "세존이시여! 부처님께서 아누다라삼먁삼보리를 얻은 것은 얻은 바가 없는 것입니까?"
부처님께서 말씀하셨다. "그렇다! 바로 그렇다!"

須菩提白佛言, "世尊! 佛得阿耨多羅三藐三菩提, 爲無所得耶?"
수보리백불언   세존 불득아누다라삼먁삼보리 위무소득야
佛言, "如是! 如是!"
불언   여시 여시

부처님은 제21품에서 어떤 법도 말할 수 있는 방법이 없다고 했습니다. 이 품에서는 더욱 엄중하여 어떤 것도 얻을 수 있는 방법이 없다고 합니다. 수보리가 말합니다. "어르신께 묻습니다. 옛날 대철대오하여 아누다라삼먁삼보리를 증득했을 때, 어르신의 그 경계는 어떤 것도 얻은 바가 없는 것이었습니까?" 부처님이 대답합니다. "그렇다! 바로 그렇다![如是! 如是!]" 그렇다는 것은 어떻다는 것일까요? 바로 화두입니다. 한번 들어 보

십시오! 바로 선종의 일지선(一指禪)과도 같습니다.

　당나라 때 금화산(金華山)에 구지화상(俱胝和尙)이라는 선사가 있었는데, 우리가 도를 닦고자 한다면 그를 배워야 합니다. 그는 시종 금화산을 떠난 적이 없었습니다. 하루는 공부를 위해 그곳을 떠나려 했더니 밤중에 허공에서 목소리가 들렸습니다. "떠날 필요 없다. 육신보살(肉身菩薩)이 친히 너에게 설법해 줄 것이다." 육신보살이란 우리처럼 보통의 육체를 가진 살아 있는 사람입니다. 보살이 다시 인간의 몸으로 온 것입니다. 이튿날 천룡화상(天龍和尙)이 그를 보러 오자 구지화상은 그에게 불법이 어떤 것이냐고 물었습니다. 천룡화상은 대선사였는데, 그가 손가락으로 한 번 가리키자 구지화상은 곧 대철대오했습니다.

　구지화상은 어떤 어려움도 겪지 않고 도를 깨달았습니다. 그가 얻은 것은 일지선(一指禪)이었습니다. 이후 그의 설법은 이랬습니다. "무엇이 불법인가?" 하고는 손가락으로 한 번 가리키면서, "그대가 이해하는 것도 이것이고, 이해하지 못하는 것도 이것이라네!" 하는 것이었습니다. 그러고 나서는 아무 말도 없었지만 많은 사람들이 이 손가락 하나를 보고서 도를 깨쳤습니다.

　하루는 그가 외출을 했습니다. 그의 제자인 소사미(小沙彌)는 그와 오랫동안 같이 지냈는데, 사람들이 사부에게 예를 갖추고 큰절도 해 가면서 불법을 물으면 사부는 언제나 손가락으로 가리키면서 "이것!"이라 말하는 것을 보아 왔습니다. 사부가 외출한 그날, 어떤 사람이 불법을 묻기 위해 사부를 찾아왔습니다. 소사미가 말했습니다. "제 사부의 불법은 저도 압니다." 그 거사(居士)는 무릎을 꿇고 말했습니다. "소 사부(小師父)! 부디 가르쳐 주시기 바랍니다." 소사미 역시 손가락으로 가리키면서 "이것!"이라고 말했습니다. 그러자 그 사람은 곧 도를 깨쳤습니다. 소사미는 아주 기뻤습니다. 원래 사부의 불법이란 바로 '이것'이었구나 생각했습니다. 구지화상이 돌아오자 소사미가 보고했습니다. "오늘 한 거사가 찾아왔는데 제가 맞이해 도를 깨치게 했습니다." 그러면서 그동안의 경과를 말했습니다. 사부가 듣고는 놀라더니 안으로 들어갔습니다. 그런 후 다시 나와서 소사미에게 물었습니다. "손님에게 뭐라 했다고? 다시 한 번 말해 봐!" 소사미는 손가락으로 가리키면서 "이것!" 하고 말했습니다. 그가 손가락으로 가리키자 사부는 단칼에 그 손가락을 잘라 버렸습니다. 피가 계속 흘러나왔습니다. 소사미는 비명을 지르며 고통스러워하다가 곧 깨달았습니다. 손가락 한 마디를 잘라 버린 것이 바로 '이것'이었습니다. "그렇다! 바로 그렇다!〔如是! 如是!〕"라는 것은 바로 선종의 '이것'입니다. '이것'이 어떤 것인지는 스스로 겪어 보아야 합니다.

『금강경』에는 대여섯 종의 번역본이 있는데, 반복해서 연구를 해 보면 구마라집의 번역이 제일 고묘(高妙)합니다. 후에 현장법사가 다시 번역하면서 이치가 더욱 뚜렷해지긴 했지만 도리어 불법의 의미가 모호해졌습니다. 구마라집의 번역은 많은 곳이 모두 선종적 설법입니다. 쟁반 위를 구르는 구슬처럼 어느 한곳에 머물지 않습니다. 후세 선종에서 『금강경』을 받아들여 도를 깨달을 수 있었던 것도 바로 이 때문입니다.

"수보리여! 나는 아누다라삼먁삼보리뿐 아니라 조그만큼의 법도 얻은 것이 없다. 이것을 일러 아누다라삼먁삼보리라 한다."

"須菩提! 我於阿耨多羅三藐三菩提, 乃至無有少法可得,
　수　보　리　　아　어　아　누　다　라　삼　먁　삼　보　리　　내　지　무　유　소　법　가　득
是名阿耨多羅三藐三菩提."
시　명　아　누　다　라　삼　먁　삼　보　리

부처님이 수보리에게 말합니다. "내가 그대에게 이르노니, 당시 내가 보리수 아래에서 아누다라삼먁삼보리를 얻었을 때, 그대는 내가 보리(菩提)

라 할 만한 어떤 것을 얻었으리라 생각하는가? 아무것도 얻을 만한 것이 없었다." 바로 육조(六祖)가 깨달았다는 "본래 아무것도 없으니 어디서 먼지인들 일어나랴!〔本來無一物, 何處惹塵埃〕"입니다. 아무것도 얻을 만한 것이 없습니다. 만약 조금의 법(法)이라도 얻을 수 있다면, 또는 조금의 공(空)이나 광명(光明), 그 어떤 경계라도 얻을 수 있다면, 또는 휘황찬란하고 작은 원이라도 보았다면, 이는 모두 상에 집착한 것입니다. "조금의 법도 얻은 것이 없다〔無有少法可得〕", 아누다라삼먁삼보리라고 하는 것은 무상(無上)의 정등정각(正等正覺)입니다.

이 품은 아주 짤막한데, 여기에 "아무 법도 얻을 것이 없다〔無法可得〕"라는 제목을 붙였습니다. 결론으로 삼을 게송은 다음과 같습니다.

【제22품】

게송

많은 세월 방황하며 돌아가는 길을 찾았으나
집에 돌아와 그 길이 어리석었음을 알았네
옛날에 갈무리해 둔 것이 새 의발인 것을
높여서 의지할 만한 것이라곤 아무것도 없도다

多年行脚覓歸途　入室知爲道路愚
다 년 행 각 멱 귀 도　입 실 지 위 도 로 우
檢點舊時新衣鉢　了無一物可提扶
검 점 구 시 신 의 발　요 무 일 물 가 제 부

"많은 세월 방황하며 돌아가는 길을 찾았으나〔多年行脚覓歸途〕." 많은 사람들이 젊었을 때부터 불법을 배우고 수도하고, 출가해서 오랜 세월 동안 도처를 참방합니다. 모두 집으로 돌아가는 길, 즉 생명의 근원을 찾기 위함입니다.

"집에 돌아와 그 길이 어리석었음을 알았네〔入室知爲道路愚〕." 진정으로 깨달았을 때에야 비로소 그 길이 어리석었다는 것을 알게 됩니다. 길에 속고 방법에 속은 것입니다. 팔만 사천 법문이 모두 여러분을 속입니다. 앞에서 말했듯이, 선종의 어떤 조사는 수많은 법사들을 따라다니면서 온갖 법을 배웠지만 최후에 도를 깨친 후 이들 스승에게 말했습니다. "내 눈이 본래 밝았는데, 스승 때문에 어둡게 되었다!〔我眼本明, 因師故瞎〕" 내 두 눈이 원래 밝았는데 스승님, 당신이 내 눈을 멀게 했구려! 이리저리 뛰어다니며 배웠지만 결국 자기 눈만 멀고 말았습니다. 진짜 눈이 멀었다는 것이 아니라 이치를 뚜렷이 알 수 없게 되었다는 것입니다. 그러므로 집에 돌아와서야 비로소 그 길이 어리석었다는 것을 알게 됩니다. 방법에 속은 것입니다.

"옛날에 갈무리해 둔 것이 새 의발인 것을〔檢點舊時新衣鉢〕." 진정으로 도를 깨친 사람은, 나는 여전히 나요 일체가 모두 공(空)으로 아무것도 얻은 바가 없습니다. 이 의발은 여전히 옛 의발이건만 수많은 세월 동안 자신이 그것을 묶어 두어 찾을 수 없었던 것입니다. 이제 그것을 꺼내어 보니 바로 옛날의 그것이었습니다.

"높여서 의지할 만한 것이라곤 아무것도 없도다〔了無一物可提扶〕." 본래 아무것도 없으니, 얻을 수 있는 경계라곤 아무것도 없습니다. 이것이 바로 "아무 법도 얻을 것이 없다〔無法可得〕"라는 것입니다.

이 품의 대여섯 구절에서 부처님은 우리에게 상(相)에 집착하지 말라고 말합니다. 일체의 법에 집착해서는 안 된다는 것입니다. 비록 일체의 법에 집착하지 말라고는 하지만, 하나의 법에는 집착해야 합니다! 바로 선법(善法)입니다. 이 때문에 양(梁)의 소명태자는 다음 품의 제목을 "깨끗한 마음으로 선을 행하다〔淨心行善〕"라고 붙였습니다.

제23품
깨끗한 마음으로 선을 행하다

第23品・淨心行善分
"復次, 須菩提! 是法平等, 無有高下, 是名阿耨多羅三藐三菩提. 以無我, 無人, 無衆生, 無壽者, 修一切善法, 卽得阿耨多羅三藐三菩提. 須菩提! 所言善法者, 如來說卽非善法, 是名善法."

"다음으로, 수보리여! 이 법은 평등해 높고 낮음이 없으니, 이것을 일러 아누다라삼막삼보리라 한다. 무아·무인·무중생·무수자로써 일체의 선법을 닦으면 곧 아누다라삼막삼보리를 얻는다. 수보리여! 소위 선법을 여래는 선법이 아니라 말하니, 그것의 이름이 선법이다."

일체의 선법을 닦다

"다음으로, 수보리여! 이 법은 평등해 높고 낮음이 없으니, 이것을 일러 아누다라삼먁삼보리라 한다. 무아·무인·무중생·무수자로써 일체의 선법을 닦으면 곧 아누다라삼먁삼보리를 얻는다."

"復次, 須菩提! 是法平等, 無有高下, 是名阿耨多羅三藐三菩提.
부 차 수보리 시법평등 무유고하 시명아누다라삼먁삼보리
以無我, 無人, 無衆生, 無壽者, 修一切善法, 卽得阿耨多羅三藐三菩提."
이무아 무인 무중생 무수자 수일체선법 즉득아누다라삼먁삼보리

현대어로 말하자면 "부차(復次)"란 '그다음 문제' 혹은 '다른 하나의 문제'라는 뜻입니다. 부처님은 앞에서 어떤 것도 모두 부정했습니다. 부처도 아니요, 상(相)이 있는 것도 아니요, 형체(色)가 있는 것도 아니요, 얻을 수 있는 법(法)이 있는 것도 아니라 했습니다. 이렇게 일체를 부정해 놓고 나서 여기서는 그럼에도 성불하려면 일체의 선법(善法)을 닦아야 한다고 말합니다. 일체의 악을 행하지 않고 뭇 선을 받들어 행해야 하며(諸惡莫作,

제23품·깨끗한 마음으로 선을 행하다 ⁕ 481

衆善奉行), 선법이 없는 성취는 불가능하다는 것입니다. 몇 권의 불교 서적을 읽고, 선(禪)이나 공안(公案)을 말하고, 다리를 틀고 앉아 있으면 곧 성불하는 것이 아닙니다. 한평생 업(業)을 짓고도 절에 쫓아 올라가 다리를 틀고 앉아 며칠 소식(素食)하는 것으로 보리(菩提)를 얻을 수 있다면, 그 보리라는 것이 한 개에 얼마쯤이나 하는 것이겠습니까? 그렇게 간단한 것이겠습니까? 많은 젊은이들이 이런 어리석음을 범합니다. 선(禪)에 관한 책 몇 권 읽으면 청개구리가 풍당! 하고 물에 뛰어드는 소리만 듣고도 곧 깨달음을 얻을 수 있으리라 생각합니다. 그렇게 쉬운 일일까요? 그렇다면 개구리 한 마리 사서 팔짝팔짝 뛰는 모습을 지켜보십시오! 이 때문에 "일체의 선법을 닦으면 곧 아누다라삼먁삼보리를 얻을 수 있다(修一切善法, 卽得阿耨多羅三藐三菩提)"라고 한 것입니다.

하루에 한 가지 선행도 우리는 행하지 못합니다. 자신의 행위를 살펴보십시오. 하루에 한 가지 악은 행할지 몰라도, 누가 능히 하루에 한 가지 선행을 할 수 있겠습니까. 일체의 선법을 닦지도 않고서 무상(無相)에 이르렀다고 한다면, 그것은 자신을 속이는 것입니다. 부처님은 수보리에게 말합니다. "진정한 불법은 평등하다(是法平等). 높고 낮음이 없다(無有高下)." 팔만 사천 법문도 좋고, 염불도 좋고, 밀종도 좋고, 참선도 좋고, 지관(止觀)을 닦는 것도 좋으며, 심지어 방문좌도(旁門左道)를 닦아도 좋습니다. 화엄의 경계에서 보면 어떤 것도 모두 평등합니다. 진정한 불법은 평등합니다. 높고 낮음이 없습니다. 부처님이 앞에서도 말했지만, 일체의 성현은 모두 무위로 법을 삼으나 약간의 차이가 있습니다. 달리 말하면 차별이 없다는 것입니다.

남쪽 산은 높고 북쪽 산은 낮다

후세의 선종에 이런 공안(公案)이 생겼습니다. 어떤 법사가 『금강경』을 설하고 있는데 한 선사가 물었습니다. "불법이 평등하고 높고 낮음이 없다면, 왜 남쪽 산은 저렇게 높고 북쪽 산은 저렇게 낮은가요? 온갖 법이 모두 높고 낮음이 있거늘, 어찌 높고 낮음이 없다고 하는가요?" 이것 역시 하나의 화두입니다.

우리는 평등성지(平等性智)를 알고 있습니다. 제팔지(第八地)를 성취해야만 비로소 평등성지를 증득할 수 있습니다. 제육식(第六識)이 공(空)이 되어야 묘관찰지(妙觀察智)를 증득할 수 있고, 제칠식(第七識)의 아집이 공(空)이 된 후에야 비로소 평등성지를 증득할 수 있습니다. 이렇게 되면 일체 중생이 평등하며, 나와 남이 모두 평등합니다. 우리가 번뇌를 느끼는 것은 나와 남이 있고, 중생이 있기 때문입니다. 즉 번뇌는 나와 남을 분별하는 데에서 나옵니다. 그렇다면 아상(我相), 즉 아견(我見)이 공(空)이 된 후 평등성지가 나타나며, 다시 여기서 일체 중생을 평등하게 보는 것이 곧 아누다라삼먁삼보리일까요? 그러나 일체의 선(善)을 닦아야만 비로소 공(空)을 증득할 수 있습니다. 그래서 "일체의 선법을 닦으면 곧 아누다라삼먁삼보리를 얻을 수 있다"라고 한 것입니다.

"수보리여! 소위 선법을 여래는 선법이 아니라 말하니, 그것의 이름이 선법이다."

"須菩提! 所言善法者, 如來說卽非善法, 是名善法."
수보리 소언선법자 여래설즉비선법 시명선법

만약 어떤 바람이 있어서, 즉 부처님의 열매를 얻기 위해, 혹은 자신의 복보나 공덕을 얻기 위해 일체의 선법을 닦는다면, 이것은 인천(人天)의 과보(果報)이며 범부의 수행법이자 범부의 선(善)입니다. 진정한 선법은 보리도과(菩提道果)를 위해 선을 행하는 것입니다. 선을 행하면서도 그것을 행한다는 생각을 하지 않는 것입니다. 복덕을 구하는 마음이 없어야만 비로소 진정한 선법입니다. 이것은 다시 덧붙여 해석한 것입니다. 이 품의 게송은 다음과 같습니다.

【제23품】 게송

거울 속 꽃, 물속 달은 꿈속의 티끌이나
집착이 없으면 티끌 역시 보배로다
모란을 그려 내도 끝내는 환상이니
뿌리가 없다면 어찌 꽃을 피우랴

鏡花水月夢中塵　無著方知塵亦珍
경 화 수 월 몽 중 진　무 착 방 지 진 역 진
畫出牧丹終是幻　若無根土復何春
화 출 목 단 종 시 환　약 무 근 토 부 하 춘

"거울 속 꽃, 물속 달은 꿈속의 티끌이나〔鏡花水月夢中塵〕." 세간(世間)의 일체가 모두 환상에 불과하다는 것입니다. 거울 속의 꽃, 물속의 달, 꿈속의 세상과도 같습니다. 불경에서는 항시 이런 비유를 듭니다. 인생의 온갖 현상이 거울 속의 꽃과 같다는 것입니다. 그렇다고 꽃이 없다고 생각해서는 안 됩니다! 꽃은 있습니다. 단지 잡을 수 없고 만질 수 없을 뿐입니다. 물속의 달이라고 해서 없는 것은 아닙니다! 있습니다. 그러나 달이 물속에서 저절로 나타날 수는 없습니다. 후면에 진정한 하나의 달이 있습니다. 거울 속의 꽃 역시 마찬가지입니다. 후면에 진정한 꽃이 있습니다. 꿈속의 경계는 분명 실재하지 않습니다. 그렇지만 여러분이 존재하지 않는다면 과연 꿈을 꿀 수 있겠습니까? 우리의 몸과 마음이 있기에 꿈을 꾸는 것입니다. 그렇지만 꿈속 일체의 것은 단지 그림자에 불과합니다. 그러므로 여러분이 불법을 연구할 때는 이 점을 주의해야 합니다. 거울 속의 꽃이나 물속의 달이 절대 존재하지 않는 것이라고는 결코 말할 수 없습니다. 단지 환상이자 실재하지 않는 것으로, 우연하게 잠시 존재하는 것일 뿐입니다. 이렇게 잠시 존재하는 것은 붙들 수 없으며, 항시 변화합니다.

"집착이 없으면 티끌 역시 보배로다〔無著方知塵亦珍〕." 거울 속의 꽃, 물속의 달, 꿈속의 세상, 이런 것들을 이해해야 비로소 공(空)과 유(有)의 사이를 이해할 수 있습니다. 불법은 평등하여 높고 낮음이 없습니다. 공(空) 또한 불법이며, 유(有) 또한 불법입니다. 『금강경』에서 부처님이 말하는 수행의 요점은 머물지 말고 집착하지 말라는 것입니다. 그러나 집착하지 않는 것이 공(空)이라고 해서 공에만 매달려서는 안 됩니다. 이렇게 되면 공은 이미 하나의 구체적인 대상으로 변합니다. 공이 도리어 티끌〔塵〕이 되고 맙니다. 진정으로 집착하지 않는 것이란 공이라 해도 거기에 집착하지 않는 것입니다. 공에 집착하지 않으니 감히 속세로 들어가 수행할 수 있습니다. 중생이 속세에 들어서려 하지 않는 것은 유(有)에 물들까 봐 두려워하기 때문입니다. 진정으로 집착하지 않는 단계에 이르러야만 티끌 또한 보배임을 알아서 감히 속세로 들어서게 됩니다. 유 또한 옳은 것이기 때문입니다!

옛사람들은, 모란꽃이 비록 아름다워도 녹색 잎이 받쳐 주어야 한다고 했습니다. 불법을 배워 수도하며, 타좌하고 염불하며, 일념으로 온갖 인연을 던져 버린다면, 이 얼마나 좋습니까! 그렇지만 일체의 선행을 닦지 않는다면, 이런 복보가 없다면, 여러분이 던져 버리고자 해도 던질 수 없습니다! 많은 친구들이 말합니다. 이제 퇴직도 했고 나이도 있으니 내일부터라도 수행을 시작해야겠다고요. 그런데 다음 날이 되면 집안에 일이 생기거나, 혹은 자신이 감기에 걸리기도 합니다. 여러분은 내던진다는 것이 쉬운 일이라 생각해서는 안 됩니다. 내던질 수 있으려면, 청정할 수 있으려면 큰 복덕과 큰 복보가 있어야 합니다.

"모란을 그려 내도 끝내는 환상이니〔畫出牧丹終是幻〕." 모란이 비록 아름답다지만 녹색 이파리가 받쳐 주어야 합니다. 일체의 선법을 닦아야만 비로소 아누다라삼먁삼보리를 얻을 수 있습니다.

"뿌리가 없다면 어찌 꽃을 피우랴〔若無根土復何春〕." 모란은 부귀를 대표하는 꽃입니다. 그렇지만 모란은 녹색 이파리가 뒤를 받쳐 주어야 돋보입니다. 뿌리 역시 필요합니다. 뿌리가 없다면 아예 꽃을 피울 수조차 없으니까요. 표현을 달리 해 봅시다. 우리가 불법을 배우는 근본은 무엇일까요? 어떤 종교도 마찬가지입니다만, 악을 행하지 않고 선을 받들어 행하는 것입니다. 이것이 첫출발입니다. 일체의 선법을 닦지도 않고서 헛되이 깨달음만을 구한다면, 그것은 바로 청개구리가 우물에 풍덩! 하고 뛰어드는 것이나 다를 바 없습니다. 그건 깨달음이 아니라 스스로 착각하는 것입니다. 총명하기 때문에 도리어 오류를 범한 것입니다.

제24품
복과 지혜는 비교할 수 없다

第24品 • 福智無比分

"須菩提! 若三千大千世界中, 所有諸須彌山王, 如是等七寶聚, 有人持用布施. 若人以此般若波羅蜜經, 乃至四句偈等, 受持讀誦, 爲他人說, 於前福德, 百分不及一, 百千萬億分, 乃至算數譬喩, 所不能及."

"수보리여! 만약 어떤 사람이 삼천대천세계의 모든 수미산만큼 칠보를 쌓아 놓고 보시하더라도, 만약 어떤 사람이 이 반야바라밀경 내지 사구게를 수지 독송하여 다른 사람에게 말해 준다면, 앞의 복덕은 이 복덕의 백 분의 일, 백천만억 분의 일 내지는 산술적 비유로는 미치지 못할 것이다."

이 품은 제23품과 이어지는 것으로 하나의 중간 결론이라 할 수 있습니다. 이 품의 제목은 "복과 지혜는 비교할 수 없다〔福智無比〕"로서, 곧 복덕과 지혜를 다룹니다. 복덕과 지혜는 모두 평등한 청복(淸福)으로, 보리(菩提)를 증득하고 성불하기 위해서는 이 두 가지 밑천, 즉 불교 용어로 표현하면 두 가지 자량(資糧)이 필요하다는 것입니다. 자량이란 자본과 양식을 가리키는 것으로, 이 두 가지를 복덕 자량, 지혜 자량이라고도 부릅니다.

지금 이 품에서는 재삼 동일한 문제를 제기하고 있습니다. 똑같은 문제를 왜 여기서 다시 끄집어내고 있을까요? 바로 앞의 제23품에서 일체의 선법(善法)을 닦으면 아누다라삼먁삼보리를 얻을 수 있다고 말했기 때문입니다. 즉 도를 깨치기 위해서는 타좌를 하거나, 공안(公案)을 연구하거나, 보살을 예배하거나, 혹은 외적 성공을 꾀하는 식으로는 되지 않으며, 반드시 악을 행하지 않고 선을 받들어 행해야 비로소 가능하기 때문입니다. 악을 행하지 않는 것은 소극적인 것이요, 선을 받들어 행하는 것은 적극적인 것입니다. 적극적으로 일체의 선법을 닦아야만 비로소 깨달음을 얻어 대철대오의 경계를 증득할 수 있습니다.

　제23품의 마지막에서는 법신인 실상반야의 본체로써 해설했습니다. 소위 일체 선법이란 일체 선법이 아니며, 그것의 이름일 뿐이라 했습니다. 간단히 말하면 선법은 선을 행하면서도 그것에 집착하지 않는 것입니다. 집착한다면 곧 범부의 행위로서, 집착하지 않을 때에야 비로소 보살도라 할 수 있습니다. 보살도란 사람을 이롭게 하고, 세상을 구하며, 일체의 선을 행하는 것입니다. 이것은 특별한 것이 아니라 사람으로서 마땅히 행해야 할 본분입니다. 이제 부처님은 이 품에서 스스로 결론을 내립니다.

자량을 닦다

"수보리여! 만약 어떤 사람이 삼천대천세계의 모든 수미산만큼 칠보를 쌓아 놓고 보시하더라도,"

"須菩提! 若三千大千世界中, 所有諸須彌山王, 如是等七寶聚,
수보리　약삼천대천세계중　소유제수미산왕　여시등칠보취
有人持用布施."
유인지용보시

　부처님이 수보리에게 말합니다. "우리 이 세계에, 이 사바세계에 수미산이라는 산이 하나 있다." 다소 무리가 있지만 수미산은 히말라야 산에 비할 수 있습니다. 물론 히말라야 산이 수미산인 것은 아닙니다. 솔직히 말하면 이 문제는 지금까지도 여전히 엄중한 문제로서 함부로 단정할 수 없습니다. 불경에서 말하는 수미산을 히말라야 산으로 해석한 것은 최근 수십 년간의 연구를 통해 제시된 하나의 가설입니다. 이 가설에는 많은 문제가 있으므로 함부로 믿을 수는 없습니다.

단지 하나의 비유로서, 이 세상에서 제일 큰 산을 수미산이라 칭한 것입니다. 기타 삼천대천세계에도 모두 중심이 되는 큰 산이 있으므로, 아주 많은 수미산이 있습니다. "수미산만큼 칠보를 쌓아 놓고〔如是等七寶聚〕", 이 '등(等)'자를 해석하면서 칠보로써 보시하고 거기다 수미산까지 보시하는 것으로 새겨서는 안 됩니다. 수미산을 사람들에게 보시해 봐야 아무 필요도 없습니다. 방 안에 장식할 수도 없을 테고요. 이 '등(等)'은 비유하는 말입니다. 수미산처럼 그렇게 많은 재화, 칠보·진주·다이아몬드를 쌓아 놓고 보시한다는 것으로, 하나의 비유입니다.

> "만약 어떤 사람이 이 반야바라밀경 내지 사구게를 수지 독송하여 다른 사람에게 말해 준다면, 앞의 복덕은 이 복덕의 백 분의 일, 백천만억 분의 일 내지는 산술적 비유로는 미치지 못할 것이다."
>
> "若人以此般若波羅蜜經, 乃至四句偈等, 受持讀誦, 爲他人說, 於前福德,
> 약 인 이 차 반 야 바 라 밀 경   내 지 사 구 게 등   수 지 독 송   위 타 인 설   어 전 복 덕
> 百分不及一, 百千萬億分, 乃至算數譬喩, 所不能及."
> 백 분 불 급 일   백 천 만 억 분   내 지 산 수 비 유   소 불 능 급

이렇게 많은 것으로 보시한다면, 이 사람의 복보(福報)는 당연히 클 겁니다. 앞의 제13품에서 이미 말한 바 있지만, 여기서 다시 보시의 중요성을 강조하고 있습니다. 일반인들은 종교를 믿으면서 모두 공리적인 생각을 갖습니다. 즉 공리적 목적으로 종교를 믿습니다. 진정 공리적인 것을 원한다면, 밑천을 적게 들이고 큰 이익을 얻어야 합니다. 그러기 위해서는 먼저 일체의 선을 행해야만 합니다. 지금 부처님이 말하는 이 사람은 선을 행하면서 수미산만큼 많은 칠보로써 보시합니다. 비록 복덕을 바라지 않더라도 그 복덕은 반드시 아주 클 겁니다. 이건 두말할 필요가 없습니다.

이제 부처님은 이 비유를 들어 강조합니다. 가령 어떤 사람이 있어서

'이' 반야바라밀경으로 보시한다는 겁니다. 여기서 '이〔此〕'란 『금강반야바라밀경』만을 가리킵니다. 반야바라밀에 관한 경전은 아주 많습니다. 『대반야경』이라 부르는 『대반야바라밀경』을 비롯해 『인왕호국반야바라밀(仁王護國般若波羅蜜)』과 이 외에 여러 바라밀 경전이 있습니다. 이들 경전은 각기 노선은 다르지만 모두 지혜의 성취를 말하고 있습니다. 현재 본 경전에서 말하는 '이〔此〕'란 『금강반야바라밀경』만을 가리킵니다. 가령 어떤 사람이 이 경전의 이치로써, 혹 전부가 아닌 사구게(四句偈)만이라도 수지(受持)하고 독송(讀誦)하며 다른 사람을 위해 설명해 준다면, 이 복보는 수미산만큼 많은 칠보로써 보시하는 것보다 훨씬 더 크다는 것입니다.

수지 독송

여기서 우리는 다시 "수지독송(受持讀誦)"의 네 가지 함의에 대해 주의할 필요가 있습니다. 받아들이는 것〔受〕이라 해서 단지 받아들이기만 한다고 다 되는 것은 아닙니다. 마음으로 받아들여야 합니다. 스스로의 심리와 행위에 작용을 일으켜야 하며, 또한 마음으로 얻는 바가 있어야 합니다.

불법을 배우고 『금강경』을 연구하여 설사 공(空)을 이해했다 하더라도, 구체적인 상황에 부닥쳤을 때 과연 그것을 마음으로 받아들일 수 있을까요? 여러분은, 이제는 아주 편안해져 어느 정도 받아들이게 된 것 같다고 할지 모르겠습니다. 그렇지만 그건 아직 실제 상황에 부닥치지 않아서 그런 것입니다! 예를 들어 봅시다. 다른 사람이 당신의 따귀를 한 대 때리거나 욕을 해 대거나 당신 돈을 다 써 버렸다면, 혹은 당신이 이제 막 수술을 시작해 죽을지 살지 모르는 상황에 처해 있다면, 그때에도 과연 공(空)의 상태가 지속될 수 있을까요? 만약 유지된다면 그것이야말로 진정한 금강

(金剛)입니다. 진정으로 마음이 편안한 것이라 할 수 있습니다.

받아들인다고 해서 다 된 것은 아닙니다. 반드시 그것을 견지하면서(持) 닦을 수 있어야만 합니다. 견지한다(持)는 것은, 항시 지팡이에 의지해 길을 걷는 것과도 같습니다. 잠시도 손에서 놓지 않는 것입니다. 이런 경지에 이르러야만 비로소 동요하지 않습니다. 이제 막 수술을 받고 마취가 채 깨지 않은 상태에서도 이 고요한 경계(定境)가 계속 유지될 수 있다면, 이것이 바로 수지(受持)입니다. 독(讀)은 책을 보는 것, 혹은 나지막이 소리를 내어 읽는 것이며, 송(誦)은 큰 소리로 낭송하는 것입니다. 지금 젊은이들은 책을 눈으로만 읽는데, 이렇게 해서는 내용이 쉽게 암기되지 않습니다. 우리가 받은 옛날 교육에서는 책을 외워야 했습니다. 외우는 것은 머리를 쓰는 게 아닙니다. 노래를 부르듯이 하여 아뢰야식(阿賴耶識)에 들어가게 하는 것입니다. 이렇게 하면 머리를 쓸 필요도 없이 자연스럽게 외울 수 있습니다. 그러므로 『금강경』을 읽을 때는 소리를 내어 낭송할 필요가 있습니다. 그래야 비로소 몸으로 얻는 바가 있습니다. 이것이 바로 "수지독송"의 네 가지 함의입니다.

진정한 교화의 공덕

부처님은 말합니다. 가령 어떤 사람이, 『금강경』 전부는 아니더라도 단지 사구게만이라도 수지 독송하여 사람들을 가르치고, 그들로 하여금 번뇌에서 해탈하게 한다는 겁니다. 사람들을 가르친다고 해서 자신이 교사가 되어야 한다는 뜻은 아닙니다. 사람들을 가르쳐 편안케 하며, 번뇌로부터 해탈할 수 있게 하면 됩니다. 만약 이렇게 할 수 있다면, 이 사람이 닦은 복덕은 앞에서 말한 수미산만큼이나 많은 재화로 보시하는 것보다 훨씬 더 크다는 것입니다. 앞에서 말한 보시는 재물로 하는 보시(財布施)로서 유형의 것입니다. 이것은 법(法)으로 하는 보시에 미치지 못합니다. 불교에서는 이것을 법보시(法布施)라 합니다. 중국 문화의 관점에서 본다면 이것은 바로 교육을 통해 사람들을 교화하는 것입니다. 교화가 곧 법보시로서, 이를 통해 사람들의 심리적 고통을 해결하고 스스로의 인생을 성취하도록 합니다.

부처님은 이 법보시의 공덕이 유형적인 재보시보다 훨씬 더 크며, 양자는 서로 비교할 수 없을 정도라 말합니다. 유형의 보시는 지혜의 보시에 비교해 백 분의 일에도 미치지 못하며, 백천만억 분의 일에도 미치지 못한다는 것입니다. 말하자면 도저히 비교조차 할 수 없어서 어떻게 표현할 수도 없다는 것입니다. 만약 우리더러 이것을 표현해 보라고 한다면 아마 아주 촌스럽거나 아주 조잡하다거나 하겠지요. 그렇지만 경전에서는 그렇게 말하지 않습니다. 경전의 번역은 아주 아름답습니다. 숫자로는 뚜렷이 표현할 수 없다고 합니다〔算數譬喩, 所不能及〕. 요즘 말로 조금 과장해서 표현한다면, 숫자로는 계산이 불가능하며 컴퓨터로도 어떻게 할 수 없다는 겁니다. 숫자로 계산할 수 없다는 것은 도대체 어떤 것일까요? 아주 크다는 비유적 표현입니다. 우리가 흔히, '하늘만큼 크다'고 하는 것과 같습니다. 하늘은 도대체 얼마만큼이나 클까요? 불경에서는 보통 갠지스 강의 모래 수만큼이나 많다고 비유합니다. 갠지스 강의 모래 수는 얼마나 될까요? 누구도 알 수 없습니다. 많고도 많다는 비유적 표현입니다. 말하자면 세상에서 제일 큰 수를 표현할 방법이 없어서 단지 비유로써 표현한 것입니다.

이 품은 아주 쉽게 이해할 수 있습니다. 바로 문화와 교육의 힘이 중요하다는 것을 말합니다. 교육의 역량이나 배양의 공덕은 물질적 보시의 공덕보다 훨씬 더 큽니다. 그것은 인생의 정신적 생명, 즉 혜명(慧命)을 돕는 것이기 때문입니다. 혜명이란 지혜의 수명을 말합니다. 이 교육은 혜명의 교육에 속하는 것이기에 그 공덕은 특별히 큽니다. 이 품의 내용은 바로 지혜의 성취를 설명하는 것이며, 지혜와 스스로의 구제가 중요하다는 것을 설명합니다. 게송은 다음과 같습니다.

【제24품】

게송

부자는 천 명의 식솔로도 쓸쓸하다 하고
가난한 자는 한 몸 사는 것도 형벌처럼 여기네
어떤 것이 장자의 제물인가
홀연 들려오는 경쇠 소리에 온갖 인연으로부터 깨어난다

富嫌千口猶伶仃　貧恨身存似縲刑
부 혐 천 구 유 령 정　빈 한 신 존 사 설 형
何事莊生齊物了　一聲青磬萬緣醒
하 사 장 생 제 물 료　일 성 청 경 만 연 성

"부자는 천 명의 식솔로도 쓸쓸하다 하고〔富嫌千口猶伶仃〕." 선종의 조사는 이런 말을 했습니다. "부자는 천 명의 식구를 적다 하고, 가난한 사람은 한 몸도 많다 한다〔富嫌千口少, 貧恨一身多〕." 아주 돈 많은 집에 자식이 백 명이고 그 자식들에게 다시 열 명의 손자나 하인이 있다면, 이 집 식구는 모두 천 명이 될 겁니다. 재산이 너무도 많아서 천 명이나 되는 사람을 부양하면서도 도리어 사람이 충분하지 못하다고 생각합니다. 이와 대조적으로 사람이 극도로 궁해져서 밥 한술 먹기 어려운 지경이 되면 자기 몸뚱이 하나 건사하는 것도 버겁게 느껴집니다. 부자는 천 명의 식구도 적다고 하지만, 가난한 사람은 자기 한 몸조차 부담스럽습니다. 이 비유를 취해 "부자는 천 명의 식솔로도 쓸쓸하다 하고"라고 했습니다. 식구가 천 명이나 되는 부귀한 가정에서는 도리어 사람이 적게 느껴져 아주 고독합니다.

"가난한 자는 한 몸 사는 것도 형벌처럼 여기네〔貧恨身存似縲刑〕." 궁할 때는 살아 있는 것조차 형벌을 당하는 것처럼 아주 고통스럽게 느껴집니다. 여기서 우리는 돈 많고 지위 높은 것이 큰 복보라는 사실을 알 수 있습니다. 그렇지만 부귀와 공명은 항시 사람을 바쁘고 피곤하게 만듭니다. 오 분 정도라도 눈을 붙이기 쉽지 않습니다. 겪어 보지 않은 사람은 이해하지 못할 겁니다. 어떤 사람은 이렇게 말할지도 모릅니다. 오 분 덜 자더라도 그렇게 한번 살아 봤으면 좋겠다고요. 그러나 그렇게 살아 본 사람이라면 다시는 하고 싶지 않을 겁니다. 그들은 자신을 위해서 사는 것이 아닙니다. 웃음이 나오지 않을 때에도 억지로 웃어야 하니 얼마나 견디기 힘들겠습니까! 그런데도 세상 사람들은 이것을 복보라 여깁니다. 이것이 세간의 복보입니다. 참으로 복 많고, 명 길며, 견디기 힘듭니다!

반대로 가난한 사람은 산에서 삽니다. 선사(禪師) 한 명이 혼자 띠집에서 살고 있었는데, 어떤 사람이 그에게 살기가 어떠냐고 물었습니다. 그가 대답했습니다. "작년에는 비록 가난했어도 송곳 꽂을 만한 땅 뙈기는 있었는데, 올해는 가난하다 못해 꽂을 송곳조차 없소이다!" 작년에는 그나마 발 디딜 곳이라도 있었는데, 올해는 발 디딜 곳마저 없다는 것입니다. 보십시오, 가난이 어떤 지경에 이르렀습니까! 그런데 이것이 가난함을 말한 것일까요? 그렇지 않습니다. 진정한 공(空)의 경지에 이르렀다는 것을 말합니다. 즉 작년의 공은 아직 공의 경계가 있었는데, 금년의 공은 공의 경계조차 없어졌다는 것입니다.

공이 없어졌다는 것은 무얼 말하는 것일까요? 참으로 철저한 공, 바로 그것을 말합니다. 그러므로 진정으로 자신의 몸뚱이가 형벌을 받고 있다고 느낀다면, 아직 어떤 것이 거기에 있다는 것을 말합니다. 가난함과 부유함은 복보가 있느냐 없느냐 하는 것을 나타냅니다. 이 두 종류의 생활은 상대적입니다. 보기 좋거나 좋지 않은 것, 아름답거나 추한 것, 뚱뚱하거나 야윈 것, 길거나 짧은 것, 이것들은 모두 상대적입니다. 세간의 법(法)은 모두 상대적입니다. 보기 좋은 것이 있으면 그렇지 않은 것이 있고, 가난할 때가 있으면 부유할 때도 있습니다. 가난한 사람의 부유함이란 어떤 것이겠습니까? 돈 한 푼 없는 사람에게 갑자기 오만 원이 생겼다면, 돈 많은 사람이 마권(馬券)으로 수천만 원을 번 것보다 훨씬 기분이 좋을 겁니다! 이처럼 가난함과 부유함이 대비되고, 복보가 있는 것과 없는 것이 대비됩니다. 이것은 생멸(生滅)의 두 현상으로서 궁극적인 것이 아닙니다.

"어떤 것이 장자의 제물인가〔何事莊生齊物了〕." 장자의 제물론은, 본체의 관점에서 본다면 일체가 모두 평등하다는 것입니다. 아무리 돈이 많아도 결국은 죽습니다. 가난한 사람 역시 최후에는 죽습니다. 죽음은 평등합니다. 누구에게든 마찬가지입니다. 일체의 것은 모두 제물(齊物)입니다. 여기 앉아 있는 여러분들은 희거나 검거나, 뚱뚱하거나 여위거나, 남자거나 여자거나 모두 평등하지 않습니다. 그러나 한 가지 점에서는 아주 평등합니다. 내일 새벽 네 시에서 여섯 시까지는 모두 곯아떨어질 겁니다. 곯아떨어져서 나타날 흐리멍덩한 경계는 아주 평등합니다. 지혜가 있는 사람도 흐리멍덩할 것이며, 지혜가 없는 사람도 흐리멍덩할 겁니다. 돈 있는 사람도 흐리멍덩할 것이고, 돈 없는 사람도 역시 마찬가지일 겁니다. 이것은 평등합니다. 이것으로 비유해 본다면, 본체상에서는 일체가 모두 평등합니다. 이것이 바로 제물(齊物)입니다.

만물은 가지런하지 못하고, 평등하지 못하며, 높낮이가 있습니다. 다섯 개 손가락은 길이가 다 다릅니다. 그렇지만 이 손가락들이 모여서 손이 되면 가지런해집니다. 곧 하나의 손이 되는 것입니다. 손과 발은 평등하지 못합니다. 그렇지만 손과 발이 없어지고 자기 또한 없어져 버리면 모든 것이 가지런하고 평등해집니다. 이것이 장자의 제물론입니다. 이 이치가 이해된다면 복보에도 크고 작은 것이 없음을 알 수 있을 겁니다.

"홀연 들려오는 경쇠 소리에 온갖 인연으로부터 깨어난다〔一聲青磬萬緣醒〕." 진정한 복보란 어떤 것일까요? 청복(清福)입니다. 바로 인간의 청복입니다. 진정으로 고통과 번뇌가 극한에 이르렀을 때, 일체의 고통과 번뇌를 도저히 해결할 방법이 없을 때, 깊은 산속의 옛 절로 달려가 우연히 '딩!' 하는 경쇠 소리를 듣고서 홀연히 깨어나 온갖 생각이 다 공(空)이 되어 버립니다. 이때에는 아무것도 존재하지 않습니다. 참으로 긴 꿈에서 막 깨어난 것입니다. 이것이 대복보(大福報)입니다. 그러므로『금강경』은 우리에게 말합니다. 어떤 복보도『금강경』이 말하는 반야해탈의 참뜻을 아는 것보다는 못하다고요. 반야해탈의 참뜻, 그것은 바로 게송의 결론인 "홀연 들려오는 경쇠 소리에 온갖 인연으로부터 깨어난다"입니다. 이것이 바로 진정한 복입니다.

중국 문학에서는 왜 목어(木魚)를 홍어(紅魚)라 했겠습니까? 절에 있는 목어가 대부분 붉게 칠해져 있기 때문입니다. 경쇠는 오래되면 색깔이 온통 청동색으로 변합니다. 그래서 청경(青磬)이라 합니다. 홍어와 청경, 붉고 푸른 것은 문학적인 수식입니다.

제25품
교화함이 없는 교화

第25品 • 化無所化分

"須菩提! 於意云何? 汝等勿謂如來作是念, 我當度衆生. 須菩提! 莫作是念! 何以故? 實無有衆生如來度者. 若有衆生如來度者, 如來卽有我人衆生壽者. 須菩提! 如來說有我者, 卽非有我, 而凡夫之人, 以爲有我. 須菩提! 凡夫者, 如來說卽非凡夫, 是名凡夫."

"수보리여! 그대 생각은 어떤가? 그대들은 이렇게 말하지 마라. 여래께서 중생을 제도해야 한다고 생각하신다라고 수보리여! 이렇게 생각하지 마라. 왜냐하면 실로 여래가 제도한 중생은 하나도 없기 때문이다. 만약 여래가 제도한 중생이 있다면, 여래에겐 아·인·중생·수자가 있다. 수보리여! 여래가 '내가 있다'고 말하는 것은 '내가 있는' 것이 아니나, 범부는 '내가 있다'고 생각한다. 수보리여! 범부를 여래는 범부가 아니라 말하니, 그것을 일러 범부라 한다."

가르침은 대상을 가리지 않는다

『금강경』은 이제 전체적인 결론을 내리고자 합니다. 결론은 한마디로 "교화함이 없는 교화〔化無所化〕"입니다. 무엇을 '교화〔化〕'라 할까요? 당나라 이전에는 대부분의 불경에서 '교화'라는 말을 사용했지만 당송(唐宋) 이후에는 '사람을 제도한다〔度人〕'라는 말을 사용했습니다. '제도'도 좋고 '교화'도 좋습니다. 그렇지만 '제도'라 해도 제도할 수 없고, '교화'라 해도 교화하기가 아주 힘듭니다. 원명(元明) 시대에 이르러서는 아예 이 두 개념을 합쳐 '제도하고 교화한다〔度化〕'라고 했습니다. 여기서 '제도하고 교화하는' 것이란 사실 교육을 말하는 것으로, 사람을 감화시켜서 변하게 하는 것입니다.

"수보리여! 그대 생각은 어떤가? 그대들은 이렇게 말하지 마라. 여래께서 중생을 제도해야 한다고 생각하신다라고."

"須菩提! 於意云何? 汝等勿謂如來作是念, 我當度衆生."
수보리 어의운하 여등물위여래작시념 아당도중생

이것 역시 부처님 스스로 말한 것입니다. 수보리에게 말합니다. "그대는 어떻게 생각하는가? 그대들은 절대 부처가 이런 생각을 한다고 말해서는 안 된다〔汝等勿謂〕." 어떤 생각을 말하는 것일까요? 마땅히 일체 중생을 제도해야 한다〔我當度衆生〕는 생각입니다.

어떤가요? 부처님이 아주 묘하지 않습니까? 『금강경』을 자세히 연구해 보면, 부처님 일생에 있었던 수많은 상황들을 『금강경』 속에서 모두 부인하고 있음을 알 수 있습니다. 사십구 년간을 설법하고서도 『금강경』에서는 한마디도 말한 적이 없다고 합니다! 바로 그가 말한 이 『금강경』이 우리 앞에 놓여 있는데도 그는 이렇게 말합니다! 그가 본래 중생을 제도하겠다는 발원을 하고서도 이제 또 부인합니다. 이보게! 착각해서는 안 되네. 그렇게 생각하지 말게! 내가 일체 중생을 제도하려 했다고 그렇게 생각해서는 절대 안 되네. 글자 그대로 해석하면 이렇습니다.

"수보리여! 이렇게 생각하지 마라. 왜냐하면 실로 여래가 제도한 중생은 하나도 없기 때문이다. 만약 여래가 제도한 중생이 있다면, 여래에겐 아·인·중생·수자가 있다."

"須菩提! 莫作是念! 何以故? 實無有衆生如來度者.
수보리 막작시념 하이고 실무유중생여래도자
若有衆生如來度者, 如來卽有我人衆生壽者."
약유중생여래도자 여래즉유아인중생수자

"절대 이런 생각을 해서는 안 된다〔莫作是念〕!" 앞에서 이미 말한 바 있지만, 여기서 다시 반복합니다. 그렇게 생각해서는 안 된다. 그런 생각을 가져서는 절대 안 된다. 좋습니다. 우리는 이제 부처님의 말을 마음에 새기고 있습니다. 부처님, 저를 제도해 주십시오!, 이렇게 머리를 조아리고 말할 필요 없습니다. 이 어른은 인정하지 않습니다. 그분은 지금 아주 바쁩니다. 막 열반에 들려고 합니다. 그러니 여러분도 그렇게 생각해서는 안 됩니다. 왜 그럴까요? "실로 여래가 제도한 중생은 하나도 없기〔實無有衆生如來度者〕" 때문입니다. 이 말은 엄중합니다. 방금 우리는 우스갯소리처럼 부처님이 일체를 부인했다고 말했는데, 다시 한 걸음 더 나아가 그 이유를 들으니 온통 오리무중에 빠져 버리는 것 같습니다. 무슨 이유일까요? 실제로 세상에는 부처님의 제도를 필요로 하는 중생이 아무도 없다는 것입니다. 여러분은 주의해야 합니다! 부처님은 제도가 필요한 중생이 없다고 했습니다. 부처님이 직접 말한 것입니다.

"만약 여래가 제도한 중생이 있다면, 여래에겐 아·인·중생·수자가 있다〔若有衆生如來度者, 如來卽有我人衆生壽者〕." 선종의 표현을 빌리면 이것은 관 하나로 두 사람을 묻는 것입니다. 당신이 나에게 구제를 받았다고 한다거나, 혹 나는 부처님의 구제가 필요하다고 말했다 칩시다. 대선사(大禪師)라면 이 둘은 모두 도를 깨치지 못했다고 말할 겁니다. 부처님 또한 그렇게 말합니다! "나는 한 사람도 제도한 적이 없으니 그렇게 생각해서는 안 된다"라는 것입니다. 왜 그럴까요? 세상에 부처님의 제도가 필요한 중생이 하나도 없기 때문입니다. 바로 이 말입니다. 그렇지 않습니까? 이 말은 우리 스스로 연구해 보아야 합니다. 부처님은 또 말합니다. 가령 어떤 사람이 자기에게 제도되어 성불했다면, 자신은 부처가 아니라 아주 평범한 사람에 불과하다는 것입니다. 자신은 이미 아상, 인상, 중생상, 수자상을 가진 사람이기 때문입니다.

그래서 저는 항시 말합니다. 그렇게 예를 갖춰서 절하지 말라고요. 너무 번거롭습니다! 제가 일생에서 가장 두려운 것은, 저를 보고 합장하는 사람을 만나는 겁니다. 진땀이 납니다. 얼마나 번거롭습니까? 거기다 답례까지 해야 하니까요. 요즘 사람들처럼 쳐다보고 목례만 하는 것이 얼마나 좋습니까? 마음만 전달되면 아무렴 어떻습니까? 만약 내가 선생이니 머리 숙여 절하는 것이 마땅하다고 말한다면, 이 사람에게는 십팔 층 지옥으로도 충분하지 못할 겁니다. 그렇다고 걱정할 필요는 없습니다. 요즘은 지옥에도 지하실이 있다고 하니까요. 이 사람은 지옥의 지하실에나 어울릴 겁니다. 만약 어떤 사람이 자신은 도(道)가 있어 사람들의 스승이 될 수 있다고 생각한다면, 진정 다른 사람을 제도할 수 있다고 생각한다면, 그는 이미 공(空)의 경계를 증득한 자일 겁니다. 그런 사람이 어떻게 스스로 숭고하다는 생각을 갖겠습니까? 절대 그럴 리 없습니다! 그에게는 이미 그런 생각이 없습니다. 그는 일체 중생, 다른 사람이나 자신이 평등하다고 생각합니다.

그러므로 부처님은 말합니다. "만약 부처가 그런 생각을 갖는다면, 그는 이미 부처라 할 수 없다." 도처에서 상(相)에 집착해 스스로 부처라 생각하고 스승이라 생각하며 다른 사람들을 어린 백성인 양 여겨 모두 자신의 신도라고 생각한다면, 이런 사람은 절대 부처가 아닙니다.

'신도(信徒)'라는 말이 나왔으니 하는 말입니다만, 이 말은 아주 듣기 고약합니다. 불교에서는 종래 이런 말이 없었습니다. 단지 신중(信衆)이라 했을 뿐입니다. 이 '도(徒)'자는 목사나 사용할 수 있는 말입니다. '목사(牧師)'의 '목(牧)'자는 소나 말 또는 사람을 몰아가는 것을 가리킵니다. 어린 백성들을 모두 자신을 좇는 신도의 무리〔徒衆〕라 보는 겁니다. 신도의 무리는 모두 아래에 있습니다. 불법(佛法)이 이럴 수는 없습니다.

이전에 어떤 불교계 인사가 '신도의 무리'라고 표현하는 것을 듣고서 깜짝 놀란 적이 있습니다. 신중(信衆)이란 말조차도 아주 엄중한 것인데 말입니다. 과거 대륙에서는 어느 절에서도 신중을 모두 거사(居士)라고 불렀습니다. 제가 아미산(蛾眉山)에 있을 때, 나이가 지긋한 어떤 스님은 원숭이가 나오는 것을 보고서 원숭 거사가 나왔다고 했습니다. 뱀이 나오면 뱀 거사가 나왔다고 했습니다. 결코 원숭이 무리〔猴衆〕라거나 원숭이 떼〔猴徒〕, 뱀 떼〔蛇徒〕라는 말을 쓴 적이 없었습니다! 이 스님의 말을 듣고서 사람들은 숙연해지고 공경심이 일었습니다. 일체 중생을 평등하게 여겨 원숭 거사, 뱀 거사라 하는 것, 이것이 바로 불법의 정신입니다. 만약 불법에 다른 중생을 다스린다는 생각이 있다면, 그것이 어찌 불법의 정신일 수 있겠습니까? 제발 바로잡아 이런 착오를 범하지 않기를 바랍니다.

부처님은 지금 말합니다. "가령 그가 이런 생각을 갖고 있다면, 즉 중생이 자신의 교화를 받아들여 도를 얻을 수 있다거나 자신의 제자로서 마땅히 자신에게 이런저런 공경을 표해야 한다거나 하는 생각을 갖고 있다면 그것으로 끝장이다〔即有我人衆生壽者〕! 이것은 성불이라 할 수 없다!"

좋습니다, 부처님이시여! 이제 잘 알았습니다! 당신께서는 겸허하게도 자신이 다른 사람을 제도한다는 것을 인정하지 않습니다. 그렇지만 실제로 우리는 당신의 제도를 받아들이고 있습니다. 겸허한 것은 당신 몫이지만 공경하는 것은 우리 몫입니다. 각자 자신의 길을 간다면 잘못되는 것이 없을 겁니다. 그렇지만 아직 하나의 문제가 해결되지 못했습니다. 당신께서 세상에 부처님의 제도를 필요로 하는 중생은 없다고 하셨는데, 바로 이 문제입니다! 이 문제에 대해 부처님은 이어서 해답을 제시하고 있습니다.

자기의 해탈

"수보리여! 여래가 '내가 있다'고 말하는 것은 '내가 있는' 것이 아니나, 범부는 '내가 있다'고 생각한다. 수보리여! 범부를 여래는 범부가 아니라 말하니,

그것을 일러 범부라 한다."

"須菩提! 如來說有我者, 卽非有我, 而凡夫之人, 以爲有我.
수보리 여래설유아자 즉비유아 이범부지인 이위유아
須菩提! 凡夫者, 如來說卽非凡夫, 是名凡夫."
수보리 범부자 여래설즉비범부   시명범부

진정한 불법은 우리에게 하나의 것, 팔만 사천 법문은 우리에게 단지 하나의 것, 즉 어떻게 하면 진정한 무아(無我)를 증득할 수 있는가 하는 것을 가르칩니다. 그것을 얻으면 곧 성공입니다. 아주 간단합니다. 단지 이것만 닦아서 진정한 무아에 이르면 됩니다. 이미 무아에 이르렀다면 당연히 부처님의 제도가 필요치 않습니다. 내가 바로 본래 부처입니다! 부처님이 사람을 제도한다는 상(相)에 집착한다면, 부처님은 곧 아상(我相)·인상(人相)에 집착한 것입니다. 진정으로 도를 깨칠 수 있다면, 그것은 곧 무아로서 부처님으로서도 제도할 곳이 없습니다.

이렇게 본다면 부처님의 말은 틀린 데가 없습니다. 부처님의 제도를 필요로 하는 중생은 없습니다. 보다 철저히 말한다면, 부처님이 말한 팔만 사천의 법문은 당신께서 수도하여 증득한 법문을 모두 우리에게 일러 준 것입니다. 그대들도 이렇게 한다면 마찬가지로 성불할 수 있다는 겁니다. 부처님은 우리가 성불하도록 도울 수 없습니다. 우리 자신이 스스로 제도해야 합니다. 부처님이 우리를 대신하여 닦아 줄 방법은 없습니다! 스스로 닦아서 성공하면 그것이 곧 스스로를 제도하는 것으로, 자신이 스스로 닦고 스스로 제도하는 겁니다. 그러므로 부처님의 말은 사실입니다. 부처님은 자신의 제도를 필요로 하는 중생이 없다고 했습니다. 부처님 또한 그들을 제도할 수 없다는 겁니다! 반드시 스스로 신심(信心)을 지니고 스스로 닦아서 제도해야 합니다.

따라서 부처님의 말은 한 군데도 틀린 데가 없습니다. 그렇지만 부처님

이 표현하는 방법은 사람들을 놀라게 합니다. 한마디 한마디 하는 말마다 이해하기가 매우 어렵습니다. 사실 이치는 아주 간단합니다. 사람은 모두 스스로 해탈해야 한다는 것입니다. 자성(自性)으로 스스로 제도하고 스스로 구해야 한다는 것입니다. 아무도 자신을 구해 줄 수 없습니다.

하늘이나 보살도 보우할 수 없습니다. 미신에 빠져서는 안 됩니다! 단지 스스로 도울 때에만 하늘이 도우며, 스스로 구할 때에만 복을 얻을 수 있습니다. 보살의 보우를 바란다면 먼저 스스로 보우해야 합니다. 어떻게 해야 스스로 보우할 수 있을까요? 일체의 선법(善法)을 행해야 합니다. 이렇게 스스로 도우면 하늘도 돕습니다. 보살과 여러분 사이에 전선이나 전파가 이어지게 될 겁니다. 여러분이 살인, 방화를 일삼다가 "보살님, 저를 보살펴 주십시오!"라고 한다면, 스스로도 그것이 불가능하다는 것을 알 겁니다. 그러므로 부처님은 말합니다. 제도할 수 있는 중생이란 없다고요. 중생은 모두 자성으로 스스로 제도합니다. 부처님은 말합니다. "무엇을 '나'라 하는가? 일체 중생은 본래 무아(無我)이니, 이것이 불법이다." 불법 삼장 십이부 경전은 한마디로 바로 이것을 우리에게 말하고 있습니다. 본래 무아입니다! 우리가 거기에 이르지 못하고 있을 따름입니다. 무아에 이를 수 있다면 누구든 성불합니다.

부처님은 또 말합니다. "여래가 '내가 있다'고 말하는 것은 '내가 있는' 것이 아니나, 범부는 '내가 있다'고 생각한다〔如來說有我者, 卽非有我, 而凡夫之人, 以爲有我〕." 범부란 곧 일반인을 말하는 것인데, 불경을 번역하면서 사용한 말입니다. 그러나 지금 우리는 범부라는 말을 듣기만 해도 마치 욕을 당한 것처럼 생각합니다. 우리가 상대방에게 별 뜻 없이 당신은 범부라고 한다면, 그는 내심 불쾌하게 생각할 겁니다. '나를 깔보다니!' 하고 말입니다. 그렇지만 보통 사람에게 당신은 무아의 경지에 이른 것 같다고 해도 그는 두려워할 겁니다. 사람들이 모두 자기의 경지를 탐내고 있다고 생각할 겁니다. 과연 어떤 것이 궁극적인 '나'일까요? 불경은 말합니다. "인체는 서른여섯 가지가 우연히 결합된 것으로, 그 중 어떤 것도 '내'가 아니다."

이 문제는 현실적으로 생각할 때 더 엄중합니다. 인체의 수많은 세포들이 모두 '나'인데, 그 중 어떤 것도 내가 아니라 한다면 '나'란 도대체 어디에 있는 것일까요? 신체상에 내가 없다면 죽은 뒤에 나는 어디로 가야 할까요? 영혼이 '나'라고요? 영혼을 본 적이 있습니까? 문득 들리는 경쇠 소리에 온갖 인연으로부터 깨어난다는 것이 바로 이 경계를 말합니다. 이 소리를 듣고서 무아에 이릅니다. 본래 어떤 것도 무아입니다. 어떤 것도 '나'라고 할 만한 것이 없습니다. 이 무아의 경계를 부처님은 단지 '나'에게 분석해서 들려주고 있을 따름입니다. 우리가 선(禪)을 배우고 타좌를 하는 것은 무엇을 증득하기 위한 것인가요? 바로 무아를 증득하기 위함입니다. 이것이 바로 성불입니다. 우리가 타좌하고 있을 때 속에서 일어나는 속삭임들은 모두 '나'를 가지고 노는 겁니다. 그렇지 않으면 호흡을 가지고 놉니다. 들어왔다 나갔다 하는 것을 마치 돈을 세듯 그렇게 세고 있는 겁니다. 하나 둘 셋 넷, 이렇게 호흡을 세고 또 마음으로 바라보곤 합니다. 한 모금 들이킨 숨이 나가 버리면 천 번을 헤아리더라도 그 숨은 다시 머물지 못합니다. 도대체 거기서 무얼 하고 있는 겁니까? 모두 '나'를 가지고 노는 것일 뿐입니다. 이렇게 해서는 무아에 이를 수 없습니다. 불법을 증득할 수 없습니다.

무아 이후

부처님은 방금 하나의 문제를 제기했습니다. 범부는 진정으로 '내'가 존재한다고 생각합니다. 죽어 육체가 없어지면 붙들 것이 없으므로 다시 영혼을 붙들고자 합니다. 사실 이 영혼이란 것도 자신의 의식 속에 있는 우연한 존재일 뿐입니다. 역시 진정한 자기가 아니요, 진정한 '이것'이 아닙니다. 그럼에도 범부는 한사코 상(相)이 있는 자기에게 매달리고자 합니다. 진정으로 사대(四大)가 모두 공인 경계에 이르면, 다시 말해 아상·인상·중생상·수자상이 모두 공(空)이 된 경계에 이르면, 생명 본래의 자아를 찾을 수 있습니다. 이 자아란 임시로 칭한 것입니다. 자아라는 명칭 또한 옳지 않습니다. 그것을 부처라 해도 옳지 않으며, 보리(菩提)라 해도 옳지 않으며, 어떤 것으로 불러도 모두 옳지 않습니다.

여기에 이르러 부처님은 다시 해설합니다. "수보리여! 범부를 여래는 범부가 아니라 말하니, 그것을 일러 범부라 한다〔須菩提! 凡夫者, 如來說卽非凡夫, 是名凡夫〕." 부처님이 왜 이 끝부분을 덧붙였을까요? 부처님의 말을 사람들이 또 붙들고 집착할까 봐 두려웠기 때문입니다. 불법을 배우는 많은 사람들은 스스로 성인이라 생각하지는 않더라도, 범부라고 하면 내심 불쾌해합니다. 자신이 범부라는 사실을 수긍하지 않으려 합니다.

그러므로 불법이나 도를 배우는 사람들은 아주 불쌍합니다. 성인과 범부의 사이에서, 마치 어린애들이 그네를 타듯 왔다 갔다 하면서 내려서지 못합니다. 영원히 공중에 매달려 흔들거리고 있습니다.

부처님은 우리에게 말합니다. "소위 범부란 본래 가칭이다. 진정한 범부란 없다. 임시로 범부라 칭한 것일 뿐이다." 좀 더 엄중히 표현하자면, 일체 중생은 모두 부처입니다. 단지 중생은 자신의 본성을 찾지 못하고 있을 뿐입니다. 그것을 찾는다면 범부가 아니라 모두 부처이니, 중생은 평등합니다. 이 때문에 후세의 선종 경전에서는 심(心), 불(佛), 중생(衆生)은 차이가 없다고 했습니다. 마음이 곧 부처입니다. 도를 깨치면 이 마음이 곧 부처입니다. 도를 깨치지 못하면 부처 역시 범부입니다. 마음과 부처, 그리고 중생은 차별 없이 평등합니다.

 이것으로 이 품이 모두 끝난 것일까요? 아직 끝나지 않았습니다! 여전히 중대한 문제가 남아 있습니다. 이 품의 서두 부분을 다시 돌이켜 보기로 합시다.

 "수보리여! 그대 생각은 어떤가? 그대들은 이렇게 말하지 마라. 여래께서 중생을 제도해야 한다고 생각하신다라고〔須菩提! 於意云何? 汝等勿謂如來作是念, 我當度衆生〕." 여기서 중점은 '아(我)'자에 있습니다. 부처님은 말합니다. 나는 중생을 제도하지 않는다. 글자 그대로 해석하자면 이렇습니다만, 부처님이 왜 이렇게 말했을까요? 전편(全篇)의 뜻은 다음과 같습니다. 사람이 진정한 무아를 깨닫고, 수지(修持)를 통해 진정한 무아를 증득하면 곧 부처라는 것입니다. 이 부처는 무아이므로 자연 무중생이며 무수자입니다. 이것이 바로 부처의 경계입니다. 그러므로 무아의 경계에 이른 것이 바로 부처의 경계입니다. 일체의 범부는 모두 아상·인상·중생상·수자상을 가지며, 또 일체의 관념에 집착합니다. 이는 모두 '내'가 있음으로써 야기된 것이므로, 진정한 무아는 곧 부처의 경계입니다.

 그렇다면 무아 이후를 무엇이라 할까요? 주의해야 합니다! 불법을 연구하는 사람들은 대개 무아라는 말을 들으면 무의식적으로 주석을 덧붙입니다. 무아가 곧 공(空)이라고요. 부처님은 이렇게 말하지 않았습니다. 부처님은 단지 무아라고만 말했을 뿐입니다. 공이라는 것은 우리가 갖다 붙인 것입니다. 만약 '나'에 집착하는 범부의 경계를 진정으로 모두 떨쳐 버릴 수 있다면, 소위 놓아 버린다면, 더 이상 놓아 버릴 수 없는 경지에 이르도록 놓아 버린다면, 생명 본래의 모습을 찾을 수 있습니다. 억지로 이것을 표현해 본다면 우리 생명의 진아(眞我)라 할 수 있는데, 이것이 바로 부처님의 경계입니다. 그렇지만 이 경전에서 부처님은 진아라는 말을 하지 않았습니다. 그렇다면 여러분은 불경 전부를 찾아보려 할지도 모르겠습니다. 불경 전체는 삼장 십이부로 묶어 볼 수 있는데, 실제로 이 중 어떤 것은 진짜이고 어떤 것은 진짜가 아닙니다. 진짜가 아니라고 해서 완전히 엉터리라는 것은 결코 아닙니다. 이들은 후에 부처님의 제자들이 스스로 수지(修持)해서 얻은 바를 부처님이 말한 것이라 가탁해서 써 놓은 경전일 겁니다. 그럴 가능성은 아주 높습니다. 이런 것들을 전부 합쳐 달한다면 불경은 대략 오천 권이 넘습니다.

과거 어떤 사람은 불경을 읽으면서 자신을 위해, 부모를 위해 일장경(一藏經)을 읽으려 했습니다. 일장경은 곧 오천 권입니다. 대장경에서 부처님이 말한 부분이 오천 권입니다. 후세 제자들의 관점이나 불경에 대한 주해는 그 속에 포함되지 않았습니다. 만약 이것까지 다 합친다면 현재까지 모두 만 삼사천 권이며, 갈수록 많아질 겁니다.

부처님은 사십구 년간 설법을 했으나, 이 많은 경전 속에서 부처님이 말한 요점은 다음의 몇 가지입니다. "세간(世間) 일체는 무상(無常)하여 어떤 것에도 머물 수 없고, 어떤 것도 변하지 않는 것이 없으며, 어떤 것도 나에게 속하지 않는다. 인세간(人世間) 일체는 모두 고통이며, 어떤 것에도 궁극적인 쾌락, 궁극적인 행복이 없다. 일체는 모두 공으로서 파악할 방법이 없으며, 모두 변해 가며, 변하고 나면 아무것도 붙들 수 없다. 붙들 수 없는 이 상황, 이 경계가 곧 공(空)이다. 그러므로 무상(無常), 고(苦), 공(空), 무아(無我)는 결국 본래 무아이다." 부처님이 말한 것은 모두 이렇습니다.

부처님이 세상에 있을 때, 부처님의 많은 제자는 그가 교시한 방법에 따라 수지하여 모두 무아의 경계를 증득했습니다. 그렇게 해서 고(苦), 공(空), 무아(無我)의 속박을 벗어났습니다. 그렇지만 한편으로는 이로 인해 너무 공(空)에 편향되었습니다. 즉 소극적인 공에 너무 치우쳤다는 겁니다. 이것은 우리 후세의 불학(佛學)이 덧붙인 것입니다.

부처님은 여든 살이 되자 휴가를 얻어 길을 떠나려 했습니다. 다시 가르치기도 재미없고 해서 곧 열반에 들려고 장기 휴가를 청했습니다. 이때 그는 우리에게 상반된 네 글자를 말했습니다. 즉 상(常), 낙(樂), 아(我), 정(淨)입니다. 이것은 그가 평소 말하던 바와는 완전히 상반되는 것입니다. 최후로 그는 말했습니다. 진정으로 무아상·무인상·무중생상·무수자상에 이르렀으며 수지하여 일체를 놓아 버렸다면, 공(空)조차도 철저히 공이 되어 버렸다면 생명의 본원을 찾을 수 있는데 이 생명의 본원은 영원히 불변한다는 것입니다.

그렇지만 이것은 인간 세상에서 불변하는 어떤 것과는 다릅니다. 같다고 이해하면 틀립니다. 이렇게 이해하는 것은 진상유심론(眞常唯心論)에 속하며, 곧 외도(外道)적 설법입니다. 부처님이 언급한 상(常)은 무상(無常)과 대비시켜 말한 것입니다.『금강경』후반부에서는 여기에 대해 해설하고 있습니다. 낙(樂)은 고통이 없는 것입니다. 도를 얻은 사람은 고통을 벗어납니다. 일반인들은 도를 얻은 사람은 온종일 쾌락에 젖어 있으리라 생각합니다. 만약 그렇다면 즐거워 죽을 지경일 겁니다. 두통을 예로 들어 봅시다. 두통을 겪을 때는 당연히 아주 고통스럽습니다. 그렇지만 일주일 정도 앓고 나면 고통이 사라지면서 머리가 상쾌해져 즐겁다고 말할 겁니다. 이때 이 상쾌함과 즐거움이 못 견딜 정도로 짜릿한 쾌락이라면, 이 사람은 사흘이 못 가 미쳐 버리고 말 겁니다. 고락(苦樂)이란 상대적 현상입니다. 상(相)에 집착하면 미쳐 버리고 맙니다. 무엇이 낙(樂)인가요? 고통이 없는 것이 낙으로서, 청정한 낙입니다. 청정은 경계가 없습니다. 그러므로 이 낙은 세간의 낙이 아니라 상락(常樂)입니다. 이때가 바로 진정한 '나'로서 불생불멸합니다. 이 불생불멸의 '나'는 결코 우리가 생각하듯 아상(我相)을 가진 세속적 존재가 아닙니다. 이 '나'는 아주 청결합니다.

소위 말하는 정토(淨土)란 깨끗한 경계가 있는 것이 아닙니다. 우리의 땅속이 아주 깨끗하다고요? 그리 깨끗하다 할 수 없습니다. 그렇다면 허공은 깨끗하지 않겠느냐고요? 과학자들이라면 허공 속에도 많은 것들이 들어 있다는 사실을 잘 압니다. 진정한 허공은 볼 수 있는 것이 아닙니다. 선도 없고 악도 없으며, 고통도 즐거움도 없습니다. 이것이 진정한 낙으로서 바로 부처님의 경계입니다.

이 품에서 말한 "교화함이 없는 교화〔化無所化〕"란 바로 이런 이치입니다. 다음 게송을 결론으로 제시합니다.

【제25품】

게송

모두 같이 물화되어 사바세계에 이르니
슬프거나 즐거울 이유 없어 노래나 불러 본다
종소리 북소리 끊어져 마군의 춤도 흩어지니
그윽한 한 곡조가 모든 풍파를 잠재운다

同爲物化到娑婆　憂樂無端且放歌
동 위 물 화 도 사 바　우 락 무 단 차 방 가
鐘鼓歇時魔舞散　悠然一曲定風波
종 고 헐 시 마 무 산　유 연 일 곡 정 풍 파

"모두 같이 물화되어 사바세계에 이르니〔同爲物化到娑婆〕." 우리 일체의 중생은 모두 물화(物化)된 것이며, 이 세계를 사바세계라 합니다. 노장(老莊)의 관점에 따르면 우주는 거대한 화학 실험실입니다. 우리는 이 실험실 속의 화학 물질에 불과합니다. 초목이든 개미든 땅강아지든 모두 우주의

거대한 가마 속에서 생성된 자그마한 것들입니다. 그래서 이것을 물화(物化)라 합니다. 이전에는 사람이 죽는 것을 물화라 했습니다. 곧 물질이 된다는 것입니다. 이 신체와 생명은 죽어서 변화합니다. 뼈는 진흙이 되고 살은 물이 되어 버립니다. 물질은 서로 변하지만 그 에너지는 여전히 존재합니다. 단지 형상의 변화에 불과합니다. 그래서 이것을 물화라 했습니다. 일체 중생은 모두 이 사바세계에 와서 물화되어 공연하고 있습니다.

"슬프거나 즐거울 이유 없어 노래나 불러 본다〔憂樂無端且放歌〕." 그렇지만 모두들 자신이 공연하고 있다는 사실을 잊어버렸습니다. 스스로 감상하지도 못하고 연출하지도 못합니다. 결국 계속 노래를 불러 대면서 슬픔에 취해 눈물을 흘립니다. 그러다 신이 날 때는 배꼽이 아프도록 웃습니다. 이렇게 스스로 기만당하면서 수십 년을 살아갑니다. 온갖 우수와 번뇌, 온갖 고통과 쾌락은 뭐라 말할 수 없을 만큼 오묘합니다. '무단(無端)'이란 아무 이유가 없는 것입니다. 이제 이 이치를 간파하고 나면 소요(逍遙)할 수 있습니다. 춤추고 싶으면 춤추고, 노래하고 싶으면 노래합니다. 이렇게 인간 세상의 일체로부터 해탈해 버립니다. 절에서는 종을 치고 목탁을 두드리면서 불경을 읊고, 우리는 여기 십일 층에서 『금강경』을 읽습니다. 맑고도 깨끗합니다. 몇 길 건너편에서는 사람들이 뽕짝! 뽕짝! 하며 춤을 춰 댑니다. 그들 또한 우리와 별 차이가 없습니다. 각자에게는 각자의 경계가 있습니다. 우리의 종소리가 끝나면, 그들의 가무도 스러질 겁니다. 최후에는 모두 그 어두컴컴한 곳으로 되돌아갑니다.

"종소리 북소리 끊어져 마군의 춤도 흩어지니〔鐘鼓歇時魔舞散〕." 마지막에는 청정이든 청정이 아니든, 선이든 악이든 어떤 것도 모두 얻지 못합니다.

"그윽한 한 곡조가 모든 풍파를 잠재운다〔悠然一曲定風波〕." 아무것도 얻을 수 없다는 것을 이해한다면, 일체의 상(相)에 집착하지 않아 곧 집에 이를 수 있습니다. 「정풍파(定風波)」란 원래 고대 가곡 중의 하나입니다. 지금 우리는 원래의 가곡에 대해서는 전혀 언급하지 않고 그 이름만을 빌려 의미를 설명합니다. 모든 풍파가 가라앉으니 종소리도 그치고, 마군의 춤도 그치며, 가무(歌舞)도 모두 흩어집니다.

제26품
법신은 상이 아니다

第26品・法身非相分
"須菩提! 於意云何? 可以三十二相觀如來不?"
須菩提言, "如是! 如是! 以三十二相觀如來."
佛言, "須菩提! 若以三十二相觀如來者, 轉輪聖王, 卽是如來."
須菩提白佛言, "世尊! 如我解佛所說義, 不應以三十二相觀如來."
爾時, 世尊, 而說偈言.

若以色見我 以音聲求我
是人行邪道 不能見如來

"수보리여! 그대 생각은 어떤가? 삼십이상으로써 여래를 볼 수 있는가?"
수보리가 말했다. "그렇습니다! 바로 그렇습니다! 삼십이상으로써 여래를 봅니다."
부처님께서 말씀하셨다. "수보리여! 만약 삼십이상으로써 여래를 본다면, 전륜성왕이 곧 여래이리라."
수보리가 부처님께 아뢰었다. "세존이시여! 제가 부처님 말씀을 이해하기로는, 삼십이상으로써 여래를 보아서는 안 됩니다."
그때 세존께서는 게송으로 말씀하셨다.

만약 형체로써 나를 보거나 소리로써 나를 구한다면
이 사람은 삿된 도를 행하는 자로서 여래를 볼 수 없다

견불과 관불

"수보리여! 그대 생각은 어떤가? 삼십이상으로써 여래를 볼 수 있는가?" 수보리가 말했다. "그렇습니다! 바로 그렇습니다! 삼십이상으로써 여래를 봅니다."

"須菩提! 於意云何? 可以三十二相觀如來不?"
수 보 리 어 의 운 하   가 이 삼 십 이 상 관 여 래 부
須菩提言, "如是! 如是! 以三十二相觀如來."
수 보 리 언   여 시   여 시   이 삼 십 이 상 관 여 래

이제 『금강경』의 핵심에 이르렀습니다. 여기서 부처님은 다시 문제를 끄집어내는데, 이 문제는 부처님이 이미 수차례나 언급했던 것입니다. 수보리는 부처님이 다시 이 문제를 끄집어내자 머리가 혼란스러워졌습니다. 우리는 불경을 부처님의 교육 방법이라는 관점에서 연구해 볼 수도 있습니다. 이 큰 선생의 위대한 교수법을 한번 보십시오! 당시의 교육 방법은 참으로 뛰어난 데가 있습니다. 수보리가 흔들림이 없이 분명히 대답하자

부처님은 다시 여기저기를 찔러 봅니다. 그러자 수보리는 자신감을 잃고 엉뚱한 대답을 합니다. 수보리의 답은 원래 틀린 것이었으나 부처님이 이리저리 돌려 말하자 다시 올바른 답을 내놓게 됩니다. 이 때문에 부처님의 제자를 성문중(聲聞衆)이라 합니다. 직접 부처님의 음성을 들으며 교화를 받았다는 겁니다. 선종에서는 사람을 나무랄 때 '코를 꿰여 끌려간다'고 말합니다. 나무라는 것도 아주 교묘합니다. 선종의 조사들은 사람을 나무라는 데에도 절묘해서 바보 같다고 하는 대신 단지 코를 꿰여 끌려간다고만 했습니다. 이 말은 코를 꿰여 끌려 다니는 소와 같이 어리석다는 뜻입니다.

『금강경』에 나타난 부처님의 교수법이 얼마나 재미있습니까! 앞에서 부처님은, "실상으로써 여래를 볼 수 있는가?〔可以實相見如來不〕"라고 물은 적이 있습니다. 그때 수보리는 형상(形象)으로써 여래를 볼 수 없다고 대답했습니다. 수보리가 이미 이렇게 대답했는데도 한참을 얘기하다가 부처님은 다시 묻습니다. "그대 생각은 어떤가? 삼십이상으로써 여래를 볼 수 있는가?〔於意云何? 可以三十二相觀如來不?〕" 여기서 '관(觀)'자에 주의해야 합니다! 수보리는, "그렇습니다! 바로 그렇습니다!〔如是! 如是!〕"라고 대답합니다. 부처님은 본래 성불한 몸이었기에 삼십이 종의 좋은 상(相)을 갖고 있었고, 그래서 삼십이상으로써 여래를 볼 수 있다고 한 것입니다.

> 부처님께서 말씀하셨다. "수보리여! 만약 삼십이상으로써 여래를 본다면, 전륜성왕이 곧 여래이리라."
>
> 佛言, "須菩提! 若以三十二相觀如來者, 轉輪聖王, 卽是如來."
> 불언   수보리 약이삼십이상관여래자 전륜성왕 즉시여래

수보리의 대답에 부처님은 아마도 '흥!' 하고 콧방귀를 뀌었을 테지만, 불경에서 차마 그렇게 기록하지 못했을 겁니다. "어찌 그리도 말귀를 못

알아듣는가? 만약 삼십이상으로써 부처를 볼 수 있다면 전륜왕(轉輪王)이나 제왕들도 부처일 것이다." 수보리를 한번 보십시오. 얼마나 불쌍하게 되었습니까? 부처님의 말에 머리가 혼란해지면서 곧 생각을 바꿔 말합니다. "부처님이시여! 제가 잘못 대답했습니다."

수보리가 부처님께 아뢰었다. "세존이시여! 제가 부처님 말씀을 이해하기로는, 삼십이상으로써 여래를 보아서는 안 됩니다."

須菩提白佛言, "世尊! 如我解佛所說義, 不應以三十二相觀如來."
수 보 리 백 불 언   세 존   여 아 해 불 소 설 의   불 응 이 삼 십 이 상 관 여 래

"이제 알겠습니다. 방금 제가 한 말은 틀렸습니다. 제가 부처님 말씀을 이해한 바에 의하면, 삼십이상으로써 부처님을 볼 수 없나이다." 보십시오. 수보리가 얼마나 참담하게 되었습니까?『금강경』을 통독해 보면 아주 재미있습니다. 읽을수록 더욱 흥미진진합니다.『금강경』의 문장 또한 갈수록 오묘해집니다. 그러므로 우리는 이렇게 좋은 문학 작품을 읽어 나갈 때는 자신의 혼미한 머리를 깨우듯 목어(木魚)를 두드리며 읽습니다.

성색과 사도

그때 세존께서는 게송으로 말씀하셨다.

爾時, 世尊, 而說偈言.
이 시   세 존   이 설 게 언

수보리의 말이 끝나자 부처님은 곧 화제를 돌려 아주 중요한 말을 합니다.

만약 형체로써 나를 보거나 소리로써 나를 구한다면
이 사람은 삿된 도를 행하는 자로서 여래를 볼 수 없다

若以色見我　以音聲求我
약 이 색 견 아　이 음 성 구 아
是人行邪道　不能見如來
시 인 행 사 도　불 능 견 여 래

부처님의 이 말은 히로시마에 떨어진 원자탄보다도 더 폭발적으로 쾅! 하며 터집니다. 그래서 앞에다 "이시(爾時)"라는 표현을 붙였습니다. 수보리가 막 깨달음에 이르려 하는 적절한 시기에 그를 이리저리 한번 흔들어 본 것입니다. 마치 향판(香板)을 들고 흔드는 것 같습니다. 여기서 한 번 흔들고 저기서 한 번 흔들어 수보리의 머리를 어지럽게 합니다. 잠깐! 바로 이것! 수보리가 깨달았습니다. 그렇지만 부처님은 수보리가 깨쳤다는 사실을 말하지 않습니다. 만약 말했다면 『금강경』이라 부르지도 않았을 겁니다.

이제 이 네 구절에 대해 연구해 봅시다. 불법을 배우는 일반인들은 모두 구체적인 형체를 갖춘 부처님을 보고자 합니다. 즉 "형체로써 나를 보는〔以色見我〕"것입니다. 여기서 '아(我)'는 부처님 자신일 수도 있고, 우리 자신일 수도 있습니다. 불법을 배우는 일반인들은 모두 자신의 눈으로 부처님을 보고자 합니다. 관상법문(觀想法門)을 닦는 사람이든, 부처님을 예배하는 사람이든 모두 부처님을 직접 보지 못해 안달입니다. 부처님이 눈앞에 나타나지 않았다는 겁니다. 그러나 만약 진짜 부처님이 나타났다면 여러분의 신경에 문제가 생겼거나, 혈압이 높아서 심장에 무슨 문제가 생겼는 경우입니다. 그건 환상입니다. 어디에서 부처님을 색상(色相)으로 볼 수 있겠습니까? 여러분 모두가 외고 있겠지만, 『심경』에서도 "색즉시공, 공즉시색(色卽是空, 空卽是色)"이라 하지 않았습니까? 진정 구체적인 형체

를 갖추고 나타났다면 그건 마(魔)이지 부처님이 아닙니다. 부처님은 많은 경전에서 말합니다. 이런 상(相)에 집착해서는 안 된다고요. 이 때문에 형체를 갖춘 부처를 보고자 하는 것은 잘못된 것입니다.

또 어떤 사람들은 "음이나 소리로써 부처를 구하고자 합니다〔以音聲求我〕." 다리를 틀고 앉아서 주문을 외다가 오만 원을 내면 주문 하나를 외워 줍니다. 제가 조사한 바로는 대략 천사백여 개의 주문이 있으니, 하나에 오만 원이면 꽤나 돈이 될 겁니다. 주문을 한 번 외고는 말합니다. "어휴, 이제 됐소!" 어떤 사람은 길게 주문을 왼 후 이렇게 말합니다. "이런, 다른 소리가 들리는구먼. 어서 병원에 가 보시오!" 불경은 말합니다. 음이나 소리로써 부처님을 구하지 말라고요. 음이나 소리는 이근(耳根)에 나타난 환상으로서 의식의 경계에 속합니다. 즉 그것은 무의식에서 나온 환상으로서 가장 조잡한 형태의 것입니다. 인체 내에는 본래 음이나 소리가 있습니다.

만약 인체 내의 음이나 소리를 듣고자 한다면, 아주 간단합니다. 두 손으로 귀를 꼭 막으면 들을 수 있습니다. 두 귀를 막으면 심장 속에 혈액이 고동치는 소리가 들리며, 이것이 다시 무의식의 작용과 결합되면 중얼중얼하며 주문 외는 소리로도 들을 수 있습니다. 이들은 모두 환각입니다. 그렇지만 일반인들은 이를 이해하지 못해 음이나 소리에 도(道)가 있다고 생각합니다. 염불을 하는 또 다른 소리가 있다는 겁니다. 이들은 모두 상(相)에 집착한 것으로, 그 폐단이 심각합니다. 어떤 사람은 소리와 형체의 이런 경계에 이르면 불법에 진전이 있어서 도를 얻은 것이라고 생각합니다. 그러나 부처님은 말합니다. "이런 사람은 삿된 도를 행하는 것〔是人行邪道〕" 이라고요. 이 사람이 걷는 삿된 길은 마경(魔境)에 빠진 것으로, "여래를 볼 수 없다〔不能見如來〕"라고 말합니다. 이런 사람은 영원히 진정한 부처님의 경계를 볼 수 없습니다. 하물며 온종일 영혼을 연구하고, 연구를 위해 귀신을 보러 다니며, 주문을 외고 몸을 부들부들 떠는 것은 어떻겠습니까? 하지 않으면 될 것을 무엇 하러 일부러 찾아가 벌벌 떱니까? 사람이란 참으로 이상하기도 합니다. 부처님은 지금 뚜렷이 말합니다. "소리나 형체는 모두 진정한 것이 아니다."

그렇지만 주의해야 합니다! 이것은 부처님의 경계에서 하는 말입니다. 만약 '나'의 경계로 말하자면, 많은 사람들은 모두 형체(色)로써 '나'를 봅니다. 타좌가 무르익으면 홀연 자신의 모습을 보기도 합니다. 저편에 비뚤게 앉아 있는 자신의 모습을 모두 볼 수 있습니다. 이 밖에도 마치 '내'가 빠져나간 것처럼 자신이 거기에 앉아 있는 것을 볼 수 있습니다. 많은 사람들은 자신의 음신(陰神)이 빠져나온 것이라 생각하기도 합니다. 그러나 천만 주의해야 합니다! 형체를 갖춘 자신의 모습을 본다면, 이 신체가 본래 가아(假我)이니 그것은 여기로부터 나온 제2의 가아입니다. 바로 『능엄경』에서 말하는, 소위 "정신이 날아오른 것[精神飛越]"입니다. 오랫동안 타좌를 하더라도 신체의 혈액 순환과 호흡 등의 생리 작용은 결코 정지하지 않습니다. 마음은 고요하나 생리적 활동은 정지하지 않기 때문에, 이 둘의 상태가 어긋나서 환상을 만들어 냅니다. 또 다른 자신도 이렇게 해서 만들어집니다. 말하자면 범부가 집착하는 '자기' 의식의 투영인 것입니다. 자신이 잠들어 있는 모습, 자신이 코를 골아 대고 있는 모습도 바라볼 수 있습니다. 그러니 얼마나 재미있겠습니까? 그러나 '어! 내 잠자는 자세가 좋지 않네', 이렇게 마음이 움직이면 곧 되돌아가 둘이 다시 하나로 됩니다. 만약 이런 것을 도(道)라고 생각한다면 바로 "형체로써 자신을 보는 것"으로 잘못된 것입니다.

때로 염불이나 주문을 끊임없이 외다 보면 허공에서도 그것을 외는 소리가 들립니다. 그 소리는 아주 크며, 심지어 많은 사람의 소리가 들리기도 합니다. 어떤 사람은 이것을 자신의 공부가 무르익어서 생긴 것이라 여기고, 그것을 도(道)라고 생각합니다. 그러나 이것은 음이나 소리로써 자신을 구하려는 것입니다. 주의해야 합니다! 부처님은 말합니다. "이 사람은 삿된 도를 행하고 있다." 바로 마도(魔道)에 빠진 것입니다. 마도는 현대 사회에서 널리 유행되고 있어 일반인들에게 미치는 미혹은 아주 심각합니다.

평시 불법을 연구하지 않을 때 어떤 사람이 이 문제를 물으면 저는 그냥 웃기만 합니다. 왜 그러냐고요? 저는 이런 생각을 갖고 있습니다. 세상 사람들은 모두 먹고살아야 합니다. 제가 왜 그들이 먹고사는 것을 방해해야 하겠습니까? 그러므로 여러분이 그것이 과연 옳으냐고 물으면, 저로서는 모른다고 할 수밖에 없습니다! 제가 밥을 먹고 살아야 하듯, 다른 사람들도 먹고살아야 하기 때문입니다. 그러나 다른 사람을 협박해서 밥을 먹으려고 한다면, 저는 그것이 옳지 않다고 말합니다. 얼마나 비열한 짓입니까! 단지 복덕이 없는 것만이 아니라 비열합니다!

이제 이야기가 불법의 정념(正念)에 이르렀으니, 여러분께 핵심을 말씀 드리고자 합니다. 이 품에는 문제가 아주 많습니다. 먼저 우리는 앞으로 돌아가 이 품의 시작부터 다시 연구해 보기로 합시다.

"수보리여! 그대 생각은 어떤가? 삼십이상으로써 여래를 볼 수 있는가?〔須菩提! 於意云何? 可以三十二相觀如來不〕" 앞에서 이미 말한 바 있지만, 이 품의 중점은 '관(觀)' 자에 있습니다. '관(觀)'이란 어떤 것일까요? 불법의 수행법을 지관(止觀)이라 합니다. 지관을 닦는 것입니다. 특히 밀종의 경우는 관상(觀想)을 닦는 것, 즉 관(觀)을 닦고 상(想)을 닦는 것이 더욱 필요합니다. 진정으로 지(止)와 관(觀)이 가능하다면 곧 정(定)을 얻을 수 있습니다. 불법을 닦기 위해서는 먼저 관(觀)과 상(想)이 가능하며, 지(止)와 정(定)에 머물 수 있어야 합니다. 이렇게 해야 불법으로 더 빨리 들어갈 수 있습니다.

여러분도 불법을 배우지만 과연 몇 사람이나 관(觀)이 가능할까요? 과연 몇 사람이나 생각의 지(止)가 가능할까요? 여러분이 타좌 시에 어떤 종류의 법문에 의지하든 상관없지만, 과연 지(止)에 이를 수 있을까요? 정(定)은 더 말할 필요 없습니다. 정(定)에 이르기는 더욱 어렵습니다. 이 마음이 과연 하나의 것, 그것이 공(空)이든 청정(淸淨)이든 과연 거기에 머무를[止] 수 있을까요? 누가 거기에 이를 수 있을까요? 아무도 거기에 이를 수 없습니다! 겉으로야 애쓰는 것 같아도 근본적으로 누구도 그 길에 오를 수 없습니다. 지(止)에 이른 후에야 능히 관(觀)할 수 있으며, 이 둘을 동시에 갖춘 것이 바로 삼매(三昧)요 진정한 정(定)의 경계입니다. 이 때문에 지관쌍운(止觀雙運)이라 하는 겁니다. 부처님은 우리에게 지관(止觀)의 방법을 일러 줍니다. 그러나 지관으로 말하자면 팔만 사천의 방법이 모두 지관입니다. 예를 들어 염불을 한다면, 마음속으로도 외고 입으로도 외지만 과연 아무런 잡념 없이 단지 한 구절 염불에, 한 구절 나무아미타불에 전념할 수 있을까요? 만약 이 단계에 이르렀다면 이것은 곧 염불법문의 지(止)입니다.

지(止)에 도달했다는 것은 결코 죽음에 이르렀거나 아무것도 모른다는 의미가 아닙니다. 지(止)란 곧 청정이 극에 달해 지혜가 크게 열리는 것으로, 여기에 이르면 불법의 온갖 이치를 모두 이해하고 알게 됩니다. 이것을 관(觀)이라 하는데, 바로 정토(淨土)의 일종입니다. 또 다른 관(觀)이 있습니다. 예를 들면 불경에서는 우리에게 달이나 태양 하나를 관(觀)하라고 하는데, 이것은 곧 상(想)으로서 관상(觀想)입니다. 가령 여러분들이 보았던 달이나 태양의 형상을 의식으로써 그려 보면서 관(觀)하는 것, 그것을 명치 부위에서 관(觀)해도 좋고 여기 위장이 있는 부위에서 관(觀)해도 좋습니다. 이것이 곧 관상입니다. 이것은 진짜가 아닙니다! 눈을 떠도 좋고 감아도 좋지만 하나의 달이나 태양을 눈앞에 그려 보며 이 가상(假想)을 거기에 머물러 있게[止] 할 방법을 찾아내는 것입니다. 혹은 불상 하나를 가상해서 그것이 그 자리에 움직이지 않고 머물러 있다고[止] 생각하는 것입니다. 이렇게 하다 보면 멍하게 보이겠지만 정신이 나간 것은 아닙니다. 정신이 나가면 문제가 있지요. 그냥 이렇게 멍하게 바라보고 있는〔想〕 것입니다. 마치 사람들이 돈을 그리는〔想〕 것과도 같고, 남학생이 여자 친구를, 여학생이 남자 친구를 그리는〔想〕 것과도 같습니다. 오랫동안 소식이 없어서 넋이 빠지도록 그립니다〔想〕! 바로 『서상기(西廂記)』에서 말하듯 찻잔 속에도 그가 있고, 밥그릇 속에도 그가 있다는 것과 같습니다. 이렇게 끊임없이 그리며〔想〕 머물러 있게〔止〕 합니다. 이것이 바로 관(觀)입니다.

밀종에는 지관을 닦는 아주 많은 방법들이 있습니다. 그렇지만 이것은 어디까지나 방법일 뿐 진정한 불법은 아닙니다. 방법이란 방편적인 것입니다. 우리의 지극히 혼란스러운 생각을 먼저 하나의 것으로써 붙들어 두게 하는 것, 이것이 바로 지관의 초보적 형태라고 할 수 있습니다. 불상을 사용하면 어떨까요? 당연히 가능합니다! 우리의 일념이 청정하여 앞 생각은 지나가고 뒤의 생각은 일어나지 않는 이 공(空)의 상태에 영원히 머물러 있다면, 주변의 일체 경계를 모두 알고 일체의 소리를 모두 듣고 일체의 움직임을 모두 파악하면서도 그것이 나오는 털끝만치도 상관없게 느껴져서 한없이 청정하다면, 이것 역시 지관입니다. 아니, 이것이야말로 바른 지관입니다.

여기에 이를 수 있겠습니까? 이를 수 없다고요? 당연하지요. 소위 범부란 범부가 아니라 범부라 칭한 것일 뿐입니다. 그러니 당연히 이를 수 없지요. 그러니 당연히 범부라 부르지요! 이를 수 있다면 범부(凡夫)의 '범(凡)' 자에서 가운데 점을 빼 버릴 수 있습니다. 그러면 '기부(几夫)'〔几는 幾입니다〕가 되겠지요. 여기에까지 이르면 거의 불법에 들어간 것입니다. 부처님은 한 걸음 더 나아가 말합니다. 최후로 관(觀)한 모습조차도 모두 집어 던지라는 겁니다. 이 때문에 삼십이상으로써 여래를 관(觀)하지 말라고 합니다.

부처님이 제기한 이 문제에 대해 수보리의 정신이 혼미해졌던 것은 아닙니다. 『금강경』의 앞부분에서 부처님이 수보리에게 물었던 것은 "색신을 다 갖춘 것으로 볼 수 있는가?〔可以具足色身見不〕"였습니다. 이때의 '견(見)'은 '명심견성(明心見性)' 혹은 '견지(見地)'의 '견(見)'이었습니다. 그러나 여기서는 '관(觀)' 공부의 '관(觀)' 자로 물었습니다. 그러므로 책을 읽거나 경전을 읽을 때, 또는 학문을 할 때는 유의해야 합니다. 그렇지 않으면 방금 제가 여러분께 말씀드렸던 내용 또한 여러분을 한번 미혹시켜 보기 위한 약간의 속임수가 될 겁니다. 즉 과거에 이 문제를 물었을 때는 수보리가 맞게 대답했는데 지금은 왜 제대로 답하지 못했는가 하는 의문을 품을 수 있습니다. 수보리의 답은 틀린 데가 없습니다. 똑같은 문제를 이전에는 물리학자에게 물었고, 이번에는 화학자에게 물었기 때문에 대답은 당연히 같지 않습니다. 관점이 다르기 때문입니다. 만약 수학자에게 물었다면 대답은 또 달라질 겁니다. 그러므로 불법의 문제에 대해서는 우리가 경전을 읽을 때 아주 조심하지 않으면 안 됩니다. 한 글자도 틀려서는 안 됩니다. 한 글자만 잘못 알아도 문제는 너무 커집니다. 아마도 완전히 틀려 버릴지도 모릅니다.

지금 부처님이 수보리에게 묻습니다. 삼십이상으로써 부처를 볼〔觀〕 수 있는가? 부처님께는 삼십이상이 있습니다. 미간 한가운데에서 밝은 빛이 방사되면 성취를 이룬 사람입니다. 인도에서는 성취를 얻지 못한 사람을 어떻게 할까요? 여자 아이들의 경우 어릴 때 미간 한가운데에 구멍을 뚫어 밝은 유리구슬을 박아 넣기도 합니다. 동방 사람들은 미간에 밝은 구슬이 있으면 지혜와 복보를 성취한 것이라 생각했기 때문입니다. 상법(相法)에서 본다면 이건 대단히 좋지 못합니다. 부처님은 비단 미간 가운데에서 구슬처럼 빛을 발할 뿐 아니라 동시에 흰 털이 나 있는 특별한 상(相)을 갖추고 있습니다. 이 털은 펼쳐지면 아주 길지만 보통은 갈무리되어 있습니다. 일종의 특별한 상으로 좋은 모습입니다. 이 흰 털 또한 빛을 발할 수 있습니다. 불경에서는 이 흰 털이 수미산을 다섯 번이나 휘감을 수 있다고 말합니다. 바로 아미타불을 말하는 것입니다. 이런 것들은 모두 삼십이상 중의 하나로서 아주 장엄한 상입니다.

『금강경』이 내내 말해 왔던 것은 상(相)에 집착해서는 안 된다는 것이었습니다. 그런데 관상(觀想)을 공부하는 사람들은 부처님의 이런 장엄한 모습에 사로잡혀 있습니다. 부처님이 수보리에게 물었던 것은 이런 방법으로 관(觀)하는 것이 과연 가능한가였습니다. 수보리가 대답합니다. "당연히 가능합니다!" 관불(觀佛)의 수행법은 마땅히 이런 식으로 여래를 관(觀)해야 합니다. 이렇게 볼 때 수보리의 답은 틀리지 않았습니다! 부처님 역시 그렇게 가르쳤습니다! 부처님이 자신의 입으로 우리에게 아미타불을 관(觀)할 것을 가르친 것도 바로 이런 식으로 관하라는 것이었습니다.

오늘날 불교에서는 항시 아미타불을 웁니다. 저는 이에 대해 부처님을 대신하여 참으로 불만입니다. 아미타불을 외기 전에 마땅히 나무본사(南無本師)인 석가모니불을 외야 합니다. 석가모니불이 소개인이기 때문입니다! 아미타불은 석가모니불이 소개시켜 준 부처님입니다. 아미타불만 외고 그의 본래 은사인 석가모니불은 거들떠보지 않는다면 어찌 헛되이 소개시킨 것이 아니겠습니까? 듣기에 거북할지 모르나, 신부가 방으로 들어오자 중매쟁이를 방 밖으로 따돌리는 것이나 마찬가지입니다. 어찌 이럴 수 있겠습니까! 이건 옳지 않습니다. 서방 극락세계에 아미타불이 있다는 사실은 부처님이 말한 것으로, 부처님이 우리에게 아미타불을 닦을 것을 가르쳤습니다. 그러므로 저는 이렇게 말씀드립니다. 수행에 성공하기 위해서는 본래 스승인 석가모니불을 예배해야 합니다. 만약 그렇게 하지 않는다면 수행에서 성취를 얻을 수 없을 겁니다. 사람이 성취를 이루려면 근본을 잊지 말아야 합니다. 하물며 불법을 닦는 데에야 오죽하겠습니까?

부처님은 왜 우리에게 단지 아미타불만 닦으면 된다고 소개했을까요? 이것은 그 나름의 도리가 있습니다. 시방삼세(十方三世)가 모두 동일체이니, 이 이치를 명백히 이해한다면 나무아미타불을 외는 것이 곧 나무본사석가모니불을 외는 것이요 나무관세음보살을 외는 것입니다. 이 이치가 통한다면 아미타불을 외는 것으로 가능합니다. 만약 이 이치가 통하지 않는다면 그건 미신일 겁니다. 자신이 한 말에는 책임을 져야 합니다. 불법의 이치로 말한다면, 이렇게 아무렇게나 지껄인 죄는 지옥행입니다. 지옥 중에서도 제일 아래에 있는 지하실쯤일 겁니다! 저는 언제든 내려갈 준비가 되어 있습니다. 상관없습니다. 엘리베이터가 아주 빠르니까요.(모두 웃음) 지금 여기서 말한 것은 여래를 관(觀)하는 관법(觀法)인데, 핵심은 바로 이 점에 있습니다. 아주 중요한 부분입니다.

전륜성왕

"수보리여! 만약 삼십이상으로써 여래를 본다면, 전륜성왕이 곧 여래이리라〔須菩提! 若以三十二相觀如來者, 轉輪聖王, 卽是如來〕." 여러분은 주의해야 합니다. 불법에는 큰 문제가 하나 있는데, 불법을 연구하는 많은 사람들이 모두 이 문제를 등한시하고 있는 것 같습니다. 이제 『금강경』을 강의하는 기회를 빌려 한번 말씀드려 볼까 하는데, 바로 무엇을 전륜성왕(轉輪聖王)이라 하는가라는 문제입니다.

불경에서는 이렇게 말합니다. 태평성대에 전 세계에서 유일한 태평제왕을 전륜성왕이라 하며, 전륜성왕은 금륜성왕(金輪聖王), 은륜성왕(銀輪聖王), 동륜성왕(銅輪聖王), 철륜성왕(鐵輪聖王)의 네 종류로 나뉩니다. 또 전륜성왕은 칠보(七寶)를 장엄히 갖추고 있고, 덕 있고 현명한 황후가 있으며, 아주 뛰어난 재정 대신의 보좌를 받고, 아주 훌륭한 교통수단을 구비하고 있습니다. 주(周)나라 목왕(穆王) 같으면 가장 뛰어난 제왕이지만 철륜성왕 정도에 해당할 겁니다. 주나라 역사에 따르면 목왕이 일찍이 서방에 이르러 요지(瑤池)에 사는 금모(金母), 즉 서왕모(西王母)를 만났다고 합니다. 목왕이 어떻게 서방으로 달려가 서왕모를 만날 수 있었을까요? 목왕에게는 가장 뛰어난 여덟 필의 신마(神馬)가 있었기 때문입니다. 바로 팔준도(八駿圖)에 나오는 말들입니다. 소위, "팔준마가 하루에 삼만 리를 달리니, 목왕이 언제든 다시 오지 못하랴〔八駿日行三萬里, 穆王何時不重來〕"라고 한 당나라 사람의 시(詩)도 바로 이것을 묘사한 것입니다. 전륜성왕의 시대는 백성들이 모두 행복하고 부유하며 안락한 태평성대입니다. 이런 뛰어난 임금은 성세(盛世) 중에서도 최고의 성세에나 나올 수 있습니다. 그의 모습은 부처님과 마찬가지로 삼십이상을 지니며, 부처님의 모습처럼 그렇게 아름답습니다. 석가모니불이 태어났을 때 그의 부친은 관상가를 불러서 석가모니의 상을 보았습니다. 그 관상가는 이렇게 말했습니다. "이 태자는 삼십이상을 지녔으니 출가를 하지 않는다면 일대의 전륜성왕이 될 겁니다. 만약 출가한다면 만세의 부처가 될 겁니다."

부처님은 재삼 전륜성왕의 복덕이 부처와 같다고 찬탄합니다. 이것은 여러분이 불경을 여기저기 뒤져 보면 곧 알 수 있습니다. 불법은 세간법(世間法)을 중시합니다. 세간법에서는 어떻게 닦아야 전륜성왕이 될 수 있을까요? 태평성대는 어떻게 해야 실현될 수 있을까요? 모든 중생이 일체의 선법(善法)을 닦을 때 비로소 태평성대가 도래하며, 비로소 전륜성왕이 출현할 수 있습니다. 공자는 늘 요(堯)·순(舜)·우(禹) 삼대를 말했는데, 이는 전륜성왕의 시대와 같은 것입니다. 부처님은 『화엄경』이나 각종 위대한 경전에서 말합니다. "어떤 사람이라야 투태(投胎)해서 전륜성왕이 될 자격이 있는가? 십지보살(十地菩薩)이 다시 온다면 비로소 전륜성왕이 될 수 있을 것이다." 부처님은 시왕(十王)의 공덕이 부처와 동일하다고 찬탄합니다.

시왕(十王)이라는 열 명의 왕은 누구일까요? 바로 이 세계의 전륜성왕과 욕계천(欲界天)의 사천왕(四天王), 그리고 욕계천 중간 삼십삼천(三十三天)의 천주제석(天主帝釋)으로서 우리가 옥황상제라 부르는 인물과 색계천(色界天)의 대범천왕(大梵天王) 등입니다. 불경에서는 이 열 대왕(大王)의 공덕이 모두 부처님과 같다고 말합니다. 단지 한 가지 차이가 있다면 이들이 아직 도를 깨닫지 못했다는 것입니다. 그렇지만 이들의 복덕이나 선행, 지혜는 부처님과 거의 같습니다. 그러므로 불경을 연구하면서 여러분은 착오를 범해서는 안 됩니다. 우리가 읽고 있는 이 구절에 대해 많은 사람이 잘못된 이해를 합니다. 불경의 중점은 교육에 있습니다. 중생으로 하여금 일체의 선법(善法)을 닦도록 교육하는 것입니다. 우리는 전륜성왕과 같은 복덕이 없다느니 하는 말은 필요가 없습니다. 우리는 전륜성왕은 커녕 진흙성왕에도 미칠 수 없습니다! 진흙성왕에도 이를 자격이 없는데 무슨 전륜성왕을 논하겠습니까!

그렇다면 과연 무엇을 전륜이라 할까요? 한 시대의 역사를 반전시켜서 태평세계가 되게 하는 것입니다. 그렇게 하기 위해 얼마나 큰 도덕과 역량이 있어야겠습니까? 구제하는 것이 어찌 수천만 명에 그치겠습니까! 그러므로 부처님과 같은 공덕이 있어야만 비로소 전륜성왕이 될 수 있다고 한 것입니다. 바꾸어 말하면, 전륜성왕과 같이 그렇게 큰 복덕이 있어야만 비로소 대철대오의 지혜를 성취할 수 있습니다. 우리는 육조(六祖)가 글을 모르고서도 능히 도를 깨칠 수 있었다고 해서 우리도 불경을 연구할 필요가 없다고 생각해서는 안 됩니다. 미안한 말입니다만, 육조는 오직 하나뿐입니다! 아쉽지만 여러분은 육조가 아닙니다. 육조의 반쪽입니다. 육조는 불경을 읽지 않고도 깨달을 수 있었습니다. 그렇지만 육조는 그 이전에도 없었고, 그 이후에도 없습니다. 여러분은 단지 육조의 반쪽일 뿐이기 때문에 그렇게 생각해서는 안 됩니다.

불경은 전륜성왕에게 삼십이상이 있으며, 그의 공덕이 부처님과 동일하다고 말합니다. 달리 말하면 전륜성왕은 대철대오한 육신불(肉身佛)로서, 일부러 세상에 와서 전륜성왕이 된 것입니다. 그렇다면 왜 그를 부처님이라고 부르지 않을까요? 이 문제를 이야기하니까 생각납니다만, 제가 젊었을 때는 아주 방자하고 오만했습니다. 사람들이 저더러 왜 출가하지 않느냐고 물으면 한 수의 시로 답하곤 했습니다. 그 시의 끝 두 구절은 이렇습니다. "이 몸이 여래의 자리에 오르지 않으려 함은, 강산을 수습하는 데 역시 사람이 필요함이라〔此身不上如來座, 收拾河山亦要人〕." 이 세상이 이렇게도 더러우니 사람이 와서 쓸고 닦고 좀 깨끗이 할 필요도 있겠지요. 그러므로 전륜성왕 자신은 사실상 이미 부처님의 경계에 도달한 사람입니다.

십지보살과 전륜성왕

앞에서 "법신은 상이 아니다(法身非相)"를 말하면서 미처 결론에 이르지 못했습니다. 이제 다시 반복해서 이 품을 연구해 보도록 합시다. 중국의 불교와 불법은, 당대(唐代)에 이르러 선종이 일어나면서 『금강경』을 표준으로 내세웠습니다. 『금강경』과 선종의 관계는 이 품에서 볼 수 있듯 교수 방법의 특이성에서 찾을 수 있습니다. 이 교육 방법은 사람을 인도하여 계발하는 것으로, 정면과 반면 등 몇 가지 측면을 동시에 제기합니다. 이 품에서는 이야기가 '부처를 보는〔觀〕' 문제에 이르자, 부처님은 삼십이상으로써 부처를 보는 것이 과연 옳은가 묻습니다. 수보리가 마땅히 삼십이상으로써 부처님을 보아야 한다고 대답하자 부처님은 도리어 그를 비판합니다. 부처님은 말합니다. 가령 삼십이상으로써 여래를 볼 수 있다면, 즉 부처님을 형상이 있는 존재로 본다면, 전륜성왕의 모습과 풍채가 부처님이나 다름없이 그렇게 훌륭하니 그 역시 부처님이라 할 수 있으리라는 것입니다. 이것이 첫 번째 문제입니다. 이렇게 말하는 것을 듣고 수보리가 말합니다. 그렇게 말씀하시는 것을 들으니 삼십이상으로써 여래를 보아서는 안 된다는 것, 즉 색상으로써 부처님을 보아서는 안 된다는 것을 알겠습니다.

색상으로써 부처님을 보는 것에 대해서는 앞에서 이미 살펴본 바 있습니다. 불법을 배우면서 거의 대부분의 사람들이 모두 색상에 집착합니다. 가령 우리 공부하는 사람들은, "오늘은 기색이 좋습니다" "원기가 왕성해 보입니다" "완전히 젊음을 되찾으셨군요"라는 말들을 하는데, 이들은 모두 색상에 집착한 것입니다. 색상은 실제로 존재하는 것이 아니기 때문에 오래 지속될 수 없습니다. 법신인 본체가 잠시 작용한 것일 뿐 진실된 것이 아닙니다. 색상은 열매도 아니요 씨앗도 아닙니다. 그러므로 부처님은 이 이치를 덧붙여 설명하고, 또 게송으로써 결론 삼아 우리에게 특별히 경고합니다. "만약 형체로서 나를 보고자 하거나 소리로서 나를 구하고자 한다면, 이 사람은 삿된 도를 행하는 자로서 여래를 볼 수 없다[若以色見我, 以音聲求我, 是人行邪道, 不能見如來]." 이 이치는 앞에서 이미 살펴보았지만, 그 속에 포함된 의미가 아주 많습니다. 무릇 불법을 배우는 사람이라면 모두 한번 깊이 생각해 볼 필요가 있습니다.

두 번째 문제는 이 품에서 언급한 전륜성왕에 관한 것입니다. 이것 역시 앞에서 살펴보았습니다. 일반적으로 불법을 연구하면서 왕왕 불법에 대해 완전히 세속을 초월한 사상으로 해석하기도 합니다. 그렇지만 사실 불경에서는 재삼 전륜성왕의 공덕을 언급합니다. 『화엄경』에서도 부처님은 말합니다. 단지 십지보살만이 비로소 몸을 바꾸어 전륜성왕이 될 수 있고,

또 천하를 태평하게 할 수 있다고요. 전륜성왕은 세상에 다시없는 사람입니다. 역사상 천 년이 흘러야, 혹은 몇백 년이 흘러야 비로소 출현할 수 있습니다. 맹자가 오백 년 후에 왕도가 일어날 것이라고 말한 것과 같습니다. 인류 사회의 태평이란 것은 그렇게 간단하지가 않습니다. 반드시 전륜성왕과 같은 막대한 공덕이 있어야만 비로소 한 시대의 태평을 이룰 수 있습니다. 이 때문에 부처님은 재삼 전륜성왕의 위엄과 덕을 찬탄하는 것입니다. 사람이 성불을 하는 것도 쉽지 않지만, 전륜성왕이 되는 것 또한 그렇습니다. 많은 선행을 하고 많은 공덕을 닦아야만 비로소 그것을 이룰 수 있습니다. 세간법과 부처님의 공덕 간에는 조금의 차이가 있을 뿐입니다. 바로 반야의 지혜에서 차이가 있습니다. 전륜성왕이 부처님이 아닌 것은 명심견성이 없기 때문입니다. 전륜성왕이 만약 명심견성을 갖춘다면 재가불(在家佛)이 될 겁니다.

『화엄경』에서 표방하는 몇 분 제왕들은 모두 부처로서, 스스로 이미 도를 깨친 사람들입니다. 우리는 앞에서 불경에서 말하는 시왕(十王)의 공덕에 대해 살펴보았습니다. 시왕에 포함된 의미는 아주 많습니다. 부처님은 지옥에도 시왕이 있다고 말합니다. 비록 모두 귀왕(鬼王)이긴 하지만, 우리가 귀왕이라 판단하기는 쉽지 않습니다! 귀왕이라 하더라도 공덕이 있습니다. 즉 악도(惡道) 중에 몸을 드러내어 중생을 교화하는 것으로, 이것 역시 공덕을 성취한 보살의 경계입니다. 천인 경계(天人境界) 속이나 욕계천의 사천왕 역시 공덕을 성취하여 천왕이 된 이들입니다. 달리 말하면, 사람의 리더가 되어 천하를 태평하게 하는 것도 부처님이 되는 것이나 마찬가지로 어렵다는 것입니다. 다른 점이 있다면, 바로 견지(見地) 방면입니다. 즉 도를 보는[見道] 문제입니다.

이 품에서 말하는 바는 형체나 소리로써 도를 볼 수 없다는 것입니다. 바로 『금강경』 전반에서 말하고 있는 상(相)에 집착해서는 안 된다는 것입니다. 불법을 배우면서 상에 집착한다면 법신을 볼 수 없습니다. 아상·인상·중생상·수자상은 4대 원칙으로서, 어떤 상에 집착하더라도 모두 법신을 볼 수 없습니다. 이 때문에 색상으로써 나를 보고자 하는 것이나 소리로써 나를 구하고자 하는 것은 모두 틀렸다고 한 것입니다.

부처님은 왜 형체로써 '여래'를 보거나, 소리로써 '여래'를 보는 것이라 말하지 않았을까요? 왜 고의로 '여래'라는 말을 쓰는 대신 '나'라는 말로 표현했을까요? 이건 결코 번역상의 수법이 아닙니다. 소위 명심견성이란 최후로 우주와 동일체가 되는 것으로, 만물과 근원이 같은 '나'를 찾는 문제입니다. 바로 생명의 본원인 '나'를 찾는 문제입니다. 이것은 소리나 형체 모두에 집착하지 않고 일체에 머물지 않는 것으로, 바로 대승의 심인(心印)인 "무주(無住)·무상(無相)·무원(無願)"입니다. 『금강경』 전반에서 말하고 있는 것이 바로 이 세 가지 요점입니다. 이 경계에 이르러야만, 즉 소리나 형체를 떠나야만 비로소 도를 볼 수 있고 진정으로 부처님을 볼 수 있으며, 또 '나'를 볼 수 있습니다.

그렇지만 '본다(見)'는 것은 무엇을 본다는 말일까요? '근본지(根本智)'를 보는 것입니다. 근본지란 실상반야인 법신의 본체로서, 바로 이 법신의 본체를 보는 것입니다. 일체에 모두 집착하지 않고 일체에 모두 머물지 않는 것은 곧 법신의 본체인 근본지를 보는 것입니다. 그렇지만 대철대오에는 이르지 못했습니다. 아직 '후득지(後得智)'를 보지 못한 것입니다. 선종에서는 소위 세 관문을 돌파한다고 하는데, 이 경계에 이르렀다면 첫 번째 관문을 돌파한 것입니다. 바로 후세에서 말하는 "산은 산이 아니요, 물은 물이 아니다"라는 경지인 셈입니다. 당연히 사람은 사람이 아니요, 귀신은 귀신이 아니며, 어떤 것도 모두 아닙니다. 일체가 모두 아니며, 일체에 모두 집착하지 않습니다.

세간의 현상을 빌려 이 품의 결론을 내려 보면 다음 게송과 같습니다.

【제26품】

게송

화장하고 무대 올라 음악 소리 농익으니
난간 바깥 만발한 눈꽃을 누가 알리오
창문을 밀어 청량한 세계를 가만히 엿보니
밝은 달빛 갈대꽃이 어디 없이 피었어라

粉墨登場笙管濃　誰知檻外雪花重
분 묵 등 장 생 관 농　수 지 함 외 설 화 중
推窓窺見淸涼界　明月蘆花不定蹤
퇴 창 규 견 청 량 계　명 월 로 화 부 정 종

"화장하고 무대 올라 음악 소리 농익으니〔粉墨登場笙管濃〕." 사람이 이 세상에 사는 것이나 일체 만유가 이 세상에서 살아가는 것, 이 모두가 연극입니다. 우주는 본래 커다란 무대로서, 우리는 그 속의 의장병(儀仗兵)으로 기를 흔들며 소리 지르는 한 무리의 사람에 불과합니다. 여러분, 이제 분장하고 무대로 올라가 봅시다. 음악도 아주 떠들썩합니다. 그렇지만 이 무대 역시 안과 밖 두 층으로 나뉘어 있습니다. 무대 전면은 떠들썩하지만, 일단 무대 뒤로 돌아와서 손 씻고 옷 갈아입으면 본래의 나로 돌아갑니다. 전면과 후면의 무대 외에도 바깥의 무대가 있습니다.

"난간 바깥 만발한 눈꽃을 누가 알리오〔誰知檻外雪花重〕." 이것은 제가 예전에 아미산에서 머무를 당시 실제로 있었던 경계입니다. 만약 우리 스스로가 잘 이해한다면, 일체가 모두 연극이라는 것을 알 수 있습니다. 아미산 그곳은 겨울이 되면 온통 새하얀 눈의 세계로, 이것 역시 연극입니다. 우리가 인생이라는 연극에 아무런 재미도 느끼지 못할 때 타좌하고서 수도하면, 일체가 모두 공(空)인 지극히 청정한 이 경계가 연극보다 훨씬 더 고명하게 생각되며, 또 이미 도를 깨쳤다고 생각할 겁니다. 그러나 잊지 말아야 할 것은 이것 역시 아직 연극이라는 사실입니다. 이때에는 어떤 역을 맡고 있는 걸까요? 웃기는 이야기이지만 여러분은 스님 역을 맡아 출가한 연기를 하고 있는 것입니다. 마음으로 이미 출가해 버렸습니다! 일체가 모두 공(空)이니 현재로서는 이것만이 제일 좋습니다! 이것 역시 연극입니다. 그렇지만 이 연극은 다릅니다. 창밖은 너무도 청량하여, 눈꽃이 만발한 하나의 무대입니다. 여러분은 이 색상(色相)에 미혹되어서는 안 됩니다. 만약 이 청정한 색상에 미혹된다면 영원히 도를 이룰 수 없습니다.

 이 때문에 명대(明代) 선종의 감산대사(憨山大師)는 이렇게 말했습니다. "가시밭길 속에서는 발을 옮기기 쉬우나, 달빛 휘장 아래에서는 몸을 돌리기도 힘들다〔荊棘叢中下脚易, 月明簾下轉身難〕." 사람이 불법을 배우는 데는 도처가 모두 장애입니다. 온 땅이 모두 가시밭길 같아서 사람을 찔러 댑니다. 일반적 관점에서 본다면 가시밭길 속에서 발을 옮기기는 무척 곤란할 겁니다. 그렇지만 수도하기를 결심한 사람이라면 이런 상황이 그리 대단하게 느껴지지 않을 겁니다. 기껏해야 온몸이 찔려 상처투성이가 될 뿐입니다! 그럼 제일 어려운 건 어떤 것일까요? 달빛 휘장 아래에서 몸을 돌리는 것입니다. 자신과 자신의 몸까지도 완전히 잊어버리고, 공(空)을 증득하여 청정하고도 청정한 상태에서, 입정에 들지 않고 청정한 그 경계에 들지 않고, 사람으로서 차마 행할 수 없는 것을 행하려 하고 차마 참아 낼 수 없는 것을 참아 내려 하는 것입니다. 그 망망한 고해 속으로 들어가서 세상을 구하고 사람을 구하려고 하는 것입니다. 이것이 제일 어렵고도 행하기 힘듭니다. 이 때문에 대승에서는 소승 대아라한과(大阿羅漢果)의 증득이나 청정한 경계의 증득, 정토(淨土)의 경계에 이르는 것을 계율을 범한 것으로 여깁니다. 그것은 선정(禪定)에 탐닉한 것으로, 이렇게 되면 공덕이 원만할 수 없기 때문입니다. 감산대사는 위 두 구절에서 경고합니다. 이때가 되면 되돌아 나올 생각을 하기가 아주 어렵다는 겁니다. 일단 추락해 버리면 팔만 사천 대겁(大劫) 속으로 빠져 버리고 말 겁니다. 이 청정한 나한의 대정(大定) 경계에 접어들면 기나긴 겁수 동안 정(定)에서 깨어나려 하지 않을 것이기 때문입니다.

"창문을 밀어 청량한 세계를 가만히 엿보니〔推窓窺見清涼界〕." 정(定)에서 깨어나려 하지 않는 것은 구경(究竟)이 아닙니다. 보리(菩提) 후득지(後得智)는 근본적으로 아직 그림자도 비치지 않았습니다. 단지 청정한 법신의 일면만을 보았을 뿐 법신의 작용을 보지 못했습니다. 만약 우리가 청정의 경계에서 다시 한 번 돌아선다면 창문을 열고 이 천지를 볼 수 있습니다.

"밝은 달빛 갈대꽃이 어디 없이 피었어라〔明月蘆花不定蹤〕." 세상의 어떤 곳도 청량하지 않은 곳이 없습니다. 도처가 정토입니다. 지옥 속까지도 모두 정토입니다. 진정으로 법신을 알게 되면, 이 몸이 진정으로 철저히 무주(無住)·무상(無相)·무원(無願)의 공(空)의 경계에 이르면, 나아감에 이롭지 않음이 없고, 번뇌가 곧 보리입니다. 하지만 만약 청정의 일면에만 집착한다면 보리 또한 번뇌가 됩니다. 이처럼 간단한 것입니다.

낭떠러지에서 손을 놓아 버리다

이 제26품은 상(相)에 집착해서 보려는 것에 대한 비판이었는데, 우리는 여기서 왜 후세의 선종이 『금강경』을 원본으로 채택했는지에 대해 언급했습니다. 그것은 바로 교육 방법 때문이었습니다. 부처님의 교육 방법을 보십시오. 여러분이 이렇게 말해도 옳지 않다 하고, 저렇게 말해도 옳지 않다 합니다. 바르게 말해도 옳지 않다 하고, 반대로 말해도 옳지 않다 합니다다. 옳지 않다고 말하면 더욱 옳지 않고, 옳다고 말해도 여전히 옳지 않습니다. 그렇다면 어떻게 해야 옳은 것일까요? 여러분의 것일 때 비로소 옳습니다. 부처님의 것일 때 비로소 옳은 것이 아닙니다. 그러므로 『금강경』 전부는 소위 조사들이 말하는, "스스로 깨닫고 스스로 긍정하는 것〔自悟自肯〕"을 가르치고 있습니다. 진정으로 반야의 체상(體相)을 깨달아 스스로 긍정하기를 요구하는 것입니다. 바로 선종의 조사들이 말하는, "낭떠러지에서 손을 놓아 스스로 긍정하여 맡도록〔懸崖撒手, 自肯承當〕" 하기 위함입니다. 이것은 참선을 말한 것입니다.

선(禪)을 배우는 사람들은 각별히 조심해야 합니다! 선종에서는 왜 특별히 '선(禪)'이라 말했을까요? 이 말은 '정(定)'자와 붙여 선정(禪定)이라는 말로 쓰이는데, 이 둘은 서로 분리되어서는 안 됩니다. 선정의 기초가 없다면 선종을 말하지 말아야 합니다. 계정혜(戒定慧)가 최고도에 이르면 마치 보통 사람이 만 장(丈) 낭떠러지 정상에 서 있다가 손을 놓고 떨어져 버리는 것과 같습니다. 이렇게 떨어져 버려도 여전히 목숨이 붙어 있을까요? 낭떠러지에서 손을 놓아 버리니, 스스로 긍정하고 스스로 책임지며 떨어져야 합니다. 최고로 고명한 곳은 곧 최고로 평범한 곳입니다.

어떻게 해야 이 경계에 이를 수 있을까요? 이해를 해서 되는 것이 아니라 "끊어 버린 뒤 다시 소생해야〔絶後再蘇〕" 합니다. 한 번 크게 죽어야 합니다. 당연한 이야기이지만 수면제를 먹고 크게 죽는 것이 아니라 한 차례 공부를 해서 크게 죽은 뒤 다시 소생해야 한다는 말입니다. 소위 대철대오란 "그대를 속여서는 안 된다〔欺君不得〕"는 것입니다. 이것은 입으로만 말하는 이론이 아니므로 사람을 속일 수 없습니다. 가령 다른 사람을 속이고 자신을 속이면서 깨달았다고 말한다면, 오늘은 깨달았지만 내일은 지속되지 않으니 그것은 해탈의 구경(究竟)이 아닙니다. 그러므로 반드시 절실하게 공부해야 합니다. 『금강경』의 교육 방법은 바로 이 노선입니다. 부처님의 수보리에 대한 교육은 사면팔방에서 둘러싸고 치는 것입니다. 이렇게 말해도 옳지 않다 하고, 저렇게 말해도 옳지 않다 합니다. 그를 둘러싸고 머리를 온통 어지럽게 하는 것은, 그를 끊어 버린 후 소생시키기 위함이며, 자신을 속이지 않도록 하기 위함입니다.

  성불해서 도를 보는 것은 타력에 의지할 수 없으며, 단지 홀로 서서 진정으로 스스로를 끊어 버린 후 소생해야 합니다. 그래야만 성불할 수 있습니다. 당연한 일이지만 이렇게 되기 위해서는 먼저 낭떠러지에서 손을 놓아 버려야 합니다. 낭떠러지에서 손을 놓는 것은 그 어떤 것도 모두 버려 버리는 것입니다. 단지 세간 일체의 것을 버릴 뿐 아니라 불법마저 던져 버리는 것입니다. 사람이 높은 곳에서 손을 놓아 버리고 떨어지면 어떤 것도 남지 않습니다. 일체의 것을 모두 버려서 깨끗해집니다. 그런 뒤에야 비로소 법신을 볼 수 있습니다.

제27품
끊음도 없고 멸함도 없다

第27品・無斷無滅分

"須菩提! 汝若作是念, 如來不以具足相故, 得阿耨多羅三藐三菩提. 須菩提! 莫作是念, 如來不以具足相故, 得阿耨多羅三藐三菩提. 須菩提! 汝若作是念, 發阿耨多羅三藐三菩提心者, 說諸法斷滅. 莫作是念! 何以故? 發阿耨多羅三藐三菩提心者, 於法不說斷滅相."

"수보리여! 그대가 만약 이렇게 생각한다면, 여래는 상을 두루 갖추지 않아 아누다라삼먁삼보리를 얻었다고. 수보리여! 이렇게 생각하지 마라. 여래는 상을 두루 갖추지 않아 아누다라삼먁삼보리를 얻었다고. 수보리여! 그대가 만약 이렇게 생각한다면, 아누다라삼먁삼보리의 마음을 일으키는 것이 모든 법을 단멸하는 것이라고 이렇게 생각하지 마라. 왜냐하면 아누다라삼먁삼보리의 마음을 일으킨 자는 법에 대해 단멸상을 말하지 않기 때문이다."

삼계 육도의 바깥

"수보리여! 그대가 만약 이렇게 생각한다면, 여래는 상을 두루 갖추지 않아 아누다라삼먁삼보리를 얻었다고. 수보리여! 이렇게 생각하지 마라. 여래는 상을 두루 갖추지 않아 아누다라삼먁삼보리를 얻었다고."

須菩提! 汝若作是念, 如來不以具足相故, 得阿耨多羅三藐三菩提.
수 보 리   여약작시념   여래불이구족상고   득아누다라삼먁삼보리
須菩提! 莫作是念, 如來不以具足相故, 得阿耨多羅三藐三菩提."
수 보 리   막작시념   여래불이구족상고   득아누다라삼먁삼보리

부처님이 수보리를 부릅니다. "가령 그대가 이런 생각을 한다면〔汝若作是念〕, 즉 상에 집착하지 않음으로써 부처를 볼 수 있고 대철대오할 수 있다고 생각한다면〔如來不以具足相故, 得阿耨多羅三藐三菩提〕", 부처님은 말합니다. "수보리여! 그대는 결코 그렇게 생각해서는 안 된다. 공덕의 성취가 없어도 도를 깨달아 성불할 수 있다고 생각해서는 안 된다. 그런 생각은 잘못된 것이다."

앞에서 우리는 수보리가 하는 말을 똑똑히 들었습니다! 삼십이상으로써 여래를 보아서는 안 된다고요. 거기에 대해 부처님이 말했습니다. "만약 형체로써 나를 보고자 하거나 소리로써 나를 구하려는 자는 삿된 도를 행하는 자로서 여래를 볼 수 없다." 그런데 부처님은 이제 다시 말합니다. "수보리여! 잘못 생각해서는 안 된다. 가령 그대가 일체의 공덕을 원만히 갖추지 않고서도 능히 대철대오할 수 있다고 생각한다면, 수보리여! 그대는 주의해야 한다. 그대는 결코 그렇게 생각해서는 안 된다〔莫作是念〕! 결코 공덕을 두루 갖추지 않아야 대철대오할 수 있다고 생각해서는 안 된다."

"수보리여! 그대가 만약 이렇게 생각한다면, 아누다라삼먁삼보리의 마음을 일으키는 것이 모든 법을 단멸하는 것이라고, 이렇게 생각하지 마라."

須菩提! 汝若作是念, 發阿耨多羅三藐三菩提心者, 說諸法斷滅. 莫作是念!
수 보 리   여 약 작 시 념   발 아 누 다 라 삼 먁 삼 보 리 심 자   설 제 법 단 멸   막 작 시 념

만약 도를 깨달은 뒤에는 모든 것이 좋고 모든 것이 공(空)이 되리라 생각한다면, 이것은 아주 엄중한 착오입니다! 부처님은 수보리에게 이것을 명백히 말하고 있습니다.

이 점은 저 개인적으로도 많이 부딪혔던 문제입니다. 몇십 년 전 운남(雲南)에 있었을 때의 일입니다. 저는 아주 유명한 선종의 대사 한 분을 찾아갔는데, 손가락이 여덟 개밖에 없는 두타승이었습니다. 후에 곤명(昆明)에서 우연히 그분을 다시 만나게 되었는데, 그때 제가 말했습니다. "법사님! 제가 듣기론 법사께서는 도를 깨친 후 한 생각을 갖게 되셨다더군요. 열반을 증득한 후 삶과 죽음이 이미 끝나 다시 오지 않는다고 하셨다던데, 그런 설법을 하신 적이 있는지요?" 그렇다고 하기에 저는 그분에게 『능가경』의 한 구절인 "열반에 든 부처가 없고, 부처가 열반에 든 적도 없다〔無

有涅槃佛, 無有佛涅槃]"라는 말에 대해 가르침을 청했습니다. "법사께서는 다시 오지 않는다면 어디로 갈 것인가요? 삼계(三界) 바깥으로 훌쩍 뛰어 어디로 갈 것인가요? 부처님께서는 사계(四界)가 있다고 말씀하시지는 않았잖습니까? 오행(五行) 중에 있지 않다면 법사께서는 어느 행(行)에 있는 건가요? 생사를 초월해서 다시 오지 않는다는 것은 불법이 아닌 것 같군요!" 후에 이 문제에 대해 우리는 아주 오랫동안 변론했습니다.

많은 사람이 불법을 배우면서 이런 생각을 갖습니다. 불법을 배워 도를 깨달으면, 두 다리를 틀고 앉아 생사를 초월해 버려서 다시 이 세상에 와서도 고통을 받지 않을 것이라고 생각합니다. 이것은 전적으로 착각입니다. 수도를 하거나 불법을 배우는 과정에서 나타나는 최대의 착각입니다.

어떤 사람은 말하곤 합니다. 장의사에 가 보면 아주 신기하고 괴상한 일들이 많다고요. 불법을 증명할 수 있는 일들도 아주 많다는 겁니다. 오늘 어떤 학생이 이렇게 말했습니다. 장의사를 하는 사람한테 들었는데, 열 몇 살 먹은 여자 아이가 부모가 서둘러 결혼시키려 하니까 다급한 김에 책상다리를 하고 곧 열반에 들어 버렸다는 겁니다. 그렇게 죽은 뒤 장의사로 실려 왔는데, 맞는 관이 없었습니다. 책상다리를 하고 앉았는데 뼈가 이미 굳어서 펴지지가 않았던 거지요. 어쩔 수 없이 그 아이를 위해 특별히 네모난 관을 하나 짜서 그 속에 앉혔다고 합니다. 저는 말했습니다. "그 아이는 다시 올 사람이라네!" 소위 수행한다고 해서 반드시 나한과(羅漢果)를 증득하는 것은 아닙니다. 성취를 얻은 바가 있다고 해도 일곱 번, 다섯 번, 세 번, 한 번 다시 인간으로 태어나는 등 여러 현상이 있을 수 있습니다. 또 어떤 학생이 말했습니다. 마흔 남짓해서 출가한 여승이 여든이 넘어 죽었는데, 화장을 하고 나서도 정수리뼈가 그대로 남아 있었으며 그 속에 사리가 가득 들어 있더라는 겁니다. 이 이야기는 모두 비교적 사실에 근거한 것입니다.

단멸견

돌이켜 다시 말해 봅시다. 어떤 사람이 도를 깨닫고 난 뒤 마치 숨어 있을 만한 곳이라도 있듯 다시 오지 않으리라 생각한다면, 이건 잘못된 생각입니다. 이 잘못된 생각을 불법에서는 견지(見地)상의 착오라고 말합니다. 불법을 배우는 사람은 재가(在家)든 출가(出家)든 결과를 증득할 수 있는데, 이때 가장 중요한 것은 견사(見思)의 두 미혹을 단절하는 일입니다. 견혹(見惑)과 사혹(思惑)에 대해서는 앞의 제9품에서 이미 언급한 바 있습니다. 견지(見地)가 뚜렷하지 못하면 편차가 생겨 편견에 떨어지게 됩니다. 다섯 종류의 잘못된 견해는 곧 신견(身見), 변견(邊見), 사견(邪見), 견취견(見取見), 계금취견(戒禁取見)입니다. 이 다섯 견해는 수도에 장애가 되고, 도를 깨치지 못하는 원인이 되기도 합니다. 사혹(思惑)이란 곧 번뇌혹(煩惱惑)으로서, 마음속의 탐진치만의(貪瞋癡慢疑)입니다.

현재 인류의 유물론은 바로 단견(斷見)에 떨어진 논리로, 사람이 죽는 것이 마치 등불이 꺼지는 것과 같다고 봅니다. 즉 삼세(三世)의 인과도, 육도(六道)의 윤회도 없다고 생각하는데, 왜냐하면 그것을 증명할 수 없는 것이라 여기기 때문입니다. 그래서 사람이 죽으면 그것으로 끝이라고 생각합니다. 이것은 단멸견(斷滅見)에 속하는 것으로 역시 사견(邪見)의 일종입니다. 이 때문에 부처님은 수보리에게 말합니다. 결코 잘못된 생각, 즉 단멸견에 떨어져서는 안 된다고요.

바로 앞에서 상(相)에 집착해서는 부처를 볼 수 없다고 하고서 이제 다시 수보리에게 말하기를, 상에 집착하지 않으려고 하는 데 빠져서도 부처를 볼 수 없다고 합니다. 상에 집착하는 것도 잘못이요, 상에 집착하지 않는 것도 잘못이라는 겁니다. 가령 상에 집착하지 않으려는 데 빠져 부처를 보고자 한다면, 일체가 본래 공(空)인데 꼭 선한 일을 해야 할 필요가 있겠습니까? 부처님도 공이요, 선 또한 공입니다! 일체가 모두 공이니, 내가 살인을 하더라도 아무 상관이 없습니다! 살인 역시 공입니다! 훔치고 속이고 빼앗고 나쁜 일을 하는 것도 모두 공입니다.

이런 견해는 인과(因果)를 배제시킨 것으로서 공견(空見)에 떨어진 것입니다. 공견(空見)의 착오는 유물론의 관점과도 같은 것으로, 이 점에 대해 여러분은 특별히 주의해야 합니다. 남방으로 전해진 불교, 즉 동남아 일대의 소승불교는 바로 공견(空見)의 관점에 떨어진 것으로, 결국 유물론에 잠식당하고 말았습니다.

인과를 배제시킨다는 것은 곧 인과의 이치를 밀쳐 버린 것으로, 인과의 존재를 승인하지 않는 것입니다. 이것은 현재 인류의 사상 조류 가운데 가장 무서운 일면으로서, 바로 부처님이 말한 단멸견의 사상이기도 합니다. 부처님은 수보리의 견해가 잘못될까 두려워, 앞에서 먼저 상에 집착해서 여래를 보려 해서는 안 된다고 했습니다. 그렇지만 이번에는 다시 수보리의 견해가 상에 집착하지 않으려는 데 떨어질까 두려워합니다. 상에 집착하지 않으려고 하면 결과적으로 단멸견이 되어 인과를 배제시켜 버립니다. 이 때문에 부처님은 재삼 경고합니다. 잘못 생각해서는 안 된다고요〔莫作是念〕.

단멸상을 말하지 않다

"왜냐하면 아누다라삼먁삼보리의 마음을 일으킨 자는 법에 대해 단멸상을 말하지 않기 때문이다."

"何以故? 發阿耨多羅三藐三菩提心者, 於法不說斷滅相."

그러므로 진정으로 불법을 배우는 사람, 즉 대철대오를 구하고자 하는 사람이라면 먼저 단멸상(斷滅相)에 떨어지지 않도록 주의해야 합니다. 단멸상이란 무엇일까요? 단멸상이란 공(空)에 떨어진 것입니다. 즉 공과(空果)를 보는 것이 불법의 구경(究竟)이라 생각하는 것입니다. 이것이 바로 단멸입니다. 이제 『금강경』이 막바지에 이르렀는데, 지금까지 『금강경』에서 여러분에게 공(空)을 말한 적이 있었습니까? 우리 후세의 주해(註解)는 『금강경』이 공을 설한 것이라 말합니다. 그렇지만 이건 우리의 주해일 뿐 부처님은 그렇게 말하지 않았습니다! 부처님은 단지 이렇게만 말했습니다. 과거의 마음은 얻을 수 없고, 현재의 마음도 얻을 수 없으며, 미래의 마음도 얻을 수 없다고요. 그리고 형체로써 나를 보려 하거나 소리로써 나를 구하고자 하는 자는 삿된 도를 행하는 자로서 여래를 볼 수 없다고요. 이것은 교육 방법입니다. 곳곳에서 우리가 착오를 일으킬 만한 것을 미리 막고자 한 것입니다. 부처님은 우리에게 결코 '어떤 것이다'라고 말하지 않았습니다. 단지 '어떤 것이 아니다'라고만 말했습니다. 『심경』에서도 단지 "오온이 모두 공〔五蘊皆空〕"이라고만 말하고, 최후에는 진실하며 허망한 것이 아니라고 했습니다. 결코 공(空)을 설하지는 않았습니다! 오온이 모두 공이라는 것이지, 결코 반야바라밀다가 모두 공이라고 말한 것은 아닙니다! 이것은 우리가 불학이나 불경, 불법을 연구할 때 각별히 주의해야 할 부분입니다. 그렇지 않으면 자칫 사견(邪見)에 떨어질 수 있기 때문입니다.

공(空)과 단멸견(斷滅見)은 서로 다를 바가 없습니다. 불법을 배우는 많은 사람들은 어떤 것을 보더라도 모두 공(空)으로 보인다고 자인합니다. 그러나 사실 그것은 공이라 할 수 없습니다. 심리학적으로 말하자면 낙담한 경우이거나, 혹은 나이가 많거나, 혹은 환경상 어쩔 수 없거나, 혹은 지독하게 운이 없거나 한 경우에 흔히 이런 말을 합니다. 자신이 보기에 온갖 것이 공이라는 겁니다! 그러나 낙담한 경우라면 그건 공이 아니라 낙담이 아주 심한 것일 뿐입니다. 이 밖에도 철학적으로 불법을 공부하는 많은 사람들이 자주 공(空)을 보았다느니, 통(通)을 보았다느니 하며 큰소리를 칩니다. 그들은 입만 열면 이런 말들을 하지만, 그것은 조금도 통(通)을 보지 못했다는 증거에 불과합니다. 진정으로 통했다면 통이니 공이니 하는 말조차 할 수 없을 것이기 때문입니다. 공이로다! 공이로다! 그들은 스스로 감탄합니다. 이렇게 감탄하는 것은 분명 마음에 어떤 느낌이 있기 때문일 겁니다. 그렇지 않습니까? 그러나 그 느낌은 단지 어떤 것에 불과할 뿐, 거기에 공이라곤 조금도 없습니다. 달리 말하면 이건 수박을 먹지 않고 엉뚱하게 호박을 먹은 것입니다. 어쨌든 박은 박 아닙니까!

　재삼 여러분께 주의를 환기시키는 바이지만, '공(空)'은 하나의 방편적 설법입니다. 공(空)은 어떤 것을 형용한 것입니다. 만약 이것을 진정으로 아무것도 존재하지 않는 것이라 생각한다면, 그것은 공견(空見)이 아니라 단멸견(斷滅見)이라 해야 할 것입니다. 이 때문에 부처님은 분부합니다. "아누다라삼먁삼보리의 마음을 일으킨 자는 법에 대해 단멸상을 말하지 않는다[發阿耨多羅三藐三菩提心者, 於法不說斷滅相]"고요. 너무도 엄중한 말입니다. 이것은 절대로 단멸을 말한 것이 아니며, 공을 설한 것은 더욱 아닙니다. 이 품의 제목은 "무단무멸(無斷無滅)"인데, 양(梁)의 소명태자가 붙인 이 제목은 아주 뛰어납니다. '무단무멸'이란 단절되지도 않고 없어지지도 않는 것으로 단멸상이 아닙니다. 현대 과학에서는 물질이 에너지의 변화라는 것을 알고 있습니다. 물질은 결코 없어지지 않습니다. 이 점을 뚜렷이 인식해야 합니다. 이 품의 게송은 다음과 같습니다.

【제27품】

게송

구름은 비로, 비는 구름으로 어지러이 변하며
빗방울은 실타래처럼 헝클어져 분간하기 힘들다
얼어붙은 강물은 다시 녹아 물로 변하니
자욱한 빛 그림자가 비껴 선 석양을 붙든다

翻雲覆雨雨成雲　點滴如絲亂不分
번운복우우성운　점적여사란불분
凍作冰河冰化水　漫從光影捉斜曛
동작빙하빙화수　만종광영착사훈

"구름은 비로, 비는 구름으로 어지러이 변하며〔翻雲覆雨雨成雲〕." 우주의 변화를 보면, 오늘 비가 내리면 내일은 맑습니다. 비가 변해서 구름이 되고, 구름은 다시 비로 변합니다. 이 물방울은 바로 수증기 분자가 변화된 것입니다.

"빗방울은 실타래처럼 헝클어져 분간하기 힘들다〔點滴如絲亂不分〕." 뜨거운 수증기가 찬 기운과 접촉하면 빗방울로 변해 떨어져 내립니다. 그런 뒤에는 매 하나의 물방울이 제각각 하나의 범위를 이루고, 하나의 계통을 이룹니다. 마찬가지로 우리 일체의 중생도 하나의 동일한 본성이었지만, 스스로 독립된 개체를 이루고 나서는 나는 나요 너는 너로서 절대 동일하지 않습니다. 그러나 뿌리는 결국 하나입니다. 이것은 수증기가 위로 올라가다가 차가운 기운을 만나면 구름이나 비가 되어 하나의 범위를 가진 물방울로 변하는 것과 같습니다. 그렇지만 이 물방울은 모두 수증기가 변화된 것입니다.

"얼어붙은 강물은 다시 녹아 물로 변하니〔凍作冰河冰化水〕." 얼음이 녹으면 물이 되고, 물이 얼면 얼음이 됩니다. 이것이 현상계 전반에서 일어나는 변화입니다. 각종 변화는 변했다가 다시 변해 본래의 상태로 되지만, 이때 그 본체는 변하지 않습니다. 본체는 고정된 형체를 갖지 않으며, 어디에도 집착하지 않기 때문입니다. 이런 본체가 과연 공(空)일까요? 아닙니다. 그렇다면 본체가 항시 머물러 있다〔常住〕고 할 수 있을까요? 이것 역시 아닙니다. 그렇다고 본체가 단멸(斷滅)된다고 말할 수 있을까요? 역시 아닙니다. 이들은 모두 아닙니다.

"자욱한 빛 그림자가 비껴 선 석양을 붙든다〔漫從光影捉斜暉〕." 그렇다면 본체인 법신은 어디에서 볼 수 있을까요? 일체의 작용과 일체의 현상 속에서 볼 수 있습니다. 일체의 현상은 모두 본체의 현상이며, 일체의 작용은 모두 본체의 작용입니다. 그러므로 본체는 현상과 작용 속에서 볼 수 있지만, 이 현상과 작용에 집착하지 않아야만 비로소 본체를 체득해 낼 수 있습니다. 이것은 아마도 『금강경』의 제일 마지막 교육 방법이라 할 수 있습니다. 부처님은 우리에게 이 모두를 일러 주고 있습니다.

제28품
받지도 않고 탐하지도 않는다

第28品・不受不貪分

"須菩提! 若菩薩以滿恒河沙等世界七寶, 持用布施, 若復有人, 知一切法無我, 得成於忍, 此菩薩勝前菩薩所得功德. 何以故? 須菩提! 以諸菩薩不受福德故."
須菩提白佛言. "世尊! 云何菩薩不受福德?"
"須菩提! 菩薩所作福德, 不應貪著, 是故說不受福德."

"수보리여! 만약 보살이 갠지스 강 모래 수만큼의 세계에 가득 찬 칠보로써 보시한다면, 만약 다시 어떤 사람이 있어 일체의 법이 무아라는 것을 알아 인(忍)을 얻어 성취했다면, 이 보살의 공덕은 앞의 보살이 얻은 공덕보다 클 것이다. 왜냐하면, 수보리여! 모든 보살은 복덕을 받아들이지 않기 때문이다."
수보리가 부처님께 아뢰었다. "세존이시여! 왜 보살이 복덕을 받지 않는가요?"
"수보리여! 보살은 자신의 복덕에 집착하지 않기 때문에 복덕을 받지 않는다고 했다."

"수보리여! 만약 보살이 갠지스 강 모래 수만큼의 세계에 가득 찬 칠보로써 보시한다면, 만약 다시 어떤 사람이 있어 일체의 법이 무아라는 것을 알아 인(忍)을 얻어 성취했다면, 이 보살의 공덕은 앞의 보살이 얻은 공덕보다 클 것이다."

"須菩提! 若菩薩以滿恒河沙等世界七寶, 持用布施, 若復有人,
수보리 약보살이만항하사등세계칠보 지용보시 약부유인
知一切法無我, 得成於忍, 此菩薩勝前菩薩所得功德."
지일체법무아 득성어인 차보살승전보살소득공덕

『금강경』에는 또 하나의 특징이 있습니다. 특이한 교수법 외에 또 하나의 특징이 있는데, 바로 부처님이 세일즈를 아주 잘한다는 점입니다. 마치 서문정(西門町)의 백화점 판매원처럼 떠들썩하게 소리쳐 가며 물건을 팝니다. 예전에 상해나 항주, 산동(山東)의 청도에서는 항시 배즙사탕을 파는 광경을 볼 수 있었습니다. 손에 양금을 들고서 노래를 부릅니다. 애들이 이 사탕을 먹으면 공부도 잘 하고 시험도 잘 치며, 노인들이 먹으면 불로장생하고, 여자들이 먹으면 젊어지고 예뻐집니다! 『금강경』을 보면 마치 부처님이 배즙사탕을 파는 것 같습니다. 몇 마디로는 성에 차지 않아 이 공덕은 어떻고 저 공덕은 어떻다 말합니다. 그러다 여러분이 부처님의 공덕을 믿기 시작하면 그는 다시 그 공덕을 뒤집습니다. 이것이 부처님의 교수법입니다.

그렇지만 우리는 유의해야 합니다. 이 경전은 중요한 곳에 이르러 수보리에게 이 경전의 공덕이 얼마나 큰지를 일러 줍니다. 앞에서도 몇 차례 이 경전의 공덕을 말했습니다. 수지(受持) 독송(讀誦)하면 그 공덕이 대단히 크다고 했습니다. 이 구절에 이르러 부처님은 다시 수보리에게 대승보살들의 보시를 말합니다. 이것은 앞에서 두 차례 말한 바 있는 일반인들이 칠보로 하는 보시가 아닙니다. 여기 앉아 있는 분이나 세상의 모든 사람이 다 보살입니다. 곧 '인보살(因菩薩)'입니다. 헌법에서는 만 십팔 세 이상의 국민은 누구든 공무원에 선임될 자격이 있다고 규정하고 있는데, 바로 이런 것입니다. 일체 중생은 단지 영성(靈性)만 구비하고 있다면 모두 '인보살'입니다. 보살의 경지를 성취하면 '과보살(果菩薩)'입니다.

그러므로 여러분은 자신이 바로 보살이라는 사실을 대담하게 승인할 수 있습니다. 보살계(菩薩戒)에서는 자살이 허락되지 않으며, 고의로 자신의 신체를 훼손하더라도 보살계를 범한 것이 됩니다. 그것은 부처님의 몸에 피를 흐르게 한 것이나 다름없습니다. 이 신체는 곧 보살의 것이기 때문에 마음대로 훼손할 수 없습니다. 여기서 우리는 증자가 『효경(孝經)』에서 말한, "신체와 머리카락, 피부는 부모로부터 받은 것이니 함부로 훼손할 수 없다[身體髮膚, 受之父母, 不敢毁傷]"라는 것도 이와 동일한 이치임을 알 수 있습니다. 공자 역시 이것을 경계하여, "군자는 위험한 담장 아래 서 있지 않는다[君子不立於危牆之下]"라고 말합니다. 담장이 위험하다는 것을 잘 알면서도 굳이 거기에 기대려 하는 것은 불효입니다. 불법으로 말하자면 이는 보살계를 범하는 것입니다. 이 육신은 자신의 것이 아니기 때문입니다.

도를 깨닫고 나면 이 육신이 곧 육신보살입니다. 달리 말하면 보살의 육신인 것입니다. 보살은 바로 득도한 사람으로서 도덕을 갖춘 사람입니다.

이제 이야기가 보살도 보시를 해야 한다는 데 이르렀는데, 보살이라도 여전히 보시를 해야 할까요? 사실 부처님이라 할지라도 여전히 보시를 행해야 합니다. 이 점에 대해 우리는 특별히 주의해야 합니다. 부처님의 계율에서도 여러 곳에서 그에 관해 언급하고 있습니다. 부처님은 일반 제자들의 수행을 이끌었는데, 학생 중에는 눈이 보이지 않는 사람도 있어 부처님이 그들의 수행을 도왔습니다. 어떤 제자가 물었습니다. "어르신께서는 어찌 아직 그렇게 손수 돕고 계시는 겁니까?" 부처님의 대답은, 자신도 역시 공덕을 쌓아야 한다는 것이었습니다. 한 사람이 행해야 할 공덕은 무궁무진하다는 겁니다. 달리 말하면 좋은 일을 행해야 하는 것은 지위의 높고 낮음과 상관없으며, 아무리 많이 행하더라도 충분하지 않다는 겁니다. 자신이 지고무상하다 생각해서는 안 됩니다. 위대하고 숭고하며 원만한 공덕을 갖추어 이제는 부처님이 되었기에 그 가치는 이미 돈으로 환산될 수 있는 것이 아니라는 생각을 가져서는 안 됩니다. 이런 종류의 부처님이라면 우리는 그를 끌어내릴 수 있습니다. 부처님이 위대한 것도 바로 그에게 이런 생각이 없기 때문입니다. 부처님은 부단히 자신의 몸으로써 원칙을 만듭니다. 끊임없는 선행으로 공덕을 배양합니다. 일체의 보살은 선의 열매를 수지(修持)하며, 공덕을 수지합니다. 이것은 영원히 다함이 없습니다.

이전에 제가 공부할 때 선배 대사 분들, 특히 티베트에서 본 몇 분의 활불(活佛)들은 많은 제자를 거느리고 있었는데, 몸소 어렵게 화연(化緣)을 해서 제자들을 공양하고 있었습니다. 이 제자들은 거기서 아주 편안하게 폐관하는 사람은 폐관하고, 수행하는 사람은 수행하고 있었습니다. 어떤 때는 한곳에서 수행하는 학생이 사십여 명이나 되기도 했습니다.

선종의 어록을 보면 우두융선사(牛頭融禪師)에 관한 이야기가 있습니다.

우두융선사는 깨달음을 얻기 전에 우두산(牛頭山)에서 입정에 들어 있었는데, 그가 입정에 들 때면 천인(天人)이 먹을 것을 보내왔습니다. 손수 음식을 준비할 필요도 없이 시간이 되면 자연 천녀(天女)가 그에게 음식을 공양했습니다. 또 온갖 새들도 꽃을 물어 와 공양했습니다. 그는 당시까지만 해도 아직 깨달음에 이르지는 못했으며, 단지 입정에 들어 있었을 뿐입니다. 후에 깨달음을 얻은 뒤에는 그 스스로 입정에 들지 않았는데, 사실 그때도 그는 언제나 정(定) 속에 있었던 것입니다. 그래서 산속에 머물러 타좌하지 않고 내려와서 교육에 전념했습니다. 그는 많은 사람을 데리고 있었는데, 통상 오백여 명이 그에게 배우고 있었습니다. 그는 매일 수십 리 길을 쌀 짐을 지거나 둘러메고 왕래해야 했습니다. 옛날에는 교통도 좋지 않았으니 쫓아다니며 학생들이나 제자들을 먹여 살려야 했습니다.

이런 정신을 보면서 우리는 진정으로 불법을 배우기 위해서는 행동으로 배워야 한다는 점을 유의해야 합니다. 불법을 배우는 일반인의 생각은 잘못된 것입니다. 그들은 불법을 배우면서 게으를 수도 있고 세상에서 도피할 수도 있다고 생각합니다. 또 불법을 배우는 것이 온갖 일을 거들떠보지 않는 것이라 생각합니다. 이건 완전히 잘못된 생각입니다. 비단 소승에도 미치지 못할 뿐 아니라 사람됨의 기본적인 측면에서도 올바르지 못합니다. 이 점은 『금강경』을 보아도 알 수 있습니다. 『금강경』에서는 보살이 갠지스 강의 모래 수만큼이나 많은 칠보로써 보시를 행하는 것을 말하고 있습니다. 바로 대승보살의 발심을 말하고 있는 것입니다.

일체의 법은 무아

보살이 갠지스 강을 가득 채운 모래 수만큼이나 많은 진귀한 보배로써 보시를 하니 그 공덕은 당연히 아주 클 겁니다. 자신이 이미 보살인데도 여전히 공덕을 행하려고 합니다. 가령 어떤 사람의 행함이 이런 보살의 공덕보다도 더 크다면, 그것은 어떤 것일까요? "만약 다시 어떤 사람이 있어 일체의 법이 무아라는 것을 알아 인(忍)을 얻어 성취했다면, 이 보살의 공덕은 앞의 보살이 얻은 공덕보다 클 것이다〔若復有人, 知一切法無我, 得成於忍, 此菩薩勝前菩薩所得功德〕." 진정한 과위(果位)에 이른 보살은 일체의 법이 본래 무아라는 것을 알고 또 거기에 이를 수 있습니다. 일체의 법이 무아라는 것은 『반야경(般若經)』에서 말하는 유식(唯識), 즉 "일체의 법에는 자성이 없다〔一切法無自性〕"라는 데서 유래한 것입니다. 이 점에 대해서는 각별한 주의가 필요합니다. 특히 법상(法相)을 연구하고 유식(唯識)을 들은 적이 있는 젊은이들이라면 특별히 주의해야 합니다.

후대에 이르러 유식학을 말하면서 늘 하나의 큰 착오를 범합니다. 바로 유식학에서 말하는 일체법에 자성이 없다고 할 때의 '성(性)'자에 대한 것으로, 이것을 선종에서 말하는 "명심견성(明心見性)"의 '성(性)'과 같다고 생각하는 것입니다. 이는 훼방을 놓는 것일 수도 있고 무지몽매해서 그런 것일 수도 있지만, 모두 '성(性)'자를 잘못 이해한 것입니다. 그러고서는 화엄종이나 천태종, 선종 등 성종(性宗)의 이론을 소리 높여 비난합니다. "명심견성"으로 성불할 수 있다는 것은 외도(外道)에 속한다는 겁니다. 철저히 유심론적인 것을 어떤 것이 존재하는 양 착각한다는 겁니다. 불법이 본래 공(空)을 말한 것인데 어찌 어떤 것이 존재할 수 있겠느냐는 겁니다.

우리가 먼저 알아야 할 것은, 불경에서는 항시 '심(心)'과 '성(性)' 두 글자를 사용하고 있다는 사실입니다. 여기에 대해서는 특별히 주의해야 합니다. 예를 들면 『금강경』에서는, "과거의 마음은 얻을 수 없고, 현재의 마음도 얻을 수 없으며, 미래의 마음도 얻을 수 없다〔過去心不可得, 現在心不

可得, 未來心不可得)"라고 말합니다. 여기서 말하는 마음(心)이란 우리의 의식 활동 가운데에 있는 제육식(第六識)을 가리킵니다. 말하자면 심리적 작용으로서의 마음입니다.

어떤 때 말하는 마음은 순전히 부호에 속하는 것으로 마음의 본체, 실상 반야의 경계를 나타내기도 합니다. 형이상적인 이 본체는 어떤 때는 심(心)이라는 부호로 나타내기도 하고, 어떤 때는 성(性)이라는 부호로 나타내기도 합니다. 이것은 과거에 우리가 번역을 하면서 어떤 글자로 표현하는 것이 좋은가 하는 곤란한 문제에 부딪혔기 때문입니다. 이 점을 잘 알아야 합니다. 유식(唯識)에서 말하는 "일체의 법에는 자성이 없다"라는 것은, 일체의 세간(世間)과 출세간(出世間)의 사물 및 일체의 이치가 그것 자체로는 영원히 존재할 수 없다는 것을 가리킵니다. 단독으로 존재하여 영원히 불변할 수 있는 하나의 성질이 없다는 것입니다.

예를 들어 우리가 방금 날씨가 아주 무덥다고 했는데 얼마 지나지 않아서 비가 내렸다고 합시다. 이 하나하나의 빗방울에는 자성(自性)이 없습니다. 떨어져 내리다가 땅바닥에 부딪히면 곧 흩어져 버리고 맙니다. 수도 없이 많은 빗방울이 바다에 떨어지고 땅에 떨어지지만 하나로 응결되어 다시 본래의 모습으로 돌아갑니다. 그러므로 빗방울은 단독으로 존재하는 자성이 없습니다. 그렇다면 이렇게 말할지도 모르겠습니다. 빗방울은 단독으로 존재하는 자성이 없지만 최후에는 하나의 수성(水性)으로 돌아간다고요. 그러나 이것도 맞지 않습니다. 지(地), 수(水), 화(火), 풍(風) 역시 자성이 없습니다. 공(空)도 아니요 유(有)도 아니며, 단절되지도 지속되지도 않습니다(非空非有, 不斷不常). 불법의 궁극처가 바로 여기에 있습니다. 우리가 불교의 교의나 교리를 연구하면서 흔히 그 뜻을 오해하거나 혹은 자기 마음대로 새겨 본래의 뜻과 멀어지는 경우가 많습니다. 이 점에 대해서는 각별한 주의가 필요합니다.

이제 여기서 말하고자 하는 바는, 유식종에서 말하는 "일체의 법에는 자성이 없다"라는 것이 바로 반야종인 『금강경』에서 말하는 "일체의 법은 무아〔一切法無我〕"라는 이치와 같다는 사실입니다. 즉 이 둘은 동일한 이치로서 단지 표현 방법에 차이가 있을 뿐입니다. 소위 '일체의 법'이란 세간의 일체와 출세간의 일체를 포괄합니다. 심지어 나한 경계 또는 보살 경계를 증득하거나, 성불하여 무위 열반의 열매를 증득하는 것 역시 모두 포괄합니다. 일체는 일체의 것을 포괄합니다. 일체의 법이 본래 무아라는 것을 압니다. 그렇지만 결코 무아 이후가 공(空)이라 말하지는 않습니다. 단지 무아만을 말하고 있을 뿐입니다. 무아 이외에 과연 진정한 자기〔眞我〕가 있는가라는 문제에 이르면, 그건 여러분의 일입니다.

우리는 『금강경』을 처음부터 여기까지 연구해 왔지만, 『금강경』에는 단지 차단하는 방법밖에 없습니다. 이것은 교육 방법으로서 우리의 방법을 막으며, 우리를 부정합니다. 부처님은 어떤 긍정적인 것도 말하지 않습니다. 어떻게 해야만 옳다고 말하지 않습니다. 부처님은 우리를 승인하지도 긍정하지도 않습니다. 어떤 것이어야만 옳다, 어떻게 해야만 옳다고 말하지 않습니다. 일체의 법은 무아입니다. 이 경계에 이르면 깎아지른 절벽에서 손을 놓아 버리고 스스로 긍정하고 감당합니다. 스스로 깨닫고, 스스로 증득하며, 스스로 긍정해야 합니다.

스스로 긍정하고 스스로 증득하는 문제에 관해서는 현장법사의 인도 유학 생활을 언급해 보고자 합니다. 당시까지 아직 연방 국가였던 인도에서는 수십 개의 국가와 이 밖에도 여러 종류의 외도(外道)가 가세하여 하나의 불교 철학적 문제에 대한 쟁론으로 떠들썩했으나 해결을 보지 못하고 있었습니다. 그러자 사람들은 계약을 맺었는데, 쟁론에서 진 쪽은 더 이상 존재할 수 없다는 것이었습니다. 법사들이 이미 더 이상 변론을 계속할 방법이 없게 되었을 때, 현장법사가 들어갔던 것입니다. 그들이 듣기에 이 중국의 젊은 스님이 아주 지혜롭다고 하니 그에게 한번 평가하여 판단해 줄 것을 부탁했습니다. 현장은 당시 나이가 젊었지만 높은 곳에 올라 쟁론을 이끌어 나갔습니다. 최후의 문제는 이런 것이었습니다. 이미 불법을 증득하여 최후로 무아상(無我相)에 이르렀다면, 하나의 상(相)이 있는 것도 옳지 않고 하나의 지(知)가 있는 것도 옳지 않다. 그렇다면 어떻게 증득했다고 할 수 있겠느냐는 것입니다. 이미 득도했다는 것을 어떻게 증명할 수 있겠느냐는 말입니다. 이에 대해 현장법사는 한마디 명언을 남겼습니다. "물을 마셔 보면 차고 따뜻한 것을 절로 알 수 있다〔如人飲水, 冷暖自知〕"라는 것입니다. 당시의 상황은 이것으로 결론지어졌고, 이 관점은 당시 인도 불교에서도 그대로 유지되었습니다.

그러므로 스스로 증험하는 부분은, 마치 물을 마실 때처럼 차고 더운 것을 스스로 느껴 알게 됩니다. 여러분에게 이것을 말해 봐야 여러분 또한 그것을 알 수 없습니다. 이 문제에 대한 대답은 아주 묘한 데가 있습니다. 그렇지만 이제 다시 과학적인 관점에서 따져 본다면 문제가 없는 것이 아닙니다. 여기서는 더 이상의 토론을 유보하겠습니다. 이런 까닭에 한 사람이 일체법이 무아라는 것을 안 후 보이지 않게 막아 버리고서는, 무아가 곧 공(空)이라 말하지도 않고, 무아 이후에 진정한 자기〔眞我〕가 있다고도 말하지 않았습니다. 우리는 여기에 마음대로 어떤 것을 덧붙여서는 안 됩니다. 이런 곳이라면, 반야지혜를 성취하기 위해서는 스스로 뛰어들어야 합니다.

정(定)과 인(忍)

일체의 법이 무아라는 것을 안다면 "인을 얻어 성취한다〔得成於忍〕"라는 이 구절은 더욱 엄중합니다. 어떤 것을 인(忍)이라 할까요? 이 인(忍)은 불법의 수지 과정에서 하나의 큰 경계입니다. 우리는 소위 '정을 얻었다(得定)'라는 말을 하는데, 이것은 소승의 범위로써 말하는 것입니다. 대승이나 소승의 열매를 닦기 위해서는 모두 정(定)으로써 그 기초를 삼아야 합니다. 불법을 배우면서 정(定)의 경계에 들어서지 못했다면 그것은 기초가 없는 것입니다. 재가(在家)든 출가(出家)든 이치는 마찬가지입니다. 기초가 없다면 단지 보통의 학인(學人)에 지나지 않습니다. 그렇지만 정(定) 자체가 곧 불법인 것은 결코 아닙니다. 대승의 불법이라면 반드시 "인(忍)을 얻어 성취해야" 합니다. 인을 얻는 것(得忍)과 정을 얻는 것(得定)은 같지 않습니다. 그러므로 보살은 무생법인(無生法忍)을 얻어야 비로소 대승의 경계로 진입할 수 있다고 말합니다. 무생법인을 정(定)으로 해석할 수는 없습니다. 만약 무생법인이 곧 정(定)이라면 간단히 무생법정(無生法定)이라 하는 것이 훨씬 좋지 않겠습니까? 그러므로 이 '인(忍)'자에 대해서는 더 연구해 볼 필요가 있습니다.

다시 『금강경』의 내용을 보면, 여기서는 육도(六度)의 성취 중 보시(布施)의 성취를 말하고 있으나 지계(持戒)의 성취에 대해서는 언급하지 않습니다. 이것은 실제로 보시의 성취 속에 바로 지계의 정신이 들어 있기 때문입니다. 경전 전체에서 모두 반야의 성취를 말하고 있으나 선정(禪定)의 성취에 대해서는 언급하지 않습니다. 만약 진정으로 반야의 성취를 얻었다면 그것이 곧 선정(禪定)입니다. 육도 중에서 보시(布施), 인욕(忍辱), 반야(般若)를 성취했다면 소위 지계(持戒), 정진(精進), 선정(禪定)은 자연 성취하게 됩니다. 이 점에 대해서는 여러분이 『금강경』을 반복해서 깊이 생각하고 음미해 보면 서서히 알게 될 겁니다.

"인(忍)을 얻어 성취하는" 것에 대해서는 앞에서 부처님 자신이 말한 바 있습니다. 즉 과거 자신이 인욕바라밀을 닦을 때, 가리왕에 의해 자신의 신체를 절단당하면서도 그를 원망하는 마음이 일지 않고 단지 자비심밖에 없었기 때문에 고통을 느끼지 않았다고 했습니다. 이것은 어떤 경계일까요? 연구해 볼 필요가 있습니다. 이것은 정(定)이요, 무생법인이며, 반야이기도 하며, 깨달음의 경계이기도 합니다. 여러분도 지금 선(禪)을 배우고 있습니다. 어떤 사람은 책을 읽거나 시를 보다가, 그렇지 않으면 청개구리 우는 소리를 듣거나 개가 뛰는 것을 보고서, '아, 내가 깨달았구나!' 하고 느낄지도 모릅니다. 그러면 우리 역시 칼을 들고 가리왕처럼 여러분의 몸을 절단해 볼 수 있습니다. 그러면 여러분이 과연 인(忍)을 얻어 성취한 것인지, 아니면 원한(恨)을 얻어 성취한 것인지를 알 수 있겠지요? 여러분이 깨달았다고요? 깨달았다면 마땅히 이런 경계가 있어야 합니다. 그러므로 이런 일은 아무렇게나 말할 수 있는 것이 아닙니다. 선학(禪學)이야 마음대로 말할 수 있겠지만, 진정한 불법은 증득해야 하는 것입니다. 『금강경』에서 모범을 보이고 있는 것도 바로 이 때문입니다.

　진정으로 일체의 법이 무아라는 것을 안다면 무아의 경계에 이르게 되며, 자연 무생법인의 경계에 이르게 됩니다. 당연한 일이지만 무생법인의 경계에 이른 것은 아직 단지 대승보살의 초보적 단계에 지나지 않습니다! 이 보살은 단지 앞에서 비유로 든 보살을 넘어서고 있을 뿐입니다. 또 이렇게도 말할 수 있습니다. 헤아릴 수 없이 많은 칠보로써 보시하는 것은 상(相)이 있는 물질적 보시로서, 그 공덕은 무상(無相)의 보시에 비하면 만분의 일에도 미치지 못합니다.

　『금강경』은 이 28품에 이르러 전체 내용을 거의 요약하고 있습니다. 아주 중요합니다. 다소 무리가 있긴 하지만 무생법인의 경계를 연구하고 또 연구해 보아야 합니다. 먼저 증험에 대해 이야기하기보다 이론적으로 접근해 보아야 합니다. 부처님은 우리에게 이것이 어떤 하나의 경계라고 말하지는 않았지만, 사실 이미 말한 것이나 다를 바 없습니다. 단지 여러분이 이전에 그것을 보고도 잊어버린 겁니다. 부처님은 처음부터 말했습니다. 생각을 잘 보호하고〔善護念〕, 응하되 머무는 바 없이 그 마음이 생기며〔應無所住, 而生其心〕, 일체에 집착하지 말며 상을 갖지 말라〔一切無著無相〕고 했습니다. 잘 보호하고〔善護〕 집착하지 않으며〔無著〕 상을 갖지 않음〔無相〕으로써 일체법이 무아라는 것을 알 수 있고, 인(忍)을 얻어 성취할 수 있습니다. 『금강경』의 시작에서부터 부처님은 우리에게 이미 말했습니다. 부처님은 법을 전한〔傳法〕 것입니다! 경전을 강연한〔講經〕 것이 아닙니다! 후세에 말하는 소위 강경(講經)과 설법(說法)은 다른 것입니다.

여기서 부처님이 말하는 것처럼, 어떻게 닦아야 하는지를 가르치고 또 의문이 있을 때 질문하면 그 질문에 답하고 하는 것이 설법입니다. 우리가 지금 하고 있는 것은 강경입니다. 부처님이나 보살들이 말한 것을 근거로 토론하는 것으로, 이것이 강경입니다. 그러므로 강경은 강경이며, 설법은 설법입니다. 과거 대륙의 대총림(大叢林)이나 절에는 설법당이 있었고, 이와는 별도로 강경당이 있었습니다. 설법당에 큰스님이 오를 때면 책을 지니지 않았습니다. 책에서는 한 글자도 언급하지 않았습니다. 단지 자신의 깨달음과 공부, 지혜의 경험 등에 대해 자유롭게 토론했습니다. 이것을 설법이라 합니다.

『금강경』에서는 시작하자마자 우리에게 수지(修持)의 방법을 말합니다. 바로 생각을 잘 보호하고〔善護念〕, 머물지 않는〔無住〕 것입니다. 이로부터 인(忍)을 얻어 성취하여 무생법인을 이룹니다. 여기서 우리는 다시 선종의 공안(公案) 하나를 들어 설명해 보고자 합니다.

장졸의 고사

당나라 말 오대(五代) 시기에는 선종이 융성했습니다. 당시 장졸(張拙)이라는 사람이 있었는데, 그는 재가인(在家人)으로서 어떤 선사를 찾아가서 도(道)를 물었습니다. 선사는 그의 이름이 무엇이냐고 했습니다. 그가 장졸이라고 대답하자 선사가 말했습니다. "교묘한 것을 찾아도 찾지 못하거늘, 어디서 치졸한[拙] 것을 찾겠는가!" 이 말을 듣고서 그는 곧 깨달았습니다! 이렇게 빨리, 한마디 말을 듣고서 곧 깨달았습니다. 그가 깨달은 것이 과연 무엇이었을까요? 그것은 일체법이 무아라는 사실이었습니다! 바로 인(忍)을 얻어 성취한 것입니다. 그렇지 않습니까? 교리로써 말하니 금방 알겠지요? 그래서 그는 한 수의 게송을 지었습니다.

고요한 빛이 강가의 모래까지 두루 비추니
범인과 성인의 신령스러움은 다름이 없도다
일념도 일어나지 않으니 전체가 드러나고
육근이 비로소 진동하여 구름에 가려진다
번뇌를 제거해도 병만 키우고 무겁게 하니
진여를 좇는 것 역시 삿된 것이로다
세상의 연을 따르나 걸림이 없으니
열반과 생사가 모두 공화로다

光明寂照遍河沙　凡聖含靈共一家
광명적조편하사　범성함령공일가
一念不生全體現　六根纔動被雲遮
일념불생전체현　육근재동피운차
斷除煩惱重增病　趣向眞如亦是邪
단제번뇌중증병　취향진여역시사
隨順世緣無罣礙　涅槃生死等空花
수순세연무괘애　열반생사등공화

"고요한 빛이 강가의 모래까지 두루 비추니〔光明寂照遍河沙〕." 이것은 본체를 말한 것입니다. 일체 중생은 동일한 본성을 갖고 있습니다. 이 자성(自性)의 본체는 밝고 깨끗하며 상(相)이 없습니다. 적조(寂照)란 진상유심(眞常唯心)이 아니라 형용하는 말입니다. 고요한 빛이 강가의 모래에까지 두루 퍼져 있으니, 없는 곳이 없습니다.

"범인과 성인의 신령스러움은 다름이 없도다〔凡聖含靈共一家〕." 일체 중생은 부처님과 차별이 없습니다. 심(心), 불(佛), 중생(衆生) 삼자는 차별이 없습니다.

"일념도 일어나지 않으니 전체가 드러나고〔一念不生全體現〕." 주의해야 합니다! 일념도 일어나지 않는 것은 무생법인의 초보적 경계입니다. 왜 이것을 초보적 경계라 할까요? 진정한 무생법인은 만념(萬念)이 모두 일어나더라도 여전히 무생법인이기 때문입니다. 이것은 보살의 성과로서, 그 초보적 경계는 일념도 일어나지 않는 것입니다. 그리고 우리 불법을 배우고 수지(修持)하는 사람들이 착각해서는 안 될 것이 있습니다. 그것은 일념도 일어나지 않는 것을 어떤 생각이나 사고도 모두 움직이지 않는 것이라 생각하는 것입니다. 이것은 혼침(昏沈)입니다. 어떤 것을 일념도 일어나지 않는 것이라 할까요? 생각을 잘 보호하여 머물지 않는 것입니다. 일체에 머물지 않습니다. 과거의 마음은 얻을 수 없고, 현재의 마음도 얻을 수 없으며, 미래의 마음도 얻을 수 없습니다. 얻을 수 없다는 것 역시 얻을 수 없습니다. 이것이 바로 일념도 일어나지 않는 것으로, 일어나면서도 일어나지 않는 것〔生而不生〕입니다. 이 때문에 "육근이 비로소 진동하여 구름에 가려집니다."

"육근이 비로소 진동하여 구름에 가려진다〔六根纔動被雲遮〕." 이것은 모두 초보적인 무생법인입니다. 최후에는 육근(六根)이 모두 진동하더라도 가려지지 않습니다. 이 때문에 방금 언급했듯이 부처님은 무상(無相)과 무주

(無住)를 말한 것입니다. 그렇지만 이 사이는 다시 두 층으로 나누어집니다. 바로 근본지(根本智)와 후득지(後得智)입니다. 소리나 형체로써는 도를 깨 칠 수 없으므로 이들을 모두 제거한 뒤 일념도 일지 않으면 전체가 드러납 니다. 육근(六根)이 비로소 움직여 구름에 가려집니다. 이것은 근본지의 한 측면을 얻은 것에 지나지 않을 뿐, 아직 후득지는 얻지 못했습니다.

"번뇌를 제거해도 병만 키우고 무겁게 하니〔斷除煩惱重增病〕." 왜 번뇌와 망상을 끊어 버릴 필요가 없을까요? 여러분이 타좌를 하고서 하루 종일 앉아 번뇌를 끊어 버리려 한다면, 번뇌와 망념을 공(空)으로 만들고자 한 다면, 그것이 바로 망념입니다! 그것이 바로 번뇌입니다! 그러므로 여러분 은 정(定)을 얻을 수 없을 뿐 아니라 도리어 마음의 병을 얻게 됩니다. 그 래서 번뇌를 제거하는 것이 병을 한층 더하는 것이라고 말했습니다.

"진여를 좇는 것 역시 삿된 것이로다〔趣向眞如亦是邪〕." 여러분의 마음속 에 단지 도(道)의 경계를 거머쥐겠다는 생각뿐이라면, 그것 역시 사견(邪 見)입니다! 일체의 법은 자성이 없습니다. 그러므로 여러분은 하나의 진여 인 도의 경계를 거머쥘 수 없습니다. 도의 경계가 있다면, 그것은 바로 망 념의 경계요 번뇌입니다. 그것은 일체법이 무아라고 하는 이치가 아닙니 다. 이런 까닭에 이 거사는 결코 출가하지 않았습니다. 이 재가보살은 후 에 도를 이루었습니다. 아래 두 구절을 보십시오. 여러분 생각에 그가 대 철대오한 것이라면 재가든 출가든 말할 것이 없습니다.

"세상의 연을 따르나 걸림이 없으니〔隨順世緣無罣礙〕." 이 세간에서의 삶은 세상의 연(緣)을 따릅니다. 바로 선종의 조사가 진정으로 도를 깨친 사람은 어떻게 수행하는가에 대해, "연에 따라 옛 업을 소멸시키며, 새로 운 재앙을 만들지 않는다〔隨緣消舊業, 更不造新殃〕"라는 두 구절로 대답한 것과 같습니다. 단지 부채를 갚을 뿐입니다. 연에 따라 옛 업을 소멸시키 되 다시 나쁜 업력(業力)을 만들지 않습니다. 물론 선업(善業)은 부단히 행합니다! 연에 따라 옛 업을 소멸시키고 다시 재앙을 만들지 않는 것, 이것이 바로 "세상의 연을 따르나 걸림이 없다"는 이치입니다. 마지막으로 그의 기백은 더욱 커서, 『금강경』 전부를 잘 이해하고자 합니다.

"열반과 생사가 모두 공화로다〔涅槃生死等空花〕." 비단 생사(生死)가 공화(空花) 같을 뿐 아니라 열반의 증득 또한 별것 아니라는 것입니다. 열반 역시 공화(空花)요, 꿈이라는 것입니다. 공화나 열매는 실재하는 것이 아닙니다. 열반이나 생사가 바로 공화와 같다는 것입니다. 우리는 이 장졸의 공안을 들어 『금강경』에서 말한, "일체의 법이 무아라는 것을 알면 인을 얻어 성취한다〔知一切法無我, 得成於忍〕"라는 이치를 설명하고자 합니다.

구하는 것은 곧 머무는 것인가

"왜냐하면, 수보리여! 모든 보살은 복덕을 받아들이지 않기 때문이다."
수보리가 부처님께 아뢰었다. "세존이시여! 왜 보살이 복덕을 받지 않는가요?"
"수보리여! 보살은 자신의 복덕에 집착하지 않기 때문에 복덕을 받지 않는다고 했다."

"何以故? 須菩提! 以諸菩薩不受福德故."
하이고 수보리 이제보살불수복덕고
須菩提白佛言. "世尊! 云何菩薩不受福德?"
수보리백불언 세존 운하보살불수복덕
"須菩提! 菩薩所作福德, 不應貪著, 是故說不受福德."
수보리 보살소작복덕 불응탐착 시고설불수복덕

"모든 보살은 복덕을 받아들이지 않기 때문이다〔以諸菩薩不受福德故〕." 이 구절에서 다시 요약합니다. 진정으로 대승보살도를 행하는 사람은 선한 일을 행하면서도 복덕의 과보(果報)를 구하지 않습니다. 일체의 선한 일을 행하는 것은 마땅히 해야 할 일을 행하는 것일 뿐입니다! 가령 우리가 세상을 구하고 사람을 구하는 선(善)을 행하고 나서 내가 복보(福報)를 쌓고 있다고 생각한다면, 이건 역시 틀린 생각입니다. 이는 범부의 경계이지 보살의 심성이 아닙니다. 일체의 보살은 복덕을 받지 않으며, 과보를 구하지도 않습니다.

수보리가 여기까지 듣고서 다시 의혹이 생깁니다. 그가 묻습니다. 왜 보살이 복덕을 받지 않는다고 말씀하시는지요? 방금 우리가 언급했던 것이 아닙니까? 보살은 결코 복덕을 구할 마음으로 선을 행하지 않습니다. 그것은 당연히 해야 할 일이요, 본분(本分)입니다. 하면 한 것이요, 거기에 머물거나 집착하지 않습니다. 여기에 무슨 문제 될 것이 있겠습니까? 수보리가 우리보다 더 어리석은 것일까요? 그는 다시 묻습니다. 왜 보살은 복덕을 받아들이지 않는가요?

여러분! 수보리의 질문이 옳은 것일까요? 당연히 옳습니다. 아주 고명한 질문입니다. 그렇습니다. 보살이 선한 일을 행하는 것은 결코 복덕을 구하기 위함이 아닙니다. 그렇지만 이미 아무것에도 머물지 않고 집착하지도 않는데 구한다고 한들 또 무슨 장애가 있겠습니까? 그가 물은 것은 바로 이 이치입니다. 여러분은 이 문제를 작은 것이라 생각해서는 안 됩니다. 수보리의 물음은 대단히 엄중한 문제입니다! 이미 보살이라면 마음이 머물지 않습니다. 일체의 선을 행하고서도 마음에 구하는 바가 없으니, 이것이 바로 머물지 않는 것입니다. 그렇다면 구하는 바가 있다면 머무름이 있는 것일까요? 이런 보살이라면 아직 철저한 깨달음에 이르지 못한 것일까요? 아직 제대로 되지 못한 것일까요? 수보리가 물었던 것은 바로 이 이치입니다. 그러므로 부처님 또한 수보리가 묻자 지체 없이 대답합니다.

"수보리여! 보살은 자신의 복덕에 집착하지 않기 때문에 복덕을 받지 않는다고 했다〔須菩提! 菩薩所作福德, 不應貪著, 是故說不受福德〕." 여러 부처님이나 보살은 공덕을 행하면서 당연히 거기에 집착하지 않습니다. 그러므로 비록 복덕이 있더라도 스스로 집착하지 않고, 좋은 것이 있더라도 스스로 결코 받아들이지 않습니다. 대신에 그것을 세계의 일체 중생에게 돌리고, 세계의 일체 중생이 그 좋은 것을 받도록 기원합니다. 자신은 그것을 원하지 않습니다. 소위 대보시, 보시법문, 보시바라밀다라고 말하는 것도 바로 이 이치입니다.

그러므로 결론을 하나 내릴 수 있습니다. 진정으로 깨달음을 증득하여 반야를 얻은 사람은 사사로움이 없기에 소승의 길을 걷지 않으며, 보시를 제일 우선시합니다. 보시에는 법보시(法布施) 재보시(財布施) 무외보시(無畏布施)가 있으나, 일체의 보시 속에 바로 보살도가 있습니다. 이 품의 결론은 다음 게송과 같습니다.

【제28품】

게송

말 없는 침묵이 진정한 들음이요
감정이 무심에 이르니 의식이 향기롭다
온갖 것을 놓아 버려 아무것도 없으니
세간의 맛으로 공훈을 논할 바 없도다

默然無語是眞聞　情到無心意已薰
묵 연 무 어 시 진 문　정 도 무 심 의 이 훈
撒手大千無一物　莫憑世昧論功勳
살 수 대 천 무 일 물　막 빙 세 미 론 공 훈

"말 없는 침묵이 진정한 들음이요〔默然無語是眞聞〕." 이것은 진정한 불법의 배움, 즉 지혜와 공덕을 말한 것입니다. 진정한 불법은 일체가 무아이며 자성(自性)이 없습니다. 부처님이 말한 법 또한 방편적인 것으로서, 진정한 불법은 말로 설명될 수 있는 것이 아닙니다. 이 때문에 부처님은 일찍이 마갈타국(摩羯陀國)에 있을 때 학생들에게 아무 말도 하지 않고 삼 개월 동안 폐관에 들었습니다. 이것은 불법이 말로 설명될 수 없다는 것을 말합니다. 그러니 스스로 증험해야 합니다. 그러므로 묵묵히 아무 말도 하지 않습니다〔默然無語〕. 말할 만한 것도 없으니, 이것이 진정한 들음〔眞聞〕입니다.

"감정이 무심에 이르니 의식이 향기롭다〔情到無心意已薰〕." 진정으로 무심(無心)의 경지에 이르면 일체의 행위에서, 일체의 곳에서 모두 무심합니다. 일체의 감정과 의식이 모두 절로 청정합니다. 무엇을 무심이라 할까요? 바로 과거의 마음을 얻을 수 없고, 현재의 마음도 얻을 수 없으며, 미래의 마음도 얻을 수 없는 것입니다. 무심의 경지에 이르면 제육식(第六識)이 완전히 전환되어 비로소 지혜의 경계가 드러납니다. 소위 말하는 묘관찰지(妙觀察智), 즉 반야의 경계로 전환됩니다.

"온갖 것을 놓아 버려 아무것도 없으니〔撒手大千無一物〕." 어떻게 수지(修持)해야 비로소 무심의 경지에 이를 수 있을까요? 절벽에서 손을 놓아 버리는 것만으로는 부족합니다. 삼천대천세계 일체의 것으로 모두 보시할 수 있고, 일체의 것을 모두 놓아 버릴 수 있어야 합니다. 이것이 진정한 놓아 버림입니다. 바로 육조가 말한, "본래 아무것도 없다〔本來無一物〕"는 것입니다. 그러므로 불법을 배우는 데에는 두 가지 길이 있습니다. 복덕의 성취를 구하고자 한다면 모든 악을 행하지 않고 온갖 선을 받들어 행해야 합니다. 이것은 분발시키는 것입니다. 지혜의 성취를 이루고자 한다면 모든 것을 놓아 버릴 수 있어야 합니다.

분발시킬 수 있고 놓아 버릴 수 있을 때 비로소 불법을 배울 자격이 있습니다. 분발시킬 수 있고 놓아 버릴 수 있을 때 자연 성불할 수 있습니다. 반야의 경계란 일체의 인연을 놓아 버리고 모든 악을 행하지 않고 온갖 선을 받들어 행함으로써 일체 선법(善法)을 닦는 것을 말합니다. 일체의 것을 분발시킴으로써 일체의 복덕을 닦았다면, 이 복덕은 세간상의 복보가 아닙니다! 도를 깨치고 성불하기 위해서는 대복보(大福報)가 필요합니다! 진정한 지혜 역시 대복보를 필요로 합니다. 이것은 세간의 복보로써 이룰 수 있는 것이 아닙니다.

제29품
위의가 고요하다

第29品・威儀寂靜分

"須菩提! 若有人言, 如來若來若去, 若坐若臥, 是人不解我所說義. 何以故? 如來者, 無所從來, 亦無所去, 故名如來."

"수보리여! 만약 어떤 사람이 말하기를, 여래는 오는 것 같기도 하고 가는 것 같기도 하며, 앉아 있는 것 같기도 하고 누워 있는 것 같기도 하다고 한다면, 이 사람은 내가 말한 뜻을 이해하지 못한 것이다. 왜냐하면 여래란 오는 곳이 없고 가는 곳도 없어 여래라 하기 때문이다."

오지도 않고 가지도 않다

"수보리여! 만약 어떤 사람이 말하기를, 여래는 오는 것 같기도 하고 가는 것 같기도 하며, 앉아 있는 것 같기도 하고 누워 있는 것 같기도 하다고 한다면, 이 사람은 내가 말한 뜻을 이해하지 못한 것이다. 왜냐하면 여래란 오는 곳이 없고 가는 곳도 없어 여래라 하기 때문이다."

"須菩提! 若有人言, 如來若來若去, 若坐若臥, 是人不解我所說義. 何以故?
 수보리   약유인언   여래약래약거   약좌약와   시인불해아소설의   하이고
如來者, 無所從來, 亦無所去, 故名如來."
여래자   무소종래   역무소거   고명여래

이 경전은 지혜의 성취, 반야바라밀의 대지혜의 성취와 성불(成佛)의 방법 및 노선을 말하고 있습니다. 수보리에 의해 문제가 제기되어 부처님은 하나의 입문 방법 즉 선호념(善護念)을 설명하는데, 이것이 바로 『금강경』의 요점입니다. 진정한 수양은, 출가든 재가든 단지 '선호념'이라는 세 글자에 있습니다. 어떤 사람이라도 성불하면 모두 열 개의 이름이 붙습니다.

예를 들면 부처나 세존, 여래, 선서(善逝), 무상사(無上士) 등인데, 모두 그 이름의 하나입니다. '여래'는 통칭으로서 어떤 사람이든 성불하면 모두 여래라 칭합니다. 불교가 중국에 들어와서는 우리의 일반적 관념이 덧붙여져서 여래불(如來佛)이라 부르게 되었습니다. 여래가 본래 부처(佛)이고, 부처가 곧 여래입니다. 단지 명칭만 다를 뿐입니다.

왜 도(道)를 이룬 사람을 여래라 부를까요? 먼저 문자적 측면에서 보면 '여(如)'란 '무엇과 같다'는 뜻이요 '래(來)'는 온다는 뜻이니, 여래란 '마치 올 것 같다'는 뜻입니다. 여래는 실제로 오지도 않고 가지도 않습니다. 인세간(人世間)의 오고 가는 현상으로써 본체인 도체(道體)의 작용을 설명하다 보니 '마치 올 것 같다'는 표현이 되었지만, 오지는 않습니다.

예를 들면 전등이나 선풍기와 같습니다. 스위치를 켜면 전기가 들어오지만, 그 전기를 볼 수는 없습니다. 단지 빛이나 바람만을 느낄 뿐입니다. 전기가 들어왔을까요, 들어오지 않았을까요? 들어왔지만 마치 들어오지 않은 것 같습니다. 전기는 다시 흩어져 소멸되어 버립니다. 전기가 나갔을까요, 나가지 않았을까요? 나갔지만 마치 나가지 않은 것 같습니다. 다시 움직이기 시작하면 전기는 들어옵니다. 전기는 들어오지도 않고 나가지도 않으며, 태어나지도 않고 죽지도 않습니다. 여래는 중생의 본체인 자성(自性)입니다. 곧 도체(道體)의 한 현상입니다.

예를 들어 봅시다. 사람에게는 희로애락이 있고, 생각이나 망념이 있습니다. 여기 앉아 있는 분들은 적어도 이십 년 이상의 인생 경험이 있을 겁니다. 심지어 육칠십 년의 인생 경험을 한 분도 있을 겁니다. 우리 일생은 대단히 많은 슬픔과 기쁨, 고통과 즐거움, 득의와 실의, 고통과 번뇌를 거칩니다. 그렇지만 우리가 지금 여기 앉아 있는 순간에는 그 번뇌들, 그것들 일체가 모두 없어져 버렸습니다. 작년의 일은 그림자도 없이 사라지고 말았습니다. 작년까지 말할 필요도 없습니다. 어제의 사정도 이미 그림자도 없이 사라지고 말았습니다. 그렇지만 어제의 일이 과연 사라졌습니까? 열 살 무렵의 일이 사라졌습니까? 모두 존재합니다. 마치 온 것 같습니다. 만약 여러분이 온 적이 없다고 말하면, 확실히 와 있습니다. 수십 년간의 인생에서 행했던 일이 있지 않습니까? 그걸 어떻게 행했던 적이 없다고 말하겠습니까? 마치 온 것 같습니다〔若來〕! 그렇지만 이제는 모두 사라졌습니다. 어제의 일은 꿈처럼 지나가 버렸습니다. 어제의 일이 가 버리지 않았습니까? 마치 간 것 같습니다〔若去〕! 그러나 한편으로는 가지 않은 것 같습니다. 다시 생각하면 또 눈앞에 나타납니다.

여래라는 이 명칭은 심성(心性) 본래의 현상을 설명하는 것이기도 합니다. 이 현상은 바로 불경에서 말하는 상(相)입니다. 바로 심상(心相)입니다. 심성이 작용을 일으킨 일종의 현상입니다. 다시 범위를 좁혀서 말해 봅시다. 첫 일 분간 한 사람이 이야기를 시작한다고 합시다. 여러분은 들었습니까? 마치 온 것 같습니다〔若來〕. 매 한 구절의 말이 들려오면 다시 사라져 버립니다. 마치 사라져 버린 것 같습니다〔若去〕. 그가 다시 말하면 또 옵니다. 그러나 그 본체는 항시 움직이지 않는 것 같습니다〔如如不動〕. 그러므로 불경에서는 우리의 수양이 그 경계에 이르렀을 때, 거의 청정한 공상(空相)에 근접했을 때를 "여여부동(如如不動)"이라 묘사합니다. 마치 움직이지 않는 것 같지만 진정으로 움직이지 않는 것은 아닙니다. 만약 진정으로 움직이지 않는다면 그건 죽은 것이나 마찬가지입니다.

자성(自性) 자체는, 다시 말해 진여(眞如) 자체는 아주 활발한 것으로서 단지 "여여부동(如如不動)"으로밖에는 형용할 수 없습니다. 이 '여(如)' 자는 불법에서 자주 볼 수 있습니다. 예를 들면 "여몽여환(如夢如幻)"과 같은 것입니다. '진여(眞如)'의 앞뒤 글자를 바꾸면 '여진(如眞)'이 되는데, 마치 진짜 같다는 것입니다. 만약 여러분이 '진짜〔眞〕'만 고집한다면 집착에 떨어지게 되는데, 집착은 곧 망념으로서 역시 착오입니다. 그러므로 '진여

(眞如)'란 마치 진짜 같은 것입니다. '여래'는 부처님의 법신에 대한 칭호입니다.

일체의 중생과 부처님에게는 모두 법신(法身), 보신(報身), 화신(化身)의 세 몸이 있습니다. 법신은 자성의 본체로서, 이것은 방금 우리가 비유로 들었던 허공 중의 전기와도 같습니다. 전기는 우주의 에너지 변화로서, 여러분이 손으로 허공을 휘젓는다고 해서 만질 수 있는 것이 아닙니다. 인연을 기다려 성취됩니다. 마찰하면 곧 전기가 발생합니다. 전기는 본래 허공 중에 존재하고 있습니다. 여래는 오는 것 같기도 하고 가는 것 같기도 하며, 법신은 새로 생겨나지도 않고 없어지지도 않습니다. 소위 불생불멸하며 오지도 않고 가지도 않습니다. 죽지도 않고 태어나지도 않으며, 마치 영원히 그렇게 존재하는 것 같습니다. 이것이 법신입니다.

보신은 우리가 현재 부모로부터 받은 몸으로서, 이것은 화신이라 할 수도 있습니다. 여러분은 불법을 배우고 수도를 하고 있는데, 어떤 사람은 깨닫고, 어떤 사람은 정(定)을 얻으며, 어떤 사람은 화장하고 나면 사리가 나옵니다. 그렇지만 이것은 기껏해야 법신의 성취에 지나지 않습니다. 보신은 아직 전환되지 않았습니다. 보신의 성취를 얻어 원만한 보신으로 바뀌면, 비단 병이나 통증이 없어질 뿐 아니라 완전히 색계(色界) 천인(天人)의 몸으로 바뀌게 됩니다. 그렇지만 원만한 보신의 수지(修持)는 일반적인 타좌 수행만으로 가능한 것이 아닙니다. 깨달음을 얻은 후 다시 수행을 시작해야 합니다. 이것은 또 다른 하나의 노선입니다. 원만한 보신을 닦아 이룬 뒤에는 헤아릴 수 없이 많은 화신이 생깁니다. 현재의 육신이 아주 많은 몸으로 변화할 수 있습니다. 사실 세 몸은 단지 하나의 몸일 뿐입니다.

보살의 화신은 종류가 아주 많습니다. 많은 보살들은 다른 종류의 중생으로 변하기도 합니다. 이 때문에 우리는 자주, 쇠고기를 먹을 때 조심하라고 말합니다. 소 보살을 먹고 있을지도 모르니까요. 혹 보살이 소를 교화하기 위해 소로 변한〔化身〕것인지도 모르지 않습니까?

여래의 경계

　법신은 어떻게 올까요? 여러분은 지금 화두를 들고 있습니다. 이 생각이 어디에서 올까요? 어디로 갈까요? "오는 곳이 없고 가는 곳도 없어 여래라 한다〔無所從來, 亦無所去, 故名如來〕." 여러분은 왜 생각에 관여하려 합니까? 생각이 올 때는 불쑥 오고, 갈 때도 불쑥 갑니다. 여러분이 타좌를 할 때는 한사코 망상을 공(空)으로 만들고자 하는데, 한번 보십시오. 그게 얼마나 바보 같은 짓입니까! 바보 같기가 다이아몬드 같습니다. 단단해서 깨뜨릴 수가 없습니다. 사람들은 금강반야바라밀다를 구하지만, 이들은 모두 바보 같기가 반야바라밀의 금강 같습니다. 어리석기 짝이 없습니다. 여러분은 왜 망상을 떨쳐 버리려 합니까? 망상은 본래 공(空)입니다. 오는 곳도 없고 가는 곳도 없어 여래라 합니다. 머물고자 해도 머물게 할 수가 없습니다. 어떤 사람이 생각을 머물게 할 수 있겠습니까? 여러분은 자신이 고통과 번뇌를 느낀다고 말하지만, 그건 정말 바보 같은 소리 아닙니까? 어제는 이미 지나가 버려서 어제의 번뇌는 그림자조차 없습니다. 지금 여기 앉아서는 번뇌를 느끼지 않습니다. 여러분이 현재 심한 번뇌를 느낀다면, 조금 지나면 번뇌가 없어질 겁니다! 번뇌를 영원히 느낄 수는 없으며, 그것을 결코 붙잡아 둘 수도 없습니다. 바꾸어 말하면 청정한 경계도 역시 붙들어 둘 수 없습니다. 어떤 사람은, 타좌 시 우연히 청정한 경계가 나타났는데 가부좌를 풀고 나니 그만 그 경계가 달아났다고 말합니다. 청정이 어떻게 달아날 수 있겠습니까? 오는 곳도 없고 가는 곳도 없어 여래라 합니다. 청정은 근본적으로 달아나지 않습니다. 자신의 이해가 불충분하기 때문에 그동안의 공부가 달아났다고 생각하는 것입니다. 어떤 사람은 공부를 해서 자기를 찾겠다고 합니다. 무슨 공부요? 오는 곳도 없고 가는 곳도 없어 여래라 합니다. 이것을 이해한다면 어느 때든 청정 가운데 있지 않는 때가 없습니다. 이로부터 닦아 나가면 서서히 세 몸을 성취할 수 있습니다.

세 몸에 대해서는 앞에서 이미 말한 바 있습니다. 법신은 곧 여래요, 보신은 곧 세존이며, 화신은 곧 부처님입니다. 이론적으로 말하자면 법신은 본체〔體〕요, 보신은 그 현상〔相〕이며, 수없이 많은 화신은 그 작용〔用〕입니다. 세 몸이란 바로 본체와 현상 및 작용입니다. 만사만물은 모두 본체와 현상 그리고 작용을 갖습니다. 이 이치를 안다면 수행법이나 불법을 배우기 위해 이름난 스승을 찾아 은밀히 그 방법을 전수 받을 필요가 없습니다. 부처님은 어떤 것도 남기지 않고 모두 다 말했습니다! 만약 도(道)를 이룬 사람이 어떤 것을 남겨 두었다가 돈을 많이 가져오거나 절을 충분히 하는 사람에게 은밀하게 전해 준다면, 이런 사람은 절대로 만날 필요가 없습니다. 저라도 이런 사람은 만나지 않을 겁니다. 기본적인 도덕조차 아직 부족하기 때문입니다. 진정한 도는 천하의 공도(公道)로서 어떤 비밀도 없습니다. 하늘이 꺼려해서 함부로 전할 수 없다느니 하는 것들은 모두 맹랑한 소리입니다.

도는 천하의 것입니다. 어떤 사람은 이렇게 생각합니다. 나쁜 사람은 제도해서는 안 되고, 오직 좋은 사람만 제도해야 한다고요. 좋은 사람에게 왜 굳이 제도가 필요하겠습니까? 그는 본래 좋은 사람인데요! 부처님이 와서 제도했는데, 부처님은 무엇을 했을까요? 부처님은 고난의 곳으로 와서 중생을 제도하고 교화했습니다. 제도하기 어려운 중생을 교화했습니다. 그런 까닭에 부처님은 도를 우리에게 모두 말해 주었고, 수지(修持)의 방법은 『금강경』에 모두 있습니다. 지금 우리는 거기에 자질구레한 설명을 덧붙여 상에 집착해서는 안 된다는 심리적 상황을 말하고 있는 것입니다.

많은 사람들은 불법을 배우면서 종교적 의식에 혼란을 겪고 있습니다. 경전의 다음과 같은 구절을 보십시오. "만약 어떤 사람이 말하기를, 여래는 오는 것 같기도 하고 가는 것 같기도 하며, 앉아 있는 것 같기도 하고 누워 있는 것 같기도 하다고 한다면〔若有人言, 如來若來若去, 若坐若臥〕", 어떤 때는 꿈속에서 부처님을 보기도 합니다. 그 부처님은 누워 있는 와불(臥佛)입니다. 이렇게 묻는 사람도 있습니다. "선생님, 그게 정말입니까?" 저는 대답합니다. "정말입니다." 당연히 정말입니다. 꿈을 꾸었기 때문이지요! 지금도 당신은 여전히 꿈 이야기를 하고 있지 않습니까? 그렇지 않습니까? 당신은 꿈 이야기를 하고 있지만, 저는 깨어 있는 사람입니다.

어떤 사람이 찾아와서는 자기가 어젯밤에 부처님을 보았다는 겁니다. 저는 당연히 사실일 것이라고 말했습니다. 그가 아직까지 꿈 이야기를 하고 있으니까요! 깨어 있는 사람들이 그런 사람들에게 대답할 때는, 그가 꿈 이야기를 하듯 그렇게 대처하면 됩니다. 그렇다면 꿈에 보았다는 것은 과연 무엇일까요? 유식(唯識)을 연구해 보면 이것이 의식 경계의 그림자라는 것을 알 수 있을 겁니다. 세상 사람들의 꿈은 그것이 어떤 꿈이더라도 모두 자신이 평생에 행했거나, 들었거나, 생각했거나, 보았던 경험들입니다. 이 범위를 벗어날 수 없습니다. 만약 이 범위를 초월한 꿈이라면 이건 따로 논의해야 할 겁니다. 이 이치는 아주 깊습니다. 어떤 때는 전생의 아뢰야식(阿賴耶識)의 그림자일 수 있습니다. 이 세상의 것이 아니라 우연히 따라 나온 것입니다.

어떤 사람은 여래가 온다고 생각합니다. 어제 자기를 보러 왔다는 겁니다. 부처님의 광채가 자기를 비췄는데 지금은 없어졌다는 겁니다. 어떤 사람은 좌상(坐像)을 보기도 하고, 어떤 사람은 와상(臥像)을 보기도 합니다. 부처님은 말합니다. "그대는 착각해서는 안 된다. 만약 불법을 배우는 사람이 이런 상(相)에 집착한다면, 이 사람은 근본적으로 불법을 이해하지 못한 사람이다〔是人不解我所說義〕. 부처님이 말하는 이치를 이해하지 못한 것이다."

이유가 무엇일까요? 진정한 부처, 법신의 본체, 도를 깨달은 자, 법신의 본체를 증득한 자, 이들은 모두 오는 곳이 없고 가는 곳도 없습니다. 오지도 않고 가지도 않으며, 태어나지도 않고 죽지도 않으며, 앉아 있지도 않고 누워 있지도 않습니다. 그것이 어떤 경계냐고요? 문자에 현혹되어서는 안 됩니다. 그것은 아주 평범한 경계입니다. 어떤 경계일까요? 바로 여러분의 현재의 그 경계입니다. 바로 여러분의 지금 모습처럼, 앉아 있지도 않고 누워 있지도 않으며, 오지도 않고 가지도 않습니다. 현재의 몸이 바로 부처님입니다. 이미 나쁜 생각이 움직이지도 않고, 좋은 생각도 생기지 않습니다. 이 마음은 평온하고 고요하며 분별심이 일지 않으니, 바로 여래의 경계 속에 있습니다!

여러분은 부처님의 경계가 그렇게 높고도 먼 것이라 생각해서는 안 됩니다. 사실 지극히 평범합니다. 만약 우리가 『금강경』의 이 구절을 유가의 『중용』식으로 표현해 본다면 이렇게 될 겁니다. "지극히 고명하지만 중용을 말한다〔極高明而道中庸〕." "하늘이 명한 것을 일러 성이라 하고, 성을 따르는 것을 도라 하며, 도를 닦는 것을 교라 한다. 도란 잠시도 떨어질 수 없으니, 떨어질 수 있다면 도가 아니다〔天命之謂性, 率性之爲道, 修道之爲敎. 道也者不可須臾離也, 可離非道也〕."

도란 어떤 것일까요? "지극히 고명하지만 중용을 말한다", 즉 도는 가장 평상적인 것입니다. 도는 오지도 않고 가지도 않으며, 바로 여기에 있습니다. 우리는 이제 이 이치를 이해하고서, 다시 진정으로 불법을 배우고 수지(修持)하는 사람이라면 어떻게 힘써야 옳은지 살펴보기로 합시다. 힘쓰지 않는 것이 곧 힘쓰는 것입니다. 조금이라도 힘쓰면 바로 상(相)에 집착하는 것입니다. 우리가 항시 자신의 번뇌와 마음 씀씀이를 관찰하면, 오지도 않고 가지도 않으며, 앉지도 않고 눕지도 않으며, 생기지도 않고 없어지지도 않습니다. 앞 생각이 없어진 것을 멸(滅)이라 하고, 그 뒤를 이어서 나타난 생각을 생(生)이라 한다면, 생겨난〔生〕 것은 반드시 없어집니다〔滅〕. 없어진 뒤에는 완전히 존재하지 않는 것일까요? 상(相)은 단멸(斷滅)되지 않습니다. 다시 생겨날 수 있습니다. 계속 생겨나고 없어지니, 물 위의 파랑(波浪)과 같습니다. 파랑이 비록 움직이고 있더라도, 움직인 뒤에는 다시 하나하나 흩어집니다. 모든 파랑은 물이 변한 것입니다. 물은 움직인 적이 없지만, 파랑은 여전히 그렇게 많습니다. 많지도 않고 적지도 않으며, 영원히 거기에 있습니다.

우리는 각종 방법을 사용하여 수지(修持)하는데, 한사코 마음속의 파랑을 잠재우고자 합니다. 온갖 방법을 생각해 이 파랑을 잠재우고자 하지만, 잠재우고 나면 또 어떤가요? 잠재우고 나서도 역시 물입니다! 잠재우지 못하면요? 잠재우지 못해도 역시 물입니다. 그러므로 한사코 잠재우려 하는 것은 스스로 번뇌를 찾는 것이 아니고 무엇이겠습니까? 그렇지 않습니까? 이 이치가 아닐까요? 저는 바로 이 이치라고 생각합니다! 한번 자세히 생각해 보십시오. 여러분의 생각 역시 오는 곳이 없고 가는 곳도 없습니다. 생각 자체는 바로 여래의 청정한 경계에 있습니다. 이것이 반야의 눈입니다. 그러므로 우리는 다음과 같은 게송으로 결론을 내리고자 합니다.

【제29품】

게송

안배하고 배열함이 단지 그를 위함이요
몸을 떠나 무심하니 마경에 얽매이지 않는다
짙거나 옅게 그린 눈썹을 바라본다면
사람을 미혹함이 어찌 소라 같은 머리쪽에 그치리

安排擺佈祇爲他　身外無心不著魔
안 배 파 포 지 위 타　신 외 무 심 불 착 마
若向畵眉深淺看　迷人豈止髻堆螺
약 향 화 미 심 천 간　미 인 기 지 계 퇴 라

"안배하고 배열함이 단지 그를 위함이요〔安排擺佈祇爲他〕." 수도하는 사람들은 각종 방법으로 수지(修持)합니다. 타좌를 하기도 하고, 염불을 하기도 하며, 각종의 안배를 합니다. 수도를 하는 것은 곧 안배를 하는 것입니다. 수도를 하지 않는 사람은요? 번뇌와 고통에 맡겨 놓고 수시로 그것을 지휘하여 펼치고 배열합니다. 생각과 견해를 안배하고 배열하는 것은 단지 그를 위해서입니다.

"몸을 떠나 무심하니 마경에 얽매이지 않는다〔身外無心不著魔〕." 이 신체는 진짜가 아닙니다. 잠시 빌려 사용하는 하나의 도구입니다. 부모에게 빌려 수십 년간 사용하고 있는 겁니다. 이것을 안다면 진정으로 무심(無心)의 경지에 이를 수 있습니다. 무엇을 무심이라 할까요? 일체의 망념이 생겨나도 개의치 않는 것입니다. 그것이 본래 물 위의 파문에 불과한데, 구태여 따질 것이 무엇이냐는 겁니다. 개의치 않는 것은 곧 허망한 심리적 마장(魔障)을 받아들이지 않는 것입니다. 이들을 모두 헛것이라 생각하면 그 위의(威儀)는 자연 고요해집니다. 만약 우리가 자기 심성의 본래 모습을 이해하지 못한다면, 즉 견해와 감정이 모두 수면의 파문처럼 헛된 것임을 이해하지 못한다면, 수면의 파문에 의해 기만당해 자신이 바로 물의 본성이라는 사실을 잊어버리게 됩니다.

"짙거나 옅게 그린 눈썹을 바라본다면〔若向畫眉深淺看〕." 사람들은 모두 깊고 얇음에 속임을 당합니다. 눈썹을 짙게 그리거나 옅게 그려서, 혹은 틀어 얹은 쪽머리로 남을 미혹시킵니다. 이것은 당나라 사람의 시에 나오는, "눈썹을 진하게 그렸든 옅게 그렸든 요즘 유행에 맞나요?〔畫眉深淺入時無〕"라는 구절에서 인용한 것입니다. 신부가 다음 날 거울 앞에서 화장을 하면서 신랑에게 묻습니다. "제 눈썹 화장 어때요? 색깔이 좀 옅은가요? 너무 짧게 그리지 않았나요? 약간 치켜 올라간 것 같아요, 아니면 처진 것 같아요? 촌스럽지 않나요?" 지금은 눈썹을 약간 치켜 올라가게 그립니다. 어떤 여자는 눈썹에다 커피색이나 빨간색을 칠하기도 하지요. 등불 밑에서 보면, 어이쿠! 영락없이 나찰국에서 온 모양새입니다. 참말로 붉은 눈썹에 녹색 눈을 하고 있습니다. 당나라 사람들은 노란색을 찍어 바르길 좋아했습니다. 그래서 이마에 노란색을 찍어 바르고 다녔습니다. 요즘 사람의 눈에는 황달에 걸린 것처럼 보이겠지만 당나라에서는 이게 최신 유행이었습니다. 인도 여인들이 눈썹 사이에 구멍 파기를 좋아하는 것이나 마찬가지입니다. 어릴 때 구멍을 파 놓은 후 나중에 거기다 구슬을 박아 넣습니다. 세상에는 이처럼 괴상한 모습을 하고 다니는 사람들이 무척 많습니다. "눈썹을 진하게 그렸든 옅게 그렸든 들어갈 때는 없다"라는 이 시는 언뜻 보기에 외설적인 것 같지만, 사실 아주 솔직합니다. 이것은 책깨나 읽은 사람이 시의(時宜)에 적합하지 못해 평생 일자리를 찾지 못하는 것을 말합니다. 그 역시 최후에는 주위의 권고를 받아들여 시대에 맞춰 가는 것을 배웁니다. 그래서 말합니다. "한번 보십시오! 제가 지금 시대에 적합한가요, 그렇지 않은가요?" 이것이 "눈썹을 진하게 그렸든 옅게 그렸든 들어갈 때는 없다"라는 구절의 본뜻입니다.

"사람을 미혹함이 어찌 소라 같은 머리쪽에 그치리〔迷人豈止髻堆螺〕." 옛 사람들은 머리를 길게 땋아서 틀어 올려 쪽을 쪘는데, 마치 소라와 같아서 아주 보기 좋았습니다. 또 만두를 빚어 놓은 것처럼 머리를 틀어 하나씩 하나씩 높이 쌓아 올리기도 했는데, 많은 사람들이 이것을 보고는 멍하니 넋이 빠졌습니다. 사실 아름답다는 게 뭡니까? 남녀 간의 자태를 말하는 것 아니겠습니까? 이 경계는 사람을 미혹시킵니다. 물리세계의 일체 욕망은 사람을 기만합니다. 세상의 어떤 것도 사람을 기만하지 않는 것이 없습니다. 모두 속이고, 모두 속임을 당합니다. 왜 그럴까요? 자성(自性)이 곧 여래임을 알지 못한 채 단지 물 위의 파문만을 보고 거기에 기만당하기 때문입니다. 파문을 뚜렷이 알 수 있다면, 감정과 견해가 모두 가지도 않고 오지도 않음을 알게 될 겁니다. 이 마음은 본래 청정합니다. 이 사실을 체득한다면 속임을 덜 당해, 곧 금강반야바라밀에 이를 수 있습니다.

제30품
이치와 현상의 일합상

第30品・一合理相分

"須菩提! 若善男子善女人, 以三千大千世界, 碎爲微塵, 於意云何? 是微塵衆, 寧爲多不?"

須菩提言, "甚多, 世尊! 何以故? 若是微塵衆實有者, 佛卽不說是微塵衆. 所以者何? 佛說微塵衆, 卽非微塵衆, 是名微塵衆. 世尊! 如來所說三千大千世界, 卽非世界, 是名世界. 何以故? 若世界實有者, 卽是一合相. 如來說一合相, 卽非一合相, 是名一合相."

"須菩提! 一合相者, 卽是不可說, 但凡夫之人, 貪著其事."

"수보리여! 만약 선남자와 선여인이 삼천대천세계를 티끌로 부스러뜨린다면, 그대 생각은 어떤가? 이 티끌은 많지 않겠는가?"

수보리가 말했다. "아주 많습니다, 세존이시여! 왜냐하면, 만약 이 티끌이 실제 존재하는 것이라면 부처님께서 이 티끌을 말하지 않았을 것이기 때문입니다. 왜냐하면 부처님께서 티끌이라 하신 것은 티끌이 아니요, 그 이름이 티끌이기 때문입니다. 세존이시여! 여래에서 말씀한 삼천대천세계는 세계가 아니요, 이름이 세계입니다. 왜냐하면, 만약 세계가 실제로 존재한다면 곧 일합상이기 때문입니다. 여래에서 말씀한 일합상은 일합상이 아니요, 그 이름이 일합상입니다."

"수보리여! 일합상이란 말할 수 없는 것인데, 범부는 그것을 탐내고 거기에 집착한다."

이야기가 여래 자성(自性)의 상(相)에 이르렀는데, 아래에 중요한 문제가 제시됩니다. 여래 법신의 본체를 말하면서 먼저 우리에게 하나의 사정을 이해시키려 합니다.

작은 먼지로 분쇄된 이후

"수보리여! 만약 선남자와 선여인이 삼천대천세계를 티끌로 부스러뜨린다면, 그대 생각은 어떤가? 이 티끌은 많지 않겠는가?"

"須菩提! 若善男子善女人, 以三千大天世界, 碎爲微塵, 於意云何?
수보리 약선남자선여인 이삼천대천세계 쇄위미진 어의운하
是微塵衆, 寧爲多不?"
시미진중 영위다부

이제 부처님은 다시 물리세계의 문제를 제기합니다. 수보리에게 말합니다. "가령 남자든 여자든 상관없이 어떤 사람이 이 불세계(佛世界), 이 삼천대천세계, 즉 모든 우주를 때려 부숴 먼지로 만들었다면, 한번 상상해 보게. 그 먼지는 수량이 얼마나 되겠는가?"

수보리가 말했다. "아주 많습니다, 세존이시여! 왜냐하면 만약 이 티끌이 실제 존재하는 것이라면 부처님께서 이 티끌을 말하지 않았을 것이기 때문입니다.

須菩提言, "甚多, 世尊! 何以故? 若是微塵衆實有者, 佛卽不說是微塵衆."
수 보 리 언   심 다   세 존   하 이 고   약 시 미 진 중 실 유 자   불 즉 불 설 시 미 진 중

수보리가 대답합니다. "아주 많고도 많을 겁니다." 부처님이 말합니다 〔원래 수보리가 말한 부분인데 여기서는 부처님의 말로 되어 있음. 강연 원고를 정리하면서 발생한 착오로 보이지만 대의에는 차이가 없음〕. "왜 그런가?" 부처〔수보리〕님이 말합니다. "내 그대에게 이르노니, 가령 이 먼지들, 즉 이 물질세계의 분자, 전자나 원자핵, 이들이 진실로 영원히 존재한다면, 세상에 먼지가 있다고 그대에게 말하지 않았을 것이다. 이 먼지들이 누적되면 대지와 산하(山河)로 변해 물질세계가 된다."

부처님의 이 말은 돌려서 한 말로 실제로는 이런 말입니다. 물질세계의 물질이라는 것은, 만약 과학자의 눈을 통해 본다면 그것이 분석되고 분석되어 최후에는 원자, 전자, 원자핵 등이 되며, 마침내는 공(空)이 되리라는 것입니다. 공의 역량이 비록 물질세계를 이루어 낼 만큼 막대한 위력을 발휘하더라도 마지막에는 공이 되고 만다는 것입니다. 진정한 물리학자라면 이 원리를 이해할 겁니다. 소위 원자라는 것은 마지막까지 분석해 들어가면 결국 공이 되고 맙니다. 이 공은 결코 없는 것이 아닙니다. 그 역량은 아주 큽니다. 원자 폭탄이 작열할 때처럼, 공의 위력은 그렇게 막강합니다! 그래서 부처님은 여기서 말합니다. "만약 그대가 정말 미진(微塵)이 있다고 생각한다면, 내가 그 미진들을 말하지 않았을 것이다〔若是微塵衆實有者,

佛卽不說是微塵衆]. 근본적으로 먼지는 존재하지 않기 때문에, 일체는 모두 공(空)으로부터 형성된 것이다."

"왜냐하면 부처님께서 티끌이라 하신 것은 티끌이 아니요, 그 이름이 티끌이기 때문입니다."

"所以者何? 佛說微塵衆, 卽非微塵衆, 是名微塵衆."
소 이 자 하   불 설 미 진 중   즉 비 미 진 중   시 명 미 진 중

또 이 삼단(三段)의 논리가 나왔습니다. 소위 물리세계의 전자니 원자니 하는 것은 가명(假名)입니다. 미진은 극히 미세한 것으로 물체의 가장 기본이 되는 것이지만, 그것이 궁극적인 것은 아닙니다. 그것을 다시 분석해 들어가면 마침내는 아무것도 남지 않습니다. 즉 공(空)입니다. 이 물질세계 외부의 공간인 허공은 지구나 태양의 면적 및 허공 중의 어떤 면적보다 훨씬 더 큽니다! 이 공의 역량이 응결되어 물리세계로 변합니다.

"세존이시여! 여래께서 말씀한 삼천대천세계는 세계가 아니요, 이름이 세계입니다."

"世尊! 如來所說三千大千世界, 卽非世界, 是名世界."
세 존   여 래 소 설 삼 천 대 천 세 계   즉 비 세 계   시 명 세 계

수보리가 말합니다. "이제 알겠습니다. 방금 부처님께서 물었던 문제는, 제 생각에는 이런 것 같습니다. 이 삼천대천세계라는 것도 역시 가명(假名)으로서 우연히 잠시 존재하는 것입니다. 실제로 영원히 존재하는 것이란 없습니다. 물질세계 역시 변하는 것이며, 소멸되는 것입니다."

현재 우리가 있는 이곳도 마찬가지입니다. 이것저것을 끌어다 모아 놓

은 것입니다. 의자를 늘어놓고 사람들이 앉아 있으며 전등이나 에어컨도 갖추고 있으니, 이런 것들을 총칭해서 강당이라 합니다. 소위 강당이란 것은 강당이 아닙니다. 이름이 강당입니다. 이것은 우연하게 잠시 모여서 이루어진 것으로 궁극적인 것이 아니며, 실제로 존재하는 것도 아닙니다. 내일이면 영화관으로 바뀔지도 모르기 때문입니다. 소위 영화관이라는 것도 영화관이 아닙니다. 이름이 영화관입니다. 바로 이런 이치입니다. 일체의 물질세계는 모두 이처럼 우연히 모여서 생겨난 가상적인 것입니다.

그러므로 여러분은 세계니 가정이니 하는 것들로 고뇌할 필요가 없습니다. 소위 가정이란 가정이 아니라 이름이 가정입니다. 소위 인생이란 인생이 아니라 이름이 인생입니다. 마찬가지 이치입니다.

아래에서 부처님은 한 걸음 한 걸음 이어서 말합니다.

무엇이 합상인가

"왜냐하면, 만약 세계가 실제로 존재한다면 곧 일합상이기 때문입니다."

"何以故? 若世界實有者, 卽是一合相."
　하 이 고　　약 세 계 실 유 자　　즉 시 일 합 상

"무슨 이유인가?" 부처〔수보리〕님이 말합니다. "그대 말이 옳다! 그렇지만 왜 그런가? 내 그대에게 이르노니, 가령 진정으로 하나의 세계가 존재한다면, 또 영원히 불변한다면, 그것은 바로 일합상(一合相)이다. 그것은 서로 다른 것들이 모여서 변한 것이다."

이 문제는 아주 엄중합니다! 부처님은 한 구절도 틀린 말을 하지 않습니다. 구마라집은 '일합상(一合相)'이라고만 번역해 놓았습니다. 후세 불교에서는 허세를 부리고 견강부회하는 자들이 많아졌습니다. 밀종의 어떤 파에서는 일합상의 수행법을 닦기도 합니다.

또 어떤 사람은 주장하기를, 꼭 출가해야 할 필요는 없다고 합니다. 음양 합일의 일합상을 통해서만 비로소 수행에 성공할 수 있다는 겁니다. 그것이 『금강반야바라밀경』에서 부처님이 말한 일합상이라는 겁니다. 이 때문에 『금강경』 연구에서 이 구절은 아주 큰 문제입니다. 도대체 무엇을 일합상이라 할까요?

해물집에 가서 식사하면 대합이 나오는데, 대합은 두 개의 껍질로 되어 있습니다. 이것 역시 일합상입니다. 두 금속이 합금되는 것 역시 일합상입니다. 우리가 입고 있는 옷도 폴리에스테르 삼십 퍼센트에 면 칠십 퍼센트를 섞어서 짠 것으로, 역시 일합상입니다. 사람도 혈액, 뼈, 근육이 응결된 것이니 역시 일합상입니다. 이처럼 일합상은 물질세계의 현상입니다.

사실 물질세계는 부단히 변화합니다. 산을 예로 들어 봅시다. 언뜻 보기에는 움직이지 않는 것 같지만, 바람이라도 한번 불면 먼지가 쌓입니다. 비록 이것이 아주 서서히 일어나긴 하지만, 이로써 산은 커질 수 있습니다. 단지 우리 눈으로 그것을 볼 수 없을 뿐입니다. 당연한 일이지만, 한 살 때 가서 재어 본 후 예순 살이 되어 다시 재어 보고 나서 그 산이 커졌다고 할 고지식한 사람은 없을 겁니다. 바보 같긴 하지만 만약 정말 이런 과학자가 있어서 실제로 측량해 본다면, 그는 그 산이 이십 년 만에 몇 촌 혹은 몇 척씩 높아졌다는 것을 알게 될 겁니다. 산은 변하고 있습니다. 커질 수도 있고, 훼손될 수도 있습니다.

그러므로 일합상의 세계가 진실로 존재한다고 하더라도, 수천억 년 이후에는 역시 공(空)이 되고 말 겁니다. 그러고는 다시 공(空)에서 유(有)로 변할 겁니다. 그러므로 부처[수보리]님은 말합니다.

> "여래께서 말씀한 일합상은 일합상이 아니요, 그 이름이 일합상입니다."
>
> "如來說一合相, 卽非一合相, 是名一合相."
> 　여래설일합상　　즉비일합상　　시명일합상

일합상은 가상의 존재로서 하나의 명사에 지나지 않는 것입니다. 불변하는 것은 없습니다. 불변이란 단지 이념에 불과합니다.

그렇지만 일합상이 과연 존재하지 않는 것일까요? 이 세계가 공(空)이라고요? 날씨가 무척 덥지요? 여러분도 정말 덥다고 느끼겠지만, 만약에 에어컨을 켠다면 시원하다고 느낄 겁니다. 사람들은 항시 인생이 덧없는 꿈 같다고 하지만, 이런 관념이나 견해는 잘못된 것입니다. 꿈은 존재하지 않는 것이 아닙니다. 꿈은 존재합니다. 그러나 우연히, 잠시, 단편적으로 존재합니다. 심리학적 연구에 따르면 아무리 긴 꿈이라도 오 초를 넘지 않는다고 합니다. 사람은 자면서 꿈을 꿉니다. 어려서부터 꿈을 꾸기 시작해서 커 가는 동안 많은 일을 경험한 뒤 마침내는 죽음에 이르는 꿈도 꿉니다. 깨어 보면 베개가 축축하게 젖어 있기도 합니다. 꿈속에서는 수십 년의 세월이 흐른 것 같아도 실제로는 삼 초 정도가 지났을 뿐입니다.

꿈속의 시간과 공간은 상대적입니다. 아인슈타인 역시 시공이 상대적이라는 것을 잘 알고 있었습니다. 우리 지구상의 반 개월이 달에서는 단지 하룻밤이요, 이 세계상의 일 년이 태양에서는 단지 하루에 불과합니다. 또 다른 세계에서는 우리의 백 년이 단지 하루에 지나지 않습니다. 사람의 하루가 많은 미생물에게는 만세(萬世)이자 만생(萬生)일 수 있습니다. 죽었다 다시 태어나고, 태어나서 다시 죽기를 수천 수백억 번이나 반복해 얼마나 많은 시간이 흘렀는지조차 모를 수도 있습니다. 그러므로 우주 간의 어떤 행성에서도 시공은 모두 상대적입니다.

"수보리여! 일합상이란 말할 수 없는 것인데, 범부는 그것을 탐내고 거기에 집착한다."

"須菩提！一合相者，卽是不可說，但凡夫之人，貪著其事."
　수보리　　일합상자　　즉시불가설　　단범부지인　　탐착기사

부처님은 말합니다. "한 세계에 정말로 일합상이 있는가? 있다." 그러나 부처님은 말합니다. "그건 말할 수 없다. 그대에게 이해시킬 방법이 없다. 그대들이 이해하지 못하고, 이해시킬 방법도 없기 때문이다. 또 말할 수도 없다. 일단 말하고 나면 일체의 범부가 그것에 집착할 것이기 때문이다." 이 때문에 밀종이나 도가의 많은 사람들이 이 일합상을 사문외도(邪門外道)로 보고, 또 그렇게 해석합니다.

실제로 이것은 어떤 이치일까요? 이것은 진공(眞空)으로써 닦아서 완성할 수 있는 묘유(妙有)의 이치입니다.

제팔식과 종성

이야기가 여기에 이르니 우리는 반야(般若)를 연구해 보아야 할 것 같습니다. 반야를 연구하기 위해서는 유식(唯識)을 연구해야 합니다. 그렇지 않으면 성공(性空)의 이치를 전문으로 말하는 밀종에 대해 도무지 갈피를 잡을 수 없게 됩니다. 성공의 이치를 제대로 알지 못하면 불법을 배우면서 잘못된 지견(知見)에 떨어지게 됩니다. 그것은 단멸견(斷滅見)의 공(空)으로, 공을 아무것도 없는 것이라 생각하는 것입니다. 이건 사견(邪見)입니다. 공(空)은 하나의 경계입니다. 심성(心性)의 학문인 반야에 대해『금강경』에서는 단지 '심(心)'자 하나만 사용합니다. 이것으로 일체의 것을 나타냅니다. 유식종이나 법상종에서는 '심(心)'을 여덟 개의 식(識)으로 분석하는데, 이것을 팔식(八識)이라고 합니다.

팔식 중 제육식(第六識)은 의식(意識)입니다. 의식은 우리가 쉽게 이해할 수 있는 것으로, 바로 우리 심리상에 견해를 일으키는 작용입니다. 바로 의식 상태입니다. 꿈을 꾸는 것 역시 의식 뒷면의 일부분으로서, 심리학적으로는 잠재의식이라고 합니다. 유식학에서 보면 꿈은 독영의식(獨影意識)의 작용입니다. 독영의식은 이 외에도 다른 많은 작용을 합니다. 제팔식(第八識)인 아뢰야식(阿賴耶識)은 현재와 과거 및 미래의 시간과 공간을 포괄합니다. 그리고 과거의 인(因), 즉 종자(種子)와 미래의 종성(種性)을 포괄합니다. 이것이 바로 삼세인과(三世因果)의 이론적 기초입니다.

같은 부모가 낳은 자식이라도 각자의 개성이 다른데, 이것은 부모로부터 받는 유전적 요소가 작은 부분에 지나지 않기 때문입니다. 나머지는 무엇일까요? 자기가 지니고 온 전생의 종성(種性), 기질, 습관입니다. 이 중요한 부분은 제팔식인 아뢰야, 즉 가장 중요한 종자에 수반된 것입니다. 이 종성(種性)의 작용을 아뢰야식이라 합니다. 이 점에 대해 부처님은 『해심밀경(解心密經)』에 다음과 같은 한 수의 게송을 남겼습니다.

아타나식은 몹시도 깊고 세밀하여
일체의 종자가 폭포처럼 흐르도다
내 어리석은 자들에게 말 꺼내지 않으리
분별심으로 자기에 집착할까 두려움이라

阿陀那識甚深細　一切種子如暴流
아 타 나 식 심 심 세　일 체 종 자 여 폭 류
我於凡愚不開演　恐彼分別執爲我
아 어 범 우 불 개 연　공 피 분 별 집 위 아

불교의 많은 경전에서는 모두 공(空)을 말합니다. 『반야경』에서는 더욱 공을 강조합니다. 그러나 법상(法相) 유식(唯識)에서는 공으로부터 말하지 않고 실재적인 현상으로부터 설명합니다. 이렇듯 교육 방법이나 노선이 각기 다릅니다. 이런 까닭에 『해심밀경』에서 마음의 본래 모습인 제팔식, 즉 아타나식(阿陀那識)의 작용을 언급하면서 부처님은 이렇게 말합니다. "그대들은 연구해 보아야 한다. 아주 이해하기 어렵고, 깊고, 세밀하다. 마치 폭포 같으며, 긴 강을 흐르는 물과도 같다. 그것들은 언뜻 보기에는 천년 만 년 시종 흐르는 것 같지만, 실제로는 큰 물결은 한 번 흘러가 버리면 다시 돌아올 수 없다."

우리는 이제 막 눈앞에 있는 물결을 보고 있지만, 그 물결은 곧 흘러갈 겁니다! 그리고 다시 미래의 물결이 이어서 올 겁니다. 과거의 마음은 얻을 수 없고, 현재의 마음도 얻을 수 없으며, 미래의 마음도 얻을 수 없습니다. 물리세계나 우리의 심리세계나 별다른 차이가 없습니다.

하나하나 물결 지어 흐르는 물을 보십시오. 그것은 언뜻 보기에는 고정된 것 같지만, 실제로는 고정된 것이 아닙니다. 매 하나의 물결은 매 하나의 물 분자, 즉 물방울들이 모여서 생겨난 것입니다. 가령 이 물결을 분해시켜 버린다면 물은 한 방울도 없을 겁니다. 이렇게 되면 폭포도 생기지 않겠지요. 애처롭게도 우리는 이것을 볼 방법이 없습니다. 우리가 볼 수 있는 것이라곤 영원한 물결뿐입니다. 또 마치 전등을 켜는 스위치와도 같습니다. 처음 들어온 전원이 마찰을 일으켜 빛을 발하고는 곧 소산되면 뒤이어 또 다른 전원이 들어와서 우리 눈에는 영원히 하나의 빛으로 보입니다. 그렇지만 실제로 과거의 전기는 얻을 수 없고, 현재의 전기도 얻을 수 없으며, 미래의 전기도 얻을 수 없고, 얻을 수 없는 것도 얻을 수 없습니다. 그럼에도 전기는 바로 거기에 있습니다. 소위 전기란 전기가 아니라 이름이 전기입니다.

심념과 폭류

우리의 심리 또한 이와 같습니다. 하나의 생각에 이어 또 하나의 생각이 나타납니다. 수십 년을 사는 동안 일체의 종자가 폭포처럼 흐릅니다. 실제로 우리가 모태로부터 막 세상에 나왔을 때, 처음 생각은 이미 죽어 버렸으며, 그다음 생각도 다시 죽습니다. 여덟 시부터 한번 시작해 보십시오. 매 일 분, 매 일 초마다 매 하나의 생각이 모두 지나가 버립니다. 과거는 얻을 수 없습니다. 미래는 어떨까요? 아직 생각해 보지도 않았는데요! 역시 얻을 수 없습니다. 이제 막 현재라 말해도 현재는 얻을 수 없습니다. 현재는 곧 사라져 버립니다. 그렇지만 방금 말하지 않았습니까? 그 역량은 분명 존재합니다. 일체의 종자는 과거, 현재, 미래를 포괄하며, 총명함과 우둔함, 선과 악을 포괄합니다. 선한 사람은 선의 종자를 발아시키며, 서서히 악의 종자를 선의 종자로 바꿈으로써 지극히 선한 사람이 됩니다. 바로 일체의 선법(善法)을 닦아서 아누다라삼먁삼보리를 얻는 것입니다.

만약 여러분이 악한 심념(心念)을 발전시켜 나간다면, 선한 마음까지도 그것에 오염되어 악한 마음으로 변하게 됩니다. 그러므로 일체의 종자는 폭류(暴流)와 같다고 말합니다. 폭포처럼 그렇게 흐릅니다. 폭포는 결코 존재하지 않는 것이 아닙니다. 존재합니다. "도도히 동으로 흐르는 양자강의 물결, 물거품처럼 영웅은 도태되어 사라진다〔滾滾長江東逝水, 浪花淘盡英雄〕." 물결은 영원히 흐릅니다. 그러므로 부처님은 말합니다. "나는 어리석은 범부에게는 말을 꺼내지 않는다. 지혜가 부족한 사람에게 감히 이것을 말할 수 없다. 그대는 무아(無我)라 말하지만 진정한 자기가 있다. 그렇지만 진정한 자기에게는 어떤 이름도 붙일 방법이 없다. 만약 항상 불변한다는 의미의 어떤 이름을 붙인다면, 항시 존재하는 그것의 의미를 곡해할 수 있다. 그래서 나는 어리석은 범부에게는 말을 꺼내지 않는다. 일체 중생의 지혜가 부족하여, 분별심을 일으켜 세간법(世間法)의 관념으로 폭포수처럼 흐르는 이 종성(種性)을 바라보고 거기에 사로잡힐까 두려운 것이다. 생명에 진정한 자기가 있다고 잘못 생각할까 두려운 것이다."

생명이 무아(無我)라고 하는 것은, 중생이 소아(小我)의 상(相)에 사로잡히는 잘못을 깨우치기 위한 것입니다. 소아의 상은 곧 매 하나의 물거품이요, 매 하나의 물 분자입니다. 소아의 상을 수지(修持)를 통해 깨끗한 공(空)의 상으로 전환시킬 수 있어야만 비로소 생명 본래의 모습을 찾을 수 있습니다. 그것은 오는 곳도 없고 가는 곳도 없습니다. 그런 후에야 일합상의 작용이 일어날 수 있습니다. 무엇이 일합상인가요? 진공(眞空)이 낳을 수 있는 하나의 묘유(妙有)입니다.

진공이 어떻게 묘유를 낳는가

먼저 마음과 몸의 두 방면에서 전환이 일어나야 합니다. 우리의 색신(色身) 역시 아뢰야식의 일부분, 바로 '심(心)'의 일부분이기 때문입니다. 일체의 선법(善法)을 닦아 그것을 남김없이 전화(轉化)시키고 나면 일합상이 드러날 수 있습니다. 그러므로 불보살의 진정한 성취는 삼신(三身)의 성취입니다. 청정한 법신(法身), 원만한 보신(報身), 수천 수백의 화신(化身), 이 삼신(三身)이 곧 일합상입니다. 바로 본체[體], 현상[相], 작용[用]의 삼위일체입니다.

그렇지만 만약 여기에 집착한다면 역시 잘못된 것입니다. 상(相)에 집착한 것이기 때문입니다. 사대(四大)가 본래 모두 공(空)입니다. 그러나 사대가 나쁘다는 말은 결코 아닙니다. 사대 역시 자성 본체의 기능이 변한 것입니다. 사대가 모두 공이라는 것은 그 존재가 영원히 고정되어 있지 않다는 말입니다. 만약 법신을 증득하여 삼신(三身)의 성취에 이른다면, 이 가상적이고 우연히 존재하는 사대의 존재를 연장시킬 수도 있습니다.

그러므로 부처님은 말합니다. "일합상은 말할 수 없는 것인데, 범부는 그것을 탐내고 거기에 집착한다〔一合相者, 卽是不可說, 但凡夫之人, 貪著其事〕." 바로 그가 아뢰야식에 대해, "나는 어리석은 범부에게는 말을 꺼내지 않는다. 그들이 분별심을 일으켜 스스로에게 집착할까 두렵기 때문이다"라고 말한 이치와 같습니다.

불경의 해석에 따르면 범부는 평범한 사람입니다. 바로 우리 보통 사람들을 가리킵니다. 사람들은 모두 습관적으로 어떤 것을 붙들고자 합니다. 살아 있는 동안에는 무엇이든 움켜쥐려고 합니다. 도가에서는 악고(握固)를 말합니다. 이것은 사람이 갓 태어날 때는 주먹을 꼭 쥐고 있으며, 살아 있을 때는 오므리고 있고, 죽음에 이르러서야 비로소 완전히 펴게 된다는 것을 설명합니다.

그러므로 범부는 태어날 때부터 어떤 일에 집착하여 그것을 단단히 거머쥐고자 합니다. 이 때문에 부처님은 말할 수 없다고 합니다. 결론으로서 다음과 같은 게송을 제시합니다.

【제30품】

게송

티끌이 모여 우연히 이루어진 것인데도
벌, 나비는 어지러이 날고 정은 무한하도다
모두 겁의 잿더미를 지나는 길손이건만
헛되이 득실을 좇고 승부를 따지는구나

塵沙聚會偶然成　蝶亂蜂忙無限情
진 사 취 회 우 연 성　접 란 봉 망 무 한 정
同是劫灰過往客　枉從得失計輸贏
동 시 겁 회 과 왕 객　왕 종 득 실 계 수 영

"티끌이 모여 우연히 이루어진 것인데도〔塵沙聚會偶然成〕." 이 세계는 모래 하나하나가 모여서 우연히 조성된 것입니다. 인생 또한 이와 같습니다. 우리의 부모와 남편, 아내, 아이들 역시 티끌이 모여서 우연히 형성된 것입니다.

"벌, 나비는 어지러이 날고 정은 무한하도다〔蝶亂蜂忙無限情〕." 티끌이 모여서 세계가 형성되면 아주 아름답습니다. 수많은 꽃들이 피어 자연의 아름다움을 한껏 드러냅니다. 벌, 나비가 어지럽게 날고, 사람들도 벌, 나비처럼 어지럽게 날고 파고들고 하느라 정신이 없습니다. 앞에서 살펴본 적이 있지만 당나라 말엽의 나은(羅隱)은 다음과 같은 시에서 인생의 어리석음이 마치 꿀벌과 같다고 묘사합니다.

평지든 산정이든 가리지 않고
무한한 경치를 남김없이 섭렵했건만

온갖 꽃을 돌아다녀 꿀을 만든 후에는
누굴 위한 고생이요 누굴 위한 달콤함인가

不論平地與山尖　無限風光儘被占
불론평지여산첨　무한풍광진피점
採得百花成蜜後　爲誰辛苦爲誰甜
채득백화성밀후　위수신고위수첨

꿀벌은 하루 종일 바쁘게 꽃을 돌아다니며 꿀을 채취합니다. 누구를 위해 그렇게 고생하며, 누구를 위해 그렇게 달게 만듭니까? 만약 벌꿀을 좋아하는 사람이라면 꿀을 한 주걱 떠 입맛을 다시며 "나를 위한 것이지!"라고 말하고는 꿀꺽 삼킬 겁니다. 그렇습니다. 이건 답이 됩니다. 그렇지만 꿀벌 자신은 대답할 말이 없습니다. 온갖 꽃을 돌아다니며 채취하여 벌꿀을 만든 후, 과연 누구를 위해 고생하고 누구를 위해 달게 만들었을까요? 인생은 모두 이와 같습니다. 한평생 바쁘게 자녀를 위해, 가정을 위해, 그렇게 늙어 죽을 때까지 서두르지만, 최후에 눈을 감을 때면 마치 꿀벌처럼 누구를 위해 그렇게 고생하고, 누구를 위해 그렇게 바빴는지 모릅니다. 답을 찾을 수 없습니다.

그래서 우리는 말합니다. 벌, 나비가 어지럽게 날아다니는 것을 보고 인생이 공(空)이라는 것을 알게 된다고요. 누구든 모두 이것을 알고 있습니다. 그렇지만 여전히 떨쳐 버릴 수 없습니다! 더군다나 스스로 무한한 감정을 느낍니다. 어떤 때는 세상 사람들이 참으로 잘 노는 모습을 봅니다. 많은 사람들이 마작을 반대하지만, 자신은 한평생 마작 판에 앉아 있으면서도 스스로 그렇다는 걸 깨닫지 못합니다. 누구에게나 마작 같은 것이 있습니다. 어떤 사람은 글 쓰는 것을 마작 패로 삼습니다. 하루 종일 목을 구부린 채 머리를 쥐어짜며 마치 마작을 하듯 그렇게 글을 써 댑니다. 그 역시 도박을 하고 있는 것입니다! 시를 쓰든 문장을 쓰든 마찬가지입니다.

모두 도박을 하고 있는 겁니다. 이 세계는 바로 거대한 도박장입니다. 도박에서 누가 딸까요? 누가 잃을까요? 단지 도박장 사장만 돈을 챙길 뿐 나머지는 모두 꽝입니다. 따는 것 역시 잃는 것이요, 잃는 것 역시 잃는 것입니다. 이 세상은 바로 이런 식입니다. 그러므로 우리가 인생을 잘 안다면, 일합상은 일합상이 아닙니다.

"모두 겁의 잿더미를 지나는 길손이건만〔同是劫灰過往客〕." 우리 이 세계는 겁(劫)의 재입니다. 앞의 한 겁(劫)이 타서 재〔灰〕가 되고 나면 이 겁(劫)이 다시 새롭게 시작됩니다. 그래서 겁회(劫灰)라 합니다. 인생은 이 세상이라는 여관에 머무는 것과 같습니다. 모두가 지나가는 길손입니다. 태어남이 있으면 죽음이 있고, 죽음이 있으면 다시 태어남이 있습니다. 모두가 겁회의 길손입니다.

"헛되이 득실을 좇고 승부를 따지는구나〔枉從得失計輸贏〕." 세상을 살면서 누가 옳고 누가 그릅니까? 누가 이기고 누가 집니까? 별 차이 없습니다. 최후에는 아무도 결론을 내리지 못하고 가 버립니다. 가령 불법의 관점에서 인생을 보더라도, 모두 아무 목적 없이 와서는 아무 결론 없이 돌아갑니다. 오는 곳도 없고 가는 곳도 없습니다. 이것을 여래라 합니다.

제31품
지견이 생기지 않는다

第31品・知見不生分

"須菩提！若人言, 佛說我見人見衆生見壽者見, 須菩提！於意云何？是人解我所說義不？"

"不也, 世尊！是人不解如來所說義. 何以故？世尊說我見人見衆生見壽者見, 卽非我見人見衆生見壽者見, 是名我見人見衆生見壽者見."

"須菩提！發阿耨多羅三藐三菩提心者, 於一切法, 應如是知, 如是見, 如是信解, 不生法相. 須菩提！所言法相者, 如來說卽非法相, 是名法相."

"수보리여! 만약 어떤 사람이 부처가 아견·인견·중생견·수자견을 말했다고 한다면, 수보리여! 그 사람은 내가 말한 뜻을 이해한 것이겠는가?"

"아닙니다, 세존이시여! 그 사람은 여래에서 말씀하신 뜻을 이해하지 못했습니다. 왜냐하면 세존에서 말씀하신 아견·인견·중생견·수자견은 아견·인견·중생견·수자견이 아니라, 이름이 아견·인견·중생견·수자견이기 때문입니다."

"수보리여! 아뇩다라삼먁삼보리의 마음을 발한 자는 일체의 법에 대해 마땅히 이렇게 알고 이렇게 보며, 이렇게 믿고 이해해 법상이 생기지 않아야 한다. 수보리여! 법상이라는 것은 여래가 법상이 아니라고 하니, 이름이 법상이다."

견(見)은 견(見)이 아니다

"수보리여! 만약 어떤 사람이 부처가 아견·인견·중생견·수자견을 말했다고 한다면, 수보리여! 그 사람은 내가 말한 뜻을 이해한 것이겠는가?"

"須菩提! 若人言, 佛說我見人見衆生見壽者見, 須菩提!
　수　보　리　　약　인　언　　불　설　아　견　인　견　중　생　견　수　자　견　　수　보　리
於意云何? 是人解我所說義不?"
어　의　운　하　　시　인　해　아　소　설　의　부

부처님은 여기까지 이야기하고 나서 먼저 수보리에게 묻습니다. "가령 어떤 사람이 말하기를, 부처님께서 아견(我見)·인견(人見)·중생견(衆生見)·수자견(壽者見)을 말씀하셨다고 한다면 과연 옳은 말이겠는가?" 불경에서는 사상(四相)을 말하는데, 여기서는 다시 방향을 돌려 '상(相)'이 아니라 '견(見)'을 끄집어냅니다. '상(相)'이란 바로 현상입니다. '견(見)'이란 자신의 견해로서 정신의 영역에 속합니다. 소위 견해란 요즘 말로 하면 관점에 해당하는 것으로 모두 '견(見)'에 속합니다. 이 때문에 선종에서는

도를 깨친 것을 견지(見地)라 합니다. 도를 보고〔見〕 거기에 이르러야〔到〕 하는 것으로, 이것은 눈으로 보는 것이 아닙니다!『능엄경』에는 '도를 본다〔見道〕'고 할 때의 '견(見)'에 대해 다음과 같은 네 구절이 있습니다.

"소견(所見)의 견(見)으로 능견(能見)의 견(見)을 볼 때, 능견의 견은 소견의 견이 아니나 능견의 견 또한 떠나야 하니, 능견의 견으로 미칠 수 있는 바가 아니다〔見見之時, 見非是見, 見猶離見, 見不能及〕."

이 불경을 한번 보십시오. 얼마나 지긋지긋하게 물고 늘어집니까! 온통 무슨 견이니 무슨 견이니 하는 소리입니다. 첫 번째 견은 우리가 눈으로 보는 견입니다. 마음과 눈으로 보는 것입니다. 두 번째 견은 도를 보는〔見道〕 견입니다. 달리 말하면 첫 번째 견은 소견(所見)의 견이요, 두 번째 견은 능견(能見)의 견입니다. 우리 눈으로 사물을 보는 것이 소견으로서, 이것은 현상을 보는 것입니다. 소견을 돌이키면 스스로 도를 볼 수 있습니다. 이것은 명심견성(明心見性)의 견으로서, 소견의 견이 아닙니다. 눈으로 하나의 현상을 보는 것이 아닙니다. 혹자는 하나의 경계를 보기도 하는데, 이것은 도(道)가 아닙니다!

그러므로 "견견지시(見見之時)"란 스스로 돌이켜 도를 보는 견도(見道)의 견, 즉 명심견성의 견입니다. 이렇게 볼 때 "견비시견(見非是見)"이 됩니다. 이 능견, 즉 도를 보는 견은 눈으로 사물을 보는 소견의 견이 아닙니다. 이 때문에 "견비시견(見非是見)"이라 합니다. 그렇다고 도를 보는 견이 또 하나의 경계일 수는 없습니다. 그래서 "견유이견(見猶離見)"입니다. 눈으로 볼 수 없고 귀로 들을 수 없는, 일체가 모두 공이 된 이후 비로소 '도를 보았다'고 말합니다. 어떤 존재를 보는 것은 아직 소견입니다. 이 견은 여전히 떨쳐 버려야 할 견입니다. "견유이견(見猶離見)", 여전히 떨쳐 버려야 합니다. 공 또한 공으로 만들어야 합니다. "견불능급(見不能及)", 진정한 명심견성의 견은 눈으로 보는 것이 아니요 심안(心眼)으로도 미칠 수 있는 것이 아닌 능견의 견입니다. 이렇게 견이 무더기로 나와 있으니 얼마나 이해하기 어렵습니까!

우리에게 말하고 있는 명심견성의 견은, 어찌 "산은 산이 아니요, 물은 물이 아니다"라는 경지가 아니겠습니까? 청개구리가 풍덩! 하고 물에 뛰어듭니다. 일체의 견(見)을 없애야 합니다. 일체의 산하(山河) 대지와 우주 만유(萬有)를 모두 허공 속에 분쇄하고 대지도 가라앉혀 버려야 합니다. 이렇게 해야만 선종을 말할 수 있고, 명심견성의 그림자도 비칠 수 있습니다. 기억하십시오! 그래 봐야 약간의 그림자만 비칠 뿐입니다!

『능엄경』에는 이 외에도 아주 중요한 몇 구절이 있습니다. "지견하여 앎을 이룬 것은 번뇌의 뿌리이며, 지견하여 견조차 없는 것이 열반이다〔知見立知, 卽無明本, 知見無見, 斯卽涅槃〕"라는 구절입니다. 지(知)와 견(見)은 후에 불교의 전문 용어가 되었습니다. 지(知)란 곧 아는 것으로, 불경의 이치를 모두 알았다고 할 때의 그 지(知)입니다. 견(見) 또한 하나의 현상이나 경계를 보아 내는 것으로, 바로 지견(知見)입니다. 이치를 이해하고서 타좌 수행합니다. 이렇게 앉아 있으면 일체가 공(空)이지만 아직 지성(知性)이 있습니다. 자신이 아주 청정한 상태로 앉아 있다는 것을 알고 있습니다. 그렇지만 하나의 청정이 존재하는 것은 옳지 않습니다. "지견하여 앎을 이룬 것은 번뇌의 뿌리", 즉 무명(無明)의 근본입니다. 하나의 청정이 존재하면 그 속에 청정하지 못한 역량이 숨어 있습니다. 바로 번뇌의 역량이 존재한다는 것입니다. 그러므로 "지견하여 앎을 이룬 것은 번뇌의 뿌리〔知見立知, 卽無明本〕"입니다. 그리고 "지견하여 견조차 없어야〔知見無見〕", 다시 말해 최후로 공(空)과 맞닥뜨려야만 견(見)의 경계선〔邊緣〕에 이를 수 있습니다〔斯卽涅槃〕.

아는 것이 무명의 근본이다

이전에 여러 대법사들은 경전을 보면서 선종의 노선을 따라가 마침내 도를 깨쳤습니다. 그러므로 선종 공부를 한다고 해서 반드시 타좌 참선해야 하는 것이 아니며, 화두나 공안을 들고 타좌해야 하는 것도 아닙니다. 송나라 때 온주(溫州) 서록사(瑞鹿寺)에 우안선사(遇安禪師)라는 분이 있었는데, 그는 날마다 불경을 보며 염불을 했습니다. 그러던 중 앞에서 살펴본 『능엄경』의 그 구절과 마주치게 되었는데, 홀연 어떤 영감이 떠올랐습니다. 원래의 구절인 "知見立知, 卽無明本, 知見無見, 斯卽涅槃"에서 쉼표를 다르게 찍어 "知見立, 知卽無明本, 知見無, 見斯卽涅槃"이라 해 놓고는 이것을 보고 대철대오했습니다. 후에 그는 이를 가리켜 자칭 '파능엄(破楞嚴)'이라 했습니다. 구두점을 무시하고 새롭게 읽고 나서 홀연 깨달음을 얻어 대철대오하고 명심견성한 것입니다. "지견립(知見立)", 지(知)가 있고 견(見)이 있습니다. 청정이 있고 각성(覺性)이 있습니다. "지즉무명본(知卽無明本)", 이 지(知)는 본래 무명(無明)의 근본입니다. 바로 번뇌입니다. "지견무(知見無)", 일체가 모두 공(空)입니다. 이치도 공이요, 생각도 공이며, 공 또한 공입니다. "견사즉열반(見斯卽涅槃)", 이것을 보는 것이 바로 오도(悟道)입니다. 이렇게 해서 그는 깨달았는데, 『능엄경』의 구절을 해체시킴으로써 이해할 수 있었던 겁니다.

이 이치를 한참 설명하다 보니 이야기가 다른 데로 빠진 것 같습니다. 다시 아견, 인견, 중생견, 수자견에 대해 살펴보기로 합시다. 『금강경』의 앞부분에서는 모두 사상(四相), 즉 아상·인상·중생상·수자상에 대한 언급이었습니다. 그리고 중간에 "형체로써 나를 보거나 소리로써 나를 구하고자 하는 자는 삿된 도를 행하는 자로서 여래를 볼 수 없다"는 것을 설명합니다. 여기에 이르러서는 다시 방향을 돌려 '상(相)'이 아니라 '견(見)'

을 제시합니다. 상(相)은 현상입니다. 찻잔이 현상이요, 수건이 현상이며, 책 역시 현상입니다. 나 역시 현상이요, 그 역시 현상이며, 너 역시 현상입니다. 산하(山河) 대지의 일체 건물이 모두 현상이요, 허공조차도 현상이며, 청정 또한 현상입니다. 잠자는 것도 현상이요, 꿈꾸는 것도 현상이며, 깨어나는 것 역시 현상입니다. 일체의 현상은 모두 생멸(生滅)하며 변화합니다.

어떤 사람들은 매일 타좌를 합니다. 요즘 어떠냐고 물으면 좋다고 말합니다. 아주 청정하다는 겁니다. 이건 상(相)에 집착한 것입니다! 청정의 상에 집착하고 있습니다. 상에 집착하는 것은 도(道)가 아닙니다. 도는 상 속에 있지 않습니다. "知見立, 知卽無明本, 知見無, 見斯卽涅槃"입니다. 여러분은 청정이 곧 도라 내세울지〔立〕 모릅니다. 한술 더 떠서, 뒤로는 독맥(督脈)이 앞으로는 임맥(任脈)이 통해, 수도꼭지를 틀어 물이 콸콸 흐르듯 모두 통한 것을 도라 내세울지 모릅니다. 그러나 이것들은 도를 이룬 것이 아닙니다. 모두 상에 집착한 것입니다. 상에 집착하는〔知見立〕 것은 무명의 근본입니다〔知卽無明本〕. 상에 집착하지 않아야만〔知見無〕 열반에 이를 수 있습니다〔見斯卽涅槃〕.

"그러므로 이제 그대에게 지견(知見)의 견(見)이 무엇인지 일러 주고자 한다." 부처님이 수보리에게 말합니다. "가령 어떤 사람이 말하기를 내가 아견·인견·중생견·수자견을 제시했다고 한다면, 한번 말해 보게, 이 사람은 내가 말한 의미를 잘 알고 있다고 생각하는가? 그래도 이 사람이 진정으로 불법을 배웠으며, 또 불법을 이해했다고 할 수 있겠는가?"

"아닙니다, 세존이시여! 그 사람은 여래께서 말씀하신 뜻을 이해하지 못했습니다."

"不也, 世尊! 是人不解如來所說義."
불야 세존 시인불해여래소설의

수보리가 말합니다. "그건 옳지 않습니다. 그 사람이 비록 불법을 배웠지만 근본적으로 통하지 못하고 있습니다. 불법의 이치를 이해하지 못한 것입니다."

"왜냐하면 세존께서 말씀하신 아견·인견·중생견·수자견은 아견·인견·중생견·수자견이 아니라, 이름이 아견·인견·중생견·수자견이기 때문입니다."

"何以故? 世尊說我見人見衆生見壽者見, 即非我見人見衆生見壽者見, 是名我見人見衆生見壽者見."
하이고 세존설아견인견중생견수자견 즉비아견인견중생견수자견
시명아견인견중생견수자견

"그렇다면," 부처〔수보리〕님이 이어서 말합니다. "그대는 지금 하나의 가정적(假定的)인 문제를 제시해 나에게 물었는데, 아견·인견·중생견·수자견의 견(見)이나, '도를 본다〔見道〕'고 할 때의 견(見)은 단지 하나의 표달(表達) 방법에 지나지 않는 것이다. 진정한 의미를 드러내기 위한 명사일 뿐이다. 실제로는 밝다〔明〕고 해서 밝을 수 있는 곳이 있는 것이 아니며, 본다〔見〕고 해서 볼 수 있는 곳이 있는 것이 아니다. 이 때문에 아견, 인견, 중생견, 수자견이라 한다."

이렇게 알고 이렇게 본다

"수보리여! 아누다라삼먁삼보리의 마음을 발한 자는 일체의 법에 대해 마땅

히 이렇게 알고 이렇게 보며, 이렇게 믿고 이해해 법상이 생기지 않아야 한다."

"須菩提! 發阿耨多羅三藐三菩提心者, 於一切法, 應如是知, 如是見,
수보리   발아누다라삼먁삼보리심자   어일체법   응여시지   여시견
如是信解, 不生法相."
여시신해   불생법상

부처님은 최후로 수보리에게 결론을 말합니다. "그대는 주의해야 한다! 진정으로 대승불법을 배워 아누다라삼먁삼보리의 마음을 발하고 대철대오를 얻고자 하는 사람이라면, 세간법과 출세간법을 포함한 일체의 법에 대해 마땅히 '이렇게 알아야[如是知]' 한다. 즉 『금강경』의 한 층 한 층의 이치들을 잘 알아야 한다."

지견(知見)이라는 두 글자에 대해 다시 한 번 설명합니다. 대승과 소승의 일체 불법은, 특히 소승의 불법은 계(戒)·정(定)·혜(慧)·해탈(解脫)·해탈지견(解脫知見)의 순서로 되어 있습니다. 순서대로 수행하면 먼저 계율을 지키고, 그다음 정(定)을 닦으며, 다시 정(定)으로부터 지혜를 계발하여 도를 깨닫습니다. 진정으로 도를 깨치고 일체의 고통으로부터 해탈했다 하더라도, 해탈의 최고 정도는 여전히 물질세간의 일체 속박으로부터 해탈하는 것입니다. 욕계(欲界)와 색계(色界)의 일체 번뇌와 정감(情感)을 남김없이 모두 해탈한 후, 그래도 아직 남아 있는 것이 바로 심성의 지(知)와 견(見)입니다. 이 지(知)와 견(見)마저 해탈한다면 최후에 철저한 공(空)에 이르게 됩니다. 조금 전에 "知見立, 知卽無明本, 知見無, 見斯卽涅槃"에 대해 언급했지만, 여기서도 다시 말합니다. 대승의 마음을 내어, 범부가 도를 닦아 성불하려면 일체의 법에 대해 마땅히 "이렇게 알고 이렇게 보아야 한다[如是知, 如是見]"는 겁니다.

이렇게 알고 이렇게 본다는 것은 어떻게 알고 어떻게 본다는 것일까요?

소위 불법이란 불법이 아니며, 이름이 불법입니다. 그렇다면 소위 외도(外道)란 외도가 아니며, 이름이 외도입니다. 소위 마귀란 마귀가 아니며, 이름이 마귀입니다. 소위 나란 내가 아니며, 이름이 나입니다. 바로 이런 것들입니다! '일체'를 귀납해 보면 공(空)에도 유(有)에도 머물지 않고, 머무름과 집착이 없습니다. 그러므로 일체법에 대해 마땅히 이렇게 알고 이렇게 보아야 합니다.

이것이 이해되면 "이렇게 믿고 이해한다[如是信解]"는 것의 이치도 파악할 수 있을 겁니다. 이성으로 뚜렷이 알아야만 비로소 미신이 아닙니다. 만약 불법의 교리도 뚜렷이 알지 못하면서 정서적으로 뛰어들어 불법을 배운답시고 참선을 한다면, 전체가 미신입니다! 그러므로 지견(知見)을 뚜렷이 해야 합니다. 이렇게 믿어야만 비로소 바른 믿음입니다. "여시해(如是解)", 바른 믿음을 가진 후 그것으로 이해해야만 비로소 이성적입니다. 불법을 배우고 수도하는 것은 이성적인 것이지 정감적인 것이 아닙니다. 불법은 맹목적인 미신이 아니라, 이성적으로 믿고 이해해야 하는 것입니다.

우리 자신의 법상

왜 "불생법상(不生法相)"이라 했을까요? 왜 '불용법상(不用法相)'이나 '부주법상(不住法相)', 또는 '불착법상(不著法相)'이나 '불락법상(不落法相)'이라 하지 않았을까요? 이런 표현들을 모두 쓰지 않고 "불생법상(不生法相)"이라 한 것은, 이들과는 의미가 다르기 때문입니다.

먼저 우리는 무엇이 법상(法相)인지를 잘 알아야 합니다. 일체의 현상이나 관념은 모두 현상으로서, 의식이나 견해가 구성한 하나의 형태입니다. 모든 사람의 의식 속에는 스스로의 구상이나 환상이 있습니다. 환상이 오래되면 깨뜨릴 수 없는 하나의 전형(典型)으로 변해 스스로 거기에 갇혀 버리고 맙니다. 이것은 바로 의식이나 사상의 경계 속에 있는 형태로서, 불교 용어로는 법(法)이라 합니다. 법(法)은 일체의 일, 일체의 이치, 일체의 사물, 일체의 견해나 관념을 포괄합니다.

　예를 들면 여러분은 대철대오를 하나의 광명이라 생각합니다. 온통 청정한 광명 속에 있는 것이라 생각합니다. 일반인에게는 이런 생각이 이미 잠재의식 속에 깔려 있어서, 도를 깨닫고 나서 타좌를 하고 있으면 안팎이 모두 빛날 것이라 생각합니다. 그래서 심지어 전력공사의 발전기조차도 필요 없으리라 생각합니다. 이 광명은 전등이나 태양의 빛 또는 달빛 같으리라 생각합니다. 이처럼 무의식적으로 법상(法相)이 형성되어, 이것이 어떤 형태를 갖추게 됩니다.

　또 다른 예를 들자면, 도를 깨닫고 난 뒤에는 어떤 것도 필요하지 않을 것이라 생각합니다. 어떤 것도 하려 하지 않고, 일체의 것에 관여하지 않으며, 깊은 산 옛 절로 달려가 고독하게 앉아 있을 것이라 생각합니다. 이것이 바로 성불이라는 겁니다. 만약 성불이란 것이 이런 식이라면, 수천 명이 성불하더라도 우리와는 아무 관계가 없을 겁니다. 이렇게 본다면 산 속에 이미 있던 것들, 천지가 개벽하던 때부터 존재하던 수많은 바위나 진흙도 모두 부처라 할 수 있을 겁니다. 이런 생각을 하는 이들은 일체의 사물이나 일체의 출세(出世), 입세(入世)의 것에 대해 전혀 개의치 않을 겁니다. 달리 표현하면 이것은 절대적 자아(自我)입니다. 언뜻 보기에는 철저히 해탈하여 일체 사물에 집착하지 않는 것 같지만, 실제로 이것은 자아입니다. 자아만을 위할 뿐입니다! 자기가 이렇게 되어야 한다고 생각한다면, 그것은 자신의 잠재의식 속에 이런 법상(法相)이 도사리고 있기 때문입니다.

　일반인은 타좌 시 입정에 들면 아무것도 모릅니다. 이것은 불법이 아닙니다. 이것은 자신의 의식이 스스로 조작한 법상(法相)입니다. 일체가 공

(空)인 것이 곧 부처라 말하는 것도 역시 법상입니다. 공 역시 법상이요, 현상입니다. 임맥이나 독맥이 통한 것이나 기경팔맥이 통한 것, 하거(河車)를 돌리는 것 역시 모두 법상입니다. 저는 항시 이렇게 묻곤 합니다. 하거를 돌린다는데, 도대체 언제까지 돌릴 겁니까? 스스로 돌려 머리를 어지럽게 해서는 안 됩니다. 아무리 돌리고 돌리더라도 언젠가 돌리지 않을 때가 있을 것 아닙니까? 언제까지 돌려야 비로소 돌리지 않을 수 있을까요? 임맥과 독맥이 통했다면 다음은 어디로 통해야 할까요? 지하의 수로로 통해야 할까요? 아니면 전력공사에라도 통해야 할까요? 아니면 상제나 보살이 있는 곳이라도요? 우리는 뚜렷이 알아야 합니다! 그렇지만 우리는 자신도 모르는 사이에 스스로 만들어 낸 법상 속으로 떨어져서 자의식 속에 도(道)의 관념이나 도의 모양, 도의 모형이 형성됩니다.

이로부터 우리는 명백히 알 수 있습니다. 왜 세상의 종교는 민족이나 국가가 다르면 그들이 그리는 천당의 모습까지도 모두 다를까요? 우리의 천당에서는 사람들이 고대의 황제처럼 도포를 걸치고 있습니다. 또 일체의 건물이 모두 중국 고대의 양식입니다. 서양인의 천당은 서양식입니다. 그들의 신이나 상제는 코가 높고 눈이 파랗습니다. 아랍 인들이 그린 것은 또 다릅니다. 그러므로 이렇게 말할 수 있습니다. 천당은 자신의 심리적 상태에 근거한 것이라고요. 누가 천당을 증명할 수 있겠습니까? 이런 것들은 모두 자신의 잠재의식이 구성한 법상입니다.

불교에서는 유식종을 법상종이라고도 부릅니다. 법상종은 먼저 현상계로부터 시작해서 분석하고 연구해 들어갑니다. 현상계란 곧 세간 일체의 일로서, 소위 말하는 일체법입니다. 최후에는 연구가 심리 상태에 이릅니다. 연구가 심성의 본모습에 이르러 전체 우주를 증험하는 데 도달합니다. 이렇게도 말할 수 있습니다. 법상종은 현재의 인생, 현 세계의 상(相)으로부터 분석하기 시작하여 마침내는 마음으로 귀결되고, 이후 방향을 돌려 형이상의 본체에 이른다고요. 불교 용어로 말한다면 이것은 자신의 신심(身心)으로부터 입수(入手)해 신심을 타파하고 형이상의 본체를 증험하는 것입니다.

화엄종은 법상종과는 달리 먼저 형이상적 우주관으로부터 시작합니다. 비할 바 없이 큰 우주로부터 시작해 서서히 축소하여 최후에는 마음으로 모입니다. 본체로부터 시작하여 자신을 알 수 있도록 하는 것입니다. 그러나 보통의 불학은 자기 자신으로부터 시작해서 본체를 이해합니다. 이 둘은 서로 다른 교육 방법으로서 우리는 반드시 이 점을 뚜렷이 알아야 합니다. 이 서로 다른 노선과 방법을 불교에서는 법상, 즉 일체 법상이라 합니다.

이제 『금강경』은 막바지로 치닫고 있는데, 우리에게 하나의 이치, 지극히 엄중한 이치를 말해 주고 있습니다. 부처님이 수보리에게 말합니다. "그대가 무상의 지혜를 증득하여 성불하려면 마땅히 이렇게 알아야 하며, 마땅히 이렇게 보아야 한다. 뚜렷이 이해되면 마땅히 이렇게 믿어야 하며, 이렇게 이해해야 한다." 어떻게 이해한다는 것일까요? 한마디로 "불생법상(不生法相)"입니다. 마음속으로 어떤 것을 조작해서는 안 됩니다. 잠재의식 속에서 어떤 부처님의 모양이 생겨나서는 안 됩니다. 모든 사람들이 마음속으로 이해하고 있는 부처님과 도(道), 열반의 경계는 다 같지 않습니다. 왜 같지 않을까요? 그것은 마음이 만들어 내기 때문입니다. 자신이 만들어 낸 것으로, 이 마음이 만들어 낸 것입니다.

그러므로 "자생법상(自生法相)"이 있어서는 안 됩니다. 다시 찾으려 해서는 안 됩니다. 자아의식을 만들어 내서는 안 됩니다. 예를 들어 우리는 똑같은 강의를 들으면서도 백 명의 학생 모두 이해 심도는 각자 다릅니다. 이것은 각자가 마음속에 자생법인을 갖기 때문입니다. 자기가 구성한 하나의 현상은 궁극적인 것이 아닙니다. 바로 불경에서 말하고 있습니다. 뭇 장님이 코끼리를 더듬고는 각자 한 측면만을 고집하는 것과 같은 이치입니다. 비록 장님이 코끼리를 더듬고서 한 측면을 고집한 것일지라도, 그 측면 역시 모두 코끼리의 한 부분인 점에서는 결코 틀린 것은 아닙니다. 하지만 만약 코끼리의 전체 모습을 이해하려 한다면 일체의 것에 집착하지 말아야 합니다. 바로 부처님이 우리에게 일러 준 "불생법상(不生法相)"입니다. 아래에서 부처님은 다시 뒤집습니다.

내가 지나갈 테니 자네가 이리 오게

"수보리여! 법상이라는 것은 여래가 법상이 아니라고 하니, 이름이 법상이다."

"須菩提! 所言法相者, 如來說卽非法相, 是名法相."
수보리 소언법상자 여래설즉비법상 시명법상

불경에서 말하는 법상은 근본적으로 법상이 아닙니다. 그러므로 법상이라 합니다. 이 말은 『금강경』에서 자주 나옵니다. 그 이치가 어디에 있을까요? 이건 모두 교육상의 방법입니다. 강을 건너는 배와 같습니다. 목적은 강을 건너는 데 있습니다. 이미 건넜다면 배를 둘러메고 갈 필요가 없습니다. 서둘러 배를 버리고 자기 길을 가야 합니다.

불경 삼장 십이부의 각종 각양 설법은, 어떤 때는 공(空)을 말하고, 어떤 때는 유(有)를 말하며, 어떤 때는 공도 아니고 유도 아니라[非空非有] 말하고, 어떤 때는 또 공이면서도 유[卽空卽有]라 말합니다. 궁극적으로 어떤 것이 옳을까요? 어떤 것이 옳고 어떤 것이 그른가에 대해 스스로 법상을 만들지 말아야 합니다.

하나의 법상으로 말하면 각종 현상을 포괄합니다. 유식종을 예로 들면 마음을 여덟 개 식(識)으로 나눈 외에, 다시 심리 활동 현상을 강령이나 원칙으로 귀납시켜 백 개의 법으로 만들었습니다. 만약 상세히 분석한다면 당연히 백 개에 그치지 않을 겁니다. 이 때문에 후세 일반인들이 유식을 연구하면, 일단 들어가서는 벗어나지 못합니다. 이들은 어떤 경계 속으로 들어간 것일까요? '유(有)'로 들어간 것입니다. "승의유(勝義有)"의 법상 속으로 들어간 겁니다. 마치 용수보살(龍樹菩薩)이 반야를 말하면서 공(空)으로 비유한 것과 같습니다. 그는 유식종과는 교육 방법이 다르기 때문입니다. 그렇지만 일반인들은 반야를 연구하면서 또 '공(空)'의 법상 속으로 떨어지고 맙니다. 그러므로 어떤 법상도 모두 머물 수 없으며, 어떤 법상도 모두 아닙니다.

　부처님은 최후로 우리에게 말합니다. 소위 법상이란 "법상이 아니다〔即非法相〕." 그건 단지 말하기 위한 방편, 기회의 방편, 교육상의 방편으로서 목적은 그대들로 하여금 알게 하는 데 있다고 합니다. 그렇지만 후세 사람들은 부처님의 교육 방법이 기록되어 전해진 후, 부처님이 말한 공(空)을 죽어라 붙들거나 혹은 한사코 유(有)를 붙들어 영원히 뚜렷이 알지 못합니다. 사실상 부처님은 아주 분명히 말하고 있습니다. 일체 법상에 떨어져서는 안 된다는 것입니다. 법상에 떨어지지 않은 뒤에는 사람들은 도리어 『금강경』이 공(空)을 말한 것이라 주장할 겁니다. 앞에서 이미 말했지만 『금강경』에는 우리에게 공을 보라고 가르친 부분이 없습니다. 『금강경』은 모두 차단하는 법입니다. 정확하지 못한 설법을 막고 있습니다. 정확한 것이 어떤 것인지는 스스로 찾을 것을 요구합니다.

　『금강경』을 시작하면서 제가 선종의 두 공안에 대해 언급한 것을 기억할 겁니다. 하나는 아들이 아버지에게서 도둑질을 배우는 것에 관한 공안이었습니다. 그렇지 않습니까? 또 다른 하나는 감옥에 갇힌 한 범인에 관한 공안입니다. 이제 다시 선종의 고사 하나를 말씀드리겠습니다. 어떤 젊은 사람이 출가해서 도(道)를 구하려 했습니다. 그는 깨달음을 얻고자 사부를 수십 년간 따라다녔습니다. 그 사부는 언제나 그에게 아주 엄격하게 대하면서 그의 생활이나 행위를 모두 철저하게 관리했습니다. 그렇지만 불법에 대해 물으면 사부는 도무지 말을 꺼내려 하지 않았습니다. 이 사람은 지금 우리 청년들이 불법을 배우는 것과 마찬가지로, 스승을 찾기만 하면 곧 묘결(妙訣)을 일러 줄 것이라 생각했습니다. 주문을 전해 주거나 혹 어떤 방법을 가르쳐 줘서, 오늘 타좌에 들어가면 내일은 날아올라 곧 성불할 것이라 생각했던 겁니다. 자신의 의식 속에 하나의 법상을 만든 겁니다. 그렇지만 그 사부는 진정한 불법이 어떤 것인지 물으면, "스스로 찾아보게! 스스로 연구해 보게!"라고만 했습니다.

　청년이 곰곰이 생각해 보았습니다. 자신은 열두세 살 때 출가해서 날마다 불도(佛道)를 구하기를 수십 년간이나 했습니다. 그런데도 저 선생은 천하에 유명한 대선생이며 도를 깨친 사람인데도, 그렇게 쫓아다니면서 죽을 고생을 해도 불법에 대해 한마디도 말해 주지 않는 겁니다. 이렇게 생각하니 마음속이 온통 번뇌로 찼습니다. 하루는 그가 방법 하나를 생각하고는 작은 칼을 품고 산으로 올라갔습니다. 사부는 이제 곧 이 소로(小路)로 돌아올 겁니다. 그 길은 한 사람이 겨우 지나다닐 만큼 좁았습니다. 그는 길에 서서 사부가 돌아오기를 기다렸습니다. 마침 비가 내려서 길이 몹시 미끄러웠습니다. 그는 사부가 머리를 숙이고 천천히 걸어오는 것을 보았습니다. 사실 사부는 그가 거기에 서 있으리라는 것을 이미 알고 있었습니다. 그러나 그는 그런 줄도 모른 채 사부가 다가오자 그를 붙들고는 말했습니다. "사부님, 제 말 좀 들어 보십시오. 제가 수십 년간 법을 구했지만 사부께서는 저에게 한마디 법도 말해 주지 않으셨습니다. 그러나 오늘은 끝장을 봐야겠습니다." 이렇게 말하면서 칼을 꺼내 들었습니다. "저에게 불법을 말해 주지 않으면 사부님을 죽여 버리겠습니다." 사부는 아주 태연했습니다. 손에는 여전히 우산을 들고 그가 하는 짓을 지켜보았습니다. 그러더니 한 손으로 칼을 잡고 있는 그의 손을 붙들고는 말했습니다. "이보게, 길이 너무 좁구먼. 내가 지나갈 테니 자네가 이리 오게." 사부가 그를 잡아당기고는 지나갔습니다. 그는 "내가 지나갈 테니 자네가 이리 오게"라는 말을 들은 순간, 홀연 대철대오했습니다.

여러분, 한번 생각해 봅시다. "내가 지나갈 테니 자네가 이리 오게", 이 한마디에 그는 곧 도를 깨쳤습니다. 그 이유가 어디에 있을까요? 이런 게 바로 소위 선종의 공안입니다. 지금 여러분은 답을 찾기가 몹시 힘들 겁니다. 제가 말하는 것도 역시 진정한 답은 아닐 겁니다. 단지 하나의 비유에 불과하겠지요. 우리가 불법을 배우면서 가장 곤란을 겪는 것은, 마음속의 번뇌와 신체상의 감각이 있기 때문입니다. 앉아 있으면 다리가 저려 오고, 앉아 있지 않으면 마음속의 번뇌가 끊어지지 않습니다. 간절히 청정을 구하지만 그것은 영원히 얻을 수 없습니다. 번뇌가 끊어지지 않으니 스스로에게 어찌하면 좋을지 묻습니다. 그러면 자신 속에 있는 사부는 반드시 이렇게 말할 겁니다. "내가 지나갈 테니 자네가 이리 오게!" 바로 번뇌가 달아난 것이 청정입니다. 과거의 마음은 붙들 수 없고, 현재의 마음도 붙들 수 없으며, 미래의 마음도 붙들 수 없습니다. 마음속에 법상이 생기지 않으며〔無生法相〕, 머무름이 없이 그 마음이 생깁니다〔應無所住而生其心〕. 이처럼 간단한 겁니다. 그래서 "내가 지나갈 테니 자네가 이리 오게"라고 했습니다. 이 길은 근본적으로 통해 있으며, 번뇌는 곧 보리(菩提)입니다. 마음속에 영원히 머물러 있는 번뇌가 어디 있습니까! 만약 방법을 생각해 번뇌를 없애고 청정을 구하려 한다면, 바로 사부가 제자와 마주하여 영원히 길을 막고 지나가지 못하게 하고 있는 것이 아니겠습니까?

이 사부의 교육 방법은 얼마나 간단합니까? "내가 지나갈 테니 자네가 이리 오게!" 칼도 아랑곳하지 않고 제자도 아랑곳하지 않습니다. 그런데도 제자는 뚜렷이 알아 도를 깨칩니다. 여기서 알 수 있는 것은 제자가 평소 '자생법상(自生法相)', 즉 부처나 도(道)에 대한 관념에 사로잡혀 있었다는 사실입니다. 인생에서 제일 두려운 일은 마(魔)에 빠지는 것입니다. 실제로 불법이나 도를 배우면서 거기에 사로잡힌다면, 그것이 바로 마에 빠진 것입니다. 불마(佛魔)와 도마(道魔), 즉 공부의 마, 청정의 마에 빠진 것입니다.

청정 또한 마입니다! 그래서 선종의 한 조사는 이런 말을 했습니다. "마음이 일어 생각이 움직이는 것은 천마요[起心動念是天魔]", 천마(天魔)란 무엇일까요? 바로 우리의 마음이 움직이는 것, 즉 스스로 만든 법상입니다. "마음이 일지 않아 생각이 움직이지 않는 것은 음마요[不起心動念是陰魔]", 주의해야 합니다! 많은 사람이 모두 이 마경(魔境)에 빠집니다. 타좌를 하면서 단지 아무것도 일어나지 않는 것만을 생각합니다. 그것이 곧 입정(入定)이라 생각하는 것입니다. 이것은 "마음이 일지 않아 생각이 움직이지 않는 것"으로서 오음(五陰)의 경계에 떨어진 것입니다. 즉 음마(陰魔)입니다. "일었다 일지 않았다 하는 것은 번뇌의 마이다[倒起不起是煩惱魔]." 어떤 때는 아주 청정한 것 같습니다. 여러분은 아주 청정하다고 느낍니까? 어떤 때는 또 마음속에 거미줄처럼 잡념이 얽혀 있다고 느낍니다. 그렇다고 걱정할 필요는 없지만 마음이 어수선한 것은 사실입니다. 이것이 바로 "일었다 일지 않았다 하는 것"으로서 번뇌의 마, 즉 무명(無明)의 마입니다. 주화입마(走火入魔)니 뭐니 말하지만, 마(魔)는 어디서 오는 것일까요? 마는 순전히 자신의 마음이 만들어 낸 것으로 그 밖의 것은 아무것도 없습니다. "마음이 일어 생각이 움직이는 것은 천마요, 마음이 일지 않아 생각이 움직이지 않는 것은 음마요, 일었다 일지 않았다 하는 것은 번뇌의 마"입니다. 이것일 뿐입니다.

불교에서는 마경(魔境)을 아주 명쾌하게 분석하고 있습니다. 선종의 대사들은 귀납적 방법으로 대단히 간단하고 핵심적으로 말합니다. 사실 이런 심리 상황이나 경계는 모두 스스로 만든 법상(自生法相)입니다. 여기서 한 걸음 더 나아가면 이렇게 말할 수 있습니다. 우리가 불법을 많이 배우면 배울수록, 유식(唯識)의 연구가 최고도에 이르러 불경 삼장 십이부를 모두 배웠다 할지라도, 법상의 밧줄은 더욱 단단히 조여들어 온통 거기에 사로잡히게 됩니다. 이 때문에 이제 막 결론을 내리려 하면서 부처님은 우리에게 말합니다. 불생법상(不生法相)이야말로 최고의 궁극적인 것이라고요. 결론으로 이 품의 게송은 다음과 같습니다.

【제31품】

게송

높디높은 하늘의 학 소리 아무 흔적 없고
피눈물 흘리는 두견이 눈물로 혼을 다한다
사자의 현으로 타는 악보 끊일 듯 말 듯 하니
누굴 위해 벽촌에서 힘겹게 노래하는가

九霄鶴唳響無痕　泣血杜鵑落盡魂
구 소 학 려 향 무 흔　읍 혈 두 견 락 진 혼
譜到獅絃聲斷續　爲誰辛苦唱荒村
보 도 사 현 성 단 속　위 수 신 고 창 황 촌

이것은 하나의 감상입니다. 여기 앉아 있는 분들도 서북 지역이나 청성산(靑城山)이나 아미산(蛾眉山) 같은 높은 산에 가 본다면 아마도 백학 우는 소리를 들을 수 있을 겁니다. 한자는 아주 묘한 데가 있어서 닭이 우는 소리를 제(啼)라 하고, 새가 우는 소리를 명(鳴)이라 하며, 호랑이가 우는 소리를 소(嘯)라 하여 각기 다르게 표현합니다. 백학이 우는 소리는 학려(鶴唳)라 합니다. 백학은 높은 하늘에서 우는데 소리가 마치 징을 치는 것처럼 멀리까지 들립니다. 그러므로 이 새는 다른 새들과는 확연히 다릅니다.

"높디높은 하늘의 학 소리 아무 흔적 없고[九唳鶴響無痕]." 부처님의 설법은 구중천(九重天) 위에서 우는 백학 소리와 같습니다. 그 소리는 하늘과 구름을 뚫고 울려 퍼져서 세상 모든 사람들의 미몽(迷夢)을 깨웁니다. 그렇지만 우리가 과연 그 소리에 깨어날까요? 세상의 많은 사람들이 그 소리를 듣고도 깨어나지 못합니다. 한번 생각해 보십시오. 얼마나 마음 아픈 일입니까? 천 리 아득한 길을 가서 불법을 배우지만 재가인이든 출가인이든 모두 두견새처럼 되고 맙니다.

"피눈물 흘리는 두견이 눈물로 혼을 다한다[泣血杜鵑落盡魂]." 이런 이야기가 전해 옵니다. 옛날 어떤 나라가 망하자 상심이 극에 달한 황제의 아들이 날마다 울다가 마침내 그 혼이 두견새로 변해 지금도 울고 있다는 겁니다. 울다 울다 마지막에는 눈에서 피가 흘러내렸는데, 그 피가 땅에 떨어져 지금의 두견화로 변했다는 겁니다. 두견은 이 밖에도 많은 이름이 있습니다. 두우(杜宇)라고도 하고 제자(帝子)라고도 하는데, 바로 촉나라 황제의 아들입니다. 불법을 배우거나 도를 배우는 사람들은 모두 두견입니다. 가정도 버리고 자식도 버리고 불법을 배우지만, 최후에 이르러서는 도의 그림자조차 보지 못합니다. 단지 자신이 밝은 스승을 만나지 못했고, 부처님을 만나지 못했고, 법을 얻지 못했다고 원망할 뿐입니다. 사실 불법은 제일 평범하며, 제일 간단합니다. 부처님은 『금강경』에서 남김없이 다 말했습니다.

"사자의 현으로 타는 악보 끊일 듯 말 듯 하니[譜到獅絃聲斷續]." 『금강경』은 사자(獅子)의 현(弦)과 같습니다. 사자의 근육으로 현을 만든 금(琴)입니다. 이 현이 내는 소리를 들으면 모든 짐승이 두통을 느끼고, 더 심하게는 뇌가 모두 부서져 버리기까지 합니다. 사자는 백수(百獸)의 왕이기 때문입니다. 부처님이 설한 법은 철학 중의 철학이요, 경전 중의 경전이며, 세상의 진정한 형이상의 도법(道法)입니다. 부처님은 이 법을 아주 직설적으로, 남김없이 모두 우리에게 말했지만 우리는 그것을 알지 못합니다. 이 금보(琴譜)를 사자의 현으로 탑니다. 이 현이 내는 소리는 『금강경』을 탄 것일 수도 있고, 『법화경』을 탄 것일 수도 있으며, 『화엄경』을 탄 것일 수도 있습니다. 끊어질 듯 이어질 듯 하며 우리에게 모두 들려줍니다. 고명한 노래를 남김없이 우리에게 들려주지만 우리는 여전히 알지 못합니다. '화자(化子)'라는 사람이 집집마다 돌며 연화락(蓮花落)을 부르는 것과 같습니다. 한참을 불러 대도 알아듣는 사람이 없습니다. 아름답다고 느끼지를 못합니다.

"누굴 위해 벽촌에서 힘겹게 노래하는가〔爲誰辛苦唱荒村〕." 이건 한번 가볍게 해 본 소리입니다. 실제로 저는 석가모니불을 위해 동정의 눈물을 흘리지 않을 수 없습니다. 그가 31품에 이르도록 말하고 이제 막 끝내려 하지만 누가 그의 말을 알아들었겠습니까? 한 번 더 불러 봐야 소용없습니다. 음(音)을 아는 자를 만나기가 쉽지 않기 때문입니다. 그러니 영원히 이해하지 못합니다. 실제로 그는 가장 친절하고 가장 평범하게 말했습니다.

이제 다시 한 번 돌이켜 봅시다. 『금강경』은 서두에서 세 글자, 즉 "선호념(善護念)"을 강조했습니다. 범부에게나 성불한 사람에게나 단지 하나의 법문이 있을 뿐입니다. 바로 선호념(善護念)입니다. 어떤 생각을 보호한다는 걸까요? 머물지 않는〔無所住〕 것입니다. 어떻게 머물지 않는다는 걸까요? 아주 간단합니다. 법상을 만들지 않는〔不生法相〕 것입니다. 성불한 사람은 어떨까요? 우리와 마찬가지입니다. 역시 먹고 입으며, 밥을 먹고 나서 발을 씻고는 타좌합니다. 이처럼 평범합니다. 머리에서 빛이 난다거나, 가슴에서 빛을 뿜어낸다거나, 여섯 가지 신통력이 있다거나 하는 소리는 하지 않습니다. 밥 먹고 옷 입고 자리 깔고 앉습니다. 그러고 나서 질문하면 대답합니다. 이처럼 간단합니다. 『금강경』은 평범함 속의 진실이며, 평범함 속의 초월입니다.

제32품
모든 교화는 참된 것이 아니다

第32品・應化非眞分

"須菩提! 若有人以滿無量阿僧祇世界七寶, 持用布施, 若有善男子善女人, 發菩提心者, 持於此經, 乃至四句偈等, 受持讀誦, 爲人演說, 其福勝彼. 云何爲人演說? 不取於相, 如如不動. 何以故? 一切有爲法, 如夢幻泡影, 如露亦如電, 應作如是觀."

佛說是經已, 長老須菩提, 及諸比丘比丘尼, 優婆塞優婆夷, 一切世間天人阿修羅, 聞佛所說, 皆大歡喜, 信受奉行.

"수보리여! 만약 어떤 사람이 무량 아승기 세계에 가득 찬 칠보로써 보시한다면, 만약 선남자 선여인이 보리심을 일으켜 이 경전을 수지하거나 내지는 사구게를 수지 독송하여 다른 사람을 위해 설명해 준다면, 그 복은 앞의 복보다 클 것이다. 어떻게 다른 사람을 위해 설명해 주는가? 상을 취하지 않고 여여부동하는 것이다. 왜냐하면 일체의 유위법은 꿈이나 환상, 물거품이나 그림자와 같고, 이슬과도 같고 번개와도 같으니, 마땅히 이렇게 보아야 한다."

부처님께서 이 경전을 다 말씀하시자 장로수보리 및 모든 비구와 비구니, 재가의 남녀 수행자, 일체 세간의 천·인·아수라가 부처님의 말씀을 듣고 모두 크게 기뻐하며 믿고 받들었다.

모든 교화는 참된 것이 아니다

　소명태자는 마지막 품의 제목을 "응화비진(應化非眞)"이라 붙였습니다. 부처님은 사십구 년간 설법했지만 『금강경』에서는 한 글자도 말한 적이 없다고 합니다. 이 법은 말할 수 없으며, 말한 것은 모두 진짜가 아닙니다. 말한 것은 모두 법상에 머물 수 있으므로 입만 열어도 곧 옳지 않습니다. 이 이치는 우리도 알고 있습니다. 눈을 감고 한 번만 생각해도 곧 알 수 있는 것인데, 이것이 실제로 행해지거나 입 밖으로 나오기만 하면 전혀 다른 것으로 변하고 맙니다. 예를 들어 시내에 나가 손목시계 하나를 사려 해도 그렇습니다. 어떤 시계를 원하느냐고 물으면 스스로 이런저런 말을 해 놓고서도 막상 자신이 찾던 시계를 보면 그게 아닙니다. 자기가 생각했던 것과는 전혀 딴판인 겁니다.
　이런 걸 보면 많은 사람들이 왜 글을 잘 쓰지 못하는지 알 수 있습니다. 아무리 생각이 아름답더라도 일단 문장으로 써 놓고 나면 원래의 아름다웠던 그 생각이 아닙니다. 보면 볼수록 더 아닙니다. 문장은 문장이요, 생각은 생각일 뿐입니다. 이 둘은 서로 일치하지 않습니다.

이 밖에 생각을 글로 쓰는 것과 말로 표현하는 것 사이에도 속도의 차이가 있습니다. 생각은 아주 빠릅니다. 더욱이 총명한 사람이라면 생각은 더 빠릅니다. 그래서 일 초간에도 동시에 여러 가지 사정들을 잘 이해할 수 있습니다. 그러나 생각을 글로 옮긴다면 일 초간의 생각을 옮기는 데도 최소한 오륙 분 정도는 걸릴 겁니다. 오륙 분이면 얼마나 긴 시간입니까? 이 사이에 많은 생각들이 쏟아져 나와서 결국에는 엉망이 되고 맙니다. 이 때문에 부처님은 말합니다. 자신은 진정한 불법을 말한 적이 없다고요. 진정한 불법은 말할 수 없습니다. 말한 것은 모두 아닙니다. 일단 입을 열면 이미 그것이 아닙니다.

입을 열지 않고도 그것을 이해시킬 수 있을까요? 단지 꽃을 들고 미소 지을 수밖에 없습니다. 이 미소는 말로 표현하는 것보다 훨씬 효과적입니다. 한번 봅시다. 두 친구가 농담을 하면서 나머지 한 사람을 헐뜯고자 합니다. 서로가 눈만 보면 곧 알아챕니다. 말하는 것보다 훨씬 빠릅니다. 그렇지 않습니까? 어린애들이 눈으로 감정을 전하는 것은 더 말할 것도 없습니다. 부모의 면전에서 두 아이는 눈도 깜빡하지 않고 한 번 쳐다보는 것만으로도 감정이 통합니다. 여기서도 생각과 언어가 서로 무관할 수 있다는 것을 알 수 있습니다. 이 때문에 부처님은 한평생 설법하고서도 한마디도 말한 적이 없다고 합니다. 부처님은 고생스럽게 투태(投胎)하여 이 세상에 와서는 세상 사람들을 위해 설법하고 이 세계를 교화했습니다. 사자의 현으로 단속적으로 악보를 튕기면서, 그렇게 고생스럽게 노래하면서 사십구 년간 널리 알렸습니다. 누구를 위해 황량한 시골에서 고생스럽게 노래했을까요? 이천 년 이상을 전해 내려오면서 단지 도처에 쓸쓸한 절과 고독한 중뿐이었습니다. 절이나 암자에서 처량하게 향이나 피우고 똑! 똑! 하며 목어를 두드립니다. 거기에는 얼굴이 파리한 중이 한두 명 있을 뿐입니다. 이것뿐입니다. 그래서 제가, 누구를 위해 황량한 시골에서 고생스럽게 노래했느냐고 농담조로 말한 겁니다. 비록 농담 삼아 한 말이지만 부처님도 제 말에 동감할 겁니다. 참으로 천고의 영웅은 하나같이 울 수밖에 없습니다!

내성외왕의 보리심

"수보리여! 만약 어떤 사람이 무량 아승기 세계에 가득 찬 칠보로써 보시한다면, 만약 선남자 선여인이 보리심을 일으켜 이 경전을 수지하거나 내지는 사구게를 수지 독송하여 다른 사람을 위해 설명해 준다면, 그 복은 앞의 복보다 클 것이다."

"須菩提! 若有人以滿無量阿僧祇世界七寶, 持用布施, 若有善男子善女人,
 수보리   약유인이만무량아승기세계칠보   지용보시   약유선남자선여인
發菩提心者, 持於此經, 乃至四句偈等, 受持讀誦, 爲人演說, 其福勝彼."
발보리심자   지어차경   내지사구게등   수지독송   위인연설   기복승피

부처님은 말합니다. "가령 어떤 사람이 우주에 가득 찬 헤아릴 수 없이 많은 보물로 보시한다면, 이 사람의 공로와 복덕은 당연히 클 것이다." 『금강경』의 문장은 예스럽고 소박합니다. 섬세하지가 않습니다. 문장이든 그림이든 혹은 예술 작품이든 마찬가지입니다만, 정치(精緻)하면 정치할수록 그것으로 끝입니다. 가령 은상(殷商) 시대의 골동품은 진흙 덩어리 같지만, 들여다보면 볼수록 흥취가 생깁니다. 아주 예스럽고 소박하기 때문입니다. 이렇게 생각해도 옳고 저렇게 생각해도 옳으니 마음대로 한번 생각해 보십시오! 요즘의 것들은 정치하고 아름답습니다. 그러나 사흘만 보면 더 이상 볼 필요가 없습니다. 싫증이 나서 더 이상 볼 만한 것이 없습니

다. 우리가 지금 입는 옷도 마찬가지입니다. 곡선미를 부각시키려고 피부를 노출하며, 허리까지 드러내기도 합니다. 여기에 익숙해지면 앞으로는 더 이상 볼 만한 것이 없을 겁니다. 그래서 하는 말입니다만, 장래에는 살갗까지 벗겨야 할지도 모릅니다. 그러고도 더 이상 볼 만한 것이 없으면 다시 옷으로 뒤집어쓸 것이 뻔합니다. 불경의 문학은 소박하고 넉넉합니다. 정치한 형태가 아닙니다. 어떤 때는 문자상으로 아무런 전환도 없지만, 한번 보면 곧 알 수 있습니다. 사실 '약(若)'자가 바로 전환입니다. '약(若)'이란 '가령'이라는 뜻입니다. 가령 "선남자 선여인이 보리심을 일으켜 이 경전 내지는 사구게를 수지(受持) 독송(讀誦)하여 다른 사람을 위해 설명해 준다면, 그 복은 앞의 복보다 클 것이다〔若有善男子善女人 發菩提心者, 持於此經, 乃至四句偈等, 受持讀誦, 爲人演說, 其福勝彼〕."

그러므로 여기 앉아 있는 분들은 모두 복 있는 사람이라 할 수 있습니다. 그렇지만 부처님의 말에는 선결 조건이 있습니다. 바로 보리심입니다. 아주 엄중한 말입니다. 무엇을 보리심이라 할까요? 앞에서 이미 말했지만 여러분이 좀 더 뚜렷이 인식할 수 있도록 다시 상세히 말해 보겠습니다. 보리(菩提)란 곧 각오(覺悟)입니다. 일반적 의미의 각오가 아니라 대철대오를 말하는 것으로, 반야바라밀다를 깨닫는 것입니다. 능히 삼계(三界)를 초탈할 수 있는 그 각오입니다. 도를 깨닫는 것이 곧 보리심의 본체요, 보리심의 현상〔相〕과 작용〔用〕은 대비심(大悲心), 곧 대자대비(大慈大悲)입니다. 진정으로 보리심을 내어 도를 깨달은 사람이라면, 그에게 대자대비의 마음을 가지라고 권할 필요도 없습니다. 그는 이미 절로 대자대비의 마음을 갖추고 있습니다.

많은 친구들이 이런 말을 합니다. "나야 뭐든 다 믿지. 그렇지만 보리심만은 잘 일어나지 않는다네." 그러면 저는 이렇게 말합니다. "자네가 뭔가 잘못 알고 있는 것 같네. 부러진 꽃을 보고 눈물이 나고, 애처로운 일을 보면 마음이 약해지는 것이 보리심이라 생각하는가? 그건 '리보심'이지 '보리심'이 아니라네." 이건 나약한 인(仁)입니다. 신경이 약하거나 간기(肝氣)가 충분하지 못해서, 혹은 신장이 나빠져서 쉽게 비관하고 쉽게 눈물을 흘리는 것입니다. 바로 이런 것일 뿐입니다. 진정으로 보리심을 갖춘 사람은 보살의 부드러운 눈썹과 금강역사의 노한 눈을 갖추고서 대자대비합니다. 무왕(武王)이 한번 노하여 천하를 편안케 하는 것, 이 정도라야 비로소 보리심이자 대자대비한 마음이라 할 수 있습니다. 선가(仙家)의 이치로 말하자면 보리심은 내성외왕(內聖外王)입니다. 본체는 내면적 성인의 학문이요, 작용은 외면적 임금의 학문입니다. 불가(佛家)의 이치로 말하자면 보리심의 본체는 대철대오해서 도를 이루는 것, 아누다라삼먁삼보리, 반야바라밀다, 형이상의 도, 도의 증득입니다. 보리심의 작용은 대자대비, 일체 중생에 대한 사랑, 일체 중생에 대한 제도입니다. 쓸쓸한 절에 숨어 사는 고독한 중이나 혹은 깨끗한 은사(隱士)로 자처하는 사람이 보리심을 갖춘 자는 아닙니다. 그러므로 보리심을 낸 사람은 바로 여기에 중점을 두어 『금강경』을 수지(修持)해야 합니다.

어떤 사람은 말합니다. 『금강경』을 수십 년간 읽어 왔어도 스스로 무슨 마음이 발하는 것을 느낄 수 없다고요. 단지 경을 읽으면서 복보를 구하거나 혹은 다른 무엇을 구하거나 하면 감응이 있다고요. 좋습니다. 여기에 대해서는 또 다른 해석이 있습니다. 그렇지만 만약 감응이 없다면 스스로 발심(發心)이나 입지(立志)가 없는 게 아닌가 주의해서 보아야 합니다. 『금강경』은 말합니다. "가령 선남자 선여인이 보리심을 일으켜 이 경전을 수지(受持)한다면", 이 구절의 의미는 이렇습니다. 가르침을 받들어 행하고, 교육을 받은 대로 성실히 체험하고 수지(修持)한다는 것입니다. 행위상에서, 사람됨에서, 타좌 공부에서, 혹은 일 처리에서 수지한다는 것입니다.

불법을 배우는 게으른 사람

　불법을 배운 뒤 나타나는 가장 큰 병폐가 바로 게으름입니다. 불법을 배우거나 수도하는 사람은 아주 게으릅니다. 언뜻 보기에는 온갖 인연이 다 공(空)이 되어 버린 것 같습니다. 그러나 실제로 그 사람의 심리나 행위를 가만히 눈여겨보면 그건 그냥 게으름입니다. 공은 거짓이요, 게으름이 진짜입니다. 그게 공이 아니냐고 할지 모르지만, 가만히 드러눕거나 앉아서는 온갖 망상을 다 합니다. 공이란 것은 눈꼽만큼도 없습니다. 보기엔 아주 바쁜 것 같습니다! 자신도 드러눕거나 앉아서 바쁘기를 바랍니다. 그러나 일으켜 세워 무얼 하라고 하면, 불법을 배우는 사람은 그런 일을 하지 않는다고 말합니다. 실제로 이건 게으름입니다. 보리심을 일으켜 세상을 이롭게 하고 사람을 이롭게 하라고 하면, "아미타불! 나는 보살이 아니오. 보살심을 가진 사람이 할 겁니다"라고 합니다. 스스로는 게으르고 이기적입니다. 일어나서 작은 일이라도 하라고 하면 게으름을 피우며 공을 들먹이며 말을 막습니다. 제 경험에 따르면 불법을 배우거나 수도하는 사람은 폐물이나 게으름뱅이가 더 많습니다. 부처님이 정진하라고 했지만 실천하지 못하며, 악을 행하지 말고 선을 받들어 행하라고 했지만 실천하지 못합니다. 악을 행하지 말라고 한 것은 잠시 접어 두더라도, 한 가지 선도 행하지 않는 것은 사실입니다. 게으르기 때문입니다! 이것은 우리가 스스로 점검해 보아야 할 것으로, 아주 엄중한 문제입니다. 『금강경』은 최후로 수지(受持)하라고 합니다. 정진할 마음도 없고 다른 사람을 이롭게 할 마음도 없다면, 『금강경』이 자신을 수지하는 것이지 자신이 『금강경』을 수지하는 것이 아닙니다.

　"이 경전 내지는 사구게[持於此經, 乃至四句偈]"에 의지해 수지(修持)합니다. "수지하고 독송하여 다른 사람을 위해 설명해 줍니다[受持讀誦, 爲人

演說)." 여기서 연설이란 요즘의 강연이 아닙니다. 그 이치를 해석하고 드러내어 사람들에게 말해 줌으로써 잘 이해시키는 것입니다. 그것은 삼천대천세계의 진기한 보물로 보시하는 것보다 훨씬 더 낫습니다(其福勝彼). 그것이 법보시(法布施)이기 때문입니다. 불교에서는 재보시(財布施)보다 법보시를 더 중요하게 생각합니다. 무엇을 법보시라 할까요? 바로 정신적 보시입니다. 인류가 만들어 낸 온갖 문화를 활용하여 행하는 보시입니다. 부처님은 이 복덕이 재보시를 뛰어넘는다고 말합니다.

지금 우리들은 『금강경』을 연구하고 또 말하고 있으니 복이 무척 많지 않을까요? 물론 그렇습니다! 여기 앉아 아무 일도 하지 않고 에어컨 바람을 쐬어 가며, 게다가 아무 생각이든 해 볼 수 있으니 이 두 시간 동안이 얼마나 편안합니까! 이게 바로 복입니다. 무엇이 복인가요? 편안한 것이 복입니다. 여순양(呂純陽)은 다음과 같은 시에서 복을 묘사하고 있습니다.

> 하루가 한가하면 자유로운 신선이며
> 육신이 화합하면 몸도 편안해진다
> 단전에 보배 있어 도 찾기 그만두고
> 경계에 무심하여 선을 묻지 않는다
>
> 一日淸閑自在仙　六神和合報平安
> 일 일 청 한 자 재 선　육 신 화 합 보 평 안
> 丹田有寶休尋道　對境無心莫問禪
> 단 전 유 보 휴 심 도　대 경 무 심 막 문 선

"하루가 한가하면 자유로운 신선이며(一日淸閑自在仙)", 한가로운 삶이라면 그것이 바로 신선의 경계입니다. "육신이 화합하면 몸도 편안해진다 (六神和合報平安)", 이 하루 몸속에 병이 없고 고통도 없다면 그것이 바로 복입니다. "단전에 보배 있어 도 찾기 그만두고(丹田有寶休尋道)", 이것은 심전(心田)을 가리킵니다. 마음속이 청정한 것이 곧 수행이니, 다시 어떤 것을 찾을 필요가 없습니다. "경계에 무심하여 선을 묻지 않는다〔對境無心莫問禪〕", 경계에 임해서도 무심한 것이 바로 선(禪)입니다! 하필 다시 선(禪)을 묻겠습니까! 그러므로 우리는 편안한 것이 곧 복임을 알 수 있습니다. "육신이 화합하면 몸도 편안해지는" 것이 복입니다. 사람들에게 경을 말해 주고 읽어 줘야 비로소 복이 있는 것이라 생각해서는 절대로 안 됩니다. 이렇게 하면 또 법상이 생깁니다. 그래서 이어 말합니다.

"어떻게 다른 사람을 위해 설명해 주는가? 상을 취하지 않고 여여부동하는 것이다. 왜냐하면"

"云何爲人演說? 不取於相, 如如不動. 何以故?"
운하위인연설   불취어상   여여부동   하이고

상(相)에 집착해서는 안 됩니다. 불법을 말하고 있으면서도 시종 한 점의 불교적 색깔이 없습니다. 불법에 절어 있지 않습니다. 아주 평범하고 평온합니다. 『금강경』을 말하고 있으면서도 조금도 금강석 같은 맛은 없습니다. "여여부동(如如不動)"합니다. 무엇이 여여부동일까요? 법상이 생겨나지 않는 것, "선호념(善護念)", 머무는 바가 없는 것입니다.

경전을 떠난 사구게

어떤 것을 일러 "상에 사로잡히지 않고 여여부동하다〔不取於相, 如如不動〕"라고 할까요?

> "일체의 유위법은 꿈이나 환상, 물거품이나 그림자와 같고, 이슬과도 같고 번개와도 같으니, 마땅히 이렇게 보아야 한다."
>
> "一切有爲法, 如夢幻泡影, 如露亦如電, 應作如是觀."
> 일체유위법 여몽환포영 여로역여전 응작여시관

이것이 『금강경』 최후의 사구게입니다. 『금강경』에는 몇 개의 사구게가 있습니다. "만약 형체로써 나를 보거나 소리로써 나를 구하고자 한다면, 이 사람은 삿된 도를 행하는 자로서 여래를 볼 수 없다〔若以色見我, 以音聲求我, 是人行邪道, 不能見如來〕" 등 모두 두세 개가 있습니다. 이 때문에 어떤 사람은 『금강경』에서 말하는 사구게는 진정 어떤 사구게를 말하는가라는 문제를 제기하기도 합니다.

어떤 사구게도 모두 아닙니다! 이 사구게는 경전을 떠나 말한다면, "공(空), 유(有), 비공비유(非空非有), 역공역유(亦空亦有)"를 가리킵니다. 만약 반드시 게송으로 말하려 한다면, 다시 말해 어떤 사구게인지 정확히 말하지 않으면 안 된다고 생각한다면, 여러분은 『금강경』에서 말한 "법상이 생겨나지 않고, 머무는 바가 없다〔不生法相, 無所住〕"라는 구절에 주의를 기울여야 합니다. 하나의 사구게로 확정 짓지 않으면 안 된다고 생각하는 것은 바로 스스로 만든 법상〔自生法相〕입니다! 그래서 모두 아니라고 한 겁니다. 이렇게 해야 비로소 "상에 사로잡히지 않고 여여부동"할 수 있으며, 비로소 사구게를 말할 수 있습니다.

유위법(有爲法)은 무위(無爲)와 상대적입니다. 무위는 바로 열반의 도체(道體), 형이상의 도체(道體)입니다. 실상반야가 곧 무위법으로서, 도를 증득한 것이 무위요 여여부동입니다. 유위는 형이하(形而下)의 만유(萬有)로서 작위적인 것입니다. 일체의 유위법은 꿈과 같고 환영(幻影)과 같습니다. 영화(映畫)가 바로 환영과 같은 것입니다. 포(泡)란 물 위의 거품이요, 영(影)이란 등(燈) 그림자, 사람 그림자, 나무 그림자 등을 가리킵니다. 불경에는 비유가 아주 많습니다. "꿈, 환상, 물거품과 그림자〔夢幻泡影〕" "물속의 달과 거울 속의 꽃〔水月鏡花〕" "바다 위에 떠 있는 신기루 도시〔海市蜃樓〕" "파초(芭蕉)" 등이 그것입니다. 또 "건달바성(犍達婆城)"이란 바로 "해시신루(海市蜃樓)"이며, "양염(陽燄)"이란 태양 속의 환영입니다.

젊어서 불교 공부를 할 때입니다. 자주 파초를 들어 비유하곤 해서 제가 파초가 어떤 것이냐고 물었던 적이 있습니다. "빗방울이 파초를 때리니, 아침에도 쏴! 쏴!, 저녁에도 쏴! 쏴! 하도다〔雨打芭蕉, 早也瀟瀟, 晚也瀟瀟〕." 이건 옛사람의 시입니다. 글을 가르치는 어떤 사람이 한 아가씨를 좋아했는데, 그 아가씨의 창 앞에는 파초가 한 그루 있었습니다. 글 가르치는 사람은 파초 이파리에다 시 한 수를 썼습니다. "누가 할 일 없이 파초를 심어, 아침에도 쏴! 쏴!, 저녁에도 쏴! 쏴! 하는가〔是誰多事種芭蕉, 早也瀟瀟, 晚也瀟瀟〕?"

바람이 불면 파초 이파리에서 쏴! 쏴! 하고 소리가 나서 시끄러워 잠을 잘 수 없다는 겁니다. 실제로는 그 아가씨 생각 때문입니다. 그 아가씨가 알아채고서 붓을 들어 역시 파초 이파리에다 답했습니다. "그대 심사가 너무도 무료해 파초를 심었더니, 다시 파초가 원망스럽다〔是君心緒太無聊, 種了芭蕉, 又怨芭蕉〕."

당신의 온갖 꿍꿍이속이 너무 지겹다고 화답합니다. 이 답은, 미안하지만 왕래를 거절하겠다는 말입니다. 부처님도 파초에 대한 이 이야기를 알고 있었을까요? 그렇지 않겠지요. 이 이야기는 중국 후대의 문학입니다. 파초 줄기를 잘라 보면 중간이 비어 있다는 것을 알 수 있습니다. 항주어(杭州語)에 '공심대로관(空心大老倌)'이란 말이 있습니다. 겉으로 보기엔 꽤나 볼 만하지만 속에는 아무것도 없다는 뜻입니다. 그러므로 이들 "몽환

포영(夢幻泡影)" 등의 비유는 모두 공(空)을 말하는 것입니다. 부처님은 우리에게 말합니다. 세간 일체의 일은 모두 꿈과 같고 환영과 같다고요.

몽환 중의 여여부동

이십 년 전 일을 회상해 보면 한바탕 꿈을 꾼 것 같습니다. 그렇지 않습니까? 그렇습니다! 꿈은 과연 있는 것일까요? 없는 것은 아닙니다. 그렇지만 꿈을 꾼 듯 그렇게 아련합니다. 꿈을 꾸고 있을 때는 꿈이 진짜입니다. 꿈을 깨고 나서야 '아, 꿈이었구나!' 합니다. 우리는 지금 꿈을 꾸고 있다는 것을 알아야 합니다! 지금 우리는 『금강경』을 듣고 있는 꿈을 꾸고 있는 겁니다. 정말입니다! 눈을 한번 감으면 눈앞에 있는 이 경계, 이 꿈의 경계는 곧 사라집니다. 이것이 결국 깨어난 것이겠습니까, 아니면 꿈이겠습니까? 누가 감히 결론을 내릴 수 있겠습니까? 아무도 결론을 내릴 수 없습니다. 일단 결론을 내리면 곧 틀린 것이 됩니다. 상(相)에 집착하게 됩니다.

환상(幻) 또한 없는 것은 아닙니다. 환상이 존재하고 있을 때는 환상이 곧 진실입니다. 이 세계는 바로 이렇습니다. 이 물리세계인 지구 역시 가짜입니다. 불과 수천만억 년 정도 존재할 뿐입니다! 수천만억 년이란 시간은 일 분, 일 초와 비교한다면 아주 긴 것 같지요. 그러나 우주의 시간과 비교한다면 수천만억 년도 손가락 한 번 퉁기는 사이에 지나가 버립니다. 이걸 길다고 할 수 있겠습니까? 역시 환상입니다! 물 위에 떠 있는 거품들은 가짜이겠습니까, 진짜이겠습니까? 어떤 거품들은 며칠씩 지속됩니다! 이 세계는 바로 큰 바다 위에 떠 있는 물거품입니다! 우리의 지구 역시 물거품입니다. 가짜라고요? 지하에서 휘발유도 뽑아 쓰지 않습니까? 이건 모두 진짜입니다! 진짜라고요? 지구 역시 진실로 영원히 존재하는 것이 아닙니다! 어디까지나 환상입니다. 그림자는 어떨까요? 영화가 바로 그림자입니다. 그 유명한 스타 임대(林黛)는 이미 사망했지만 스크린을 통해 이전처럼 노래하고 춤출 수 있습니다. 이소룡 역시 이전처럼 치고받고 할 수 있습니다. 그러므로 『금강경』에서는 세계가 공(空)이라 말하지 않습니다. 그렇지만 유(有)라 말하지도 않습니다. 공(空)과 유(有)는 모두 법상입니다.

그러므로 불경을 연구하면서 『금강경』이 공(空)을 말한 것이라 한다면 틀려도 한참 틀린 것입니다. 부처님은 공이라는 말을 사용하지 않았습니다. 단지 "일체의 유위법은 꿈이나 환상, 물거품이나 그림자와 같다〔一切有爲法, 如夢幻泡影〕"고만 했습니다. 꿈, 환상, 물거품, 그림자란 집착하거나 머물지 말라고 한 말입니다. 결코 공이니 공이 아니니 하고 말한 것은 아니었습니다. 만약 공이 존재하지 않는다고 말한다면, 『금강경』은 "법에 대해 단멸상을 말하지 않는다〔於法不說斷滅相〕"라고 답합니다. 하나의 공을 말하는 것은 곧 단멸상입니다. 그것은 유물론의 사상과 마찬가지로 잘못된 것입니다. 몽환(夢幻) 속에 있을 때는 몽환이 진실이지만, 몽환이 지나가고 나면 몽환은 존재하지 않습니다. 그렇지만 몽환이 다시 나타날 때는 그것이 다시 엄연한 진실인 것 같습니다. 단지 뚜렷이 알아야 할 것은, 현재 온통 몽환 속에 있지만 거기에 마음이 머물지 않아야 한다는 점입니다. 몽환 중에서도 상(相)을 취하지 않고 여여부동해야 합니다. 중점은 여기에 있습니다.

꿈을 꾸고 있을 때에는 꿈의 상(相)에 집착해서는 안 됩니다. 관직에 앉아 있을 때에는 관직의 상에 사로잡혀서는 안 됩니다. 사업을 할 때에는 돈에 사로잡혀서는 안 됩니다. 아이를 키울 때에는 아빠! 엄마! 소리에 혹해서는 안 됩니다. 상에 집착하지 않고 여여부동해야 합니다. 일체는 "몽환포영"과 같습니다. 이어서 "이슬과도 같고 번개와도 같다〔如露亦如電〕"라고 합니다. 아침의 이슬 역시 아주 잠깐 동안, 아주 우연히 한군데 모여 있습니다. 이는 인연에 따라 모인 것으로, 바로 연기성공(緣起性空)입니다. 성(性)이 공(空)이기 때문에 비로소 연기(緣起)가 생겨날 수 있습니다. 그래서 이슬과도 같고 번개와도 같다고 한 것입니다. 번쩍하는 번개가 존재하지 않는 것일까요? 가장 좋은 방법은 만나지 않는 것입니다. 만나서 접촉이라도 한다면 번쩍하는 순간에 사라져 버립니다.

『금강경』을 다 읽고 나서 많은 사람들은 목어(木魚)를 놓으며 탄식합니다. '아! 일체가 공(空)이로다.' 우리에게 말하지 않았습니까? 일체가 유(有)라고요. 그러나 "일체의 유위법은 꿈이나 환상, 물거품이나 그림자와 같고, 이슬과도 같고 번개와도 같으니, 마땅히 이렇게 보아야 한다〔一切有爲法, 如夢幻泡影, 如露亦如電, 應作如是觀〕"라고 합니다. 이것은 방법입니다. 마땅히 이렇게 뚜렷이 인식해야 합니다. 그러고 난 후에는요? "상에 머물지 않고 여여부동〔不取於相, 如如不動〕"합니다. 이렇게 해야만 진정한 불법의 배움입니다. 많은 젊은이들은 타좌 시 경계가 발생하면 마(魔)에 사로잡혔다고 생각합니다. 사실 마니 뭐니 하는 것은 존재하지 않습니다! 그런 것들은 모두 유심(唯心)의 작용입니다. 자생법상(自生法相)인 겁니다. 상(相)에 사로잡히지 않을 수 있다면 마 역시 부처님이며, 상에 집착한다면 부처님 역시 마입니다. 그러므로 "일체의 유위법은 꿈이나 환상, 물거품이나 그림자와 같고, 이슬과도 같고 번개와도 같으니, 마땅히 이렇게 보아야 한다"라는 것이 가장 좋은 설명입니다. 부처님의 말이 여기에 이르러 『금강경』 전부가 원만히 끝납니다.

부처님께서 이 경전을 다 말씀하시자 장로수보리 및 모든 비구와 비구니, 재가의 남녀 수행자, 일체 세간의 천·인·아수라가 부처님의 말씀을 듣고 모두 크게 기뻐하며 믿고 받들었다.

佛說是經已, 長老須菩提, 及諸比丘比丘尼, 優婆塞優婆夷,
불설시경이 장로수보리   급제비구비구니   우바새우바이
一切世間天人阿修羅, 聞佛所說, 皆大歡喜, 信受奉行.
일체세간천인아수라   문불소설   개대환희   신수봉행

『금강경』에는 수보리를 일컫는 세 가지 다른 명칭이 나옵니다. '선현수보리(善現須菩提)' '혜명수보리(慧命須菩提)' '장로수보리(長老須菩提)'가 그것입니다. 경전을 읽을 때 유의해야 합니다. 이 세 명칭은 각기 다른 세 가지 정도로서, 그가 이해하고 깨달은 정도가 다르다는 것을 가리킵니다. 깨달음과 이해의 정도에 따라 명칭 또한 이렇게 달라집니다. 이때 장로수보리와, 출가한 남녀 두 무리와 재가(在家) 남녀 두 무리〔四衆弟子〕및 일체 세간의 인(人), 천상의 신, 아수라 등이 부처님이 말하는 것을 듣고 모두 기뻐했습니다. 믿고 받아들였으며, 이 방법에 의거하여 금강반야바라밀을 수행했습니다. 이 경전은 이것으로 원만히 끝났습니다. 결론으로서 게송은 다음과 같습니다.

【제32품】

게송

형양으로 돌아온 기러기 소리 내어 우니
성인과 현인의 영역을 몇 번이나 바꾸었던가
도롱이 삿갓에 봇짐을 메니 안개비가 걷히고
아득히 구름과 물이 자유롭고 한가하다

衡陽歸雁一聲聲　聖域賢關幾度更
형양귀안일성성　성역현관기도경
蓑笠橫挑煙雨散　蒼茫雲水漫閒行
사립횡도연우산　창망운수만한행

"형양으로 돌아온 기러기 소리 내어 우니〔衡陽歸雁一聲聲〕." 가을이 되면 기러기는 북방에서 돌아와 형양(衡陽)에 이릅니다. 바로 사람은 자기 생명의 본래 모습을 되찾아야 한다는 것을 설명합니다. 소위 자신의 명심견성(明心見性)을 되찾는 것입니다. 자기가 태어나기 이전의 본래 모습을 되찾는 것입니다.

"성인과 현인의 영역을 몇 번이나 바꾸었던가〔聖域賢關幾度更〕." 성인은 도를 깨달아 성불하나 범인은 아무것도 이루지 못합니다. "내 지나갈 테니 자네가 이리 오게" "자네가 지나가려 하니 내가 그리로 가지"라는 것과 같습니다. 성인과 범부 및 일체 중생은 차별이 없습니다. 부처님이 『금강경』을 설하고 나서 많은 사람이 진정으로 도를 깨달았지만, 출가하고 나서 도리어 게으름만 피웁니다.

"도롱이 삿갓에 봇짐을 메니 안개비가 걷히고〔蓑笠橫挑煙雨散〕." 진정으로 깨달아 해탈하고는 머리를 빡빡 밀고 승복을 입으며, 도롱이를 입고 삿갓을 씁니다. "횡도(橫挑)", 막대기를 짐에 꽂아 어깨에 메고 길을 갑니다. 이것은 해탈을 표시합니다. 어느 하늘 어느 곳, 세계 어디든 횡행(橫行)할 수 있습니다. "도롱이 삿갓에 봇짐을 메니 안개비가 걷히고", 비가 온 뒤에는 하늘이 갭니다. 불법이 이와 같다는 것을 알면 자신도 도를 이루게 됩니다. 도를 얻고 나면 어떤가요? 소승의 도를 얻은 사람은 어떤가요?

"아득히 구름과 물이 자유롭고 한가하다〔蒼茫雲水漫閒行〕." 이 세계에 다시 옵니다. 보살이 다시 옵니다. 다시 와서는 또 어떤가요? 세상에서 놀다가 갑니다. 그럴 뿐입니다. 소위 해탈이란 일체가 모두 노는 것입니다. 부처님이 되어 사십구 년간 설법하고, 이 어른은 한바탕 놀고 난 뒤에, 즉 사십 년 이상을 놀고 난 뒤에, 두 눈을 감고 "다시 보세!" 하고는 가 버립니다. 『금강경』이 우리에게 말하는 바는 이런 것입니다. 『금강경』 전부가 오늘 이 강의로 원만히 결속됩니다.

총결론

　이제 다시 한 번 총괄적으로 결론을 내리면서『금강경』의 중점을 반복해서 설명하고자 하니, 부디 여러분들께서는 주의해 주시기 바랍니다! 선현계청(善現啓請) 제2품의 중점은 "선호념(善護念)"에 있습니다. 이것은 범부로부터 도에 이르는 길로서, 성인과 범부 모두가 수지(修持)하는 방법입니다. "선호념(善護念)"은 생각을 잘 지키는 것입니다. 어떻게 잘 지킨다는 것일까요? 머무는 바가 없고〔應無所住〕, 법상이 생겨나지 않으며〔不生法相〕, 여여부동(如如不動)하여, 상에 사로잡히지 않습니다〔不取於相〕. 바로 내심이 평정한 이 생각입니다.

　어떤 생각을 지킨다는 것일까요? 제3품 대승정종분(大乘正宗分)에서 이미 말했습니다. 불법을 배우는 것은 도를 증득하는 것입니다. 석가모니불 및 일체의 불(佛)이 증득한 그 최고의 경계를 열반이라 합니다. 열반은 죽는 것과는 다릅니다. 열반은 원만하여 생겨나지도 않고 죽지도 않으며, 오지도 않고 가지도 않으며, 영원히 청정합니다. 비록 어지럽게 움직이고 있더라도 변함없이 청정하며 여여부동합니다. 그러므로 득도의 경계를 곧 열반이라 합니다. 제3품에서는 우리에게 일체 중생을 모두 열반에 들게 할 수 있는 방법이 없다고 말합니다. 일체 중생은 자신의 본성으로 스스로 제도해야〔自性自度〕 하기 때문에 부처님이라도 그들을 도와줄 수 없습니다.

신선이나 부처님도 스스로 제도하여 이루어 낸 사람에 불과합니다. 일체의 밝은 스승[明師]은 단지 그가 겪었던 전 과정의 경험을 말해 줄 수 있을 뿐입니다. 사람은 결국 스스로 제도해야 합니다. 일체 중생이 모두 스스로 제도해야 합니다. 그러므로 열반에는 법이 없습니다[涅槃無法].

열반에 법이 없다면 우리더러 어떻게 수행하라는 것일까요? 선호념(善護念)입니다. 잊어서는 안 될 것은, 진정한 선호념은 상(相)에 머물지 않는다는 점입니다. 이렇게 해야 열반에 이를 수 있습니다. 이 외에 다른 방법은 없습니다.

제5품 여리실견(如理實見)은 여래를 보는 것입니다. 어떻게 볼까요? 부처님은 우리에게 신상(身相)이 있어서는 안 된다고 말합니다. 불법을 배우면서 제일 어려운 일이 바로 신상, 즉 이 육체를 떠날 수 없다는 것입니다. 모든 공부가 모두 육체를 돌고 마는데, 이것은 모두 상(相)에 집착한 것입니다. 그러므로 말합니다. "무릇 모든 상은 다 허망한 것으로, 만약 모든 상이 상이 아님을 본다면 곧 여래를 본다〔凡所有相, 皆是虛妄, 若見諸相非相, 卽見如來〕"는 겁니다. 먼저 신상을 제거해야 합니다. 신상을 제거하지 않으면 아상(我相)을 제거할 수 없습니다. 아상이 제거되지 않으면 내가 있으면 네가 있고, 그가 있으면 사람들이 있으니 인상(人相)을 제거할 수 없습니다. 인상을 제거하지 않으면 수자상(壽者相)과 중생상(衆生相)도 제거할 수 없습니다. 우리 불법을 배우는 사람들은 반성하고 또 반성해야 합니다. 사상(四相)까지 말할 필요도 없습니다. 일상(一相)조차 제거하지 못합니다! 사상이 팔상(八相)이 되고, 팔상이 십육상(十六相)이 되며, 상(相)마다 모두 온전해져서 마침내 장님 코끼리 더듬는 격이 되지 않을까 두려운 것입니다! 그러므로 여래를 보기 위해서는 먼저 신상(身相)을 제거해야 합니다. 신상이 완전히 제거되면 여래를 볼 수 있습니다.

제6품에서는 신상이 제거된 후 다시 심상(心相)을 제거해야 한다고 말합니다. 심상이 있으면 곧 법상(法相)이 있습니다. 투철하게 생각하지 못하면 아무리 타좌를 잘 하고 다른 공부를 잘 해도 모두 심상에 하나의 법상을 만들게 됩니다. 여러분은 모두 거기서 자신을 속이게 됩니다. 자신이 도를 닦으며 공부하고 있다고 생각하지만, 사실은 단지 자기 마음속에 의식법상(意識法相)을 만들고 있는 것에 지나지 않습니다! 이 때문에 부처님은 우리에게 말합니다. "그대들 비구는 내 설법이 강을 건너는 뗏목과 같음을 알아야 한다. 법조차도 마땅히 버려야 하거늘, 하물며 법이 아닌 것이랴〔汝等比丘! 知我說法, 如筏喩者, 法尙應捨, 何況非法〕." 일체의 법은 법이 아닙니다. 부처님이 말한 법은 강을 건너는 배와 같습니다. 강을 건너고 나면 배는 버려야 합니다. 그럼에도 불구하고 하나의 불법을 정법(正法)이라 고수한다면, 곧 불법을 버리지 못하는 것입니다.

　이어서 제9품 일상무상분(一相無相分)에서는 진정한 불법은 신상(身相)과 심상(心相)을 버릴 수 있고, 법상이 생기지 않을〔不生法相〕수 있는 것이라 말합니다. 즉 진정한 불법은 자신의 마음속에 하나의 법상이 생겨나지 않는 것입니다. 요망스럽고 괴이한 것을 날조해서는 안 된다는 겁니다. 선종의 선사들은 사람을 나무랄 때 이런 말을 합니다. 스스로 괴이한 상(相)을 그려 놓고는 그것을 도(道)라고, 부처라고 생각한다는 겁니다. 또 단경(丹經)이나 도서(道書)에서는 이렇게도 말합니다. 갓난아이를 얻어 속에서 키워 정수리로 나올 때까지 온종일 시월회태(十月懷胎)를 해야 한다느니 합니다. 이 얼마나 고생스럽겠습니까! 혹은 한 알의 밝은 구슬〔明珠〕, 한 알의 단(丹)이 동그랗게 빛난다느니 합니다. 이런 경우라면 병원에 가서 내시경 검사를 받아 봐야 합니다. 혹 암 덩어리일 수도 있으니까요! 몸속에서 정말 단(丹)을 얻을 수 있을까요? 이런 설법들은 하나의 견해를 늘어놓은 것에 불과합니다. 결코 상(相)에 사로잡혀서는 안 됩니다. '득도(得道)'라고요? 어떤 것을 얻는다는 겁니까? 얻을 것이 없습니다! 얻을 것이 없는 것, 이것이 가장 어려운 겁니다. 일체 얻는 바가 없으면 법상에 머물지 않습니다.

제14품은 이상적멸분(離相寂滅分)입니다. 진정한 불법은 고도의 지혜, 제1바라밀(第一波羅蜜), 지고무상의 지혜입니다. 무엇을 제1바라밀이라 할까요? 진정한 지혜이자 지혜가 없는 것입니다. 바로 노자가 말한, "크게 지혜로운 사람은 마치 어리석은 사람 같다〔大智若愚〕"는 것입니다. 지혜의 경계가 있다면 그건 찌꺼기에 불과합니다. 진정한 지혜는 바로 『중용』에서 말하는, "하늘의 행함은 소리도 냄새도 없다〔上天之載, 無聲無臭〕"는 것이기도 합니다. 생각도 없고 걱정도 없습니다. 번뇌가 없으니 슬픔도 없습니다. 본성이 청정함을 깨달으니, 이것이 바로 제1바라밀이자 진정한 최고의 성취요, 최고의 지혜입니다. 지혜는 성불의 방법이자 도구입니다. 『금강경』에서 말하는 것은 제1바라밀로서, 성불의 도구입니다.

이후 제17품 구경무아(究竟無我)에 이릅니다. 구경무아분(究竟無我分)에 이르면, 부처님은 우리에게 진정한 성불의 도구가 무엇인지를 말합니다. 세상에서 어떤 일을 하든 모두 도구가 필요합니다. 우리가 성불하려면 어떤 도구가 있어야 할까요? 지혜입니다! 제1바라밀은 제1바라밀이 아니요, 이름이 제1바라밀입니다. 자기 지혜가 아주 뛰어나다고요? 스스로 총명하다 빼기는 것은 제일 바보 같은 짓입니다. 어떤 것이 최고의 지혜일까요? 말이 끊어져 버린 곳〔言語道斷〕, 마음이 끊어져 버린 곳〔心行處滅〕입니다. 이 경계에 이르러 생각도 사려도 없는 것이 바로 제1바라밀입니다. 이 방법으로 부처님을 구하고 불법을 배워 성불하는 것이 옳습니다.

부처님은 시작부터 이미 우리에게 "머무름이 없는 것〔應無所住〕"을 말했습니다. 제17품에 이르러 부처님은 재차 이것을 끄집어내어 "머무름도 없고 상도 없다〔無住無相〕"는 두 번째 방법을 말합니다. 공(空), 무주(無住), 무상(無相)은 반야의 삼법인(三法印)입니다. 이것은 바로 공(空), 무상(無

相), 무원(無願)으로서 3대 요점이기도 합니다. 그렇지만 『금강경』에서는 공(空)이라는 말을 한 번도 하지 않습니다. 이미 머무름이 없고 상(相)이 없다면 자연 공(空)입니다. 공이니 공이 아니니 하는 것은 모두 양변(兩邊)에 떨어진 것입니다. 이 때문에 말을 꺼내지 않고, 단지 "머무름도 없고 상도 없다"고만 말한 겁니다. 그렇다면 머물지 않는 데에 이르러, 도를 닦고 도를 증득했는데도 왜 성불할 수 없을까요? 먼저 신견(身見)을 버리지 못했기 때문입니다. 항시 내가, 이 신체가 존재한다고 느껴 그것을 아주 견고한 것으로 보기 때문입니다. 신견을 버려야 합니다. 세속의 관점, 물질세계나 공간의 관념, 신체, 불토(佛土)의 관념 등을 모두 버려야 합니다. 심지어 서방극락아미타불국토, 동방약사여래국토 및 세간법이 구성한 세간국토의 관념도 모두 버려야 합니다. 달리 말하면 모든 시공(時空)의 관념, 신심(身心)의 관념을 버려야 한다는 겁니다. 이렇게 수지(修持)해야만 비로소 성불할 수 있습니다.

　제18품 일체동관(一體同觀)에서는 삼심(三心)은 얻을 수 없다고 말합니다. 부처님은 두 번째 방법에서 우리에게 말합니다. 그대들은 자신의 마음속부터 검사해 보아야 한다. 과거의 마음은 얻을 수 없고, 현재의 마음도 얻을 수 없으며, 미래의 마음도 얻을 수 없다. 얻을 수 없는 것 역시 얻을 수 없다. 이것을 일러 얻을 수 없다고 하니 얻을 수 없는 것은 얻을 수 없다!

　과거는 이미 과거이며, 미래는 아직 오지 않았습니다. 우리가 이제 막 현재의 마음이라 말하고 마음속으로 현재 생각하고 있을지라도 그 생각은 곧 사라져 과거가 되어 버립니다. 꿈과 같고 환상과 같습니다. 그러므로 우리 중생의 번뇌는 바로 이 삼심(三心)을 뚜렷이 인식하지 못해서 생기는 겁니다. 마음속으로 딴생각을 하기 때문에 번뇌가 생깁니다. 이발소의 두 늙은이와 같습니다. 일흔이 다 되어 보이건만 뒤죽박죽입니다. 아직도 자신들이 이십대라 생각하는 겁니다. 그때는 이미 지나가 버렸습니다. 과거의 마음은 얻을 수 없는 것인데도 노인들은 여전히 회상에 젖어 있습니다!

저는 노인과 마주치는 것이 제일 두렵습니다. 그냥 가만히 듣고 있는 수밖에 없습니다. 이전에 내가 어쨌다는 둥 과거에 어떠했다는 둥 온통 그런 소리들입니다. 나이가 들수록 더욱 옛날 일만 생각합니다. 자기가 옛날에 얼마나 위풍당당했는지, 얼마나 준수했는지, 얼마나 근사했는지, 온통 이런 생각뿐입니다. 오늘 한참 말해 놓고도 며칠 지나면 자기가 말한 적이 없는 것처럼 또 그 소리를 합니다. 그러니 젊은 사람이 노인네를 만나면 정말 피곤할 겁니다! 저도 견디기 힘든데 젊은 사람들이야 오죽하겠습니까?

노인네들은 스스로 머무르고 싶어 합니다. 노인들의 최대의 결함은 하나의 법상에 매달리는 것입니다. 단지 지난 일만 생각합니다. 미래는 감히 생각할 수도, 의지할 수도 없는 것이기 때문입니다. 젊은이들은 결코 옛날을 생각하지 않습니다. 단지 내일만 생각합니다. 내일이 되면 또 내일을 생각합니다. 그러므로 노인과 젊은이가 같이 앉으면 하나는 오직 과거 생각뿐이요, 하나는 오직 미래 생각뿐입니다. 그러니 어떻게 수렴될 수 있겠습니까? 그러므로 우리 수도하는 노인네들은 오직 내일만 생각하는 것이 좋습니다. 내일은 갈 데가 없으니 곧 서방 극락세계로 가는 거지요! 내일은 영원합니다. 과거를 생각할 필요가 없습니다. 과거의 마음은 얻을 수 없습니다.

젊은이들 역시 주의해야 합니다. 미래의 마음 역시 얻을 수 없습니다! 장래 어떠할 거라고요? 장래가 어떨까요? 장래 저와 마찬가지로 노인이 될 겁니다! 노인이 될 리 없다고요? 그렇다면 정말 비참한 일입니다. 조금밖에 못 살다 갈 테니까요. 그렇지 않습니까? 조금이라도 오래 살고 싶다면 마찬가지로 노인이 되고 노파가 되는 겁니다. 미래의 마음은 얻을 수 없습니다. 미래를 생각할 필요 없습니다!

그러므로 진정한 불법은 가장 현실적입니다. 오직 현재, 현실이 있을 뿐입니다. 그렇지만 현재의 마음 역시 얻을 수 없습니다. 마음이 편안하면 이치를 얻습니다. 마음이 아주 청정한 것, 이것이 바로 불법입니다. 삼심(三心)은 얻을 수 없습니다. 수시로 연구해서 뚜렷이 인식해야 합니다. 과거는 이미 과거요, 미래도 생각할 수 없습니다. 이제 막 현재라 말해도 현재는 곧 사라져 버립니다. 그러니 얼마나 좋습니까!

여러분은 타좌를 하면 계속 앉아 있을 수 없다고 합니다. 이상하지 않습니까? 두 다리를 틀고 앉기 전은 과거요, 다리를 틀고 앉아서는 기맥이 통하든 통하지 않든 미래의 마음은 얻을 수 없습니다. 지금 다리를 틀고 앉아 있습니다. 현재의 마음을 얻을 수 없으니 마음이 편안해지지 않습니까? 그렇지만 여러분이 타좌 수도할 때는 너무도 욕심을 부립니다! 오로지 얻을 수 없는 미래를 생각합니다. 반드시 이루고 말겠다고 생각합니다. 자신의 얼굴이 아미타불처럼 환하게 되고, 머리에서는 빛이 발하고, 기다란 눈으로 삼천대천세계를 모두 보아 낼 수 있기를 바랍니다. 모두 앉아서 환상을 꿈꾸는 겁니다! 어찌 스스로 번뇌를 찾는 것이 아니겠습니까?

청년 분들은 주의하십시오! 저는 여러분들이 불법을 배운다는 말만 들으면 머리가 복잡해집니다. 먼저 사람이 되는 법을 배우십시오. 유가(儒家) 사서오경(四書五經)의 사람됨의 이치에 통달할 수 있다면 성공입니다. 불법을 배우면 반드시 성공할 겁니다. 건물을 짓는 것과 같습니다. 먼저 기초를 잘 다져야 합니다. 사람도 제대로 되지 않고 불법을 배우겠다면, 여러분이 부처가 된다면 저는 무엇이 되겠습니까? 주의해야 합니다! 먼저 사람됨을 배워야 합니다. 사람이 되고 나면 곧 성불합니다. 부처님이 말하는 것이 바로 이 이치입니다. 제가 말씀드린 것은 『금강경』의 어떤 요점에도 위배되지 않습니다.

"삼심(三心)은 얻을 수 없다"는 것을 뚜렷이 설명한 뒤, 제22품 무법가득분(無法可得分)에 이릅니다. 아무 법도 얻을 것이 없다〔無法可得〕, 다시 중복해서 일체의 법상에 머물지 말 것을 말합니다. 얻을 수 있는 법이 있다면 법상에 머무는 것입니다. 법상에 머무는 것은 이미 도가 아닙니다. 그것은 어떤 법도 얻을 수 있다〔無法無得〕는 것입니다!

제26품은 법신비상(法身非相)으로서, 색상(色相)이 공(空)임을 말합니다. 부처님은 게송 하나를 읊습니다. "만약 형체로써 나를 보거나 소리로써 나를 구한다면 이 사람은 삿된 도를 행하는 자로서 여래를 볼 수 없다〔若以色見我, 以音聲求我, 是人行邪道, 不能見如來〕." 불법을 배우고 수도하는 과정에서 일반적으로 드러나는 큰 결함, 즉 물질적인 것으로 도를 구하거나 소리로써 구하고자 하는 결함을 부처님은 엄중히 지적합니다. 부처님은 말합니다. 이런 생각이나 방법을 쓰는 사람은 모두 삿된 도를 행하는 자로서 여래를 볼 수 없으며, 영원히 성취를 얻을 수 없다는 겁니다.

이어서 바로 제27품 무단무멸분(無斷無滅分)입니다. 불법에서는 공(空)을 말하지 않으며, 단멸견(斷滅見)의 공(空)도 말하지 않습니다. 그러므로 공관(空觀)이나 단멸견은 모두 잘못된 것입니다. "아누다라삼먁삼보리의 마음을 일으킨 자는 법에 대해 단멸상을 말하지 않습니다〔發阿耨多羅三藐三菩提心者, 於法不說斷滅相〕."

그런 뒤 가장 중요한 곳에 이릅니다. 바로 제30품 일합이상분(一合理相分)입니다. 여래를 본체로 하는, 본체〔體〕·현상〔相〕·작용〔用〕의 성불의 길, 법신(法身)·보신(報身)·화신(化身)의 이치, 일합상(一合相)의 이치를 말합니다. 부처님은 결코 단멸상의 공(空)을 말하지 않았습니다. 그렇지만 세간상(世間相)의 유(有)를 말하지도 않았습니다. 유(有)는 환상적인 것이요, 공(空)은 진공(眞空)입니다. 진공은 없는 것이 아닙니다. 진공이기 때문에 환상의 세계, 즉 잠시 우연히 존재하는 세계가 생길 수 있습니다. 일체의 유(有)는 잠시의 것이지만 결코 없는 것이 아니며, 그렇다고 궁극적인〔畢竟〕 것도 아닙니다. 바로 일체의 것은 궁극적으로 공이며 세속의 의미를 초월한 유, 즉 "필경공(畢竟空) 승의유(勝義有)"입니다. 결코 "일체의 것은 궁극적으로 유이며 세속의 의미를 초월한 공〔畢竟有, 勝義空〕"이라 말하지 않았습니다. 공은 하나의 경계이자 작용입니다.

부처님은 처음부터 말합니다. 불법을 배우는 사람은 일체 중생을 제도해 모두 열반에 들게 하리라 발원하지만 실제로 제도할 수 있는 중생이란 하나도 없다고요. 왜 그럴까요? 중생은 자성(自性)으로 스스로 제도합니다. 그러므로 "일체 유위법은 꿈이나 환상, 물거품이나 그림자와 같고, 이슬과도 같고 번개와도 같으니, 마땅히 이렇게 보아야 한다〔一切有爲法, 如夢幻泡影, 如露亦如電, 應作如是觀〕"고 말합니다. 여여부동(如如不動)하여 법상에 머물러서는 안 됩니다. 부처님은 왜 제도할 만한 중생이 하나도 없다고 했을까요? 왜 모두 자성(自性)으로 스스로 제도한다고 했을까요? 학생들을 오래 가르쳐 본 사람이라면 잘 알겠지만, 수천 수만의 학생을 가르치더라도 그 중 장래 학문으로 이름을 떨치는 사람은 모두 자신의 자성으로 스스로 제도한 사람입니다. 가르친다는 것은 한번 자극을 주어 자기 스스로 지혜를 열도록 하는 것입니다. 선생이 주문을 가르쳐 주는 것이라 생각해서는 절대로 안 됩니다. 이는 침을 놓는 것과도 같습니다. 혈에 침을 제대로 놓으면 아프지 않습니다. 아프지 않은 것은 그 침에 영험이 있어서가 아니라 기혈, 즉 자신의 기혈이 통하기 때문입니다. 그러므로 지혜를 전수하고 있으면서도 부처님은 사람을 제도하지 않았다고 말합니다. 일체 중생을 남김없이 제도하고서도 그가 제도한 중생은 하나도 없다고 말합니다. 자성으로 스스로 제도하면 모두가 부처님입니다. 단지 질박하게 행하기만 하면 됩니다.

질박하게 행한다는 것은 어떤 것일까요? 『금강경』은 처음부터 어떻게 하는 것이 수행인지 우리에게 보여 주고 있습니다. 제1품의 첫머리를 잊어서는 안 됩니다. 옷 입고, 밥 먹고, 발 씻고, 잠자는 것이 바로 사람됨의 표준으로서, 이것을 성실히 행합니다. 악을 행하지 않고, 뭇 선을 받들어 행합니다. 이것으로 모두 말한 겁니다. 부처님은 시작부터 스스로 모범을 보입니다. 스스로 옷을 입고, 걸식을 하며, 밥을 먹고, 밥 먹은 뒤 흙 묻은 발을 씻고, 자리를 깔고 앉습니다. 어떤 제자도 부처님의 자리를 깔아 주지 않습니다. 자기 스스로 자리를 잡고, 잘 정리하여 자리를 깔며, 자리를 평평히 한 뒤에 올라가 앉습니다.

 이제 막 다 마치고 휴식을 취하고자 하는데, 수보리란 학생이 휴식할 틈을 주지 않고 질문을 해 옵니다. 부처님은 아직 소화도 되지 않았지만 어쩔 수 없이 설법을 시작합니다. 그렇게 해서 오늘 저녁에 이르러서야 설법을 모두 마친 셈입니다. 이렇게 해서 『금강경』은 원만히 끝납니다.

후기

　기연(機緣)이 있어서 남회근 선생의 『금강경』 강의를 정리하게 되었는데, 이는 제 일생의 최대 행운으로서 스스로 얻은 바는 참으로 말로 다 표현할 수 없을 정도입니다.

　오래전, 십여 명의 사회 저명 인사들이 모인 자리에서 선생께서 『금강경』을 강연한 적이 있었습니다. 당시 이숙군(李淑君) 씨가 이 강연 내용을 기록 정리하여 『인문세계』에 발표했고, 후에 『금강경별강(金剛經別講)』이란 이름으로 출판되었습니다.

　『금강경별강』이 출판된 후 선생께서는 출판사 책임자에게 다시 찍지 말라고 당부하셨습니다. 그렇지만 이 책이 젊은 사람들에게 매우 인기가 있어서 그 후로도 적지 않게 중판을 거듭했습니다. 당시 선생께서는 국내에 계시지 않았습니다. (이것은 선생께서도 어쩔 수 없었던 일이었습니다.)

　엄밀히 말하자면 『금강경별강』은 남회근 선생의 강연 기록이라고 말할 수 없습니다. 이숙군 씨가 남회근 선생의 강연을 듣고 마음으로 얻은 바를 저술한 것이라 해야 할 겁니다. 따라서 책 제목도 바꾸고 저자 이름도 바꾸어야 마땅합니다.

　이런 이유로 최근 남회근 선생의 『금강경』 강연 기록을 다시 새롭게 정리할 계획을 세우게 되었습니다. 선생의 강연 기록을 정리해 출간해야 한다는 데 대해서는 이견이 없었습니다.

원(袁) 거사, 왕(王) 거사 등이 일찍이 정리할 마음을 갖고 있었습니다. 이분들은 문장력도 좋은 데다 남 선생을 이십여 년간 늘 모시던 분들이었지만, 결국 다른 사정들 때문에 그만두게 되었습니다. 당시 고국치(古國治) 씨는 『원각경』을 정리하느라 바빴고, 주훈남(周勳南) 씨는 『종경록(宗鏡錄)』 및 몇 권의 책 때문에 정신이 없었으며, 다른 동문수학생들도 다들 바빠 시간을 낼 방법이 없었습니다. 결국은 재주도 없는 제가 그 일을 맡을 수밖에 없었습니다.

그 당시 저는 출판사 일로 자주 해협 양안을 왕래하고 있었습니다. 그러다가 일 년쯤 전부터는 짐 속에 원고 더미를 넣고 다니기 시작했지만, 여행길이 그렇게 한가하지는 않았습니다. 그래서 밤이 깊어 조용해지면 등불 아래에서 원고를 읽어 보곤 했는데, 참으로 청량제를 복용한 것 같아 낮에 있었던 사무상의 번거로움이 말끔히 씻겨 나가곤 했습니다. 그 맛은 뭐라 말할 수 없습니다. 환희와 찬탄으로 충만한 그런 경계였습니다.

금년 3월에야 마침내 작업이 끝났습니다. 정리 작업을 일단락 지으니 짐도 가벼워졌습니다. 4월 초 제가 다시 북경으로 가는 길에 홍콩에서 머물 기연(機緣)이 생겨서 이 일을 선생께 말씀드렸습니다. 그때 저는 이 강연 기록을 정리하면서 느낀 감회를 쉴 새 없이 떠들어 댔습니다. 스스로도 무척이나 많은 것을 얻을 수 있었다는 등 말입니다. 저는 끊임없이 훌륭한 강연이었다고 찬탄에 찬탄을 거듭했습니다.

이렇게 떠들어 댄 데에는 이유가 있었습니다. 선생께서는 줄곧 강연 기록을 출판하는 일에 적극적이지 않았습니다. 어떤 때는 심지어 판을 깨기까지 했습니다! 이런 사정은 선생의 주변 사람은 모두 잘 알고 있습니다. 선생은 항시 이렇게 말씀하십니다. "삼장 십이부를 부처님께서 전부 다 말씀하셨는데 또 뭘 말한단 말인가? 모두 쓸데없는 짓이라네! 이미 말한 것은 다 지나간 것이야. 출판은 무슨 출판인가!"

제가 오가며 끊임없이 이 일을 떠들어 대어 못살게 굴면 아마 선생께서도 그런 저를 불쌍히 여길 거라는 생각이 있었습니다. 그런데 이번에는 제가 떠들어 대는 것을 듣고서 아주 뜻밖에도 『金剛經說甚麼(금강경 뭐라 했나)』라는 책 이름을 제시하시는 게 아닙니까!

이야, 마침내 출판을 허락하셨구나! 당시 저는 정말 말할 수 없이 흥분했습니다!

곧이어 아주 돌발적인 사건 하나가 발생했습니다. 그 사건으로 인해 저는 『금강경』을 어느 정도 몸으로 체험하게 되었습니다.

4월 27일 오후 세 시쯤 되었을 겁니다. 북경에서 비행기를 타고 홍콩에 도착했을 때입니다. 저는 비행기에서 내려 버스를 타고 공항 건물에 도착해서는 통관 수속을 하려고 에스컬레이터를 타고 올라가고 있었습니다. 그런데 에스컬레이터가 움직이고 있는데 위에서 갑자기 어떤 사람이 큰 소리로 외쳤습니다. "내려가요, 내려가! 사람이 너무 많아요!" 그러자 사람들이 아래로 내닫기 시작했습니다. 그 순간 저는 사람들에게 밀려 넘어지고 말았습니다.

정신을 차려 보니 정지해 있는 에스컬레이터 계단 위에 쓰러져 있었습니다. 눈을 감은 채 온몸에 아무런 통증도 없었습니다. 아마도 내가 죽었나 보다 생각했습니다. '아무렴 어때! 죽었으면 죽었지.' 마음속에 아무것도 없는 것 같았습니다.

그때 홀연 어떤 사람의 말소리가 들렸습니다. "이 여자 피를 흘리고 있잖아!" 동시에 손수건으로 가슴을 닦는 듯한 느낌이 들었습니다.

눈을 조금 떠 보니 목 위로부터 피가 흘러내려 가슴을 적시고 있었습니다. 저는 다시 눈을 감고는 전혀 개의치 않았습니다. 일체의 일을 모두 놓아 버리고, 신체도 놓아 버렸습니다. 내가 왜 이렇게 해야 할까? 스스로도 도무지 알 수 없었습니다. 단지 자연에 순응할 뿐이라는 그런 느낌이었습니다.

그때 제 마음은 너무도 뚜렷하고 고요했습니다. 순간 머릿속에서 "선호념(善護念)"이 섬광처럼 떠올랐습니다. 바로 이렇게 지키는〔護持〕 것이구나! 이걸 바로 지킨다고 말하는 것이 아닌가! 저는 그 상태로 그들이 묻는 말에 대답하고, 그들에게 홍콩에 있는 소미(素美)의 전화번호를 가르쳐 주었습니다. 어떤 사람이 바퀴가 달린 의자에 저를 싣고는 세관을 빠져나와, 짐을 챙긴 후 의무실로 가서 머리를 붕대로 감쌌습니다. 그러고는 엘리자베스 병원 응급실로 갔습니다. 저는 아무 생각 없이 그냥 마음이 움직이지 않는 상태를 지키고만 있었습니다. 어떤 일도, 어떤 문제도 생각하지 않았습니다. 환희 같은 것은 없고, 그렇다고 슬프지도 않았습니다. 그냥 평온하고 담담했습니다.

피가 흘러내린 것이 이상한 일이 아니었습니다! 원래 머리가 깨졌는데, 다행히 두개골에는 손상이 가지 않았다고 했습니다. 의사 말로는, 다섯 바늘을 꿰매야 하는데 머리에 마취제를 놓을 수 없으니 그냥 꿰매 보자는 겁니다!

상처에 첫 바늘이 찔러 들어오자 저는 너무 아파서 그만 소리를 지르고 말았습니다. 마음속에서 광풍 노도가 일기 시작했습니다. 원래 나란 존재는 더도 덜도 아닌 범부였습니다. 진짜 칼이나 총 앞에서는 진정한 범부였습니다!

"의사 선생님!" 저는 소리 질렀습니다. "당신 바늘이 반드시 녹슬었을 거예요. 먼저 바늘 좀 갈아 주세요!"

나를 꿰매던 사람은 제 말이 무슨 뜻인지 알아채지 못했습니다. 남자 간호사 한 명이 제 머리를 붙들고 있었는데, 그가 광동어로 말했습니다. "아직까지도 농담을 하세요! 이 바늘은 아주 좋은 바늘이랍니다! 꿰매고 있는 분 솜씨도 아주 뛰어나고요! 생각하지 않으면 고통도 덜할 겁니다!"

그 한마디가 저를 깨우쳐 주었습니다. 『금강경』중 부처님께서 가리왕에 의해 신체가 절단될 때에도 아상(我相), 인상(人相)이 없었다는 것이 생각났습니다. 부처님께서는 자신을 해치는 자에 대해서조차 그렇게 자비로웠는데, 지금 꿰매고 있는 사람은 나를 구하고자 하는 것이 아닌가! 그것도 단지 바늘로 꿰매고 있는 정도가 아닌가! 얼른 일체의 상(相)을 버려야겠구나!

제 스스로 얼마나 버렸는지는 잘 모릅니다. 그렇지만 후에 꿰맨 네 바늘은 그다지 아프지 않았습니다. 아마도 그 바늘은 이미 잘 갈아져 날카로웠겠지요!

이 일이 있은 지도 벌써 한 달이 넘었습니다. 그 일은 이미 완전히 과거가 되어 버렸지만 어쨌든 사람의 일생에는 크고 작은 고통이 끊이지 않고 이어집니다. 인생의 고통은, 아마도 고통 속에서만 해탈이 가능한지도 모릅니다. 옛날부터 선사들은 말했습니다. 반드시 크게 한 번 죽은 뒤에야 비로소 해탈이 가능하다고요. 아마도 고통 속에서야 비로소 모든 것이 명백해질 수 있다는 뜻일 겁니다. 고통 없이 어떻게 고통으로부터 해탈할 수 있겠습니까? 고통 없이 어찌 고통을 벗어나 즐거움을 얻을 수 있겠습니까?

남회근 선생께서는 책에서 말합니다. 고통스럽지 않은 것, 그것이 바로 즐거움이라고요.

1992년 6월 3일 대북(臺北)에서
유우홍(劉雨虹)